Les desserts en 1000 recettes 1000 photos

PÂTISSERIES ✦ ENTREMETS
DESSERTS GLACÉS

Consultant
M. Philippe Conticini
chef de Pétrossian, restaurant et café-boutique,
Paris-New York

SOLAR

LÉGENDES

Le degré de difficulté des recettes est identifié par une petite icône.

Une toque = ***recette « facile », voire très facile.***

Deux toques = ***recette « moyennement difficile » : même sans expérience culinaire particulière, on peut se lancer sans crainte, mais il faut se donner un peu plus de temps.***

Trois toques = ***recette « tour de main » : un peu de délicatesse est nécessaire.***

Comment consulter ce livre

Principe de classement

Les recettes réunies dans ce livre bénéficient d'un classement thématique en 14 chapitres représentant tous les types de desserts existants.
Ces chapitres regroupent eux-mêmes pour la plupart des sous-chapitres, qui permettent d'identifier plus précisément chaque dessert. Chacun de ces sous-chapitres s'ouvre sur une introduction illustrée, visant à donner des conseils pratiques ou à indiquer la préparation de base (pâte brisée, pâte à crêpes ...) des recettes qui suivent. À l'intérieur de chaque sous-chapitre, les recettes sont tout simplement classées par ordre alphabétique. Ont parfois été placées sous la tutelle de ces dernières des recettes baptisées « variantes », parce qu'elles possèdent un mode de réalisation similaire, un ingrédient principal identique, et pour éviter du même coup toute répétition inutile.

Comment choisir une recette

Outre la table des matières et le sommaire, un index thématique situé en fin d'ouvrage permet de regrouper les recettes selon leur ingrédient principal et de répondre à des questions telles que : « Comment puis-je cuisiner des mangues ? » Les réponses se trouvent à la fois dans le chapitre des desserts de fruits à la lettre M pour « Mangues aux épices en gratin », et des glaces à la lettre S pour « Sorbet à la mangue ».

La qualification des recettes

Chaque recette est qualifiée par un petit encadré à droite de la liste des ingrédients qui précise son appartenance à l'une des 10 catégories suivantes

recette express

- ☐ ***recette express :*** le temps de préparation est inférieur à 30 mn
- ☐ ***recette de fête :*** destinée au jour où l'on met les petits plats dans les grands
- ☐ ***recette économique :*** pour un prix modique
- ☐ ***recette raffinée :*** pour des desserts fins
- ☐ ***recette rustique :*** pour des desserts aux ingrédients simples, et qui donnent lieu à des ambiances chaleureuses
- ☐ ***recette saveur :*** le mélange des saveurs est particulier
- ☐ ***recette traditionnelle :*** autrement dit, un classique
- ☐ et le cas échéant, son origine géographique particulière : recette alsacienne, recette guadeloupéenne...

  Dans le cas des desserts pour les enfants, les recettes peuvent entrer dans 2 catégories :
- ☐ ***délice des enfants :*** desserts dont les enfants sont friands, mais à réaliser par un adulte
- ☐ et dans le chapitre des desserts des enfants, des recettes destinées à être réalisées par des enfants dont l'âge est précisé : 5 ans et plus...

Enfin, vous noterez que certains desserts possèdent des recettes de crèmes, de ganaches... qui diffèrent légèrement d'un dessert à l'autre. L'explication en est simple : la cuisine n'est pas une science exacte, et c'est au contraire la touche personnelle et inattendue d'un dessert qui en fait l'attrait; nous avons donc voulu conserver la personnalité de chaque recette, qu'elle soit traditionnelle ou raffinée. Le dernier chapitre de cet ouvrage rassemble cependant les versions classiques de ces recettes, auxquelles on peut se référer.

Avant-propos

Les 1000 recettes que rassemble cet ouvrage constituent un florilège des meilleures recettes de desserts, des plus simples aux plus raffinées, d'hier à aujourd'hui, en France, à l'étranger, des traditionnelles aux plus originales, des recettes express aux plus sophistiquées, et même des recettes « santé » ou « légères ».

Elles ont toutes été sélectionnées pour leur faisabilité, afin de permettre à tout un chacun, cordon bleu ou cuisinier occasionnel, de concocter de succulentes gourmandises. La photo qui accompagne chacune des recettes, les conseils pratiques en tête de chapitre ou attenant à la recette vous permettront de les réussir à coup sûr. Nous avons eu à cœur de vous faciliter la tâche en veillant également à ce qu'il soit aisé de se procurer les produits et le matériel préconisés dans les recettes. De plus, vous trouverez de nombreux conseils pour la décoration, tant il est vrai que le plaisir des yeux devance et accompagne celui des papilles.

Car le dessert fait à la maison est un bonheur à réaliser et surtout à partager. Associé à la gourmandise et à l'enfance, l'aliment sucré — le seul des quatre goûts qui est inné — possède une forte valeur psychologique. Objet d'une valorisation affective inconsciente, il appartient au rituel de l'hospitalité : mariages, anniversaires, tasse de thé s'accompagnent toujours de gâteaux et de friandises. Vous trouverez ainsi des recettes pour ne manquer aucune occasion, à réaliser en solo ou avec les enfants, au four traditionnel et même au four micro-ondes.

Enfin, il n'existe pas de meilleur signe de bienvenue que la bonne odeur de la pâtisserie maison, et de plus grand bonheur que de faire grandir les enfants dans cette odeur-là.

Bienvenue donc au royaume des douceurs, pour le plus grand plaisir des « becs sucrés ».

Et puisque la gourmandise, certes péché capital, est sans aucun doute le plus doux des défauts, régalez-vous !

ÉQUIVALENCES THERMOSTAT/DEGRÉS

THERMOSTAT	°C	QUALITÉ
Thermostat 1	50 °C	très doux ou minimum
Thermostat 2	80 °C	très doux
Thermostat 3	100 °C	doux
Thermostat 4	120 °C	doux
Thermostat 5	150 °C	moyen
Thermostat 6	180 °C	moyen
Thermostat 7	210 °C	chaud
Thermostat 8	240 °C	chaud
Thermostat 9	270 °C	très chaud
Thermostat10	300 °C	très chaud ou maximum

PESÉES SANS BALANCE

INGRÉDIENTS	c. à c.		c. à s.	
	rase	bombée	rase	bombée
Farine	3 g	8 g	12 g	25 g
Fécule	2 g	6 g	10 g	20 g
Sel fin	5 g	10 g	16 g	26 g
Sucre semoule	5 g	10 g	20 g	30 g
Crème fraîche	3 c. à s. = 1 pot de 20 cl			

CONTENANCE

USTENSILES	cl
Tasse à café	10 cl
Tasse à thé	15 cl
Tasse à déjeuner	20 - 25 cl
6 cuillerées à soupe	20 cl
Verre classique	20 cl
Pot de yaourt	15 cl

sommaire

Les petits plus de la pâtisserie
page 11

Gâteaux et pâtisseries
page 23

Tartes, tourtes, crumbles et streusels
page 75

Entremets
page 145

Desserts de fruits
page 237

Pâtisseries individuelles
page 291

Desserts glacés, glaces, granités et sorbets
page 327

Desserts santé et allégés
page 361

Desserts au four micro-ondes
page 397

Desserts des enfants
page 407

Boissons
page 415

Décoration
page 419

Recettes de base, garnitures et accompagnements
page 423

Index
page 448

GÂTEAUX ET PÂTISSERIES
page 23

À un appareil page 24

À deux appareils page 46

À trois appareils page 62

Omelettes et soufflés page 178

Clafoutis, crêpes, fars et flans page 184

Desserts à la polenta, semoule, au blé, riz et tapioca page 198

Beignets, croustillants, gaufres et pastillas page 210

Charlottes, pains perdu et puddings page 224

DESSERTS DE FRUITS page 237

Fruits en gelée et terrines 238

Fruits cuits page 246

DESSERTS AU FOUR MICRO-ONDES page 397

DESSERTS DES ENFANTS page 407

BOISSONS page 415

DÉCORATION page 419

RECETTES DE BASE, GARNITURES ET ACCOMPAGNEMENTS page 423

les petits plus de la Pâtisserie

la Farine, la Fécule et la Levure

La farine

La farine entre dans la confection de nombreux desserts. On en utilise différentes sortes.

La farine fluide dispense du tamisage, elle est à réserver aux crèmes et aux crêpes.

La farine à gâteaux contient déjà la levure : pas besoin d'en ajouter.

La farine panifiable est une farine fabriquée à partir du blé tendre, seule céréale contenant cette protéine particulière qu'est le gluten, et qui permet au pain de lever.

En pâtisserie, on emploie majoritairement la farine de blé, mais aussi les farines de châtaigne, de maïs ou de sarrasin, cette dernière étant l'ingrédient de base des célèbres galettes.

La fécule

Dans certaines préparations, la farine est remplacée par de **la Maïzena (fécule de maïs)** ou de **la fécule de pomme de terre.** Les fécules, en fait l'amidon, sont extraites de l'ensemble du végétal d'origine et pas seulement de la graine. Elles apportent finesse et légèreté aux gâteaux. Elles ne sont que rarement utilisées seules, car elles ne « tiennent » pas assez : on doit les mélanger à de la farine.

La levure

La levure sert à donner volume et légèreté aux gâteaux. Il en existe deux sortes, qui ne sont pas interchangeables.

La levure de boulanger ; fraîche, on la trouve comme son nom l'indique chez le boulanger, sous forme de cubes de 20 à 50 g. Elle doit être achetée le jour même de son utilisation car sa conservation au réfrigérateur est de courte durée. Il faut la sortir 2 ou 3 h à l'avance et la réhydrater avec 1 cuillerée à soupe d'eau tiède. Elle demande un temps de repos de plusieurs heures à température ambiante.

La levure chimique ou levure alsacienne ; elle ne demande pas de temps de repos, n'agissant que sous l'effet de la chaleur à partir de 100 °C. En revanche, elle ne doit pas être incorporée trop tôt car elle réagit aussi à l'humidité et elle perd alors son pouvoir levant à la cuisson. Elle se conserve des mois dans son petit sachet de papier rose de 10 g.

La fabrication de la farine

Dès le néolithique (entre 5000 et 2500 av. J.-C.), les hommes broient les grains de blé pour en faire de la farine, à la main, entre une pierre plate et une pierre ronde. Son principe n'a guère changé depuis : on extrait du grain de blé son amande, dont on élimine l'enveloppe et le germe. On la broie et on obtient différents types de farine selon le degré de finesse du tamisage final.

Type 45 : qualité supérieure, dite aussi **à pâtisserie** ou **suprême.** C'est la plus chère et il n'est pas indispensable de la tamiser, sauf si elle est utilisée au-delà de 1 mois après sa fabrication, délai après lequel elle perd de sa force levante. On l'appelle aussi fleur de froment ou farine de gruau.

Type 55 : dite aussi **ménagère.** Plus économique, elle doit être tamisée avant utilisation pour éviter les grumeaux.

La levure chimique

Créée par Émile Moench, un Alsacien, en 1897, la levure chimique se mélange à la farine mais ne doit jamais être délayée dans un liquide.

Le bicarbonate

Le bicarbonate de soude est également un agent levant, mais d'emploi moins répandu que la levure.

le Lait, la Crème, le Beurre et les Œufs

Le lait

Pour la pâtisserie, le choisir **demi-écrémé :** ses qualités gustatives sont assez équivalentes au lait entier, mais **pasteurisé frais,** pas UHT. À 150 °C, ne serait-ce que pendant 1 ou 2 s, certains ferments lactiques sont détruits, et ils sont utiles en pâtisserie, pour la maturation de la crème anglaise par exemple, qui se bonifie au bout de 12 h. Prenez soin de toujours refermer la bouteille car le lait s'imprègne facilement des odeurs. Le lait concentré ou le lait en poudre entrent également dans la composition de certaines recettes.

Le beurre

Le beurre peut revêtir diverses formes.

Le beurre pommade : ramolli quelques secondes au micro-ondes, ou battu quelques minutes jusqu'à obtention de la consistance d'une pommade.

Le beurre clarifié : c'est le beurre débarrassé de son petit-lait (aussi appelé babeurre), c'est-à-dire de sa caséine. On l'obtient en chauffant du beurre pendant 1 h à feu doux, en écumant la mousse qui se forme à la surface. Il se conserve plusieurs mois au réfrigérateur, dans un récipient hermétique. Résistant à des températures élevées, c'est sous cette forme que le beurre est le plus sain à cuire.

La crème fraîche

Issue du lait, la plus parfaite est la crème liquide (dite aussi fluide ou fleurette) pasteurisée, non traitée UHT. C'est un parfait support d'arôme, celui de la vanille en particulier, grâce à son pouvoir de foisonnement quand on la fouette. Enrichie de ferments lactiques, elle devient épaisse et prend un goût légèrement acide. Seule la crème d'Isigny-Sainte-Mère possède l'AOC, est épaisse mais pas acide ! La crème contient bien moins de matières grasses que le beurre : 30 % contre 82 %. 1 cuillerée à soupe de crème = 49 kcal.

L'œuf

N'utiliser que des œufs extrafrais (jour de ponte + 9) pour les blancs montés en neige. Pour toute autre pâtisserie cuite, on peut aller jusqu'à « jour de ponte + 21 ». Les jaunes et les blancs séparés peuvent être conservés quelques jours au réfrigérateur dans des récipients hermétiques : 7 jours pour les blancs, 2 jours pour les jaunes.

Le lait

Voilà près de dix mille ans que de nombreux peuples se délectent du lait de leurs troupeaux. Symbole des nourritures terrestres et spirituelles, ce liquide universel possède une signification forte dans l'histoire de toutes les religions. Selon la mythologie grecque, pour n'en citer qu'une, le lait giclant du sein de la déesse Junon, sous la vigoureuse pression du petit Hercule, s'en alla dessiner dans le ciel une traînée blanche que l'on nomma Voie lactée.

Le poids des œufs

L'œuf de 60 à 65 g est un poids moyen correspondant aux recettes. Sa coquille pèse 10 g, son jaune 20 et son blanc 30.

Le choix du beurre

Choisir un beurre frais, de qualité, extrafin, en particulier pour la pâte feuilletée. Les plus réputés sont le beurre d'Échiré, le beurre Charentes-Poitou et le beurre d'Isigny, bénéficiant tous de la prestigieuse AOC (appellation d'origine contrôlée). Il faut la crème de 5 l de lait pour obtenir 250 g de beurre.

le Sucre, le Sel et le Miel

Le sucre

Le sucre, outre la saveur qu'il apporte, est un exhausteur de goût, un agent de texture et de conservation et un support de fermentation.

L'UTILISATION DU SUCRE

Divers par sa forme et sa qualité, on l'emploie selon les goûts, les envies et les besoins.

Le sucre cristallisé ◆ c'est le premier stade de transformation des sirops de sucre.

Le sucre semoule ou sucre en poudre (ou « sucre » tout court) ◆ il s'agit de sucre cristallisé broyé et tamisé fin.

Le sucre candi ◆ il est composé de gros cristaux blancs ou bruns obtenus par cristallisation d'un sirop de sucre très pur.

Le sucre roux ◆ c'est un sucre cristallisé brut roux extrait du jus de canne à sucre. Sa saveur rappelle celle du rhum.

Le sucre vergeoise ◆ c'est un sucre à consistance moelleuse provenant d'un sirop recuit après le premier essorage du sucre (vergeoise blonde) ou après le deuxième (vergeoise brune).

Le sucre glace ◆ il s'obtient par broyage fin du sucre cristallisé blanc, additionné de 3 % d'amidon pour éviter qu'il s'agglomère.

Le sucre en morceaux ◆ les dominos les plus classiques sont les n° 3 de 7 g et n° 4 de 5 g. L'idéal pour fabriquer un caramel.

Le sucre en grains ◆ pour décorer brioches et chouquettes.

Le sucre vanillé à faire soi-même ◆ laisser sécher des gousses de vanille, une fois vidées de leurs graines, dans un bocal contenant du sucre en poudre. Le sucre se parfume également avec des fleurs (roses, lavande…) ou des épices (clous de girofle, anis, gingembre, cannelle…) pourvu qu'elles soient bien sèches.

Le sucre gélifiant dit à confiture ◆ c'est un sucre en poudre blanc enrichi de pectine naturelle de fruits qui facilite la prise des confitures et leur conservation. Il empêche aussi certains sorbets de pailleter.

Le sirop d'érable ◆ la sève d'érable, dite « eau d'érable », s'écoule des troncs ; on la recueille puis, par évaporation, on abaisse son taux d'humidité pour obtenir 1/40e de sirop.

Le sirop de sucre ou sucre liquide ◆ utilisé essentiellement pour les cocktails. 1 cuillerée à soupe de sirop de canne = 10 g de sucre.

L'aspartame ◆ attention de bien réserver cet édulcorant aux adultes. Les enfants, eux, ont besoin de vrai sucre.

Tous les glucides ont la même valeur énergétique : 4 kcal pour 1 g.

Le sel

Une pincée de sel suffit à créer l'équilibre gustatif d'une recette. Il faut ajouter du sel dans les pâtes à tarte, à biscuits, à cake, et s'il est inutile d'en mettre dans les crèmes et les mousses, c'est que le lait, la crème fraîche et le chocolat en contiennent déjà. Dans les blancs d'œufs à monter en neige, la pincée de sel est indispensable pour les rendre à la fois plus fermes et plus blancs.

La fleur de sel

Le sel le plus fameux est la « fleur de sel », petits cristaux blancs et brillants, au léger parfum de violette, au pouvoir salant assez faible et dont le croquant sous la dent est un vrai bonheur.

Le miel

Il en existe deux familles.

Les « mille fleurs » : celui de plaine est issu du trèfle, du sainfoin, de la luzerne, du colza et d'arbres fruitiers. Celui des montagnes provient des fleurs sauvages poussant sur une base de sapin ou de châtaignier.

Les monofloraux, ou miels de cru, issus d'une seule fleur, plante aromatique ou de la forêt : ce sont des miels à la concentration florale optimale. Les principaux sont les miels d'acacia, de bruyère, de châtaignier, de colza, de lavande, d'oranger, de romarin, de sapin, de thym et de tilleul.

Conservation

Le miel se conserve dans un pot en verre ou en carton paraffiné, fermé, au sec, à l'abri du froid, de la chaleur et de la lumière. Entamé, il faut le consommer assez vite ; sinon, il se garde 2 ans. Au réfrigérateur, il cristallise.

Diététique

Le miel contient 75 à 80 % de sucres – pour la plupart des sucres simples rapidement assimilés par l'organisme –, 14 à 20 % d'eau et 1 à 5 % de protides, sels minéraux, pollens, enzymes. C'est une mine d'énergie et, s'il est moins calorique que le sucre (307 kcal pour 100 g contre 400), il possède un pouvoir sucrant deux fois plus élevé.

le Chocolat

Le chocolat est aujourd'hui le principal ingrédient de nos desserts. Il existe sous différentes formes et variétés qu'il convient de distinguer en fonction de l'emploi souhaité.

L'UTILISATION DU CHOCOLAT

Sur l'emballage des tablettes ne figure que le pourcentage de cacao. Il s'agit en fait de la pâte et du beurre de cacao réunis. Par soustraction, on obtient la teneur en sucre, car en France le chocolat n'est pas fabriqué avec d'autres ingrédients, mis à part la lécithine.

Le chocolat de ménage ou chocolat à cuire ◆ 30 % de cacao au minimum. Économique, il convient très bien pour toutes les réalisations cuites : génoises, brownies... Il est aussi utilisé pour le décor, car il est épais et souple, et permet la réalisation de copeaux.
Le chocolat noir courant ◆ entre 35 et 42 % de cacao.
Le chocolat fin, extrafin, surfin, bitter, amer et "supérieur" ◆ 43 à 48 % de cacao. Ces différentes catégories sont adaptées aux préparations mi-cuites : ganache, sauce au chocolat, et parfument les crèmes pâtissières ou fouettées.
Le chocolat de couverture ◆ 43 % de cacao au minimum. Grâce à sa proportion plus élevée en beurre de cacao que les autres chocolats, il fond et devient liquide dès 30-32 °C. Cela le rend parfaitement adapté pour les glaçages, en particulier des bonbons au chocolat, et la réalisation des moulages de Pâques.
Les grands crus ◆ 65 % de cacao au minimum. Ils sont parfaits pour les mousses, les crèmes ou tout simplement à croquer.
Le chocolat au lait ◆ il suit les mêmes classifications que le noir, avec un taux de cacao plus faible : 20 % au minimum pour le chocolat au lait de ménage, 25 % pour le courant, et 30 % minimum pour le supérieur ou extrafin.
Le chocolat blanc ◆ sous l'effet de la chaleur, il devient vite écœurant, du fait de sa composition : 20 % au minimum de beurre de cacao, 55 % de sucre et de lait. De plus, il se mélange difficilement à d'autres ingrédients. Il est, en revanche, idéal pour la décoration.
Les poudres de cacao amer ◆ ce sont des produits purs de cacao, dont 20 % au minimum de beurre de cacao. Dans certaines poudres dégraissées, la proportion de cacao oscille entre 9 et 19 %.
Les poudres de petit déjeuner ◆ elles n'ont pas d'intérêt en pâtisserie, car elles possèdent beaucoup trop de sucre (jusqu'à 75 %). Il est préférable d'utiliser du cacao amer pour mieux doser la proportion de chocolat.

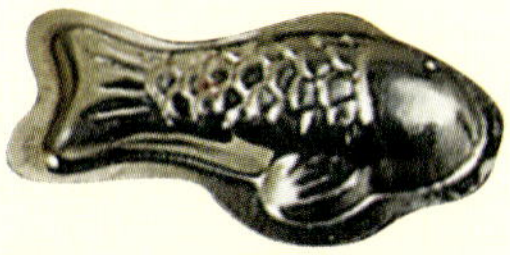

La fonte du chocolat

Quel que soit le chocolat, le faire fondre doucement, à la température la plus basse d'un bain-marie ou au micro-ondes sans dépasser les 600 W ; une chaleur trop forte le rendrait granuleux et amer. Et pour qu'il reste fluide, ne pas le mélanger à de l'eau et le remuer seulement une fois fondu, hors du feu.

Conservation

Le meilleur lieu de conservation est un placard sec et aéré, un peu frais ou à température ambiante. L'air, l'humidité et la lumière sont ses ennemis. Au réfrigérateur, il peut blanchir et changer de texture. Il doit être mis à l'abri des odeurs, car il s'en imprègne facilement.

Chocolat et diététique

C'est un concentré d'énergie, grâce aux sucres et aux graisses qu'il contient, et à son extrême richesse en magnésium qui permet de pallier fatigue et nervosité. Il possède en outre cinq autres sels minéraux, plus du cuivre, du fluor et sept vitamines qui en font un aliment régénérateur.
Avec environ 500 kcal pour 100 g, une consommation quotidienne de 25 à 50 g de chocolat est un péché de gourmandise autorisé.

les Fruits frais

Pommes, agrumes en hiver, fruits rouges au printemps, abricots et pêches en été, figues, raisins et poires à l'automne; la ronde des fruits fait le tour des desserts.
Il faut apprendre à bien les choisir, bien les conserver, et aussi, pourquoi pas, à les congeler, les mettre en bocaux ou dans de l'alcool pour les faire durer plus d'une saison.

Les agrumes

L'orange, le pamplemousse et le citron sont leurs plus illustres représentants. Apparus dans le Sud-Est asiatique, c'est aux croisés que l'on attribue leur introduction en Europe.
Ils apportent tous de la vitamine C en quantité, ainsi que d'autres vitamines et des sels minéraux, mais peu de calories : 45 kcal pour 100 g pour l'orange et le pomelo, 20 seulement pour le citron. La bigarade, la lime, la bergamote, le cédrat et le kumquat appartiennent eux aussi à cette grande famille, de même que les clémentines, mandarines, tangérines et autres clémandarines. On peut congeler ces dernières, pelées et tranchées.

Les fruits rouges

Cerise

On distingue trois grandes catégories de cerises. Parmi les douces, on trouve les guignes (pour faire du kirsch) et les bigarreaux; les plus connues sont la burlat et la moreau, que l'on trouve dans 90 % des vergers français. Dans la catégorie des cerises acides, viennent la griotte et la montmorency, idéales pour les conserves à l'eau-de-vie. Enfin, les anglaises, issues du croisement entre cerisier acide et merisier, constituent la dernière catégorie. La cerise est le plus sucré et le plus énergétique des fruits rouges, avec 56 à 80 kcal pour 100 g. Tout est bon dans la cerise : on fait de l'alcool avec les noyaux, des tisanes avec les queues et, bien sûr, des boucles d'oreilles avec les jumelles…

Fraise et Fraise des bois

La fraise que nous connaissons aujourd'hui est née en 1714. Un lieutenant de vaisseau du nom de Frézier eut l'idée de croiser un plant qu'il avait rapporté du Chili avec une fraise des bois sauvage de sa Bretagne natale, seule variété connue et consommée jusqu'alors.
Il existe aujourd'hui près de 600 variétés qui descendent toutes de ce pied-là. Parmi elles, la gariguette, de forme longue, a un petit goût sucré et acidulé, et la mara des bois a, comme son nom l'indique, un goût prononcé de fraise des bois. Restée sauvage, la fraise des bois, elle, est cueillie à l'ombre des taillis. Bien mûre, elle offre une saveur incomparable. On en trouve de culture, mais elles sont plus grosses et moins parfumées. Il ne faut pas faire tremper des fraises, un rinçage sous le robinet suffit. Riches en vitamine C, en calcium, en magnésium, en fibres (autant que les légumes verts) et peu caloriques, avec 40 kcal pour 100 g, il n'y a visiblement aucune raison de résister à une envie de fraises ! (Congélation : sous forme de coulis peu sucré, ou équeutées et nature.)

Framboise et mûre

Selon Pline l'Ancien, la couleur de la framboise est due à la nymphe Ida, qui s'égratigna en en cueillant pour Jupiter, et teignit à jamais le fruit d'un rouge éclatant.
Cultivée en pleine terre, c'est la meilleure. Comme la plupart des baies, elle est peu calorique, avec 38 kcal pour 100 g, et fournit en quantité et en qualité sels minéraux et vitamines, ainsi que des fibres en abondance. La framboise est donc à consommer sans modération sous toutes ses formes. La mûre, sa cousine presque noire, se caractérise par un goût plus doux et à peine acidulé. On peut les congeler nature, entières ou en purée, ou au sucre avec un jus de citron.

Groseille

La groseille est le fruit rouge le moins riche en sucre et est peu énergétique, avec 33 kcal pour 100 g. C'était le « caviar » préféré d'Alfred Hitchcock. Les groseilles noires sont plus communément appelées cassis.

Myrtille

La myrtille est nettement meilleure à l'état sauvage. Source de vitamines incomparable, elle est fort utilisée dans l'industrie pharmaceutique à des fins diététiques et thérapeutiques.

Les fruits d'automne

Figue

Énergétique, la figue apporte environ 60 kcal pour 100 g. Elle est très riche en oligo-éléments, en vitamines et en fibres. On distingue les figues vertes, destinées à être séchées, les violettes et les noires. Celles de Solliès sont les plus savoureuses.

Poire

Peu énergétique, avec 50 kcal pour 100 g, la poire est riche en fibres et facilite le transit intestinal.

Pomme

Elle est bien sûr le fruit défendu du paradis. Selon un dicton populaire : « Une pomme par jour éloigne le médecin… surtout si l'on vise bien. »
Chaque variété de pomme a ses propres caractéristiques, que ce soit sur le plan gustatif ou sur le plan culinaire. Avec 60 kcal pour 100 g, la pomme est assez énergétique et source de sucres rapides.

Prune

Mirabelles ou quetsches, les prunes sont idéales en tartes. On peut les congeler entières, en oreillons ou en purée.

Raisin

Très riche en sucre, le raisin apporte 75 kcal pour 100 g. Égrappé, on peut le congeler nature ou au sucre.

Les fruits d'été

Abricot

Les qualités nutritionnelles de l'abricot en font l'ami des intellectuels pour sa teneur en sels minéraux. C'est le fruit le plus riche en carotène, et la vitamine C qu'il renferme lui confère des vertus tonifiantes. Peu énergétique, l'abricot ne contient que 44 kcal pour 100 g. Il faut l'acheter mûr, car, une fois cueilli, il ne mûrit plus. Les amandes de son noyau sont délicieuses ajoutées à la confiture d'abricots.

Melon et Pastèque

Un bon melon est en général lourd, il sent bon et sa peau est légèrement craquelée autour du pédoncule. Avec ses 40 kcal pour 100 g, il est peu calorique. Quant à la pastèque, elle aussi doit être lourde, et ne doit pas sonner creux. Le melon se conserve aisément sous forme de tranches pelées, citronnées et légèrement sucrées.

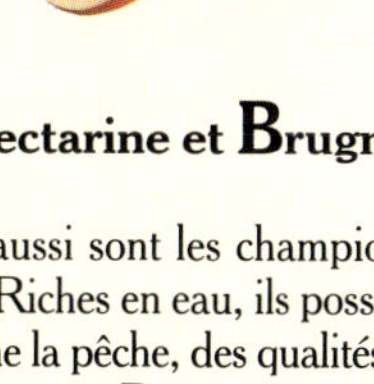

Nectarine et Brugnon

Eux aussi sont les champions de l'été. Riches en eau, ils possèdent, comme la pêche, des qualités réhydratantes. Peu énergétiques, 40 kcal pour 100 g, ils offrent une alternative délicieuse à leur cousine la pêche. Il existe aussi des variétés à chair blanche et jaune. On peut les manger avec la peau.

Pêche

Blanche ou jaune, la pêche est peu énergétique, avec 40 kcal pour 100 g. Sous sa peau fine, la pêche blanche cache une chair juteuse, parfumée et sucrée. Plus fragile que sa cousine jaune, elle se conserve mal. Plus ferme, la pêche jaune tient mieux à la cuisson, tout en étant aussi parfumée et sucrée. La pêche se conserve coupée en deux, dénoyautée et blanchie 2 à 3 mn à l'eau citronnée.

Les fruits exotiques

Ananas

Rapporté de Guadeloupe par Christophe Colomb, il ne sera cultivé, à Versailles, qu'un siècle et demi plus tard. Il doit son nom aux Indiens du Brésil, qui l'appelèrent « nana-nana » (« parfum des parfums »).
Riche en vitamines, en fibres et en sucres, l'ananas contient 55 kcal pour 100 g.

Banane

À Ceylan, une légende hindoue prétend que le fruit défendu du paradis n'était pas une pomme, mais une banane. C'est dire l'antériorité de ce végétal cultivé en Inde bien avant notre ère, et transplanté en Afrique seulement au moment de l'ouverture de la voie maritime des épices.
Le bananier est en fait une herbe géante de 3 à 8 m de hauteur qui donne naissance à une vingtaine de « mains » composant un régime, portant 200 à 250 bananes. Elles sont cueillies vertes, puis voyagent dans des navires spéciaux avant de mûrir en mûrisserie, ou dans votre corbeille de fruits. Avec ses 100 kcal pour 100 g et sa richesse en minéraux et en vitamines B et C, la banane est tout indiquée comme aliment de récupération après l'effort sportif. Fruit exclusif des tropiques mais exporté partout, la banane est le fruit le plus consommé au monde. La garder hors du réfrigérateur, car le froid la fait noircir.

les Fruits secs et les Fruits confits

Les fruits secs

Les fruits secs sont un concentré de calories, 300 kcal pour 100 g, et sont aussi gorgés de minéraux et d'oligo-éléments. Faciles à transporter et à conserver, ils mériteraient une place plus grande dans nos desserts et dans les goûters de nos enfants.

Les mendiants

Associée aux figues sèches, aux raisins secs et aux noisettes, l'amande douce fait partie du plus populaire des desserts, les quatre mendiants, en référence à la couleur de la robe de bure des moines des quatre ordres mendiants que sont les dominicains, les franciscains, les carmes et les augustins. C'est le plus simple des desserts, à servir à l'improviste, avec une tasse de café.

Amande

Originaires d'Asie centrale, les amandes cultivées aujourd'hui seraient issues d'une variété sauvage de la Chine ancienne. À cette époque, les amandes représentaient une denrée de grande valeur sur la Route de la Soie.

En poudre, entières, fraîches, effilées, mondées (c'est-à-dire débarrassées de leur seconde peau), sous forme de pâte mélangée à du sucre ou de sirop – le fameux sirop d'orgeat –, les amandes ont une place déterminante dans l'univers de la pâtisserie : leur aspect protéiforme associé à leur saveur délicate les fait se prêter à de nombreuses préparations. Même en faible quantité, la poudre d'amandes confère aux crèmes et aux pâtes à gâteaux une onctuosité impossible à obtenir sans elle, et les macarons, florentins, dacquoises et autres pains de Gênes, sans parler des calissons, nougats et dragées, doivent à l'amande leur croquant inimitable.

Pour monder les amandes

Les plonger 30 s dans une casserole d'eau bouillante, puis dans de l'eau froide. La petite peau s'en va en pinçant l'amande entre les doigts.

Les autres fruits secs

Les pignons de pin, les noisettes, les noix, les dattes, les pistaches et la noix de coco en font partie. Les préparations toutes prêtes des supermarchés les rendent accessibles toute l'année.

Les fruits secs moelleux

Pruneaux, abricots, raisins secs et figues doivent être choisis encore souples et bien charnus. On peut éventuellement les réhydrater 1 h avant de les utiliser, avec de l'eau, du thé tiède ou de l'alcool (rhum ou eau-de-vie).

Pour ouvrir une noix de coco

L'enfourner à 180 °C 15 mn : la coque va se fendre toute seule, il ne restera plus ensuite qu'à percer l'enveloppe de pulpe pour recueillir l'eau de coco (très désaltérante, à ne pas confondre avec le lait de coco qui est en fait une émulsion de pulpe râpée et d'eau) et à finir de l'ouvrir pour détacher la pulpe. Une noix de coco donne environ 20 cl de lait et 150 g de pulpe, qu'il faudra râper fin ou en copeaux.

Les fruits confits

Les préparations contenant des fruits confits sont parfois dites « à la diplomate ». Cerises, angélique, écorces d'orange ou de citron sont les fruits les plus répandus. Les meilleurs fruits confits proviennent de Saint-Rémy-de-Provence, dont c'est la spécialité. Quant aux marrons glacés, les meilleurs proviennent de la région voisine, l'Ardèche.
On trouve en grandes surfaces des préparations toutes faites de fruits confits pour cakes, très pratiques.

les Épices et les Aromates

Incontournables d'une cuisine haute en saveurs, les épices ont toujours fasciné les voyageurs, qui les rapportaient de leurs périples tels de précieux trésors. Les herbes aromatiques font elles aussi de plus en plus partie de notre quotidien, auquel elles apportent une note gustative originale.

Anis étoilé

Le fruit de cet arbuste chinois, que l'on appelle également badiane, contient la même huile essentielle que l'anis, d'où son goût très proche.

Basilic

Originaire des Indes orientales, le basilic peut se consommer aussi bien frais que séché pour parfumer de nombreux plats méridionaux. Plus il est coupé fin et plus son parfum, tenant du citron et du jasmin, est fort.

Cannelle

La cannelle est l'écorce du cannelier. En séchant, cette écorce se recourbe en forme de « petit canon ». Qu'elle soit desséchée ou en poudre, elle est utilisée surtout dans les desserts, tels que compotes et entremets, principalement à cause de sa saveur légèrement sucrée.

Cardamome

La saveur aromatique de ses cosses et graines moulues rappelle quelque peu celle du poivre. À acheter de préférence en petite quantité, car cette épice d'origine indienne est assez chère et s'évente rapidement.

Cari

C'est un arbuste indien dont les feuilles, proches de notre laurier, donnent un goût particulier aux mélanges d'épices du même nom. Il en existe une grande variété, mais un cari courant se compose d'anis, de coriandre, de cumin, de curcuma, de fenugrec, de graines de moutarde, de gingembre, de piments, de poivre et de feuilles de cari.

Curcuma

Aussi appelé safran des Indes, à cause de sa couleur. C'est la racine de la plante que l'on emploie, pour sa saveur poivrée et légèrement amère, dans la préparation des caris (voir cari).

Gingembre

C'est la racine de cette plante originaire d'Asie qui est utilisée. Frais, séché, confit ou en poudre, le gingembre aurait des vertus aphrodisiaques...

Mélisse et Citronnelle

La mélisse est parfois appelée citronnelle, pour son goût... de citron. C'est en fait une proche cousine de la menthe. La véritable citronnelle, quant à elle, ressemble à l'orge et se boit en infusion.

Menthe

La verte est la plus douce, l'aquatique se boit en infusion et la poivrée est surtout utilisée en confiserie.

Poivre

Ou plutôt les poivres, originaires des Indes. Il existe plusieurs types de graines : vertes, blanches, noires ou grises. Quant au poivre de Cayenne, c'est en fait la graine d'un piment. Le poivre de Sichuan, le plus employé en dessert, a une saveur à la fois piquante et florale.

Romarin

Les feuilles, les fleurs et les tiges de cet arbuste méditerranéen ont une saveur piquante et très prononcée : il en faut peu pour parfumer agréablement un dessert.

Safran

C'est le stigmate (l'extrémité du pistil) du crocus, séché et réduit en poudre, que l'on appelle safran. Cher, très colorant, il se conserve mieux en capsules et est aussi plus facile à doser sous cette forme.

Thym

C'est un des éléments essentiels de la cuisine. Frais ou séché, on le boit aussi en infusion pour ses vertus digestives et antitussives. Selon un herboriste du XVIIe siècle, son odeur dissiperait la mélancolie et empêcherait les cauchemars !

Vanille

Le vanillier est une plante grimpante de la famille des orchidacées, d'origine tropicale, dont on recueille les gousses longues et minces. Elle était l'objet d'un véritable culte chez les Aztèques. La meilleure est la vanille Bourbon, en provenance de Madagascar et de la Réunion.

Verveine

La verveine odorante, dite aussi verveine-citronnelle, est originaire d'Amérique du Sud. Ses feuilles servent classiquement à faire des infusions aux vertus stimulantes et digestives.

Conservation

Pour conserver tous les arômes des épices, les acheter en petite quantité (50 g) et les garder dans une boîte hermétique en métal ou en verre.

que Boire au dessert ?

La cohabitation dessert-vin n'est pas facile. De manière générale, il vaut mieux finir son verre et changer de vin au moment du dessert.
En tout cas, ne continuez surtout pas avec le bon ou grand vin rouge qui arrosait le plat principal ou le fromage : celui-ci serait immédiatement neutralisé par les notes sucrées, et vous ne lui trouveriez plus aucun intérêt.
Voici donc quelques suggestions d'alliances qui devraient vous aider à mettre en valeur votre création sucrée.

Au moment du dessert, renoncez au champagne brut, c'est du gâchis ! Un dessert sucré a tendance à l'« écraser » et un dessert au chocolat à l'anéantir. Servez-le soit carrément après le dessert, soit en apéritif ou en accompagnement du repas tout entier, dessert exclu !

Pour les irréductibles du champagne au dessert, préférez un champagne demi-sec ou bien un champagne rosé. Et sur les desserts exotiques, optez pour un crémant de qualité d'Alsace, de Bourgogne ou de Loire.

En revanche, les desserts aiment les vins doux ou « mutés » (c'est-à-dire dont la fermentation a été stoppée par l'adjonction d'alcool). Ceux-ci conservent tout le fruit du raisin frais et s'accordent bien avec les desserts aux fruits ou au chocolat. Les muscats de Frontignan, de Rivesaltes, de Beaumes-de-Venise se servent frais, de 9 à 10 °C, les maurys entre 10 et 15 °C et les banyuls ou les portos entre 12 et 17 °C. Ces derniers, très caramel, font merveille sur la tarte Tatin ou le chocolat amer.

Les grands vins blancs liquoreux ou moelleux réalisent eux aussi de beaux mariages avec les desserts : sauternes et tarte normande ou Tatin, monbazillac et fraises ou tarte aux pommes, coteaux-du-layon et abricots ou pommes acidulées, jurançon moelleux et rhubarbe, vouvray et cakes ou tartes aux poires et enfin vendanges tardives du vignoble alsacien et mirabelles ou encore chocolat blanc ou au lait.

Les eaux-de-vie de vin, comme le cognac ou l'armagnac, de grains, comme le whisky, ou de fruits, comme le calvados ou la vieille prune, élevées en fûts et du coup de couleur ambrée, aux arômes puissants de cuir et de bois, s'harmonisent aussi très bien avec le chocolat.

Quant aux alcools blancs, au Cointreau, au Grand Marnier, au rhum, ils s'accordent d'autant mieux à un dessert qu'ils entrent déjà dans sa composition en tant qu'ingrédient.
À condition de les utiliser avec modération.

Le café

Vous pouvez faire l'impasse sur le vin de dessert, avec un dessert chocolaté par exemple, en servant le café en même temps.
Choisir entre l'arabica, apprécié pour la finesse de son goût et ses qualités aromatiques, et le robusta, qui donne un café tonique au goût puissant et corsé, est une question… de goût. Forcer la dose ne sert à rien : 1 cuillerée à dessert bombée de café moulu par tasse, c'est bien. L'eau du robinet fait très bien l'affaire. En revanche, ne réchauffez pas un café, et surtout ne le faites pas bouillir. Un bon café ne se boit pas d'une seule traite, mais se déguste lentement, comme tous les plaisirs.

les Ustensiles et le Matériel

Il n'y a pas de bons artisans sans bons outils, et la pâtisserie est une chose artisanale : une attention à une multitude de détails est primordiale; ce n'est pas forcément compliqué, il faut juste se donner la peine de le faire.

Le four

En premier lieu, il doit être d'une propreté impeccable pour ne pas communiquer d'odeurs inopportunes au dessert. Il faut le préchauffer 10 à 15 mn au moins, comme nous l'indiquons dans les recettes. Et si vous remarquez quelques anomalies dans les réactions de votre four (temps qui ne correspond pas à nos indications), c'est peut-être qu'il n'est pas étalonné. Cela vaut alors sans doute le coup d'investir dans un thermomètre à four (peu onéreux au demeurant) qui vous permettra de savoir exactement à quoi correspondent les graduations de votre four, et de modifier son usage en conséquence.

Les moules

Il n'est pas indispensable d'en avoir toute une panoplie, voici ceux qui constituent un bon fonds de placard :
un moule à tarte de 30 cm de diamètre, la taille standard pour une tarte de 6 à 8 personnes (et qui équivaut à 12 petits moules à tartelette de 7 cm). Les pâtissiers préfèrent les cercles à tarte, qui sont effectivement plus faciles à démouler, mais il faut du coup présenter les tartes sur un joli plat de service, alors qu'un beau moule à tarte en porcelaine blanche peut parfaitement passer du four à la table, sans souci de démoulage;
un moule à cake de 24 cm;
un moule à manqué : pratiquement universel, il sert à la cuisson de nombreux gâteaux;
un moule à charlotte;
un moule à soufflé et des ramequins.

Les petits outils de travail

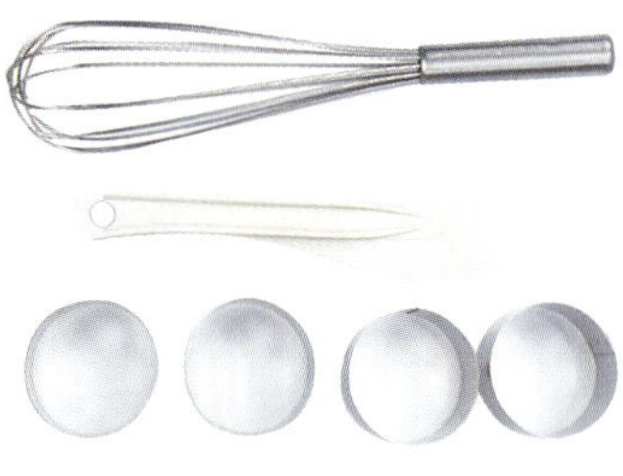

3 culs-de-poule de tailles différentes pour battre les préparations. Ils sont sans arête et sont un atout pour l'homogénéité des mélanges, en particulier au bain-marie;
des fouets de tailles différentes, car le fouet doit être adapté au volume du mélange;
une passoire fine pour tamiser la farine et la levure chimique et passer les préparations à grumeaux ou à pépins;
une grille à pieds pour mettre les gâteaux à refroidir;
un rouleau à pâtisserie en bois, à fariner avant usage.

Les alliés précieux

Le papier sulfurisé pour étaler les pâtes sablées, chemiser les moules, etc.;
Le film alimentaire pour chemiser les terrines et conserver les préparations au propre;
Le papier d'aluminium pour terminer la cuisson d'un gâteau sans risque de le brûler ou faire des papillotes;
Du carton propre pour faire des pochoirs et décorer au sucre glace ou au cacao.

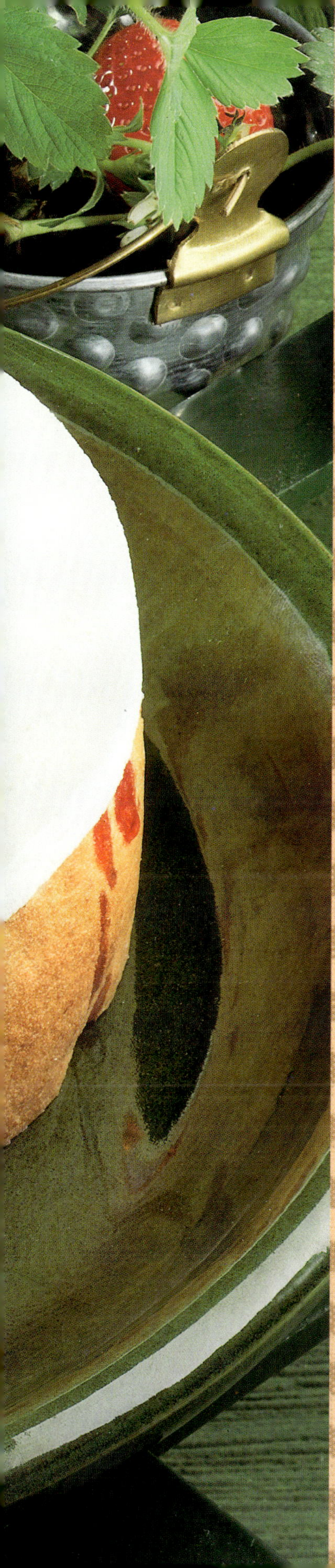

Gâteaux
et pâtisseries

À un Appareil

COMMENT RÉUSSIR UN GÂTEAU

Tout d'abord, bien choisir son moule

Il ne faut pas qu'il soit trop petit, surtout si le gâteau doit lever et gonfler, car il risquerait de déborder.

Beurrer le moule

Il existe deux façons de procéder : soit placer le moule dans le four allumé pour le préchauffage, puis, avec une manique, le sortir et badigeonner l'intérieur avec un morceau de beurre froid ; soit faire fondre un peu de beurre, au four micro-ondes par exemple, et tapisser le moule froid au pinceau. La seconde solution présente l'avantage d'écarter les risques de brûlures.

Fariner le moule

Après avoir placé le moule beurré au réfrigérateur quelques minutes, pour que la matière grasse se fige et n'accroche pas trop de farine, saupoudrer la farine sur les parois du moule, puis le renverser pour ôter l'excédent. Pour éviter de beurrer et de fariner le moule, le tapisser de papier sulfurisé, idéal pour les gâteaux fragiles au démoulage.

Le test de cuisson

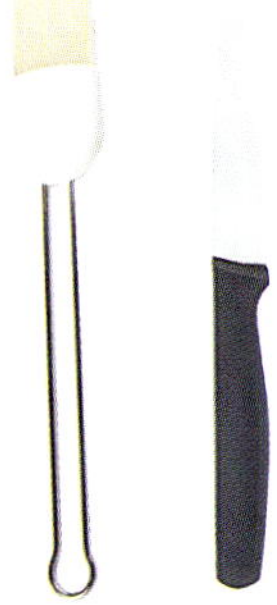

Pour certains gâteaux, il est nécessaire de stopper la cuisson lorsque la lame d'un couteau que l'on a enfoncée en leur centre est maculée ; pour d'autres, il faut la poursuivre jusqu'à ce que la lame ressorte propre. Cela sera précisé au cas par cas dans les recettes. Si le dessus du gâteau se colore trop vite et qu'il est nécessaire de poursuivre la cuisson à cœur – si la lame du couteau est encore maculée alors qu'elle ne doit plus l'être –, veiller à recouvrir le moule d'un morceau de papier sulfurisé beurré ou de papier d'aluminium, taillé à sa dimension.

La conservation des gâteaux

La plupart des gâteaux à un appareil – une seule préparation – se conservent plusieurs jours, enveloppés de film alimentaire, dans un sac en plastique dont on a chassé l'air, et entreposés dans un placard à l'abri de la lumière, au frais et au sec.

Biscuit de Savoie

Préparation : 25 mn
Cuisson : 40 mn

recette économique

Ingrédients pour 8 personnes :

4 œufs
100 g de sucre en poudre
1 sachet de sucre vanillé
50 g de farine
50 g de fécule de pomme de terre
25 g de beurre
30 g de sucre cristallisé

1. Préchauffer le four à 180 °C.
2. Séparer les blancs d'œufs des jaunes.
3. Ajouter aux jaunes d'œufs le sucre en poudre et le sucre vanillé. Fouetter jusqu'à ce que la préparation blanchisse. Incorporer alors, en pluie, la farine puis la fécule, sans cesser de fouetter.
4. Battre les blancs d'œufs en neige très ferme, puis les incorporer délicatement à la préparation précédente.
5. Beurrer le moule. Saupoudrer le sucre cristallisé et tapoter doucement le moule pour le répartir sur ses flancs.
6. Verser la pâte dans le moule, enfourner et cuire 40 mn environ. Vérifier la cuisson en enfonçant la lame d'un couteau au centre du biscuit : elle doit ressortir sèche.
7. Sortir le biscuit du four et laisser tiédir ou refroidir. Démouler sur une grille.

conseil

N'hésitez pas à rajouter un zeste d'orange ou de citron.

à savoir

*Créé, au XIV*e *siècle, par le cuisinier du comte de Savoie Amédée VI, en l'honneur de l'empereur Charles IV, cet énorme gâteau gonflé était décoré d'une figure représentant le comté de Savoie et surmontée d'une couronne impériale.*

Brioche à la crème et aux pralines

Préparation : 30 mn
Repos : 24 h
Cuisson : 15 mn

recette savoyarde

Ingrédients pour 8 personnes :

500 g de farine
2 c. à c. de sel
70 g de sucre
20 g de levure de boulanger
6 œufs + 6 jaunes
270 g de beurre mou
25 cl de crème fraîche
100 g de pralines

1. Préparer la pâte la veille : creuser un puits dans la farine. Ajouter le sel, 50 g de sucre, la levure diluée dans un peu d'eau tiède et les œufs. Mélanger du bout des doigts, en ramenant la farine du bord vers le centre, jusqu'à ce que le mélange soit pâteux et élastique. Pétrir à deux mains jusqu'à obtention d'une consistance lisse.
2. Incorporer 250 g de beurre coupé en parcelles. Travailler la pâte 10 mn. La mettre au réfrigérateur 24 h.
3. Sur une plaque à four beurrée, étaler la pâte en formant un disque de 25 cm de diamètre. Laisser lever 25 à 30 mn dans un endroit chaud (autour de 25 °C).
4. Pendant ce temps, monter la crème fraîche en chantilly. Incorporer les jaunes d'œufs battus. Réserver.
5. Préchauffer le four à 190 °C.
6. Piler les pralines dans un mortier. Réserver.
7. Aplatir le disque de pâte en son centre, en laissant une bordure de pâte levée de 1 à 2 cm tout autour. Parsemer les pralines hachées. Recouvrir avec la crème aux œufs. Saupoudrer du reste de sucre. Enfourner et cuire la brioche 15 mn environ.

à savoir

Les pralines sont une spécialité de Saint-Genix.

Brioche bordelaise

Préparation : 25 mn
Repos : 14 à 16 h
Cuisson : 30 mn

recette traditionnelle

Ingrédients pour 8 personnes :

11/2 c. à c. de sel
3 c. à c. de sucre
250 g de farine type 45
8 g de levure de boulanger
1 c. à s. de lait tempéré
3 œufs + 1 jaune
180 g de beurre mou
130 g de fruits confits
30 g de sucre en grains

1. Préparer la pâte la veille : verser le sel, le sucre et la farine dans un robot. Dans un verre, mélanger la levure et le lait. Verser ce liquide dans le robot, puis ajouter 2 œufs. Pétrir 10 mn environ à petite vitesse : la pâte doit être homogène et lisse. Incorporer l'œuf restant. Poursuivre le pétrissage 5 mn : la pâte doit se détacher des parois. Incorporer le beurre coupé en morceaux et pétrir encore 5 mn. Mettre la pâte dans un récipient, couvrir et laisser reposer à température ambiante au moins 1 h 30 : elle doit doubler de volume.
2. Pétrir la pâte et l'écraser avec le poing, pour lui redonner son volume initial. Mettre au réfrigérateur 1 h environ.
3. Rompre à nouveau la pâte avec le poing et la réserver au réfrigérateur 10 à 12 h couverte de film alimentaire.
4. Étaler la pâte au rouleau. Parsemer 100 g de fruits confits coupés menu dessus. Replier les bords vers le centre, pour obtenir une boule. L'aplatir et réserver au réfrigérateur 30 mn.
5. Faire un trou au milieu de la pâte, avec le pouce, puis l'étirer pour obtenir une couronne : le trou doit mesurer 10 cm de diamètre environ. Laisser reposer et gonfler à température ambiante 1 h 30.
6. Préchauffer le four à 200 °C. Badigeonner la couronne au pinceau avec le jaune d'œuf battu. Enfourner, baisser la température à 180 °C et cuire 30 mn.
7. Sortir la brioche du four. Laisser tiédir et décorer avec le reste de fruits confits et le sucre en grains.

variantes de la recette

Brioche aux fruits secs

Ingrédients : 250 g de farine, 1 sachet de levure chimique, 1 c. à c. de sel, 11/2 c. à s. de sucre, 3 œufs, 250 g de beurre pommade, 20 g de raisins secs, 20 g de pruneaux et 20 g d'abricots secs.

Mettre tous les ingrédients, à l'exception du beurre et des fruits secs, dans un robot. Lorsque la pâte est homogène, ajouter le beurre et les fruits secs. Verser la pâte dans un moule à brioche et laisser lever 3 h à température ambiante. Cuire au four préchauffé à 180 °C 45 mn. Servir avec un mélange de fruits rouges (200 g de fraises, 200 g de framboises et 150 g de mûres) poêlés dans le jus de 1 citron et 25 cl de banyuls jeune réduit de moitié sur feu très doux : l'alliance fruits secs/fruits rouges est un délice.

Brioche tressée aux fruits confits

Ingrédients : 1 pincée de sel, 80 g de sucre, 500 g de farine, 2 sachets de levure chimique, 25 cl de lait, 2 œufs + 1 jaune, 1 c. à s. d'eau de fleur d'oranger, 150 g de beurre pommade et 200 g de fruits confits.

Procéder comme pour la Brioche bordelaise.
À l'étape **1**, verser les ingrédients dans un saladier et pétrir à la main. Ajouter l'eau de fleur d'oranger avant le beurre. Incorporer tous les fruits confits après le dernier pétrissage.
À l'étape **5**, au lieu de faire une couronne, diviser la pâte en 3 parts égales, les rouler en boudins et les tresser.

conseil

Pour éviter que les fruits confits ne tombent au fond de la pâte, mélangez-les à 1 cuillerée à café de farine. Tous les ingrédients doivent avoir la même température.

Brownie
aux noix de pecan

Préparation : 30 mn
Cuisson : 35 mn

recette américaine

Ingrédients pour 8 personnes :

300 g de sucre
1 c. à s. de sucre vanillé
4 œufs
50 g de farine tamisée
260 g de beurre
160 g de chocolat noir
120 g de noix de pecan

1. Mélanger au fouet les 2 sucres, les œufs puis la farine.
2. Faire fondre 250 g de beurre, le laisser tiédir et l'incorporer à la pâte.
3. Préchauffer le four à 170 °C.
4. Faire fondre le chocolat cassé en morceaux dans un récipient placé dans un bain-marie. Laisser légèrement tiédir.
5. Incorporer le chocolat fondu pas trop chaud à la pâte. Ajouter les noix de pecan.
6. Beurrer un moule à gâteau.
7. Verser l'appareil dans le moule. Enfourner et cuire 35 mn.

conseil

Pour décorer le brownie, découpez des feuilles de houx dans de la pâte d'amandes et saupoudrez du sucre glace à la surface du gâteau, sur un pochoir en carton en forme de sapin.

variante de la recette

Brownie aux noix

À l'étape **1**, remplacer le sucre vanillé par 1 cuillerée à café d'extrait liquide de vanille. À l'étape **5**, remplacer les noix de pecan par des cerneaux de noix grossièrement hachés.

Cake à la banane
et aux noix

Préparation : 15 mn
Cuisson : 40 à 50 mn

recette irlandaise

Ingrédients pour 8 personnes :

150 g de beurre
360 g de farine
1 c. à s. de levure chimique
1/2 c. à c. de bicarbonate de soude
150 g de sucre
80 g de noix
250 g de bananes pelées
4 œufs

1. Préchauffer le four à 240 °C.
2. Faire fondre 130 g de beurre.
3. Tamiser 350 g de farine, la levure et le bicarbonate de soude dans une jatte.
4. Ajouter le sucre, les noix concassées et les bananes coupées en petits dés. Incorporer les œufs battus et le beurre fondu. Mélanger.
5. Verser la préparation dans un moule à cake beurré et fariné. Enfourner et cuire 10 à 15 mn.
6. Baisser la température à 200 °C et cuire encore 30 à 40 mn. Vérifier la cuisson en enfonçant la lame d'un couteau au centre du cake : elle doit ressortir propre.

variantes de la recette

Cake à la banane et au citron

À l'étape **4**, remplacer les noix par le jus et le zeste de 1 citron. Pour plus d'onctuosité, écraser les bananes à la fourchette.

Cake aux abricots secs et aux noix

À l'étape **4**, remplacer les bananes par 250 g d'abricots secs coupés en dés, et ajouter 3 c. à s. de jus de pomme ou d'orange.

Cake à la farine de châtaigne
et aux raisins secs

Préparation : 15 mn
Cuisson : 45 mn

recette corse

Ingrédients pour 6 à 8 personnes :

- 160 g de beurre
- 150 g de sucre glace
- 3 œufs
- 150 g de farine de blé
- 60 g de farine de châtaigne
- 1 sachet de levure chimique
- 1/2 c. à c. de sel
- 25 g de noisettes
- 25 g d'amandes
- 25 g d'écorce d'orange confite
- Le zeste de 1/2 orange râpé
- Le zeste de 1/2 citron râpé
- 125 g de raisins secs
- 1 gousse de vanille
- 2 c. à s. de rhum ambré

1. Préchauffer le four à 240 °C.
2. Travailler le beurre en pommade. Ajouter le sucre, peu à peu. Incorporer les œufs un par un. Ajouter les 2 farines tamisées avec la levure, puis le sel.
3. Hacher les noisettes, les amandes et l'écorce d'orange confite. Incorporer le tout à la pâte. Ajouter les zestes d'orange et de citron, les raisins secs, puis les graines de la gousse de vanille.
4. Verser la pâte dans une moule à cake de 30 cm chemisé de papier sulfurisé. Enfourner et cuire 45 mn à 220 °C.
5. Arroser le cake de rhum à la sortie du four.

conseil

Si le dessus du cake se colore trop rapidement, recouvrez le gâteau d'une feuille de papier d'aluminium.

notre avis

Ce cake est délicieux avec du café.

Cake à l'orange

Préparation : 20 mn
Cuisson : 45 mn

recette économique

Ingrédients pour 4 à 6 personnes :

- 3 œufs
- 150 g de sucre
- 1 pincée de sel
- 260 g de farine
- 1/2 sachet de levure chimique
- 140 g de beurre
- 2 écorces d'orange confites
- Le jus de 1 orange

1. Séparer les blancs d'œufs des jaunes. Dans une terrine, travailler les jaunes avec le sucre et le sel jusqu'à ce que le mélange blanchisse. Incorporer 250 g de farine, la levure et 120 g de beurre fondu. Mélanger soigneusement, jusqu'à obtention d'une crème homogène.
2. Préchauffer le four à 210 °C.
3. Couper les écorces d'orange en petits dés. Presser le jus. Incorporer le tout à la préparation.
4. Fouetter les blancs d'œufs en neige ferme. Les incorporer délicatement au mélange.
5. Beurrer et fariner un moule à cake de 24 cm. Le tapoter pour ôter l'excédent de farine. Verser la pâte dans le moule. Enfourner et cuire 45 mn environ à 200 °C.

variante de la recette

Cake à l'orange et au carvi

Ingrédients : 230 g de beurre mou, 230 g de sucre, 4 œufs, 250 g de farine, 2 c. à c. de levure chimique, 3 écorces d'orange confites coupées en dés et 2 c. à c. de graines de carvi.

Travailler le beurre et le sucre en pommade jusqu'à ce que la préparation soit légère et mousseuse. Incorporer les œufs un par un, en fouettant. Ajouter, peu à peu, la farine mélangée à la levure, aux dés d'écorce d'orange et au carvi. Verser la pâte dans un moule à cake tapissé de papier sulfurisé et cuire au four préchauffé à 180 °C au moins 1 h. Laisser refroidir complètement.

Cake au chocolat noir

Préparation : 15 mn
Cuisson : 1 h

recette raffinée

Ingrédients pour 6 personnes :

3 œufs
200 g de sucre
125 g de beurre mou
250 g de farine
1 sachet de levure chimique
1 pincée de sel
10 cl de lait
100 g de cacao
1 c. à s. de rhum

1. Préchauffer le four à 200 °C.
2. Mélanger les œufs et le sucre.
3. Ajouter le beurre et fouetter le mélange.
4. Incorporer, peu à peu, la farine préalablement tamisée avec la levure et le sel.
5. Délayer progressivement avec le lait. Ajouter le cacao en mélangeant délicatement, puis le rhum.
6. Tapisser un moule à cake de papier sulfurisé.
7. Verser l'appareil dans le moule.
8. Enfourner et cuire 15 mn. Baisser la température à 180 °C et poursuivre la cuisson 45 mn.

conseil

Pour obtenir un cake superbe, à mi-cuisson, fendez-le dans le sens de la longueur avec la pointe d'un couteau trempée dans l'eau froide. Ajoutez quelques morceaux de chocolat concassés.

notre avis

Servez avec 1 boule de glace à la vanille ou quelques cuillerées de crème anglaise (voir recettes p. 431 et p. 438).

variantes de la recette

Cake au chocolat et aux fruits secs

Ingrédients : 260 g de beurre mou, 400 g de sucre glace, 2 jaunes d'œufs + 4 œufs, 10 cl de lait, 300 g de farine, 80 g de cacao, 1 sachet de levure chimique, 450 g d'abricots secs, 250 g de pistaches, 250 g de raisins blonds, 250 g d'amandes entières et 300 g de noix.

Mélanger 250 g de beurre et le sucre jusqu'à obtention d'une crème. Ajouter les jaunes d'œufs, puis les œufs et le lait. Mélanger 280 g de farine, le cacao et la levure, puis mélanger le tout à la préparation précédente. Ajouter les fruits secs – en en réservant 1 poignée pour décorer – en mélangeant pour bien les enrober. Verser l'appareil dans un moule à cake beurré et fariné, ou, mieux, chemisé de papier sulfurisé. Cuire au four préchauffé à 210 °C 45 mn. Démouler et laisser refroidir. Décorer avec le reste de fruits secs.

Cake au chocolat, à l'orange et aux épices

Ingrédients : 100 g de céréales Fibre 1 Nestlé, 2 œufs, le jus et le zeste de 2 oranges, 70 g de beurre fondu, 100 g de chocolat noir, 150 g de sucre, 250 g de farine tamisée, 1 sachet de levure chimique et 1 c. à c. de quatre-épices (ou de gingembre râpé ou d'un mélange de poivre et de muscade).

Verser les céréales dans un saladier. Ajouter les œufs. Délayer avec le jus d'orange et 15 cl d'eau. Incorporer le zeste d'orange taillé en lamelles. Mélanger. Couvrir d'un linge et laisser reposer 5 mn à température ambiante. Ajouter 50 g de beurre, le chocolat haché en grosses pépites avec un couteau, le sucre, la farine, la levure et le quatre-épices. Mélanger. Verser dans un moule à cake beurré et cuire au four préchauffé à 180 °C 1 h environ.

Cake aux fruits confits
et aux épices

Préparation : 20 mn
Cuisson : 45 mn

recette anglaise

Ingrédients pour 6 personnes :

- **130 g de beurre mou**
- **130 g de cassonade**
- **20 g de pâte d'amandes crue**
- **4 œufs**
- **130 g de farine de type 55**
- **20 g de poudre d'amandes**
- **200 g de raisins secs de Smyrne**
- **180 g de raisins secs de Malaga**
- **150 g de raisins secs de Corinthe**
- **130 g d'un mélange d'écorces confites d'orange et de citron**
- **70 g de cerises confites**
- **20 g d'amandes coupées en bâtonnets**
- **Le zeste de 1/2 orange râpé**
- **Le zeste de 1/2 citron râpé**
- **20 g d'un mélange de curry, cumin, cannelle et gingembre en poudre**
- **3 c. à s. de rhum ambré**

1. Mélanger le beurre avec la cassonade et la pâte d'amandes.
2. Ajouter les œufs, la farine, la poudre d'amandes, puis les raisins secs, les écorces confites d'orange et de citron hachées, les cerises confites hachées, les bâtonnets d'amande, les zestes d'orange et de citron, le mélange d'épices et le rhum.
3. Préchauffer le four à 180 °C.
4. Tapisser un moule à cake de papier sulfurisé. Verser la préparation dans le moule. Enfourner et cuire 45 mn. Vérifier la cuisson en enfonçant la lame d'un couteau au centre du cake : elle doit ressortir propre.

conseil

Pour éviter que les fruits confits ne tombent au fond de la pâte, mélangez-les à 1 cuillerée à café de farine.

variantes de la recette

Cake aux fruits confits

Ingrédients : 100 g de raisins de Smyrne, 1 c. à s. de rhum, 250 g de beurre, 250 g de sucre glace, les zestes de 1 citron et de 1 orange râpés, 6 œufs, 320 g de farine, 1 sachet de levure chimique, 150 g de fruits confits et 60 g d'amandes effilées.

La veille, plonger les raisins dans 12 cl d'eau bouillante 10 mn, puis les faire macérer dans le rhum au réfrigérateur, à couvert, 12 h. Mélanger le beurre, le sucre et les zestes de citron et d'orange dans un robot. Ajouter les œufs et la farine additionnée de la levure. Actionner l'appareil quelques secondes, puis mélanger à la spatule. Incorporer 120 g de fruits confits taillés en dés, 30 g d'amandes, puis les raisins avec le liquide de macération. Verser la pâte dans un moule à cake chemisé de papier sulfurisé et cuire au four préchauffé à 220 °C, en baissant la température à 160 °C, 50 mn. Décorer avec le reste de fruits confits et d'amandes.

Cake aux fruits confits et à l'orgeat

Ingrédients : 100 g de dés de fruits confits, 3 c. à s. de sirop d'orgeat, 3 œufs, 150 g de sucre, 220 g de beurre mou, 260 g de farine et 1/2 sachet de levure chimique.

Faire macérer les fruits confits dans 15 cl d'eau additionnée du sirop d'orgeat 1 h. Séparer les blancs d'œufs des jaunes. Battre ceux-ci avec le sucre jusqu'à blanchiment. Ajouter 200 g de beurre et 250 g de farine. Incorporer la levure délayée dans de l'eau. Malaxer et réfrigérer 1 h. Monter les blancs d'œufs en neige et les incorporer délicatement à la pâte. Égoutter les fruits confits, les rouler dans le reste de farine et les ajouter au mélange. Verser l'appareil dans un moule à cake beurré et cuire au four préchauffé à 180 °C 45 mn.

Cake aux pommes,
aux noix et aux céréales

Préparation : 15 mn
Cuisson : 1 h

recette rustique

Ingrédients pour 6 personnes :

50 g de cerneaux de noix	2 œufs
50 g de cassonade	100 g de céréales Fibre 1 Nestlé
250 g de farine	
1 c. à c. de cannelle en poudre	2 pommes
120 g de beurre mou	150 g de sucre
30 cl de lait	1 sachet de levure chimique

1. Concasser grossièrement les cerneaux de noix. Les mélanger avec la cassonade, la farine et la cannelle. Lier avec 50 g de beurre mou, coupé en lamelles. Couvrir d'un linge et réserver.
2. Dans un saladier, battre le lait et les œufs, ajouter les céréales et mélanger quelques secondes. Réserver 5 mn environ.
3. Faire fondre 50 g de beurre dans une petite casserole, à feu doux, et le verser dans la préparation précédente. Mélanger intimement.
4. Préchauffer le four à 180 °C.
5. Éplucher et couper les pommes en gros morceaux. Les ajouter à la préparation, en remuant, puis incorporer le sucre et la levure.
6. Verser l'appareil dans un moule à cake beurré. Répartir le mélange farine-noix en une couche uniforme. Enfourner et cuire 1 h.

conseil

Vous pouvez remplacer les noix par des noix de pecan, moins grasses, qui apporteront leur goût typique à ce cake.
Si le dessus du gâteau se colore trop vite, couvrez-le d'un papier sulfurisé beurré.

Fiadone

Préparation : 25 mn
Cuisson : 40 mn

recette corse

Ingrédients pour 6 à 8 personnes :

500 g de brocciu frais	6 œufs
Le zeste de 1 citron non traité	200 g de sucre
2 pincées de sel	20 g de beurre

1. Mettre le brocciu à égoutter dans une mousseline, au-dessus d'un récipient (il doit être le moins humide possible).
2. Prélever un ruban de zeste de citron de 7 à 8 cm de long à l'aide d'un couteau économe. Le blanchir dans de l'eau en ébullition, additionnée de 1 pincée de sel, 3 mn. L'égoutter et le hacher finement. Réserver.
3. Séparer les blancs d'œufs des jaunes. Ajouter le sucre aux jaunes et bien battre, jusqu'à ce que le mélange soit crémeux. Incorporer délicatement le brocciu et le zeste de citron haché.
4. Préchauffer le four à 180 °C.
5. Monter les blancs d'œufs en neige très ferme avec le reste de sel. Les incorporer aux jaunes, très délicatement, à la spatule.
6. Beurrer soigneusement un moule, y verser la préparation et bien lisser la surface. Enfourner et cuire 35 mn environ. Vérifier la cuisson en enfonçant la lame d'un couteau au centre du gâteau : elle doit ressortir sèche.

conseil

Pour faciliter le démoulage du gâteau, vous pouvez chemiser le moule de papier sulfurisé.
Chaque cuisinière a sa propre recette : vous pouvez remplacer le zeste de citron par du zeste d'orange ou par de l'acquavita (eau-de-vie corse), n'utiliser que 2 ou 4 œufs, ou encore verser l'appareil au brocciu sur un fond de pâte sablée. La cuisson peut également être plus brève, et la température du four plus élevée. Toutes ces variantes sont délicieuses.

Fond de biscuit russe aux amandes

Préparation : 15 mn
Cuisson : 12 à 15 mn

recette traditionnelle

Ingrédients pour 8 personnes :

8 blancs d'œufs
100 g de sucre semoule
120 g de poudre d'amandes
130 g de sucre glace
70 g de farine
1/2 c. à c. de vanille en poudre
80 g d'amandes effilées

1. Préchauffer le four à 220 °C.
2. Monter les blancs d'œufs en neige ferme avec le sucre semoule. Réserver.
3. Mélanger et tamiser ensemble la poudre d'amandes, 120 g de sucre glace, la farine et la vanille.
4. Incorporer les blancs en neige au mélange précédent en mélangeant délicatement avec une spatule.
5. Étaler l'appareil sur une feuille de papier sulfurisé en lui donnant la forme désirée.
6. Parsemer les amandes effilées et le reste de sucre glace.
7. Enfourner et cuire 12 à 15 mn.
8. Disposer le biscuit sur une grille et laisser refroidir.

notre avis

Vous pouvez accompagner ce gâteau d'une compote de fruits ou de la confiture de votre choix. Il est également délicieux au goûter, avec du thé ou du café.

à savoir

L'amande est riche en graisses, en vitamines B et en sels minéraux. Pour le même poids, elle contient 1/3 de plus de protéines que les œufs.

Fouace

Préparation : 35 mn
Repos : 5 h
Cuisson : 30 mn

recette aveyronnaise

Ingrédients pour 10 personnes :

500 g de farine
12 cl de lait
25 g de levure de boulanger
4 œufs
5 c. à s. d'eau de fleur d'oranger
190 g de sucre
320 g de beurre

1. Verser la farine dans un saladier.
2. Faire tiédir le lait. Incorporer la levure émiettée. Verser le lait dans la farine, peu à peu, en mélangeant délicatement.
3. Ajouter les œufs, un par un, puis l'eau de fleur d'oranger, de façon à obtenir une pâte homogène. Incorporer le sucre. Travailler la pâte à la spatule.
4. Couper le beurre en morceaux et l'incorporer à la pâte. Travailler la pâte 30 mn, jusqu'à ce qu'elle se décolle des parois du récipient. Laisser reposer et gonfler 1 h à température ambiante.
5. Lorsque la pâte est levée, y enfoncer le poing pour la faire redescendre. Recouvrir de film alimentaire et réserver au frais 3 h.
6. Façonner la pâte en une grosse couronne. La laisser à nouveau lever 1 h à température ambiante.
7. Préchauffer le four à 180 °C.
8. Saupoudrer le sucre sur la couronne de pâte. Enfourner et cuire 30 mn. Laisser tiédir avant de servir.

conseil

À l'étape 4, vous pouvez travailler la pâte 30 mn au robot.

à savoir

La fouace ou fougasse, gâteau du Moyen Âge, fait partie des pâtisseries auvergnates et aveyronnaises de ménage jadis très répandues, et surtout consommées les jours de fête.

Gâteau au chocolat

Préparation : 25 mn
Cuisson : 40 mn

recette lorraine

Ingrédients pour 8 à 10 personnes :

125 g de chocolat noir
250 g de sucre
4 œufs
170 g de farine
20 cl de crème fraîche
20 g de beurre
1 c. à c. de sucre glace

1. Préchauffer le four à 190 °C.
2. Râper le chocolat avec une râpe à gros trous. Réserver.
3. Battre le sucre et les œufs avec une cuiller en bois 10 mn (ou 5 mn au fouet électrique).
4. Incorporer le chocolat râpé et 150 g de farine au mélange précédent. Ajouter la crème fraîche. Mélanger délicatement.
5. Beurrer et fariner un moule à manqué.
6. Verser l'appareil dans le moule.
7. Enfourner et cuire 40 mn environ (l'intérieur du gâteau doit rester moelleux).
8. Démouler le gâteau sur une grille et le laisser refroidir.
9. Saupoudrer de sucre glace et servir.

conseils

Consommez ce gâteau le jour même. Pour décorer, confectionnez des bâtonnets et des éventails en chocolat (voir recette p. 421).

notre avis

Vous pouvez servir ce gâteau avec une crème anglaise (voir recette p. 431) ou de la glace à la vanille, ou plus audacieusement avec un granité au citron ou à l'orange.

Gâteau au chocolat, au cacao et aux amandes

Préparation : 30 mn
Cuisson : 50 mn à 1 h

recette raffinée

Ingrédients pour 6 personnes :

125 g de chocolat
4 œufs
100 g de sucre
1 c. à s. de Maïzena
21/2 c. à s. de cacao
100 g de beurre mou
1 pincée de sel
1 c. à s. de farine
50 g d'amandes effilées

1. Faire fondre le chocolat au bain-marie.
2. Séparer les blancs d'œufs des jaunes. Dans une terrine, travailler ces derniers avec le sucre. Ajouter la Maïzena, 2 c. à s. de cacao, le chocolat fondu et 80 g de beurre.
3. Monter les blancs d'œufs en neige avec le sel. Les incorporer au mélange précédent en soulevant la masse.
4. Préchauffer le four à 170 °C. Beurrer et fariner légèrement un moule.
5. Verser la préparation dans le moule. Enfourner et cuire au bain-marie 50 mn à 1 h.
6. Démouler le gâteau sur un plat.
7. Faire griller les amandes à sec dans une poêle antiadhésive. Les répartir sur le gâteau et saupoudrer le cacao restant.

variante de la recette

Gâteau au cacao et aux amandes

Ingrédients : 250 g de farine, 1 sachet de levure chimique, 1 c. à c. de sel, 50 g de sucre, 3 œufs, 170 g de beurre mou, 20 g de raisins secs, 20 g de pruneaux et 20 g d'abricots secs.

Procéder comme pour le Gâteau au chocolat, au cacao et aux amandes.
Commencer à l'étape **2**. Utiliser 150 g de sucre, remplacer le chocolat fondu par 3 c. à s. de cacao, et employer 150 g de beurre.

Gâteau au chocolat
et au rhum

Préparation : 20 mn
Cuisson : 30 mn

recette nantaise

Ingrédients pour 6 personnes :

- 4 œufs
- 200 g de sucre
- 200 g de chocolat noir grossièrement râpé
- 20 cl de crème fraîche
- 200 g de farine tamisée
- 2 c. à s. de rhum
- 20 g de beurre
- 50 g de sucre glace

1. Préchauffer le four à 210 °C.
2. Battre rapidement les œufs en omelette.
3. Incorporer le sucre. Mélanger et cuire au bain-marie à feu doux, en fouettant 10 mn environ, jusqu'à ce que le mélange soit onctueux. Ôter la préparation du bain-marie.
4. Incorporer délicatement le chocolat au mélange précédent en remuant avec une spatule en bois. Ajouter la crème fraîche, puis la farine. Verser le rhum.
5. Chemiser un moule à manqué de papier sulfurisé et le beurrer. Verser la pâte dans le moule, enfourner et cuire 30 mn. Vérifier la cuisson en enfonçant la lame d'un couteau au centre du gâteau : elle doit ressortir propre.
6. Démouler le gâteau dès la sortie du four et le laisser refroidir complètement avant de servir.
7. Saupoudrer de sucre glace. Servir.

conseil

Vous pouvez accompagner ce gâteau d'une crème anglaise parfumée au café (voir recette p. 432) ou de crème fouettée.

Gâteau au chocolat
et au sucre glace

Préparation : 40 mn
Cuisson : 30 mn

recette raffinée

Ingrédients pour 5 ou 6 personnes :

- 160 g de beurre
- 170 g de chocolat de couverture
- 4 œufs
- 1 pincée de sel
- 2 c. à s. de sucre
- 1 pointe de vanille en poudre
- 180 g de sucre glace
- 60 g de poudre d'amandes
- 90 g de farine tamisée
- 20 g de beurre

1. Couper le beurre en parcelles. Détailler le chocolat en morceaux.
2. Faire fondre 150 g de beurre et le chocolat dans une terrine placée au bain-marie, en remuant au fouet. Réserver.
3. Séparer les blancs d'œufs des jaunes. Monter les blancs en neige ferme avec le sel. Ajouter le sucre et la vanille. Réserver.
4. Incorporer au mélange beurre-chocolat, toujours placé au bain-marie, les jaunes d'œufs, puis le sucre glace et la poudre d'amandes. Enlever la terrine du bain-marie. Ajouter 80 g de farine en mélangeant à la spatule, puis incorporer les blancs en neige.
5. Préchauffer le four à 230 °C.
6. Beurrer et fariner un moule à cake.
7. Verser la pâte dans le moule. Enfourner et cuire 10 mn. Baisser la température à 210 °C et poursuivre la cuisson 20 mn.
8. Démouler le gâteau à la sortie du four et le découper lorsqu'il est froid.

conseil

Vous pouvez conserver ce gâteau 3 jours à l'abri de l'air, enveloppé dans du papier sulfurisé.

Gâteau au chocolat
et aux amandes

Préparation : 30 mn
Cuisson : 30 mn

recette nancéienne

Ingrédients pour 8 personnes :

260 g de beurre mou
5 œufs
250 g de chocolat noir
250 g de sucre cristallisé
125 g de poudre d'amandes
1 c. à s. de fécule
1 c. à s. de farine

1. Préchauffer le four à 180 °C. Travailler le beurre en pommade. Séparer les blancs d'œufs des jaunes. Réserver.
2. Faire fondre le chocolat au bain-marie. Incorporer 250 g de beurre, puis les jaunes d'œufs, un par un, sans cesser de mélanger. Ajouter le sucre, la poudre d'amandes et la fécule. Monter les blancs d'œufs en neige et les incorporer délicatement au mélange.
3. Verser l'appareil dans un moule à manqué beurré et fariné. Enfourner et cuire 30 mn.

variante de la recette

Gâteau au chocolat et au café

Ingrédients : 4 œufs, 150 g de sucre, 200 g de chocolat noir, 1 c. à s. de café très fort, 2 c. à s. de farine, 100 g de poudre d'amandes, 170 g de beurre mou et 1 pincée de sel.

Séparer les blancs d'œufs des jaunes. Mélanger les jaunes et le sucre jusqu'à blanchiment. Faire fondre le chocolat au bain-marie avec le café et l'incorporer au mélange précédent. Ajouter la farine en pluie, la poudre d'amandes et 150 g de beurre coupé en dés, sans cesser de mélanger. Monter les blancs d'œufs en neige ferme avec le sel et les incorporer à la pâte. Verser la pâte dans un moule à manqué beurré et taper le fond du moule sur le plan de travail pour bien la répartir. Cuire au four préchauffé à 220 °C 20 mn. Laisser refroidir complètement avant de démouler.

Gâteau au chocolat noir
et au cacao

Préparation : 45 mn
Cuisson : 15 à 20 mn

recette raffinée

Ingrédients pour 4 personnes :

200 g de chocolat noir à 70 %
210 g de beurre
160 g de sucre
4 œufs
150 g de farine
20 g de cacao
1/2 sachet de levure chimique
30 g de sucre glace

1. Préchauffer le four à 150 °C.
2. Couper le chocolat en morceaux et les disposer dans un saladier. Ajouter 200 g de beurre. Placer le récipient dans un bain-marie et mélanger à la cuiller en bois jusqu'à ce que les ingrédients soient complètement fondus. Ajouter le sucre et les œufs.
3. Dans un bol, mélanger 140 g de farine, le cacao et la levure. Incorporer ce mélange à la préparation précédente, toujours au bain-marie, en le versant doucement en pluie fine. Remuer jusqu'à ce que l'appareil soit homogène.
4. Beurrer l'intérieur d'un moule cannelé au pinceau, et y verser le reste de farine. Faire tourner le moule entre les mains, de façon à répartir la farine uniformément sur les parois, et le tapoter pour ôter l'excédent.
5. Verser l'appareil dans le moule. Enfourner et cuire 15 à 20 mn.
6. Démouler le gâteau sur un plat de présentation. Saupoudrer de sucre glace et servir tiède.

conseil

Pour être réussi, le gâteau doit rester légèrement collant à l'intérieur, ce qui le rend moelleux.

notre avis

Accompagnez ce gâteau d'une crème anglaise *(voir recette p. 431).*

Gâteau au fenouil

Préparation : 35 mn
Cuisson : 35 mn

recette provençale

Ingrédients pour 6 personnes :

300 g de fenouil
3 œufs
150 g de sucre
110 g de beurre mou
100 g de farine

1. Couper le fenouil en morceaux, jeter les feuilles abîmées et le faire cuire à la vapeur 10 mn environ.
2. Séparer les blancs d'œufs des jaunes. Dans un saladier, battre les jaunes avec la moitié du sucre jusqu'à blanchiment. Ajouter 100 g de beurre travaillé en pommade, puis la farine.
3. Mixer le fenouil et l'incorporer au mélange précédent.
4. Préchauffer le four à 210 °C.
5. Monter les blancs en neige, en ajoutant progressivement le reste du sucre. Les incorporer à la pâte.
6. Verser la pâte dans un moule à manqué beurré. Enfourner et cuire 35 mn.
7. Laisser refroidir avant de servir.

conseil

Vous pouvez passer le beurre quelques secondes au four micro-ondes pour le faire ramollir et obtenir une pommade.

notre avis

Si vous conservez ce gâteau au réfrigérateur, sortez-le un peu avant le repas pour le déguster à température ambiante.

à savoir

Plante magique, le fenouil amer avait la réputation de protéger contre les sorts jetés par les sorcières. Très vivace, il est utilisé depuis des milliers d'années en tant qu'herbe, épice et légume.

Gâteau au potiron

Préparation : 25 mn
Cuisson : 45 mn

recette limousine

Ingrédients pour 6 personnes :

2 kg de potiron
15 morceaux de sucre
4 œufs
200 g de sucre
1 sachet de sucre vanillé
2 c. à s. de farine de maïs
1 pincée de sel

1. Éplucher le potiron. Le débarrasser des filaments et des pépins. Détailler la chair en cubes. Les cuire à la vapeur 3 mn. Laisser égoutter, puis écraser au presse-légumes. Réserver.
2. Dans une casserole, faire fondre les morceaux de sucre dans 2 cuillerées à soupe d'eau, jusqu'à obtention d'un caramel blond.
3. Verser le caramel dans un moule, et incliner celui-ci de façon à napper les parois et le fond.
4. Préchauffer le four à 200 °C.
5. Battre les œufs. Les mélanger à la purée de potiron. Ajouter le sucre, le sucre vanillé, la farine et le sel. Mélanger jusqu'à obtention d'une consistance homogène. Verser l'appareil dans le moule. Enfourner et cuire au bain-marie 45 mn.

conseil

Vous pouvez servir ce gâteau tiède ou froid et l'agrémenter de pruneaux pochés. Vous pouvez également en ajouter quelques-uns à la préparation.

à savoir

Le potiron, parfois appelé citrouille en cuisine – la vraie citrouille est un aliment destiné au bétail –, s'utilise aussi bien comme légume que comme ingrédient de pâtisserie. Certains spécimens pèsent jusqu'à 100 kg !

Gâteau aux amandes fraîches

Préparation : 10 mn
Cuisson : 40 mn

recette modénaise

Ingrédients pour 8 personnes :

200 g d'amandes fraîches non mondées
210 g de farine
210 g de beurre mou
2 œufs
200 g de sucre
1 pincée de sel

1. Préchauffer le four à 180 °C.
2. Hacher grossièrement les amandes. Réserver.
3. Dans une terrine, disposer 200 g de farine, 200 g de beurre, les œufs, le sucre, le sel et les amandes hachées.
4. Mélanger soigneusement les ingrédients jusqu'à obtention d'une pâte homogène.
5. Beurrer et fariner un moule à manqué de 24 cm de diamètre.
6. Verser l'appareil dans le moule. Enfourner et cuire 40 mn.

conseil

Servez ce gâteau avec des fraises agrémentées de vinaigre balsamique et accompagnez-le d'un vin blanc doux (albana di Romagna) ou bien d'amaretto (liqueur au goût d'amande amère).

à savoir

Le vinaigre balsamique confère aux fraises une saveur aigre-douce très agréable.

Gâteau aux noisettes

Préparation : 15 mn
Cuisson : 35 mn

recette traditionnelle

Ingrédients pour 6 personnes :

120 g de noisettes décortiquées
8 blancs d'œufs
160 g de sucre
50 g de farine tamisée
110 g de beurre

1. Préchauffer le four à 200 °C.
2. Hacher grossièrement les noisettes. Les étaler sur une plaque et les passer à four chaud quelques minutes.
3. Pendant ce temps, mélanger les blancs d'œufs avec le sucre. Ajouter les noisettes, puis 40 g de farine et 100 g de beurre fondu. Bien mélanger.
4. Verser la pâte dans un moule à manqué beurré et fariné. Enfourner et cuire 35 mn environ.
5. Démouler et laisser refroidir sur une grille.

variante de la recette

Gâteau aux noisettes et à l'armagnac

Ingrédients : 120 g de noisettes décortiquées, 4 œufs, 150 g de sucre, 4 c. à s. d'armagnac, 60 g de beurre, 1 sachet de levure chimique, 210 g de farine et 1 pincée de sel.

Hacher finement les noisettes dans un robot, sans les réduire en poudre (on doit sentir de petits éclats dans la pâte). Séparer les blancs d'œufs des jaunes. Dans une terrine, travailler les jaunes et le sucre jusqu'à blanchiment. Ajouter les noisettes, puis l'armagnac et 50 g de beurre fondu. Bien mélanger. Incorporer la levure et 200 g de farine, sans cesser de mélanger. Monter les blancs d'œufs en neige ferme avec le sel, et les ajouter délicatement au mélange précédent. Verser la pâte dans un moule à manqué beurré et fariné. Cuire au four préchauffé à 200 °C 40 mn. Démouler et laisser refroidir sur une grille.

Gâteau aux noix et au chocolat

Préparation : 30 mn
Cuisson : 30 mn

recette dauphinoise

Ingrédients pour 6 personnes :

50 g de cerneaux de noix
100 g de beurre
50 g de chocolat
5 œufs
130 g de sucre
6 c. à s. de chapelure
1 gousse de vanille
1 pincée de sel

1. Préchauffer le four à 180 °C. Hacher les noix. Réserver.
2. Faire fondre séparément, sur feu doux, 80 g de beurre et le chocolat coupé en petits morceaux. Séparer les blancs d'œufs des jaunes. Mélanger ceux-ci avec le sucre jusqu'à blanchiment. Incorporer les noix, en en réservant 1 poignée, puis la chapelure, le chocolat et le beurre fondus, en mélangeant bien. Ajouter les graines de la vanille.
3. Monter les blancs d'œufs en neige ferme avec le sel et les incorporer délicatement au mélange précédent.
4. Beurrer un moule à manqué de 22 cm de diamètre et tapisser le fond du reste de noix hachées. Verser l'appareil dans le moule. Enfourner et cuire 30 mn environ, en surveillant la cuisson : le gâteau doit rester très moelleux.

variante de la recette

Gâteau levé au chocolat et aux noix

Ingrédients : 120 g de cerneaux de noix, 170 g de beurre, 250 g de chocolat noir à 70 %, 4 gros œufs, 200 g de sucre, 150 g de farine et 1 sachet de levure chimique.

Procéder comme pour le Gâteau aux noix et au chocolat.
À l'étape **2**, remplacer la chapelure par la farine additionnée de la levure.
À l'étape **4**, répartir les cerneaux de noix restants à la surface de la pâte. Cuire au four préchauffé à 150 °C 45 mn.

Gâteau aux patates douces

Préparation : 40 mn
Cuisson : 20 mn

recette martiniquaise

Ingrédients pour 6 personnes :

800 g de patates douces
Le jus de 2 citrons verts
1 pincée de sel
3 œufs
150 g de sucre
250 g de beurre mou
1/2 c. à c. de cannelle en poudre
1 c. à c. d'extrait liquide de vanille
4 c. à s. de rhum vieux

1. Laver et éplucher les patates douces. Les couper en morceaux et les faire tremper 10 mn dans de l'eau additionnée du jus de 1 citron. Égoutter.
2. Cuire les patates douces 20 mn dans de l'eau additionnée du sel.
3. Préchauffer le four à 150 °C.
4. Réduire les patates douces en purée au moulin à légumes. Incorporer les œufs à la purée encore chaude. Ajouter le sucre et 230 g de beurre pommade. Mélanger énergiquement. Aromatiser avec le jus du citron restant, la cannelle, l'extrait de vanille et le rhum. Mélanger 3 mn.
5. Beurrer un moule et y verser la préparation. Enfourner et cuire 20 mn. Vérifier la cuisson en enfonçant la lame d'un couteau au centre du gâteau : elle doit ressortir propre.

notre avis

Vous pouvez badigeonner le gâteau, au pinceau, de gelée d'abricot.

à savoir

Il existe diverses variétés de patates douces : à peau rougeâtre, violette ou brune, et à chair blanche, rose ou jaune orangé, la plus sucrée. Cuites dans du sucre, elles constituent le goûter le plus apprécié des enfants aux Antilles.

Gâteau aux poires

Préparation : 30 mn
Cuisson : 45 mn

recette périgourdine

Ingrédients pour 8 personnes :

180 g de beurre	4 œufs
210 g de farine	1 kg de poires
1 c. à c. de levure	2 à 3 c. à s. d'alcool de poire
270 g de sucre	50 cl de crème fraîche épaisse

1. Faire fondre 170 g de beurre au bain-marie et le laisser refroidir.
2. Préchauffer le four à 180 °C.
3. Dans un saladier, tamiser 200 g de farine, la levure et le sucre. Verser le beurre fondu. Ajouter les œufs. Bien mélanger.
4. Peler les poires, ôter le cœur et les pépins et les couper grossièrement. Les incorporer à la préparation.
5. Beurrer et fariner un moule à gâteau en porcelaine.
6. Verser l'appareil dans le moule. Enfourner et cuire 45 mn.
7. Servir le gâteau tiède, arrosé de l'alcool de poire et accompagné de la crème fraîche présentée dans une jatte.

notre avis

Accompagné d'un sorbet à la poire, ce gâteau d'automne est un pur délice.

conseil

Vous pouvez remplacer le sucre par du sucre glace pour donner plus de finesse à la pâte. En saison, vous pouvez également réaliser ce gâteau avec des abricots.

variante de la recette

Gâteau aux poires caramélisées

À l'étape **4,** faire caraméliser les poires dans un mélange de beurre et de miel sur feu doux, avant de les incorporer à la pâte, pour apporter une touche de raffinement à ce dessert rustique.

Gâteau aux pommes

Préparation : 15 mn
Cuisson : 30 mn

recette normande

Ingrédients pour 6 personnes :

3 œufs	150 g de farine
160 g de beurre mou	1 pincée de sel
150 g de sucre	4 pommes

1. Préchauffer le four à 150 °C.
2. Séparer les blancs d'œufs des jaunes.
3. Disposer 150 g de beurre et le sucre dans un robot. Mixer 1 mn. Ajouter les jaunes d'œufs. Mixer 1 mn. Incorporer la farine. Mixer rapidement.
4. Battre les blancs d'œufs en neige ferme avec le sel. Les incorporer au mélange précédent.
5. Peler les pommes, les couper en morceaux et les ajouter à la pâte.
6. Verser l'appareil dans un moule beurré. Enfourner et cuire 30 mn.

conseil

Servez ce gâteau avec une bolée de cidre. Pour éviter de monter les blancs d'œufs en neige, remplacez le sucre par du sucre glace et ajoutez 1/2 sachet de levure chimique.

variante de la recette

Gâteau aux pommes caramélisées

Procéder comme pour le Gâteau aux pommes.
À l'étape **5,** faire caraméliser les pommes dans 50 g de beurre et 30 g de miel avant de les ajouter à la pâte. Cuire au four préchauffé à 180 °C 40 mn. Laisser reposer 5 à 10 mn avant de démouler sur une grille.

Gâteau aux pommes et aux amandes

Préparation : 20 mn
Cuisson : 40 mn

recette rustique

Ingrédients pour 6 à 8 personnes :

240 g d'amandes effilées
120 g de beurre
100 g de sucre
3 œufs
100 g de poudre d'amandes
31/2 c. à s. de farine
1/2 sachet de levure chimique
3 pommes à chair acidulée

1. Faire griller 160 g d'amandes à sec dans une poêle antiadhésive.
2. Beurrer largement un moule à manqué de 24 cm de diamètre.
3. Faire adhérer les amandes sur le fond et les parois du moule.
4. Travailler le reste du beurre en pommade en le malaxant. Lorsqu'il est crémeux, ajouter le sucre et mélanger. Incorporer les œufs, un par un, puis la poudre d'amandes et la farine additionnée de la levure. Réserver.
5. Préchauffer le four à 180 °C.
6. Couper les pommes en quatre, les épépiner et les peler. Râper les quartiers de pomme à la main, avec la grosse grille.
7. Incorporer les pommes râpées à la pâte, puis verser celle-ci dans un moule. Parsemer des amandes restantes à la surface. Enfourner et cuire 40 mn. Vérifier la cuisson en enfonçant la lame d'un couteau au centre du gâteau : elle doit ressortir propre.
8. Laisser reposer le gâteau 10 mn avant de le démouler sur une grille.

conseil

Ce gâteau est original, car les pommes ne sont pas coupées en morceaux ou en lamelles, comme c'est généralement le cas, mais râpées.

Gâteau basque aux cerises noires

Préparation : 2 h 20
Cuisson : 40 mn

recette traditionnelle

Ingrédients pour 6 personnes :

290 g de farine
1 œuf + 3 jaunes
210 g de beurre
200 g de sucre
30 g de poudre d'amandes
1 pincée de sel
1 pot de confiture de cerises noires
1/3 de c. à c. de levure chimique

1. Disposer 280 g de farine dans une jatte et creuser un puits. Y déposer l'œuf et 2 jaunes, 200 g de beurre, le sucre, la poudre d'amandes et le sel. Travailler délicatement, jusqu'à obtention d'une pâte assez ferme. Former un pâton, le recouvrir d'un torchon et laisser reposer 2 h à température ambiante.
2. Préchauffer le four à 210 °C.
3. Abaisser les 2/3 de la pâte. La disposer dans un moule beurré et fariné, en formant un gros bourrelet tout autour du moule. Remplir le creux avec la confiture.
4. Abaisser le reste de pâte et la disposer sur la première abaisse. Joindre les 2 bords de la pâte en les pinçant avec les doigts humectés d'eau. Badigeonner le dessus au pinceau avec le jaune d'œuf restant battu. Enfourner et cuire 40 mn.

à savoir

Pour confectionner ce gâteau, les puristes utilisent des cerises noires provenant exclusivement d'Itxassou. Il existe des variantes de ce dessert, par exemple à la crème ou au chocolat.

Gâteau breton

Préparation : 30 mn
Cuisson : 45 mn

recette traditionnelle

Ingrédients pour 8 personnes :

200 g de sucre
5 jaunes d'œufs
1 pincée de sel
250 g de beurre salé mou
2 c. à s. de rhum
300 g de farine de froment
1 c. à s. de lait

1. Verser le sucre dans une terrine. Ajouter 4 jaunes d'œufs et le sel. Fouetter le mélange vivement, jusqu'à ce qu'il fasse le ruban : la préparation doit être onctueuse, homogène et former un ruban continu lorsqu'elle retombe des branches du fouet.
2. Fouetter le beurre énergiquement pour obtenir une pommade. L'incorporer au mélange précédent. Ajouter le rhum, puis la farine tamisée, petit à petit, sans cesser de mélanger.
3. Préchauffer le four à 180 °C.
4. Verser la pâte dans un moule à manqué. Lisser le dessus à la spatule. Mélanger le jaune d'œuf restant avec le lait, puis dorer la surface du gâteau au pinceau. Avec une fourchette, tracer des croisillons en diagonale sur le dessus. Enfourner et cuire 45 mn environ.
5. Démouler le gâteau dès la sortie du four et laisser refroidir complètement sur une grille avant de servir.

à savoir

Pâtisserie ménagère par excellence, le gâteau breton était autrefois préparé à la maison et emporté à cuire au four du village, chez le boulanger.

variante de la recette

Gâteau breton au miel

À l'étape **2,** ajouter 4 c. à s. de miel de thym et laisser reposer la pâte 1 h au réfrigérateur.

Gâteau brioché aux quetsches

Préparation : 40 mn
Repos : 1 h
Cuisson : 30 à 35 mn

recette rustique

Ingrédients pour 8 personnes :

500 g de farine
80 g de sucre
2 c. à c. de sel
20 g de levure de boulanger
5 œufs
200 g de beurre mou
1 kg de quetsches
1 pincée de cannelle

1. Dans une terrine, mélanger la farine, 50 g de sucre, le sel et la levure préalablement détendue avec très peu d'eau tiède. Ajouter les œufs. Travailler la pâte jusqu'à ce qu'elle se décolle des doigts.
2. Incorporer le beurre. Travailler à nouveau la pâte 10 mn. La rouler en boule. Laisser lever 1 h à température ambiante. Recouvrir de film alimentaire et réserver au frais.
3. Préchauffer le four à 210 °C.
4. Couper les quetsches en deux et les dénoyauter. Réserver.
5. Foncer une tourtière de pâte, en égalisant celle-ci avec les doigts pour obtenir une épaisseur uniforme. Garnir avec les demi-quetsches. Saupoudrer le reste de sucre et la cannelle. Enfourner et cuire 30 à 35 mn.

conseil

Tous les ingrédients doivent avoir la même température.

à savoir

La quetsche d'Alsace, bleue et oblongue, au goût savoureux, est la meilleure. Elle fait merveille en pâtisserie, et l'on en tire une délicieuse eau-de-vie.

Génoise

Préparation : 15 mn
Cuisson : 20 mn

recette traditionnelle

Ingrédients pour 6 personnes :

40 g de beurre
4 œufs
120 g de sucre
1 pincée de vanille
130 g de farine

1. Faire fondre 30 g de beurre et le laisser refroidir.
2. Disposer les œufs, le sucre et la vanille dans une terrine. Placer le récipient dans un bain-marie et fouetter énergiquement, de façon que le mélange soit léger et mousseux, jusqu'à ce qu'il ait quadruplé de volume.
3. Retirer la terrine du bain-marie et continuer de fouetter jusqu'à ce que le mélange fasse le ruban.
4. Ajouter 120 g de farine, en mélangeant délicatement à la spatule, puis incorporer le beurre fondu.
5. Préchauffer le four à 180 °C.
6. Verser l'appareil dans un moule beurré et fariné. Enfourner et cuire 20 mn. Vérifier la cuisson en enfonçant la lame d'un couteau au centre du gâteau : elle doit ressortir propre.
7. Démouler la génoise dès la sortie du four.

variante de la recette

Génoise au chocolat et aux poires

À l'étape **4**, ajouter 100 g de cacao tamisé à la farine, puis incorporer 2 poires au sirop coupées en dés. Cuire au four préchauffé à 220 °C 20 à 25 mn. Vérifier la cuisson en enfonçant la lame d'un couteau au centre du gâteau : elle doit ressortir légèrement humide. Au moment de servir, entourer la génoise de fines tranches de poire fraîche.

Kouglof

Préparation : 30 mn
Repos : 2 à 2 h 30
Trempage : 12 h
Cuisson : 45 mn

recette alsacienne

Ingrédients pour 6 à 8 personnes :

100 g de raisins de Corinthe
130 g de farine
15 g de levure de boulanger
50 g d'amandes effilées
40 g de beurre
20 g de sucre glace

Pâte :
380 g de farine
2 œufs
15 cl de lait tiède
1/2 c. à s. de fleur de sel
100 g de sucre
150 g de beurre

1. Faire gonfler les raisins secs dans de l'eau 12 h. Les égoutter 1 h avant utilisation.
2. Pétrir la farine avec la levure délayée dans de l'eau tiède. Couvrir le récipient d'un linge humide et laisser le levain doubler de volume.
3. Préparer la pâte : pétrir la farine avec les œufs, le lait, la fleur de sel et le sucre jusqu'à ce que la pâte se décolle des parois du récipient. Ajouter le beurre, puis le levain. Pétrir à nouveau. Incorporer les raisins. Couvrir et laisser lever à 25 °C 1 h.
4. Beurrer un moule à kouglof et le garnir d'amandes effilées. Disposer la pâte dans le moule. Laisser lever au chaud 1 h à 1 h 30.
5. Préchauffer le four à 190 °C. Enfourner et cuire 45 mn.
6. Faire fondre le reste de beurre. Démouler le kouglof, le badigeonner de beurre fondu froid, puis saupoudrer de sucre glace.

variante de la recette

Kouglof au cacao et aux raisins épicés

À l'étape **1,** chauffer 20 cl de gewurztraminer avec 30 g de cassonade, 1/2 bâton de cannelle, 1 pincée de coriandre, 1 pincée de cardamome en poudre et les raisins secs, sans laisser bouillir, 3 mn. Laisser macérer 12 h.
À l'étape **3,** ajouter 50 g de cacao à la farine.

Kouing-aman

Préparation : 30 mn
Repos : 4 h
Cuisson : 40 mn

recette bretonne

Ingrédients pour 8 personnes :

270 g de farine
1 c. à c. de fleur de sel
1 c. à c. de levure de boulanger
10 g de beurre fondu
250 g de sucre
250 g de beurre

1. Mélanger la farine, la fleur de sel et la levure avec 15 cl d'eau et le beurre fondu en une pâte souple. Réserver au frais 20 mn. Sortir la pâte du réfrigérateur et laisser lever à température ambiante 30 mn.
2. Mélanger 230 g de sucre avec 230 g de beurre. Façonner l'appareil en formant un carré.
3. Étaler la pâte. Poser le carré du mélange sucre-beurre au centre. Rabattre la pâte par-dessus. Mettre au frais 40 mn.
4. Étaler la pâte en un rectangle trois fois plus long que large et plier celui-ci en trois : rabattre le premier tiers bas vers le haut, puis replier le tiers haut sur les deux tiers. L'envelopper de film alimentaire et la réserver au frais 1 h.
5. Étaler à nouveau la pâte en un rectangle et la plier encore en trois.
6. Abaisser la pâte au rouleau sur 4 mm d'épaisseur. Réserver.
7. Beurrer et sucrer un cercle à pâtisserie et une plaque. Poser le cercle sur la plaque. Mouler la pâte dans le cercle, en rabattant les coins vers le centre. Laisser lever 1 h 30 au chaud (22-24 °C).
8. Préchauffer le four à 180 °C. Enfourner et cuire 40 mn.

notre avis

Vous pouvez aussi confectionner des gâteaux individuels.

à savoir

En breton, kouing *signifie « gâteau » et* aman *« beurre ». Le kouing-aman serait la création d'une boulangère de Douarnenez, au début du XIXe siècle, qui, selon la légende, aurait oublié un gros morceau de beurre sur un pâton et aurait confectionné ce gâteau pour ne pas perdre ces précieuses denrées.*

Pain de Gênes

Préparation : 20 mn
Cuisson : 25 à 30 mn

recette traditionnelle

Ingrédients pour 8 personnes :

60 g de beurre
150 g de pâte d'amandes crue (à défaut, 75 g de sucre glace + 75 g de poudre d'amandes)
100 g de sucre glace
1 œuf + 4 jaunes + 4 blancs
1 pincée de vanille
1 c. à s. d'eau de fleur d'oranger
90 g de farine
50 g de sucre semoule
50 g d'amandes effilées

1. Faire fondre 50 g de beurre et le laisser refroidir.
2. Travailler la pâte d'amandes avec le sucre glace jusqu'à blanchiment, en incorporant progressivement l'œuf et les jaunes. Ajouter la vanille et l'eau de fleur d'oranger. Verser la farine. Bien mélanger.
3. Monter les blancs d'œufs en neige ferme avec le sucre semoule et les incorporer délicatement au mélange précédent. Ajouter le beurre fondu.
4. Préchauffer le four à 180 °C.
5. Beurrer un moule à pain de Gênes et le chemiser avec les amandes.
6. Verser la pâte dans le moule. Enfourner et cuire 25 à 30 mn.
7. Démouler sur un torchon.

conseil

Servez le pain de Gênes avec une crème anglaise (voir recette p. 431). Vous pouvez également le garnir d'une marmelade de fruits (oranges amères).

à savoir

Le pain de Gênes a été créé vers 1810 par le grand pâtissier Chiboust, en hommage au maréchal Masséna, qui avait fait le siège de Gênes. Les habitants de cette ville n'avaient plus, alors, que du riz et des amandes à consommer.

Pain d'épice

Préparation : 15 mn
Cuisson : 1 h

recette traditionnelle

Ingrédients pour 8 personnes :

- 1 œuf
- 160 g de farine
- 1/2 sachet de levure chimique
- 1 c. à c. de cannelle en poudre
- 1/2 c. à c. de noix muscade en poudre
- 2 pincées de girofle en poudre
- Poivre du moulin
- 200 g de miel
- 10 cl de lait
- 20 g de beurre

1. Préchauffer le four à 170 °C.
2. Casser l'œuf dans un bol et le battre légèrement avec une fourchette, jusqu'à obtention d'une mousse délicate, d'un jaune plus pâle. Réserver.
3. Dans une terrine, tamiser la farine et la levure. Ajouter la cannelle et la noix muscade. Mélanger et ajouter le girofle. Donner 7 ou 8 tours de moulin à poivre, puis incorporer progressivement le miel, le lait et l'œuf battu, à l'aide d'un fouet, en veillant à ne pas faire de grumeaux.
4. Beurrer un moule à cake d'une contenance de 1 l environ.
5. Verser doucement la pâte dans le moule avec une spatule. Enfourner et cuire 1 h.
6. Laisser reposer le pain d'épice 5 mn, puis le démouler sur une grille pour qu'il refroidisse.

à savoir

Au Moyen Âge, le pain d'épice était une friandise très appréciée que l'on parfumait à l'anis, à l'angélique ou à l'orange…

notre avis

Vous pouvez également ajouter un peu de gingembre en poudre (ou confit) à la pâte, selon votre goût ; il communiquera sa saveur piquante au pain d'épice.

Panforte

Préparation : 15 mn
Cuisson : 30 mn

recette siennoise

Ingrédients pour 8 personnes :

- 80 g d'amandes
- 80 g de noisettes
- 100 g d'écorce d'orange confite
- 80 g de cédrat (ou de citron) confit
- 80 g de farine
- 11/2 c. à c. de cannelle en poudre
- 100 g de miel liquide
- 100 g de sucre
- 20 g de beurre
- 1 c. à s. de sucre glace

1. Faire griller les amandes et les noisettes à sec dans une poêle anti-adhésive (ou sur une plaque, à four chaud, 3 mn).
2. Concasser grossièrement les amandes et les noisettes. Les mélanger avec l'écorce d'orange et le cédrat confits, la farine et 1/2 cuillerée à café de cannelle.
3. Préchauffer le four à 180 °C.
4. Verser le miel, le sucre et 5 c. à s. d'eau dans une casserole et laisser frémir à feu doux jusqu'à obtention d'un sirop. Incorporer ce sirop au mélange précédent.
5. Beurrer une tourtière de 20 cm de diamètre.
6. Verser l'appareil dans la tourtière. Enfourner et cuire 30 mn.
7. Laisser refroidir complètement le gâteau avant de le démouler. Saupoudrer le sucre glace et la cannelle restante. Ce dessert très riche se déguste en petites portions.

variante de la recette

Panforte au poivre

À l'étape **4,** remplacer le sucre par de la cassonade, et ajouter 1 cuillerée à café de cacao, 1 petite pincée de poivre noir moulu, de piment de Cayenne et de noix muscade.
À l'étape **6,** remplacer le sucre glace par du cacao.

Pastis des Landes

Préparation : 30 mn
Repos : 5 h
Cuisson : 25 mn

recette traditionnelle

Ingrédients pour 10 personnes :

130 g de beurre	1 c. à s. d'eau de fleur d'oranger
5 œufs	1 c. à s. d'extrait de vanille
200 g de sucre	1 c. à c. de sel
3 c. à s. de lait	15 g de levure de boulanger
1 c. à s. de rhum	510 g de farine

1. Faire fondre 120 g de beurre.
2. Dans une terrine, battre 4 œufs avec le sucre jusqu'à ce que le mélange blanchisse. Ajouter le beurre fondu, le lait, le rhum, l'eau de fleur d'oranger, l'extrait de vanille et le sel. Bien mélanger. Incorporer la levure délayée dans un peu d'eau. Travailler le mélange en ajoutant progressivement 500 g de farine : la pâte doit être ferme. Disposer la pâte dans une terrine, la saupoudrer de farine et couvrir d'un torchon. Laisser reposer 3 h à température ambiante.
3. Travailler la pâte pour la faire retomber. La rouler et la disposer dans un moule à brioche beurré. Laisser lever 2 h.
4. Préchauffer le four à 180 °C.
5. Badigeonner la pâte au pinceau avec l'œuf restant battu, puis l'inciser en croix avec une paire de ciseaux. Enfourner et cuire 25 mn.

à savoir

Dans le Sud-Ouest, diverses pâtisseries portent le nom de pastis : celui-ci, plutôt rustique, est facile à réaliser, tandis que le pastis périgourdin, qui exige un feuilletage de pâte extrêmement fin, requiert un vrai tour de main.

Pompe à l'huile d'olive
et à la fleur d'oranger

Préparation : 15 mn
Repos : 3 h
Cuisson : 15 à 20 mn

recette provençale

Ingrédients pour 6 personnes :

500 g de farine	25 cl d'eau de fleur d'oranger
25 g de levure de boulanger	1 œuf (facultatif)
90 g de sucre	30 g de beurre
25 cl d'huile d'olive	

1. Mélanger la farine, la levure délayée dans un peu d'eau tiède et le sucre.
2. Ajouter l'huile, l'eau de fleur d'oranger, 25 cl d'eau et, éventuellement, l'œuf battu. Travailler la pâte 5 mn : elle doit être souple. Couvrir la pâte d'un torchon propre et la laisser reposer 2 h à température ambiante, de façon qu'elle double de volume.
3. Abaisser la pâte sur 1 cm d'épaisseur. Pratiquer des incisions au couteau, puis écarter les fentes afin d'obtenir une galette ajourée. Laisser lever 1 h.
4. Préchauffer le four à 180-200 °C. Beurrer une plaque.
5. Disposer la pompe sur la plaque. Enfourner et cuire 15 à 20 mn.

notre avis

Vous pouvez parfumer la pompe avec du zeste d'orange ou de citron râpé.

à savoir

En Provence, la pompe à l'huile est, avec le nougat et les mendiants, entres autres, l'un des treize desserts de Noël, qui représentent le Christ et les apôtres. La tradition veut que l'on ne coupe pas cette pâtisserie avec un couteau, mais qu'on la rompe à la main, sous peine d'être ruiné.

conseil

Vous pouvez également confectionner des « pompettes » individuelles : à l'étape 3, divisez la pâte en 4 boules, avant de l'inciser, et réduisez le temps de cuisson à 8 à 10 mn.

À deux Appareils

COMMENT RÉUSSIR UN GÂTEAU

Couper un gros gâteau pour le garnir

Pour couper le gâteau en deux dans l'épaisseur, à l'aide d'un couteau-scie, pratiquer d'abord une fente à mi-hauteur, sur 3 cm de profondeur, sur tout le pourtour. Insérer ensuite la lame dans la fente, puis découper délicatement le gâteau à l'horizontale, de façon à obtenir 2 disques.

Pour couper le gâteau en trois dans l'épaisseur, à l'aide d'un couteau-scie, pratiquer d'abord 2 fentes aux tiers supérieur et inférieur, sur 3 cm de profondeur, sur tout le pourtour. Insérer ensuite la lame dans la première fente, puis découper délicatement le gâteau à l'horizontale; insérer la lame dans la seconde fente et procéder de la même façon, de façon à obtenir 3 disques.

Réussir une crème à base d'œufs

Il est indispensable de bien battre les jaunes d'œufs et le sucre jusqu'à ce que la préparation blanchisse, de façon que le sucre soit parfaitement dissous, faute de quoi la crème serait granuleuse.

Congeler un gâteau

Congeler les gâteaux à 1 appareil qui formeront la base d'un gâteau à 2 appareils, tels la génoise ou le fond de biscuit russe. Il suffira alors de préparer la seconde garniture le moment venu.

Pour congeler un gâteau, quelques précautions s'imposent : d'une part, il doit être encore tiède; d'autre part, il faut l'enfermer dans un sac de congélation sans trop serrer celui-ci.

Pour utiliser un gâteau congelé, le sortir du congélateur au moins 2 h à l'avance et l'entreposer à température ambiante. Le passer au four préchauffé à 150 °C 10 mn, puis procéder comme s'il venait d'être confectionné.

La conservation des gâteaux

Une fois cuites, les bases de gâteaux sans garniture se conservent 1 semaine au réfrigérateur, dans un sac fermant hermétiquement.

Une fois imbibé ou agrémenté d'une garniture, un gâteau doit être consommé dans la journée, ou, au maximum, dans les 48 heures s'il a été conservé dans le haut du réfrigérateur.

Bûche à la purée de marrons et aux poires, glaçage au chocolat

Préparation : 40 mn
Cuisson : 30 mn
Réfrigération : 2 h

recette de fête

Ingrédients pour 4 personnes :

400 g de marrons au naturel
50 cl de lait
1 gousse de vanille
2 c. à s. de rhum
2 poires williams
200 g de beurre
150 g de sucre

Glaçage au chocolat :
100 g de chocolat
40 g de beurre
60 g de sucre glace

1. Faire cuire les marrons avec le lait et la gousse de vanille fendue en deux dans la longueur, à petits bouillons, 30 mn. Ôter la vanille, puis mixer. Tamiser pour obtenir une purée fine et lisse. Ajouter le rhum. Mélanger et laisser refroidir.
2. Éplucher les poires et les tailler en dés de 5 mm. Travailler le beurre en pommade. Y ajouter le sucre. Incorporer ce mélange, puis les dés de poire à la purée de marrons. Mélanger. Prélever 100 g de cet appareil et façonner un rouleau de 4 cm de diamètre environ dans du film alimentaire. Façonner un second rouleau, de 8 cm de diamètre, en procédant de même, avec le reste de l'appareil. Réfrigérer 2 h.
3. Sortir les rouleaux de pâte du réfrigérateur. Ôter le film alimentaire. Couper chaque extrémité du gros rouleau pour avoir une coupe bien nette. Couper le plus petit en deux, et tailler chaque portion en biais. Les poser sur le gros rouleau pour figurer des branches. Poser la bûche sur une grille et réserver au frais.
4. Préparer le glaçage : faire fondre le chocolat cassé en morceaux au bain-marie. Ajouter le beurre coupé en dés. Mélanger. Hors du feu, ajouter le sucre. Mélanger. Détendre avec 3 cuillerées à soupe d'eau.
5. Napper la bûche de glaçage. Réserver au réfrigérateur.
6. Sortir la bûche du réfrigérateur 30 mn environ avant de servir.

conseil

Vous pouvez décorer la bûche de sucre glace et de feuilles d'or.

Bûche au chocolat

Préparation : 20 mn
Cuisson : 12 mn
Réfrigération : 20 à 30 mn

recette traditionnelle

Ingrédients pour 8 personnes :

Biscuit au cacao :
5 œufs
160 g de sucre
1 trait de jus de citron
45 g de cacao

Ganache au chocolat :
350 g de chocolat noir
35 cl de crème liquide

1. Préchauffer le four à 180 °C.
2. Préparer le biscuit au cacao : séparer les blancs d'œufs des jaunes. Monter les blancs en neige ferme avec le sucre et le jus de citron, puis leur ajouter rapidement les jaunes. Mélanger. Incorporer délicatement le cacao à l'aide d'une spatule.
3. Étaler la pâte sur une plaque recouverte de papier sulfurisé, en l'égalisant de façon à obtenir une épaisseur uniforme de 5 mm. Enfourner et cuire 12 mn environ.
4. Sortir le biscuit du four et laisser refroidir.
5. Préparer la ganache : râper le chocolat dans une terrine. Porter la crème à ébullition, puis la verser sur le chocolat. Mélanger, lisser et laisser refroidir.
6. Verser les 3/4 de la ganache sur le biscuit et l'étaler délicatement à la spatule. Rouler le biscuit et réserver au réfrigérateur 20 à 30 mn.
7. Sortir la bûche du réfrigérateur. Avec le reste de ganache, masquer les extrémités du biscuit. Pour imiter l'écorce du bois, réaliser des rainures à l'aide d'une fourchette. Décorer selon le goût.

conseil

Pour vérifier la cuisson du biscuit, appuyez dessus avec un doigt ; s'il reprend sa forme initiale, il est cuit.

notre avis

Le biscuit au cacao ne comportant pas de farine, cette bûche est très légère.

Bûche macaron,
ganache au chocolat au lait et au rhum

Préparation : 50 mn
Cuisson : 15 mn
Réfrigération : 2 à 3 jours

recette raffinée

Ingrédients pour 6 personnes :

Pâte à macaron :
6 blancs d'œufs
1 pincée de sel
2 c. à s. de sucre en poudre
100 g de poudre d'amandes
100 g de sucre glace
4 c. à s. de cacao

Ganache au chocolat au lait et au rhum :
400 g de chocolat au lait
10 cl de crème liquide
70 g de beurre
2 c. à s. de rhum

1. Préchauffer le four à 180 °C.
2. Préparer la pâte à macaron : monter les blancs en neige ferme avec le sel et le sucre en poudre. Tamiser la poudre d'amandes et le sucre glace, puis leur ajouter le cacao. Ajouter ce mélange aux blancs en neige, en soulevant la masse. Verser l'appareil sur une plaque couverte de papier sulfurisé. Enfourner et cuire environ 15 mn.
3. Laisser refroidir la pâte à macaron puis réfrigérer 12 h.
4. Préparer la ganache : râper le chocolat dans une terrine. Porter à ébullition 4 cuillerées à soupe d'eau. Ajouter la crème, mélanger puis verser sur le chocolat. Attendre 1 mn. Mélanger et réfrigérer.
5. Prélever 250 g de ganache et la faire tiédir au bain-marie. Incorporer le beurre travaillé en pommade. Chauffer le rhum, le flamber et le verser dans la préparation. Mélanger. Conserver à température ambiante 12 h.
6. Monter la ganache au rhum en mousse au fouet électrique.
7. Couper le macaron en trois dans l'épaisseur. Garnir le fond et une deuxième abaisse de cette crème mousseuse. Reconstituer la bûche et réserver au réfrigérateur au moins 24 h, au plus 3 jours.
8. Au moment de servir, faire fondre le reste de ganache au bain-marie. Lorsqu'elle est juste fondue mais pas trop chaude, en napper la bûche macaron.

Cake au thé et aux amandes caramélisées,
crème au citron

Préparation : 35 mn
Cuisson : 35 mn

recette écossaise

Ingrédients pour 6 personnes :

250 g de sucre
100 g d'amandes entières et mondées
20 g de thé earl grey
250 g de beurre
4 œufs
230 g de farine
1/2 sachet de levure chimique

Crème au citron :
1 œuf + 4 jaunes
75 g de sucre
10 cl de jus de citron
60 g de beurre
15 cl de crème fleurette très froide

1. Chauffer 50 g de sucre avec 1 1/2 cuillerée à soupe d'eau jusqu'à coloration blonde. Ajouter les amandes. Mélanger et verser l'appareil sur une plaque huilée. Laisser refroidir totalement.
2. Préchauffer le four à 170 °C.
3. Hors du feu, faire infuser le thé dans 8 cl d'eau bouillante. Faire ramollir 230 g de beurre, coupé en parcelles, puis incorporer les œufs, le reste de sucre et le thé filtré dans une passoire. Fouetter jusqu'à obtention d'un mélange homogène. Incorporer 220 g de farine tamisée avec la levure. Lisser à la cuiller en bois, puis ajouter des brisures d'amandes caramélisées en mélangeant intimement. Verser la pâte dans un moule à cake beurré et fariné. Enfourner et cuire 35 mn.
4. Crème au citron : fouetter l'œuf et les jaunes avec le sucre. Dans une petite casserole, faire chauffer le jus de citron. Le verser sur le mélange précédent. Mélanger et transvaser la préparation dans la casserole. Cuire en remuant constamment jusqu'au premier bouillon. Retirer alors du feu, puis incorporer peu à peu le beurre, coupé en dés. Laisser refroidir. Ajouter la crème préalablement fouettée. Laisser refroidir.
5. Démouler le cake dès la sortie du four et laisser refroidir.
6. À la poche à douille, décorer le cake de crème au citron, puis le garnir du reste d'amandes caramélisées.

Cake provençal aux fruits confits, glaçage au sucre

Préparation : 30 mn
Cuisson : 40 mn

Recette de fête

Ingrédients pour 6 personnes :

3 œufs
75 g de beurre mou
100 g de cassonade
200 g de farine
10 cl d'huile d'olive
1/4 de c. à c. de cannelle en poudre
1/2 sachet de levure chimique
11/2 c. à s. de cognac
100 g d'amandes effilées
250 g de fruits confits

Glaçage :
150 g de sucre glace

1. Séparer les blancs d'œufs des jaunes. Réserver.
2. Dans une jatte, mélanger le beurre travaillé en pommade et la cassonade. Monter au fouet. Dans une autre jatte, mélanger la farine avec 5 cuillerées à soupe d'huile, puis l'incorporer au mélange beurre-cassonade. Ajouter les jaunes d'œufs, la cannelle, la levure, le cognac, les amandes et les fruits confits.
3. Battre les blancs d'œufs en neige et les incorporer à l'appareil. Laisser reposer 15 mn.
4. Préchauffer le four à 220 °C.
5. Au pinceau, badigeonner un moule à cake d'huile. Verser la pâte jusqu'aux 3/4 du moule, enfourner, baisser la température à 180 °C et cuire 40 mn.
6. Sortir le cake du four et laisser refroidir.
7. Préparer le glaçage : dans une terrine placée sur un bain-marie, mélanger le sucre avec 2 cuillerées à soupe d'eau.
8. Badigeonner le dessus du gâteau de glaçage avec un pinceau.

conseil

Pour éviter que les fruits confits ne tombent au fond du cake, roulez-les dans la farine avant de les ajouter à la pâte.

notre avis

L'huile d'olive confère à ce cake une saveur originale.

Couronne au chocolat et au cognac, glaçage à la crème et au chocolat

Préparation : 35 mn
Cuisson : 25 mn
Réfrigération : 1 h

recette vendéenne

Ingrédients pour 8 personnes :

4 œufs
150 g de sucre
170 g de beurre
150 g de chocolat noir
80 g de farine
1/2 sachet de levure chimique
2 c. à s. de cognac
1 poignée de physalis

Glaçage à la crème et au chocolat :
13 g de crème liquide
200 g de chocolat

1. Préchauffer le four à 180 °C.
2. Séparer les blancs d'œufs des jaunes. Travailler ceux-ci avec le sucre jusqu'à blanchiment. Dans une terrine, faire fondre 150 g de beurre avec le chocolat, cassé en petits morceaux, au bain-marie.
3. Incorporer le mélange beurre-chocolat au mélange jaunes d'œufs-sucre. Ajouter 60 g de farine, additionnée de la levure, puis le cognac. Monter les blancs d'œufs en neige et les incorporer délicatement à la préparation.
4. Beurrer et fariner un moule en couronne de 22 cm de diamètre. Verser la pâte dans le moule, enfourner et cuire 25 mn.
5. Sortir le gâteau du four et laisser refroidir avant de démouler.
6. Préparer le glaçage : chauffer la crème liquide dans une casserole jusqu'au point d'ébullition. Ajouter le chocolat cassé en morceaux. Mélanger 1 mn sur feu doux et laisser refroidir. Remuer pour obtenir une crème lisse, et laisser épaissir un peu.
7. Napper la couronne de glaçage et réserver au réfrigérateur 1 h.
8. Décorer avec des physalis et servir.

conseil

Vous pouvez également garnir cette couronne de crème Chantilly.

Dacquoise aux noix, aux raisins secs et à la crème au beurre au café

Préparation : 45 mn
Cuisson : 15 à 20 mn

Recette de fête

Ingrédients pour 6 personnes :

- 120 g de raisins secs blonds
- 6 blancs d'œufs
- 60 g de sucre
- 140 g de sucre glace
- 4 c. à s. de farine
- 100 g de poudre d'amandes
- 150 g de cerneaux de noix

Crème au beurre au café (voir recette p. 432)

1. Préchauffer le four à 180 °C.
2. Faire gonfler 100 g de raisins secs dans un peu d'eau tiède.
3. Monter les blancs d'œufs en neige ferme avec le sucre. Incorporer 120 g de sucre glace tamisé avec la farine, la poudre d'amandes, puis les raisins égouttés et 100 g de cernaux de noix hachés.
4. Humidifier un cercle à tarte et le poser sur une plaque. Le remplir d'appareil à dacquoise en étalant celui-ci à la spatule. Enlever le cercle, le nettoyer et l'humidifier à nouveau. Renouveler l'opération avec le reste d'appareil à dacquoise.
5. Verser le reste de sucre glace dans un tamis fin. En tapotant sur les bords, le saupoudrer sur la surface des 2 disques de dacquoise. Attendre 5 mn et renouveler l'opération. Enfourner et cuire 15 à 20 mn. Le biscuit doit rester moelleux au centre.
6. Remplir une poche à douille unie de crème au beurre. Sur un disque de dacquoise, disposer de grosses noix de crème sur le pourtour, puis former une spirale au centre pour le remplir. Réserver au réfrigérateur 15 mn.
7. Lorsque la crème au beurre a durci, poser le second disque de dacquoise dessus. Coucher des noix de crème au beurre sur le dessus, et les surmonter de 1 cerneau de noix et de raisins. Servir à température ambiante.

Dacquoise aux pistaches et à la mousse au chocolat blanc

Préparation : 50 mn
Cuisson : 25 mn

recette landaise

Ingrédients pour 8 personnes :

- 3 blancs d'œufs
- 20 g de sucre semoule
- 40 g de poudre d'amandes
- 40 g de poudre de pistaches
- 80 g de sucre glace
- 1 poignée de groseilles, de pistaches et de physalis

Mousse au chocolat blanc :

- 180 g de chocolat blanc
- 2 jaunes d'œufs
- 2 feuilles de gélatine
- 1 trait de Grand Marnier
- 300 g de crème fouettée

1. Préchauffer le four à 180 °C.
2. Monter les blancs d'œufs en neige, en incorporant le sucre semoule dès qu'ils commencent à monter. Lorsqu'ils sont fermes, ajouter les poudres d'amandes et de pistaches mélangées, puis le sucre glace.
3. Sur une plaque couverte de papier sulfurisé, coucher un disque de pâte à l'aide d'une poche à douille unie. Réaliser un second disque, à côté du premier ou sur une autre plaque. Enfourner et cuire 25 mn.
4. Préparer la mousse au chocolat blanc : faire fondre le chocolat, cassé en morceaux, au bain-marie. Mélanger. Prélever 20 g de chocolat fondu et l'étaler en une fine pellicule sur du papier d'aluminium. Laisser durcir.
5. Incorporer les jaunes d'œufs au reste de chocolat fondu, puis les feuilles de gélatine ramollies dans un peu d'eau froide et mises à fondre dans le Grand Marnier. Mélanger soigneusement. Lorsque le mélange est à 30 °C, incorporer la crème fouettée. Réserver au réfrigérateur 30 mn environ, jusqu'à ce que la mousse soit ferme.
6. Garnir un disque de dacquoise de mousse au chocolat blanc. Poser le second disque dessus. Avec le reste de mousse, confectionner de petites noix à la poche à douille sur tout le pourtour. Décorer avec des groseilles, des pistaches et des physalis.

Forêt-Noire

Préparation : 1 h 45 mn
Macération : 2 h
Cuisson : 30 mn
Réfrigération : 2 h

recette traditionnelle

Ingrédients pour 8 personnes :

500 g de cerises au naturel
10 cl de kirsch
110 g de beurre
6 œufs
100 g de sucre semoule
75 g de poudre d'amandes
100 g de cacao
180 g de farine
1 sachet de levure chimique
1 sachet de sucre vanillé
20 g de chocolat noir
1 dizaine de cerises confites

Chantilly :
30 cl de crème liquide très froide
2 sachets de sucre vanillé

1. Faire macérer les cerises dans le kirsch 2 h.
2. Préchauffer le four à 180 °C.
3. Faire fondre 100 g de beurre, sans le laisser colorer.
4. Séparer les blancs d'œufs des jaunes. Disposer ceux-ci dans un grand saladier. Ajouter le sucre semoule, le beurre fondu, la poudre d'amandes, le cacao, la farine, la levure et le sucre vanillé. Mélanger jusqu'à obtention d'une pâte homogène. Réserver.
5. Monter les blancs en neige. Les incorporer délicatement au mélange précédent, en soulevant la masse avec une spatule. Verser l'appareil dans un moule à manqué beurré. Enfourner et cuire 30 mn.
6. Laisser refroidir le biscuit 1 h avant de le démouler.
7. Couper le biscuit dans l'épaisseur en 3 cercles. Arroser chaque cercle du jus de macération des cerises, puis répartir les fruits sur 2 d'entre eux. Réserver.
8. Préparer la chantilly : fouetter la crème additionnée du sucre. Tartiner les 2 cercles de biscuit agrémentés de cerises avec les 3/4 de la chantilly. Reconstituer le gâteau et le napper du reste de chantilly. Détailler le chocolat en copeaux (voir p. 420). Décorer avec les cerises confites et les copeaux de chocolat. Réfrigérer 2 h.

Galette aux fruits secs,
glaçage au chocolat noir

Préparation : 30 mn
Cuisson : 30 mn

recette rustique

Ingrédients pour 6 personnes :

1 tasse de fruits secs mélangés (figues, pruneaux, raisins, noix, noisettes, amandes…)
320 g de farine
1/2 c. à c. de sel
50 g de sucre
170 g de beurre
1 œuf
1 c. à s. de crème fraîche

Glaçage au chocolat noir :
100 g de chocolat à 70 %
15 g de beurre

1. Préchauffer le four à 230 °C.
2. Couper les figues, les pruneaux et les raisins en petits morceaux. Hacher les noix, les noisettes et les amandes. Réserver.
3. Disposer 300 g de farine dans une terrine avec le sel et le sucre. Faire une fontaine. Ajouter 150 g de beurre coupé en parcelles, puis effriter le mélange du bout des doigts. Ajouter les fruits secs. Amalgamer avec l'œuf et la crème fraîche, sans pétrir.
4. Beurrer et fariner un moule rond de 25 cm de diamètre. Étaler la pâte dans le moule avec le dos de la main, sur 2 cm d'épaisseur environ. Enfourner et cuire 30 mn.
5. Sortir la galette du four et laisser refroidir.
6. Préparer le glaçage : faire fondre le chocolat, cassé en morceaux, avec 3 cuillerées à soupe d'eau et le beurre au bain-marie. Bien mélanger. Laisser tiédir. Verser le glaçage sur la galette et servir aussitôt.

conseil

Pour une présentation plus raffinée, vous pouvez décorer le dessus de la galette de copeaux de chocolat noir.

à savoir

Cette galette, délicieuse en toute saison, se savoure traditionnellement au moment de l'Épiphanie dans le centre de la France. Dans ce cas, on glisse une fève en porcelaine dans la pâte avant cuisson.

Gâteau à l'ananas,
au rhum et à la crème pâtissière

Préparation : 45 mn
Cuisson : 40 à 50 mn
Réfrigération : 4 à 5 h

recette économique

Ingrédients pour 8 personnes :

2 petites boîtes d'ananas au sirop (700 g égoutté)
2 bananes mûres
Le jus de 1/2 citron vert
1 c. à s. de sucre en poudre
5 c. à s. de rhum
10 g de beurre
Quelques cerises confites
1 biscuit de Savoie de 500 g (voir recette p. 25)

Crème pâtissière au rhum :
25 cl de lait
1 gousse de vanille
100 g de sucre
1 œuf + 2 jaunes
60 g de farine
20 cl de crème liquide
2 c. à s. de rhum

1. Préparer la crème pâtissière (voir recette p. 436). Lorsqu'elle est tiède, incorporer la crème liquide et le rhum. Laisser refroidir, en mélangeant souvent pour éviter qu'une peau ne se forme.
2. Égoutter les tranches d'ananas et réserver le sirop.
3. Peler les bananes et les couper en rondelles. Les arroser du jus de citron et les saupoudrer de sucre. Réserver.
4. Mélanger 1/2 verre de sirop d'ananas avec le rhum. Réserver.
5. Beurrer le fond d'un moule à manqué. Le couvrir d'une feuille de papier sulfurisé. Tapisser le fond et les bords de rondelles d'ananas, puis placer une cerise confite dans chaque trou.
6. Couper le biscuit de Savoie en 3 disques dans l'épaisseur. Placer 1 disque dans le moule. Humecter avec 1/3 du mélange sirop-rhum. Recouvrir d'une couche de crème pâtissière. Disposer une couche de rondelles de banane. Placer le deuxième disque, et renouveler l'opération. Poser le dernier disque et l'humecter. Presser légèrement en plaçant une assiette sur le dessus. Réfrigérer 4 à 5 h.
7. Démouler le gâteau et servir.

Gâteau à l'ananas et au chocolat noir,
ganache au chocolat blanc

Préparation : 45 mn
Cuisson : 45 mn
Réfrigération : 1 h

recette raffinée

Ingrédients pour 6 à 8 personnes :

200 g de beurre
1/2 gros ananas
330 g de sucre
200 g de farine
30 g de cacao
4 œufs
1 c. à c. de sel
1 sachet de levure chimique
150 g de chocolat noir
50 cl de jus d'ananas

Ganache au chocolat blanc :
180 g de chocolat blanc
30 cl de crème liquide

1. Préchauffer le four à 140 °C. Faire fondre le beurre.
2. Ôter l'écorce de l'ananas et le couper en deux dans la longueur. Détailler des bandes de chair de 5 mm d'épaisseur, en ôtant la partie dure. Chauffer 130 g de sucre dans un moule jusqu'à obtention d'un caramel blond. Disposer les bandes d'ananas dans le moule.
3. Mélanger la farine avec le reste de sucre et le cacao. Faire une fontaine. Ajouter les œufs, le beurre fondu, le sel et la levure. Mélanger et verser l'appareil dans le moule. Enfourner et cuire 45 mn.
4. Pendant ce temps, préparer la ganache : râper le chocolat blanc. Porter 10 cl de crème à ébullition et la verser sur le chocolat râpé. Mélanger et laisser tiédir (30 °C). Incorporer le reste de crème préalablement fouettée. Réserver.
5. Démouler le gâteau et le laisser refroidir. Pendant ce temps, faire fondre le chocolat noir au bain-marie, puis l'étaler sur du papier sulfurisé et le laisser refroidir. Détailler le chocolat en éclats. Réserver.
6. Couper le gâteau en deux dans l'épaisseur. Imbiber le fond de 25 cl de jus d'ananas, puis étaler la ganache, en en réservant 3 cuillerées à soupe, sur le dessus. Imbiber la seconde moitié du gâteau du reste de jus d'ananas et la poser sur la première. Plaquer les éclats de chocolat sur le pourtour, en les recouvrant du reste de ganache pour les faire adhérer au gâteau. Placer au réfrigérateur 1 h.

Gâteau à la noix de coco et à l'ananas,
crème anglaise au sirop d'orgeat

Préparation : 30 mn
Cuisson : 55 mn

recette guadeloupéenne

Ingrédients pour 6 personnes :

3 œufs
100 g de sucre
20 cl de crème fraîche
200 g de farine
150 g de noix de coco râpée
1 sachet de levure chimique
80 g de beurre
1 ananas victoria

Crème anglaise au sirop d'orgeat :
50 cl de lait
1 gousse de vanille
25 cl de sirop d'orgeat
8 jaunes d'œufs
100 g de sucre

1. Préchauffer le four à 160 °C.
2. Mélanger les œufs avec le sucre et la crème bien fouettée. Incorporer la farine, la noix de coco et la levure.
3. Beurrer généreusement un moule. Verser l'appareil dans le moule et disposer de fines tranches d'ananas coupées en demi-lune sur le dessus. Enfourner et cuire 55 mn.
4. Pendant ce temps, préparer la crème anglaise au sirop d'orgeat : verser le lait dans une casserole à fond épais, ajouter la gousse de vanille fendue en deux et grattée et le sirop d'orgeat. Porter à ébullition et laisser bouillir 1 mn. Réduire à feu doux et faire infuser la vanille 3 mn. Dans un saladier, fouetter les jaunes d'œufs avec le sucre, en le versant en pluie, jusqu'à obtention d'un mélange mousseux. Ôter la gousse de vanille du lait et verser doucement celui-ci sur le mélange œufs-sucre. Verser l'appareil dans la casserole. Faire cuire sans cesser de mélanger, en veillant à ne pas laisser bouillir, jusqu'à ce que la crème nappe la cuiller.
5. Passer la crème anglaise au chinois. Placer aussitôt au réfrigérateur.
6. Au moment de servir, napper le fond des assiettes de crème anglaise et déposer une part de gâteau au centre.

conseil

Servez agrémenté de quelques framboises et de rondelles de kiwi.

Gâteau au café et au chocolat,
glaçage au chocolat

Préparation : 40 mn
Cuisson : 45 mn

recette raffinée

Ingrédients pour 6 personnes :

200 de chocolat noir
1 c. à s. d'extrait liquide de café
4 c. à s. de café très fort
120 g de beurre
4 œufs
100 g de sucre glace
50 g de farine
Quelques grains de café en chocolat

Glaçage :
100 g de chocolat noir
1 c. à c. d'huile

1. Préchauffer le four à 190 °C au maximum. Faire fondre le chocolat, cassé en morceaux, au bain-marie. Délayer l'extrait de café dans le café et verser ce mélange dans le chocolat fondu. Incorporer 100 g de beurre coupé en parcelles. Mélanger jusqu'à obtention d'une pâte lisse. Réserver.
2. Séparer les blancs d'œufs des jaunes. Dans une grande terrine, battre les jaunes avec 75 g de sucre glace jusqu'à blanchiment. Incorporer 30 g de farine, puis la pâte de chocolat. Bien mélanger. Battre les blancs d'œufs en neige ferme avec le reste de sucre glace, puis les incorporer à la préparation au chocolat.
3. Beurrer et fariner un moule à manqué de 22 cm de diamètre et y verser l'appareil. Disposer le moule dans la lèchefrite remplie d'eau bouillante jusqu'aux 3/4 et cuire 45 mn.
4. Démouler aussitôt le gâteau sur une grille et le laisser refroidir complètement avant de le disposer sur un plat de service.
5. Préparer le glaçage : faire fondre le chocolat, cassé en morceaux, au bain-marie. Hors du feu, ajouter l'huile et mélanger jusqu'à onctuosité. Étaler aussitôt ce glaçage sur toute la surface du gâteau, à l'aide d'une spatule souple, en masquant entièrement le bord. Laisser le glaçage se solidifier à l'air libre. Disposer les grains de café en chocolat sur le pourtour du gâteau, en les espaçant régulièrement.

Gâteau au chocolat et au café,
sauce au Kahlua

Préparation : 15 mn
Cuisson : 15 à 20 mn

recette mexicaine

Ingrédients pour 6 personnes :

- 6 œufs
- 200 g de sucre
- 2 sachets de sucre vanillé
- 250 g de chocolat noir
- 12 cl de café très fort
- 200 g de beurre mou
- 80 g de poudre d'amandes
- 2 c. à s. de Maïzena
- 1/2 sachet de levure
- 1 c. à s. de farine
- 10 cerneaux de noix

Sauce au Kahlua :

- 10 cl de Kahlua
- 3 c. à soupe de crème liquide

1. Préchauffer le four à 210 °C.
2. Séparer les blancs d'œufs des jaunes. Fouetter ceux-ci avec les 2 sucres jusqu'à ce que le mélange soit bien mousseux.
3. Dans une petite casserole, faire fondre le chocolat avec le café sur feu doux. Laisser tiédir. Hors du feu, incorporer les jaunes d'œufs au mélange chocolat-café et mélanger soigneusement. Ajouter 180 g de beurre, la poudre d'amandes, la Maïzena et la levure.
4. Battre les blancs d'œufs en neige ferme et les incorporer délicatement au mélange précédent.
5. Beurrer et fariner un moule. Verser les 3/4 de l'appareil dans le moule, enfourner et cuire 15 à 20 mn.
6. Laisser refroidir le gâteau et le démouler.
7. Couper le gâteau en deux dans l'épaisseur. Étaler le reste de l'appareil au chocolat sur le fond. Reconstituer le gâteau et réserver au réfrigérateur jusqu'au moment de servir.
8. Préparer la sauce au Kahlua : mélanger le Kahlua et la crème. Napper le gâteau de sauce et le décorer avec les cerneaux de noix.

à savoir

Le Kahlua est une liqueur à base de crème fraîche et de café.

Gâteau au chocolat
et aux écailles d'amande, glaçage au chocolat

Préparation : 10 mn
Cuisson : 40 mn

recette raffinée

Ingrédients pour 4 à 6 personnes :

- 120 g de farine
- 100 g de sucre
- 50 g de poudre d'amandes
- 1 sachet de sucre vanillé
- 1/2 sachet de levure chimique
- 2 œufs
- 80 g de chocolat noir
- 90 g de beurre
- 15 cl de lait
- 100 g d'amandes effilées

Glaçage :

- 50 g de chocolat noir à 70 %

1. Préchauffer le four à 190 °C.
2. Mélanger la farine avec le sucre, la poudre d'amandes, le sucre vanillé et la levure. Incorporer les œufs battus. Réserver.
3. Faire fondre le chocolat noir, cassé en morceaux, avec 70 g de beurre et le lait au bain-marie. Incorporer la préparation au chocolat au mélange précédent.
4. Beurrer un moule à manqué de 25 cm de diamètre et le chemiser de papier sulfurisé.
5. Verser la pâte dans le moule, enfourner et cuire 40 mn.
6. Démouler le gâteau dès la sortie du four et le laisser refroidir sur une grille.
7. Préparer le glaçage : faire fondre le chocolat, cassé en morceaux, au bain-marie. L'étaler sur le gâteau à la spatule. Recouvrir la surface et le pourtour d'amandes effilées.

conseil

Servez ce gâteau avec une crème anglaise (voir recette p. 431).

Gâteau au citron
et à la compote de rhubarbe

Préparation : 35 mn
Cuisson : 30 mn

recette provençale

Ingrédients pour 6 personnes :

190 g de beurre
3 œufs
170 g de sucre
Le zeste de 1 citron blanchi et émincé
190 g de farine
Le jus de 1/2 citron
125 g de framboises fraîches
20 g de sucre glace

Compote de rhubarbe :
200 g de rhubarbe
80 g de sucre
Le jus de 1/2 citron

1. Préchauffer le four à 170 °C.
2. Faire fondre 170 g de beurre au bain-marie. Réserver.
3. Fouetter énergiquement les œufs avec le sucre et le zeste de citron jusqu'à blanchiment. Lorsque le mélange a doublé de volume, incorporer délicatement 170 g de farine. Ajouter le beurre fondu, puis le jus de citron. Mélanger. Verser l'appareil dans un moule beurré et fariné. Enfourner et cuire 30 mn.
4. Pendant ce temps, préparer la compote de rhubarbe : éplucher la rhubarbe avec un couteau économe. La couper en tronçons de 5 cm. Dans une casserole à fond épais, faire chauffer le sucre avec 1 cuillerée à soupe d'eau sur feu doux jusqu'à obtention d'une coloration caramel. Ajouter les tronçons de rhubarbe, puis le jus de citron. Faire compoter, sur feu doux et à couvert, 10 mn. Réserver quelques morceaux de rhubarbe pour le décor.
5. Démouler le gâteau dès la sortie du four, pour éviter que la vapeur ne l'humidifie et qu'il n'attache au moule, puis le poser sur une grille. Laisser légèrement tiédir.
6. Couper le gâteau en deux dans l'épaisseur. Garnir la partie inférieure de compote de rhubarbe, puis reconstituer le gâteau. Décorer avec les framboises et les morceaux de rhubarbe réservés, puis saupoudrer le sucre glace à l'aide d'un chinois.

Gâteau aux châtaignes,
sauce au chocolat noir

Préparation : 1 h
Cuisson : 40 mn

recette provençale

Ingrédients pour 6 personnes :

1 kg de sucre en morceaux
1 gousse de vanille
1 kg de châtaignes au naturel
8 œufs
220 g de beurre
200 g de sucre en poudre
11/2 c. à s. de farine
1 pincée de sel

Sauce au chocolat noir :
400 g de chocolat noir
100 g de sucre
1 pincée de sel
100 g de beurre
25 cl de crème fraîche

1. Dans une casserole, préparer un sirop avec 1 l d'eau, les morceaux de sucre et la gousse de vanille fendue en deux. Plonger les châtaignes dans le sirop et laisser pocher 15 mn.
2. Préchauffer le four à 180 °C. Séparer les blancs d'œufs des jaunes.
3. Égoutter les châtaignes et les passer au moulin à légumes, en en réservant 10. Ajouter 200 g de beurre, le sucre en poudre et les jaunes d'œufs à la purée de châtaignes.
4. Beurrer et fariner un moule à charlotte de 18 cm de diamètre. Monter les blancs d'œufs en neige avec le sel. Les incorporer délicatement au mélange précédent. Verser l'appareil dans le moule. Placer celui-ci dans un bain-marie, enfourner et cuire 40 mn.
5. Laisser refroidir le gâteau, démouler et réserver au réfrigérateur.
6. Préparer la sauce au chocolat noir : faire fondre le chocolat avec 1 verre d'eau au bain-marie. Ajouter le sucre, le sel et le beurre coupé en parcelles. Lorsque le mélange est onctueux, incorporer la crème fraîche. Laisser refroidir.
7. Au moment de servir, déposer un dôme de sauce au chocolat au centre du gâteau. Disposer 7 châtaignes entières sur le pourtour et répartir les châtaignes restantes, coupées en petits morceaux, à la base du gâteau. Servir le reste de sauce à part.

Gâteau basque à la crème vanillée au citron

Préparation : 40 mn
Cuisson : 50 mn

recette traditionnelle

Ingrédients pour 6 personnes :

520 g de beurre
1 c. à c. rase de fleur de sel
430 g de cassonade
250 g de poudre d'amandes
1/2 c. à c. de vanille en poudre
3 œufs moyens + 1 jaune
630 g de farine
1/2 sachet de levure chimique

Crème vanillée au citron :
25 cl de lait
11/2 c. à s. de semoule fine
1/2 gousse de vanille
Le zeste de 1/2 citron
1 jaune d'œuf
4 c. à s. de cassonade
1 c. à s. de farine
15 cl de crème liquide

1. Préparer la pâte en pétrissant, dans l'ordre, 500 g de beurre, le sel, la cassonade, la poudre d'amandes, la vanille et les œufs. Ajouter la farine tamisée avec la levure. Mélanger en pétrissant le moins possible. Envelopper la pâte de film alimentaire et réserver au réfrigérateur.
2. Préparer la crème vanillée au citron : dans une casserole, porter à ébullition la moitié du lait avec la semoule, la 1/2 gousse de vanille fendue en deux dans la longueur et grattée et le zeste de citron haché très fin. Incorporer le jaune d'œuf à la cassonade et à la farine, jusqu'à ce que le mélange blanchisse légèrement. Verser progressivement le lait restant sur le mélange, en remuant. Faire bouillir 2 mn sans cesser de remuer. Porter la crème à ébullition, puis l'incorporer à la préparation précédente. Mélanger. Laisser refroidir en fouettant de temps en temps, pour que la texture de la crème reste bien lisse.
3. Préchauffer le four à 190 °C.
4. Beurrer un moule de 3 cm de hauteur. Garnir le fond d'une couche de pâte assez épaisse. Chemiser les bords d'une épaisse bande de pâte de 2 cm de largeur. Garnir de crème vanillée au citron. Recouvrir avec le reste de pâte. Dorer au jaune d'œuf battu et rayer la surface à la fourchette. Enfourner et cuire 45 mn.

Gâteau manqué à l'orange et au Cointreau, garniture au chocolat

Préparation : 35 mn
Cuisson : 35 à 40 mn
Réfrigération : 20 mn

recette saveur

Ingrédients pour 6 personnes :

3 oranges
70 g de beurre
3 œufs
150 g de sucre
150 g de farine tamisée
1/2 sachet de levure chimique
2 c. à s. de Cointreau

Garniture au chocolat :
2 œufs
200 g de chocolat noir
100 g de beurre
6 c. à s. de sucre
Le zeste râpé de 1/2 orange

1. Préchauffer le four à 180 °C.
2. Presser 1 orange et râper le zeste. Laver les oranges restantes et les détailler en lamelles. Réserver le jus, le zeste et les lamelles d'orange.
3. Faire fondre 50 g de beurre dans une casserole et le laisser refroidir.
4. Séparer les blancs d'œufs des jaunes. Travailler ceux-ci avec le sucre. Ajouter le jus et le zeste d'orange, le beurre fondu, la farine et la levure. Mélanger jusqu'à obtention d'une pâte bien lisse. Battre les blancs en neige ferme et les incorporer à la pâte. Verser l'appareil dans un moule à manqué beurré. Enfourner et cuire 35 à 40 mn.
5. Démouler le gâteau sur une grille et le laisser refroidir.
6. Pendant ce temps, préparer la garniture au chocolat : séparer les blancs d'œufs des jaunes. Faire fondre le chocolat avec le beurre au bain-marie. Hors du feu, ajouter le sucre, le zeste d'orange et les jaunes d'œufs. Travailler le mélange jusqu'à ce qu'il soit bien lisse. Battre les blancs d'œufs en neige et les incorporer délicatement à la préparation au chocolat. Laisser durcir au réfrigérateur.
7. Couper le gâteau en deux dans l'épaisseur. Imbiber chaque disque de 1 cuillerée à soupe de Cointreau. Couvrir le fond de garniture. Poser l'autre disque dessus. Napper la surface du reste de garniture. Décorer de lamelles d'orange. Servir très frais.

Gâteau marbré à la crème vanillée

Préparation : 20 mn
Cuisson : 30 mn

recette délice des enfants

Ingrédients pour 8 personnes :

300 g de beurre mou
300 g de sucre
6 œufs
360 g de farine
1 sachet de levure chimique
100 g de cacao en poudre

Crème vanillée :
20 cl de crème liquide
50 cl de lait
2 gousses de vanille
7 jaunes d'œufs
110 g de sucre

1. Préchauffer le four à 210 °C.
2. Dans une terrine, disposer 290 g de beurre et verser le sucre. Fouetter jusqu'à ce que le mélange blanchisse. Incorporer les œufs un par un. Ajouter 350 g de farine et la levure tamisées ensemble. Diviser la pâte en 2 quantités égales.
3. Incorporer le cacao à l'une des moitiés. Réserver.
4. Verser la pâte nature dans un moule à cake de 26 cm de longueur beurré et fariné. À la spatule, étaler la pâte au cacao à la surface. Pour obtenir le marbré, répartir cette pâte dans la pâte nature avec un couteau, sans trop mélanger.
5. Disposer le moule sur une plaque chaude. Enfourner et cuire 30 mn.
6. Pendant ce temps, préparer la crème vanillée : dans une casserole, verser la crème liquide et le lait. Ajouter les gousses de vanille fendues en deux et porter à ébullition. Dans une terrine, fouetter les jaunes d'œufs avec le sucre jusqu'à ce que le mélange blanchisse. Délayer avec un peu de mélange crème-lait. Verser l'appareil dans la casserole, laisser cuire en remuant constamment jusqu'à ce que la crème nappe la spatule. Ne pas faire bouillir. Filtrer et laisser refroidir.
7. Couper le gâteau en tranches et servir la crème vanillée à part.

conseil

Si le dessus du gâteau se colore trop vite, couvrez-le d'un papier sulfurisé beurré.

Gâteau moelleux à la ganache au chocolat, à l'orange et aux épices

Préparation : 25 mn
Cuisson : 10 mn
Réfrigération : 12 h

recette guadeloupéenne

Ingrédients pour 8 personnes :

5 œufs
125 g de sucre
1 c. à s. de cacao
120 g de farine
20 g de beurre

Ganache :
500 g de chocolat noir râpé
50 cl de crème liquide
1/2 c. à c. de cannelle en poudre
1 pincée de clou de girofle en poudre
1 pincée d'anis étoilé en poudre
1 c. à c. d'extrait liquide de café
Le zeste râpé de 1/2 orange
Le jus de 1 orange

1. Préchauffer le four à 180 °C.
2. Fouetter les œufs et le sucre au bain-marie jusqu'à ce que ce mélange fasse le ruban. Mélanger le cacao et la farine, puis les incorporer au mélange œufs-sucre en trois fois, en soulevant délicatement la masse. Verser cet appareil à génoise sur une plaque beurrée, sur une épaisseur de 1 cm au maximum. Enfourner et cuire 10 mn environ.
3. Préparer la ganache : râper le chocolat. Chauffer la crème dans une casserole. Y faire fondre le chocolat. Ajouter les épices, l'extrait de café, le zeste et le jus d'orange.
4. Laisser refroidir la génoise et la démouler sur une grille.
5. Beurrer un moule haut de 24 cm de diamètre. Chemiser le fond et les bords avec la génoise. Remplir de ganache. Faire prendre au réfrigérateur 12 h.

notre avis

Vous pouvez également confectionner ce dessert dans 8 moules individuels.

Lingot au chocolat noir,
nappage au chocolat et au cognac

Préparation : 30 mn
Cuisson : 18 à 20 mn

recette bordelaise

Ingrédients pour 6 personnes :

3 œufs
150 g de chocolat noir
50 g de beurre mou
80 g de sucre
50 g de farine tamisée
1/2 sachet de levure chimique
1 pincée de sel
1 orange

Nappage au chocolat et au cognac:
150 g de chocolat noir
50 g de beurre
2 c. à s. de cognac (ou de whisky)

1. Préchauffer le four à 200 °C.
2. Séparer les blancs d'œufs des jaunes. Réserver.
3. Faire fondre le chocolat, cassé en morceaux, avec 30 g de beurre au bain-marie, en fouettant bien, jusqu'à ce que le mélange soit parfaitement lisse. Dans un saladier, mélanger le sucre et les jaunes d'œufs jusqu'à blanchiment. Incorporer la farine, le mélange chocolat-beurre, puis la levure. Mélanger soigneusement jusqu'à ce que la pâte soit homogène.
4. Fouetter les blancs en neige très ferme avec le sel. Les incorporer délicatement à la pâte.
5. Beurrer un moule à cake et y verser la pâte. Enfourner et cuire 10 mn environ. Baisser la température à 180 °C et poursuivre la cuisson 8 à 10 mn. Sortir aussitôt le gâteau du four et laisser refroidir.
6. Lorsque le gâteau est suffisamment froid, le démouler sur un plat de service.
7. Préparer le nappage au chocolat et au cognac : faire fondre le chocolat et le beurre avec 2 cuillerées à soupe d'eau. Incorporer le cognac. Recouvrir entièrement le gâteau de ce nappage épais, à l'aide d'une spatule, et laisser refroidir.
8. Décorer le gâteau de demi-rondelles d'orange avant de servir.

Pain de Gênes à la marmelade d'oranges
et à la ganache au chocolat

Préparation : 40 mn
Cuisson : 25 à 30 mn
Réfrigération : 1 h

recette traditionnelle

Ingrédients pour 8 personnes :

4 œufs
80 g de beurre
100 g de sucre
120 g de poudre d'amandes
2 c. à s. de Maïzena
1 pincée de sel
11/2 c. à s. de Grand Marnier
100 g de chocolat noir
100 g de marmelade d'oranges
Quelques gros fruits confits au choix

Ganache :
300 g de chocolat noir
150 g de crème fraîche épaisse

1. Préchauffer le four à 170 °C.
2. Séparer les blancs d'œufs des jaunes. Faire fondre 60 g de beurre et réserver. Dans une terrine, mélanger les jaunes d'œufs avec le sucre et la poudre d'amandes, puis ajouter la Maïzena. Dans une autre terrine, monter les blancs en neige ferme avec le sel, puis les incorporer à la préparation précédente en soulevant délicatement la masse avec une cuiller en bois. Ajouter le beurre fondu, puis le Grand Marnier.
3. Verser la pâte dans un moule à manqué beurré. Enfourner et cuire 25 à 30 mn.
4. Préparer la ganache : râper le chocolat dans une terrine. Porter la crème fraîche à ébullition. La verser sur le chocolat sans cesser de remuer, pour bien lisser le mélange. Réserver.
5. Faire fondre le chocolat, cassé en morceaux, au bain-marie.
6. Pendant ce temps, couper le pain de Gênes en quatre dans l'épaisseur. Sur le fond, étaler une mince couche de marmelade d'oranges tiédie, puis une couche de ganache. Renouveler ces opérations sur 2 autres disques. Reconstituer le gâteau, puis le napper du chocolat fondu. Réserver au réfrigérateur 1 h.
7. Décorer de gros fruits confits et servir.

Paris-Brest

Préparation : 35 mn
Cuisson : 30 à 35 mn

recette traditionnelle

Ingrédients pour 6 personnes :

100 g d'amandes effilées
30 g de beurre
1 jaune d'œuf
3 c. à s. de sucre glace

Pâte à choux :
60 g de beurre
1 c. à c. de sucre
1 pincée de sel
120 g de farine tamisée
3 œufs moyens

Crème au beurre :
4 blancs d'œufs + 3 jaunes
200 g de sucre
180 g de beurre
200 g de pralin en pâte

1. Préchauffer le four à 200 °C.
2. Répartir les amandes sur une plaque. Enfourner et laisser blondir. Réserver hors du four et baisser la température à 180 °C.
3. Préparer la pâte à choux : mélanger le beurre avec 20 cl d'eau, le sucre et le sel. Porter à ébullition. Retirer du feu. Ajouter la farine. Mélanger vigoureusement à la spatule, à nouveau sur le feu, pour dessécher la pâte, jusqu'à ce que l'appareil forme une boule. Ajouter les œufs un par un hors du feu, en mélangeant bien entre chaque adjonction.
4. Beurrer une plaque et dessiner une couronne de pâte à choux de 22 cm de diamètre avec une poche à douille cannelée de 15 mm de diamètre. Dorer au jaune d'œuf battu et parsemer les amandes grillées. Enfourner et cuire 30 à 35 mn. Laisser tiédir dans le four.
5. Préparer la crème au beurre : confectionner une meringue en battant les blancs d'œufs en neige ferme avec le sucre. Réserver. Travailler le beurre à la spatule. Ajouter les jaunes d'œufs et le pralin. Bien battre, puis incorporer la meringue. Réserver au frais.
6. Au moment de servir, couper la couronne de pâte à choux en deux dans l'épaisseur. Garnir généreusement le fond de crème au beurre. Poser la partie supérieure dessus. Saupoudrer le sucre glace.

Pavé glacé aux châtaignes,
glaçage au chocolat

Préparation : 30 mn
Cuisson : 30 mn
Réfrigération : 5 h

recette limousine

Ingrédients pour 6 à 8 personnes :

750 g de châtaignes (500 g épluchées)
50 cl de lait
1 sachet de sucre vanillé
100 g de sucre
200 g de beurre
2 c. à s. de rhum ou de kirsch

Glaçage au chocolat :
75 g de chocolat
30 g de beurre

1. Blanchir les châtaignes dans 70 cl d'eau bouillante 5 mn. Les égoutter, les passer sous l'eau froide et les éplucher.
2. Plonger les châtaignes dans le lait, ajouter le sucre vanillé et faire cuire à petit frémissement 30 mn environ, jusqu'à ce qu'elles s'écrasent facilement. Les réduire en purée fine au mixeur.
3. Mélanger la purée de châtaignes avec le sucre, le beurre et le rhum ou le kirsch. Verser l'appareil dans un moule à génoise carré ou rectangulaire. Placer au réfrigérateur et laisser raffermir 5 h.
4. Préparer le glaçage : faire fondre le chocolat, cassé en morceaux, au bain-marie. Ajouter le beurre et 1 cuillerée à soupe d'eau. Mélanger.
5. Démouler le pavé aux châtaignes à l'aide d'une spatule et le napper entièrement de glaçage au chocolat.

à savoir

Il ne faut pas confondre les châtaignes (plusieurs noix dans la bogue), et les marrons (une seule), comestibles, avec le marron d'Inde de nos sous-bois, très mauvais.

conseil

Servez ce gâteau avec une crème anglaise (voir recette p. 431) parfumée au rhum ou au kirsch, selon l'alcool que vous aurez choisi pour confectionner le pavé. Vous pouvez utiliser des châtaignes au naturel.

Savarin aux raisins blancs
et au kirsch

Préparation : 20 mn
Repos : 1 h 30
Cuisson : 20 à 30 mn

recette traditionnelle

Ingrédients pour 8 personnes :

- 20 g de levure de boulanger
- 15 cl de lait
- 250 g de farine
- 1/2 c. à c. de sel
- 1 c. à s. de sucre
- 4 œufs
- 150 g de beurre mou
- 500 g de raisins blancs d'Italie
- 150 g de sucre
- 1 c. à s. de kirsch

Sirop :

- 400 g de sucre en poudre
- 1 c. à s. de kirsch

1. Émietter la levure dans 3 ou 4 cuillerées à soupe de lait tiède. Ajouter 1 cuillerée à soupe de farine. Laisser reposer ce levain à température ambiante 30 mn, jusqu'à ce qu'il double de volume.
2. Dans une terrine, verser le reste de farine en fontaine. Disposer au centre le sel, le sucre, les œufs et le reste de lait. Mélanger tout en incorporant le levain. Ajouter 130 g de beurre. Pétrir la pâte en la soulevant au moins 10 mn, jusqu'à ce qu'elle devienne moins collante.
3. Beurrer un moule à savarin de 26 cm de diamètre. Verser la pâte jusqu'à mi-hauteur. Faire lever à température ambiante 1 h : la pâte doit remplir le moule.
4. Préchauffer le four à 210 °C. Enfourner le moule et cuire 20 à 30 mn. Lorsque le gâteau est doré et très léger, le sortir du four. Démouler aussitôt sur un plat.
5. Préparer le sirop : porter à ébullition 75 cl d'eau avec le sucre 5 mn. Hors du feu, ajouter le kirsch. Arroser le gâteau chaud. Renouveler l'opération plusieurs fois au cours du refroidissement. Placer le savarin au réfrigérateur.
6. Laver et égrener le raisin. Disposer les grains dans une jatte avec le sucre et le kirsch et laisser macérer au réfrigérateur.
7. Au moment de servir, verser les grains de raisin au centre du savarin.

Strudel à la ricotta
et aux raisins secs

Préparation : 20 mn
Cuisson : 1 h

recette vénitienne

Ingrédients pour 6 personnes :

- 200 g de farine
- 100 g de sucre semoule
- 80 g de beurre
- 1 c. à s. d'huile d'olive
- 1 œuf
- 1 sachet de levure chimique
- Le jus de 1/2 citron
- 1 pincée de sel
- 1 morceau de zeste d'orange ou de citron
- 1 morceau de sucre
- 1/2 c. à s. d'huile
- 2 c. à s. de sucre glace

Garniture :

- 1 œuf
- 80 g de sucre semoule
- 200 g de ricotta
- 100 g de raisins secs
- 1 zeste d'orange ou de citron
- 1 morceau de sucre

1. Mélanger 180 g de farine avec le sucre semoule, 50 g de beurre coupé en dés, l'huile, l'œuf, la levure, le jus de citron et le sel. Frotter le zeste d'orange ou de citron sur le morceau de sucre et ajouter celui-ci en l'écrasant. Abaisser finement la pâte sur un linge légèrement fariné.
2. Préparer la garniture : séparer le blanc d'œuf du jaune. Mélanger le sucre semoule et le jaune d'œuf. Incorporer ce mélange à la ricotta. Ajouter les raisins secs. Frotter le zeste d'écorce d'orange ou de citron sur le morceau de sucre et ajouter celui-ci en l'écrasant. Monter le blanc d'œuf en neige ferme et l'incorporer à la préparation.
3. Préchauffer le four à 180 °C.
4. Étaler la garniture sur la pâte. Rouler celle-ci comme pour un gâteau roulé.
5. Disposer le strudel sur une plaque huilée, enfourner et cuire 1 h.
6. Sortir le gâteau du four. Saupoudrer de sucre glace et laisser tiédir.

Strudel aux pommes
et aux raisins secs

Préparation : 30 mn
Réfrigération : 1 à 2 h
Cuisson : 50 mn

recette allemande

Ingrédients pour 6 personnes :

270 g de farine
1 jaune d'œuf
1 pincée de sel
4 c. à s. d'huile de tournesol
10 g de beurre

Garniture :
1,5 kg de pommes reines des reinettes
100 g de raisins secs
3 c. à s. de sucre
1 pincée de cannelle
4 c. à s. de chapelure

1. Mélanger 250 g de farine avec le jaune d'œuf, le sel, l'huile et 20 cl d'eau environ. Pétrir fortement, de façon à obtenir une pâte élastique. La rouler en boule. Laisser reposer au réfrigérateur 1 à 2 h.
2. Pendant ce temps, préparer la garniture : évider les pommes et les peler. Détailler chacune d'elles en 12 quartiers.
3. Étaler la pâte le plus finement possible sur un torchon. Disposer les quartiers de pomme dessus. Ajouter les raisins secs, le sucre, la cannelle et la chapelure.
4. Préchauffer le four à 210 °C.
5. Prendre le torchon aux extrémités. Le rouler de façon à rabattre la pâte et à l'enrouler. Poser le rouleau de pâte obtenu sur une plaque de four beurrée. Enfourner et cuire 50 mn environ.

conseil

Il vaut mieux cuire le strudel 5 mn de trop que pas assez. Vous pouvez servir ce gâteau avec de la crème Chantilly, de la crème fraîche ou de la crème anglaise (voir recettes p. 434 et p. 431).

à savoir

Le strudel est un gâteau traditionnel de la cuisine juive d'Europe centrale. On le garnit couramment de pommes, mais également de cerises ou de fromage blanc.

Tropézienne

Préparation : 35 mn
Repos : 3 h
Cuisson : 20 à 25 mn

recette traditionnelle

Ingrédients pour 8 à 10 personnes :

10 cl de lait
20 g de levure de boulanger
70 g de beurre mou
350 g de farine
Le jus de 1/2 citron
1 œuf
50 g de sucre en poudre
1 pincée de sel
2 c. à s. de sucre cristallisé
4 c. à s. de sucre en grains

Crème pâtissière :
35 cl de lait
1 gousse de vanille
60 g de sucre
4 jaunes d'œufs
30 g de farine
20 cl de crème fouettée

1. Faire tiédir le lait puis y délayer la levure. Dans un bol, mélanger 50 g de beurre et le lait. Dans une terrine, disposer la farine en fontaine. Y verser le mélange beurre-lait, le jus de citron, l'œuf, le sucre en poudre et le sel. Bien travailler jusqu'à consistance d'une pâte à brioche. Laisser reposer à température ambiante 2 h.
2. Retravailler la pâte, puis l'étaler en lui donnant la forme d'une galette de 1,5 cm d'épaisseur. Beurrer la tôle du four et y déposer la pâte. Saupoudrer le sucre cristallisé. Laisser lever encore 1 h.
3. Préchauffer le four à 170 °C. Enfourner et cuire 20 à 25 mn.
4. Préparer la crème pâtissière : faire bouillir le lait avec la gousse de vanille fendue en deux et grattée. Ajouter le sucre aux jaunes d'œufs et travailler jusqu'à blanchiment. Incorporer la farine, peu à peu, puis le lait. Verser le mélange dans une casserole et cuire sur feu doux, sans cesser de fouetter, jusqu'à ce que la crème épaississe. Laisser refroidir, puis incorporer la crème fouettée. Laisser refroidir en mélangeant souvent pour éviter qu'une peau ne se forme. Réserver au réfrigérateur.
5. Sortir le gâteau du four et le laisser refroidir sur une grille. Le trancher en deux dans l'épaisseur, le garnir de crème pâtissière, le reconstituer et parsemer les grains de sucre dessus.

À trois Appareils

COMMENT RÉUSSIR UN GÂTEAU

Les gâteaux à 3 appareils (3 préparations) demandent de la patience, du temps et, dans la plupart des cas, un tour de main à la portée d'une bonne cuisinière mais difficile pour un débutant.

Réussir une bûche

Avec une spatule, étaler la pâte du biscuit sur du papier sulfurisé, en formant un rectangle de 3 mm d'épaisseur. Le biscuit est cuit lorsqu'il est brun doré, souple au toucher et qu'il se décolle du papier sulfurisé.
Retourner le biscuit sur du papier sulfurisé propre, l'imbiber de sirop et le recouvrir de la garniture en étalant celle-ci sur une couche de 2 mm d'épaisseur.
Rouler le biscuit vers l'intérieur en le poussant avec le papier sulfurisé de façon à obtenir un rouleau régulier et bien serré.
À la spatule, recouvrir toute la surface du biscuit du nappage ou glaçage, en étalant celui-ci sur quelques millimètres d'épaisseur, de façon à masquer totalement le biscuit.

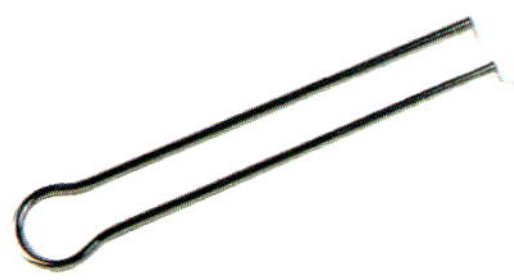

Réussir un glaçage

Le glaçage est une préparation tiède qui s'étale sur le gâteau cuit et refroidi à l'aide d'une petite palette souple.

Découper un gros gâteau

Utiliser un grand couteau à lame très large.
Pour obtenir des tranches bien nettes, prendre soin de chauffer la lame soit en la plaçant quelques secondes au-dessus d'une flamme, soit en la trempant dans de l'eau très chaude (dans ce cas, veiller à l'essuyer).
Il est recommandé d'essuyer la lame sur du papier absorbant entre chaque part.

Biscuit à la noix de coco,
crème mousseline et ganache au chocolat

Préparation : 40 mn
Cuisson : 30 mn
Réfrigération : 2 h

recette antillaise

Ingrédients pour 6 personnes :

160 g de noix de coco en poudre
160 g de sucre
2 œufs
60 g de noix de coco râpée

Crème mousseline :
2 jaunes d'œufs
40 g de sucre
1 c. à s. de farine
20 cl de lait
120 g de beurre

Ganache :
300 g de chocolat noir
20 cl de crème liquide

1. Préchauffer le four à 180 °C.
2. Dans une terrine, fouetter la noix de coco en poudre avec le sucre et les œufs. Verser la préparation dans un moule. Enfourner et cuire 30 mn.
3. Démouler le biscuit et laisser refroidir.
4. Préparer la crème mousseline : dans une jatte, fouetter les jaunes d'œufs et le sucre jusqu'à blanchiment. Incorporer la farine. Verser le lait bouillant en mince filet sans cesser de fouetter. Transvaser l'appareil dans une casserole. Porter à ébullition puis laisser cuire 1 mn. Laisser refroidir. Ajouter le beurre travaillé en pommade. Réserver.
5. Préparer la ganache : disposer le chocolat, cassé en morceaux, dans une jatte. Porter la crème à ébullition et la verser sur le chocolat. Remuer jusqu'à obtention d'un mélange lisse et brillant.
6. Couper le biscuit en deux dans l'épaisseur. Disposer le fond dans le moule. Étaler la crème mousseline dessus, puis parsemer 50 g de noix de coco râpée. Verser les 2/3 de la ganache. Recouvrir de l'autre abaisse de biscuit. Réserver au réfrigérateur 2 h.
7. Démouler le gâteau. Avec une spatule, le napper du reste de ganache fondue au bain-marie. Parsemer le reste de noix de coco râpée et servir.

Biscuit au chocolat, crème au citron
et nappage chocolat

Préparation : 15 mn
Cuisson : 35 mn

recette raffinée

Ingrédients pour 6 personnes :

50 g de chocolat à 70 %
200 g de beurre demi-sel
4 œufs
150 g de sucre
250 g de farine tamisée
1 sachet de levure chimique
20 g de beurre doux
Copeaux de chocolat
Zestes de citron confits
2 c. à c. de sucre cristallisé

Crème au citron :
3 citrons
100 g de sucre
3 œufs
80 g de beurre

Nappage :
150 g de chocolat à 70 %
10 g de beurre
1 c. à s. de crème fraîche

1. Préchauffer le four à 200 °C. Râper grossièrement le chocolat. Faire fondre le beurre demi-sel sur feu doux.
2. Fouetter les œufs avec le sucre jusqu'à blanchiment. Incorporer la farine, puis verser le beurre chaud. Mélanger, ajouter le chocolat et la levure. Mélanger encore. Verser la pâte dans un moule à manqué beurré de 22 cm de diamètre. Enfourner et cuire 35 mn.
3. Pendant ce temps, préparer la crème au citron : râper finement le zeste de 1 citron, lavé et brossé. Le disposer dans une petite casserole. Ajouter le sucre et les œufs et mélanger. Chauffer sur feu doux, jusqu'à épaississement. Filtrer pour éliminer le zeste. Incorporer le beurre coupé en parcelles et le jus des citrons. Laisser refroidir.
4. Couper le gâteau en trois dans l'épaisseur. Répartir la crème au citron sur le fond et sur un deuxième disque en l'étalant à la spatule. Reconstituer le gâteau et réserver au réfrigérateur.
5. Préparer le nappage : faire fondre le chocolat. Ajouter le beurre puis la crème fraîche. Bien mélanger. Verser ce nappage au centre du gâteau. Servir froid, décoré de copeaux de chocolat et de zestes de citron confits. Saupoudrer de sucre cristallisé.

Biscuit glacé aux amandes, mousse à la fraise et mousse au citron

Préparation : 45 mn
Cuisson : 23 à 28 mn
Congélation : 1 h

recette raffinée

Ingrédients pour 6 personnes :

30 g de beurre
140 g de poudre d'amandes
120 g de sucre glace
4 œufs + 4 blancs
40 g de farine
60 g de sucre en poudre
80 g de confiture de fraises

Mousse à la fraise :
100 g de fraises
2 c. à s. de sucre
11/2 feuille de gélatine
10 cl de crème liquide

Mousse au citron :
12 cl de jus de citron
3 feuilles de gélatine
20 cl de crème liquide
120 g de sucre
2 blancs d'œufs

1. Préchauffer le four à 200 °C. Faire fondre le beurre.
2. Dans une terrine, mélanger au fouet la poudre d'amandes, le sucre glace, les œufs et la farine. Dans un autre récipient, monter les blancs d'œufs en neige ferme avec 30 g de sucre en poudre. Incorporer le reste de sucre, puis mélanger délicatement les blancs à la préparation précédente. Ajouter le beurre fondu.
3. Étaler 1/3 de cette pâte sur une plaque très régulièrement. Disperser la confiture, par touches, à la surface. Enfourner et cuire 8 mn.
4. Verser le reste de pâte dans un moule de 20 cm de diamètre. Enfourner et cuire 15 à 20 mn.
5. Laisser tiédir les 2 biscuits.
6. Préparer la mousse à la fraise : faire tiédir les fraises et le sucre jusqu'à dissolution du second. Incorporer la gélatine ramollie dans un peu d'eau froide. Mélanger, laisser refroidir. Monter la crème comme une chantilly. L'ajouter aux fraises. Réserver.
7. Préparer la mousse au citron : faire tiédir le jus de citron avant d'y faire fondre la gélatine préalablement ramollie dans un peu d'eau froide. Monter la crème. L'ajouter au jus de citron refroidi. Faire cuire le sucre avec 2 cuillerées à soupe d'eau à 120 °C : 1 goutte versée dans de l'eau glacée doit former une boule gluante. Monter les blancs d'œufs en neige ferme, verser alors le sirop de sucre en mince filet, puis les incorporer à la gelée de citron, en fouettant jusqu'à complet refroidissement. Réserver.
8. Lorsque le biscuit à la confiture de fraises est tiède, découper une bande pour chemiser le pourtour du moule. Couper l'autre biscuit en deux dans l'épaisseur. Disposer un disque de biscuit dans le moule. Verser la mousse à la fraise. Recouvrir du second disque. Étaler la mousse au citron. Réserver au congélateur 1 h.

variante de la recette

Biscuit glacé aux amandes,
mousse au café et crème au beurre au café

Procéder comme pour le Biscuit glacé aux amandes, mousse à la fraise et mousse au citron.

À l'étape **3,** supprimer la confiture de fraises.
À l'étape **6,** préparer la mousse au café : faire fondre séparément, au bain-marie, 300 g de gianduja (ou de praliné) et 230 g de chocolat noir à 70 %. Les mélanger. Incorporer 1 cuillerée à café bombée de café soluble et 10 cl de lait. Mélanger en maintenant la température à 35 °C. Ôter du feu. Incorporer 45 cl de crème liquide fouettée. Réserver.
À l'étape **7,** préparer la crème au beurre au café : travailler 250 g de beurre extra fin à la spatule. Ajouter 100 g de sucre glace, puis 1 cuillerée à café rase de café soluble dilué dans très peu d'eau.
À l'étape **8,** étaler la mousse de café entre les 2 disques de biscuit, puis masquer entièrement le gâteau avec la crème au beurre au café.

Brownie à la pistache,
crème au poivre et glaçage au chocolat noir

Préparation : 15 mn
Cuisson : 30 mn

recette américaine

Ingrédients pour 4 personnes :

30 g de chocolat
60 g de beurre
90 g de sucre
1 œuf
1 pincée de sel
2 c. à s. de farine
100 g de pistaches
1/3 de c. à c. de levure chimique

Crème au poivre :
30 g de sucre
2 jaunes d'œufs
10 cl de lait
3 c. à s. de crème liquide
3 grains de poivre

Glaçage au chocolat noir :
25 cl de lait
150 g de chocolat noir

1. Préchauffer le four à 180 °C.
2. Faire fondre le chocolat au bain-marie.
3. Mélanger le beurre avec le sucre, l'œuf, le sel et le chocolat fondu jusqu'à obtention d'une masse volumineuse. Incorporer la farine, les pistaches et la levure. Verser l'appareil dans un moule antiadhésif sur 4 à 5 cm d'épaisseur. Enfourner et cuire 30 mn.
4. Pendant ce temps, préparer la crème au poivre : dans une jatte, mélanger le sucre et les jaunes d'œufs jusqu'à blanchiment. Dans une casserole, faire bouillir le lait avec la crème liquide et le poivre concassé, puis le verser sur le mélange précédent. Mélanger. Transvaser la préparation dans la casserole et cuire jusqu'à ce que la crème nappe la spatule. Filtrer et réserver.
5. Préparer le glaçage : faire bouillir 25 cl de lait et le verser sur le chocolat noir cassé en morceaux. Réserver.
6. Napper entièrement le brownie du glaçage au chocolat noir. Servir avec la crème au poivre.

Bûche au praliné, chantilly aux noisettes
et sauce au chocolat

Préparation : 55 mn
Cuisson : 10 mn

recette traditionnelle

Ingrédients pour 6 à 8 personnes :

4 blancs d'œufs
90 g de sucre
5 jaunes d'œufs
50 g de praliné
40 g de farine
15 g de beurre
2 c. à s. de sucre glace

Chantilly aux noisettes :
150 g de noisettes
30 cl de crème liquide
21/2 c. à s. de sucre glace

Sauce au chocolat :
12 cl de crème fraîche
20 g de sucre
125 g de chocolat noir
40 g de beurre

1. Préchauffer le four à 200 °C.
2. Monter les blancs d'œufs en neige avec 40 g de sucre. Réserver. Dans le bol du robot, mélanger les jaunes d'œufs avec le reste du sucre et le praliné. Incorporer délicatement ce mélange à la préparation précédente en ajoutant la farine en pluie.
3. Verser l'appareil à biscuit sur une plaque recouverte de papier sulfurisé, légèrement beurré, l'étaler sur 1 cm d'épaisseur, enfourner et cuire 10 mn.
4. Enlever le biscuit de la plaque et réserver sur une grille.
5. Préparer la chantilly aux noisettes (voir recette p. 426).
6. L'étaler en couche régulière sur le biscuit. Rouler celui-ci, puis l'envelopper dans un linge. Réfrigérer 45 mn.
7. Lorsque le biscuit a un peu durci, couper les extrémités en biseau. Saupoudrer la bûche de sucre glace.
8. Préparer la sauce au chocolat : porter à ébullition la crème et le sucre. Hacher finement le chocolat dans une terrine. Verser la crème bouillante dessus. Bien mélanger en ajoutant le beurre, coupé en parcelles. Répartir la sauce harmonieusement sur la bûche.

Bûche aux amandes et au cacao, crème panaccota et muscadine

Préparation : 1 h 15
Cuisson : 4 à 5 mn
Réfrigération : 2 à 3 h

recette de fête

Ingrédients pour 8 personnes :

3 œufs
30 g de beurre
100 g de pâte d'amandes
30 g de sucre glace
40 g de sucre semoule
30 g de cacao
30 g de farine type 55
30 cl de sirop au citron (voir recette p. 000)
1 grappe de groseilles
100 g de fruits exotiques
30 g de fruits secs
700 g de crème panaccota (voir recette p. 000)
200 g de muscadine (voir recette p. 000)
200 g de meringue italienne au citron (voir recette p. 000)

1. Préchauffer le four à 250 °C. Séparer les blancs d'œufs des jaunes. Faire fondre le beurre et laisser refroidir.
2. Dans une terrine, mélanger les jaunes d'œufs, la pâte d'amandes et le sucre glace. Dans un autre récipient, monter les blancs en neige ferme avec le sucre semoule. Les incorporer délicatement, peu à peu, au mélange précédent. Ajouter le cacao et la farine tamisés ensemble, puis le beurre fondu. Verser l'appareil sur une plaque couverte de papier sulfurisé et l'étaler régulièrement sur 1 cm d'épaisseur. Enfourner et cuire 4 à 5 mn.
3. Chemiser un moule de papier sulfurisé. Couper le biscuit en deux dans l'épaisseur. Imbiber légèrement le fond de sirop au citron et le poser dans le moule. Garnir de crème panaccota jusqu'à mi-hauteur. Disposer le rouleau de muscadine. Garnir du reste de crème panaccota. Poser la seconde abaisse de biscuit. Réfrigérer 2 à 3 h.
4. Masquer la bûche de meringue italienne au citron et la passer sous le gril quelques secondes. Décorer avec les fruits frais et secs.

Bûche aux marrons et au whisky

Préparation : 40 mn
Cuisson : 10 mn

recette de fête

Ingrédients pour 6 à 8 personnes :

5 œufs
140 g de sucre
6 c. à s. de farine
2 c. à s. de fécule
6 c. à s. de cacao
10 marrons au sirop ou glacés

Mousse aux marrons :
250 g de crème de marron
2 c. à s. de whisky
2 feuilles de gélatine
30 cl de crème liquide

Sirop au whisky :
100 g de sucre
2 c. à s. de whisky

1. Préchauffer le four à 180 °C.
2. Séparer les blancs d'œufs des jaunes. Mélanger ceux-ci avec 100 g de sucre jusqu'à obtention d'une pâte lisse. Monter les blancs en neige en ajoutant le reste de sucre au dernier moment. Mélanger jaunes et blancs en les soulevant avec une spatule.
3. Tamiser ensemble la farine, la fécule et 4 cuillerées à soupe de cacao. Incorporer cette fine poudre au mélange précédent.
4. Sur une plaque, étaler l'appareil sur 5 mm d'épaisseur. Enfourner et cuire 10 mn.
5. Décoller le biscuit de la plaque. Réserver sur une grille.
6. Préparer la mousse aux marrons et le sirop au whisky (voir recettes p. 442 et p. 446).
7. Imbiber le biscuit de sirop au pinceau. Étaler une couche de mousse aux marrons de 5 mm d'épaisseur. Parsemer les marrons préalablement brisés en morceaux. Rouler le biscuit. Laisser refroidir.
8. Couper 1 tranche en biseau à chaque extrémité de la bûche et les disposer sur le dessus pour évoquer les nœuds du bois. Masquer toute la surface du biscuit avec le reste de mousse aux marrons. Décorer à la fourchette et saupoudrer le reste de cacao.

Bûche glacée au cacao et à la pistache, mousseline et crème à la pistache

Préparation : 50 mn
Cuisson : 20 mn
Réfrigération : 4 à 5 h

recette de fête

Ingrédients pour 8 personnes :

30 g de farine
30 g de fécule de pomme de terre
30 g de cacao
50 g de pistaches
60 g de beurre
4 œufs + 2 jaunes
120 g de sucre
6 belles crêpes

Crème à la pistache :
200 g de crème pâtissière (voir recette p. 000)
25 g de pâte de pistaches
1 feuille de gélatine
10 cl de crème liquide

Mousseline à la pistache :
50 g de beurre
20 g de praliné
30 g de pâte de pistaches
250 g de crème pâtissière (voir recette p. 000)
160 g de meringue italienne (voir recette p. 000)

1. Préchauffer le four à 170 °C.
2. Tamiser ensemble la farine, la fécule et le cacao. Ajouter les pistaches concassées. Faire fondre le beurre et laisser refroidir. Monter les blancs d'œufs en neige ferme avec le sucre, puis incorporer les jaunes très rapidement. Ajouter le mélange farine-fécule-cacao, puis le beurre fondu. Verser la pâte sur une plaque en formant un rectangle de 1 cm d'épaisseur et lisser. Enfourner et cuire 20 mn.
3. Pendant ce temps, préparer la crème à la pistache et la mousseline à la pistache (voir recettes p. 431 et p. 442).
4. Couper le biscuit en deux dans l'épaisseur. Filmer le moule. Le garnir avec les crêpes en les faisant chevaucher. Remplir de mousseline à la pistache jusqu'à mi-hauteur. Déposer un boudin de crème à la pistache au centre. Poser une abaisse de biscuit au cacao et à la pistache. Garnir de mousseline à la pistache. Poser la seconde abaisse de biscuit. Napper du reste de mousseline à la pistache. Réfrigérer 4 à 5 h.

Bûche glacée au cacao, mousse au chocolat au lait et aux poires

Préparation : 1 h 10
Cuisson : 10 mn
Réfrigération : 4 à 5 h

recette de fête

Ingrédients pour 8 personnes :

200 g de poires au sirop
240 g de sucre
8 cl de crème liquide
6 œufs + 2 jaunes
1 trait de jus de citron
45 g de cacao

Mousse au chocolat au lait :
25 cl de lait
25 g de Maïzena
2 c. à s. de sucre
3 jaunes d'œufs
1 feuille de gélatine
200 g de chocolat au lait râpé
25 cl de crème liquide

Ganache :
10 cl de crème liquide
100 g de chocolat noir râpé

1. Couper les poires en dés. Chauffer 80 g de sucre jusqu'à obtention d'un caramel blond. Ajouter la crème, puis les dés de poire. Réserver.
2. Préchauffer le four à 220 °C.
3. Séparer les blancs d'œufs des jaunes. Verser le jus de citron et le reste de sucre dans les blancs et les monter en neige ferme. Incorporer les jaunes très rapidement. Ajouter délicatement le cacao en pluie fine. Abaisser la pâte sur une plaque couverte de papier sulfurisé. Enfourner et cuire 8 à 10 mn.
4. Sortir le biscuit du four et laisser tiédir.
5. Préparer la mousse au chocolat au lait (voir recette p. 441). À la spatule, incorporer délicatement les poires au caramel.
6. Couper le biscuit en deux dans l'épaisseur. Chemiser le moule d'une couche de biscuit. Verser la mousse au chocolat au lait. Disposer la seconde couche de biscuit dessus. Réfrigérer 4 à 5 h.
7. Préparer la ganache : porter la crème à ébullition et la verser sur le chocolat. Mélanger et laisser refroidir. Napper la bûche de ganache.

Dacquoise au riz au lait
et aux abricots rôtis

Préparation : 30 mn
Cuisson : 25 mn

recette landaise

Ingrédients pour 6 personnes :

3 blancs d'œufs
130 g de sucre semoule
80 g de poudre d'amandes
50 g de sucre glace
1 c. à s. d'amandes effilées
20 g de beurre
350 g d'abricots

Glaçage à l'abricot
(voir recette p. 438)

Riz au lait :
60 g de riz rond
25 à 30 cl de lait
1/2 gousse de vanille fendue et grattée
1 jaune d'œuf

1. Préchauffer le four à 180 °C.
2. Monter les blancs en neige ferme, en incorporant 80 g de sucre semoule à la fin. Ajouter la poudre d'amandes et 40 g de sucre glace.
3. Disposer un cercle sur du papier sulfurisé. À l'aide d'une poche à douille, faire une couronne de petits ronds de pâte et remplir entièrement le cercle en formant une spirale. Parsemer les amandes effilées et saupoudrer du reste de sucre glace. Enfourner et cuire 15 mn.
4. Préparer le riz au lait : plonger le riz dans de l'eau bouillante. L'égoutter dès la reprise de l'ébullition. Disposer le riz dans une casserole. Ajouter le lait et la vanille. Cuire à feu doux 20 mn, jusqu'à absorption du lait. Hors du feu, ajouter le jaune et fouetter. Laisser refroidir.
5. Sortir la dacquoise du four, sans éteindre celui-ci, et laisser tiédir. Le biscuit doit être moelleux au centre. Faire fondre le beurre. Augmenter la température du four à 210 °C. Disposer les abricots coupés en deux et dénoyautés sur une plaque recouverte de papier sulfurisé. Les badigeonner de beurre fondu et saupoudrer le reste de sucre. Enfourner et cuire 10 mn. Laisser refroidir.
6. Garnir la dacquoise de riz au lait. Disposer les abricots rôtis en rosace, puis les napper du glaçage à l'abricot tiédi. Servir.

Gâteau au cacao et aux noisettes,
mousse au chocolat et glaçage chocolat

Préparation : 1 h
Cuisson : 13 mn
Réfrigération : 3 h au moins

recette de fête

Ingrédients pour 6 personnes :

50 g de beurre
7 blancs d'œufs
120 g de sucre
60 g de farine
50 g de cacao
50 g de poudre de noisettes
Copeaux de chocolat
Quelques physalis

Mousse au chocolat :
200 g de chocolat noir
70 g de beurre
1 feuille de gélatine
10 blancs d'œufs
100 g de sucre

Glaçage :
20 cl de crème liquide
200 g de chocolat noir
100 g d'amandes concassées

1. Préchauffer le four à 180 °C. Faire fondre le beurre et laisser refroidir. Monter les blancs d'œufs en neige en incorporant le sucre. Verser la farine, le cacao et le beurre fondu. Ajouter la poudre de noisettes.
2. Chemiser un moule rectangulaire de papier sulfurisé. Verser la pâte dans le moule. Enfourner et cuire 13 mn.
3. Préparer la mousse au chocolat : faire fondre le chocolat avec le beurre au bain-marie. Incorporez la feuille de gélatine, préalablement trempée dans l'eau froide. Réserver. Monter les blancs en neige ferme et ajouter le sucre. À l'aide d'un fouet, les mélanger délicatement à la préparation précédente. Réserver.
4. Démouler le gâteau. Le laisser refroidir. Le couper en trois dans l'épaisseur. Tapisser le fond et la deuxième abaisse de mousse au chocolat. Reconstituer le gâteau. Étaler le reste de mousse sur toute la surface et sur les côtés. Réserver au réfrigérateur 3 h au moins.
5. Glaçage : faire bouillir la crème avec le chocolat cassé en morceaux. Mélanger et ajouter les amandes. Napper la surface du gâteau de ce mélange. Décorer avec des copeaux de chocolat et des physalis. Servir.

Gâteau au chocolat
et à la confiture d'abricots, glaçage au chocolat

Préparation : 35 mn
Cuisson : 30 mn
Réfrigération : 3 h

recette autrichienne

Ingrédients pour 8 à 10 personnes :

8 œufs + 2 blancs
200 g de chocolat
180 g de beurre
120 g de sucre en poudre
2 sachets de sucre vanillé
125 g de farine tamisée
100 g de confiture d'abricots sans morceaux de fruits
15 cl de liqueur d'orange
350 g de glaçage au chocolat et à la crème fraîche (voir recette p. 438)

1. Préchauffer le four à 180 °C. Séparer les jaunes d'œufs des blancs. Faire fondre le chocolat, cassé en morceaux, au bain-marie. Faire fondre 125 g de beurre.
2. Dans une terrine, fouetter les jaunes d'œufs. Incorporer le chocolat et le beurre fondus.
3. Monter les blancs d'œufs en neige ferme avec 1 cuillerée à soupe de sucre en poudre, en incorporant peu à peu le reste de ce sucre et le sucre vanillé lorsqu'ils commencent à mousser. Les ajouter au mélange précédent en deux fois en soulevant la masse à la spatule, puis incorporer la farine. Répartir la pâte dans 2 moules à manqué chemisés de papier sulfurisé beurré. Enfourner et cuire 30 mn.
4. Démouler les gâteaux et laisser refroidir sur une grille. Faire chauffer la confiture additionnée de la liqueur d'orange, puis en napper les 2 gâteaux avant de les superposer.
5. Placer le gâteau sur un plat rond ou bien sur une petite grille. Le napper de glaçage au chocolat et à la crème fraîche à la spatule. Réserver le reste. Placer au réfrigérateur 2 h.
6. Verser le reste de glaçage préalablement tiédi au centre du gâteau et égaliser à la spatule. Remettre le gâteau au réfrigérateur 1 h.
7. Sortir le gâteau du réfrigérateur 1 h avant de servir.

Gâteau aux amandes,
mousse aux châtaignes et glaçage au chocolat

Préparation : 40 mn
Cuisson : 12 à 15 mn
Réfrigération : 2 h

recette de fête

Ingrédients pour 6 à 8 personnes :

6 jaunes d'œufs
280 g de sucre
2 gousses de vanille
320 g de beurre mou
30 g de levure chimique
420 g de farine
100 g de poudre d'amandes
1 pincée de sel
2 c. à s. de sucre glace
6 marrons glacés

Mousse aux châtaignes :
150 g de châtaignes pelées
80 g de sucre
3 c. à s. de rhum
300 g de beurre
30 cl de crème fraîche

Glaçage :
100 g de chocolat à 70 %
20 g de beurre

1. Préchauffer le four à 160 °C.
2. Dans une terrine, fouetter les jaunes d'œufs et le sucre jusqu'à ce que le mélange blanchisse. Ajouter les graines des gousses de vanille, le beurre, la levure, la farine, la poudre d'amandes et le sel. Bien mélanger et réserver au réfrigérateur. Étaler la pâte sur 5 mm d'épaisseur. À l'aide d'une assiette retournée, confectionner 3 disques. Enfourner et cuire 12 à 15 mn, jusqu'à ce que la pâte soit dorée.
3. Préparer la mousse aux châtaignes : disposer les châtaignes dans une casserole avec le sucre et 7 cl d'eau. Laisser bouillir 3 mn. À la fourchette, les réduire en purée en conservant quelques gros morceaux. Ajouter le rhum puis monter au beurre en fouettant vigoureusement. Incorporer la crème fouettée. Réserver au réfrigérateur.
4. Dans un grand cercle, disposer un disque de pâte. Verser la moitié de la mousse. Poser un disque dessus. Ajouter le reste de mousse. Lisser à la spatule. Poser le dernier disque de pâte. Réfrigérer 2 h.
5. Glaçage : faire fondre le chocolat, cassé en morceaux, avec le beurre au bain-marie. Napper le gâteau de ce mélange à la spatule. Laisser durcir. Saupoudrer de sucre glace. Décorer avec les marrons glacés.

Gâteau aux épices,
marmelade d'oranges et glaçage au sucre

Préparation : 30 mn
Cuisson : 40 mn

recette de fête

Ingrédients pour 4 personnes :

- 30 cl de lait
- 320 g de miel
- 1/2 c. à c. de gingembre en poudre
- 2 pincées de cannelle en poudre
- 1 pincée d'anis en poudre
- 1 clou de girofle
- 1 pincée de coriandre en poudre
- 1 pincée de sel
- 130 g de farine
- 120 g de farine complète tamisée
- 1/2 sachet de levure chimique
- 25 g de poudre d'amandes
- 1 œuf
- 10 g de beurre
- 50 g de sucre glace

Marmelade d'oranges :

- 2 oranges
- 50 g de sucre roux
- 1 feuille de gélatine

1. Préchauffer le four à 150 °C.
2. Dans une casserole, mélanger le lait, le miel, les épices et le sel. Porter doucement à ébullition. Retirer du feu, puis laisser infuser et tiédir, à couvert. Mélanger les 2 farines, en réservant 1 cuillerée à soupe de farine ordinaire, avec la levure et la poudre d'amandes. Incorporer l'œuf, bien mélanger. Délayer peu à peu, avec le lait aux épices.
3. Beurrer et fariner un moule de 25 cm de diamètre. Verser la préparation dans le moule. Enfourner et cuire 40 mn environ.
4. Marmelade d'oranges : peler les oranges à vif en récupérant le jus. Délayer le sucre avec 1 cuillerée à soupe d'eau. Cuire sur feu vif jusqu'à obtention d'un caramel. Ajouter la gélatine dissoute dans le jus d'orange préalablement tiédi. Ajouter les quartiers d'orange. Mélanger et cuire à petit frémissement sur feu doux 3 mn. Laisser refroidir.
5. Faire chauffer 3 cuillerées à soupe d'eau sur feu doux, puis ajouter le sucre glace. Mélanger. Verser le glaçage sur le gâteau et le faire couler sur les bords avec une cuiller. Laisser figer. Disposer la marmelade d'oranges au centre du gâteau.

Gâteau glacé au caramel et aux noix,
mousse au chocolat

Préparation : 2 h 30
Cuisson : 10 mn
Réfrigération : 3 h

recette raffinée

Ingrédients pour 8 personnes :

- 250 g de farine
- 150 g de beurre
- 70 g de sucre glace
- 1 œuf + 1 jaune
- 50 g d'amandes effilées
- 2 c. à s. de cacao
- 8 cerneaux de noix

Caramel aux noix :

- 120 g de sucre
- 4 c. à s. de crème liquide
- 150 g de noix
- 50 g de beurre

Mousse au chocolat :

- 50 cl de crème liquide
- 400 g de chocolat noir à 70 %

1. Préchauffer le four à 120 °C. Dans une terrine, mélanger la farine et le beurre pommade. Sabler le mélange entre les mains. Ajouter le sucre et l'œuf. Pétrir rapidement. Laisser reposer 2 h.
2. Abaisser la pâte. Y découper un cercle de la grandeur d'un cercle à pâtisserie. Le dorer au jaune d'œuf. Cuire à blanc 10 mn.
3. Préparer le caramel aux noix (voir recette p. 425). Laisser refroidir.
4. Préparer la mousse au chocolat : fouetter la crème de façon qu'elle ne soit pas trop ferme. Faire fondre le chocolat cassé en morceaux au bain-marie, sans cesser de mélanger. Lorsqu'il est très chaud, le verser sur la crème fouettée et battre au fouet énergiquement.
5. Étaler le caramel au rouleau. Tailler 2 disques de la taille du fond de pâte.
6. Dans le cercle, monter le gâteau en disposant le fond de pâte sablée, 1 disque de caramel, la moitié de la mousse au chocolat, le second disque de caramel et le reste de mousse, en en réservant un peu. Lisser le dessus. Réserver au congélateur 3 h.
7. Au moment de servir, étaler le reste de mousse au chocolat sur les bords du gâteau et plaquer les amandes préalablement grillées. Saupoudrer le cacao et disposer les cerneaux de noix sur le dessus.

Gâteau glacé au chocolat et aux noisettes

Préparation : 2 h 30
Cuisson : 25 mn
Réfrigération : 2 h

recette de fête

Ingrédients pour 8 personnes :

400 g de meringue italienne aux noisettes (voir recette p. 440) :
3 jaunes d'œufs
130 g de sucre
80 g de farine
80 g de poudre de noisettes
50 g de beurre fondu
4 blancs d'œufs
100 g de chocolat blanc
100 g de chocolat noir
280 g de mousse au chocolat à la noisette (voir recette p. 430)
180 g de crème à la noisette (voir recette p. 441)

Ganache au chocolat :
30 cl de crème liquide
300 g de chocolat noir à 70 %

1. Préchauffer le four à 100 °C. Avec une poche à douille, réaliser un rond de meringue de 20 cm de diamètre. Enfourner et cuire 2 h. Après cuisson, laisser sécher dans le four, la porte ouverte.
2. Dans une terrine, mélanger les jaunes d'œufs et 80 g de sucre jusqu'à blanchiment. Ajouter la farine, la poudre de noisettes et le beurre. Incorporer les blancs montés en neige ferme avec le reste de sucre. Verser la pâte dans un cercle de 20 cm de diamètre. Enfourner et cuire 25 mn en augmentant la température du four à 170 °C.
3. Poser un cercle de 22 cm de diamètre sur une plaque couverte de papier sulfurisé. Garnir avec la meringue. Étaler la moitié de la mousse au chocolat à la noisette sur le fond et les bords. Ajouter le disque de biscuit. Recouvrir avec la crème à la noisette. Étaler le reste de mousse au chocolat et lisser à la spatule. Réserver au congélateur 2 h. Sortir le gâteau du congélateur 5 h avant de servir. Retirer le cercle.
4. Ganache : porter la crème à ébullition, puis la verser sur le chocolat cassé en morceaux. Glacer le gâteau de ganache. Faire fondre séparément les 2 chocolats. Les étaler tiédis, sur 2 mm d'épaisseur, sur une feuille de plastique alimentaire. Détailler des carrés. Les plaquer sur le gâteau.

Gâteau moelleux au rhum, crème pâtissière et coulis de cerises

Préparation : 30 mn
Réfrigération : 4 à 5 h
Cuisson : 35 à 40 mn

recette alsacienne

Ingrédients pour 6 à 8 personnes :

250 g de beurre mou
1 sachet de sucre vanillé
200 g de sucre en poudre
1 sachet de levure chimique
1 œuf + 2 jaunes
300 g de farine
2 c. à s. de rhum
1 gousse de vanille
270 g de crème pâtissière au rhum (voir recette p. 436)

Coulis de cerises :
200 g de sucre
350 g de cerises

1. Dans une terrine, malaxer le beurre. Ajouter les 2 sucres, la levure, l'œuf et les jaunes, la farine, le rhum et la gousse de vanille fendue en deux et grattée. Mélanger. Réfrigérer 4 à 5 h.
2. Préparer le coulis de cerises : dans une casserole, verser 50 cl d'eau, le sucre et les cerises non dénoyautées. Porter à ébullition. Filtrer en pressant les cerises. Ajouter quelques noyaux concassés, en les enveloppant dans une étamine pour pouvoir les enlever plus facilement, afin de donner un léger goût d'amande au coulis. Réserver.
3. Préchauffer le four à 170 °C.
4. Partager la pâte en deux, de façon à avoir une portion trois fois plus grosse que l'autre (3/4 et 1/4). Abaisser chaque portion de pâte. Déposer l'abaisse la plus grosse dans un moule à manqué de 23 cm de diamètre. Étaler la crème pâtissière. Recouvrir avec l'autre abaisse de pâte. Rabattre les côtés. Enfourner et cuire 35 à 40 mn.
5. Servir tiède ou froid, avec le coulis de cerises.

conseil

Servez avec 1 boule de glace à la vanille et un verre de pinot noir d'Alsace.

Génoise au cacao,
mousses au chocolat et aux abricots, glaçage à l'abricot

Préparation : 1 h
Cuisson : 37 mn
Réfrigération : 2 h 40

recette de fête

Ingrédients pour 4 personnes :

- 60 g de beurre
- 6 œufs
- 180 g de sucre
- 140 g de farine
- 30 g de cacao
- 1 grosse boîte d'abricots au sirop
- 70 g de chocolat noir
- 500 g de mousse au chocolat (voir recette p. 442)
- 530 g de mousse aux abricots (voir recette p. 442)
- 100 g de glaçage à l'abricot (voir recette p. 438)

1. Préchauffer le four à 200 °C. Faire fondre 50 g de beurre. Au bain-marie, mélanger les œufs et le sucre. Faire tiédir au fouet jusqu'à 45 °C. Retirer du bain-marie et refroidir au batteur électrique 15 mn.
2. Tamiser ensemble 130 g de farine et le cacao. Verser le tout en pluie fine sur le mélange œufs-sucre en remuant doucement. Incorporer le beurre fondu. Verser la pâte dans un moule de 20 cm de diamètre beurré et fariné. Enfourner et cuire 7 mn. Abaisser la température à 180 °C et cuire 30 mn environ. Démouler la génoise sur du papier sulfurisé.
3. Égoutter les oreillons d'abricot en réservant le sirop. En mixer 120 g en purée, et mélanger avec 20 cl de sirop. Réserver.
4. Disposer un cercle à pâtisserie de 20 cm de diamètre et de 6 cm de haut sur un plat. Couper un disque de génoise de 1,5 cm d'épaisseur. Le napper de 25 g de chocolat préalablement fondu et le poser dans le cercle, face chocolatée vers le bas. Badigeonner le dessus de mélange sirop-purée d'abricots. Répartir la mousse au chocolat sur 2 cm d'épaisseur. Disposer 8 oreillons d'abricot et réserver au réfrigérateur 30 mn. Verser la mousse aux abricots et réfrigérer 2 h.
5. Sortir le gâteau du réfrigérateur, ôter le cercle et, à la spatule, étaler le glaçage à l'abricot uniformément sur le dessus. Réfrigérer 10 mn.
6. Faire dorer les oreillons d'abricot restants à sec dans une poêle antiadhésive et confectionner des éclats de chocolat (voir p. 420).

Génoise au cacao,
sirop au kirsch et ganache au chocolat

Préparation : 30 mn
Cuisson : 40 mn

recette de fête

Ingrédients pour 6 personnes :

- 110 g de beurre
- 10 œufs
- 230 g de sucre
- 130 g de farine
- 30 g de cacao
- 2 c. à s. de kirsch
- 1 rondelle d'orange

Ganache :

- 500 g de chocolat noir
- 20 cl de lait
- 20 cl de crème liquide
- 100 g de beurre

1. Préchauffer le four à 200 °C. Faire fondre 100 g de beurre et réserver.
2. Séparer les blancs d'œufs des jaunes. Dans une jatte, mélanger ceux-ci et 150 g de sucre. Fouetter vivement jusqu'à blanchiment. Ajouter, en pluie fine, 120 g de farine et le cacao tamisés ensemble. Incorporer le beurre fondu. Monter les blancs d'œufs en neige avec 40 g de sucre et les ajouter délicatement au mélange précédent. Verser l'appareil dans un moule de 20 cm de diamètre beurré et fariné. Enfourner et cuire 40 mn.
3. Préparer la ganache : hacher finement le chocolat. Au bain-marie, faire fondre le chocolat avec le lait, la crème et le beurre sur feu doux, en mélangeant de temps en temps.
4. Démouler la génoise sur du papier sulfurisé et laisser refroidir sur une grille. Au couteau-scie, la couper en 3 disques dans l'épaisseur.
5. Préparer le sirop : porter à ébullition 2 cuillerées à soupe d'eau et le reste de sucre. Laisser tiédir, puis ajouter le kirsch.
6. Au pinceau, imbiber les disques de génoise de sirop. Les napper soigneusement de ganache, avec une spatule, puis reconstituer le gâteau. Masquer avec le reste de ganache. Décorer avec la rondelle d'orange.

Génoise aux amandes, marmelade de fruits et meringue

Préparation : 1 h
Cuisson : 20 mn

recette de fête

Ingrédients pour 6 personnes :

4 œufs
120 g de sucre
1 gousse de vanille
130 g de farine
40 g de beurre
50 g de poudre d'amandes

Marmelade de fruits :
1 kg de pommes reinettes
60 g de beurre
200 g de sucre vanillé
80 g de raisins secs
250 g de poires
6 bananes
2 mangues
200 g de sucre
1 bâton de cannelle

Meringue :
6 blancs d'œufs
140 g de sucre glace

1. Préchauffer le four à 180 °C.
2. Dans une terrine disposée au bain-marie, mélanger les œufs, le sucre et les graines de la gousse de vanille fendue en deux et grattée. Fouetter énergiquement jusqu'à ce que le mélange soit léger et mousseux et atteigne 40 à 45 °C.
3. Lorsque l'appareil à génoise a quadruplé de volume, fouetter jusqu'à refroidissement, hors du bain-marie. Incorporer 120 g de farine, 30 g de beurre préalablement fondu et la poudre d'amandes. Verser la pâte dans un moule beurré et légèrement fariné. Enfourner et cuire 20 mn.
4. Pendant ce temps, préparer la marmelade de fruits (voir recette p. 440).
5. Disposer la marmelade de fruits en dôme sur la génoise.
6. Préparer la meringue : fouetter les blancs en neige ferme avec le sucre. Remplir une poche à douille du mélange et napper le gâteau en formant des monticules. Passer au four à 220 °C jusqu'à ce que la meringue se colore.

Génoise glacée au cacao, sirop au thé et mousse au chocolat au lait

Préparation : 45 mn
Cuisson : 20 mn
Réfrigération : 1 h

recette de fête

Ingrédients pour 4 personnes :

3 œufs
90 g de sucre
1 pincée de sel
80 g de farine
30 g de cacao
10 g de beurre
200 g de mousse au chocolat au lait et au thé (voir recette p. 441)
3 marrons glacés
130 g de chocolat noir à 70 %

Sirop :
1/2 c. à c. de thé fumé
1/2 c. à c. de thé de Ceylan
70 g de sucre

1. Préchauffer le four à 180 °C.
2. Dans une terrine, fouetter les œufs, le sucre et le sel, au bain-marie, 5 mn. Retirer du feu et continuer à battre jusqu'à complet refroidissement : le mélange doit tripler de volume. Incorporer 70 g de farine et 15 g de cacao tamisés ensemble. Verser la pâte dans un moule en forme de cœur beurré et fariné. Enfourner et cuire 20 mn.
3. Préparer le sirop : faire chauffer 13 cl d'eau jusqu'à frémissement. Verser les 2 thés et laisser infuser, hors du feu, 4 mn. Filtrer, puis ajouter le sucre. Laisser refroidir.
4. Couper la génoise en trois dans l'épaisseur. Imbiber les tranches de sirop. Les recouvrir de 1/3 de mousse au chocolat au lait et de 1/3 marrons brisés en morceaux, en terminant par une couche de mousse pour la dernière tranche. Réserver au congélateur 1 h.
5. Démouler la génoise.
6. Hacher le chocolat et faire fondre les 2/3 au bain-marie. Hors du feu, ajouter le reste et mélanger. Étaler le chocolat tiède, au pinceau, sur une feuille de papier d'aluminium, en formant des feuilles. Saupoudrer du reste de cacao. Laisser refroidir. Décoller les feuilles de chocolat et en décorer le gâteau.

Tartes, tourtes, crumbles et streusels

pâte Feuilletée

Réalisation

Ingrédients : 300 g de farine tamisée ; 1 c. à c. de sel et 250 g de beurre.

1. Sur un plan de travail, verser la farine et former un puits. Ajouter le sel et 15 cl d'eau froide. Mélanger le tout jusqu'à obtenir une pâte homogène. L'envelopper dans un torchon et la placer au réfrigérateur 45 à 60 mn. L'étendre alors sur un plan de travail fariné en lui donnant une forme ronde de 20 à 25 cm de diamètre.

2. Couper le beurre en morceaux. Déposer le tout au centre de la pâte en rabattant dessus les 4 côtés, pour obtenir un pâton.

3. Fariner légèrement le plan de travail. Étendre le pâton au rouleau, dans un seul sens, de manière à obtenir un rectangle dont la longueur doit être approximativement égale à trois fois la largeur.

4. Plier soigneusement ce rectangle en trois, toujours dans le sens de la longueur. Saisir du bout des doigts le rectangle à une extrémité et la rabattre sur le pâton, jusqu'aux 2/3 de sa longueur environ. Ramener dessus l'extrémité opposée. Recommencer la même opération, en changeant le sens de l'allongement. Envelopper la pâte dans un torchon, la laisser reposer 45 mn au réfrigérateur. Donner 2 autres tours de la même façon, en changeant chaque fois le sens de l'allongement. Réfrigérer encore 45 mn. Envelopper la pâte et la garder au réfrigérateur. Ne donner les 2 ultimes tours qu'au dernier moment. Parce que le repos de la pâte est essentiel, avant de l'utiliser, la laisser reposer encore 10 mn.

COMMENT RÉUSSIR UNE PÂTE FEUILLETÉE

La pâte feuilletée, archétype de la pâtisserie, requiert du temps, et un certain tour de main, à la portée d'une bonne cuisinière.

Pour gagner du temps :

Vous pouvez bien sûr utiliser les pâtes toutes prêtes du commerce, mais rien ne vaut un feuilletage maison. Vous pouvez également commander un pâton chez votre boulanger-pâtissier. Si celui-ci ne peut vous vendre seulement les 250 ou 300 g de pâte nécessaires à la réalisation de votre dessert, et qu'il vous propose de plus grandes quantités, prenez et congelez la pâte restante par paquets de 250 g : la pâte feuilletée crue résiste très bien à la congélation (ce conseil est valable également pour la pâte faite maison). Il faudra seulement prendre la précaution de la sortir du congélateur 24 h à l'avance pour qu'elle décongèle en douceur dans le bas du réfrigérateur.

Les ingrédients

L'élément déterminant pour la réussite de la pâte feuilletée est la qualité du beurre : frais, extrafin (voir p. 15 pour en savoir plus sur le beurre).

conseil

Au moment de foncer le moule, utilisez toujours un couteau bien aiguisé pour couper les bords de la pâte, afin de ne pas l'écraser, ce qui l'empêcherait de gonfler à la cuisson.

1

2

3

4

Chaussons frits aux pommes et aux figues, beurre d'agrumes

Préparation : 30 mn
Cuisson : 40 à 50 mn

recette corse

Ingrédients pour 4 à 5 personnes :

5 pommes
Le jus de 1 citron
1 gousse de vanille
80 g de sucre
30 g de figues sèches
500 g de pâte feuilletée (voir recette p. 76)
1 œuf
1 l d'huile de friture

Beurre d'agrumes :
12 cl de jus d'orange
12 cl de jus de citron
2 c. à s. de sucre glace
Le zeste de 1 orange
150 g de beurre

1. Peler et couper les pommes en quartiers. Les disposer dans une casserole, les arroser du jus de citron et les faire cuire avec la gousse de vanille fendue en deux et grattée, sur feu doux, jusqu'à obtention d'une compote. Ajouter 30 g de sucre, puis les figues coupées en dés. Réserver.
2. Diviser la pâte en 4 pâtons, et abaisser ceux-ci. Découper 4 à 5 disques de 5 cm de diamètre dans chaque pâton.
3. Déposer un peu de compote sur la moitié de chaque disque, et rabattre l'autre moitié. Dorer le pourtour des disques avec l'œuf battu, à l'aide d'un pinceau. Souder les bords en les pinçant. Réserver les chaussons au réfrigérateur jusqu'à ce qu'ils soient bien froids.
4. Pendant ce temps, préparer le beurre d'agrumes : faire réduire les jus d'orange et de citron avec le sucre glace et le zeste d'orange râpé, puis monter la sauce en ajoutant le beurre, coupé en parcelles. Réserver au chaud dans un bain-marie.
5. Plonger les chaussons dans l'huile de friture très chaude, par petites quantités, et les laisser dorer de tous côtés.
6. Égoutter les chaussons sur du papier absorbant et les rouler dans le reste de sucre. Les dresser sur les assiettes et les entourer de beurre d'agrumes.

conseil

Servez avec un verre de muscat du cap Corse ou de patrimonio.

Douillons

Préparation : 25 mn
Cuisson : 40 mn

recette normande

Ingrédients pour 6 personnes :

450 g de pâte feuilletée (voir recette p. 76)
80 g de beurre
120 g de cassonade
50 g de raisins de Corinthe
2 œufs
1 pincée de sel
6 pommes

1. Abaisser la pâte sur 2 mm d'épaisseur. La découper en 6 carrés égaux.
2. Sur une assiette, travailler le beurre en incorporant la cassonade et les raisins rincés à l'eau courante. Partager le mélange en 6 portions égales.
3. Préchauffer le four à 210 °C. Battre les œufs avec le sel. Réserver.
4. Évider les pommes avec un vide-pomme, les peler et les disposer au centre de chaque carré de pâte. Remplir le centre des pommes du mélange beurre-cassonade. Badigeonner la pâte d'œuf battu et la replier sur les pommes. Souder le sommet des douillons en pinçant fortement les coins de la pâte ensemble.
5. Poser les douillons sur une plaque à pâtisserie légèrement humidifiée et les badigeonner entièrement d'œuf à l'aide d'un pinceau. Enfourner et cuire 40 mn. À mi-cuisson, baisser la température du four à 200 °C.
6. Laisser tiédir et servir.

conseil

Lorsque la pâte est soudée autour de la pomme, coupez une rondelle de 1 cm de diamètre sur le dessus, pour permettre l'évacuation de la vapeur.

notre avis

Les douillons sont plus savoureux tièdes que froids.

Feuilletés à la banane,
coulis de mangues

Préparation : 15 mn
Cuisson : 15 mn

recette guadeloupéenne

Ingrédients pour 3 personnes :

2 grosses bananes
20 g de beurre
100 g de sucre semoule
3 c. à s. de rhum vieux
1 c. à s. d'huile
500 g de pâte feuilletée (voir recette p. 76)
3 c. à s. de sucre glace

Coulis de mangues :
2 mangues moyennes
30 g de sucre

1. Éplucher les bananes, les tailler en 3 tronçons égaux, puis en lamelles de 5 mm d'épaisseur.
2. Faire revenir les lamelles de banane dans le beurre, puis ajouter le sucre semoule. Flamber avec le rhum.
3. Préchauffer le four à 180 °C. Huiler une plaque à pâtisserie.
4. Abaisser la pâte. Y découper 12 losanges de 8 cm de côté environ et les déposer sur la plaque. Enfourner et cuire 15 mn.
5. Ouvrir les losanges en deux dans l'épaisseur. Disposer quelques lamelles de banane sur la moitié inférieure. Couvrir avec l'autre moitié. Saupoudrer de sucre glace. Réserver.
6. Préparer le coulis de mangues : éplucher les fruits et les dénoyauter. Mixer la pulpe avec le sucre. Filtrer.
7. Dresser les feuilletés à la banane sur des assiettes et les entourer de coulis de mangues.

•——notre avis——•

Si les mangues ne sont pas très sucrées, vous pouvez augmenter la quantité de sucre.

Fougasses à la rhubarbe

Préparation : 35 mn
Repos : 15 mn
Cuisson : 15 mn

recette provençale

Ingrédients pour 6 personnes :

1,5 kg de rhubarbe
500 g de sucre semoule
1 gousse de vanille
250 g de pâte feuilletée (voir recette p. 76)
1 c. à s. d'huile
1 jaune d'œuf
1 c. à s. d'eau de fleur d'oranger
2 c. à s. de sucre glace
25 cl de coulis de framboises (voir recette p. 429)

1. Laver et éplucher la rhubarbe. La détailler en tronçons de 2 cm. Les disposer dans une casserole avec le sucre semoule et la gousse de vanille fendue en deux dans la longueur. Cuire sur feu doux, sans cesser de remuer, 15 mn. Ôter la vanille. Réserver.
2. Étaler finement la pâte. Y découper 6 fougasses ovales de 17 cm sur 12 cm. Les disposer sur une plaque préalablement huilée et pratiquer 7 fentes (3 de chaque côté, et une en haut, au milieu) sur chacune d'elles. Bien écarter les fentes, de façon à obtenir une galette ajourée. Laisser reposer 15 mn.
3. Préchauffer le four à 220 °C.
4. Battre le jaune d'œuf avec l'eau de fleur d'oranger. Badigeonner les fougasses de ce mélange à l'aide d'un pinceau. Enfourner et cuire 15 mn.
5. Ouvrir chaque fougasse en deux dans l'épaisseur. Placer le fond dans une assiette. Garnir abondamment de compote de rhubarbe. Recouvrir avec l'autre moitié, et saupoudrer de sucre glace. Entourer d'un filet de coulis de framboises. Servir tiède.

•——à savoir——•

En Provence, on peut remplacer la pâte feuilletée par une pâte à fougasse traditionnelle, un genre de pâte à pain, que l'on commande à son boulanger.

Mille-feuilles

Préparation : 35 mn
Cuisson : 20 mn
Réfrigération : 1 h

recette traditionnelle

Ingrédients pour 4 personnes :

250 g de pâte feuilletée (voir recette p. 76)
1 c. à s. d'huile
3 c. à s. de sucre glace

Crème pâtissière :
50 cl de lait
1 gousse de vanille
4 jaunes d'œufs
125 g de sucre
1 c. à s. de Maïzena
1 c. à s. de farine
1 c. à s. de kirsch ou de rhum
12 cl de crème fleurette

1. Préchauffer le four à 180 °C.
2. Abaisser la pâte sur 3 mm d'épaisseur. La disposer sur une plaque à pâtisserie préalablement huilée et couverte de papier sulfurisé. Poser une seconde feuille de papier sulfurisé sur la pâte, enfourner et cuire 20 mn environ.
3. Pendant ce temps, préparer la crème pâtissière : porter le lait à ébullition avec la gousse de vanille fendue en deux. Travailler les jaunes d'œufs avec 100 g de sucre jusqu'à blanchiment. Incorporer la Maïzena et la farine mélangées. Verser le lait bouillant en mince filet, sans cesser de remuer au fouet. Transvaser le mélange dans une casserole et laisser cuire sur feu doux, sans cesser de remuer à la spatule en fouettant vivement 1 mn après le premier bouillon. Retirer du feu et verser le mélange dans un saladier. Saupoudrer du reste de sucre, ajouter l'alcool choisi et laisser refroidir. Ajouter la crème fleurette et réserver au réfrigérateur 1 h.
4. Détailler la pâte feuilletée en 4 bandes, avec un grand couteau. Couper chaque bande de feuilletage en 3 rectangles égaux. Monter les mille-feuilles en intercalant 2 couches de crème entre les 3 bandes de feuilletage. Saupoudrer la dernière couche de feuilletage du sucre glace.

notre avis

Vous pouvez servir les mille-feuilles avec un coulis de fruits rouges tels que framboises ou cassis.

variantes de la recette

Mille-feuilles à la crème au chocolat au lait

Procéder comme pour les Mille-feuilles.

À l'étape **3,** préparer la crème au chocolat au lait : casser 450 g de chocolat au lait en morceaux et les disposer dans une terrine ; placer celle-ci au bain-marie et laisser fondre le chocolat, sans cesser de mélanger ; laisser refroidir à 40 °C ; fouetter 60 cl de crème liquide très froide, puis l'incorporer au chocolat, en soulevant le mélange.

Mille-feuilles à la crème Chantilly et aux fraises

Procéder comme pour les Mille-feuilles.

À l'étape **2,** préparer la crème Chantilly : fouetter 25 cl de crème liquide très froide et 20 g de sucre glace, puis incorporer 250 g de fraises.

conseil

Utilisez de préférence des gariguettes, qui ont plus de goût.

conseil

Posez une seconde plaque sur le papier sulfurisé qui recouvre la pâte feuilletée, afin d'empêcher celle-ci de trop gonfler à la cuisson.

Pithiviers au chocolat
et aux poires caramélisées

Préparation : 45 mn
Cuisson : 20 à 25 mn

recette de fête

Ingrédients pour 6 personnes :

400 g de pâte feuilletée **(voir recette p. 76)**
2 poires
50 g de beurre
30 g de sucre
50 g de crème liquide
50 g de chocolat
1 œuf

Crème aux amandes :
50 g de beurre
50 g de sucre
1 petit œuf
50 g de poudre d'amandes

1. Diviser la pâte en 2 pâtons égaux et les abaisser en 2 disques de même diamètre, sur 3 mm d'épaisseur. Les entreposer au réfrigérateur.
2. Éplucher les poires et les couper en petits dés. Les poêler dans le beurre, coupé en parcelles, en ajoutant le sucre, jusqu'à ce qu'ils soient caramélisés. Laisser refroidir.
3. Préparer la crème aux amandes : malaxer le beurre et le sucre. Ajouter l'œuf. Bien mélanger puis incorporer la poudre d'amandes. Réserver.
4. Dans une casserole, porter la crème liquide à ébullition. La verser sur le chocolat cassé en morceaux et mélanger jusqu'à parfaite homogénéité. Incorporer ce mélange à la crème aux amandes. Réserver.
5. Préchauffer le four à 200 °C.
6. Dorer le pourtour d'un disque de pâte à l'œuf battu. À l'aide d'une poche à douille, répartir la crème jusqu'à 1 cm du bord. Déposer les dés de poire caramélisés sur la crème. Couvrir avec l'autre disque de pâte et pincer fortement les bords. Avec le reste d'œuf battu, dorer la surface de la galette deux fois. La rayer de la pointe d'un couteau et la piquer en différents endroits pour laisser échapper la vapeur et obtenir une galette régulière. Enfourner et cuire 20 à 25 mn environ.

variante de la recette

Pithiviers aux poires
et aux fruits secs

Ingrédients : 300 g de pâte feuilletée **(voir recette p. 76),** **5 poires passe-crassane, 40 g de beurre, 100 g de miel ou de sirop d'érable, 80 g de cerneaux de noix, 50 g de raisins de Corinthe, 1 jaune d'œuf et 2 c. à s. de sucre glace.**

Diviser la pâte en 2 pâtons égaux et les abaisser en 2 disques de même diamètre, sur 3 mm d'épaisseur. Préparer la garniture : peler et couper les poires en gros dés, les faire colorer dans le beurre ; ajouter le miel ou le sirop, les cerneaux de noix et les raisins secs et faire cuire sur feu doux jusqu'à réduction du miel ; laisser refroidir. Dorer le pourtour d'un disque de pâte au jaune d'œuf. Étaler la garniture aux poires sur la pâte. Couvrir avec l'autre disque de pâte et pincer fortement les bords. Badigeonner la surface avec le reste de jaune d'œuf et la rayer à la fourchette. Réfrigérer 1 à 2 h. Cuire au four préchauffé à 240 °C 10 mn environ. Baisser la température à 180-190 °C et cuire encore 40 mn. Saupoudrer le pithiviers de sucre glace 5 mn avant la fin de la cuisson.

à savoir

Le pithiviers classique, fait de pâte feuilletée et de crème aux amandes, porte le nom de la ville où il a vu le jour, dans le Gâtinais. Garnie d'une fève, cette pâtisserie est devenue, presque partout en France, le traditionnel gâteau des Rois, la « galette » que l'on déguste à l'Épiphanie.

Tarte à la noix de coco
et à l'orange

Préparation : 30 mn
Cuisson : 25 mn

recette seychelloise

Ingrédients pour 5 personnes :

- 250 g de pâte feuilletée (voir recette p. 76)
- 20 g de beurre
- 1 noix de coco
- 50 cl de lait
- 2 c. à s. de farine
- 50 g de sucre
- 1 œuf
- 1 gousse de vanille
- Le zeste de 1 orange

1. Préchauffer le four à 180-200 °C.
2. Abaisser la pâte sur 3 mm d'épaisseur et en foncer un moule beurré. Enfourner et précuire 15 mn.
3. Pendant ce temps, casser la noix de coco et râper la pulpe. Réserver.
4. Faire chauffer le lait à petit feu. Incorporer la farine en mélangeant bien. Ajouter le sucre, la noix de coco, l'œuf battu, la vanille et le zeste d'orange râpé. Bien mélanger. Laisser mijoter, en mélangeant régulièrement, 15 mn, jusqu'à obtention d'une crème onctueuse.
5. Sortir la tarte du four et augmenter la température à 240 °C. Garnir la pâte précuite de la préparation précédente. Enfourner à nouveau 10 mn environ, pour terminer la cuisson. La garniture doit être bien dorée.

variante de la recette

Tarte à la noix de coco
et à la noix muscade

Procéder comme pour la Tarte à la noix de coco et à l'orange.

Remplacer le zeste d'orange râpé par 1/2 cuillerée à café de noix muscade râpée.

notre avis

À défaut de noix de coco fraîche, utilisez 1 1/2 tasse de noix de coco séchée.

Tarte au melon
et à la crème de chèvre, sauce au sauternes

Préparation : 20 mn
Cuisson : 20 mn

recette bordelaise

Ingrédients pour 4 personnes :

- 2 gros melons
- 250 g de pâte feuilletée (voir recette p. 76)
- 1 fromage de chèvre frais
- 20 cl de crème fleurette
- 20 g de beurre
- 2 c. à s. de sucre
- 31/2 c. à s. de sauternes
- 1 brin d'aneth

1. Préchauffer le four à 180 °C.
2. Couper les melons en deux et les épépiner. Prélever des billes de chair à l'aide d'une cuiller parisienne ou d'une cuiller à dessert. Réserver au frais.
3. Abaisser la pâte, y découper un disque de 28 cm de diamètre. Le placer entre deux plaques de four, de façon à obtenir un fond de tarte bien plat, enfourner et cuire 20 mn.
4. Pendant ce temps, mixer le chèvre frais avec la crème fleurette jusqu'à obtention d'une crème mi-liquide, mi-solide. Réserver.
5. Dans une poêle, chauffer le beurre sur feu doux. Ajouter le sucre et faire revenir les billes de melon 2 mn environ. Déglacer avec le sauternes.
6. Disposer une couche de billes de melon égouttées sur le feuilletage, puis répartir harmonieusement la crème de chèvre. Recouvrir d'une seconde couche de billes de melon.
7. Servir décoré de pluches d'aneth, avec la sauce à part.

conseil

Un verre du sauternes utilisé pour confectionner la recette accompagnera superbement ce dessert.
Vous pouvez aussi réaliser ce dessert en tartelettes individuelles.

Tarte au potiron
et aux amandes

Préparation : 45 mn
Cuisson : 25 mn

recette provençale

Ingrédients pour 6 personnes :

350 g de pâte feuilletée (voir recette p. 76)
200 g de potiron
100 g d'amandes non mondées
100 g de sucre
1/4 de gousse de vanille
Le zeste de 1/4 d'orange
1 jaune d'œuf
2 c. à s. de sucre glace

1. Abaisser la pâte en un disque de 34 cm de diamètre environ, et replier les bords pour former une croûte de 4 cm d'épaisseur environ. Conserver les chutes de pâte. Laisser reposer au réfrigérateur 20 mn.
2. Éplucher, égrener et couper le potiron en morceaux. Les cuire dans très peu d'eau, sur feu doux, 20 mn environ, jusqu'à ce que la chair s'écrase facilement.
3. Passer le potiron au mixeur et faire réduire la purée obtenue sur feu doux 10 mn environ, jusqu'à consistance épaisse.
4. Préchauffer le four à 210 °C.
5. Griller les amandes à sec, jusqu'à ce qu'elles soient blondes. Les mixer avec le sucre, la vanille et le zeste d'orange. Ne pas mixer trop longtemps, car les amandes pourraient rendre leur huile. Incorporer ce mélange à la purée de potiron.
6. Garnir l'abaisse de pâte avec l'appareil au potiron. Avec les chutes de pâte, confectionner des bandes de 5 mm de large. Les disposer en quadrillage sur la tarte. Dorer au jaune d'œuf avec un pinceau, enfourner et cuire 25 mn environ.
7. Sortir la tarte du four. Saupoudrer du sucre glace et faire dorer légèrement sous le gril.
8. Servir tiède ou froid, mais ne pas entreposer au réfrigérateur.

•——conseil——•

Servez avec un verre de muscat de Beaumes-de-Venise.

•——notre avis——•

Vous pouvez également confectionner 6 tartes individuelles.

Tarte aux abricots et aux amandes,
crème aux amandes

Préparation : 20 mn
Cuisson : 30 mn

recette raffinée

Ingrédients pour 4 à 5 personnes :

200 g de pâte feuilletée (voir recette p. 76)
1 c. à s. de farine
200 g d'abricots
20 à 30 g d'amandes entières mondées
Crème aux amandes :
60 g de beurre
60 g de sucre
60 g de poudre d'amandes
1 petit œuf

1. Préchauffer le four à 170 °C.
2. Étaler la pâte sur le plan de travail fariné. Replier les bords de l'abaisse pour former une croûte. La disposer sur une plaque, enfourner et précuire 10 mn.
3. Pendant ce temps, préparer la crème aux amandes : faire ramollir le beurre en pommade en le malaxant. Ajouter le sucre et la poudre d'amandes. Mélanger. Incorporer l'œuf. Mélanger jusqu'à ce que la consistance soit homogène.
4. Retirer la plaque du four, sans éteindre ce dernier. Garnir la pâte précuite d'une fine couche de crème aux amandes. Déposer les abricots coupés en deux, côté peau vers le bas, sur la crème. Enfourner et cuire 20 mn.
5. Décorer avec les amandes.

•——conseil——•

Piquetez la pâte de la pointe d'un couteau pour qu'elle gonfle bien à la cuisson.

•——à savoir——•

Si les abricots ne sont pas ourlés de brûlé à la sortie du four, passez la tarte 5 mn sous le gril avant de servir.

•——notre avis——•

Pour gagner du temps, vous pouvez utiliser une pâte toute faite.

Tarte aux abricots et aux framboises, crème pâtissière au Grand Marnier

Préparation : 30 mn
Cuisson : 30 mn

recette roussillonnaise

Ingrédients pour 8 personnes :

350 g de pâte feuilletée (voir recette p. 76)
1 c. à s. de farine
700 g d'abricots
1 œuf
1 barquette de framboises

Glaçage :
50 g de confiture d'abricots
Le jus de 1/2 citron

Crème pâtissière au Grand Marnier :
50 cl de lait
3 jaunes d'œufs
125 g de sucre
1 c. à s. de Maïzena
1 c. à s. de farine
1 c. à s. de Grand Marnier

1. Crème pâtissière : faire chauffer le lait. Travailler les jaunes d'œufs avec 100 g de sucre jusqu'à blanchiment. Incorporer la Maïzena et la farine mélangées. Verser le lait bouillant en mince filet, en mélangeant au fouet. Faire cuire, sans cesser de remuer à la spatule d'un mouvement régulier, jusqu'au premier bouillon. Retirer du feu, saupoudrer du reste de sucre, ajouter le Grand Marnier et laisser refroidir. Préchauffer le four à 250 °C.
2. Abaisser la pâte sur le plan de travail fariné, puis en garnir un moule à tarte. Piquer le fond à la fourchette. Laisser reposer 15 mn. Couper les abricots en deux. Les dénoyauter et les détailler en lamelles.
3. Étaler la crème pâtissière sur le fond de tarte. Disposer les lamelles d'abricot, en ménageant des espaces pour les framboises. Badigeonner le rebord de pâte d'œuf battu. Enfourner et cuire 10 mn. Baisser la température à 200 °C et poursuivre la cuisson 20 mn.
4. Glaçage : dans une petite casserole, faire chauffer doucement la confiture d'abricots avec le jus de citron et 50 cl d'eau jusqu'à ce que le mélange soit liquide. Filtrer au chinois. Sortir la tarte du four et laisser refroidir. Disposer les framboises. Napper les fruits du glaçage.

Tarte aux pêches jaunes, crème aux amandes et nappage à l'abricot

Préparation : 30 mn
Réfrigération : 30 mn
Cuisson : 42 à 45 mn

recette raffinée

Ingrédients pour 6 à 8 personnes :

250 g de pâte feuilletée (voir recette p. 76)
3 c. à s. de sucre
6 grosses pêches jaunes
180 g de crème aux amandes (voir recette p. 434)
20 g de beurre mou
4 c. à s. de marmelade d'abricots

1. Abaisser la pâte. Saupoudrer un moule antiadhésif de 22 cm de diamètre de 1 cuillerée à soupe de sucre. Foncer le moule. Piquer la pâte avec une fourchette. Couvrir de papier sulfurisé. Réserver au réfrigérateur 30 mn.
2. Préchauffer le four à 190 °C environ.
3. Couper les pêches en deux, ôter le noyau et détailler chaque demi-pêche en 2 quartiers. Disposer les noyaux sur le fond de tarte, sur le papier sulfurisé. Enfourner et cuire 12 à 15 mn.
4. Sortir la pâte du four, ôter les noyaux et le papier sulfurisé. Enfourner à nouveau et poursuivre la cuisson 5 mn, pour que la pâte dore légèrement.
5. Étaler la crème aux amandes sur la pâte, puis disposer les quartiers de pêche en rosace, peau en dessous, en les imbriquant les uns dans les autres. Saupoudrer du reste de sucre et parsemer des noix de beurre. Enfourner et cuire 25 mn, jusqu'à légère caramélisation.
6. Pendant ce temps, préparer le nappage : faire fondre la marmelade d'abricots avec un peu d'eau sur feu doux. Filtrer au chinois.
7. Sortir la tarte du four et laisser tiédir ou refroidir complètement. Couvrir les fruits d'une fine couche de nappage à l'abricot, à l'aide d'un pinceau.

notre avis

Pour une tarte plus légère, vous pouvez supprimer la crème aux amandes.

Tarte aux pommes

Préparation : 15 mn
Réfrigération : 15 mn
Cuisson : 20 à 25 mn

recette traditionnelle

Ingrédients pour 6 personnes :

1 c. à s. de farine
200 g de pâte feuilletée (voir recette p. 76)
6 pommes (belles de Boskoop ou reinettes)
Le jus de 1 citron
80 g de sucre semoule
1 sachet de sucre vanillé

1. Sur un plan de travail fariné, abaisser la pâte sur 3 mm d'épaisseur.
2. Foncer un moule à tarte. Piquer le fond. Réfrigérer 15 mn.
3. Préchauffer le four à 190 °C.
4. Peler les pommes, ôter le cœur et les couper en quartiers. Les tailler en lamelles et les citronner. Les disposer en rosace sur la pâte.
5. Mélanger les 2 sucres et en saupoudrer les pommes. Enfourner et cuire 20 à 25 mn. Servir avec une sauce anglaise.

variante de la recette

Tarte à la compote de pommes aux épices

Ingrédients pour 6 à 8 personnes : 1,5 kg de pommes fermes et acidulées, 1 citron, 100 g de raisins de Corinthe, 2 c. à s. de rhum ambré, 50 g de beurre, 1 bâton de cannelle, 1 gousse de vanille, 1 morceau de gingembre, 10 morceaux de sucre, 1 c. à s. de farine, 350 g de pâte feuilletée (voir recette p. 76) et 1 jaune d'œuf.

Préparer la compote de pommes aux épices (voir recette p. 426). Sur un plan de travail fariné, abaisser la pâte sur 5 mm d'épaisseur; foncer un moule à tarte; répartir la compote. Dans les chutes de pâte, découper des bandelettes; les disposer à la surface, en formant des croisillons, puis les badigeonner de jaune d'œuf. Cuire au four préchauffé à 180 °C 20 à 25 mn. Servir chaud ou tiède.

Tarte aux pommes, aux amandes effilées et au miel

Préparation : 40 mn
Cuisson : 25 mn

recette québécoise

Ingrédients pour 6 personnes :

1 c. à s. de farine
250 g de pâte feuilletée (voir recette p. 76)
6 petites pommes
70 g de beurre
2 c. à s. de miel
100 g de sucre
125 g d'amandes effilées

1. Préchauffer le four à 210 °C.
2. Sur un plan de travail fariné, abaisser la pâte sur 5 mm d'épaisseur. Foncer un moule à tarte.
3. Évider les pommes avec un vide-pomme. Les couper en quartiers et les peler.
4. Disposer les quartiers de pomme sur la pâte. Enfourner et cuire 20 mn environ.
5. Dans une casserole, faire fondre le beurre sur feu doux. Ajouter le miel, le sucre et les amandes.
6. Napper le dessus de la tarte du mélange précédent encore chaud. Remettre au four quelques minutes pour faire dorer.

à savoir

Pour en savoir plus sur le miel, cet aliment hors du commun, que l'homme ne sait ni fabriquer ni synthétiser, reportez-vous au premier chapitre de cet ouvrage (voir p. 14).

notre avis

Pour gagner du temps, vous pouvez utiliser de la pâte toute faite.

conseil

Pour un effet plus rustique, ne pelez pas les pommes. Choisissez du miel de sapin.

Tartelettes à la banane,
à la cannelle et au rhum

Préparation : 15 mn
Cuisson : 20 mn

recette guadeloupéenne

Ingrédients pour 6 personnes :

125 g de pâte feuilletée (voir recette p. 76)
6 bananes
100 g de cassonade
1 c. à s. de cannelle en poudre
15 cl de rhum vieux

1. Préchauffer le four à 180 °C.
2. Abaisser la pâte sur 2 mm d'épaisseur. Découper 6 fonds de tartelettes en forme de banane dans l'abaisse.
3. Éplucher les bananes. Couper chaque banane en très fines lamelles.
4. Disposer les lamelles d'une banane entière sur chaque fond de tartelette, en les faisant se chevaucher. Saupoudrer de cassonade et de cannelle.
5. Disposer les tartelettes sur une plaque. Enfourner et cuire 20 mn.
6. Sortir les tartelettes du four. À l'aide d'un pinceau, les badigeonner de rhum.
7. Servir chaud ou tiède.

conseil

Vous pouvez décorer les assiettes en confectionnant, avec 1 ou 2 bananes, des petits palmiers, comme sur la photo.

notre avis

Accompagnez ces tartelette d'un coulis de fruits, de mangue par exemple (voir Feuilletés à la banane, coulis de mangues, p. 78).

Tartelettes aux macarons
et aux amandes

Préparation : 15 mn
Repos : 1 h
Cuisson : 20 mn

recette rouennaise

Ingrédients pour 10 personnes :

1 c. à s. de farine
250 g de pâte feuilletée (voir recette p. 76)
20 g de beurre
2 œufs
4 gros macarons aux amandes
60 g de sucre semoule
20 g de poudre d'amandes
45 amandes mondées
2 c. à s. de sucre glace

1. Sur le plan de travail fariné, abaisser la pâte au rouleau le plus finement possible, sur 2 mm d'épaisseur environ. Beurrer 10 moules à tartelettes à bords cannelés assez hauts, puis les fariner. Foncer les moules en faisant bien remonter la pâte le long des bords. Couper l'excédent. Laisser reposer au moins 30 mn au réfrigérateur.
2. Dans une terrine, casser les œufs et les battre en omelette. Incorporer les macarons finement écrasés. Ajouter le sucre semoule et la poudre d'amandes. Mélanger intimement.
3. Répartir le mélange précédent dans les moules, jusqu'aux 3/4. Laisser reposer dans un endroit frais, ou au réfrigérateur, 30 mn.
4. Préchauffer le four à 200 °C.
5. Séparer les amandes en deux. Disposer 9 demi-amandes sur chaque tartelette, en formant une étoile. Poudrer de sucre glace. Disposer les moules sur une plaque. Enfourner et cuire 20 mn environ.
6. Servir les tartelettes tièdes ou froides.

à savoir

À Rouen, d'où cette recette est originaire, ces tartelettes portent le nom de mirlitons. Jadis, en Normandie, les mirlitons étaient l'un des fleurons des friandises dominicales, avec les tourquettes de La Haye, les gâches briées de Gavray, les trâs de Quettreville ou les cônus de Coutances… Aujourd'hui, ces tartelettes à la crème d'amande, facilement identifiables grâce aux demi-amandes disposées en étoile sur le dessus, font toujours partie du répertoire classique.

Tartelettes aux quetsches
et à la crème au clou de girofle

Préparation : 30 mn
Cuisson : 35 mn

recette gaillacoise

Ingrédients pour 4 personnes :

300 g de sucre semoule
3 verres de gaillac rouge
1 kg de quetsches
Le jus de 1 citron
300 g de pâte feuilletée (voir recette p. 76)
1 c. à s. de farine
80 g de sucre glace

Crème aux clous de girofle :
25 cl de lait
10 clous de girofle
70 g de sucre
1 c. à s. de Maïzena
2 œufs
1 c. à s. de crème fraîche épaisse

1. Préparer la crème aux clous de girofle (voir recette p. 434).
2. Préchauffer le four à 180 °C. Dans une casserole, verser 200 g de sucre et 2 verres de gaillac. Faire cuire sur feu moyen jusqu'à obtention d'un caramel. Répartir celui-ci dans 4 moules de 8 cm de diamètre.
3. Couper les quetsches en deux, les dénoyauter, les citronner et les placer dans un plat à four. Ajouter le reste du sucre et du vin. Enfourner et cuire 6 à 7 mn, en veillant à ce que les fruits rendent bien leur eau. Les égoutter, en réservant le jus, les disposer en rosace dans les moules et cuire encore 15 mn.
4. Faire réduire le jus des prunes de moitié. Réserver.
5. Abaisser la pâte sur un plan de travail fariné. Y découper 4 disques de 12 cm de diamètre. Les disposer entre deux plaques, augmenter la température à 200 °C et cuire 10 mn. Abaisser la température à 170 °C environ et poursuivre la cuisson 10 mn.
6. Avec les chutes de pâte, former une boule. Saupoudrer le plan de travail de sucre glace, puis y abaisser la pâte sur 1 mm d'épaisseur. Y découper 4 palets, pour former des éventails. Les disposer entre 2 plaques, enfourner et cuire à 200 °C 6 à 7 mn.
7. Napper les disques de pâte de 1 cuillerée à soupe de crème aux clousde girofle. Répartir les quetsches. Décorer avec 1 palet.

Tartelettes extrafines aux pommes

Préparation : 30 mn
Réfrigération : 15 à 20 mn
Cuisson : 30 mn

délice des enfants

Ingrédients pour 4 personnes :

1 c. à s. de farine
160 g de pâte feuilletée (voir recette p. 76)
4 pommes golden
50 g de beurre fondu
2 c. à s. de sucre

1. Sur un plan de travail fariné, étaler très finement la pâte avec un rouleau fariné. La découper en 4 disques. Les piquer avec une fourchette. Réserver au congélateur 15 à 20 mn.
2. Préchauffer le four à 210 °C.
3. Évider les pommes avec un vide-pomme. Les couper en quatre, les peler et les tailler en fines lamelles. Disposer celles-ci sur la pâte en les faisant se chevaucher légèrement. Enfourner et cuire 15 mn environ.
4. Badigeonner les pommes, à l'entrée du four, de beurre fondu, avec un pinceau, pour nourrir la pâte et la rendre croustillante. Saupoudrer les tartelettes de sucre. Poursuivre la cuisson 15 mn.

notre avis

Vous pouvez aussi confectionner ces tartelettes, sans refroidir les abaisses de pâte, soit à la provençale, en saupoudrant les pommes de 3 cuillerées à soupe de cassonade avant cuisson et en badigeonnant les tartelettes d'huile d'olive avant et après cuisson, soit à la périgourdine, en les nappant de 6 cuillerées à soupe de miel liquide préalablement tiédi et en les saupoudrant de sucre glace avant de servir.

conseil

Servez ces tartelettes avec 1 boule de glace à la vanille nappée de miel liquide.

Tartelettes Tatin aux pommes
et aux mangues

Préparation : 25 mn
Cuisson : 35 mn
Repos : 10 mn

recette raffinée

Ingrédients pour 4 personnes :

3 pommes granny-smith
100 g de sucre
70 g de beurre
Le jus de 1 citron
2 mangues de 300 g chacune
160 g de pâte feuilletée
(voir recette p. 76)

1. Évider les pommes avec un vide-pomme, les peler et les couper en huit.
2. Dans une poêle, faire chauffer 90 g de sucre, 40 g de beurre et le jus de citron sur feu vif sans laisser colorer. Ajouter les pommes. Laisser cuire sur feu moyen, à découvert, 5 à 6 mn. Les fruits ne doivent pas trop compoter.
3. Couper les mangues en deux. Ôter le noyau et la peau. Couper la chair en gros quartiers.
4. Préchauffer le four à 180 °C.
5. Beurrer 4 moules de 10 cm de diamètre et de 3 cm de haut, puis les saupoudrer de sucre. Disposer les dés de mangue au centre, et les pommes tout autour.
6. Abaisser la pâte finement et y découper 4 disques de 10 cm de diamètre. Recouvrir chaque moule d'un disque de pâte, en rabattant les bords à l'intérieur. Enfourner et cuire 15 mn. Abaisser la température à 150 °C et poursuivre la cuisson 20 mn.
7. Sortir les tartelettes du four et laisser reposer 10 mn.
8. Démouler à l'envers sur les assiettes.

•——conseil——•

Choisissez des mangues assez mûres, qui seront plus faciles à éplucher et se compoteront mieux.

•——notre avis——•

Le mieux est de mélanger les goldens et les granny-smith : la golden, grâce à la pectine, compote et se gélifie mieux avec le beurre et le sucre… c'est meilleur !

Tartelettes Tatin
aux quetsches

Préparation : 20 mn
Réfrigération : 30 mn
Cuisson : 20 mn

recette rustique

Ingrédients pour 4 personnes :

100 g de cassonade
16 quetsches
60 g de beurre
200 g de pâte feuilletée
(voir recette p. 76)

1. Préchauffer le four à 160 °C.
2. Saupoudrer de cassonade 4 moules à tartelette antiadhésifs de 10 cm de diamètre. Enfourner et faire colorer jusqu'à ce que le caramel soit blond. Sortir les moules du four.
3. Plonger les quetsches dans de l'eau bouillante 10 s, puis les rafraîchir dans de l'eau froide. Les peler et les couper en deux. Les disposer dans les moules caramélisés. Répartir le beurre coupé en noisettes sur les fruits. Augmenter la température à 180 °C et cuire 10 mn.
4. Réserver les quetsches au réfrigérateur 30 mn.
5. Abaisser la pâte sur 3 mm d'épaisseur. Y découper 4 disques de 10 cm de diamètre. Les disposer sur une plaque. Les piquer avec une fourchette. Enfourner et cuire à blanc 10 mn.
6. Poser les disques de pâte sur les fruits. Chauffer légèrement les moules sur feu moyen. Démouler à l'envers sur les assiettes.

•——conseil——•

Déposez la pâte sur les quetsches juste au moment de servir, pour éviter que le jus qu'elles ont rendu à la cuisson ne la détrempe.

Tarte Tatin

Préparation : 20 mn
Cuisson : 30 mn

recette traditionnelle

Ingrédients pour 6 personnes :

100 g de beurre
100 g de sucre
3 pommes reinettes
3 pommes golden
Le jus de 1 citron
250 g de pâte feuilletée (voir recette p. 76)

1. Beurrer une tourtière de 22 cm de diamètre. Saupoudrer de sucre.
2. Préchauffer le four à 180 °C.
3. Évider les pommes avec un vide-pomme, les éplucher et les couper en quatre. Disposer dans la tourtière une couronne de pommes, face arrondie contre le sucre, et verser le jus de citron dessus. Faire dorer les pommes dans la tourtière sur feu vif pendant 1 mn environ.
4. Abaisser la pâte en un disque de 24 cm de diamètre et de 3 mm d'épaisseur. En recouvrir les pommes, en rentrant le bord à l'intérieur. Enfourner et cuire 30 mn environ.
5. Démouler à l'envers : poser un plat de service sur le moule et retourner le tout vivement.

à savoir

Au début du XXe siècle, les sœurs Tatin tenaient un hôtel-restaurant à Lamotte-Beuvron. Un jour d'affluence, l'une d'elles constate au dernier moment qu'il n'y a plus de dessert. Dans l'affolement, elle décide de confectionner une tarte aux pommes. Elle garnit rapidement un moule de beurre, de pommes, de sucre et enfourne. Réalisant qu'elle a oublié de foncer le moule, elle pose l'abaisse de pâte sur les pommes ! Au moment de servir, elle renverse la tarte sur le plat de service pour la présenter aux clients. Trait de génie ! Les pommes ont une saveur inégalée. De retour d'un séjour en Sologne, le chef de chez Maxim's inscrit la tarte des demoiselles Tatin à la carte du célèbre restaurant. Mais c'est Curnonsky, un fin gourmet, qui donnera son passeport gastronomique mondial à ce dessert.

notre avis

Vous pouvez remplacer la pâte feuilletée par de la pâte brisée (voir recette p. 90).

Tarte Tatin à la vanille
et au caramel laitier

Préparation : 20 mn
Cuisson : 50 mn

recette traditionnelle

Ingrédients pour 6 personnes :

200 g de beurre
350 g de sucre
1 c. à c. d'extrait liquide de vanille
6 pommes (belles de Boskoop ou reinettes grises)
100 g de pâte feuilletée (voir recette p. 76)

Caramel laitier :
100 g de cassonade
15 cl de crème liquide très froide

1. Préchauffer le four à 200 °C.
2. Dans un moule à génoise, faire fondre 100 g de beurre avec 100 g de sucre et la vanille jusqu'à légère caramélisation. Évider les pommes avec un vide-pomme, les peler et les couper en deux. Disposer une couche de demi-pommes en rosace sur le caramel, en les serrant bien les unes contre les autres, côté arrondi vers le bas. Couper les pommes restantes en morceaux et les poser à la surface. Saupoudrer du reste de sucre et répartir le reste de beurre coupé en parcelles. Enfourner et cuire 35 mn environ.
3. Abaisser la pâte et y découper un disque de la taille du moule. Le piquer avec une fourchette et le poser sur les pommes. Remettre au four 15 mn environ, jusqu'à coloration.
4. Sortir la tarte du four et vider un peu le jus rendu par les fruits. Laisser tiédir, puis démouler à l'envers sur un plat de service.
5. Préparer le caramel laitier : dans une casserole, faire caraméliser la cassonade additionnée de 1 cuillerée à soupe d'eau. Verser la crème liquide, en mélangeant, pour arrêter la cuisson.
6. Napper la tarte de caramel laitier. Servir.

conseil

Démoulez la tarte alors qu'elle est encore tiède, sinon le caramel au fond du moule durcit trop et l'opération s'avère délicate.

Tarte Tatin aux mangues et à la cannelle

Préparation : 25 mn
Cuisson : 1 h

recette guadeloupéenne

Ingrédients pour 6 à 8 personnes :

- **3 kg de mangues moyennes**
- **200 g de cassonade**
- **60 g de beurre**
- **1 c. à c. de cannelle en poudre**
- **250 g de pâte feuilletée (voir recette p. 76)**

1. Éplucher les mangues. Couper la chair en grosses lamelles, dans la longueur, de chaque côté du noyau. Récupérer le reste de chair accroché au noyau.
2. Préchauffer le four à 180 °C.
3. Dans un moule ou un sautoir épais de 24 cm de diamètre et de 6 cm de haut, faire chauffer la cassonade et le beurre jusqu'à obtention d'un caramel légèrement brun. Saupoudrer de 1/2 cuillerée à café de cannelle. Disposer les lamelles de mangue en rosace dans le moule, en les serrant bien. Remplir les espaces avec les petits morceaux de chair. Saupoudrer du reste de cannelle. Cuire sur feu doux 10 mn, puis poursuivre la cuisson au four 20 mn.
4. Abaisser la pâte en un disque de 28 cm de diamètre environ. En recouvrir les mangues, en rabattant les bords à l'intérieur du moule. Remettre au four et cuire 40 mn environ.
5. Laisser refroidir et démouler à l'envers sur un plat de service.

•——conseil——•

Vous pouvez servir cette tarte avec 1 boule de glace à la vanille ou un coulis de mangues (voir Feuilletés à la banane, coulis de mangues, p. 78).

Tourte aux poires

Préparation : 45 mn
Cuisson : 30 à 40 mn

recette économique

Ingrédients pour 6 personnes :

- **600 g de pâte feuilletée (voir p. 76)**
- **20 g de beurre**
- **800 g de poires**
- **120 g de sucre**
- **1 pincée de cannelle en poudre**
- **1 œuf**
- **2 c. à s. de crème fraîche**

1. Diviser la pâte en 2 pâtons, de façon que l'un soit deux fois plus gros que l'autre. Abaisser le petit pâton. Poser l'abaisse sur une tourtière, renversée, de 24 cm de diamètre et la couper tout autour. Réserver.
2. Beurrer la tourtière. Abaisser l'autre pâton et en garnir la tourtière en laissant déborder la pâte et en la coupant à 2 cm du bord.
3. Préchauffer le four à 210 °C.
4. Peler les poires, les couper en deux, ôter le cœur et les pépins et les tailler en lamelles. Les disposer dans la tourtière. Saupoudrer de 40 g de sucre et de la cannelle. Rabattre le bord de pâte à l'intérieur et le dorer à l'œuf battu. Poser l'autre abaisse de pâte sur les fruits. Souder les bords de pâte et pratiquer un petit trou au centre pour que la vapeur s'échappe à la cuisson. Enfourner et cuire 30 à 40 mn.
5. Dix minutes avant la fin de la cuisson, verser le reste de sucre dans une casserole et le faire blondir. Hors du feu, ajouter la crème. Mélanger.
6. Sortir la tourtière du four. Verser le mélange précédent dans le trou. Secouer légèrement le moule. Laisser tiédir avant de démouler.

•——conseil——•

Pour éviter que le trou ne se referme, glissez-y un petit carton roulé.

•——notre avis——•

Servez cette tourte légèrement tiède ou froide.

pâte Brisée

COMMENT RÉUSSIR UNE PÂTE BRISÉE

La pâte brisée est la plus simple des pâtes à tarte, elle appartient à la catégorie des pâtes dites sèches, comme la sucrée et la sablée. On la fait nature, ou légèrement sucrée. Si elle est très sucrée, on l'appelle « pâte sucrée » (voir chapitre suivant).

Les ingrédients

Prendre de la farine type 45, plus blanche et plus fine que les autres, dite aussi farine pâtissière.

Le travail de la pâte

Le secret de la pâte brisée est de mélanger sans pétrir tous les ingrédients le moins longtemps possible, dans un saladier ou un cul-de-poule bien froids.

Réalisation

Ingrédients : 250 g de farine ; 140 g de beurre ; 1 c. à c. de sucre en poudre et 1 c. à c. de sel.

1. Dans une terrine, mettre la farine et 125 g de beurre coupé en petits morceaux.

2. Faire un puits. Verser dedans le sucre et le sel. Mélanger en ajoutant 1/2 verre d'eau, peu à peu. Sans pétrir, rouler la pâte en boule. Laisser reposer 4 h.

3. Disposer la pâte sur un plan de travail fariné. L'étaler avec la paume des mains. Plier la pâte en deux. L'étaler au rouleau jusqu'à ce qu'elle atteigne une épaisseur de 4 mm.

4. Garnir le moule beurré. Faire adhérer la pâte en la pressant du bout des doigts. La découper en passant le rouleau sur les bords du moule.

Beurrer le moule

On le fait en général à la main, mais cela donne une répartition souvent inégale, et la pâte risque d'attacher. C'est pourquoi il est préférable de le faire au pinceau avec du beurre mou ou de faire tiédir le moule dans le four quelques minutes pour que la répartition, directement avec le morceau de beurre, soit bien homogène.

Les bords

Ils peuvent être rabattus, festonnés, crantés, chiquetés ; c'est l'occasion de laisser aller son talent de sculpteur !

Piquer la pâte / Cuire à blanc / La dorure / Les garnitures juteuses / La conservation des pâtes / Le repos / L'origine du mot tarte : voir les encadrés p. 90, 104, 114, 132.

1

2

3

4

Poirat berrichon

Macération : 30 mn
Préparation : 35 mn
Cuisson : 40 mn

recette rustique

Ingrédients pour 6 personnes :

750 g de poires
3 c. à s. de cognac ou d'eau-de-vie de poire
80 g de sucre
1 pincée de poivre du moulin
350 g de pâte brisée (voir recette p. 90)
10 g de beurre
1 jaune d'œuf
10 cl de crème fraîche

1. Peler les poires, les couper en deux, les épépiner et les couper en épaisses lamelles. Les faire macérer dans l'alcool, additionné du sucre et du poivre, 30 mn.
2. Égoutter les poires et réserver le jus de macération.
3. Préchauffer le four à 210 °C.
4. Diviser la pâte en 2 pâtons, de façon que l'un soit deux fois plus gros que l'autre. Abaisser le gros pâton sur 7 mm d'épaisseur. Foncer un moule à tarte beuré de 22 cm de diamètre. Couper la pâte au ras du bord.
5. Disposer les lamelles de poire sur le fond de pâte.
6. Abaisser le second pâton. Poser cette abaisse sur les fruits. Souder les bords de la pâte avec un peu d'eau. Découper un petit orifice au milieu pour que la vapeur puisse s'échapper pendant la cuisson. Dorer uniformément la pâte au jaune d'œuf avec un pinceau. Enfourner et cuire 40 mn.
7. Délayer la crème fraîche avec le jus de macération des poires et verser le mélange dans le trou.
8. Servir chaud, ou tout juste tiède, sans démouler.

conseil

Vous pouvez également servir la crème fraîche séparément, ou, pour une version plus légère mais néanmoins délicieuse, la supprimer.

Tarte à la brousse

Préparation : 15 mn
Cuisson : 20 mn

recette rustique

Ingrédients pour 6 personnes :

6 œufs
250 g de sucre
Le zeste de 1 orange
2 c. à c. d'eau de fleur d'oranger
1 kg de brousse
250 g de pâte brisée (voir recette p. 90)
10 g de beurre

1. Préchauffer le four à 180 °C.
2. Mélanger les œufs et le sucre. Ajouter le zeste d'orange émincé et l'eau de fleur d'oranger. Incorporer la brousse en mélangeant intimement.
3. Foncer un moule à tarte beurré. Garnir avec le mélange à la brousse. Enfourner et cuire 20 mn environ : la tarte est cuite quand le dessus est bien doré.

conseil

Si la brousse est trop compacte, incorporez-y un peu de crème fraîche.

à savoir

Dans le Massif central, sa région d'origine, cette tarte porte le nom de flône, ou flaune, qui vient de flan et qui signifie « disque plat ». Autrefois, c'était un dessert de fête.

Tarte à la confiture de noix de coco
aux épices

Préparation : 40 mn
Cuisson : 30 à 45 mn

recette antillaise

Ingrédients pour 8 à 10 personnes :

2 c. à s. de farine
300 g de pâte brisée **(voir recette p. 90)**
20 g de beurre
300 g de confiture de noix de coco aux épices **(voir recette p. 428)**
50 cl de crème pâtissière **(voir recette p. 434)**
Pâte à biscuit :
4 œufs
125 g de sucre
100 g de farine
1 c. à c. d'extrait liquide de vanille

1. Préparer la pâte à biscuit : dans un saladier, fouetter les œufs et le sucre jusqu'à ce que le mélange soit ferme et mousseux. Incorporer la farine, puis parfumer avec l'extrait de vanille. Réserver.
2. Préchauffer le four à 180 °C.
3. Sur un plan de travail fariné, abaisser la pâte au rouleau sur 3 mm d'épaisseur environ. Foncer un moule à tarte ou à manqué beurré de 26 cm de diamètre et de 3 cm de haut. Piquer le fond de la pâte avec une fourchette.
4. Mélanger la confiture de noix de coco et la crème pâtissière. Verser l'appareil sur la pâte, jusqu'à mi-hauteur du moule. Lisser la surface à la spatule. Verser la pâte à biscuit. Lisser. Enfourner à mi-hauteur du four et cuire 30 à 45 mn. Laisser refroidir avant de démouler.

conseil

Démoulez le gâteau sur un plat, et saupoudrez-le de noix de coco fraîchement râpée. Servez tiède ou froid.

à savoir

Aux Antilles, on appelle ce gâteau « tourment d'amour ». Selon la légende, il aurait été inventé par les femmes des pêcheurs afin de tromper leur attente. Il est vrai que, à l'époque, il demandait des heures de préparation…

Tarte à la rhubarbe,
aux pommes et aux noisettes

Préparation : 30
Repos : 30 mn
Cuisson : 45 à 50 mn

recette raffinée

Ingrédients pour 6 personnes :

2 c. à s. de farine
250 g de pâte brisée **(voir recette p. 90)**
90 g de beurre
160 g de sucre
2 œufs
150 g de farine
130 g de poudre de noisettes
2 pommes
2 tiges de rhubarbe
1 c. à c. de cannelle en poudre

1. Sur le plan de travail fariné, abaisser la pâte sur 5 mm d'épaisseur. Foncer un moule à tarte fariné et beurré. Laisser reposer au réfrigérateur 30 mn.
2. Faire ramollir le reste de beurre. Ajouter 80 g de sucre. Bien travailler le mélange. Incorporer les œufs, un par un. Ajouter la farine et 80 g de poudre de noisettes. Réserver.
3. Peler les pommes, les évider et les couper en fines lamelles. Éplucher la rhubarbe et la détailler en petits dés. Mélanger le reste de sucre, la cannelle et le reste de poudre de noisettes.
4. Préchauffer le four à 140-150 °C.
5. Sur le fond de tarte, alterner des couches de lamelles de pomme, de dés de rhubarbe et de mélange sucre-cannelle-noisettes. Terminer par une couche du mélange préparé à l'étape 2. Enfourner et cuire 45 à 50 mn. Vérifier la cuisson en enfonçant la lame d'un couteau dans la tarte : elle doit ressortir sèche.
6. Laisser refroidir complètement avant de démouler.

notre avis

Vous pouvez décorer la tarte avec des noisettes entières mondées.

Tarte à l'orange

Préparation : 50 mn
Cuisson : 10 mn
Repos : 30 mn

recette andalouse

Ingrédients pour 4 à 6 personnes :

- 250 g de pâte brisée (voir recette p. 90)
- 70 g de beurre
- 6 oranges
- 270 g de sucre
- 2 œufs + 3 jaunes
- 30 cl de lait
- 60 g de fécule
- 50 g de crème fraîche épaisse

1. Préchauffer le four à 180 °C.
2. Abaisser la pâte. Foncer un moule à tarte beurré de 26 cm de diamètre. Couvrir le fond de papier sulfurisé et de haricots secs. Enfourner et cuire à blanc 10 mn.
3. Prélever le zeste de 4 oranges. Les disposer dans une casserole. Couvrir d'eau et porter à ébullition. Égoutter. Remettre les zestes blanchis dans la casserole. Ajouter 50 cl d'eau et 200 g de sucre. Cuire sur feu doux 30 mn pour les confire.
4. Pendant ce temps, presser les oranges. Réserver le jus.
5. Mélanger les œufs et les jaunes. Ajouter le reste de sucre et fouetter. Porter le lait à ébullition avec le reste de beurre coupé en dés. Mélanger la fécule avec le jus d'orange. Verser ce mélange dans une casserole, ajouter le mélange œufs-sucre, puis le lait bouillant et la crème fraîche et cuire sur feu doux 2 mn. Laisser reposer 30 mn environ. Verser l'appareil à l'orange, additionné de 2/3 des zestes confits, sur le fond de pâte. Répartir le reste de zestes confits à la surface.

notre avis

Pour décorer, vous pouvez ajouter des quartiers d'orange.

conseil

Avant de cuire la pâte à blanc, piquez le fond avec une fourchette.

Tarte au chocolat
et aux écorces d'orange confites

Préparation : 30 mn
Cuisson : 15 mn
Réfrigération : 2 h

recette basque

Ingrédients pour 4 à 6 personnes :

- 350 g de pâte brisée (voir recette p. 90)
- 10 g de beurre
- 3 c. à s. de confiture d'abricots
- 2 c. à s. de liqueur d'orange
- 200 g d'écorces d'orange confites
- 4 c. à c. de cacao

Mousse au chocolat :
- 150 g de chocolat noir
- 6 œufs
- 1 pincée de sucre

1. Préchauffer le four à 180 °C.
2. Abaisser la pâte sur 3 mm d'épaisseur. Foncer un moule à tarte beurré. Couvrir le fond de papier sulfurisé et de haricots secs. Enfourner et cuire 10 mn.
3. Ôter papier et haricots. Remettre au four 5 mn, jusqu'à ce que la pâte soit blonde.
4. Préparer la mousse au chocolat : faire fondre le chocolat au bain-marie avec 4 cuillerées à soupe d'eau. Séparer les blancs d'œufs des jaunes. Hors du bain-marie, ajouter les jaunes d'œufs, un par un, sans cesser de fouetter. Monter les blancs en neige ferme avec le sucre. Les incorporer progressivement en soulevant la masse. Réfrigérer 2 h.
5. Délayer la confiture d'abricots dans la liqueur d'orange et badigeonner le fond de tarte de ce mélange. Parsemer les écorces d'orange confites hachées finement, en en réservant un peu pour le décor.
6. Aérer la mousse au chocolat à la fourchette, puis en recouvrir la tarte. Décorer avec les écorces d'orange confites réservées et saupoudrer de cacao.

Tarte au fromage blanc

Préparation : 35 mn
Cuisson : 30 mn

recette alsacienne

Ingrédients pour 6 personnes :

300 g de fromage blanc
20 cl de crème fraîche
4 œufs
125 g de sucre
1 sachet de sucre vanillé
50 g de Maïzena
1 c. à s. de kirsch
300 g de pâte brisée
(voir recette p. 90)
15 g de beurre

1. Fouetter le fromage blanc avec la crème fraîche, les œufs, les 2 sucres, la Maïzena et le kirsch. Réserver.
2. Préchauffer le four à 230 °C.
3. Abaisser la pâte.
4. Foncer un moule à tarte beurré. Garnir le fond de tarte de la préparation au fromage blanc.
5. Enfourner et cuire 30 mn environ.
6. Laisser tiédir avant de démouler sur une grille.
7. Après refroidissement, entreposer au réfrigérateur jusqu'au moment de servir.

•——notre avis——•

Pour gagner du temps, vous pouvez utiliser une pâte toute faite.

•——à savoir——•

Dans certaines régions, cette tarte est aussi appelée « tarte au caillé ».

•——conseil——•

La tarte se démoulera mieux si vous choisissez un moule à fond amovible. En saison, vous pouvez accompagner ce dessert de fruits rouges.

Tarte au potiron

Préparation : 30 mn
Cuisson : 40 mn

recette américaine

Ingrédients pour 6 personnes :

700 g de potiron
1 pomme reine des reinettes
1 orange
80 g de raisins secs
40 g de beurre
120 g de sucre
20 cl de crème fraîche
3 œufs
1 pincée de cannelle en poudre
450 g de pâte brisée
(voir recette p. 90)
2 c. à s. de farine

1. Éplucher le potiron. Ôter graines et filaments. Découper la chair en petits dés. Éplucher, épépiner et couper la pomme en cubes. Prélever le zeste de l'orange et le râper. Presser le fruit. Réserver le tout.
2. Dans une petite casserole, porter de l'eau à ébullition, puis y plonger les raisins secs 30 s. Les égoutter et les disposer dans le jus d'orange. Laisser macérer.
3. Faire fondre le beurre dans une cocotte. Ajouter les dés de potiron et les cubes de pomme et les faire étuver sur feu doux jusqu'à l'évaporation presque complète de leur eau de végétation. Stopper la cuisson lorsque la chair commence à s'effriter.
4. Ajouter au mélange potiron-pomme les raisins égouttés, puis le sucre, la crème fraîche, les œufs et la cannelle. Mélanger et réserver.
5. Préchauffer le four à 210 °C.
6. Abaisser la pâte sur un plan de travail fariné. Foncer un moule à tarte antiadhésif. Couvrir le fond de papier sulfurisé et de haricots secs. Enfourner et cuire à blanc 10 mn.
7. Sortir le moule du four. Ôter papier et haricots. Garnir le fond de tarte de la préparation au potiron. Enfourner à nouveau 30 mn.
8. Servir tiède.

la pomme et aux raisins secs

Tarte au sirop d'érable
et au lait concentré

variantes de la recette

Tarte au potimarron et à la cannelle

Ingrédients : 800 g de potimarron, 300 g de pâte brisée (voir recette p. 90), 2 c. à s. de farine, 80 g de sucre, 4 œufs, 2 c. à s. de fécule, 1 c. à c. de cannelle en poudre et 3 c. à s. de lait.

Éplucher le potimarron, ôter graines et filaments, et découper la chair en morceaux. Les cuire à la vapeur 45 mn. Abaisser la pâte sur un plan de travail fariné. Foncer un moule à tarte antiadhésif. Couvrir le fond de papier sulfurisé et de haricots secs. Cuire à blanc au four préchauffé à 180 °C 10 mn. Ôter papier et haricots. Dans une terrine, mélanger le sucre et les œufs jusqu'à blanchiment. Ajouter la fécule et la cannelle. Verser le lait et bien mélanger. Mixer la pulpe de potimarron et l'incorporer au mélange précédent. Garnir le fond de tarte de la préparation, enfourner et cuire 25 mn. Sortir la tarte du four. Laisser refroidir avant de démouler.

à savoir

Le potimarron, plus petit que le potiron, a une chair jaune et farineuse.

Tarte au potiron et aux épices

Ingrédients : 700 g de potiron, 2 œufs, 10 cl de lait, 10 cl de crème fraîche, 50 g de cassonade, 1 pincée de sel, 1 pincée de cannelle en poudre, 1 pincée de gingembre en poudre, 1 pincée de quatre-épices, 1 pincée de muscade râpée et 250 g de pâte brisée (voir recette p. 90).

Préparer la purée de potiron : faire cuire des tranches de potiron au four préchauffé à 230-240 °C 45 mn. Mixer la chair. Réserver. Battre les œufs et les faire mousser. Incorporer le lait et la crème fraîche, puis la purée de potiron, la cassonade, le sel et les épices. Abaisser la pâte. Foncer un moule à tarte antiadhésif. Verser la préparation, enfourner et cuire 10 mn. Baisser la température à 180-200 °C et poursuivre la cuisson 20 mn.

Préparation : 10 mn
Cuisson : 25 mn environ

recette québécoise

Ingrédients pour 6 à 8 personnes :

250 g de pâte brisée (voir recette p. 90)
2 œufs
20 cl de lait concentré non sucré
50 cl de sirop d'érable
Le jus de 1 citron
3 c. à s. de farine

1. Préchauffer le four à 180 °C.
2. Abaisser la pâte. Foncer un moule à tarte antiadhésif de 23 cm de diamètre.
3. Dans une jatte, battre les œufs avec le lait concentré, le sirop d'érable, le jus de citron et la farine. Garnir le fond de tarte de cette préparation.
4. Enfourner et cuire 25 mn environ.

variante de la recette

Tarte au sirop d'érable,
aux pommes et à la cannelle

Ingrédients : 250 g de pâte brisée (voir recette p. 90), 2 œufs, 30 cl de sirop d'érable, 3 c. à s. de farine, 1 pincée de cannelle, 3 pommes acidulées, 40 g de beurre et le jus de 1 citron.

Abaisser la pâte et foncer un moule à tarte antiadhésif de 23 cm de diamètre. Dans une jatte, battre les œufs avec le sirop d'érable, la farine et la cannelle; réserver. Peler les pommes, les évider et les couper en dés; les faire étuver dans le beurre avec le jus de citron, sur feu doux, jusqu'à ce qu'elles commencent à compoter. Incorporer les pommes au mélange précédent; verser la préparation sur le fond de tarte et cuire au four préchauffé à 180 °C 25 mn environ.

Tarte au sucre

Préparation : 15 mn
Cuisson : 20 mn

recette québécoise

Ingrédients pour 6 personnes :

200 g de cassonade
3 c. à s. de farine
10 cl de lait
60 g de beurre
1 œuf
250 g de pâte brisée
(voir recette p. 90)

1. Préchauffer le four à 180 °C.
2. Dans une casserole, verser la cassonade, la farine et le lait. Ajouter 40 g de beurre. Bien mélanger. Porter à ébullition et laisser bouillir 5 mn environ.
3. Retirer la casserole du feu et ajouter l'œuf battu. Laisser refroidir.
4. Abaisser la pâte. Foncer une tourtière beurrée. Garnir le fond de pâte de la préparation. Enfourner et cuire 20 mn.

notre avis

Vous pouvez également confectionner cette tarte en recouvrant la garniture d'une seconde abaisse de pâte (dans ce cas, il vous faudra 500 g de pâte), en soudant bien les bords et en dorant uniformément la surface au jaune d'œuf.

à savoir

La cassonade est le résultat de la cristallisation du jus de canne à sucre. On l'appelle aussi sucre roux et, au Québec, « miel indien ».

conseil

Vous pouvez remplacer la cassonade par du sucre aromatisé avec des graines ou de l'extrait liquide de vanille.

Tarte aux abricots et au kirsch

Préparation : 20 mn
Réfrigération : 1 h
Cuisson : 35 mn

recette roussillonnaise

Ingrédients pour 6 personnes :

3 œufs
120 g de sucre
20 cl de lait
20 cl de crème fraîche
2 c. à s. de kirsch
500 g d'abricots
2 c. à s. de farine
15 g de beurre
21/2 c. à s. de sucre glace ou de poudre d'amandes

Pâte brisée :
80 g de beurre mou
160 g de farine
1 pincée de sel
1 jaune d'œuf

1. Préparer la pâte : incorporer, du bout des doigts, 80 g de beurre à 160 g de farine. Former une couronne avec ce mélange. Au centre, disposer le sel, le jaune d'œuf et 11/2 cuillerée à soupe d'eau. Mélanger rapidement sans trop travailler. Rouler la pâte en boule. Entreposer au réfrigérateur 1 h.
2. Préparer la garniture : mélanger, au fouet, les œufs et le sucre. Ajouter le lait, la crème fraîche et le kirsch. Réserver.
3. Laver les abricots, les ouvrir en deux et ôter le noyau. Réserver.
4. Préchauffer le four à 250 °C.
5. Étaler la pâte sur le plan de travail fariné. Foncer un moule à tarte beurré. Piquer le fond de la pâte avec une fourchette. Disposer les demi-abricots sur le fond de tarte, côté bombé en dessous, sans trop les serrer. Verser la garniture. Enfourner et cuire 5 mn. Baisser la température à 200 °C et poursuivre la cuisson 30 mn.
6. Sortir la tarte du four. Saupoudrer de sucre glace ou de poudre d'amandes.

notre avis

Vous pouvez préparer cette tarte avec une pâte sucrée, en ajoutant 20 g de sucre à la pâte.

Tarte aux figues et aux framboises,
crème aux amandes

Préparation : 20 mn
Cuisson : 40 mn

recette alsacienne

Ingrédients pour 6 personnes :

1 rouleau de pâte brisée toute faite
160 g de crème aux amandes (voir recette p. 434)
700 g de figues bien mûres
1 barquette de framboises
1 pincée de cannelle en poudre
150 g de sucre

1. Préchauffer le four à 180 °C. Abaisser la pâte. Foncer un moule à tarte antiadhésif. Piquer le fond de la pâte avec une fourchette. Cuire à blanc 10 mn.
2. Répartir la crème aux amandes sur le fond de tarte.
3. Laver et éponger les figues. Les couper en quatre dans la hauteur. Les disposer sur la pâte, pointe vers le haut et côté peau en contact avec la crème aux amandes. Enfourner et cuire 30 mn.
4. Sortir la tarte du four et laisser tiédir. Parsemer les framboises sur les figues. Mélanger la cannelle et le sucre. Saupoudrer la tarte de ce mélange.

variante de la recette

Tarte aux figues, crème pâtissière

Ingrédients : 300 g de pâte brisée ou de pâte sucrée (voir recettes p. 90 et p. 104), 20 g de beurre, 16 figues juteuses à peau fine, 50 cl de crème pâtissière (voir recette p. 435) et 100 g de gelée de framboise.

Abaisser la pâte. Foncer un moule à tarte beurré. Couvrir le fond de papier sulfurisé et de haricots secs. Cuire à blanc au four préchauffé à 200 °C 20 mn. Ôter papier et haricots. Laver les figues et les couper en quatre. Verser la crème pâtissière sur le fond de tarte. Disposer les quartiers de figue. Badigeonner de la gelée de framboise mise à fondre sur feu doux et laisser durcir légèrement.

Tarte aux fruits secs exotiques,
crème pâtissière

Préparation : 30 mn
Cuisson : 30 mn

recette provençale

Ingrédients pour 8 personnes :

500 g de fruits secs exotiques mélangés
3 c. à s. d'armagnac ou de cognac
2 c. à s. de sucre
250 g de pâte brisée (voir recette p. 90)
50 g de beurre

Crème pâtissière :
80 g de sucre
2 jaunes d'œufs
25 g de fécule de pomme de terre
30 cl de crème liquide

1. Préchauffer le four à 200 °C.
2. Disposer les fruits secs dans un saladier avec l'alcool et 1 cuillerée à soupe de sucre. Laisser macérer jusqu'à utilisation.
3. Abaisser la pâte. Foncer une tourtière beurrée de 26 cm de diamètre, en recourbant joliment le bord. Couvrir le fond de papier sulfurisé et de haricots secs. Enfourner à mi-hauteur du four et cuire à blanc 20 mn.
4. Préparer la crème pâtissière : dans une terrine, travailler au batteur le sucre avec les jaunes d'œufs jusqu'à blanchiment. Incorporer la fécule, puis 20 cl de crème. Verser la préparation dans une casserole à fond épais et laisser cuire sur feu doux jusqu'à épaississement, sans cesser de remuer. Hors du feu, incorporer, peu à peu, le reste de crème.
5. Sortir la tourtière du four. Ôter papier et haricots. Verser la crème et bien lisser. Parsemer les fruits secs, avec leur jus de macération, à la surface et les enfoncer légèrement avec le dos d'une cuiller. Répartir 30 g de beurre coupé en fins copeaux et saupoudrer du reste de sucre. Augmenter la température à 210 °C, enfourner et cuire 10 mn.
6. Sortir la tarte du four et démouler avec précaution sur un plat de service.

conseil

Pour garnir cette tarte, vous pouvez utiliser un mélange de fruits secs tout prêt non salé (raisins, ananas, papaye, noix de coco…), qui se sert à l'apéritif.

Tarte aux kiwis,
crème aux amandes

Préparation : 10 mn
Cuisson : 25 mn

recette antillaise

Ingrédients pour 4 personnes :

7 kiwis
250 g de pâte brisée
(voir recette p. 90)
10 g de beurre
3 c. à s. de cassonade

Crème aux amandes :
2 œufs
25 cl de crème fraîche
80 g de sucre
120 g de poudre d'amandes

1. Préparer la crème aux amandes : dans une terrine, mélanger les œufs, la crème fraîche, le sucre et la poudre d'amandes. Réserver.
2. Peler les kiwis. Détailler 6 fruits en 6 tranches épaisses. Mixer le kiwi restant. Ajouter la purée obtenue à la crème aux amandes.
3. Préchauffer le four à 210 °C.
4. Abaisser la pâte. Foncer un moule à tarte beurré. Piquer le fond de la pâte avec une fourchette. Verser la crème aux amandes sur le fond de pâte. Enfourner et cuire 20 mn.
5. Disposer les tranches de kiwi sur la tarte, en les faisant se chevaucher. Saupoudrer de cassonade. Augmenter la température à 240 °C et poursuivre la cuisson 5 mn environ pour faire gratiner le dessus.

notre avis

Servez cette tarte de préférence dès la sortie du four, lorsqu'elle est bien croustillante.

conseil

Entreposez le fond de tarte au réfrigérateur 30 mn avant de le garnir.

Tarte aux marrons,
au miel et à la crème

Préparation : 20 mn
Repos : 40 mn
Cuisson : 30 à 35 mn

recette raffinée

Ingrédients pour 6 personnes :

250 g de pâte brisée
(voir recette p. 90)
1 c. à s. de farine
15 g de beurre
150 g de sucre
250 g de marrons entiers au naturel
70 g de miel de châtaignier
100 g de crème fouettée
Le jus de 1/2 citron

Crème :
12 cl de lait
12 cl de crème fraîche
2 œufs + 2 jaunes
50 g de sucre

1. Préchauffer le four à 200 °C.
2. Abaisser la pâte au rouleau fariné. Foncer un moule à tarte beurré. Piquer le fond de la pâte avec une fourchette et entreposer au réfrigérateur 40 mn.
3. Couvrir le fond de la pâte de haricots secs, enfourner et cuire à blanc entre 15 et 20 mn environ, jusqu'à coloration brun clair. Laisser refroidir.
4. Dans une casserole, mélanger le sucre avec 25 cl d'eau. Porter à ébullition. Plonger les marrons dans ce sirop et laisser cuire à petit frémissement 5 mn. Les égoutter.
5. Faire fondre le miel sur feu doux, ajouter les marrons et les laisser caraméliser. Déglacer avec la crème fouettée et le jus de citron et laisser réduire jusqu'à obtention d'un jus sirupeux.
6. Verser les marrons sur le fond de tarte. Laisser refroidir jusqu'à ce que le caramel soit uniformément réparti.
7. Préparer la crème : dans une terrine, disposer le lait, la crème fraîche, les œufs et le sucre. Mélanger et verser l'appareil sur les marrons. Augmenter la température à 200 °C, enfourner et cuire 15 mn.

conseil

En saison, vous pouvez utiliser des marrons frais. Dans ce cas, pelez-les et faites-les cuire dans de l'eau ou du lait additionnés de 1 pincée de sucre et de 1 pincée de sel 30 mn.

Tarte aux mûres,
nappage à la gelée de groseille

Préparation : 30 mn
Cuisson : 20 mn

recette savoyarde

Ingrédients pour 4 personnes :

- 250 g de pâte brisée (voir recette p. 90)
- 15 g de beurre
- 25 cl de crème liquide
- 50 g de sucre
- 5 gouttes d'extrait liquide de vanille
- 500 g de mûres
- 100 g de gelée de groseille
- 1 c. à s. de kirsch

1. Préchauffer le four à 200 °C.
2. Abaisser la pâte. Foncer un moule à tarte beurré. Piquer le fond de la pâte avec une fourchette. Enfourner et cuire à blanc 20 mn environ.
3. Sortir le moule du four et laisser refroidir.
4. Pendant ce temps, préparer la garniture : dans une terrine, fouetter vivement la crème. Ajouter le sucre et l'extrait de vanille.
5. Napper le fond de tarte du mélange précédent. Disposer les mûres en formant des cercles concentriques.
6. Dans une casserole, faire chauffer la gelée de groseille avec le kirsch sur feu doux. Napper les mûres de ce mélange et servir aussitôt.

notre avis

Vous pouvez remplacer les mûres par des myrtilles, des groseilles ou des framboises.

conseil

Servez avec 1 boule de sorbet à la mûre (voir recette p. 446).

Tarte aux myrtilles,
nappage à la gelée d'abricot

Préparation : 15 mn
Cuisson : 30 mn

recette rustique

Ingrédients pour 4 personnes :

- 1 rouleau de pâte brisée toute faite
- 15 g de beurre
- 100 g de crème pâtissière (voir recette p. 435)
- 1 kg de myrtilles égrappées
- 3 c. à s. de sucre
- Le zeste de 1 citron
- 150 g de gelée d'abricot

1. Préchauffer le four à 210 °C.
2. Abaisser la pâte. Foncer un moule à tarte beurré de 18 à 20 cm de diamètre. Couvrir le fond de papier sulfurisé et de haricots secs. Enfourner et cuire à blanc 10 mn. La pâte doit être bien dorée.
3. Sortir le moule du four et laisser refroidir 10 mn. Ôter papier et haricots. Étaler la crème pâtissière sur le fond de tarte. Répartir les myrtilles. Saupoudrer de sucre. Enfourner et cuire 20 mn.
4. Détailler le zeste de citron en dés et les blanchir quelques minutes.
5. Faire tiédir la gelée d'abricot sur feu doux, pour la liquéfier, et en napper la tarte. Décorer de dés de zeste de citron.

variante de la recette

Tarte aux myrtilles et aux pommes

Procéder comme pour la Tarte aux myrtilles, nappage à la gelée d'abricot jusqu'à l'étape **3**.

Étaler 200 g de confiture de myrtilles sur le fond de tarte. Peler, épépiner et émincer 3 pommes acidulées en fines lamelles; les arroser du jus de 1/2 citron et les répartir sur la confiture en les faisant se chevaucher légèrement. Disposer 150 g de myrtilles sur les pommes. Saupoudrer de 50 g de sucre glace. Cuire au four préchauffé à 180 °C 40 mn. Servir tiède avec une jatte de crème fraîche.

Tarte aux pêches et aux fruits rouges,
crème pâtissière

Préparation : 40 mn
Cuisson : 35 à 42 mn

recette raffinée

Ingrédients pour 6 personnes :

250 g de pâte brisée (voir recette p. 90)
30 g de beurre
30 g de sucre
6 pêches blanches
3 pêches jaunes
180 g de crème pâtissière (voir recette p. 435)
2 barquettes de fruits rouges mélangés (mûres, myrtilles, groseilles...)

1. Préchauffer le four à 200 °C.
2. Abaisser la pâte. Foncer un moule à tarte beurré et poudré de sucre. Strier les bords de la pâte avec la pointe d'un couteau et piquer le fond avec une fourchette. Couvrir de papier sulfurisé et de haricots secs. Enfourner et cuire à blanc 10 mn. Ôter papier et haricots, puis remettre au four 5 à 7 mn.
3. Pendant ce temps, peler les pêches, les couper en deux et les dénoyauter. Détailler, séparément, les pêches blanches et jaunes en fines lamelles. Réserver.
4. Étaler la crème pâtissière sur le fond de tarte. Disposer les lamelles de pêche blanches en couronne, et les jaunes au milieu. Saupoudrer du reste de sucre et répartir le reste de beurre coupé en parcelles. Enfourner et cuire 20 à 25 mn environ.
5. Démouler sur une grille et laisser tiédir.
6. Au moment de servir, parsemer les fruits rouges sur la tarte.

conseil

Vous pouvez accompagner cette tarte d'un coulis de fraises ou de framboises, servi à part.

notre avis

La pâte doit être bien dorée mais pas trop brune.

Tarte aux pêches jaunes,
crème aux amandes

Préparation : 45 mn
Cuisson : 45 mn

recette provençale

Ingrédients pour 6 personnes :

6 pêches jaunes
350 g de pâte brisée (voir recette p. 90)
20 g de beurre
1 c. à s. de confiture d'abricots

Crème aux amandes :
20 cl de lait
2 œufs
2 c. à s. de sucre semoule
1 c. à s. de Maïzena
1 sachet de sucre vanillé
80 g de beurre
2 c. à s. de sucre glace
80 g de poudre d'amandes
1 c. à s. de rhum

1. Préparer la crème aux amandes : faire chauffer le lait. Dans une terrine, travailler 1 œuf avec le sucre semoule. Ajouter la Maïzena et le sucre vanillé. Délayer ce mélange avec le lait chaud. Verser la préparation dans la casserole. Faire épaissir sur feu doux, sans cesser de mélanger.
2. Travailler le beurre en pommade. Ajouter le sucre glace et l'œuf restant. Bien mélanger. Incorporer la poudre d'amandes et le rhum. Mélanger cette préparation à la précédente, quand le premier mélange est presque froid, et laisser refroidir complètement.
3. Pendant ce temps, peler les pêches, les couper en deux et les dénoyauter. Les détailler en lamelles. Réserver.
4. Préchauffer le four à 220 °C.
5. Abaisser la pâte. Foncer un moule à tarte beurré de 26 cm de diamètre. Verser la crème aux amandes. Disposer les lamelles de pêche dessus. Enfourner et cuire 45 mn.
6. Sortir la tarte du four. La badigeonner de confiture d'abricots. Servir froid.

conseil

N'entreposez pas la tarte au réfrigérateur, pour éviter qu'elle ne ramollisse.

Tarte aux poires pochées au jus de raisin

Préparation : 30 mn
Cuisson : 40 mn

recette bordelaise

Ingrédients pour 6 personnes :

- 4 poires bien mûres
- 1 l de jus de raisin
- 2 bâtons de cannelle
- 200 g de sucre
- 250 g de pâte brisée (voir recette p. 90)
- 15 g de beurre
- 2 jaunes d'œufs
- 3 c. à s. de crème fraîche

1. Peler les poires, les couper en deux dans la longueur et ôter le cœur. Réserver.
2. Dans une casserole, faire chauffer, sur feu moyen, le jus de raisin avec la cannelle et 100 g de sucre. Lorsqu'il est chaud, y plonger les demi-poires et laisser cuire 20 mn environ.
3. À l'aide d'une écumoire, retirer les poires de ce sirop et les déposer sur du papier absorbant.
4. Préchauffer le four à 180 °C.
5. Abaisser la pâte. Foncer un moule à tarte antiadhésif beurré. Piquer le fond de la pâte avec une fourchette. Couvrir de papier sulfurisé et de haricots secs. Enfourner et cuire 20 mn.
6. Pendant ce temps, dans une jatte, mélanger les jaunes d'œufs et le reste de sucre. Battre le mélange jusqu'à ce qu'il soit mousseux et de couleur jaune paille. Ajouter la crème fraîche et mélanger à nouveau.
7. Sortir le moule du four. Ôter papier et haricots. Disposer les demi-poires sur le fond de tarte, puis verser la crème entre les fruits à l'aide d'une louche. Remettre au four et poursuivre la cuisson 20 mn.

notre avis

Servez la tarte tiède ou froide, selon votre goût, et décorez-la de quelques feuilles de menthe fraîche.

Tarte aux pommes, à la crème et aux amandes

Préparation : 40 mn
Cuisson : 30 mn

recette normande

Ingrédients pour 6 personnes :

- 8 pommes golden ou reines des reinettes
- 30 g de beurre
- 2 c. à s. de calvados
- 100 g de sucre
- 250 g de pâte brisée (voir recette p. 90)
- 10 cl de crème fraîche
- 25 g de poudre d'amandes
- 3 jaunes d'œufs
- 25 g d'amandes effilées

1. Couper les pommes en quatre et les peler. Ôter le cœur et les pépins. Faire compoter la moitié des pommes, sur feu doux, avec 15 g de beurre et un peu d'eau.
2. Pendant ce temps, émincer le reste des pommes et les faire macérer dans le calvados avec 50 g de sucre.
3. Préchauffer le four à 210 °C.
4. Abaisser la pâte. Foncer une tourtière beurrée. Garnir le fond de tarte de compote. Recouvrir de lamelles de pomme. Enfourner et cuire 15 mn.
5. Pendant ce temps, mélanger la crème fraîche avec la poudre d'amandes, le reste de sucre et les jaunes d'œufs.
6. Sortir le moule du four. Napper les pommes du mélange précédent. Parsemer les amandes. Enfourner à nouveau 15 mn.
7. Laisser tiédir avant de servir.

à savoir

Les pommes golden, fondantes et sucrées, sont idéales pour la confection des tartes. Les pommes reines des reinettes ajoutent une saveur acidulée très parfumée qui se marie à merveille à celle des amandes.

Tarte aux pommes et aux fruits secs

Préparation : 20 mn
Macération : 12 h au moins
Cuisson : 15 à 20 mn

recette anglaise

Ingrédients pour 8 à 10 personnes :

1 pomme
10 g de zeste d'orange confit
10 g de zeste de citron confit
3 abricots secs
80 g de raisins secs
30 g de noix ou d'amandes hachées
50 g de beurre pommade
50 g de cassonade
1 pincée de muscade râpée
Le jus et le zeste de 1/2 citron
2 c. à s. de cognac
400 g de pâte brisée (voir recette p. 90)
15 g de beurre
1 jaune d'œuf
Beurre au cognac (voir recette p. 425)

1. Peler et hacher la pomme. Hacher les zestes d'agrumes confits. Disposer le tout dans une terrine et mélanger avec les fruits secs, le beurre, la cassonade, la muscade, le jus et le zeste de citron et le cognac. Laisser macérer 12 h au moins.
2. Préchauffer le four à 210 °C.
3. Diviser la pâte en 2 pâtons, de façon que l'un soit deux fois plus gros que l'autre. Abaisser finement le gros pâton. Foncer un moule à tarte beurré. Étaler la garniture. Abaisser le second pâton. Le poser sur la tarte, en soudant bien les bords de la pâte, humectés avec un peu d'eau. Dorer la surface avec le jaune d'œuf battu, délayé dans 1 cuillerée à soupe d'eau. Faire une entaille au centre pour que la vapeur puisse s'échapper pendant la cuisson. Enfourner et cuire 15 à 20 mn.
4. Laisser tiédir. Servir avec le beurre au cognac.

notre avis

Vous pouvez également confectionner des tartelettes dans 8 à 10 moules individuels.

à savoir

Outre-Manche, le beurre au cognac accompagne également le pudding de Noël.

Tarte aux quetsches

Préparation : 40 mn
Cuisson : 38 à 43 mn

recette alsacienne

Ingrédients pour 6 personnes :

1 œuf
450 g de pâte brisée (voir recette p. 90)
20 g de beurre
1,5 kg de quetsches bien mûres
170 g de sucre semoule
1 c. à s. de sucre glace

1. Préchauffer le four à 210 °C. Séparer le blanc d'œuf du jaune.
2. Abaisser la pâte sur 3 mm d'épaisseur. Foncer un moule beurré. Piquer le fond de la pâte avec une fourchette. Couvrir de papier sulfurisé et de haricots. Façonner le bord et, avec un pinceau, le dorer au jaune d'œuf. Enfourner et cuire à blanc 8 mn.
3. Sortir le moule du four. Ôter papier et haricots. Badigeonner le fond de pâte de blanc d'œuf.
4. Essuyer les quetsches. Les couper en deux et les dénoyauter. Les disposer sur la pâte, face coupée contre celle-ci. Saupoudrer de sucre semoule.
5. Rouler les chutes de pâte en boule. Abaisser la pâte et y détailler des bandelettes. Les disposer sur les fruits en formant des croisillons. Les dorer au jaune d'œuf. Enfourner et cuire 30 à 35 mn.
6. Sortir la tarte du four et laisser tiédir.
7. Démouler et poudrer de sucre glace.

conseil

Pour absorber le jus des prunes, disposer une couche de petits-beurre ou de biscuits à la cuiller écrasés au rouleau à pâtisserie sur le fond de tarte cuit à blanc.

Tarte Bourdaloue

Préparation : 25 mn
Cuisson : 33 mn

recette traditionnelle

Ingrédients pour 6 personnes :

- 450 g de pâte brisée (voir recette p. 90)
- 20 g de beurre
- 1 jaune d'œuf
- 100 g de poudre d'amandes
- 250 g de crème pâtissière (voir recette p. 435)
- 1,5 kg de poires
- 25 g d'amandes effilées
- 150 g de confiture d'abricots
- 1 c. à s. d'eau-de-vie de poire

1. Préchauffer le four à 210 °C.
2. Abaisser la pâte sur 3 mm d'épaisseur. Foncer un moule beurré. Piquer le fond de la pâte avec une fourchette et, pour éviter qu'elle ne gonfle, le couvrir de haricots secs. Dorer le bord au jaune d'œuf battu. Enfourner et cuire à blanc 8 mn.
3. Mélanger la poudre d'amandes et la crème pâtissière. Verser le mélange sur le fond de tarte, jusqu'aux 2/3, et bien l'étaler.
4. Équeuter les poires, les peler, les couper en deux et ôter le cœur. Les entailler en lamelles sans les trancher complètement, de façon qu'elles s'ouvrent en éventail. Les disposer en rond sur le fond de tarte, côté queue vers le centre et face plate en contact avec la garniture, en les enfonçant légèrement. Enfourner et cuire 25 mn.
5. Sortir la tarte du four. Laisser refroidir 10 à 15 mn.
6. Pendant ce temps, faire griller les amandes dans une poêle, en veillant à ce qu'elles ne se colorent pas trop.
7. Démouler la tarte sur une grille. Faire chauffer la confiture d'abricots additionnée de l'eau-de-vie de poire et en napper la surface de la tarte au pinceau. Parsemer les amandes.

à savoir

Cette tarte typiquement parisienne a été créée à la Belle Époque par un pâtissier installé rue Bourdaloue. On l'appelle également « tarte amandine aux poires ».

Tartelettes extrafines
aux poires et à l'anis

Préparation : 30 mn
Cuisson : 15 mn

recette provençale

Ingrédients pour 4 personnes :

- 250 g de pâte brisée (voir recette p. 90)
- 80 g de cassonade
- 2 c. à c. rases d'anis en poudre
- 4 poires
- 60 g de beurre

1. Abaisser la pâte. À l'aide d'une petite assiette, y découper 4 disques de 15 cm de diamètre.
2. Préchauffer le four à 220 °C.
3. Mélanger la cassonade avec la poudre d'anis. Saupoudrer les disques de pâte de la moitié de ce mélange.
4. Équeuter les poires, les couper en deux, les peler et ôter le cœur. Émincer chaque poire en fines lamelles, et disposer celles-ci sur un disque de pâte.
5. Couper 40 g de beurre en parcelles. Les répartir à la surface des tartelettes. Saupoudrer du reste de mélange cassonade-poudre d'anis. Placer les tartelettes sur une plaque légèrement beurrée. Enfourner et cuire 15 mn.
6. Sortir les tartelettes du four, les démouler sur les assiettes et servir chaud.

conseil

Vous pouvez incorporer 1 pincée d'anis en poudre à la pâte : les tartelettes n'en seront que meilleures.

notre avis

Vous pouvez également confectionner ce dessert dans un moule à tarte de 26 à 28 cm de diamètre.

pâte Sucrée

COMMENT RÉUSSIR UNE PÂTE SUCRÉE

Réalisation

Ingrédients : 250 g de farine, 1/2 c. à c. rase de sel, 125 g de beurre ramolli, 75 g de sucre et 1 œuf.

1. Sur un plan de travail, mélanger la farine et le sel. Ménager un puits au centre avec le poing. Ajouter le beurre, le sucre et l'œuf. Mélanger les ingrédients du bout des doigts en veillant à éviter au maximum le contact du sucre et du jaune d'œuf, et y intégrer la farine peu à peu.
2. Pétrir la farine, avec la paume de la main, jusqu'à ce qu'elle soit assez lisse. Former une boule, l'envelopper dans du film alimentaire et réfrigérer 4 h.
3. Disposer la pâte sur un plan de travail fariné. L'étaler au rouleau jusqu'à ce qu'elle atteigne une épaisseur de 4 mm.
4. Garnir le moule préalablement beurré. Piquer la pâte à l'aide d'une fourchette.

La pâte sucrée est en fait une pâte brisée sucrée, dont le mode d'assemblage des ingrédients diffère. On la réalise soit avec du sucre semoule, soit avec du sucre glace, avec 1 ou 2 œufs pour faire la liaison. Plus friable que la pâte brisée, elle est plus facile à utiliser pour des petites tartelettes que pour une grande tarte.

Les ingrédients :

prendre de la farine type 45 plus blanche et plus fine que les autres, dite aussi farine pâtissière.

Le travail de la pâte :

le secret de la pâte sucrée, comme la pâte brisée est de mélanger sans pétrir tous les ingrédients.

Piquer la pâte

Les petits trous des pointes d'une fourchette vont former une multitude de cheminées qui vont évacuer la vapeur de la pâte pendant la cuisson, l'empêcher de gonfler pour la rendre moins fragile et plus friable en bouche. Ces petits trous peuvent être réalisés dessous et non dessus, pour que la vapeur s'évacue entre la pâte et le moule. On pique alors l'abaisse, puis on la retourne pour l'installer dans le moule.

Beurrer le moule / Cuire à blanc / Les bords : rabattus, festonnés, crantés / La dorure / Les garnitures juteuses / La conservation des pâtes / Le repos / L'origine du mot tarte : voir les têtes de chapitre des différentes tartes p 90, 104, 114, 132.

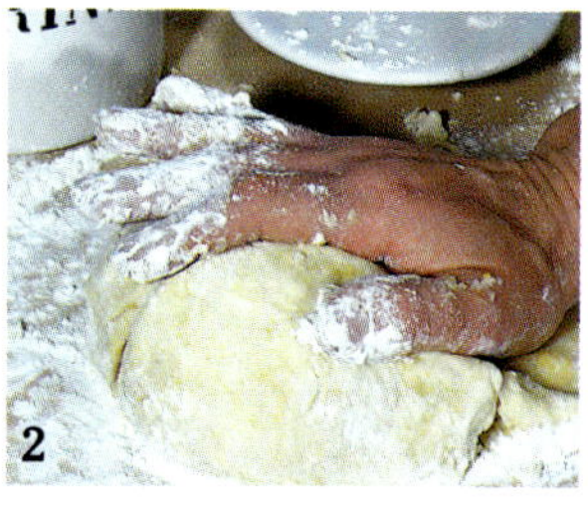

Tarte à la crème à la vanille et à la muscade

Préparation : 15 mn
Cuisson : 40 mn

recette anglaise

Ingrédients pour 6 personnes :

250 g de pâte sucrée (voir recette p. 104)
10 g de beurre
1/2 c. à c. de noix muscade râpée

Crème à la vanille :
6 jaunes d'œufs
60 g de sucre
1/2 c. à c. d'extrait liquide de vanille
50 cl de crème fleurette

1. Préparer la crème à la vanille : mélanger les jaunes d'œufs avec le sucre et la vanille. Porter la crème à ébullition sur feu très doux. La verser sur le mélange œufs-sucre sans cesser de remuer. Mélanger jusqu'à ce que la préparation ait refroidi. Filtrer.
2. Préchauffer le four à 180 °C.
3. Abaisser la pâte. Foncer un moule à tarte beurré. Piquer le fond de la pâte avec une fourchette. Verser la crème à la vanille. Saupoudrer de noix muscade râpée. Enfourner et cuire 40 mn environ.
4. Laisser refroidir avant de démouler.

notre avis

Dégustez la tarte très fraîche, saupoudrée de sucre glace et accompagnée de 1 boule de glace à la muscade (voir recette p. 438) et d'un coulis de fruits rouges (voir recette p. 430).

Tarte à la crème au café

Préparation : 45 mn
Réfrigération : 2 h
Cuisson : 55 mn à 1 h

recette raffinée

Ingrédients pour 8 personnes :

2 c. à s. de farine
20 g de beurre
2 c. à s. de cacao

Pâte sucrée :
250 g de farine
100 g de beurre
1 pincée de sel
100 g de sucre glace
2 petits œufs

Crème au café :
25 cl de lait
80 g de grains de café de Colombie
10 jaunes d'œufs
80 g de sucre
50 cl de crème liquide

1. Préparer la pâte : verser la farine dans un saladier. Creuser un puits au centre. Incorporer le beurre du bout des doigts. Ajouter le sel, le sucre glace et les œufs. Bien mélanger. Former une boule de pâte. Réfrigérer 2 h au moins.
2. Abaisser la pâte au rouleau sur le plan de travail fariné. Y découper une abaisse de 26 cm de diamètre. Foncer un moule à tarte beurré de 24 cm de diamètre. Réfrigérer 20 mn.
3. Préchauffer le four à 180 °C.
4. Cuire le fond de tarte à blanc 10 à 15 mn. Réserver à température ambiante. Baisser la température à 90 °C.
5. Préparer la crème au café : porter le lait à ébullition. Hors du feu, y plonger les grains de café écrasés. Laisser infuser 15 mn. Dans une jatte, mélanger les jaunes d'œufs et le sucre jusqu'à blanchiment. Incorporer la crème et le lait, avec les grains de café, en remuant. Passer au chinois. Laisser reposer 10 mn au frais.
6. Garnir le fond de tarte de crème au café. Enfourner et cuire 45 mn environ. Laisser refroidir avant de démouler. Saupoudrer de cacao avant de servir.

Tarte à la rhubarbe,
coulis de framboises

Préparation : 30 mn
Cuisson : 30 mn

recette alsacienne

Ingrédients pour 6 personnes :

300 g de pâte sucrée **(voir recette p. 104)**
500 g de tiges de rhubarbe
2 œufs
200 g de sucre
1 c. à s. de Maïzena
25 cl de coulis de framboises **(voir recette p. 429)**

1. Préchauffer le four à 220 °C. Abaisser la pâte. Foncer un moule à tarte de 26 cm de diamètre et pincer les bords de la pâte. Enfourner et cuire à blanc 10 mn.
2. Détailler la rhubarbe en tronçons. Les blanchir 2 mn. Égoutter.
3. Mélanger les œufs, le sucre, la Maïzena et la rhubarbe. Répartir ce mélange sur le fond de tarte. Enfourner et cuire 20 mn.
4. Démouler et laisser refroidir. Servir avec le coulis.

variante de la recette

Tarte à la rhubarbe et au fromage blanc

Ingrédients : 500 g de tiges de rhubarbe coupées en tronçons, 190 g de sucre, 1 c. à s. de Grand Marnier, 300 g de pâte brisée (voir recette p. 90), 500 g de fromage blanc et 4 jaunes d'œufs + 4 blancs.

Placer la rhubarbe dans la lèchefrite ; saupoudrer de 40 g de sucre ; ajouter l'alcool et 1/2 verre d'eau et cuire au four préchauffé à 200 °C 20 mn ; sortir du four. Abaisser la pâte ; foncer un moule à tarte ; couvrir le fond de papier sulfurisé et de haricots secs ; cuire à blanc à 180 °C 15 mn ; sortir du four ; ôter papier et haricots. Fouetter le fromage blanc ; ajouter les jaunes d'œufs, un par un, et le reste de sucre ; incorporer les blancs fouettés en neige ferme ; répartir ce mélange et la rhubarbe, pêle-mêle, sur le fond de tarte et cuire à 150 °C 45 mn à 1 h.

Tarte au chocolat

Préparation : 1 h 10
Réfrigération : 30 mn
Cuisson : 15 à 20 mn

recette raffinée

Ingrédients pour 6 personnes :

80 g de chocolat de couverture

Pâte sucrée :
100 g de sucre
2 jaunes d'œufs
1 pincée de sel
1/2 gousse de vanille
200 g de farine tamisée
125 g de beurre
300 g de crème au chocolat **(voir recette p. 432)**

1. Préparer la pâte : dans une terrine, disposer le sucre, les jaunes d'œufs et le sel. Ajouter les graines de la gousse de vanille fendue en deux. Travailler le mélange à la spatule jusqu'à ce qu'il double de volume et soit mousseux. Incorporer la farine en une seule fois. Mélanger d'abord à la spatule, puis avec les doigts, en effritant la pâte en petits grains. Les rassembler en fontaine. Disposer le beurre coupé en parcelles au milieu. Pétrir rapidement sans trop travailler la pâte. L'écraser à la main pour la rendre lisse. Couvrir la pâte d'un linge et réfrigérer 30 mn. Préchauffer le four à 200 °C.
2. Abaisser la pâte. Foncer un moule de 18 à 20 cm de diamètre. Couvrir le fond de papier sulfurisé et de haricots secs. Enfourner et cuire jusqu'à ce que les bords de la pâte soient légèrement dorés. Ôter papier et haricots et poursuivre la cuisson 5 mn.
3. Verser la crème au chocolat sur le fond de tarte et laisser refroidir.
4. Préparer le nappage : au moment de servir, faire chauffer le chocolat cassé en morceaux et napper le dessus de la tarte d'une couche régulière.

Tarte au chocolat
et à la crème de marron

Préparation : 25 mn
Cuisson : 15 mn
Réfrigération : 45 mn

recette raffinée

Ingrédients pour 6 personnes :

250 g de pâte sucrée (voir recette p. 104)
1 c. à s. de cacao
2 c. à s. de sucre glace

Ganache au chocolat et à la crème de marron :
10 cl de crème liquide
100 g de chocolat noir à 70 %
125 g de crème de marron

1. Préchauffer le four à 180 °C.
2. Abaisser la pâte. Foncer un moule à tarte. Couvrir le fond de papier sulfurisé et de haricots secs. Enfourner et cuire à blanc 15 mn.
3. Démouler et laisser refroidir.
4. Préparer la ganache : porter la crème à ébullition. La verser sur le chocolat cassé en petits morceaux. Mélanger. Incorporer les 3/4 de la préparation encore tiède à la crème de marron.
5. Recouvrir le fond de tarte de ganache. Réfrigérer 30 mn au moins.
6. Étaler le reste de ganache sur la tarte. Confectionner des pics, à l'aide d'une spatule, sur la surface de la tarte. Remettre au réfrigérateur 15 mn.
7. Au moment de servir, saupoudrer de cacao et de sucre glace.

conseil

Pour que les pics de chocolat restent rigides, la ganache doit avoir été réfrigérée au moins 30 mn.

notre avis

Servez cette tarte avec une crème anglaise (voir recette p. 431) au rhum ou aux raisins secs macérés dans le rhum.

Tarte au chocolat et aux épices,
crème à la cannelle

Préparation : 1 h
Cuisson : 1 h 30
Réfrigération : 30 mn

recette antillaise

Ingrédients pour 4 personnes :

300 g de pâte sucrée (voir recette p. 104)
30 cl de crème à la cannelle (voir recette p. 430)
Cannelle en poudre

Ganache aux épices :
20 cl de crème liquide
1 clou de girofle
1 bâton de cannelle
1 pincée de quatre-épices
Le zeste de 2 oranges
200 g de chocolat noir
50 g de beurre

Glaçage au chocolat :
4 c. à s. de crème fraîche
1 c. à s. de sucre
50 g de chocolat
10 g de beurre

1. Préparer la ganache : chauffer la crème avec les épices et les zestes d'orange. Laisser infuser, à couvert, 20 mn. Passer au chinois. Chauffer à petits frémissements, puis verser la crème, peu à peu, sur le chocolat cassé en morceaux. Bien mélanger et incorporer le beurre. Réserver.
2. Préparer le glaçage : dans une casserole, chauffer la crème fraîche et le sucre. Verser ce mélange sur le chocolat cassé en morceaux. Bien mélanger avec une spatule et incorporer le beurre. Réserver.
4. Préchauffer le four à 180 °C.
5. Abaisser la pâte. Foncer un moule à tarte antiadhésif. Garnir le fond de haricots secs. Enfourner et cuire à blanc 10 mn. Ôter les haricots. Cuire encore 10 mn.
6. Garnir le fond de tarte de ganache, lisser avec le dos d'une cuiller et réfrigérer 30 mn.
7. Napper la ganache de glaçage au chocolat et lisser. Disposer des quenelles de crème à la cannelle au centre. Saupoudrer de cannelle.

conseil

Préparez la pâte sucrée avec 60 g de sucre. Pour former facilement les quenelles de crème, trempez une cuiller à soupe dans de l'eau tiède.

Tarte au chocolat noir meringuée

Préparation : 40 mn
Cuisson : 15 mn

recette raffinée

Ingrédients pour 6 personnes :

350 g de pâte sucrée
(voir recette p. 104)
10 g de beurre

Meringue suisse :
3 blancs d'œufs
180 g de sucre

Garniture au chocolat :
12 cl de lait
12 cl de crème liquide
2 c. à s. de sucre
200 g de chocolat noir à 70 %
50 g de beurre mou

1. Préchauffer le four à 180 °C.
2. Abaisser la pâte sur 3 mm d'épaisseur. Foncer un moule à tarte beurré. Couvrir le fond de papier sulfurisé et de haricots secs pour empêcher la pâte de gonfler. Enfourner et cuire 10 mn. Enlever papier et haricots. Remettre au four 5 mn, jusqu'à ce que la pâte soit blonde.
3. Préparer la meringue suisse : dans une terrine placée sur un bain-marie, mélanger les blancs d'œufs et le sucre jusqu'à ce que la préparation soit bien chaude (45 °C). Enlever du bain-marie. Fouetter au batteur jusqu'à complet refroidissement.
4. Préparer la garniture au chocolat : dans une casserole, verser le lait, la crème et le sucre et porter à ébullition. Verser ce mélange sur le chocolat cassé en morceaux. Fouetter. Incorporer le beurre, peu à peu, jusqu'à obtention d'un appareil lisse et brillant.
5. Verser la garniture au chocolat sur le fond de tarte. La napper de meringue à la spatule. Faire colorer légèrement sous le gril.

•—conseil—•

Vous pouvez préparer la garniture au chocolat à l'avance. Dans ce cas, réchauffez-la au micro-ondes ou au bain-marie au moment de l'utiliser.

•—notre avis—•

Pour gagner du temps, vous pouvez employer une pâte toute faite.

Tarte au chocolat noir pralinée, croustillant de chocolat

Préparation : 40 mn
Cuisson : 25 mn

recette raffinée

Ingrédients pour 4 personnes :

300 g de pâte sucrée
(voir recette p. 104)
1 c. à s. de farine
35 g de beurre
2 c. à s. d'amandes mondées
2 c. à s. de noisettes mondées
260 g de crème au chocolat et au pralin
(voir recette p. 433)

Croustillant de chocolat :
Le jus de 1/2 orange
100 g de sucre glace
1 1/2 c. à s. de farine
1 c. à s. de cacao
60 g de beurre fondu
60 g d'amandes ou de pistaches hachées

1. Préchauffer le four à 180 °C.
2. Abaisser la pâte sur le plan de travail fariné. Foncer un moule à tarte beurré. Couvrir le fond de papier sulfurisé et de haricots secs. Enfourner et cuire à blanc 15 mn.
3. Préparer le croustillant de chocolat : dans une terrine, mélanger le jus d'orange avec le sucre glace. Ajouter la farine, puis le cacao. Mélanger. Verser le beurre fondu. Incorporer les amandes ou les pistaches. Étaler le mélange uniformément sur une plaque beurrée. Enfourner et cuire 10 mn.
4. Disposer les amandes et les noisettes sur une plaque légèrement beurrée et les passer sous le gril 5 mn.
5. Verser la crème au chocolat et au pralin sur le fond de tarte. Lisser à la spatule. Répartir les amandes et les noisettes grillées sur le pourtour. Décorer en enfonçant légèrement des morceaux de croustillant de chocolat dans la crème au chocolat et au pralin.

Tarte au raisin,
crème au citron et sauce caramel

Préparation : 55 mn
Réfrigération : 2 h
Cuisson : 10 mn

recette raffinée

Ingrédients pour 4 personnes :

400 g de chasselas
560 g de crème au citron
(voir recette p. 433)

1 petit œuf
1 1/2 c. à s. de sucre
1/2 c. à c. de sel

Pâte sucrée :
200 g de farine
100 g de beurre mou

Sauce caramel :
150 g de sucre
30 cl de crème liquide

1. Préparer la pâte : travailler la farine et le beurre jusqu'à consistance sableuse. Creuser un puits. Ajouter l'œuf, le sucre et le sel. Mélanger jusqu'à obtention d'une pâte lisse. Rouler celle-ci en boule, la couvrir d'un linge et réfrigérer 2 h.
2. Préchauffer le four à 170 °C.
3. Préparer la sauce caramel : porter 15 cl d'eau, additionnée du sucre, à ébullition. À belle coloration caramel, enlever la casserole du feu. Verser la crème. Mélanger énergiquement et laisser refroidir.
4. Abaisser la pâte. Foncer un moule. Enfourner et cuire à blanc 10 mn.
5. Pendant ce temps, couper les raisins en deux et les épépiner.
6. Garnir le fond de tarte de crème au citron. Disposer les demi-raisins en corolle, côté chair vers le haut, en les faisant se chevaucher. Servir avec la sauce caramel.

conseil

Pour que le zeste de citron ne transmette pas son amertume à la crème, faites-le blanchir avant utilisation.

Tarte aux fruits à l'impératrice

Préparation : 40 mn
Cuisson : 30 mn

recette traditionnelle

Ingrédients pour 6 à 8 personnes :

500 g de pâte sucrée
(voir recette p. 104)
20 g de beurre
1 ananas
2 oranges
2 bananes
2 kiwis
100 g de fraises
500 g d'abricots au sirop

3 c. à s. de sucre glace

Riz au lait :
125 g de riz rond
75 cl de lait demi-écrémé
1 gousse de vanille
80 g de raisins secs blonds
2 jaunes d'œufs
3 c. à s. de sucre

1. Préparer le riz au lait : ébouillanter le riz pour le faire éclater. Le verser dans une casserole avec le lait. Le faire cuire avec la gousse de vanille fendue en deux et les raisins secs, sur feu doux, jusqu'à absorption totale du liquide. Ajouter les jaunes d'œufs et le sucre. Remettre sur le feu quelques instants, puis laisser tiédir.
2. Préchauffer le four à 170 °C.
3. Abaisser la pâte. Foncer un moule à tarte bien beurré. Couvrir le fond de papier sulfurisé et de haricots secs. Enfourner et cuire 20 mn, jusqu'à coloration des bords de la pâte. Ôter papier et haricots. Poursuivre la cuisson jusqu'à coloration homogène, 10 mn environ.
4. Sortir le moule du four et laisser refroidir complètement.
5. Verser le riz au lait sur le fond de tarte. L'étaler avec le dos d'une cuiller.
6. Éplucher les fruits. Équeuter les fraises. Tailler les fruits en morceaux réguliers, à l'exception des abricots. Disposer ces derniers en couronne sur la tarte. Ajouter les morceaux de fruits, en les répartissant harmonieusement.
7. Au moment de servir, saupoudrer de sucre glace.

Tarte aux kiwis et aux groseilles, crème à la noix de coco

Préparation : 45 mn
Cuisson : 20 mn

recette raffinée

Ingrédients pour 6 personnes :

250 g de pâte sucrée **(voir recette p. 104)**
15 g de beurre
100 g de groseilles
8 kiwis
3 c. à s. de gelée d'abricot

Crème à la noix de coco :
100 g de beurre en pommade
125 g de sucre glace
125 g de noix de coco râpée
1 c. à s. rase de Maïzena
3 c. à s. de rhum ambré agricole
1 gros œuf
10 cl de crème liquide

1. Préparer la crème à la noix de coco : mélanger, en fouettant vigoureusement, le beurre avec le sucre glace, la noix de coco, la Maïzena, le rhum, l'œuf et la crème. Réserver au réfrigérateur.
2. Préchauffer le four à 190 °C.
3. Abaisser la pâte finement. Foncer un moule à tarte beurré de 25 cm de diamètre. Garnir le fond de tarte de crème à la noix de coco. Enfourner et cuire 20 mn.
4. Sortir la tarte du four et laisser refroidir.
5. Égrapper les groseilles. Couper les kiwis en deux horizontalement, puis les détailler en lamelles de 2 mm d'épaisseur. Réserver.
6. Faire chauffer la gelée d'abricot sur feu doux.
7. Disposer les lamelles de kiwi en couronne sur le pourtour du fond de tarte. Garnir le centre avec les groseilles. Napper de gelée d'abricot. Réserver au frais, mais pas au réfrigérateur, jusqu'au moment de servir.

conseil

Vous pouvez remplacer les groseilles par des cubes de mangue.

Tarte aux mirabelles et aux amandes

Préparation : 45 mn
Repos : 2 h
Cuisson : 30 mn

recette alsacienne

Ingrédients pour 4 personnes :

1 c. à s. de farine
200 g de mirabelles
20 g de beurre
2 c. à s. d'eau-de-vie de mirabelle
1 œuf + 1 blanc
2 c. à s. de sucre semoule
4 c. à s. de lait
4 c. à s. de crème liquide
50 g d'amandes effilées
1 c. à s. de sucre glace

Pâte sucrée :
100 g de beurre
200 g de farine
1 petit œuf
1 1/2 c. à s. de sucre
3/4 de c. à c. de sel

1. Préparer la pâte : dans une terrine, travailler le beurre et la farine jusqu'à obtention d'une consistance sableuse. Faire un puits au milieu. Ajouter l'œuf, le sucre et le sel. Mélanger jusqu'à obtention d'une pâte lisse. La rouler en boule. Réfrigérer 2 h.
2. Préchauffer le four à 180 °C.
3. Sur le plan de travail fariné, abaisser la pâte sur 3 mm d'épaisseur. Foncer un cercle à pâtisserie ou un moule à tarte. Enfourner et cuire à blanc 15 mn.
4. Pendant ce temps, laver et dénoyauter les mirabelles. Les faire revenir dans le beurre, sans cesser de secouer la poêle, 1 à 2 mn. Les flamber avec l'alcool.
5. Dans une terrine, battre l'œuf et le sucre semoule. Ajouter le lait et la crème. Bien mélanger et filtrer.
6. Garnir le fond de pâte de mirabelles. Verser le mélange précédent dessus. Enfourner et cuire 15 mn. Pendant ce temps, mélanger soigneusement les amandes et le blanc d'œuf. Étaler ce mélange sur la tarte 5 mn avant la fin de la cuisson.
7. Sortir la tarte du four et saupoudrer de sucre glace.

Tarte aux noix et au chocolat

Préparation : 20 mn
Repos : 2 h
Cuisson : 25 mn

recette quercinoise

Ingrédients pour 6 personnes :

125 g de beurre
125 g de cerneaux de noix
125 g de sucre
2 œufs
50 g de farine
125 g de chocolat à cuire

Pâte sucrée :
250 g de farine
1 pincée de sel
2 c. à s. de sucre
130 g de beurre
1 petit œuf

1. Préparer la pâte : disposer la farine en fontaine. Ajouter le sel, le sucre et 120 g de beurre coupé en parcelles. Mélanger les ingrédients rapidement du bout des doigts, en incorporant l'œuf. Fraiser la pâte en la poussant de la paume de la main, puis la rouler en boule. Laisser reposer 2 h.
2. Faire fondre 125 g de beurre sur feu doux. Hacher les noix, en réservant 10 cerneaux pour le décor. Les disposer dans un saladier avec le sucre, le beurre fondu, les œufs et la farine. Remuer avec une spatule jusqu'à obtention d'un mélange homogène.
3. Préchauffer le four à 180 °C.
4. Beurrer un moule à tarte de 24 cm de diamètre à bord haut. Abaisser la pâte au rouleau en un disque un peu plus grand que le moule. Foncer ce dernier. Piquer le fond de la pâte avec une fourchette. Verser le mélange aux noix. Enfourner et cuire 25 mn.
5. Sortir la tarte du four et laisser refroidir complètement.
6. Casser le chocolat en morceaux et le faire fondre au bain-marie. Napper la tarte du chocolat fondu et le lisser à la spatule. Décorer avec les cerneaux de noix.

Tarte aux noix et aux amandes

Préparation : 40 mn
Repos : 2 h
Cuisson : 30 mn

recette quercinoise

Ingrédients pour 6 à 8 personnes :

130 g de sucre glace
150 g de poudre d'amandes
150 g de beurre mou
3 œufs + 3 blancs
220 g de cerneaux de noix
50 g de pralin

Pâte sucrée :
250 g de farine
130 g de beurre mou
75 g de sucre glace
75 g de poudre d'amandes
1 petit œuf
1 pincée de sel

1. Préparer la pâte : mélanger la farine avec le beurre, le sucre glace, la poudre d'amandes, l'œuf et le sel. Former un pâton. Laisser reposer 2 h. Abaisser la pâte, puis foncer un moule à tarte.
2. Préchauffer le four à 180 °C.
3. Dans une jatte, mélanger 100 g de sucre glace et la poudre d'amandes. Incorporer le beurre, coupé en parcelles, et les œufs. Ajouter les noix grossièrement concassées, en réservant quelques cerneaux pour le décor, puis le pralin. Bien mélanger.
4. Monter les blancs d'œufs en neige, en incorporant, à la fin, 30 g de sucre glace pour les serrer. Les incorporer au mélange précédent. Verser l'appareil sur le fond de tarte, enfourner et cuire 30 mn.
5. Au moment de servir, saupoudrer le reste de sucre glace et parsemer de cerneaux de noix restants.

conseil

Vous pouvez parfumer la pâte avec quelques gouttes d'extrait liquide de vanille. Servez avec 1 boule de glace à la vanille ou pralinée et un verre de liqueur de noix.

Tarte aux pignons de pin
et aux fruits confits

Préparation : 30 mn
Repos : 2 h
Cuisson : 35 à 40 mn

recette varoise

Ingrédients pour 6 à 8 personnes :

85 g de sucre glace
85 g de poudre d'amandes
200 g de beurre
3 œufs
150 g de fruits confits
2 c. à s. de raisins secs
2 c. à s. de rhum
200 g de pignons de pin

Pâte sucrée :
130 g de beurre mou
2 pincées de sel
2 c. à s. rases de sucre
1 jaune d'œuf
250 g de farine

1. Préparer la pâte : dans une terrine, mélanger du bout des doigts 120 g de beurre coupé en parcelles avec le sel et le sucre. Incorporer le jaune d'œuf en travaillant bien la pâte. Ajouter la farine et 3 cuillerées à soupe d'eau. Mélanger. Rouler la pâte en boule. Couvrir et laisser reposer 2 h.
2. Préchauffer le four à 200 °C.
3. Préparer la garniture : dans une terrine, mélanger le sucre avec la poudre d'amandes, puis le beurre, les œufs, les fruits confits et les raisins macérés dans le rhum.
4. Abaisser la pâte sur 3 mm d'épaisseur. Foncer un moule à tarte beurré de 24 cm de diamètre. Verser la garniture. L'étaler avec le dos d'une cuiller humide. Recouvrir de pignons. Les faire légèrement pénétrer dans la garniture à l'aide d'une fourchette. Enfourner et cuire 35 à 40 mn.
5. Sortir la tarte du four et laisser refroidir complètement avant de démouler.

à savoir

Dans le Midi, le pignon, petite graine extraite de la pomme de pin, entre dans la composition de la charcuterie, des salades de crudités, du pistou, ou encore de la traditionnelle tourte aux blettes niçoise.

Tarte aux poires
et à la crème aux petits-suisses

Préparation : 45 mn
Repos : 2 h
Cuisson : 45 mn

recette rustique

Ingrédients pour 8 personnes :

4 poires
80 g de sucre semoule
1 sachet de sucre vanillé

Pâte sucrée :
200 g de farine
1/2 c. à c. de sel
1 c. à s. de sucre
100 g de beurre froid

Crème aux petits-suisses :
4 petits-suisses
80 g de sucre
2 œufs
3 c. à s. de crème fraîche

1. Préparer la pâte : dans une terrine, mélanger la farine, le sel et le sucre. Émietter le beurre en petits morceaux du bout des doigts. Faire un puits. Y verser 1 cuillerée à soupe d'eau. Mélanger en ramenant progressivement la farine vers le centre pour former une pâte souple. L'écraser deux ou trois fois avec la paume de la main. Laisser reposer 2 h.
2. Couper les poires en deux, les équeuter, les peler, en ôter le cœur et les couper en fines lamelles. Dans une casserole, porter à ébullition 75 cl d'eau, additionnée des 2 sucres. Y plonger les poires et les faire pocher 10 mn.
3. Préchauffer le four à 160 °C.
4. Préparer la crème aux petits-suisses : dans une terrine, travailler les petits-suisses avec le sucre. Ajouter les œufs, un par un, et la crème.
5. Disposer les demi-poires sur le fond de pâte, pointes vers le centre et côté plat en dessous. Verser la crème aux petits-suisses dans les interstices. Enfourner et cuire 45 mn.
6. Sortir la tarte du four et laisser refroidir complètement avant de démouler.

conseil

Versez délicatement la crème entre les poires, de façon qu'elle ne les masque pas et que les fruits soient visibles après cuisson.

Tarte aux pommes et aux abricots,
crème aux amandes à la pistache

Préparation : 30 mn
Cuisson : 30 mn

recette quercinoise

Ingrédients pour 4 personnes :

1 c. à s. de farine
2 pommes golden
150 g d'oreillons d'abricot au sirop
50 g de gelée d'abricot
20 g de pistaches hachées

Pâte sucrée :
250 g de farine
80 g de sucre
40 g de poudre d'amandes
1 petit œuf
130 g de beurre mou

Crème aux amandes à la pistache :
60 g de beurre mou
60 g de sucre
60 g de poudre d'amandes
1 œuf
10 g de pâte de pistache (ou 2 ou 3 gouttes d'essence de pistache)

1. Préchauffer le four à 180 °C. Dans une terrine, mélanger la farine, le sucre et la poudre d'amandes. Creuser un puits, y verser l'œuf et le beurre coupé en parcelles, puis les incorporer du bout des doigts jusqu'à homogénéité. Laisser reposer 2 h.
2. Préparer la crème aux amandes à la pistache : mélanger le beurre avec le sucre et la poudre d'amandes. Incorporer l'œuf et la pâte ou l'essence de pistache. Mélanger pour obtenir une crème lisse.
3. Sur le plan de travail fariné, étaler la pâte sur 5 mm d'épaisseur. Foncer un moule antiadhésif de 20 cm de diamètre. Verser la crème sur 1 cm d'épaisseur. Réserver au frais.
4. Évider les pommes, les couper en deux, les peler et les détailler en 12 quartiers chacune. Disposer ceux-ci en rosace sur le pourtour de la tarte. Placer les oreillons d'abricot égouttés au centre. Enfourner et cuire 30 mn environ. Sortir le moule du four, démouler la tarte et laisser refroidir.
5. Napper la tarte de gelée d'abricot au pinceau. Au moment de servir, parsemer de pistaches.

Tartelettes aux poires à la badiane,
crème frangipane à la crème pâtissière

Préparation : 45 mn
Repos : 2 h
Cuisson : 23 mn

recette languedocienne

Ingrédients pour 4 personnes :

3 poires
50 g de sucre en morceaux
2 étoiles de badiane
1 c. à s. d'eau-de-vie de poire
270 g de crème frangipane à la crème pâtissière (voir recette p. 435)
1 blanc d'œuf
30 g de cassonade

Pâte sucrée :
200 g de farine
2 c. à s. de sucre
100 g de beurre mou
1 œuf
1 pincée de sel

1. Préparer la pâte : verser la farine dans une terrine. Faire un puits au milieu. Ajouter le sucre, le beurre coupé en lamelles, l'œuf et le sel. Mélanger jusqu'à obtention d'une pâte lisse. La rouler en boule. Laisser reposer 2 h.
2. Couper les poires en deux, les peler et ôter le cœur. Dans une sauteuse, disposer les morceaux de sucre avec 1 cuillerée à soupe d'eau. Laisser fondre sans remuer. À légère coloration blonde, ajouter les demi-poires, la badiane et l'eau-de-vie. Couvrir et laisser cuire 10 mn.
3. Préchauffer le four à 180 °C.
4. Égoutter les poires. Les laisser refroidir. Faire réduire le jus à consistance sirupeuse.
5. Abaisser la pâte. Foncer 4 moules à tartelette. Enfourner et cuire à blanc 8 mn.
6. Répartir la crème frangipane sur les fonds de tarte, après les avoir badigeonnés de blanc d'œuf battu en neige. Disposer les poires, émincées en lamelles, dessus. Saupoudrer de cassonade. Enfourner et cuire 15 mn.
7. Servir avec un cordon de jus de cuisson des poires.

pâte Sablée

Réalisation

Ingrédients : 125 g de beurre, 250 g de farine, 125 g de sucre, 1 œuf et 1/4 de c. à c. de sel.

1. Couper le beurre en dés. Les mélanger rapidement à la farine, en les écrasant et en les roulant, doigts écartés, pour bien les enrober et obtenir une pâte friable : le sablage.
2. Creuser une fontaine. Ajouter le sel, le sucre et l'œuf en veillant à éviter au maximum le contact du sel et du sucre avec le jaune d'œuf.
3. Incorporer rapidement ces ingrédients, du bout des doigts, au sablage.
4. Écraser la pâte sans la pétrir, à pleine main. Si elle est trop sèche, ajouter 1 à 2 cuillerées à soupe d'eau froide. Si elle colle, la fariner légèrement. Fraiser la pâte, en l'écrasant et en la poussant sur le plan de travail avec la paume de la main. La rouler en boule et la laisser reposer 4 h au réfrigérateur.

•——conseil——•

La pâte sablée est, comme son nom l'indique, très friable. N'appuyez pas trop fort sur le rouleau à pâtisserie.

COMMENT RÉUSSIR UNE PÂTE SABLÉE

Parfaite pour les tartes dont la garniture ne doit pas aller au four (fruits rouges, ganache, etc.) et pour les tourtes, la pâte sablée est de consistance friable et fond délicieusement dans la bouche.

Les ingrédients

Ils doivent tous être à température ambiante. Choisir de la farine type 45 plus blanche et plus fine que les autres, dite aussi farine pâtissière. Selon le goût, on peut ajouter 1 cuillerée à café de vanille, en poudre ou en extrait liquide.

Foncer le moule

Le plus simple consiste à étaler la pâte sur du papier sulfurisé saupoudré de farine et à la transporter ainsi que son support jusqu'au moule à foncer.

L'épaisseur de la pâte

Elle ne doit pas être abaissée trop finement, car elle risquerait de s'effriter lors de la cuisson.

Cuire à blanc

La cuisson à blanc est indispensable pour durcir la pâte et l'empêcher de se gorger de la garniture humide dont on va la recouvrir. Pour faire tenir les bords droits, faire un cercle de papier d'aluminium en double épaisseur qui servira de support ; pour éviter que le fond de pâte ne gonfle, le garnir de haricots secs, de cailloux propres ou de riz. Pour durcir encore la pâte, on peut, quand elle est précuite et refroidie, la badigeonner de blanc d'œuf légèrement émulsionné.

Les garnitures juteuses

Pour absorber le jus qui détremperait le fond de tarte, le saupoudrer, précuit, de 50 g de fécule de pomme de terre, 50 g de Maïzena et de 50 g de sucre glace, ou de 100 g de poudre d'amandes, ou encore de crème d'amandes.

Beurrer le moule / Piquer la pâte / Les bords / La dorure / La conservation des pâtes / Le repos / L'origine du mot tarte : voir les pages 90, 104, 114, 132.

Tarte à la confiture d'abricots,
aux amandes et aux citrons confits

Préparation : 1 h
Repos : 3 h
Cuisson : 30 mn

recette toulousaine

Ingrédients pour 6 personnes :

Pâte sablée :
250 g de farine
100 g de sucre
175 g de beurre
2 petits œufs
1 pincée de sel

15 g de beurre
1 c. à s. de farine

Garniture :
150 g de confiture d'abricots
100 g de citrons confits
4 blancs d'œufs
150 g d'amandes mondées
175 g de sucre
50 g de farine
15 fines rondelles de citron

1. Préparer la pâte : travailler du bout des doigts la farine, le sucre et le beurre. Ajouter les œufs. Rouler la pâte en boule. Laisser reposer 3 h.
2. Préchauffer le four à 150 °C.
3. Abaisser la pâte sur le plan de travail fariné. Foncer un moule à tarte beurré.
4. Napper le fond de tarte de confiture d'abricots et de dés de citron confit.
5. Mélanger les blancs d'œufs et les amandes avec 150 g de sucre. Ajouter la farine. Bien mélanger. Verser cet appareil sur les dés de citron confit. Saupoudrer du reste de sucre. Décorer avec les rondelles de citron. Enfourner et cuire 30 mn.

à savoir

Jadis, les hommes confectionnaient ce dessert pour l'offrir aux dames, le lundi de Pâques. Ils le présentaient sur une planche, décorée de rubans et posée sur leur tête.

Tarte à la rhubarbe
et aux noisettes

Préparation : 10 mn
Cuisson : 30 mn

recette raffinée

Ingrédients pour 4 personnes :

200 g de pâte sablée (voir recette p. 114)
1 c. à s. de farine
15 g de beurre

1 kg de rhubarbe
30 g de poudre d'amandes
100 g de sucre
300 g de noisettes

1. Préchauffer le four à 210 °C.
2. Abaisser la pâte sur le plan de travail fariné. Foncer un moule à tarte beurré.
3. Éplucher la rhubarbe et la détailler en tronçons.
4. Parsemer le fond de tarte avec la poudre d'amandes. Répartir les tronçons de rhubarbe dessus. Ajouter le sucre, puis les noisettes concassées.
5. Enfourner et cuire 30 mn.

conseil

Servez avec 1 boule de glace pralinée.

notre avis

La rhubarbe rend beaucoup d'eau : vous pouvez mélanger les tronçons de rhubarbe et le sucre la veille pour faire dégorger la rhubarbe. Vous pouvez aussi lier la rhubarbe avec 1 œuf et très peu de crème. Vous pouvez enfin pocher les tronçons de rhubarbe dans du sirop fait de 50 cl d'eau, 1/2 jus de citron et 150 g de sucre, et les égoutter ensuite. Pour gagner du temps, vous pouvez utiliser une pâte toute faite.

Tarte au chocolat
et aux bananes flambées

Préparation : 20 mn
Cuisson : 15 mn

recette de fête

Ingrédients pour 6 personnes :

150 g de pâte sablée
(voir recette p. 114)
1 c. à s. de farine
30 g de beurre
3 bananes
2 c. à s. de rhum ambré
30 cl de crème liquide
300 g de chocolat noir à 70 %
50 g de chocolat blanc
50 g de chocolat de couverture
2 c. à s. de sucre glace

1. Préchauffer le four à 190 °C.
2. Étaler la pâte sur un plan de travail fariné. Foncer un cercle ou un moule beurré. Enfourner et cuire à blanc 15 mn.
3. Éplucher les bananes et les détailler en rondelles. Les faire dorer dans le reste de beurre, puis les flamber avec le rhum. Éponger sur du papier absorbant.
4. Dans une casserole, porter la crème à ébullition. Ajouter le chocolat noir cassé en morceaux. Mélanger jusqu'à obtention d'une ganache homogène.
5. Disposer les rondelles de banane sur le fond de tarte. Recouvrir de ganache tiède. Placer au réfrigérateur.
6. Faire fondre le chocolat blanc au bain-marie (40 à 45 °C). Le laisser refroidir (24 à 25 °C), puis le verser dans un cornet. Dessiner des motifs sur un morceau de plastique, le rouler aussitôt et mettre au réfrigérateur. Faire fondre le chocolat de couverture. Avec une spatule, l'étaler sur la plaque du four encore tiède. Entreposer au réfrigérateur.
7. Sortir la plaque du réfrigérateur. Laisser revenir le chocolat à température ambiante. Prélever des éventails avec un couteau et composer une fleur. La disposer, ainsi que le rouleau de chocolat blanc, sur la tarte. Saupoudrer de sucre glace.

à savoir

Pour conserver l'onctuosité et le brillant du chocolat, l'eau du bain-marie ne doit pas bouillir.

Tarte au citron

Préparation : 30 mn
Cuisson : 20 mn

recette traditionnelle

Ingrédients pour 8 personnes :

550 g de pâte sablée
(voir recette p. 114)
1 c. à s. de sucre glace
15 g de beurre

Crème au citron :
8 citrons
260 g de sucre
3 petits œufs
250 g de crème fraîche
80 g de beurre

1. Abaisser la pâte. Foncer un moule à tarte beurré de 26 cm de diamètre.
2. Laver soigneusement les citrons et les brosser. Presser les fruits. Réserver le jus. Râper le zeste de deux d'entre eux.
3. Mélanger le zeste de citron avec le sucre, les œufs et la crème. Dans une casserole, faire chauffer le mélange sur feu doux jusqu'à épaississement. Ajouter le beurre et le jus de citron. Mélanger. Laisser tiédir.
4. Préchauffer le four à 190 °C.
5. Garnir le fond de tarte de crème au citron. Enfourner et cuire 20 mn.
6. Sortir la tarte du four et laisser refroidir. Saupoudrer de sucre glace et servir.

conseil

Garnissez le fond de tarte de crème au citron jusqu'aux 3/4, pour éviter qu'elle ne déborde.

notre avis

Vous pouvez utiliser 3 citrons et 5 citrons verts : ceux-ci sont plus parfumés.

Tarte au citron meringuée

Préparation : 1 h 20
Cuisson : 30 mn

recette traditionnelle

Ingrédients pour 8 personnes :

450 g de pâte sablée (voir recette p. 114)
15 g de beurre

Crème au citron :
3 petits œufs
260 g de sucre
250 g de crème fraîche
Le zeste de 2 citrons
Le jus de 8 citrons
80 g de beurre

Meringue italienne :
250 g de sucre
4 blancs d'œufs

1. Préparer la crème au citron : mélanger les œufs, le sucre et la crème. Ajouter le zeste râpé et le jus des citrons, puis le beurre fondu. Réserver.
2. Préchauffer le four à 190 °C.
3. Abaisser la pâte. Foncer un moule beurré. Couvrir de papier sulfurisé et de haricots secs. Enfourner et cuire à blanc 10 mn. Ôter papier et haricots. Verser la crème au citron sur le fond de tarte. Augmenter la température à 220 °C. Poursuivre la cuisson 20 mn.
4. Préparer la meringue italienne : cuire le sucre avec 3 cuillerées à soupe d'eau sur feu vif jusqu'à ce qu'une goutte du mélange versée dans de l'eau froide forme une boule qui se modèle entre les doigts. Dans un saladier, monter les blancs d'œufs en neige. Verser lentement le sirop le long du bord du récipient, sans cesser de fouetter jusqu'à complet refroidissement. Étaler la meringue sur la tarte. Laisser dessécher dans le four éteint 30 mn.

conseil

Préparez la pâte avec 1 jaune d'œuf et 50 g de sucre semoule et réfrigérez-la 30 mn avant la cuisson à blanc.

Tarte aux dattes et aux noisettes

Préparation : 45 mn
Cuisson : 18 mn

recette raffinée

Ingrédients pour 6 personnes :

350 g de pâte sablée (voir recette p. 114)
15 g de beurre
1 blanc d'œuf
1 pincée de sel
80 g de beurre mou
80 g de cassonade
150 g de farine

Caramel :
120 g de sucre
75 g de dattes
125 g de noisettes
100 g de chocolat noir
10 cl de crème liquide
50 g de beurre

1. Préchauffer le four à 180 °C.
2. Abaisser la pâte. Foncer un moule à tarte beurré. Enfourner et cuire à blanc 15 mn. Laisser refroidir. Badigeonner le fond de tarte de blanc d'œuf salé pour qu'il soit bien dur.
3. Préparer le caramel : dans une casserole à fond épais, verser le sucre. Faire cuire jusqu'à obtention d'un caramel blond. Ajouter les dattes hachées, les noisettes concassées, le chocolat préalablement fondu au bain-marie, la crème et le beurre. Bien mélanger. Enlever le caramel du feu. Le laisser un peu refroidir, puis le verser sur le fond de pâte.
4. Dans une terrine, mélanger au fouet le beurre et la cassonade. Incorporer la farine en sablant la préparation entre les mains. Parsemer le caramel de ce mélange et faire colorer sous le gril.

conseil

Si le caramel est un peu trop liquide, faites-le réduire sur le feu 1 mn.

notre avis

Pour gagner du temps, vous pouvez utiliser une pâte toute faite.

Tarte aux deux mousses au chocolat

Préparation : 45 mn
Cuisson : 17 mn
Réfrigération : 2 h

recette raffinée

Ingrédients pour 6 personnes :

350 g de pâte sablée (voir recette p. 114)
15 g de beurre
1 blanc d'œuf battu
1 pincée de sel
20 cl de crème fraîche
150 g de chocolat au lait
60 cl de crème fouettée
150 g de chocolat noir

1. Préchauffer le four à 210 °C.
2. Abaisser la pâte sur 3 mm d'épaisseur. La piquer avec une fourchette, la retourner et foncer un moule beurré. Couvrir le fond de papier sulfurisé et de haricots secs. Enfourner et cuire à blanc 15 mn.
3. Ôter papier et haricots. Badigeonner le fond de tarte de blanc d'œuf battu salé pour qu'il reste ferme. Remettre au four 2 mn.
4. Sortir le moule du four. Laisser reposer 10 mn et démouler.
5. Préparer la mousse au chocolat au lait : porter 10 cl de crème fraîche à ébullition et la verser sur le chocolat au lait cassé en morceaux. Fouetter. Laisser refroidir. Incorporer 30 cl de crème fouettée. Réfrigérer 30 mn.
6. Pendant ce temps, préparer la mousse au chocolat noir : porter le reste de crème fraîche à ébullition et la verser sur le chocolat noir cassé en morceaux. Laisser tiédir. Ajouter le reste de crème fouettée.
7. Entourer la tarte d'une cheminée de papier sulfurisé pour procéder au montage des mousses. Garnir le fond de tarte de la moitié de la mousse au chocolat noir. Verser la mousse au chocolat au lait dessus. Lisser avec le dos d'une cuiller chaude. Réfrigérer 1 h. Recouvrir du reste de mousse au chocolat noir. Réfrigérer à nouveau 1 h avant de servir.

notre avis

Pour gagner du temps, vous pouvez utiliser une pâte toute faite.

Tarte aux figues violettes, crème aux amandes

Préparation : 30 mn
Macération : 1 h
Cuisson : 30 mn

recette raffinée

Ingrédients pour 4 personnes :

10 g de beurre
1 kg de figues violettes
80 g de sucre
Le jus et le zeste de 1 citron

Pâte à la poudre d'amandes :
170 g de farine
70 g de sucre
50 g de beurre
2 c. à s. de poudre d'amandes
1 œuf

Crème aux amandes :
2 œufs
50 g de poudre d'amandes
80 g de sucre
10 cl de crème fraîche
3 c. à s. de lait

1. Préparer la pâte : travailler du bout des doigts la farine, le sucre et le beurre. Ajouter la poudre d'amandes et l'œuf. Rouler la pâte en boule. L'abaisser. Foncer un moule beurré. Réfrigérer 30 mn.
2. Couper les figues verticalement. Les disposer dans une terrine avec la moitié du sucre, le jus et le zeste râpé du citron. Laisser macérer 1 h.
3. Préchauffer le four à 180 °C.
4. Préparer la crème aux amandes : dans une terrine, battre les œufs. Ajouter la poudre d'amandes, le sucre, la crème et le lait. Verser la préparation sur le fond de tarte. Enfourner et cuire 10 mn.
5. Sortir le moule du four. Égoutter soigneusement les figues, puis les disposer harmonieusement sur le fond de tarte. Remettre au four, baisser la température à 160 °C et poursuivre la cuisson 20 mn.

conseil

Dès la sortie du four, nappez les figues d'un peu de miel liquide pour faire briller la tarte.

Tarte aux fraises, crème aux amandes

Préparation : 15 mn
Cuisson : 30 mn

recette de fête

Ingrédients pour 6 personnes :

300 g de pâte sablée
(voir recette p. 114)
15 g de beurre
750 g de fraises

Crème aux amandes :
100 g de poudre d'amandes
100 g de sucre
100 g de beurre mou
2 œufs

1. Préchauffer le four à 180 °C.
2. Abaisser la pâte. Foncer un moule à tarte beurré. Enfourner et cuire à blanc 15 mn environ.
3. Pendant ce temps, préparer la crème aux amandes : dans une terrine, mélanger la poudre d'amandes, le sucre, le beurre et les œufs.
4. Sortir le moule du four. Garnir le fond de tarte de crème aux amandes. Remettre au four 15 mn.
5. Laver les fraises et ôter le pédoncule. Les couper en deux verticalement.
6. Garnir le fond de tarte des demi-fraises, en les faisant se chevaucher.

conseil

En saison, choisissez des fraises gariguettes, qui sont très parfumées.

notre avis

Vous pouvez napper la tarte de pulpe de fraises écrasées et légèrement confites ; ou encore, ajouter un trait de vinaigre balsamique à la crème aux amandes, et napper la tarte de gelée de fraise aromatisée avec le même vinaigre…

variantes de la recette

Tarte aux fraises, crème à l'orange

Procéder comme pour la Tarte aux fraises, crème aux amandes jusqu'à l'étape **2.**

Préparer la crème à l'orange : fouetter 3 œufs avec 220 g de sucre et 1 c. à s. de Maïzena. Gratter la peau d'une orange avec une grille fine (une râpe à muscade, par exemple) sur le mélange précédent. Mélanger avec 4 cuillerées à soupe de jus d'orange chaud, puis porter à ébullition. Tourner pendant quelques secondes, jusqu'à épaississement, puis, hors du feu, incorporer 50 g de beurre coupé en parcelles, en fouettant pour bien lisser. Laisser refroidir. Étaler la crème sur le fond de tarte, puis disposer les demi-fraises dessus. Servir.

Tarte aux fraises, crème pâtissière

Préparer la crème pâtissière : dans une casserole, porter 25 cl de lait avec 2 cuillerées à soupe de sucre à ébullition. Dans un saladier, mélanger 2 œufs, 2 cuillerées à soupe de sucre et 2 cuillerées à soupe de farine. Verser la moitié du lait sur ce mélange. Bien mélanger. Transvaser la préparation dans la casserole contenant le reste de lait. Fouetter jusqu'à ébullition. Ôter du feu et réserver à température ambiante jusqu'à complet refroidissement. Placer au réfrigérateur. Abaisser la pâte. Foncer un moule à tarte beurré. Cuire à blanc au four préchauffé à 200 °C 15 mn. Garnir le fond de tarte de crème pâtissière. Disposer les demi-fraises dessus. Servir.

Tarte aux fruits frais et au fromage blanc

Préparation : 45 mn
Cuisson : 10 mn

recette raffinée

Ingrédients pour 6 personnes :

- 500 g de pâte sablée (voir recette p. 114)
- 1 c. à s. de farine
- 20 g de beurre
- 2 oranges
- 3 c. à s. de sucre
- 500 g de fruits mélangés (kiwi, mangue, carambole, pomme, banane…)
- 200 g de fromage blanc
- 2 brins de menthe

1. Sur un plan de travail fariné, abaisser la pâte sur 3 à 4 mm d'épaisseur. Foncer un moule à tarte beurré. Piquer le fond de la pâte avec une fourchette. Réfrigérer 30 mn.
2. Pendant ce temps, détailler le zeste de 1/2 orange en julienne. Le blanchir quelques minutes. Dans une casserole, verser 10 cl d'eau et 1 cuillerée à soupe de sucre. Porter à ébullition. Plonger la julienne de zeste d'orange dans ce sirop et laisser confire 20 mn.
3. Préchauffer le four à 240 °C.
4. Couvrir le fond de tarte de papier sulfurisé et de haricots secs. Enfourner et cuire 10 mn. Démouler sur une grille et laisser refroidir.
5. Éplucher tous les fruits. Les émincer en tranches fines. Presser les oranges. Dans une jatte, mélanger le jus d'orange, le fromage blanc, le reste de sucre et le zeste confit. Répartir et égaliser la préparation sur le fond de tarte. Disposer les tranches de fruits harmonieusement à la surface. Décorer avec des feuilles de menthe.

conseil

Ne garnissez pas la tarte trop longtemps à l'avance, pour que la pâte reste croustillante.

notre avis

Servez avec de la crème fraîche, légèrement additionnée de sucre et de vanille en poudre, préalablement portée à ébullition.

Tarte aux fruits secs

Préparation : 10 mn
Cuisson : 10 à 12 mn

recette provençale

Ingrédients pour 4 personnes :

- 1 carotte
- 250 g de sucre
- 9 abricots secs
- 9 dattes
- 9 pruneaux
- 1 c. à s. de raisins de Corinthe
- 280 g de pâte sablée (voir recette p. 114)
- 20 g de beurre
- 2 c. à s. d'amandes effilées
- 1 c. à s. de pistaches mondées
- 1 c. à s. de graines de sésame

1. Éplucher la carotte et la blanchir 30 s. La détailler en très fines rondelles. Réserver.
2. Préchauffer le four à 200 °C.
3. Dans une casserole, porter 25 cl d'eau, additionnée du sucre, à ébullition.
4. Hors du feu, ajouter les abricots, les dattes, les pruneaux, les raisins secs et les rondelles de carotte. Laisser reposer, à couvert, 10 mn environ, pour que les fruits s'imbibent du sirop.
5. Abaisser la pâte. Y découper un disque de 20 à 22 cm de diamètre. Foncer un moule à tarte de beurre. Enfourner et cuire à blanc 10 à 12 mn.
6. Pendant ce temps, faire griller légèrement les amandes à sec.
7. Bien égoutter les fruits. Les disposer sur le fond de pâte. Parsemer la surface des pistaches, des graines de sésame et des amandes.

conseil

Pour gagner du temps, vous pouvez utiliser une pâte toute faite.

notre avis

Vous pouvez servir avec 1 quenelle de glace à la vanille.

Tarte aux noix
et au caramel mou

Préparation : 10 mn
Cuisson : 50 mn

recette toscane

Ingrédients pour 6 personnes :

250 g de pâte sablée
(voir recette p. 114)
80 g de sucre
1 œuf
250 g de cerneaux de noix

Caramel :
100 g de sucre
12 cl de crème fraîche

1. Préchauffer le four à 180 °C.
2. Abaisser la pâte.
3. Foncer un moule à tarte. Couvrir le fond de papier sulfurisé et de haricots secs. Enfourner et cuire à blanc 20 mn.
4. Mixer le sucre, l'œuf battu et 50 g de cerneaux de noix. Napper le fond de tarte de la crème obtenue.
5. Abaisser la température du four à 150 °C et poursuivre la cuisson 30 mn environ.
6. Pendant ce temps, préparer un caramel mou : chauffer le sucre avec 12 cl d'eau. Quand il caramélise, ajouter la crème fraîche et fouetter très fort pendant quelques minutes.
7. Répartir le reste de noix sur la tarte, puis les napper du caramel tiède. Laisser refroidir avant de servir.

notre avis

Vous pouvez également réaliser ce dessert en tartelettes individuelles.

conseil

Servez avec un verre de vino santo bien frais.

Tarte aux pêches de vigne
et aux amandes fraîches, crème aux amandes

Préparation : 25 mn
Cuisson : 1 h 15 à 1 h 50

recette provençale

Ingrédients pour 4 personnes :

4 ou 5 pêches de vigne
150 g de pâte sablée
(voir recette p. 114)
20 g de beurre
30 g de poudre d'amandes
24 amandes fraîches

Crème aux amandes :
70 g de beurre mou
70 g de sucre glace
70 g de poudre d'amandes
2 petits œufs
10 g de farine

1. Préchauffer le four à 180 °C.
2. Peler les pêches et les couper en quartiers. Réserver les noyaux.
3. Abaisser la pâte, puis en foncer un moule à tarte beurré de 20 cm de diamètre. Recouvrir d'une feuille de papier sulfurisé, puis garnir des noyaux de pêche. Enfourner et cuire à blanc de 15 à 20 mn.
4. Préparer la crème aux amandes : mélanger le beurre avec le sucre, la poudre d'amandes, les œufs et la farine. Réserver.
5. Sortir la tarte du four, sans éteindre celui-ci, et laisser refroidir.
6. Étaler la crème aux amandes sur le fond de pâte. Parsemer de la poudre d'amandes. Disposer harmonieusement les quartiers de pêche sur la tarte. Enfourner et cuire de 1 h à 1 h 30 environ, jusqu'à ce que la crème soit figée et que les pêches aient légèrement pris couleur.
7. Pendant ce temps, monder les amandes après les avoir ébouillantées quelques secondes.
8. Parsemer la tarte d'amandes. Laisser tiédir avant de servir.

notre avis

Vous pouvez également confectionner cette tarte avec de la pâte feuilletée.

conseil

À défaut d'amandes fraîches, utilisez des amandes séchées, mais entières.

Tarte aux poires
au sirop et au chocolat

Préparation : 30 mn
Cuisson : 15 mn

recette raffinée

Ingrédients pour 6 personnes :

350 g de pâte sablée
(voir recette p. 114)
15 g de beurre
12 cl de lait
12 cl de crème fraîche
2 c. à s. de sucre
200 g de chocolat noir à 70 %
50 g de beurre mou
3 poires au sirop
50 g d'amandes effilées

Œufs à la neige :
Le zeste de 1 orange
3 blancs d'œufs
80 g de sucre

1. Préchauffer le four à 180 °C.
2. Abaisser la pâte. Foncer un moule à tarte beurré.
3. Enfourner et cuire à blanc 15 mn.
4. Pendant ce temps, préparer la garniture au chocolat : dans une casserole, porter à ébullition le lait et la crème fraîche, additionnés du sucre. Verser ce mélange sur le chocolat cassé en morceaux. Fouetter. Ajouter le beurre et mélanger jusqu'à obtention d'un appareil lisse et brillant.
5. Couper les poires en dés et les incorporer au mélange précédent. Verser la préparation sur le fond de tarte.
6. Préparer les œufs à la neige : porter 50 cl d'eau à ébullition avec le zeste de l'orange 5 mn. Pendant ce temps, monter les blancs en neige ferme, puis incorporer le sucre. Les mouler à la cuiller et les pocher dans l'eau aromatisée 1 mn de chaque côté. Les égoutter et les disposer sur la tarte.
7. Passer les amandes sous le gril pour les dorer légèrement, et les répartir sur la tarte.

Tarte aux poires
et à la crème de marron

Préparation : 35 mn
Cuisson : 30 à 35 mn

recette de fête

Ingrédients pour 4 personnes :

4 poires
1/2 gousse de vanille
80 g de sucre
250 g de pâte sablée
(voir recette p. 114)
2 c. à s. de farine
10 g de beurre
300 g de crème de marron
1 c. à s. de cacao
2 c. à s. de cognac

1. Peler les poires, les couper en deux et ôter le cœur. Réserver.
2. Préparez un sirop : verser 40 cl d'eau dans une casserole. Ajouter la demi-gousse de vanille fendue en deux dans la longueur et le sucre. Porter à ébullition.
3. Plonger les poires dans ce sirop et laisser cuire 10 mn. Éteindre le feu.
4. Préchauffer le four à 180 °C.
5. Abaisser la pâte sur le plan de travail fariné. Foncer un moule à tarte beurré et légèrement fariné.
6. Dans une terrine, mélanger la crème de marron avec le cacao et le cognac.
7. Verser la moitié du mélange précédent sur le fond de pâte.
8. Égoutter les poires. Les détailler en gros dés.
9. Disposer les dés de poire sur la tarte. Les recouvrir du reste du mélange à la crème de marron. Lisser la surface. Enfourner et cuire 30 à 35 mn.

notre avis

Dès les premières châtaignes,
vous pouvez réaliser cette tarte en confectionnant une purée
avec du lait et 1 gousse de vanille.

Tarte aux pommes,
aux amandes et au whiskey

Préparation : 15 mn
Cuisson : 30 à 35 mn

recette irlandaise

Ingrédients pour 4 personnes :

4 pommes
50 g d'amandes entières
250 g de pâte sablée
(voir recette p.114)
50 g de cassonade
25 cl de crème liquide
3 jaunes d'œufs
2 c. à s. de sucre
2 c. à s. de whiskey
2 c. à s. de sucre glace

1. Peler et couper les pommes en morceaux. Piler les amandes. Réserver.
2. Préchauffer le four à 200 °C.
3. Abaisser la pâte. Foncer un moule antiadhésif. Parsemer les amandes sur le fond de tarte, puis répartir les morceaux de pomme. Les saupoudrer de la moitié de la cassonade. Réserver.
4. Faire chauffer la crème sur feu doux.
5. Dans un saladier, mélanger les jaunes d'œufs avec le reste de cassonade et le sucre, jusqu'à blanchiment. Incorporer la crème, puis ajouter le whiskey. Bien mélanger.
6. Napper les pommes du mélange précédent. Enfourner et cuire 30 à 35 mn.
7. Saupoudrer la tarte de sucre glace.

conseil

Pour gagner du temps, vous pouvez utiliser une pâte toute faite.

notre avis

Vous pouvez accompagner cette tarte de crème anglaise (voir recette p. 431), ou encore de 1 boule de glace à la vanille et de framboises.

Tarte aux pommes
et à la noix de coco

Préparation : 30 mn
Cuisson : 35 mn

recette martiniquaise

Ingrédients pour 6 personnes :

110 g de beurre
450 g de pâte sablée
(voir recette p. 114)
6 pommes belles de Boskoop
1 œuf
100 g de sucre
100 g de noix de coco râpée

1. Préchauffer le four à 210 °C.
2. Beurrer un moule à tarte. Abaisser la pâte. Foncer le moule.
3. Évider les pommes, les peler et les détailler en quartiers. Les faire cuire, en réservant un quartier pour le décor, avec très peu d'eau jusqu'à obtention d'une compote.
4. Étaler la compote sur le fond de tarte. Enfourner et cuire 20 mn.
5. Pendant ce temps, faire fondre le reste de beurre sur feu doux. Battre l'œuf en omelette. Ajouter le beurre fondu, le sucre et la noix de coco. Bien mélanger.
6. Verser la préparation sur le fond de tarte. Baisser la température à 180 °C et poursuivre la cuisson 15 mn pour obtenir un bel aspect doré.
7. Couper le quartier de pomme réservé en très fines lamelles et les disposer en éventail sur le dessus de la tarte. Laisser refroidir avant de démouler.

conseil

Servez avec 1 boule de glace à la vanille ou du fromage blanc battu légèrement sucré.

Tartelettes au chocolat
et à la marmelade d'oranges

Préparation : 10 mn
Cuisson : 10 mn

recette andalouse

Ingrédients pour 4 personnes :

250 g de pâte sablée (voir recette p. 114)
30 g de beurre
250 g de chocolat noir
25 cl de crème liquide
100 g de marmelade d'oranges

1. Préchauffer le four à 180 °C.
2. Abaisser la pâte. Foncer 4 moules à tartelette beurrés. Piquer le fond de la pâte avec une fourchette. Couvrir de papier sulfurisé et de haricots secs. Enfourner et cuire à blanc 10 mn.
3. Pendant ce temps, casser le chocolat en morceaux. Réserver.
4. Porter la crème et 20 g de beurre à ébullition.
5. Verser le mélange crème-beurre sur le chocolat. Laisser tiédir 5 mn. Mélanger doucement à la spatule.
6. Sortir les moules du four.
7. Étaler la marmelade d'oranges sur les fonds de pâte, puis verser délicatement le chocolat.
8. Laisser refroidir avant de servir.

•——conseil——•

Vous pouvez ajouter des noix, des noisettes ou remplacer la marmelade d'oranges par de la confiture de framboises.

•——notre avis——•

Vous pouvez servir ces tartelettes avec de la crème fouettée ou de la crème fraîche très froide.

Tartelettes au chocolat
et aux pralines roses

Préparation : 30 mn
Cuisson : 20 mn

recette savoyarde

Ingrédients pour 4 personnes :

200 g de pâte sablée (voir recette p. 114)
20 g de beurre
130 g de chocolat noir
5 œufs
25 cl de crème liquide
100 g de sucre
250 g de pralines roses

1. Préchauffer le four à 200 °C.
2. Étaler la pâte sur 3 mm d'épaisseur. Foncer des moules à tartelette beurrés. Enfourner et cuire à blanc 10 mn.
3. Faire fondre le chocolat cassé en morceaux dans une terrine placée sur un bain-marie.
4. Dans une autre terrine, mélanger les œufs, la crème, le sucre et les pralines concassées.
5. Incorporer le mélange précédent au chocolat fondu.
6. Baisser la température du four à 150 °C.
7. Garnir les fonds de tartelette du mélange au chocolat et aux pralines. Enfourner et cuire 10 mn.
8. Servir les tartelettes chaudes ou tièdes.

•——conseil——•

Pour gagner du temps, vous pouvez utiliser une pâte toute faite.

•——notre avis——•

Servez avec 1 boule de glace à la vanille ou un coulis de fruits exotiques.

Tartelettes aux abricots
et aux fruits rouges, crème vanillée

Préparation : 30 mn
Cuisson : 10 à 12 mn

recette raffinée

Ingrédients pour 6 personnes :

1 c. à s. de farine
20 g de beurre
200 g de fruits rouges
200 g d'abricots
1 c. à s. de sucre glace

Crème vanillée :
75 g de sucre
1 c. à s. de farine
1 jaune d'œuf
12 cl de lait
1 pincée de graines de vanille
3 c. à s. de crème liquide

Pâte sablée :
250 g de farine
125 g de beurre mou
125 g de sucre
1 petit œuf
1 pincée de sel

1. Préparer la crème vanillée : mélanger le sucre et la farine. Ajouter le tout au jaune d'œuf en mélangeant bien. Porter le lait, additionné des graines de vanille, à ébullition. Le verser sur le mélange précédent, tout en remuant. Transvaser le mélange dans une casserole. Porter de nouveau à ébullition. Laisser refroidir, en remuant de temps en temps. Incorporer la crème montée en chantilly. Réserver au froid.
2. Préparer la pâte : mélanger la farine, le beurre, le sucre, l'œuf et le sel dans un robot de façon à obtenir une pâte qui ne colle pas aux doigts.
3. Préchauffer le four à 200 °C.
4. Abaisser la pâte au rouleau à pâtisserie fariné. Foncer 6 moules à tartelette beurrés. Piquer le fond de la pâte avec une fourchette. Enfourner et cuire à blanc 10 à 12 mn.
5. Pendant ce temps, nettoyer les fruits et les détailler en morceaux.
6. Sortir les moules du four et laisser tiédir. Répartir la crème vanillée sur les fonds de tartelette. Disposer les fruits dessus. Saupoudrer de sucre glace.

Tartelettes aux pignons de pin
et au miel

Préparation : 15 mn
Cuisson : 15 mn

recette toscane

Ingrédients pour 6 personnes :

300 g de pâte sablée
(voir recette p. 114)
5 c. à s. de miel de lavande
250 g de pignons de pin
2 c. à s. de crème fraîche épaisse

1. Abaisser la pâte. Y découper 6 disques de 8 à 10 cm de diamètre.
2. Foncer des moules à tartelette beurrés.
3. Préchauffer le four à 180 °C.
4. Chauffer le miel sur feu moyen jusqu'à obtention d'un caramel blond.
5. Incorporer les pignons de pin au caramel et poursuivre la cuisson, sans cesser de remuer, jusqu'à ce qu'ils deviennent blonds.
6. Ajouter la crème fraîche au mélange précédent.
7. Verser la garniture aux pignons sur les fonds de tarte. Enfourner et cuire 15 mn.

à savoir

Les pignons de pin, très appréciés sur le pourtour méditerranéen, sont riches en protéines, en graisses et en sels minéraux (zinc, potassium, magnésium et fer).

conseil

Servez avec un verre de muscat de Beaumes-de-Venise.

notre avis

Vous pouvez également confectionner une tarte dans un moule de 20 à 24 cm de diamètre.

Crumbles et Streusels

COMMENT RÉUSSIR LES CRUMBLES

L'apple crumble est une spécialité d'origine britannique. Autrefois réalisé à base de mie de pain, il est aujourd'hui confectionné avec une sorte de pâte sablée grossière. On l'accompagne traditionnellement de crème fraîche très froide.

Le travail de la pâte

Le secret du crumble réside dans l'émiettage de la pâte du bout des doigts : *to crumble* signifie « effriter, émietter » (jadis la mie de pain).

Comment étaler la pâte

La pâte se saupoudre sur la garniture de fruits et se retrouve donc bien croustillante après cuisson.

COMMENT RÉUSSIR LES STREUSELS

Le streusel est une spécialité germanique. On l'utilise parfois par-dessus une tarte : on éparpille les petits grumeaux de streusel sur la garniture en fin de cuisson et on fait dorer 10 mn. Le résultat, croquant à souhait, est un délice. On remplace parfois la poudre d'amandes par de la poudre de noisettes, et on arômatise le streusel avec des zestes d'agrumes ou de la cardamome.

1

2

Réalisation de la pâte à crumble

Ingrédients : 150 g de farine, 180 g de beurre mou, 130 g de sucre et 1/2 c. à c. de cannelle en poudre.

1. Dans une terrine, verser la farine. Y incorporer le beurre coupé en morceaux et travailler du bout des doigts.
2. Dans un autre récipient, mélanger le sucre et la cannelle en poudre. Ajouter ce mélange au mélange précédent. Pétrir jusqu'à ce que la pâte ait une consistance sableuse. Parsemer de pâte la garniture de fruits.

conseil

Pour gagner du temps, préparez le crumble à l'avance et entreposez-le cru au réfrigérateur. Il n'y aura qu'à le passer au four à la moitié du repas pour le déguster encore tiède au moment du dessert.

notre avis

Vous pouvez, pour parfumer la pâte, y ajouter de la cannelle, de la poudre d'amandes ou de l'alcool.

Réalisation de la pâte à streusel

Le principe de réalisation est le même que pour la pâte à crumble.

Ingrédients : 100 g de farine, 100 g de beurre, 100 g de sucre, 100 g de poudre d'amandes.

1. Dans une terrine, verser la farine. Y incorporer le beurre coupé en morceaux et travailler du bout des doigts.
2. Dans un autre récipient, mélanger le sucre et la poudre d'amandes. Ajouter ce mélange au mélange précédent. Pétrir jusqu'à obtention d'une consistance granuleuse. Parsemer de pâte la garniture de fruits.

Abricots rôtis en papillote
au streusel

Préparation : 20 mn
Réfrigération : 2 h
Cuisson : 30 mn

recette roussillonnaise

Ingrédients pour 4 personnes :

16 abricots assez mûrs
2 gousses de vanille
100 g de beurre
50 g de sucre

Pâte à streusel :
200 g de beurre
200 g de sucre
200 g de poudre d'amandes
1 pincée de fleur de sel
200 g de farine

1. Préparer la pâte à streusel : mixer, au robot, le beurre avec le sucre, la poudre d'amandes, le sel et la farine, jusqu'à obtention d'un mélange homogène. Réserver au réfrigérateur 2 h au moins, pour que la pâte durcisse.
2. Préchauffer le four à 150 °C.
3. Détailler la pâte en cubes de 1 cm de côté environ. Les disposer sur la plaque du four, enfourner et cuire 20 mn.
4. Laisser refroidir les cubes de pâte. Réserver dans une boîte hermétique à l'abri de l'humidité. Augmenter la température à 210 °C.
5. Dénoyauter les abricots en les conservant entiers. Couper chaque gousse de vanille en 8 tronçons.
6. Découper 16 carrés de papier d'aluminium de 15 cm de côté. Placer 1 abricot au centre de chaque carré. À l'intérieur de chaque abricot, placer un tronçon de gousse de vanille et 1 noisette de beurre. Sucrer légèrement. Fermer chaque papillote en repliant plusieurs fois le papier sur lui-même. Enfourner et cuire 10 mn.
7. Sortir les papillotes du four et laisser tiédir. Les ouvrir délicatement. Disposer 4 abricots rôtis sur chaque assiette et les arroser de leur jus. Parsemer les cubes de streusel et servir.

•——conseil——•

Pour dénoyauter un abricot, tenez-le d'une main et, de l'autre, enfoncez-y la pointe d'un couteau par le bas, de façon à pousser le noyau et à le faire ressortir par le haut.

Crumble à la rhubarbe

Préparation : 30 mn
Réfrigération : 2 h
Cuisson : 40 mn

recette irlandaise

Ingrédients pour 4 personnes :

1 kg de rhubarbe
3 c. à s. bombées de cassonade
1/2 c. à c. de cannelle en poudre
1 pincée de girofle en poudre
1 pincée de gingembre en poudre

Pâte à crumble :
150 g de farine
130 g de cassonade
1/2 c. à c. de cannelle en poudre
1 pincée de girofle en poudre
1 pincée de gingembre en poudre
180 g de beurre mou

1. Laver la rhubarbe et la couper en fines rondelles. Disposer une couche de rhubarbe dans un petit plat à four. Saupoudrer de cassonade et des épices.
2. Préchauffer le four à 180 °C.
3. Préparer la pâte : tamiser la farine dans une jatte. Ajouter la cassonade et les épices. Incorporer le beurre et travailler du bout des doigts. La consistance doit être très sableuse. Réserver 2 h au réfrigérateur.
4. Parsemer uniformément la rhubarbe de pâte à crumble. Enfourner et cuire 40 mm, jusqu'à ce que la surface du crumble soit dorée et croustillante.

•——conseil——•

Le mélange beurre-sucre-farine doit former des granulés ayant l'aspect des grains de sable.

•——notre avis——•

Accompagnez de crème anglaise, de glace à la vanille ou de sorbet à la framboise et de coulis de framboises (voir recettes p. 432, p. 438, p. 429).

Crumble aux abricots

Préparation : 20 mn
Réfrigération : 2 h
Cuisson : 40 mn

recette roussillonnaise

Ingrédients pour 4 personnes :

1 kg d'abricots
700 g de sucre
Le jus de 1 citron
1 gousse de vanille

Pâte à crumble :
250 g de farine
150 g de sucre
180 g de beurre mou
1 c. à c. de cannelle en poudre
50 g de poudre d'amandes
1 c. à s. d'eau-de-vie de poire

1. Couper les abricots en deux et les dénoyauter. Réserver.
2. Dans une casserole, porter à ébullition 1 l d'eau, additionnée du sucre, du jus de citron et de la gousse de vanille fendue en deux dans la longueur et grattée. Y pocher les abricots, à petits frémissements, 5 mn.
3. Retirer les abricots du sirop et les égoutter soigneusement. Réserver.
4. Préchauffer le four à 140 °C.
5. Préparer la pâte à crumble : dans un saladier, mélanger soigneusement la farine, le sucre, le beurre, la cannelle et la poudre d'amandes. Parfumer avec l'eau-de-vie de poire. Travailler la pâte du bout des doigts : elle doit être sableuse. Réserver 2 h au réfrigérateur.
6. Dans un plat à gratin, disposer les abricots. Parsemer uniformément la pâte à crumble à la surface. Enfourner et cuire 40 mn, en surveillant la cuisson.

conseil

À défaut d'abricots frais, vous pouvez utiliser des abricots au sirop. Égouttez-les bien et poêlez-les 1 mn avant de les disposer dans le plat.

Crumble aux poires
et aux épices, sirop au lillet rouge

Préparation : 25 mn
Repos : 24 h
Cuisson : 15 mn

recette bordelaise

Ingrédients pour 4 personnes :

4 poires

Sirop :
10 cl de lillet rouge
200 g de sucre
5 grains de poivre
2 clous de girofle
2 bâtons de cannelle
Le zeste de 2 oranges
1 botte de menthe

Pâte à crumble :
200 g de farine
125 g de beurre mou
125 g de sucre
1 c. à c. d'épices à pain d'épice

1. Préparer le sirop : dans un saladier, verser le lillet et le sucre. Ajouter le poivre, les clous de girofle, la cannelle, les zestes d'orange et la menthe. Laisser reposer 24 h.
2. Préparer la pâte : dans une terrine, mélanger la farine avec le beurre, le sucre et les épices. La pâte doit être granuleuse. Réserver.
3. Peler les poires, les couper en deux et ôter le cœur. Les détailler en gros morceaux.
4. Préchauffer le four à 210 °C.
5. Disposer les morceaux de poire dans des plats individuels à gratin. Parsemer la pâte à crumble uniformément à la surface. Enfourner et cuire 15 mn, jusqu'à ce que le crumble soit doré.
6. Filtrer le sirop. Le faire chauffer, sur feu moyen, et laisser réduire jusqu'à ce qu'il nappe le dos d'une cuiller. Servir en saucière, de façon que chacun puisse doser la quantité souhaitée.

conseil

Réalisez la pâte à crumble soit à la main, soit au robot doté d'un crochet, pour obtenir des grumeaux.

Crumble aux pommes

Préparation : 20 mn
Cuisson : 20 mn

recette anglaise

Ingrédients pour 4 personnes :

2 pommes reinettes grises du Canada
2 pommes granny smith
20 g de beurre

Pâte à crumble :
4 c. à s. bombées de farine
40 g de beurre
6 c. à s. de sucre
1 pincée de sel
1/2 c. à c. de cannelle en poudre

1. Peler les pommes, les couper en deux, ôter le cœur et les détailler en dés. Les disposer dans un plat beurré.
2. Préparer la pâte : dans une terrine, verser la farine et le beurre coupé en dés. Mélanger en frottant les ingrédients entre les paumes des mains.
3. Dans un autre récipient, mélanger le sucre, le sel et la cannelle. Ajouter ce mélange au mélange beurre-farine. Pétrir jusqu'à obtention d'une poudre proche du sable.
4. Préchauffer le four à 210 °C.
5. Verser la pâte à crumble sur les pommes. Enfourner et cuire 20 mn.
6. Laisser tiédir le crumble dans le four éteint 5 à 10 mn. Servir.

variante de la recette

Crumble aux pommes et aux myrtilles

Ingrédients pour 4 personnes : 160 g de sucre, 270 g de beurre,100 g de farine, 4 belles pommes reinettes et 400 g de myrtilles.

Mélanger 100 g de sucre avec 100 g de beurre, puis la farine; réserver. Peler les pommes, les couper en dés et les faire dorer dans 150 g de beurre; ajouter le reste de sucre et laisser caraméliser légèrement; répartir la préparation dans 4 plats à gratin beurrés; couvrir avec les myrtilles, émietter la pâte à crumble et cuire au four préchauffé à 210 °C 10 à 12 mn.

variantes de la recette

Crumble aux pommes, aux amandes et aux fruits rouges

Ingrédients pour 6 personnes : 3 c. à s. de farine, 2. c. à s. d'amandes, 1 pincée de sel, 3 c. à s. de cassonade, 30 g de beurre, 1 kg de pommes reinettes, 3 c. à s. de sucre semoule, le jus de 2 citrons, 1/2 c. à s. de cannelle en poudre, 100 g de fruits rouges au choix et 1 c. à s. de sucre glace.

Mélanger la farine avec les amandes hachées, le sel et la cassonade; faire fondre le beurre, puis l'incorporer au mélange précédent; malaxer du bout des doigts pour obtenir une consistance sableuse; réserver au froid. Peler les pommes et les détailler en dés; les faire compoter sur feu moyen, avec le sucre semoule, le jus de citron et la cannelle, 10 mn; verser la compote dans un plat à four; parsemer des fruits rouges; répartir la pâte à crumble et cuire au four préchauffé à 180 °C 15 mn. Saupoudrer de sucre glace. Servir tiède.

Crumble aux pommes, aux poires et aux raisins

Ingrédients pour 5 personnes : 80 g de cassonade, 120 g de farine, 140 g de beurre mou, 400 g de pommes, 400 g de poires, 120 g de sucre et 40 g de raisins secs.

Mélanger la cassonade et la farine avec 120 g de beurre; émietter le mélange du bout des doigts sur une plaque à pâtisserie et cuire au four préchauffé à 210 °C 15 mn; laisser tiédir. Peler les pommes et les poires, les épépiner et les détailler en tranches fines; les poêler dans le reste de beurre 3 mn, puis les saupoudrer de sucre; les disposer dans une cassolette, ajouter les raisins secs préalablement mis à gonfler dans de l'eau tiède et laisser refroidir. Parsemer la pâte à crumble et servir.

Crumble aux pommes
et aux poires

Préparation : 1 h 15
Réfrigération : 1 h
Cuisson : 10 mn

recette anglaise

Ingrédients pour 6 personnes :

180 g de sucre	Pâte à crumble :
250 g de beurre	150 g de beurre
2 œufs	250 g de farine
450 g de farine	100 g de flocons d'avoine
2 pommes	170 g de cassonade
2 poires	

1. Mélanger 120 g de sucre avec 230 g de beurre dans un mixeur, jusqu'à obtention d'une préparation lisse. Ajouter les œufs, un par un, puis la farine. Mélanger jusqu'à homogénéité. Réfrigérer 1 h.
2. Préchauffer le four à 80 °C.
3. Évider les pommes, les peler et les détailler en petits dés. Les disposer sur une plaque de cuisson et les saupoudrer de 2 cuillerées à soupe de sucre. Les couvrir avec une feuille de papier d'aluminium. Enfourner et cuire 15 mn. Préparer les poires de la même façon. Mélanger les pommes et les poires. Réserver.
4. Abaisser la pâte. Foncer 6 moules à tartelette beurrés de 10 cm de diamètre. Enfourner, augmenter la température à 180 °C et cuire à blanc 15 mn. Garnir les fonds de tartelette du mélange pommes-poires. Réserver.
5. Préparer la pâte à crumble : couper le beurre en dés. Les mélanger avec la farine, les flocons d'avoine et la cassonade, jusqu'à obtention d'une préparation qui s'émiette. Répartir le mélange sur les tartelettes. Enfourner et cuire 10 mn, jusqu'à ce que la surface soit dorée.
6. Servir avec de la crème anglaise (voir recette p. 431).

à savoir

Cette recette est originale car, traditionnellement, les crumbles ne comportent pas de fond de tarte. Les fruits sont simplement recouverts d'un mélange de farine, sucre et beurre.

Streusel à la rhubarbe,
coulis de fraises

Préparation : 50 mn
Cuisson : 15 à 20 mn

recette alsacienne

Ingrédients pour 6 personnes :

80 g de beurre	100 g de sucre
2 kg de rhubarbe	100 g de beurre
200 g de sucre	
1/2 bouquet de menthe	Coulis de fraises :
	250 g de fraises
Pâte à streusel :	2 c. à s. de sucre
100 g de poudre d'amandes	

1. Préchauffer le four à 200 °C.
2. Préparer la pâte à streusel : mélanger la poudre d'amandes, le sucre et le beurre coupé en dés. Émietter la pâte sur une plaque beurrée. Enfourner et cuire 15 à 20 mn.
3. Laver et éplucher la rhubarbe. La couper en petits tronçons. La faire cuire avec le reste de beurre et le sucre dans une casserole à fond épais, à couvert, 20 à 25 mn. Égoutter dans une passoire.
4. Préparer le coulis de fraises : réserver les plus belles fraises et les couper en quartiers. Mixer le reste avec le sucre et 3 ou 4 cuillerées à soupe d'eau.
5. Mouler la compote de rhubarbe bien égouttée dans 6 cercles individuels (ils peuvent être confectionnés avec une bande de papier sulfurisé pliée sur plusieurs épaisseurs et scotchée). Recouvrir de pâte à streusel tiède. Entourer de coulis de fraises, disposer les quartiers de fraise et décorer avec des feuilles de menthe.

notre avis

Pour une présentation plus simple, disposez la compote de rhubarbe dans un plat rond, recouvrez-la de la pâte à streusel et accompagnez du coulis en saucière (vous pouvez également parsemer la compote de pâte à streusel avant de cuire celle-ci, et faire dorer le tout au four).

Streusel aux abricots
et à la crème aux amandes

Préparation : 25 mn
Réfrigération : 2 h
Cuisson : 30 mn

recette anglaise

Ingrédients pour 4 à 6 personnes :

200 g de pâte feuilletée toute faite
250 g d'oreillons d'abricot au sirop
50 g d'amandes effilées
1 c. à s. de sucre glace

Crème aux amandes :
50 g de beurre mou
50 g de sucre
60 g de poudre d'amandes
1 œuf
2 c. à s. de crème fraîche

Pâte à streusel :
110 g de farine tamisée
90 g de beurre
60 g de sucre
30 g d'amandes concassées

1. Préparer la crème aux amandes : mélanger le beurre, le sucre et la poudre d'amandes. Ajouter l'œuf et la crème fraîche. Mélanger jusqu'à homogénéité. Réserver.
2. Préparer la pâte à streusel : verser la farine dans un saladier. Ajouter le beurre coupé en dés, le sucre et les amandes. Mélanger en frottant les ingrédients entre les mains. La pâte doit être granuleuse. Réserver 2 h au réfrigérateur
3. Préchauffer le four à 180 °C.
4. Abaisser la pâte sur 2 mm d'épaisseur. Replier les bords sur 2 cm tout autour. Garnir le centre de crème aux amandes, puis disposer les oreillons d'abricots, soigneusement égouttés, en couronnes successives, côté bombé vers le fond, en les faisant se chevaucher.
5. Parsemer uniformément la pâte à streusel sur les fruits, puis répartir les amandes. Enfourner et cuire 30 mn.
6. Laisser tiédir sur une grille. Saupoudrer de sucre glace et servir.

notre avis

Les abricots au sirop conviennent mieux pour cette recette, car ils rendent moins de jus à la cuisson. Si vous utilisez des fruits frais, saupoudrez le fond de pâte de sucre ou de poudre d'amandes pour absorber l'excédent de jus.

Streusels aux poires,
sabayon à la fleur d'oranger

Préparation : 25 mn
Cuisson : 15 mn

recette alsacienne

Ingrédients pour 5 personnes :

500 g de poires comices
15 g de sucre
50 g de beurre
2 pincées de cannelle en poudre
300 g de pâte feuilletée toute faite
1 jaune d'œuf

Pâte à streusel :
50 g de sucre
50 g de farine
50 g de poudre d'amandes
2 pincées de cannelle en poudre
50 g de beurre
1 pincée de sel

150 g de sabayon à la fleur d'oranger (voir recette p. 443)

1. Équeuter les poires, les couper en deux, les peler et ôter le cœur. Réserver.
2. Faire un sirop avec le sucre et 15 cl d'eau. Y pocher les poires à petits frémissements, jusqu'à ce qu'elles soient tendres. Les égoutter et les détailler en morceaux. Dans une poêle, faire fondre le beurre, ajouter la cannelle et laisser caraméliser. Y poêler les morceaux de poire 3 mn environ : les fruits ne doivent pas s'écraser. Réserver.
3. Préparer la pâte à streusel : dans un saladier, mélanger le sucre, la farine, la poudre d'amandes, la cannelle, le beurre coupé en parcelles et le sel du bout des doigts, jusqu'à obtention d'une texture granuleuse. Diviser la pâte en 5 portions égales, en ajoutant un peu d'eau si besoin.
4. Préchauffer le four à 200 °C.
5. Abaisser la pâte et y découper 5 disques. Déposer la pâte à streusel au centre. Dorer au jaune d'œuf. Enfourner et cuire 15 mn.
6. Couper les streusels en deux horizontalement. Disposer les poires sur le fond de feuilletage. Servir le sabayon à part, en saucière.

Pâtes Spéciales ou Aromatisées

Il s'agit ici de pâtes particulières, de pâtes parfumées et de tourtes. Tous les renseignements nécessaires à la réalisation de ces pâtes sont livrés au fil des recettes. Voici cependant quelques conseils susceptibles de faciliter la réussite des tourtes.

COMMENT RÉUSSIR LES TOURTES

La cheminée

Il est indispensable de placer une cheminée au centre du chapeau pour faire évacuer la vapeur d'eau. Il existe un petit ustensile professionnel en Inox, dans lequel on peut investir si l'on fait souvent des tourtes. On peut aussi fabriquer la cheminée avec un petit morceau de carton roulé que l'on plante au centre de la tourte avant de l'enfourner.

Les bords

Il suffit de les humidifier puis de les pincer fortement.

Le chapeau

Il faut compter 30 % de pâte en plus pour sa confection.

Le repos

C'est le maître mot et le secret d'une pâte réussie. Celle-ci gagne en élasticité et se développe mieux à la cuisson. N'hésitez donc jamais à la laisser reposer.

L'origine du mot tarte

Dans le Ménasgier de Paris, *ouvrage culinaire fondateur écrit aux alentours de 1393, la tarte désigne non la pâte, mais la garniture, et notamment les fruits.*

La dorure

Elle s'effectue au pinceau, au jaune d'œuf pour une dorure intense, à l'œuf battu pour une dorure moyenne, toujours avec un peu de sel. Il faut faire très attention que la dorure ne coule pas le long du bord de la pâte, car cela souderait les feuilletés à cet endroit et la tarte serait déformée.

La conservation des pâtes

Les pâtes à tarte, quel que soit leur type, se conservent sans problème 3 à 4 jours au réfrigérateur enveloppées dans du film alimentaire ou du papier sulfurisé. Elles se congèlent tout aussi facilement, de la même façon. Dans ce dernier cas, il convient de laisser décongeler la pâte 3 h avant de l'utiliser.

Beurrer le moule / Piquer la pâte / Cuire à blanc / Les bords : rabattus, festonnés, crantés / La dorure / Les garnitures juteuses / La conservation des pâtes / Le repos / L'origine du mot tarte : voir les têtes de chapitre des différentes tartes p 90, 104, 114, 132.

Linzertorte à la confiture de framboises

Préparation : 30 mn
Réfrigération : 5 h
Cuisson : 30 à 35 mn

recette autrichienne

Ingrédients pour 6 personnes :

20 g de beurre
750 g de confiture de framboises

Pâte à la poudre d'amandes et à la cannelle :
250 g de farine
125 g de poudre d'amandes
1 c. à c. de sel
1/2 c. à c. de cannelle en poudre
4 œufs durs
170 g de beurre mou
120 g de sucre
2 c. à s. de rhum

1. Préparer la pâte : dans une terrine, mélanger la farine, la poudre d'amandes, le sel et la cannelle. Faire une fontaine. Disposer au centre les jaunes d'œufs émiettés, le beurre, le sucre et le rhum. Travailler le mélange à la main, en incorporant la farine peu à peu, jusqu'à ce que la pâte soit homogène. La façonner en boule et l'envelopper dans du film alimentaire. Réfrigérer 5 h.
2. Préchauffer le four à 210 °C.
3. Abaisser la pâte sur 4 mm d'épaisseur. Foncer un moule à tarte beurré, en laissant dépasser la pâte sur les bords. Couper l'excédent de pâte, rouler les chutes en boule, abaisser la pâte et y découper des bandes du diamètre du moule et une bande de la circonférence du moule.
4. Étaler la confiture de framboises sur le fond de tarte. Poser dessus les bandes de pâte, en formant des croisillons. Rabattre la pâte qui dépasse sur le pourtour et la recouvrir de la grande bande de pâte. Enfourner et cuire 30 à 35 mn.
5. Sortir la tarte du four et laisser tiédir.

conseil

Servez cette tarte avec de la crème fouettée.

Tarte à la confiture de fruits rouges

Préparation : 20 mn
Repos : 1 h
Cuisson : 20 mn

délice des enfants

Ingrédients pour 6 personnes :

1 jaune d'œuf
200 g de confiture de fruits rouges

Pâte sablée à la crème :
250 g de farine
125 g de beurre
100 g de sucre
1 œuf
2 c. à s. de crème liquide
1 pincée de sel

1. Préparer la pâte : dans une terrine, mélanger la farine, le beurre, le sucre, l'œuf, la crème et le sel, en malaxant bien du bout des doigts, ou au mixeur. Bien travailler la pâte. Laisser reposer 1 h.
2. Préchauffer le four à 190 °C.
3. Abaisser la pâte au rouleau. Foncer un moule à tarte garni de papier sulfurisé. Réserver les chutes de pâte. Piquer le fond avec une fourchette.
4. Rassembler les chutes de pâte et les rouler en boule. L'abaisser en formant un rectangle. Badigeonner de jaune d'œuf, puis découper des bandelettes dans l'abaisse.
5. Avec le dos d'une cuiller, badigeonner le fond de tarte de confiture. Disposer dessus les bandelettes de pâte en formant des croisillons. Enfourner et cuire 20 mn environ.
6. Laisser refroidir avant de servir.

conseil

Pour renouveler chaque fois ce délicieux dessert, variez les confitures : framboises, fraises, myrtilles, fruits rouges mélangés…

Tarte à la crème aux noix,
glaçage au chocolat

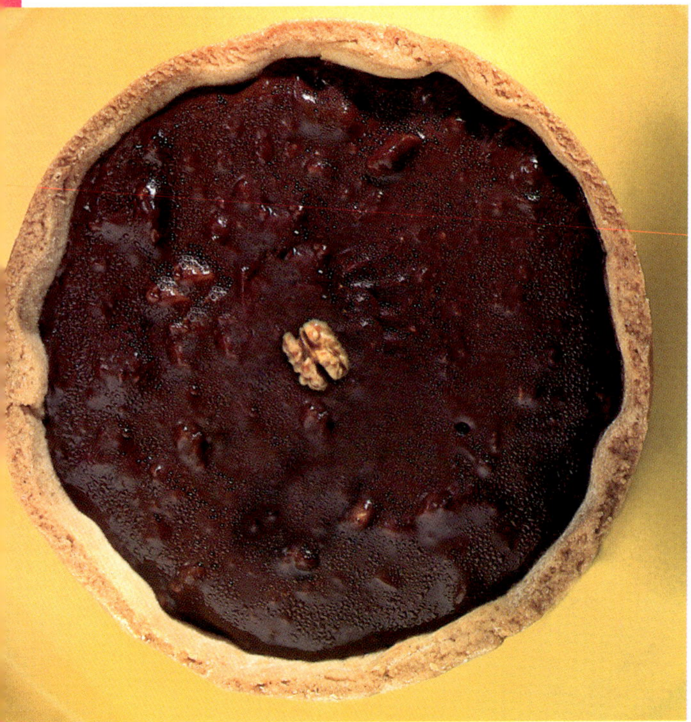

Préparation : 20 mn
Réfrigération : 2 h
Cuisson : 30 mn

recette limousine

Ingrédients pour 6 personnes :

Quelques cerneaux de noix
20 g de beurre

Pâte sablée au cacao :
1 œuf
120 g de sucre
1 pincée de sel
250 g de farine
1 c. à soupe de cacao
120 g de beurre

Crème aux noix :
80 g de beurre
80 g de noix hachées
1 blanc d'œuf
80 g de sucre

Glaçage :
12 cl de crème fraîche
120 g de chocolat noir

1. Préparer la pâte : mélanger l'œuf, le sucre et le sel. Lorsque le mélange est mousseux, ajouter en une seule fois la farine tamisée avec le cacao. Émietter ce mélange avec les doigts de façon à obtenir une consistance sableuse. Disposer la pâte sur une planche à pâtisserie. Incorporer le beurre, coupé en parcelles, sans trop pétrir. Rouler la pâte en boule. Réfrigérer 2 h. Préchauffer le four à 200 °C.
2. Abaisser la pâte sur 2 mm d'épaisseur. Foncer un moule à tarte beurré de 24 à 26 cm de diamètre. Piquer le fond avec une fourchette. Enfourner et cuire à blanc 30 mn.
3. Sortir le moule du four et laisser refroidir. Démouler le fond de tarte.
4. Préparer la crème aux noix : faire ramollir le beurre. Réduire les noix en poudre. Battre le blanc d'œuf en neige ferme. Incorporer progressivement le sucre tout en battant, puis, délicatement, le beurre et les noix. Verser cette mousse sur le fond de pâte et bien égaliser.
5. Préparer la glaçage : porter la crème à ébullition. Ajouter le chocolat cassé en morceaux. Laisser reposer, à couvert, 10 mn, puis mélanger : la crème doit être lisse et brillante. Laisser refroidir. Napper la crème aux noix de glaçage. Décorer avec des cerneaux de noix.

Tarte au chèvre frais,
aux épices et à la menthe

Préparation : 20 mn
Cuisson : 20 mn

recette espagnole

Ingrédients pour 4 à 6 personnes :

500 g de fromage de chèvre frais
20g de beurre
150 g de sucre
2 œufs
15 feuilles de menthe fraîche

Pâte aromatisée :
300 g de farine
1 c. à s. d'anisette ou de pastis
3 c. à s. de vin doux (muscat, porto...)
15 cl d'huile d'olive
1 pincée de cannelle en poudre
Le zeste de 1/2 citron râpé
1 œuf

1. Préparer la pâte : disposer la farine sur le plan de travail. Faire un puits au centre. Mélanger l'alcool, le vin doux et l'huile d'olive et verser ce mélange dans la farine. Amalgamer les ingrédients, puis incorporer la cannelle, le zeste de citron et l'œuf.
2. Préchauffer le four à 220 °C.
3. Abaisser finement la pâte. Foncer un moule à tarte beurré. Couvrir le fond de pâte de haricots secs. Enfourner et cuire à blanc 10 mn, jusqu'à brunissement.
4. Pendant ce temps, préparer la garniture : mélanger le chèvre frais avec le sucre, les œufs et les feuilles de menthe hachées finement.
5. Verser la garniture sur le fond de pâte.
6. Enfourner et cuire 10 mn.

notre avis

Vous pouvez également confectionner des tartelettes individuelles.

Tarte au citron
et aux amandes

Préparation : 30 mn
Réfrigération : 12 h
Cuisson : 10 mn

recette raffinée

Ingrédients pour 6 à 8 personnes :

20 g de beurre

Crème au citron :
4 œufs
200 g de sucre
30 cl de jus de citron
310 g de beurre mou

Pâte à la poudre d'amandes :
300 g de beurre
60 g de poudre d'amandes
190 g de sucre glace
2 pincées de fleur de sel
2 gros œufs
500 g de farine

1. Préparer la crème au citron : disposer les œufs dans une terrine. Ajouter le sucre, en mélangeant, puis le jus de citron. Faire chauffer au bain-marie, en remuant constamment, jusqu'à ce que le mélange épaississe. Filtrer. Laisser tiédir, puis incorporer le beurre. Mixer 5 à 8 mn. Réserver au réfrigérateur 12 h.
2. Préchauffer le four à 180 °C.
3. Préparer la pâte : mélanger le beurre avec la poudre d'amandes, puis le sucre glace, le sel, les œufs et la farine, sans trop travailler la pâte.
4. Foncer un moule beurré de 25 cm de diamètre. Couvrir le fond de papier sulfurisé et de haricots secs pour empêcher la pâte de gonfler. Enfourner et cuire 10 mn.
5. Sortir le moule du four. Retirer papier et haricots. Garnir le fond de tarte de crème au citron. Lisser. Servir à température ambiante.

conseil

Décorez la tarte de fines rondelles de citron et nappez d'un coulis d'abricots pour faire briller le dessus et donner une touche acidulée.

Tarte aux amandes
et à la cannelle

Préparation : 20 mn
Repos : 2 h
Cuisson : 30 mn

recette réunionnaise

Ingrédients pour 6 personnes :

20 g de beurre
3 œufs
150 g d'amandes mondées
20 cl de crème fraîche épaisse
300 g de cassonade
1/2 c. à c. de cannelle en poudre

Pâte à la cannelle :
250 g de farine
125 g de beurre fondu
1 pincée de sel
1/2 c. à c. de cannelle en poudre

1. Préparer la pâte : sur le plan de travail, verser la farine en tas. Faire un puits au centre. Y verser le beurre et travailler en incorporant le sel, la cannelle et 4 cuillerées à soupe d'eau jusqu'à obtention d'une pâte souple. Rouler la pâte en boule. Laisser reposer à température ambiante 2 h.
2. Préchauffer le four à 200 °C.
3. Abaisser la pâte. Foncer une tourtière beurrée. Enfourner et cuire à blanc 10 mn.
4. Séparer les blancs d'œufs des jaunes.
5. Mixer les amandes. Les transvaser dans une terrine.
6. Mélanger les amandes avec la crème fraîche, la cassonade, les jaunes d'œufs et la cannelle. Réserver.
7. Fouetter les blancs d'œufs en neige, puis les incorporer au mélange précédent.
8. Verser la préparation sur le fond de la tarte. Enfourner et cuire encore 20 mn.

notre avis

Décorez la tarte avec des bâtons de cannelle et du sucre glace.

Tarte aux figues blanches
et au caramel

Préparation : 45 mn
Repos : 2 h
Cuisson : 50 mn

recette provençale

Ingrédients pour 6 personnes :

200 g de sucre
1 gousse de vanille
10 figues blanches
1 c. à s. de farine
15 g de beurre

Pâte aux zestes d'agrumes :
390 g de farine
1 pincée de sel
60 g de sucre glace
200 g de beurre
1 petit œuf
Le zeste de 1/2 orange
Le zeste de 1/2 citron

Caramel :
1 c. à s. de sucre
15 g de beurre
12 cl de lait
1 œuf
1 c. à c. rase de sucre
3 c. à c. rases de farine

1. Dans une casserole, verser 50 cl d'eau et le sucre. Ajouter la gousse de vanille fendue en deux. Porter à ébullition. Plonger les figues épluchées dans ce sirop. Éteindre le feu et laisser tiédir.
2. Préparer la pâte : dans une terrine, disposer la farine en fontaine. Ajouter le sel et le sucre glace. Incorporer le beurre coupé en dés. Effriter le mélange du bout des doigts. Ajouter l'œuf, puis les zestes d'agrumes râpés. Ne pas trop pétrir la pâte. Former une boule et laisser reposer 2 h.
3. Préchauffer le four à 180 °C .
4. Poser la pâte sur le plan de travail fariné. L'écraser de la paume de la main avant de l'étaler au rouleau à pâtisserie. Foncer un moule à tarte beurré. Couvrir le fond de pâte de papier sulfurisé et de haricots secs. Enfourner et cuire à blanc 20 mn.
5. Préparer le caramel : faire cuire le sucre jusqu'à coloration acajou. Ajouter le beurre et le lait. Mélanger, puis incorporer l'œuf, le sucre et la farine. Fouetter et verser le caramel sur le fond de tarte. Enfourner et cuire 30 mn. Égoutter les figues, les éponger et les disposer sur la tarte.

Tarte aux fraises au basilic,
crème aux amandes

Préparation : 30 mn
Repos : 2 h
Cuisson : 20 à 30 mn

recette raffinée

Ingrédients pour 6 personnes :

2 ou 3 brins de basilic
150 g de sucre
250 g de fraises
15 g de beurre

Pâte à la poudre d'amandes :
150 g de beurre
250 g de farine
40 g de poudre d'amandes
80 g de sucre
1 petit œuf

Crème aux amandes :
60 g de beurre mou
60 g de sucre
1 petit œuf
60 g de poudre d'amandes
Quelques gouttes d'extrait liquide de vanille

1. Préparer la pâte : dans une terrine, mélanger le beurre et la farine jusqu'à consistance sableuse. Faire un puits au centre. Y verser la poudre d'amandes et le sucre. Ajouter l'œuf. Mélanger jusqu'à obtention d'une pâte lisse. Laisser reposer 2 h.
2. Réserver quelques feuilles de basilic pour le décor. Ciseler le reste dans une grande jatte. Porter 15 cl d'eau, additionnée du sucre, à ébullition. Verser ce sirop sur le basilic ciselé. Laisser tiédir.
3. Équeuter les fraises, les couper en dés et les plonger dans le sirop au basilic. Couvrir et laisser macérer jusqu'à refroidissement complet.
4. Préparer la crème aux amandes : disposer le beurre dans une terrine. Ajouter le sucre, puis l'œuf, la poudre d'amandes et la vanille. Travailler à la spatule jusqu'à ce que le mélange soit bien homogène.
5. Préchauffer le four à 190 °C.
6. Abaisser la pâte. Foncer un moule à tarte beurré. Étaler la crème aux amandes sur le fond de tarte, enfourner et cuire 20 à 30 mn.
7. Laisser tiédir la tarte. Bien égoutter les fraises, en réservant le jus de macération. Imbiber le dessus de la tarte d'un peu de jus. Garnir avec les fraises. Décorer avec les feuilles de basilic.

Tarte aux fraises
et à la gelée de groseille

Préparation : 50 mn
Réfrigération : 2 h
Cuisson : 12 mn

recette raffinée

Ingrédients pour 6 personnes :

15 g de beurre
60 g de gelée de groseille
125 g de fraises
2 c. à s. de pistaches mondées

Pâte sablée à la cannelle :
120 g de farine
80 g de beurre mou
4 c. à s. de sucre glace
1 petit œuf
1 pincée de levure chimique
2 c. à c. de cannelle

1. Préparer la pâte : dans une terrine, mélanger la farine avec le beurre, le sucre glace, la moitié de l'œuf et la levure. Rassembler la pâte en boule, et diviser celle-ci en 2 pâtons de façon que l'un soit deux fois plus gros que l'autre. Incorporer la cannelle dans le plus gros pâton. Réfrigérer la pâte 2 h.
2. Abaisser la pâte à la cannelle sur 3 mm d'épaisseur. Foncer un moule à tarte ou un cercle à pâtisserie beurré. Piquer le fond avec une fourchette. Rassembler les chutes de pâte et former un pâton. Abaisser la pâte à la cannelle et la pâte nature de façon que les abaisses aient la même épaisseur et une forme ovale. Détailler celles-ci en bâtonnets dans la longueur, puis en rectangles, en réservant un peu de pâte à la cannelle.
3. Préchauffer le four à 200 °C.
4. Badigeonner le fond de pâte du reste d'œuf. Disposer les rectangles de pâte sur le bord, en les alternant. Dorer à l'œuf. Enfourner et cuire à blanc 12 mn. Laisser refroidir. Étaler finement le reste de pâte à la cannelle sur 2 mm d'épaisseur et la détailler en filaments. Les enfourner et cuire 4 à 5 mn.
5. Équeuter les fraises, les émincer et les disposer sur le fond de tarte.
6. Faire tiédir la gelée de groseille et en napper les morceaux de fraise. Parsemer les filaments de pâte à la cannelle et les pistaches à la surface.

Tarte aux fruits rouges,
crème pâtissière

Préparation : 50 mn
Réfrigération : 2 h
Cuisson : 40 mn

recette raffinée

Ingrédients pour 4 personnes :

15 g de beurre
260 g de crème pâtissière à la crème fouettée (voir recette p. 435)
400 g de framboises
1 barquette de cassis
100 g de gelée de groseille

Pâte sablée aux zestes d'agrumes :
150 g de beurre mou
70 g de sucre glace
70 g de poudre d'amandes
1 pincée de sel
1/2 œuf fouetté
Le zeste de 1/2 citron râpé
Le zeste de 1/2 orange râpé
100 g de farine tamisée

1. Préparer la pâte : dans une terrine, disposer le beurre. Ajouter le sucre glace, la poudre d'amandes, le sel, l'œuf, les zestes d'agrumes et la farine. Mélanger. Disposer la pâte sur une feuille de papier sulfurisé. Couvrir d'une seconde feuille de papier sulfurisé. Abaisser la pâte sur 6 mm d'épaisseur. Réfrigérer 2 h.
2. Préchauffer le four à 150 °C.
3. Découper un disque de pâte de 18 cm de diamètre. Le disposer sur une plaque beurrée. Enfourner et cuire environ 25 mn à 190 °C, jusqu'à belle coloration.
4. Sortir la plaque du four et laisser refroidir.
5. Napper le fond de tarte de crème pâtissière à la crème fouettée jusqu'à 5 mm du bord. Disposer des framboises coupées en deux sur le pourtour, et déposer un grain de cassis sur chaque demi-framboise. Répartir le reste des framboises sur 3 rangées concentriques. Déposer le reste de cassis au sommet. Faire tiédir la gelée de groseille et en napper les fruits, pour les coller.

Tarte aux graines de pavot

Préparation : 50 mn
Cuisson : 20 mn

recette polonaise

Ingrédients pour 6 personnes :

3 œufs
200 g de graines de pavot
1 sachet de sucre vanillé
50 g de raisins secs
Le zeste de 1 citron râpé
15 g de beurre
1 c. à s. de sucre glace

Pâte à la levure et à la vanille :
150 g de beurre
100 g de sucre semoule
1/2 sachet de levure chimique
1 petit œuf
1 sachet de sucre vanillé
200 g de farine tamisée

1. Préparer la pâte : faire fondre le beurre. Le verser dans une terrine avec le sucre semoule, la levure, l'œuf et le sucre vanillé. Mélanger en incorporant progressivement la farine, sans trop travailler la pâte. Laisser reposer 30 mn.
2. Séparer les blancs d'œufs des jaunes.
3. Faire cuire les graines de pavot dans de l'eau bouillante 15 mn environ, jusqu'à évaporation complète du liquide. Les passer au presse-légumes dans une terrine. Ajouter les jaunes d'œufs, le sucre vanillé, les raisins secs et le zeste de citron. Mélanger.
4. Préchauffer le four à 170 °C.
5. Monter les blancs d'œufs en neige. Les incorporer délicatement au mélange précédent.
6. Abaisser la pâte. Foncer un moule beurré. Verser la préparation au pavot. Enfourner et cuire 20 mn, en surveillant la cuisson.
7. Sortir la tarte du four. Laisser refroidir. Saupoudrer de sucre glace au moment de servir.

à savoir

En Pologne, le pavot entre dans la composition de nombreuses pâtisseries. Les graines sont récoltées l'été, sous contrôle de l'État et des forces de police, le reste des plantes étant brûlé, pour éviter tout trafic.

Tarte aux groseilles

Préparation : 45 mn
Réfrigération : 2 h
Cuisson : 35 mn

recette traditionnelle

Ingrédients pour 6 à 8 personnes :

1 c. à s. de farine
20 g de beurre
2 c. à s. de chapelure
500 g de groseilles rouges
10 cl de crème fraîche
100 g de sucre
2 œufs

Pâte à la cannelle :
200 g de farine
100 g de beurre mou
25 g de sucre
1 jaune d'œuf
1/2 c. à c. de cannelle
1 pincée de sel

1. Préparer la pâte : verser la farine dans une terrine. Incorporer le beurre par petits morceaux. Malaxer du bout des doigts. Faire une fontaine. Y déposer le sucre, le jaune d'œuf, la cannelle et le sel. Ajouter 2 cuillerées à soupe d'eau. Mélanger et pétrir 2 à 3 mn. Rouler la pâte en boule. Réfrigérer 2 h.
2. Préchauffer le four à 190 °C.
3. Abaisser la pâte sur le plan de travail fariné. Foncer une tourtière beurrée. Piquer le fond avec une fourchette. Poudrer de chapelure.
4. Égrapper et nettoyer les groseilles sans les laver. Les disposer sur le fond de tarte. Enfourner et cuire 15 mn.
5. Pendant ce temps, mélanger la crème fraîche, le sucre et les œufs. Recouvrir délicatement les groseilles de cette préparation. Baisser la température à 180 °C et poursuivre la cuisson 20 mn.
6. Sortir la tarte du four. Laisser reposer 15 mn avant de démouler.

notre avis

Vous pouvez également confectionner cette tarte avec des groseilles blanches, ou un mélange à parts égales de groseilles rouges et de groseilles blanches.

Tarte aux noix,
au rhum et à la fleur d'oranger

Préparation : 1 h
Cuisson : 30 mn

recette raffinée

Ingrédients pour 6 personnes :

1 c. à s. de farine
150 g de cerneaux de noix
150 g de sucre
2 blancs d'œufs
20 g de beurre

Pâte au rhum et à la fleur d'oranger :
200 g de farine tamisée
1 c. à s. de rhum
1 c. à s. d'eau de fleur d'oranger
1 pincée de sel
2 jaunes d'œufs
150 g de beurre

1. Préparer la pâte : disposer la farine en fontaine. Ajouter 10 cl d'eau, le rhum, l'eau de fleur d'oranger, le sel et les jaunes d'œufs. Mélanger à la spatule, puis à la main. Fariner le plan de travail. Abaisser la pâte. Travailler le beurre de façon qu'il ait la même consistance que la pâte. Le couper en petits morceaux et les répartir sur la pâte. Rabattre les 4 coins de celle-ci, de manière à enfermer le beurre. Laisser reposer au frais 10 mn. Abaisser la pâte en un rectangle. La plier en trois. L'étendre dans le sens opposé. La plier à nouveau en trois et laisser reposer 10 mn. Répéter l'opération de pliage deux fois, en laissant reposer 10 mn à chaque fois.
2. Préparer la garniture : écraser les cerneaux de noix à la moulinette. Les mélanger avec 130 g de sucre. Battre les blancs d'œufs en neige ferme, puis ajouter le reste de sucre. Mélanger délicatement les blancs en neige et les noix. Réserver. Préchauffer le four à 180 °C.
3. Diviser la pâte en 2 pâtons de façon que l'un soit deux fois plus gros que l'autre. Abaisser le gros pâton sur 5 mm d'épaisseur. Foncer un moule à tarte beurré de 28 cm de diamètre. Étaler la garniture. Abaisser le reste de pâte et y découper des bandes de 1 cm de large. Les disposer sur la tarte en croisillons. Enfourner et cuire 30 mn.

Tarte aux pêches et aux framboises,
nappage à l'abricot

Préparation : 30 mn
Réfrigération : 2 h
Cuisson : 40 à 45 mn

recette raffinée

Ingrédients pour 6 personnes :

6 pêches jaunes
Le jus de 1 citron
125 g de sucre
3 jaunes d'œufs
3 c. à s. de farine
10 cl de crème liquide
20 cl de lait
40 g de beurre mou
80 g de confiture d'abricots
1 barquette de framboises

Pâte au zeste de citron :
310 g de farine
100 g de sucre
160 g de beurre mou
3 jaunes d'œufs
Le zeste de 1/2 citron
1 pincée de sel

1. Préparer la pâte : verser la farine dans une terrine. Faire un puits au milieu. Ajouter le sucre, le beurre coupé en dés, les jaunes d'œufs, le zeste de citron râpé et le sel. Mélanger jusqu'à obtention d'une pâte lisse. La rouler en boule. Réfrigérer 2 h.
2. Mixer la chair de 3 pêches avec le jus de citron et 60 g de sucre. Fouetter les jaunes d'œufs avec le reste de sucre jusqu'à blanchiment. Incorporer 2 cuillerées à soupe de farine, la crème et la moitié du lait chaud. Verser l'appareil dans une casserole contenant le reste de lait. Sans cesser de mélanger, faire épaissir sur feu doux. Ôter du feu. Ajouter 30 g de beurre et la purée de pêches. Mélanger. Réserver.
3. Préchauffer le four à 180 °C. Abaisser la pâte. Foncer un moule à tarte beurré et fariné. Piquer le fond. Couvrir de papier sulfurisé et de haricots secs. Enfourner et cuire à blanc 20 à 25 mn. Verser la garniture sur le fond de tarte et poursuivre la cuisson 20 mn.
4. Peler les pêches restantes et les détailler en lamelles régulières.
5. Sortir la tarte du four. La laisser refroidir 5 mn. Disposer les lamelles de pêche en rosace. Les badigeonner au pinceau de la confiture d'abricots tiédie. Disposer les framboises au milieu.

Tarte aux poires,
aux noix et au gingembre

Préparation : 20 mn
Repos : 2 h
Cuisson : 30 mn

recette dauphinoise

Ingrédients pour 4 personnes :

15 cl de crème liquide
2 c. à s. de sucre
1 œuf
1/2 c. à c. de gingembre en poudre
10 g de beurre
4 poires comices
4 ou 5 cerneaux de noix

Pâte sucrée aux noix :
200 g de farine
100 g de noix
1 c. à s. de sucre
1 pincée de sel
15 g de beurre

1. Préparer la pâte : dans une jatte, mélanger la farine, les noix écrasées en poudre, le sucre et le sel. Ajouter le beurre coupé en dés. Mélanger jusqu'à obtention d'un mélange sableux. Ajouter 1/2 verre d'eau. Travailler la pâte. La rouler en boule. Laisser reposer 2 h.
2. Préparer la garniture : dans une terrine, mélanger la crème, le sucre, l'œuf et le gingembre avec une fourchette.
3. Préchauffer le four à 210 °C.
4. Abaisser la pâte. Foncer un moule à tarte beurré. Piquer le fond avec une fourchette. Enfourner et cuire à blanc 15 mn.
5. Pendant ce temps, équeuter les poires, les couper en deux, les peler et ôter le cœur. Détailler chaque demi-poire en 3 lamelles.
6. Disposer les lamelles de poire sur le fond de tarte. Verser la garniture. Enfourner à nouveau 15 mn.
7. Écraser les cerneaux de noix et les parsemer à la surface de la tarte.

notre avis

Pour une recette plus raffinée, remplacez le gingembre par 2 cuillerées à soupe de cognac.

Tarte aux pralines

Préparation : 30 mn
Réfrigération : 2 h
Cuisson : 10 mn

recette savoyarde

Ingrédients pour 8 personnes :

20 g de beurre
400 g de pralines roses concassées
60 cl de crème fleurette
20 g de glucose
2 bâtons de cannelle

Pâte à la poudre d'amandes :
1 kg de farine tamisée
520 g de beurre mou
1 c. à s. de sel
100 g de sucre
80 g de poudre d'amandes
4 jaunes d'œufs

1. Préparer la pâte : mélanger la farine et le beurre jusqu'à obtention d'une semoule grossière. Former une fontaine. Y disposer le sel, le sucre, la poudre d'amandes et les jaunes d'œufs. Ajouter 25 cl d'eau. Mélanger jusqu'à obtention d'une pâte bien lisse. La placer dans un saladier, couvrir d'un linge et réfrigérer 2 h.
2. Préchauffer le four à 200 °C.
3. Abaisser la pâte sur 3 mm d'épaisseur. Foncer un moule à tarte beurré. Couvrir le fond de papier sulfurisé et de haricots secs. Enfourner et cuire 10 mn.
4. Sortir la tarte du four et laisser refroidir.
5. Pendant ce temps, préparer la garniture : dans une casserole, mélanger les pralines, la crème et le glucose. Porter à ébullition, puis cuire sur feu doux 15 mn, en remuant de temps en temps, jusqu'à atteindre 110 °C. Stopper la cuisson en plongeant la casserole jusqu'aux 2/3 dans de l'eau glacée.
6. Verser la garniture aux pralines sur le fond de tarte et laisser refroidir.
7. Décorer la tarte avec les bâtons de cannelle.

à savoir

La praline est une amande enrobée de sucre caramélisé. Elle sert aussi à confectionner la traditionnelle brioche de Saint-Genix.

Tarte aux pruneaux

Préparation : 45 mn
Repos : 2 h
Cuisson : 30 mn

recette rustique

Ingrédients pour 4 personnes :

500 g de pruneaux moyens
4 c. à s. de bordeaux rouge
100 g de cassonade
1/2 c. à c. de cannelle en poudre
2 c. à s. d'eau-de-vie de prune
20 g de beurre

Pâte à la vanille et à la cannelle :
75 g de beurre
2 c. à s. de sucre
175 g de farine
1 gousse de vanille
1 pincée de cannelle en poudre
1 petit œuf

1. Disposer les pruneaux dans une casserole avec le vin, la cassonade, la cannelle et l'eau-de-vie. Porter à ébullition. Flamber et laisser cuire sur feu doux, à couvert, 20 mn.
2. Pendant ce temps, préparer la pâte : travailler, à la fourchette, le beurre et le sucre en crème. Incorporer la farine, les graines de la gousse de vanille fendue en deux et grattée et la cannelle. Lier avec l'œuf. Pétrir légèrement. Laisser reposer au frais 2 h.
3. Abaisser la pâte sur 3 à 4 mm d'épaisseur. Foncer un moule à manqué, ou une tourtière, beurré, de 22 à 24 cm de diamètre, en pressant bien la pâte pour qu'elle adhère au moule.
4. Préchauffer le four à 210 °C.
5. Dénoyauter les pruneaux. Écraser la pulpe, la délayer avec un peu de liquide de cuisson et l'étaler sur la pâte. Enfourner et cuire 25 à 30 mn environ.

conseil

Vous pouvez dénoyauter les pruneaux avant de les cuire. Dans ce cas, faites-les gonfler dans un peu d'eau tiède 1 h.

Tartelettes au chocolat et à la banane, crème anglaise au rhum

Préparation : 1 h
Repos : 24 h
Cuisson : 15 mn

recette martiniquaise

Ingrédients pour 6 personnes :

10 bananes freysinettes
3 c. à s. de cassonade
300 g de ganache au chocolat blanc (voir recette p. 436)
300 g de ganache au chocolat noir (voir recette p. 436)
2 brins de menthe
150 g de crème anglaise au rhum (voir recette p. 432)

Pâte à la levure et à la cannelle :
3 jaunes d'œufs
90 g de beurre
90 g de sucre
1/2 c. à c. de sel
130 g de farine
3/4 de sachet de levure chimique
1 c. à s. de cannelle en poudre

1. La veille, préparer la pâte : dans une terrine, mélanger les jaunes d'œufs avec le beurre, le sucre, le sel, la farine, la levure et la cannelle. Laisser reposer 24 h au frais.
2. Préchauffer le four à 180 °C.
3. Étaler la pâte sur 3 mm d'épaisseur. Y découper 6 disques.
4. Disposer les disques de pâte sur une feuille de papier sulfurisé. Enfourner et cuire à blanc 4 mn.
5. Peler les bananes en conservant une partie de la peau. Les saupoudrer de cassonade. Les faire caraméliser au four.
6. Détailler 4 bananes en lamelles.
7. Disposer les disques de pâte dans 6 cercles de 5 cm de haut. Y verser une couche de ganache ivoire, puis une couche de ganache noire. Répartir les lamelles de banane à la surface. Ôter les cercles.
8. Disposer 1 banane caramélisée dans chaque assiette. Napper d'un peu de jus de cuisson et décorer avec la menthe.
9. Servir avec la crème anglaise.

notre avis

Vous pouvez remplacer la crème au rhum par de la crème anglaise.

Tartelettes au safran
et à la mangue

Préparation : 15 mn
Cuisson : 10 mn

recette raffinée

Ingrédients pour 4 personnes :

20 g de beurre
2 mangues
50 cl de jus d'orange
Le zeste de 1 orange
100 g de sucre
1/3 de gousse de vanille
60 g de sucre glace
1 pincée de sel
2 jaunes d'œufs
100 g de farine
30 g de poudre d'amandes
1 pincée de pistils de safran
2/3 de gousse de vanille

Pâte à la poudre d'amandes et au safran :
100 g de beurre mou

1. Préparer la pâte : mélanger intimement, avec une cuiller en bois, le beurre avec le sucre glace, le sel et les jaunes d'œufs. Ajouter la farine, la poudre d'amandes, les pistils de safran hachés et les 2/3 des graines de la gousse de vanille fendue en deux et grattée. Mélanger du bout des doigts jusqu'à obtention d'une pâte ayant la consistance du sable.
2. Préchauffer le four à 180 °C.
3. Diviser la pâte en 5 parts égales et, avec le dos d'une cuiller, les abaisser en disques de 10 cm environ de diamètre. Les disposer sur une plaque beurrée, enfourner et cuire 10 mn.
4. Pendant ce temps, peler les mangues, ôter leur noyau et les détailler en lamelles. Les pocher dans le jus d'orange, avec le zeste d'orange râpé, le sucre et le 1/3 des graines de la gousse de vanille, 10 mn.
5. Disposer 4 fonds de tartelette dans les assiettes. Les recouvrir de lamelles de mangue soigneusement égouttées.
6. Émietter le fond de tartelette restant. Répartir les fragments sur les tartelettes. Faire réduire, sur feu moyen, le sirop de pochage des mangues. Badigeonner ensuite de ce sirop les lamelles de fruit, au pinceau.

Tartelettes aux fruits exotiques,
crème au citron

Préparation : 30 mn
Repos : 30 mn
Cuisson : 7 mn

recette antillaise

Ingrédients pour 4 personnes :

20 g de beurre
1 jaune d'œuf
1 grenade
1 mangue
1 papaye
100 g de sucre
Le zeste de 1 citron
20 cl de crème liquide
1/2 bouquet de menthe

Pâte à la levure :
100 g de farine
1/2 sachet de levure chimique
100 g de beurre mou
2 c. à s. de sucre
1 pincée de sel
2 jaunes d'œufs

1. Préparer la pâte : tamiser la farine et la levure ensemble. Incorporer le beurre coupé en dés. Mélanger. Ajouter le sucre, le sel et les jaunes d'œufs. Bien mélanger, sans trop travailler : la pâte doit être friable. Laisser reposer 30 mn. Préchauffer le four à 180 °C.
2. Diviser la pâte en 4 pâtons égaux. Les abaisser. Foncer 4 disques posés sur une plaque à pâtisserie beurrée. Badigeonner la pâte au jaune d'œuf. Enfourner et cuire à blanc 7 mn.
3. Pendant ce temps, peler la grenade et extraire les graines de leur tégument. Réserver.
4. Sortir la plaque du four. Ôter les cercles.
5. Peler la mangue, en réservant les parures, et la papaye. Dénoyauter la première et évider la seconde. Détailler la chair des fruits en fines lamelles. Réserver.
6. Porter à ébullition 10 cl d'eau et le sucre. Laisser tiédir. Mixer les parures de mangue et incorporer la purée obtenue au sirop. Réserver.
7. Prélever le zeste du citron et le hacher. Le blanchir 2 mn. Fouetter la crème jusqu'à ce qu'elle soit ferme. Incorporer le zeste. Étaler 1 cuillerée à soupe de crème au citron sur chaque fond de tartelette. Couvrir de lamelles de mangue et de papaye, en les intercalant. Verser le sirop autour. Décorer de graines de grenade et de feuilles de menthe.

Tarte meringuée aux groseilles

Préparation : 40 mn
Cuisson : 40 à 50 mn

recette raffinée

Ingrédients pour 6 personnes :

6 blancs d'œufs
1 pincée de sel
400 g de sucre
600 g de groseilles
Le jus de 1 citron

Pâte à la levure :
4 jaunes d'œufs
160 g de sucre
160 g de farine tamisée
1/3 de sachet de levure chimique
160 g de beurre mou

1. Préparer la pâte : dans une terrine, verser les jaunes d'œufs et le sucre. Fouetter jusqu'à blanchiment. Incorporer la farine, la levure et le beurre. Mélanger.
2. Préchauffer le four à 210 °C.
3. Remplir une poche à douille de pâte. Sur une plaque recouverte de papier sulfurisé, placer un cercle de 25 cm de diamètre et réaliser un escargot de pâte à l'intérieur. Enfourner et cuire 10 mn.
4. Monter les blancs d'œufs, additionnés du sel, en neige ferme, en incorporant le sucre au fur et à mesure.
5. Arroser les groseilles du jus de citron. Mélanger délicatement. Avec une écumoire, incorporer le mélange groseilles-jus de citron aux blancs en neige, en les soulevant délicatement.
6. Baisser la température à 200 °C. Garnir le fond de tarte avec les blancs en neige aux groseilles. Lisser le dessus à la spatule. Enfourner et cuire 30 à 40 mn.
7. Démouler en passant la lame d'un couteau entre le bord du cercle et la tarte pour la dégager.

conseil

Utilisez des groseilles rouges plutôt que des blanches, pas trop mûres pour qu'elles résistent à la chaleur et que leur peau n'éclate pas pendant la cuisson.

Tourte aux coings

Préparation : 1 h
Réfrigération : 2 h
Cuisson : 45 mn

recette rustique

Ingrédients pour 8 à 10 personnes :

5 gros coings
230 g de sucre
60 g de beurre
2 c. à s. de semoule de blé
1 jaune d'œuf
10 cl de crème fraîche

Pâte à la poudre d'amandes :
500 g de farine
300 g de beurre
1 c. à c. de sel
150 g de sucre
125 g de poudre d'amandes

1. Préparer la pâte : dans une terrine, disposer la farine et le beurre coupé en dés. Ajouter le sel, le sucre et la poudre d'amandes. Effriter le beurre du bout des doigts. Ajouter 20 cl d'eau. Amalgamer rapidement les ingrédients sans pétrir. Rouler la pâte en boule. La couvrir de film alimentaire. Réfrigérer 2 h.
2. Laver les coings, les peler en réservant les pelures, les couper en quatre et les épépiner. Placer les pelures de coing dans une casserole et les couvrir d'eau. Faire cuire sur feu doux 30 mn.
3. Filtrer le liquide de cuisson des pelures de coing. Le remettre dans la casserole. Ajouter 170 g de sucre et les quartiers de coing. Laisser cuire 20 mn, jusqu'à ce que les fruits soient tendres. Les égoutter.
4. Préchauffer le four à 210 °C. Diviser la pâte en 2 pâtons de façon que l'un soit un peu plus gros que l'autre. Les abaisser en 2 disques de 25 et 27 cm de diamètre. Disposer le petit disque sur une plaque beurrée. Saupoudrer le fond de semoule. Poser les coings dessus. Saupoudrer de 2 cuillerées à soupe de sucre. Répartir des noisettes de beurre à la surface. Couvrir avec l'autre disque de pâte. Souder les bords avec un peu d'eau. Dorer la surface au jaune d'œuf. Dessiner des arabesques avec la pointe d'un couteau. Enfourner et cuire 45 mn environ. Démouler sur une grille.
5. Monter la crème en chantilly avec le reste de sucre et la servir à part.

Entremets

Bavarois, Blancs-mangers, Crèmes et Mousses

COMMENT RÉUSSIR LES BAVAROIS, BLANCS-MANGERS, CRÈMES, MOUSSES

Le mélange jaunes d'œufs-sucre

Battre les œufs, puis ajouter le sucre en pluie peu à peu, en continuant de battre, jusqu'à l'obtention d'un mélange crémeux, lisse et homogène, qui commence à blanchir et dans lequel on ne décèle plus aucun grain de sucre. Les professionnels emploient à ce stade l'expression « faire le ruban » car, soulevé avec une spatule, le mélange s'écoule comme un large ruban de satin qui se déroule. Si l'on ne procède pas ainsi, les grains de sucre encore présents se liquéfient et la crème n'est pas onctueuse.

Bien cuire une crème

Remuer la crème avec une spatule en bois en raclant sans cesse au fond du récipient pour éviter qu'elle n'attache. Afin d'obtenir une cuisson optimale, réaliser le test de la spatule : passer le doigt sur la crème recouvrant la spatule ; si la trace s'efface, la crème n'est pas encore cuite, au contraire, elle l'est si la trace reste marquée. Éteindre alors le feu.

Le mélange lait-jaunes d'œufs et sucre

Faire bouillir le lait au préalable, de peur qu'il ne tourne pendant la cuisson de la crème.
Attendre que le lait ait un peu refroidi avant de l'incorporer aux œufs.
En effet, pour ne pas cuire les oeufs, qui formeraient des grumeaux et ne joueraient plus leur rôle de liant, il faut les battre seuls, puis leur incorporer le lait petit à petit, sans cesser de battre. Cela est également valable pour toute autre préparation chaude.

Les blancs en neige

Il ne faut pas qu'ils contiennent de jaune du tout, et il est nécessaire de leur adjoindre une pincée de sel avant de les monter en neige : ils seront ainsi plus fermes et plus blancs. Montés en neige, les incorporer délicatement à la préparation avec une spatule pour chasser l'air.

La gélatine

Voir p. 238.

Bavarois à la crème de marron
et au rhum

Préparation : 30 mn
Cuisson : 10 mn
Réfrigération : 12 h

recette raffinée

Ingrédients pour 8 personnes :

50 cl de lait
1/2 gousse de vanille
500 g de crème de marron vanillée
4 c. à s. de rhum
6 jaunes d'œufs
3 c. à s. de sucre semoule
6 feuilles de gélatine
50 cl de crème liquide très froide
2 sachets de sucre vanillé
14 marrons glacés
2 c. à s. de sucre glace

1. Faire chauffer le lait avec la gousse de vanille fendue en deux et grattée. Ôter la casserole du feu juste avant l'ébullition. Laisser infuser, à couvert, jusqu'à l'utilisation.
2. Dans une jatte, délayer la crème de marron avec le rhum. Réserver.
3. Dans une terrine, travailler les jaunes d'œufs et le sucre semoule jusqu'à ce que le mélange blanchisse. Verser le lait, après avoir ôté la gousse de vanille. Transvaser le mélange dans la casserole et faire cuire sur feu doux, sans cesser de remuer, jusqu'à ce que la préparation nappe la cuiller. Retirer du feu.
4. Ramollir les feuilles de gélatine dans de l'eau froide, les essorer et les incorporer au mélange précédent, ainsi que la crème de marron au rhum. Laisser tiédir, en remuant de temps en temps.
5. Fouetter la crème en chantilly avec le sucre vanillé, puis l'incorporer délicatement à la préparation. Verser le mélange dans un moule rond de 26 cm de diamètre chemisé de papier sulfurisé. Réfrigérer 12 h.
6. Au moment de servir, décorer avec les marrons glacés et saupoudrer de sucre glace.

conseil

Pour chemiser le moule, découpez un disque de papier sulfurisé du même diamètre que celui-ci pour le fond, et une bande de la même hauteur pour le bord.

Bavarois à la menthe,
biscuit et fondant au chocolat

Préparation : 50 mn
Cuisson : 30 mn

recette anglaise

Ingrédients pour 8 personnes :

2 c. à s. de farine
180 g de sucre
100 g de poudre d'amandes
4 blancs d'œufs
20 g de beurre

Fondant au chocolat :
150 g de chocolat noir à 70 %
25 cl de crème liquide

Bavarois à la menthe :
25 cl de lait
4 feuilles de gélatine
3 jaunes d'œufs
3 c. à s. de sucre
3 c. à s. de peppermint
25 cl de crème liquide

1. Préchauffer le four à 180 °C. Dans une terrine, mélanger la farine, 100 g de sucre et la poudre d'amandes.
2. Monter les blancs en neige ferme, puis leur ajouter le sucre restant. Les incorporer délicatement au mélange précédent.
3. Beurrer un moule à manqué de 22 cm de diamètre et y verser la préparation. Enfourner et cuire 30 mn.
4. Démouler et entourer le biscuit d'un cercle de bristol de 6 cm de haut.
5. Fondant au chocolat : faire fondre le chocolat au bain-marie. Fouetter la crème et y incorporer le chocolat en remuant. Verser l'appareil sur le biscuit. Égaliser la surface. Réserver au frais 30 mn.
6. Bavarois à la menthe : porter le lait à ébullition. Faire tremper les feuilles de gélatine dans de l'eau tiède. Dans une terrine, mélanger les jaunes d'œufs et le sucre, puis verser le lait, peu à peu. Transvaser le mélange dans une casserole et cuire sur feu doux en remuant, sans laisser bouillir. Verser l'appareil dans une jatte, ajouter les feuilles de gélatine essorées, puis le peppermint. Laisser refroidir, en remuant souvent. Battre la crème en chantilly et l'incorporer délicatement au bavarois avant qu'il ne prenne.
7. Napper l'entremets de bavarois. Retirer le bristol et servir.

Bavarois au chocolat

Préparation : 40 mn
Cuisson : 15 mn
Réfrigération : 6 h

recette raffinée

Ingrédients pour 4 personnes :

50 cl de lait
Le zeste râpé de 1 orange
150 g de chocolat
4 jaunes d'œufs
200 g de sucre
4 feuilles de gélatine
3 c. à s. de Grand Marnier
25 cl de crème liquide bien froide

1. Porter le lait à ébullition avec le zeste d'orange. Laisser infuser 5 mn. Filtrer.
2. Faire fondre le chocolat au bain-marie sur feu doux avec la moitié du lait.
3. Dans une terrine, battre les jaunes d'œufs avec le sucre jusqu'à ce que le mélange soit clair et mousseux. Ajouter le chocolat fondu. Fouetter vigoureusement, en versant le reste de lait chaud en mince filet. Transvaser le mélange dans une casserole. Faire cuire sur feu doux, sans cesser de remuer, jusqu'à ce que l'appareil nappe la cuiller.
4. Hors du feu, incorporer les feuilles de gélatine auparavant ramollies dans de l'eau froide et essorées. Mélanger jusqu'à ce que la gélatine soit complètement dissoute. Filtrer la préparation et laisser refroidir.
5. Verser le Grand Marnier dans le moule et incliner celui-ci pour humidifier les parois.
6. Fouetter la crème jusqu'à ce qu'elle soit ferme. L'incorporer délicatement au mélange au chocolat, en soulevant la masse, jusqu'à homogénéité. Verser l'appareil dans le moule. Réfrigérer 6 h.

variante de la recette

Bavarois au chocolat, au cacao et à la cannelle

Procéder comme pour le Bavarois au chocolat.
À l'étape **3,** ajouter 2 cuillerées à soupe de cacao et 1 pincée de cannelle en poudre.

Bavarois au lait de chèvre, au thym, au miel et aux oranges

Préparation : 30 mn
Cuisson : 15 mn

recette cévenole

Ingrédients pour 8 personnes :

1 l de lait de chèvre
50 g de fleurs de thym
8 jaunes d'œufs
125 g de miel de châtaignier
8 feuilles de gélatine
4 oranges
100 g de marmelade d'oranges

1. Porter le lait à ébullition. Au premier frémissement, éteindre le feu et ajouter le thym. Laisser infuser, à couvert, 10 mn.
2. Dans une terrine, fouetter les jaunes d'œufs avec le miel jusqu'à blanchiment.
3. Filtrer le lait. Le verser sur le mélange précédent. Mélanger au fouet. Transvaser le mélange dans la casserole. Faire cuire sur feu doux, en raclant les parois de la casserole avec une spatule, jusqu'à épaississement. Retirer du feu.
4. Incorporer les feuilles de gélatine ramollies dans de l'eau froide et essorées. Fouetter jusqu'à dissolution complète. Laisser refroidir.
5. Lorsque la crème est à température ambiante, la filtrer. La répartir dans 8 ramequins. Entreposer au réfrigérateur.
6. Au moment de servir, brosser les oranges sous l'eau. Les détailler en rondelles sans les peler. Faire griller les rondelles d'orange dans une poêle antiadhésive. Servir avec le bavarois et la marmelade d'oranges.

à savoir

Le miel de châtaignier est une spécialité des Cévennes, où les châtaigniers sont omniprésents. Épais et de couleur ocre, son amertume naturelle révèle en bouche un goût puissant, apprécié des amateurs.

notre avis

Pour une saveur plus prononcée, ne filtrez pas le lait avant de l'ajouter au mélange jaunes d'œufs-miel.

Bavarois au melon, coulis de fraises

Préparation : 30 mn
Réfrigération : 12 h

recette raffinée

Ingrédients pour 6 personnes :

1 melon de 800 g environ
300 g de sucre
50 cl de crème liquide
3 jaunes d'œufs
10 cl de crème fleurette
6 feuilles de gélatine

Coulis de fraises :
300 g de fraises
100 g de sucre
Le jus de 1/2 citron

1. Couper le melon en deux et l'épépiner. Prélever la chair et la mixer avec 200 g de sucre. Réserver 50 cl de cette purée.
2. Fouetter la crème liquide en chantilly. Réserver.
3. Dans une jatte, travailler au fouet les jaunes d'œufs avec le sucre restant, puis ajouter la crème fleurette, peu à peu. Transvaser le mélange dans une casserole et faire chauffer sur feu doux, sans cesser de remuer, jusqu'à ce que l'appareil nappe la cuiller, sans laisser bouillir.
4. Ramollir les feuilles de gélatine dans de l'eau, les essorer et les incorporer à la préparation précédente. Bien mélanger. Incorporer la purée de melon, puis, délicatement, la chantilly. Verser l'appareil dans un moule à bavarois, ou dans 6 petits moules, et réfrigérer 12 h.
5. Préparer le coulis de fraises : laver et équeuter les fraises, puis les mixer avec le sucre et le jus de citron.
6. Démouler le bavarois et le napper de coulis de fraises.

variante de la recette

Bavarois aux fraises, coulis de cassis

Procéder comme pour le Bavarois au melon, coulis de fraises.

Remplacer le melon par 600 g de fraises, et le coulis de fraises par du coulis de cassis préparé avec 150 g de sucre et sans jus de citron, et filtré.

Bavarois aux framboises

Préparation : 40 mn
Réfrigération : 3 h 15

recette raffinée

Ingrédients pour 4 à 6 personnes :

500 g de framboises
125 g de sucre
20 cl de crème liquide
2 c. à s. de jus d'orange
7 feuilles de gélatine
10 g de beurre
20 cl de coulis de framboises

1. Verser 450 g de framboises dans le bol du mixeur. Les mixer à vitesse maximale, avec 15 cl d'eau et le sucre, 15 s. Filtrer la purée de framboises. Réserver.
2. Fouetter la crème, en veillant à ce qu'elle ne soit pas trop ferme. Réserver.
3. Verser le jus d'orange dans une petite casserole. Ajouter les feuilles de gélatine. Chauffer doucement, en remuant, jusqu'à dissolution complète de la gélatine.
4. Incorporer le mélange jus d'orange-gélatine à la purée de framboises. Mélanger. Poser le récipient sur un lit de glace. Avec une spatule, remuer jusqu'à ce que le mélange prenne. Incorporer délicatement la crème fouettée, en soulevant la masse.
5. Beurrer un moule rond, pour faciliter le démoulage. Y verser l'appareil. Recouvrir de film alimentaire. Faire prendre au réfrigérateur 3 h au moins.
6. Au moment de servir, tremper le fond du moule quelques secondes dans de l'eau chaude. Démouler sur un grand plat. Avec une spatule, napper le dessus de coulis de framboises. Placer 15 mn au réfrigérateur, ou 5 mn au congélateur.
7. Disposer le reste de framboises sur le bavarois. Servir.

notre avis

Vous pouvez remplacer le coulis de framboises par un cordon de crème fouettée.

Bavarois aux fruits, coulis de framboises

Préparation : 50 mn
Réfrigération : 6 h

recette raffinée

Ingrédients pour 6 personnes :

25 cl de crème liquide
1 gousse de vanille
4 jaunes d'œufs
2 c. à s. de sucre
5 feuilles de gélatine
200 g de fromage blanc à 20 % bien égoutté
20 cl de sirop d'abricot
10 cl de crème fouettée
1 blanc d'œuf

Coulis de framboises :
200 g de framboises
Le jus de 1/2 citron
80 g de sucre

Salade de fruits :
1 petit ananas
1 mangue
2 kiwis
200 g de fraises
1 c. à s. de sucre
1 c. à s. de kirsch

1. Faire tiédir la crème avec la gousse de vanille fendue en deux et grattée. Travailler les jaunes d'œufs au fouet avec le sucre. Verser la crème, peu à peu. Transvaser le mélange dans une casserole et faire épaissir sur feu doux, sans laisser bouillir. Laisser refroidir. Ramollir la gélatine dans de l'eau froide, l'essorer et l'incorporer à la crème anglaise. Laisser refroidir en remuant souvent. Battre le fromage blanc. Ajouter le sirop d'abricot, la crème anglaise, la crème fouettée et le blanc d'œuf battu en neige. Verser la préparation dans un moule à bavarois et placer au réfrigérateur 6 h.
2. Mixer les framboises avec le jus de citron et le sucre. Réserver au réfrigérateur.
3. Parer l'ananas, le détailler en rondelles, ôter le cœur, et recouper les rondelles en deux. Peler la mangue et les kiwis, et les détailler en rondelles. Laver et équeuter les fraises. Placer tous les fruits dans une grande assiette. Saupoudrer de sucre. Verser le kirsch. Servir frais, avec le bavarois et le coulis de framboises.

Bavarois aux fruits rouges

Préparation : 20 mn
Réfrigération : 6 h

recette exotique

Ingrédients pour 6 personnes :

5 feuilles de gélatine
300 g de fraises
200 g de framboises
Le jus de 1 citron
150 g de sucre glace
300 g de fromage blanc bien égoutté
30 cl de crème liquide
2 c. à s. de gelée de groseille
1 brin de menthe

1. Ramollir les feuilles de gélatine dans de l'eau froide.
2. Laver et équeuter les fraises. Les mixer, en en réservant la moitié, avec les framboises, le jus de citron et 50 g de sucre glace.
3. Filtrer le coulis de fruits rouges au chinois.
4. Égoutter la gélatine. Dans une petite casserole, la faire dissoudre dans 2 cuillerées à soupe d'eau sur feu doux. Retirer aussitôt du feu.
5. Incorporer le coulis de fruits rouges au fromage blanc. Ajouter la gélatine.
6. Fouetter la crème en chantilly, en incorporant le reste du sucre glace, peu à peu, lorsqu'elle commence à mousser. L'incorporer délicatement à la préparation aux fruits rouges.
7. Mouiller un cercle à bavarois de 24 cm de diamètre. Le disposer sur un plat rond. Y verser l'appareil. Lisser la surface avec une spatule. Réfrigérer 6 h.
8. Démouler le bavarois au moment de servir. Répartir les fraises coupées en lamelles en formant une rosace. Badigeonner de gelée de groseille préalablement tiédie. Décorer avec des feuilles de menthe.

conseil

Lorsque vous faites dissoudre la gélatine sur feu doux, veillez à ne pas la faire cuire.

notre avis

Vous pouvez remplacer les fraises et les framboises par d'autres fruits rouges de votre choix.

Blanc-manger au fromage blanc
à la vanille et aux abricots

Préparation : 15 mn
Cuisson : 15 mn

recette roussillonnaise

Ingrédients pour 4 personnes :

3 feuilles de gélatine	**260 g de sucre**
2 gousses de vanille	**25 cl de crème liquide**
250 g de fromage blanc en faisselle	**400 g d'abricots**

1. Ramollir les feuilles de gélatine dans un peu d'eau froide.
2. Fendre 1 gousse de vanille en deux dans la longueur. Gratter les graines et les incorporer au fromage blanc additionné de 60 g de sucre.
3. Essorer les feuilles de gélatine et les faire fondre dans 3 cuillerées à soupe d'eau chaude.
4. Verser la gélatine sur le fromage blanc. Mélanger.
5. Fouetter la crème en chantilly. L'incorporer délicatement au mélange précédent. Réserver au réfrigérateur.
6. Dans une casserole, verser 18 cl d'eau et le reste du sucre. Porter à ébullition.
7. Couper les abricots en deux, les dénoyauter et les ajouter au sirop, ainsi que la gousse de vanille restante, fendue en deux dans la longueur. Laisser cuire 15 mn. Éteindre le feu et laisser refroidir, à couvert.
8. Répartir les abricots, avec un peu de jus de cuisson, dans des assiettes creuses.
9. Confectionner des quenelles de blanc-manger, puis les disposer sur le lit d'abricots. Servir.

conseil

Pour mouler facilement les quenelles de blanc-manger, utilisez 2 cuillers à soupe trempées dans l'eau chaude.

Blanc-manger au fromage blanc
et au vin blanc, compote de cerises au porto

Préparation : 30 mn
Réfrigération : 3 h

recette portugaise

Ingrédients pour 4 personnes :

10 cl de vin blanc	**Compote de cerises :**
3 feuilles de gélatine	**400 g de cerises**
1 gousse de vanille	**2 c. à s. de gelée de groseille**
25 cl de crème liquide	**15 cl de porto**
3 c. à s. de sucre	**Le zeste et le jus de 1/2 orange**
250 g de fromage blanc	

1. Verser le vin dans une casserole et le faire tiédir sur feu doux.
2. Plonger les feuilles de gélatine dans le vin et les laisser fondre.
3. Ajouter la gousse de vanille fendue en deux et grattée. Laisser infuser 5 mn.
4. Fouetter la crème. Réserver.
5. Incorporer le sucre, le vin et la crème fouettée au fromage blanc.
6. Répartir la préparation dans 4 ramequins. Entreposer au réfrigérateur 3 h.
7. Préparer la compote de cerises : dans une casserole, placer les cerises, la gelée de groseille, le porto et le zeste d'orange. Couvrir et porter doucement à ébullition. Laisser frémir 4 à 5 mn, en mélangeant souvent.
8. Égoutter les cerises, en réservant le jus de cuisson. Retirer le zeste d'orange. Ajouter le jus d'orange et le sucre. Porter à ébullition. Laisser réduire jusqu'à consistance sirupeuse. Verser ce sirop sur les cerises. Laisser tiédir.
9. Répartir la compote de cerises dans les ramequins et servir.

Blanc-manger au lait de coco

Préparation : 20 mn
Réfrigération : 2 h

recette antillaise

Ingrédients pour 6 à 8 personnes :

5 feuilles de gélatine
25 cl de lait
100 g de cassonade
40 cl de lait de coco
20 cl de crème fleurette bien froide
3 blancs d'œufs
1 c. à s. de rhum (facultatif)
2 c. à s. de cacao

1. Ramollir les feuilles de gélatine dans de l'eau froide.
2. Porter le lait à ébullition.
3. Hors du feu, incorporer la cassonade et les feuilles de gélatine essorées. Bien mélanger. Ajouter le lait de coco, laisser refroidir.
4. Fouetter la crème. Réserver.
5. Monter les blancs d'œufs en neige.
6. Incorporer la crème fouettée et les blancs en neige à la préparation au lait de coco. Ajouter, éventuellement, le rhum.
7. Verser l'appareil dans 1 moule métallique, pour pouvoir démouler le blanc-manger, ou bien le répartir dans des coupes. Faire prendre au réfrigérateur 2 h au moins.
8. Au moment de servir, saupoudrer la moitié du blanc-manger de cacao.

conseil

Vous pouvez préparer vous-même le lait de coco : râpez la pulpe de 1 noix de coco. Mélangez la pulpe râpée avec 50 cl de lait et pressez-la fortement dans un linge fin pour recueillir le lait.

notre avis

Accompagnez le blanc-manger, au choix, d'un coulis de mangues, d'une salade de fruits exotiques frais (papaye, litchis, mangue, fruits de la passion…), addtionnée de feuilles de menthe et de cannelle en poudre, ou encore d'une crème anglaise.

Blanc-manger au sirop d'orgeat, aux cerises et à la menthe

Préparation : 10 mn
Réfrigération : 12 h

recette raffinée

Ingrédients pour 4 personnes :

15 cl de sirop d'orgeat
5 feuilles de gélatine
30 cl de crème liquide très froide
450 g de cerises dénoyautées
1 petite botte de menthe

1. Faire tiédir la moitié du sirop d'orgeat. Ajouter la gélatine ramollie et essorée. Filtrer au chinois et ajouter le reste de sirop.
2. Monter la crème en chantilly. Ajouter la moitié des cerises, bien égouttées. Ciseler les feuilles de menthe, en en réservant quelques-unes, et les ajouter au mélange. Verser la préparation dans un moule à savarin. Réfrigérer 12 h.
3. Plonger le fond du moule dans de l'eau très chaude et démouler le blanc-manger. Garnir le centre avec le reste des cerises. Décorer avec les feuilles de menthe.

variante de la recette

Blanc-manger au sirop d'orgeat

Ingrédients pour 6 personnes : 25 cl de sirop d'orgeat, 6 feuilles de gélatine, 200 g d'airelles, 100 g de sucre, 25 cl de crème liquide très froide et 1 petit bouquet de menthe.

Faire tiédir le sirop d'orgeat ; y dissoudre la gélatine ramollie dans de l'eau froide et essorée ; mélanger ; placer l'appareil sur un bain d'eau additionnée de glaçons, en remuant souvent pour obtenir un mélange homogène. Porter les airelles à ébullition avec le sucre et laisser confire 10 mn. Dans un bol glacé, fouetter la crème jusqu'à épaississement ; ajouter le sirop d'orgeat, les airelles et la menthe ciselée ; verser l'appareil dans un moule à charlotte ; réfrigérer 4 à 5 h. Tremper le fond du moule dans de l'eau chaude et démouler. Servir avec les airelles.

Blanc-manger au touron

Préparation : 20 mn
Réfrigération : 1 h

recette espagnole

Ingrédients pour 4 personnes :

4 feuilles de gélatine
80 cl de crème liquide très froide
250 g de touron
1 c. à c. de cannelle en poudre
Le zeste de 1 citron
1 biscuit de Savoie
1 c. à s. de miel liquide
2 c. à s. de sucre glace

Tuile :
100 g de sucre
100 g d'amandes effilées
50 g de sirop de glucose
15 cl d'huile de tournesol

1. Préparer la tuile : préchauffer le four à 180 °C. Mélanger intimement le sucre, les amandes, le glucose et l'huile.
2. Recouvrir une plaque de papier sulfurisé.
3. Étaler la pâte sur la plaque. Enfourner et cuire 5 mn.
4. Ramollir les feuilles de gélatine dans de l'eau froide, puis les essorer. Réserver. Fouetter la crème en chantilly. Réserver.
5. Mixer le touron avec la cannelle et le zeste de citron. Ajouter la chantilly, puis la gélatine. Réserver.
6. Découper 4 cylindres dans le biscuit de Savoie avec un emporte-pièce de 5 cm de diamètre et 4 cm de haut. Les creuser avec 1 cuiller, puis les garnir de crème au touron. Entreposer au réfrigérateur 1 h.
7. Au moment de servir, briser la tuile en morceaux à la main.
8. Sortir les biscuits du réfrigérateur et napper la surface de miel. Piquer un morceau de tuile dans la crème. Saupoudrer les assiettes de sucre glace.

conseil

À défaut de touron, utilisez du nougat tendre.

à savoir

Le touron, confiserie à base d'amandes pilées avec des blancs d'œufs et du sucre, est d'origine espagnole. Selon les régions, il peut être de différentes couleurs et contenir aussi des pistaches, des noix, des fruits secs, du miel ou des pignons, voire des épices.

Blanc-manger aux amandes, aux agrumes et aux fruits rouges

Préparation : 50 mn
Repos : 24 h
Réfrigération : 1 h 30

recette raffinée

Ingrédients pour 6 personnes :

1 l de lait
3 gousses de vanille
300 g d'amandes fraîches
3 c. à s. de kirsch
5 feuilles de gélatine
2 pomelos roses
2 oranges sanguines
6 kumquats
50 g de framboises
50 g de mûres

1. Porter le lait à ébullition avec les gousses de vanille fendues en deux et grattées. Verser le lait sur les amandes. Ajouter le kirsch. Couvrir et laisser infuser au réfrigérateur 24 h.
2. Monder les amandes : les plonger dans une casserole d'eau bouillante, puis retirer du feu. Dès que la peau cède sous le doigt, les égoutter et ôter cette dernière. Éponger les amandes, les faire sécher sur feu très doux, sans les laisser colorer, puis les presser dans un linge sans les écraser. Réserver.
3. Placer un moule à charlotte au réfrigérateur 15 mn.
4. Ramollir la gélatine dans de l'eau froide.
5. Faire tiédir le lait. Y dissoudre la gélatine essorée.
6. Peler à vif les pomelos et les oranges. Prélever les quartiers, sans la membrane. Laver les kumquats et les couper en deux dans la longueur. Les évider pour récupérer le zeste. Détailler celui-ci en dés et les incorporer aux quartiers de pomelos et d'orange.
7. Verser 1/3 du lait dans le moule. Disposer 1 couche de quartiers de pomelos et d'orange. Faire prendre au réfrigérateur 30 mn.
8. Verser la moitié du lait restant dans le moule. Répartir le reste des agrumes. Réfrigérer 30 mn.
9. Verser le reste de lait. Laisser prendre au réfrigérateur 30 mn.
10. Décorer avec les gousses de vanille séchées au four, les amandes, les framboises et les mûres. Servir.

Blanc-manger aux amandes, aux fraises et aux kiwis

Préparation : 20 mn
Réfrigération : 3 h

recette raffinée

Ingrédients pour 6 personnes :

- 50 cl de lait chaud
- 200 g de poudre d'amandes
- 5 feuilles de gélatine
- 90 g de sucre
- 4 kiwis
- 200 g de fraises
- 40 cl de crème fraîche épaisse

1. Verser le lait sur la poudre d'amandes. Laisser infuser 10 mn. Filtrer dans une passoire doublée d'une mousseline, en pressant bien. Dissoudre la gélatine ramollie et essorée dans le lait d'amandes tiède, additionné du sucre. Mélanger. Laisser refroidir. Réserver au réfrigérateur.

2. Peler les kiwis et les couper en rondelles. Équeuter les fraises et les couper en deux. Fouetter la crème et l'ajouter au mélange lorsqu'il commence à prendre. Répartir l'appareil dans des coupes, jusqu'au 1/3. Disposer une couche de rondelles de kiwi et de demi-fraises. Renouveler l'opération. Terminer par une couche de crème. Réfrigérer 3 h.

variante de la recette

Blanc-manger aux amandes fraîches

Ingrédients : 50 cl de lait, 30 cl de crème liquide, 500 g d'amandes mondées et mixées, 250 g de sucre, 6 feuilles de gélatine et 2 à 3 gouttes d'extrait d'amande amère.

Faire chauffer le lait et la crème, sans bouillir; ajouter les amandes, éteindre le feu et laisser infuser, à couvert, 10 mn. Filtrer dans une passoire tapissée d'une mousseline; faire chauffer ce lait d'amandes sur feu doux avec le sucre, en remuant, jusqu'à sa dissolution; hors du feu, ajouter la gélatine ramollie dans de l'eau froide et essorée, puis l'extrait d'amande amère; mélanger 5 mn; verser l'appareil dans un moule métallique mouillé. Réfrigérer 6 h au moins. Démouler. Servir avec un coulis de fruits.

Couronne glacée au chocolat

Préparation : 20 mn
Congélation : 1 h
Réfrigération : 4 à 5 h

délice des enfants

Ingrédients pour 6 à 8 personnes :

- 300 g de chocolat
- 6 feuilles de gélatine
- 2 œufs + 4 jaunes
- 150 g de sucre semoule
- 40 cl de crème Chantilly
- 1 sachet de sucre vanillé
- 3 c. à s. de cacao

1. Faire fondre le chocolat cassé en morceaux au bain-marie, sur feu doux.

2. Ramollir les feuilles de gélatine dans de l'eau froide.

3. Faire chauffer 3 cuillerées à soupe d'eau. Hors du feu, y dissoudre les feuilles de gélatine essorées.

4. Incorporer aussitôt la gélatine au chocolat fondu.

5. Fouetter les œufs et les jaunes avec le sucre semoule jusqu'à ce que le mélange blanchisse. Incorporer ce mélange au chocolat et mélanger intimement.

6. Sucrer la chantilly avec le sucre vanillé, puis l'incorporer délicatement, en deux ou trois fois, à la préparation au chocolat.

7. Tapisser un moule en couronne de 22 à 24 cm de diamètre de film alimentaire. Y verser la préparation et lisser la surface. Placer au congélateur 1 h, pour accélérer le raffermissement, puis réfrigérer 4 à 5 h.

8. Sortir l'entremets du réfrigérateur au moment de servir. Retourner le moule sur un plat. Ôter le moule, puis enlever délicatement le film. Tamiser le cacao uniformément à la surface et servir.

notre avis

Décorez ce dessert avec des petits œufs en chocolat et en chocolat blanc, ou d'autres confiseries de votre choix.

Crème à la banane
en mille-feuilles de chocolat

Préparation : 40 mn

recette raffinée

Ingrédients pour 6 personnes :

300 g de chocolat noir
6 bananes
80 cl de crème liquide
80 g de sucre semoule
1/2 c. à c. de vanille liquide
Le jus de 1 citron
3 c. à s. de sucre glace
30 cl de crème anglaise

1. Faire fondre le chocolat au bain-marie. Recouvrir une planche à découper de papier d'aluminium. Y verser le chocolat en couche fine. Placer au réfrigérateur jusqu'à durcissement. Découper 30 disques de 10 cm de diamètre à l'emporte-pièce. Réserver au frais.
2. Couper les bananes en rondelles. Monter la crème en chantilly avec le sucre semoule. Ajouter les rondelles de banane, l'extrait de vanille et le jus de citron.
3. Poser 1 cercle de chocolat dans une assiette plate. Disposer 1 cuillerée à soupe de crème à la banane. Recouvrir de 1 cercle de chocolat. Répéter l'opération trois fois. Saupoudrer de sucre glace. Verser un cordon de crème anglaise autour du mille-feuille. Confectionner les autres mille-feuilles.

variante de la recette

Crème glacée à la banane

Ingrédients pour 4 personnes : 20 cl de crème fraîche, 80 g de sucre glace, 2 c. à s. de rhum, 1 blanc d'œuf, 2 bananes, le jus de 1 citron et 2 c. à s. de miel liquide.

Fouetter la crème jusqu'à épaississement; ajouter le sucre et battre ferme; verser le rhum, sans cesser de battre; incorporer le blanc d'œuf battu en neige; placer au congélateur 4 h. Avant de servir, peler les bananes, les couper en rondelles et les mélanger avec le jus de citron et le miel; les disposer sur la crème et servir.

Crème au café et à la cannelle

Préparation : 30 mn
Cuisson : 5 à 10 mn
Réfrigération : 3 h

recette italienne

Ingrédients pour 4 personnes :

20 cl de lait
1 feuille de gélatine
3 jaunes d'œufs + 1 blanc
4 c. à s. de sucre
1 c. à c. de Maïzena
1 c. à c. d'extrait de café
1 pincée de cannelle en poudre
30 cl de crème liquide très froide
3 c. à s. de sucre glace

1. Chauffer le lait sans atteindre l'ébullition. Y dissoudre la gélatine ramollie dans de l'eau froide et essorée.
2. Fouetter les jaunes d'œufs avec le sucre jusqu'à blanchiment. Incorporer la Maïzena. Délayer, peu à peu, avec le lait chaud. Transvaser la préparation dans une casserole. Faire épaissir sur feu doux, en remuant, sans laisser atteindre l'ébullition.
3. Hors du feu, incorporer l'extrait de café et la cannelle, en délayant bien. Laisser refroidir complètement.
4. Fouetter la crème en chantilly, en incorporant 2 cuillerées à soupe de sucre glace, peu à peu. Monter le blanc d'œuf en neige. Mélanger la chantilly à la crème au café, puis incorporer délicatement le blanc en neige. Répartir la préparation dans des coupes. Réfrigérer 3 h.

variante de la recette

Crème au café et à la chantilly

Ingrédients pour 4 personnes : 1 1/2 feuille de gélatine, 3 c. à s. de liqueur de café, 3 c. à s. de sucre semoule, 12 petits-suisses, 6 c. à s. de chantilly et 1 sachet de sucre vanillé.

Dissoudre la gélatine ramollie dans de l'eau froide et essorée dans la liqueur de café; ajouter le sucre semoule, puis incorporer le mélange aux petits-suisses. Réfrigérer 3 à 4 h. Au moment de servir, ajouter la chantilly additionnée du sucre vanillé.

Crème au chocolat
aux éclats de fèves de cacao, coulis de framboises

Préparation : 20 mn
Cuisson : 15 mn
Réfrigération : 15 h

recette raffinée

Ingrédients pour 6 personnes :

500 g de framboises
100 g de sucre
3 jaunes d'œufs
250 g de crème liquide
25 cl de lait
190 g de chocolat aux éclats de fèves de cacao
2 feuilles de gélatine

1. Mixer les framboises, en en réservant quelques-unes, avec 75 g de sucre 1 mn. Filtrer. Réserver au réfrigérateur 12 h.
2. Fouetter les jaunes d'œufs et le reste de sucre jusqu'à blanchiment ; ajouter la crème et le lait portés à ébullition, en mince filet, en remuant. Cuire sur feu doux 15 mn.
3. Incorporer le chocolat haché, peu à peu. Fouetter. Ajouter la gélatine ramollie dans de l'eau froide. Mélanger. Répartir l'appareil dans des coupes. Réfrigérer 3 h. Au moment de servir, napper de coulis de framboises. Décorer avec les framboises restantes.

variante de la recette

Crème au chocolat gianduja

Ingrédients : 3 jaunes œufs, 60 g de sucre, 10 cl de lait, 10 cl de crème liquide, 1 gousse de vanille, 400 g de chocolat gianduja et 500 g de framboises.

Fouetter les jaunes d'œufs avec le sucre jusqu'à blanchiment ; verser le lait porté à ébullition avec la crème et la gousse de vanille fendue en remuant ; verser le mélange dans la casserole et faire cuire sur feu doux 10 mn ; ajouter 200 g de chocolat cassé en morceaux et mixer. Répartir l'appareil dans des coupes et réfrigérer 3 à 4 h. Racler le chocolat restant en copeaux ; réserver au réfrigérateur. Avant de servir, disposer les framboises dans les coupes ; décorer avec les copeaux de chocolat.

Crème au chocolat
et poires caramélisées

Préparation : 45 mn
Cuisson : 1 h 15

recette raffinée

Ingrédients pour 4 personnes :

300 g de crème au chocolat et au cacao (voir recette p. 433)
4 poires
40 g de beurre
2 c. à s. de sucre
4 c. à s. de cassonade

1. Préchauffer le four à 90 °C.
2. Répartir la crème au chocolat et au cacao dans 4 ramequins. Enfourner et cuire 1 h 15. Laisser refroidir.
3. Pendant ce temps, peler les poires et les faire caraméliser, entières, dans le beurre additionné du sucre 12 à 15 mn.
4. Saupoudrer les ramequins de cassonade. Faire caraméliser sous le gril. Servir avec les poires caramélisées.

variante de la recette

Crème au chocolat aux amandes

Ingrédients : 60 g de beurre, 2 1/2 c. à s. de sucre glace, 3 jaunes d'œufs + 3 blancs, 2 1/2 c. à s. de sucre semoule, 50 g d'amandes effilées, 50 g de chocolat râpé et 1 pincée de cardamome pilée.

Mélanger 50 g de beurre avec le sucre glace ; ajouter les jaunes d'œufs, un par un, et fouetter jusqu'à obtention d'un mélange lisse. Fouetter les blancs d'œufs avec 2 cuillerées à soupe de sucre semoule jusqu'à la formation de pointes molles ; ajouter les amandes, le chocolat, la cardamome et le mélange beurre-sucre-jaunes. Beurrer 4 moules et les saupoudrer de sucre ; y répartir la préparation ; cuire au four préchauffé à 100 °C, au bain-marie, 30 mn. Servez avec des rondelles d'orange, de la glace ou une sauce au chocolat, au gingembre ou à l'orange.

Crème au chocolat noir
et suprêmes de pomelos roses

Préparation : 40 mn
Réfrigération : 12 h

recette raffinée

Ingrédients pour 4 personnes :

4 pomelos roses
2 c. à s. de cacao

Crème pâtissière au chocolat :
50 cl de lait
1 gousse de vanille
6 jaunes d'œufs
100 g de sucre
2 c. à s. de Maïzena
2 c. à s. de farine
130 g de chocolat noir

1. Préparer une crème pâtissière la veille : porter le lait à ébullition avec la gousse de vanille fendue en deux et grattée. Pendant ce temps, battre les jaunes d'œufs avec le sucre, en fouettant vigoureusement, jusqu'à blanchiment. Ajouter la Maïzena et la farine tamisées ensemble. Mélanger. Verser le lait bouillant, en mince filet. Transvaser la préparation dans la casserole. Fouetter, porter à ébullition et laisser cuire 1 mn. Retirer du feu. Fouetter jusqu'à complet refroidissement. Recouvrir de film alimentaire et entreposer au réfrigérateur 12 h.
2. Laver soigneusement les pomelos et les peler à vif. Prélever chaque segment et les laisser égoutter. Réserver.
3. Faire fondre le chocolat cassé en morceaux au bain-marie.
4. Fouetter la crème pâtissière, puis incorporer le chocolat bien chaud. Fouetter vivement. Laisser tiédir.
5. Verser la crème au chocolat dans les assiettes. Disposer les quartiers de pomelo en éventail. Saupoudrer de cacao.

notre avis

Vous pouvez également confectionner cette recette en remplaçant les pomelos par des oranges, ou en utilisant un mélange de ces deux agrumes.

Crème au citron vert
et billes de papaye, coulis de grenade

Préparation : 30 mn
Cuisson : 20 mn
Réfrigération : 1 h

recette exotique

Ingrédients pour 4 personnes :

4 citrons verts
4 jaunes d'œufs
100 g de sucre
120 g de beurre
4 petites papayes
1 grenade
3 c. à s. de sirop de grenadine
8 brins de menthe

1. Prélever le zeste de 1 citron bien lavé. Presser tous les citrons. Mélanger les jaunes d'œufs avec 60 g de sucre. Fouetter jusqu'à ce que le mélange blanchisse. Ajouter le zeste et le jus de citron.
2. Verser la préparation dans une terrine placée sur un bain-marie. Faire cuire sans cesser de remuer 20 mn, jusqu'à épaississement. En fin de cuisson, incorporer le beurre, morceau par morceau, en fouettant. Laisser tiédir.
3. Couper les papayes en deux. Retirer les pépins. À l'aide d'une cuiller parisienne, évider les coques. Réserver les boules de chair.
4. Ôter l'écorce de la grenade. Écraser les graines, pour en extraire le jus, en en réservant quelques-unes. Incorporer le reste de sucre et le sirop de grenadine. Mélanger.
5. Remplir les coques de papaye de crème au citron. Réfrigérer 1 h. Au moment de servir, ajouter le coulis de grenade. Répartir les boules de papaye dans les assiettes. Décorer avec des feuilles de menthe.

conseil

Si la crème est un peu fluide, ajoutez 1 cuillerée à soupe de Maïzena.

à savoir

La papaye est originaire du Mexique. Comme le cacaoyer, le papayer n'a pas de branches : fleurs puis fruits poussent à même le tronc. La papaye contient plus de vitamine C que l'orange. Avec 33 kcal pour 100 g, elle est l'un des fruits les moins caloriques.

Crème au mascarpone
et à la réglisse

Préparation : 30 mn
Réfrigération : 24 h

recette italienne

Ingrédients pour 4 personnes :

25 g de réglisse en poudre
100 g de sucre
10 feuilles de gélatine
500 g de mascarpone

1. Préparer la crème la veille : délayer la réglisse dans un peu d'eau. Ajouter le sucre. Chauffer sur feu doux. Hors du feu, ajouter la gélatine ramollie dans de l'eau froide et essorée. Mélanger jusqu'à sa complète dissolution. Laisser refroidir.
2. Incorporer le mascarpone. Mélanger et répartir la préparation dans des ramequins. Réfrigérer 24 h.

conseil

Servez avec 250 g de fraises coupées en quartiers, additionnées de 3 cuillerées à soupe d'eau sucrée, poivrées et tiédies 2 à 3 mn.

variante de la recette

Crème légère au mascarpone

Ingrédients : 3 jaunes d'œufs, 180 g sucre, 100 g de mascarpone, 50 cl de crème fraîche épaisse, 4 feuilles de gélatine, 20 cl de calvados, 2 pommes golden et 30 g de beurre.

Travailler les jaunes avec 100 g de sucre jusqu'à blanchiment. Mélanger le mascarpone et la crème; ajouter le mélange précédent. Dissoudre la gélatine ramollie dans de l'eau et essorée dans la moitié du calvados préalablement tiédi; l'ajouter au mélange précédent. Peler et couper les pommes en dés; les poêler dans le beurre additionné du reste de sucre; hors du feu, déglacer avec le reste de calvados. Verser la moitié de l'appareil au mascarpone dans un moule; recouvrir avec les dés de pomme ; verser le reste de l'appareil; réfrigérer 1 h au moins. Servez avec des chips de pomme caramélisées (voir recette p. 443).

Crème au potiron, au miel
et aux zestes d'agrumes

Préparation : 50 mn
Cuisson : 30 mn

recette raffinée

Ingrédients pour 6 personnes :

700 g de potiron
50 g de poudre d'amandes
1 citron
1 orange
20 g de beurre
3 œufs
50 g de sucre
3 c. à s. de miel
2 c. à s. de Maïzena

1. Couper la chair du potiron en morceaux. Les cuire à la vapeur 20 mn.
2. Faire blondir la poudre d'amandes dans une poêle antiadhésive, en remuant avec une spatule. Laisser tiédir. Préchauffer le four à 160 °C.
3. Laver soigneusement le citron et l'orange, puis râper le zeste. Beurrer des moules à manqué individuels ou un grand moule de 24 cm de diamètre. Mixer la pulpe de potiron. Réserver.
4. Dans une terrine, casser les œufs. Ajouter le sucre et fouetter jusqu'à ce que le mélange blanchisse et double de volume. Incorporer le miel et la Maïzena. Fouetter à nouveau. Ajouter le zeste des agrumes, la poudre d'amandes et la purée de potiron. Fouetter encore. Verser la préparation dans les moules. Enfourner et cuire 50 mn. Laisser refroidir.

variante de la recette

Crème au miel et au safran

Ingrédients pour 4 personnes : 4 œufs, 70 g de miel liquide, 35 cl de crème fleurette, 1 dose de safran en filaments, 20 g de beurre et 2 c. à s. de cassonade.

Battre les œufs avec le miel; ajouter la crème et le safran; bien mélanger; verser la préparation dans 4 ramequins beurrés; placer ceux-ci dans la lèchefrite à moitié remplie d'eau et cuire au four préchauffé à 160 °C 20 mn. Laisser refroidir. Saupoudrer de cassonade et passer sous le gril.

Crème au thé à la pomme, abricots caramélisés

Préparation : 20 mn
Cuisson : 45 mn
Réfrigération : 2 h

recette anglaise

Ingrédients pour 6 personnes :

800 g d'abricots	Crème au thé :
30 g de beurre	90 cl de lait
40 g de sucre	1 c. à s. de thé à la pomme
1 gousse de vanille	8 jaunes d'œufs
2 c. à s. de jus de citron	120 g de sucre
80 g d'amandes fraîches mondées	150 g de crème liquide

1. Préparer la crème au thé : porter le lait à ébullition, puis ajouter le thé. Laisser infuser 4 mn. Filtrer. Dans une jatte, mélanger les jaunes d'œufs, le sucre et la crème. Incorporer le lait parfumé au thé et fouetter.
2. Préchauffer le four à 90 °C.
3. Répartir la préparation dans 6 ramequins. Enfourner et cuire 45 mn.
4. Laisser refroidir à température ambiante. Réserver au réfrigérateur 2 h au moins.
5. Au moment de servir, dénoyauter les abricots et les couper en quartiers. Faire fondre le beurre dans une poêle. Ajouter le sucre, les fruits et la gousse de vanille fendue en deux et grattée. Laisser cuire 3 à 4 mn sur feu vif. Ajouter le jus de citron et retirer du feu.
6. Démouler chaque crème au thé dans une assiette. Disposer les abricots en corolle tout autour. Napper du jus de cuisson et parsemer d'amandes.

conseil

Préparez la crème 5 à 6 h à l'avance : elle sera encore meilleure.

notre avis

Vous pouvez remplacer le thé à la pomme par du earl grey.

Crème aux kiwis et aux bananes

Préparation : 15 mn
Cuisson : 20 à 30 mn

recette antillaise

Ingrédients pour 4 personnes :

20 cl de lait	6 kiwis
2 œufs	3 bananes
100 g de sucre	3 c. à s. de caramel liquide
1/2 c. à c. de cannelle	

1. Porter le lait à ébullition. Ôter du feu et laisser tiédir.
2. Dans une jatte, battre les œufs en omelette. Ajouter le sucre et la cannelle, sans cesser de fouetter. Préchauffer le four à 180 °C.
3. Peler les kiwis et les bananes, puis les mixer. Incorporer la purée de fruits au mélange œufs-sucre en remuant. Ajouter le lait.
4. Chemiser les parois d'un moule de caramel. Verser la préparation aux fruits. Placer le moule dans la lèchefrite à moitié remplie d'eau, enfourner et cuire 20 à 30 mn. Démouler la crème et laisser refroidir.

variante de la recette

Crème aux bananes et pomelos

Ingrédients : 8 bananes freysinettes, 30 g de beurre, 1 c. à s. de miel, 1 gousse de vanille, 2 pomelos, 10 cl de crème liquide très froide et le jus de 1/2 citron.

Couper les bananes en rondelles; les poêler dans le beurre, avec le miel et la vanille, 5 mn. Peler les pomelos à vif et réserver la moitié d'un fruit; prélever les quartiers à vif, en recueillant le jus; déglacer la poêle avec un peu de ce jus. Mixer les bananes; incorporer la crème fouettée en chantilly et le jus de citron. Former des quenelles de mousse avec 2 cuillers à soupe; disposer 3 quenelles dans les assiettes; intercaler 3 quartiers de pomelo; verser du jus de cuisson des bananes. Couper le demi-pomelo en fines rondelles. Décorer avec 1 rondelle de pomelo. Servir aussitôt.

Crème brûlée à la pistache
et à la crème au chocolat gianduja

Préparation : 10 mn
Cuisson : 1 h
Réfrigération : 3 h

recette raffinée

Ingrédients pour 6 personnes :

25 cl de lait
25 cl de crème fleurette
40 g de pâte de pistache
6 c. à s. de sucre
5 jaunes d'œufs
200 g de crème au chocolat gianduja (voir recette p. 433)

1. Faire bouillir le lait avec la crème et la pâte de pistache. Laisser refroidir. Ajouter le sucre fouetté avec les jaunes d'œufs, en mélangeant bien.
2. Préchauffer le four à 100 °C. Répartir l'appareil dans 6 ramequins mouillés de 10 cm de diamètre. Disposer ceux-ci dans la lèchefrite à moitié remplie d'eau. Enfourner et cuire 1 h. Sortir les ramequins du four. Laisser refroidir. Réfrigérer 3 h.
3. Au moment de servir, préparer la crème au chocolat gianduja et la répartir dans les ramequins.

variante de la recette

Crème à la pistache et aux amandes

Ingrédients : 50 cl de lait, 50 cl de crème fleurette, 60 g de pâte de pistaches, 190 g de sucre, 5 jaunes d'œufs, 1 c. à s. de poudre d'amandes, 4 c. à s. de cassonade et 30 g de pistaches mondées.

Porter le lait à ébullition avec la crème, la pâte de pistaches et 90 g de sucre, sans cesser de fouetter. Fouetter les jaunes d'œufs, 60 g de sucre et la poudre d'amandes jusqu'à blanchiment; verser le lait, peu à peu, en fouettant; répartir le mélange dans 6 plats à œufs et cuire au four préchauffé à 100 °C 30 mn. Sortir du four et laisser refroidir; réfrigérer 3 h. Au moment de servir, saupoudrer chaque crème de cassonade et caraméliser sous le gril; décorer avec les pistaches poêlées dans le reste de sucre 1 mn, en secouant la poêle.

Crème brûlée à la vanille

Préparation : 15 mn
Repos : 30 à 45 mn
Cuisson : 45 mn
Réfrigération : 3 h

recette raffinée

Ingrédients pour 6 personnes :

15 cl de lait
3 gousses de vanille
8 jaunes d'œufs
150 g de sucre
50 cl de crème liquide
100 g de cassonade

1. Porter le lait à ébullition. Hors du feu, y faire infuser les gousses de vanille fendues en deux et grattées.
2. Fouetter les jaunes d'œufs avec le sucre jusqu'à blanchiment. Ajouter le lait, en ôtant les gousses de vanille, et la crème. Bien mélanger et laisser reposer 30 à 45 mn. Préchauffer le four à 100 °C.
3. Répartir l'appareil dans 6 plats à œufs mouillés. Déposer ceux-ci dans la lèchefrite à moitié remplie d'eau. Enfourner et cuire 45 mn.
4. Sortir les plats du four et laisser refroidir. Réfrigérer 3 h.
5. Au moment de servir, saupoudrer chaque plat de cassonade et caraméliser sous le gril très chaud (290 °C) 30 s.

conseil

Assurez-vous que la crème est bien froide au moment de la caraméliser, et procédez très rapidement pour éviter qu'elle ne se réchauffe.

à savoir

La crème catalane (voir recette p. 163), dont l'existence est attestée dès le XVIIe siècle, est sans doute l'ancêtre de la crème brûlée.

variante de la recette

Crème brûlée à la vanille et à l'eau-de-vie

Procéder comme pour la Crème brûlée à la vanille.

À l'étape **2,** ajouter 2 cuillerées à soupe d'eau-de-vie au choix (d'alisier, de sureau, de framboise, de mirabelle, par exemple).

Crème brûlée au raisin noir
et à la vanille

Préparation : 30 mn
Cuisson : 1 h
Réfrigération : 1 h 30

recette raffinée

Ingrédients pour 6 personnes :

6 jaunes d'œufs
120 g de sucre
2 gousses de vanille
60 cl de crème liquide
10 cl de lait
200 g de muscat
120 g de cassonade

1. Mélanger les jaunes d'œufs, le sucre et les graines de la gousse de vanille jusqu'à ce que le mélange blanchisse et double de volume. Ajouter la crème, puis le lait, en fouettant vivement. Filtrer.
2. Préchauffer le four à 90 °C. Verser la préparation dans des plats à œufs. Laver le raisin, l'égrener et éponger les grains. Répartir ceux-ci dans les plats. Enfourner et cuire 1 h. Laisser refroidir. Réfrigérer 1 h.
3. Saupoudrer chaque crème de cassonade. Faire caraméliser sous le gril 1 mn, jusqu'à coloration blond foncé. Entreposer au réfrigérateur 30 mn au moins, ou jusqu'au moment de servir.

variantes de la recette

Crème brûlée au raisin blanc
et à la vanille

Procéder comme pour la Crème brûlée au raisin noir et à la vanille. Remplacer le muscat par du chasselas. Ajouter, éventuellement, 1 cuillerée à soupe de marc de raisin à la fin de l'étape **1.**

Crème brûlée aux raisins secs
et à la vanille

Procéder comme pour la Crème brûlée au raisin noir et à la vanille. Remplacer le muscat par 100 g de raisins secs mis à gonfler dans 1 bol d'eau chaude additionnée de 1 cuillerée à soupe de marc de raisin 30 mn.

Crème brûlée aux poires au sirop
et au vin blanc

Préparation : 15 mn
Cuisson : 2 h 45

recette raffinée

Ingrédients pour 4 personnes :

3 poires au sirop
20 cl de lait
5 jaunes d'œufs
80 g de sucre
40 cl de crème liquide
1 gousse de vanille
3 c. à s. de gewurztraminer vendanges tardives
50 g de cassonade

1. Égoutter soigneusement les poires et les détailler en petits dés.
2. Verser le lait dans une jatte. Ajouter les œufs, le sucre et la crème. Incorporer les graines de la gousse de vanille fendue en deux, en les grattant, et les dés de poire. Verser le vin. Fouetter jusqu'à ce que la préparation soit homogène.
3. Préchauffer le four à 90 °C.
4. Verser l'appareil dans un plat à gratin rond. Enfourner et cuire 2 h 45.
5. Laisser tiédir. Saupoudrer la crème de cassonade et faire caraméliser sous le gril.

variante de la recette

Crème brûlée aux abricots au sirop
et au muscat

Procéder comme pour la Crème brûlée aux poires au sirop et au vin blanc.

Remplacer les poires par 8 oreillons d'abricot au sirop bien égouttés, et le vin blanc par du muscat de Beaumes-de-Venise.
À la fin de l'étape **5,** parsemez quelques amandes effilées légèrement grillées.

Crème brûlée aux pommes caramélisées flambée au calvados

Préparation : 30 mn
Cuisson : 30 mn
Réfrigération : 30 mn

recette normande

Ingrédients pour 4 personnes :

4 pommes
80 g de beurre
4 jaunes d'œufs
100 g de sucre
20 cl de lait
250 g de crème fraîche
4 c. à s. de cassonade
2 c. à s. de cidre
2 c. à s. de calvados

1. Peler les pommes et les couper en tranches épaisses. Les poêler avec le beurre, 2 cuillerées à soupe de sucre et d'eau, jusqu'à caramélisation.
2. Mélanger les jaunes d'œufs et le reste de sucre, et fouetter jusqu'à blanchiment. Ajouter le lait. Fouetter à nouveau, puis incorporer la crème. Préchauffer le four à 150 °C.
3. Dresser les pommes en rosace dans des assiettes creuses. Verser la crème sans recouvrir complètement les fruits. Enfourner et cuire 30 mn. Laisser refroidir. Réfrigérer 30 mn.
4. Saupoudrer de cassonade et faire caraméliser sous le gril 5 mn.
5. Pendant ce temps, faire chauffer le cidre et le calvados. Répartir le mélange sur chaque crème et flamber.

variante de la recette

Crème aux pommes et au sirop

Ingrédients : 5 c. à s. de sirop d'érable, 4 jaunes d'œufs, 40 cl de crème fleurette, 8 quartiers de pomme caramélisés (voir recette ci-dessus) et 4 cuillerées à soupe de cassonade.

Fouetter le sirop d'érable avec les jaunes d'œufs. Porter la crème à ébullition ; la verser sur le mélange précédent et faire cuire jusqu'à épaississement, sans laisser bouillir. Répartir les quartiers de pomme dans 4 plats à gratin ; verser la crème ; réfrigérer 5 à 6 h. Au moment de servir, saupoudrer de cassonade et caraméliser sous le gril très chaud.

Crème caramel

Préparation : 25 mn
Cuisson : 1 h 15 à 1 h 50

recette traditionnelle

Ingrédients pour 6 personnes :

1 l de lait
4 gousses de vanille
5 œufs + 3 jaunes
150 g de sucre en morceaux
120 g de sucre semoule

1. Préchauffer le four à 150 °C. Dans une casserole, porter à ébullition le lait additionné des gousses de vanille fendues et grattées. Réserver. Mélanger le sucre semoule avec les œufs et les jaunes. Verser le lait chaud sur le mélange précédent en fouettant vigoureusement. Laisser reposer 20 mn.
2. Dans une casserole, faire fondre le sucre en morceaux additionné de 3 cuillerées à soupe d'eau jusqu'à obtention d'un caramel roux. En napper les parois et le fond d'un moule.
3. Ecumer la mousse du premier appareil. Verser celui-ci dans le moule jusqu'à 1 cm du bord. Couvrir le moule de papier aluminium. Enfourner et cuire au bain-marie 1 h 15 à 1 h 50 à 150 °C. Laisser tiédir et réfrigérer. Démoule au moment de servir.

variante de la recette

Crème caramel à l'espagnole

Ingrédients pour 4 personnes : 170 g de sucre et 8 jaunes d'œufs.

Préparer un caramel avec 4 cuillerées à soupe de sucre et 1 cuillerée à soupe d'eau ; le répartir dans 4 moules. Dans une casserole, chauffer le reste du sucre dans 20 cl d'eau pour obtenir un sirop léger; verser le sirop sur les jaunes d'œuf battus, peu à peu, en remuant. Répartir la crème dans les moules et cuire au four préchauffé à 90 °C, au bain-marie, 30 mn. Laisser refroidir; démouler.

Crème catalane

Préparation : 20 mn
Cuisson : 10 mn

recette traditionnelle

Ingrédients pour 6 personnes :

1 l de lait
Le zeste de 1 citron
1 bâton de cannelle
60 g de sucre
1 c. à s. de Maïzena
6 jaunes d'œufs
60 g de cassonade

1. Porter le lait à ébullition avec le zeste de citron et la cannelle.
2. Dans une casserole, mélanger le sucre avec la Maïzena et les jaunes d'œufs, jusqu'à ce que le mélange blanchisse et mousse. Verser le lait filtré, en mince filet. Faire cuire sur feu doux, en remuant, 10 mn. Répartir l'appareil dans 6 ramequins. Laisser refroidir.
3. Saupoudrer la crème de cassonade et faire caraméliser sous le gril.

variante de la recette

Crème catalane aux épices

Ingrédients pour 4 personnes : 50 cl de lait, 1 œuf + 2 jaunes, 90 g de sucre, 1 c. à s. de Maïzena, 1 gousse de vanille, 1 étoile de badiane, 1 écorce de cannelle, le zeste de 1/2 citron ou de 1/2 orange finement râpé et 4 c. à s. de cassonade.

Mélanger 10 cl de lait avec l'œuf, les jaunes, le sucre et la Maïzena jusqu'à blanchiment. Porter le reste de lait à ébullition ; y plonger la vanille fendue en deux, la badiane et la cannelle, et laisser infuser 20 mn. Filtrer le lait ; le verser sur le mélange aux œufs, peu à peu, en mélangeant vivement ; ajouter le zeste de citron ou d'orange et cuire sur feu doux 8 à 9 mn, en remuant régulièrement pour éviter les grumeaux, jusqu'à ce que le mélange épaississe ; répartir la préparation dans 4 cassolettes et laisser refroidir. Au moment de servir, saupoudrer chaque crème de cassonade et faire caraméliser sous le gril à 290 °C.

Crème légère à l'orange et au Grand Marnier

Préparation : 40 mn
Cuisson : 15 mn
Réfrigération : 5 à 6 h

recette espagnole

Ingrédients pour 4 personnes :

2 œufs
100 g de sucre
1 c. à s. rase de Maïzena
Le jus de 4 oranges filtré
Le jus de 1/2 citron
2 c. à s. de Grand Marnier

1. Séparer les blancs d'œufs des jaunes. Fouetter ceux-ci avec le sucre jusqu'à blanchiment. Ajouter la Maïzena en pluie fine, le jus des agrumes et le Grand Marnier. Faire cuire sur feu doux, sans cesser de remuer, 15 mn, jusqu'à ce que la crème nappe la cuiller.
2. Fouetter les blancs d'œufs en neige ferme. Hors du feu, les napper de la crème. Battre vivement. Répartir l'appareil dans des coupes. Réfrigérer 5 à 6 h.

variante de la recette

Crème à l'orange

Ingrédients pour 6 personnes : 50 cl de lait, 2 oranges, 3 œufs + 3 jaunes, 200 g de sucre, 4 c. à s. de Grand Marnier et 100 g de sucre en morceaux.

Chauffer le lait avec 2 zestes d'orange ; hors du feu, laisser infuser. Fouetter les œufs avec les jaunes et le sucre jusqu'à blanchiment ; verser le lait en mince filet, en ôtant les zestes, et en fouettant ; ajouter le Grand Marnier. Peler les oranges à vif ; les détailler en fines rondelles et ôter les pépins. Chauffer les morceaux de sucre avec 3 cuillerées à soupe d'eau jusqu'à obtention d'un caramel clair ; en napper un moule à côtes, puis disposer les rondelles d'orange ; verser la crème. Placer le moule dans un plat rempli d'eau bouillante jusqu'aux 3/4 et cuire au four préchauffé à 180 °C, à mi-hauteur, 40 mn, en ajoutant de l'eau si nécessaire. Laisser refroidir. Démouler. Réserver au frais jusqu'au moment de servir.

Gâteau glacé au chocolat noir, au rhum et à la chantilly

Préparation : 40 mn
Congélation : 12 h

recette de fête

Ingrédients pour 8 personnes :

6 œufs
300 g de chocolat noir à 70 %
210 g de beurre
1 c. à s. de rhum
1 pincée de sel
70 g de sucre
12 cl de crème liquide très froide
100 g de bonbons (petits œufs en chocolat, par exemple)
2 c. à s. de sucre glace

1. Préparer l'entremets la veille : séparer les blancs d'œufs des jaunes. Casser 200 g de chocolat en morceaux, et le faire fondre au bain-marie. Hors du feu, incorporer 200 g de beurre coupé en dés, en remuant vivement. Ajouter les jaunes et mélanger. Faire cuire quelques minutes au bain-marie, sans cesser de remuer. Ajouter le rhum et laisser refroidir.
2. Monter les blancs d'œufs en neige avec le sel. Lorsqu'ils commencent à devenir fermes, incorporer le sucre, sans cesser de fouetter, jusqu'à obtention d'une neige très ferme.
3. Fouetter la crème en chantilly.
4. Incorporer la crème Chantilly à la préparation au chocolat. Ajouter les blancs en neige, en soulevant délicatement la masse à la spatule. Verser l'appareil dans un moule à manqué mouillé de 22 cm de diamètre. Réserver au congélateur 12 h.
5. Faire fondre le reste de chocolat au bain-marie. Ajouter le reste de beurre. Mélanger. Verser le chocolat sur une surface froide, puis confectionner des copeaux.
6. Sortir le moule du congélateur 30 mn avant de servir.
7. Démouler sur un plat. Décorer avec les copeaux de chocolat et les bonbons. Saupoudrer de sucre glace et servir.

conseil

Vous pouvez remplacer le rhum par 1 cuillerée à soupe de cognac ou une liqueur de votre choix.

Marquise glacée au chocolat et au cacao, glaçage au chocolat

Préparation : 20 mn
Cuisson : 5 mn
Congélation : 5 h

recette raffinée

Ingrédients pour 6 personnes :

80 g de chocolat noir à 70 % râpé
150 g de beurre
4 jaunes d'œufs
125 g de sucre glace
80 g de cacao
25 cl de crème fraîche

Ganache au chocolat :
30 cl de lait
15 cl de crème liquide
100 g de sucre
250 g de chocolat noir à 70 % râpé
12 cl d'huile de tournesol
10 cl de sirop de glucose

1. Râper le chocolat dans une jatte. Réserver.
2. Faire fondre le beurre sur feu doux, puis le porter à ébullition. L'incorporer aussitôt au chocolat. Mélanger au fouet pour obtenir une texture lisse.
3. Fouetter les œufs et le sucre glace jusqu'à blanchiment. Les incorporer au mélange précédent. Ajouter le cacao tamisé dans un chinois, puis la crème fraîche très légèrement fouettée. Verser cette mousse dans une terrine chemisée de film alimentaire. Réserver au congélateur 5 h.
4. Préparer la ganache au chocolat : dans une casserole, porter le lait à ébullition avec la crème et le sucre. Verser ce mélange, peu à peu, sur le chocolat. Ajouter l'huile et le sirop de glucose. Réserver au réfrigérateur.
5. Avant le repas, tremper le fond de la terrine dans de l'eau chaude, et démouler délicatement la marquise sur une planche à découper. La napper de ganache au chocolat. Réserver au réfrigérateur jusqu'au moment de servir.

conseil

Décorez avec des physalis et des éclats de feuilles d'or alimentaires. Vous trouverez ces dernières dans certaines épiceries fines ou des épiceries indiennes.

Mousse à la citronnelle, ananas confit à la citronnelle

Préparation : 40 mn
Cuisson : 20 mn
Réfrigération : 1 h

recette exotique

Ingrédients pour 4 personnes :

1 ananas
230 g de sucre
1 botte de citronnelle fraîche
1/2 botte de menthe fraîche

Mousse à la citronnelle :
10 cl de crème liquide très froide
200 g de crème à la citronnelle (voir recette p. 430)

1. Préparer la mousse à la citronnelle : fouetter la crème. L'incorporer délicatement à la crème à la citronnelle. Répartir la mousse dans 4 petits cercles et laisser prendre au réfrigérateur. Ôter l'écorce de l'ananas et le parer. Le détailler en 4 rondelles épaisses et enlever la partie dure, au centre, avec un emporte-pièce.
2. Porter 25 cl d'eau à ébullition avec le sucre et les feuilles de citronnelle et de menthe émincées. Faire confire les rondelles d'ananas dans ce sirop à petit frémissement 20 mn. Éteindre le feu. Laisser refroidir, à couvert. Égoutter les rondelles d'ananas. Les détailler.
3. Placer chaque mousse à la citronnelle dans une assiette. Ôter les cercles. Disposer les morceaux d'ananas tout autour. Servir.

variante de la recette

Mousse à l'ananas et à la vanille

Ingrédients : 1 ananas de 1 kg, 2 c. à s. de sucre, 2 pincées de vanille en poudre, le jus de 1/2 citron et 2 blancs d'œufs.

Ôter l'écorce et le cœur de l'ananas; détailler la chair en dés et la mixer, en réservant quelques dés; ajouter le sucre, la vanille et le jus de citron; mélanger; incorporer les blancs d'œufs montés en neige ferme, en soulevant la masse; verser la mousse dans 4 coupes et congeler 3 h. Au moment de servir, décorer avec les dés d'ananas.

Mousse à la noix de coco et au rhum

Préparation : 45 mn
Réfrigération : 2 h

recette antillaise

Ingrédients pour 6 à 8 personnes :

25 cl de lait chaud
100 g de noix de coco râpée
3 œufs + 2 jaunes
70 g de sucre
75 g de noix de coco en poudre
5 feuilles de gélatine
25 cl de crème fraîche
1 c. à s. de rhum
200 g de gelée de cerise

1. Verser le lait sur la noix de coco râpée. Laisser infuser sur feu doux, à couvert, 30 mn. Filtrer dans une mousseline. Réserver.
2. Sur un bain-marie, fouetter les œufs et les jaunes en ajoutant le sucre, peu à peu, le lait de noix de coco et la noix de coco en poudre. Hors du bain-marie, fouetter jusqu'à refroidissement. Ajouter la gélatine dissoute dans 3 cuillerées à soupe d'eau. Mélanger. Placer sur des glaçons et fouetter doucement jusqu'à ce que le mélange commence à prendre. Ôter des glaçons et incorporer la crème légèrement fouettée et additionnée du rhum. Verser le mélange dans un moule mouillé. Réfrigérer 2 h. Démouler. Verser la gelée de cerise autour et servir.

variante de la recette

Mousse glacée à la noix de coco

Ingrédients : 50 g de noix de coco râpée, 70 g de sucre glace, 1 c. à s. de jus de citron vert, 2 c. à s. de Malibu, 20 cl de crème fraîche et 2 blancs d'œufs.

Mélanger la noix de coco avec 15 cl d'eau bouillante et 35 g de sucre; faire cuire 4 mn; laisser refroidir; ajouter le jus de citron, le Malibu et la crème légèrement fouettée; incorporer les blancs montés en neige ferme avec le reste de sucre, en fouettant; verser l'appareil dans un moule; congeler 6 à 8 h. Pour servir, couper en tranches.

Mousse au caramel au craquant au chocolat et aux poires caramélisées

Préparation : 45 mn
Cuisson : 10 mn
Réfrigération : 12 h

recette bretonne

Ingrédients pour 4 personnes :

2 poires
90 g de sucre
30 cl de crème liquide
10 g de beurre
1 1/2 feuille de gélatine
20 g de chocolat au lait
50 g de crêpes dentelle réduites en miettes
4 macarons de 10 cm de diamètre

1. Peler les poires, les épépiner et les couper en 8 quartiers. Faire fondre 50 g de sucre à sec dans une poêle, jusqu'à coloration blonde, et y faire caraméliser les quartiers de poire. Mouiller avec 1 1/2 verre d'eau. À coloration, égoutter les fruits, en réservant le jus de cuisson. Réserver.
2. Verser le reste de sucre dans une casserole et le faire cuire jusqu'à coloration rousse. Déglacer ce caramel avec 10 cl de crème. Ajouter le beurre. Diviser en 2 parts égales. Réserver.
3. Ramollir la gélatine dans 10 cl d'eau, l'égoutter et la faire fondre sur feu doux. La mélanger à 1 part de caramel. Fouetter le reste de crème fermement, puis l'incorporer au mélange précédent.
4. Faire fondre le chocolat au bain-marie. Ajouter les miettes de crêpes dentelle. Mélanger. Disposer ce craquant sur une assiette couverte de film alimentaire, en formant 4 disques de 10 cm de diamètre. Réserver au frais.
5. Poser 4 cercles à pâtisserie de 10 cm de diamètre sur une plaque couverte de papier sulfurisé. Y disposer les macarons. Recouvrir de 2 couches de mousse au caramel, en intercalant 1 craquant au chocolat. Surmonter de 2 quartiers de poire égouttés, coupés en lamelles, en formant un éventail. Réfrigérer 12 h.
6. Ôter les cercles en chauffant le pourtour au sèche-cheveux. Mélanger le jus de cuisson des poires avec le reste de caramel. Servir cette sauce à part.

Mousse au chocolat

Préparation : 20 mn
Réfrigération : 2 h

recette traditionnelle

Ingrédients pour 6 à 8 personnes :

250 g de chocolat noir à 70 %
100 g de beurre
6 jaunes d'œufs + 5 blancs
1 pincée de sel
1 c. à s. de sucre

1. Faire fondre le chocolat cassé en morceaux au bain-marie, à petit frémissement, en remuant de temps en temps. Hors du feu, incorporer le beurre coupé en dés. Fouetter jusqu'à obtention d'un mélange lisse.
2. Dans une terrine, travailler les jaunes d'œufs à la spatule, en incorporant le mélange chocolat-beurre.
3. Monter les blancs d'œufs en neige ferme avec le sel, en ajoutant le sucre lorsqu'ils commencent à se raffermir. Les incorporer au mélange précédent, louche par louche, en soulevant délicatement la masse. Réfrigérer 2 h au moins.

conseil

Décorez avec des zestes d'orange confits.

variante de la recette

Mousse au chocolat au lait

Ingrédients : 10 cl de crème liquide, 2 gousses de vanille, 150 g de chocolat au lait cassé en morceaux et 30 cl de crème fouettée.

Porter la crème à ébullition avec les gousses de vanille fendues en deux et grattées; laisser cuire 5 mn; verser la crème sur le chocolat; mélanger; laisser refroidir. Incorporer la crème fouettée. Réfrigérer 2 h. Vous pouvez napper la mousse de crème à la menthe (voir recette p. 430).

Mousse au chocolat blanc
et mousse au cacao

Préparation : 40 mn
Cuisson : 15 mn
Réfrigération : 4 h

recette raffinée

Ingrédients pour 6 personnes :

Mousse au chocolat blanc :
300 g de chocolat blanc
10 cl de crème liquide
6 blancs d'œufs
1 pincée de sel

Mousse au cacao :
120 g de beurre
4 c. à s. de cacao
4 œufs

1. Préparer la mousse au chocolat blanc : casser le chocolat en morceaux, puis concasser ces derniers. Faire fondre le chocolat, additionné de 2 cuillerées à soupe d'eau, au bain-marie.
2. Fouetter la crème jusqu'à ce qu'elle épaississe. Réserver.
3. Monter les blancs d'œufs en neige avec le sel. Réserver.
4. Incorporer au chocolat la crème fouettée, puis les œufs en neige, le plus délicatement possible.
5. Répartir la mousse dans des coupes. Réfrigérer 2 h.
6. Préparer la mousse au cacao : faire fondre le beurre au bain-marie. Ajouter le cacao en mélangeant bien. Retirer le mélange du feu et laisser refroidir.
7. Séparer les blancs d'œufs des jaunes. Ajouter ceux-ci au mélange précédent, un par un.
8. Fouetter les blancs d'œufs en neige. Les incorporer à la préparation au chocolat.
9. Répartir la mousse dans des coupes. Réfrigérer 2 h.

•——conseil——•

Décorez avec des zestes d'agrumes, des fruits secs et/ou des fruits frais.

•——notre avis——•

Vous pouvez aromatiser la mousse au chocolat blanc en faisant infuser 1 sachet de thé à la mandarine dans l'eau avant d'ajouter celle-ci au chocolat.

Mousse au chocolat et au cacao,
sauce à l'orange

Préparation : 35 mn
Cuisson : 10 mn
Réfrigération : 12 h

recette de fête

Ingrédients pour 8 personnes :

150 g de chocolat noir
7 jaunes d'œufs
220 g de sucre
300 g de beurre ramolli
170 g de cacao
50 cl de crème liquide
2 brins de menthe

Sauce à l'orange :
50 cl de jus d'orange
Le jus de 1 citron
5 jaunes d'œufs
70 g de sucre

1. Casser le chocolat en morceaux. Le faire fondre au bain-marie. Dans une terrine, mélanger au fouet les jaunes d'œufs et le sucre jusqu'à blanchiment. Ajouter le chocolat fondu en fouettant vivement.
2. Mélanger le beurre et le cacao. Incorporer ce mélange à la préparation précédente.
3. Fouetter la crème en chantilly. La mélanger, au fouet, à la préparation au chocolat. Verser l'appareil dans un moule à cake chemisé de film alimentaire. Placer au réfrigérateur 12 h.
4. Préparer la sauce à l'orange : porter le jus d'orange à ébullition. Dans une jatte, mélanger les jaunes d'œufs avec le sucre, puis verser les jus d'orange et de citron. Transvaser le mélange dans une petite casserole et laisser cuire sur feu très doux, sans cesser de remuer avec une cuiller de bois, 10 mn. Juste avant l'ébullition, verser la sauce dans une jatte et laisser refroidir complètement.
5. Démouler la mousse sur un plat. Ôter le film alimentaire. Décorer de feuilles de menthe et servir aussitôt avec la sauce à l'orange.

•——conseil——•

Faute de film alimentaire, plongez le moule dans de l'eau chaude quelques secondes pour faciliter le démoulage.

Mousse au chocolat
et aux bananes

Préparation : 25 mn
Réfrigération : 2 h

recette martiniquaise

Ingrédients pour 6 personnes :

200 g de chocolat noir
2 c. à s. de crème liquide
50 g de beurre
2 jaunes d'œufs + 5 blancs
1 pincée de sel
1 c. à s. de sucre
1 c. à s. de cacao
1 pincée de vanille en poudre
3 bananes

1. Casser le chocolat en petits morceaux. Les disposer dans une jatte.
2. Porter la crème à ébullition. La verser sur le chocolat. Mélanger jusqu'à obtention d'une préparation homogène. Incorporer le beurre, puis les jaunes d'œufs, un par un, en mélangeant entre chaque adjonction.
3. Fouetter les blancs en neige ferme avec le sel, le sucre, le cacao et la vanille. Les incorporer délicatement à la préparation au chocolat, sans trop travailler le mélange.
4. Mixer 2 bananes. Ajouter la purée de bananes au mélange au chocolat. Verser la préparation dans une coupe. Réfrigérer 2 h. Au moment de servir, détailler la banane restante en fines rondelles. Les enfoncer légèrement dans la mousse. Servir aussitôt.

variante de la recette

Mousse de bananes
au Grand Marnier et au cacao

Ingrédients pour 4 personnes : 2 bananes, 1 c. à c. de jus de citron, 20 cl de crème liquide, 3 c. à s. de sucre glace, 2 c. à s. de Grand Marnier et 1 c. à s. de cacao.

Peler les bananes et les mixer en purée ; mélanger avec le jus de citron. Monter la crème en chantilly, en ajoutant le sucre glace ; l'incorporer délicatement à la purée de bananes et ajouter le Grand Marnier. Réfrigérer 1 h. Au moment de servir, saupoudrer de cacao.

Mousse au chocolat
et aux cerises au kirsch

Préparation : 30 mn
Réfrigération : 2 h

recette alsacienne

Ingrédients pour 6 personnes :

40 cl de crème liquide
200 g de chocolat noir
2 c. à s. de kirsch
48 griottes au kirsch
2 c. à s. de cacao

1. Porter 10 cl de crème à ébullition. La verser sur le chocolat cassé en morceaux. Mélanger.
2. Monter le reste de crème au fouet, la parfumer avec le kirsch, puis l'incorporer au chocolat tiède.
3. Remplir 6 cercles de mousse, jusqu'à mi-hauteur. Disposer 5 griottes au centre. Recouvrir avec le reste de mousse. Réfrigérer 2 h.
4. Au moment de servir, saupoudrer de cacao et décorer avec 3 griottes.

variante de la recette

Mousse au chocolat à la ricotta
et au kirsch

Ingrédients pour 4 personnes : 220 g de ricotta, 4 c. à s. de sirop d'érable, 50 g de chocolat noir, 15 cl de crème fraîche, 1 c. à s. de kirsch, 1 blanc d'œuf et 1 c. à s. de cacao.

Fouetter la ricotta avec 3 cuillerées à soupe de sirop d'érable. Faire fondre le chocolat au bain-marie ; l'incorporer à la ricotta ; mélanger. Répartir le mélange dans 4 coupes. Fouetter la crème fraîche avec le reste de sirop d'érable et le kirsch. Monter le blanc d'œuf en neige ferme et l'incorporer délicatement à la crème fouettée, pour obtenir une chantilly ; répartir celle-ci dans les coupes et réfrigérer 1 à 2 h. Au moment de servir, saupoudrer de cacao.

Mousse au citron
en coques de citron confites

Préparation : 40 mn
Cuisson : 20 mn

recette mentonnaise

Ingrédients pour 4 personnes :

4 gros citrons
1 kg de sucre
Le zeste de 1 citron vert détaillé en lanières
500 g de mousse au citron (voir recette p. 441)

1. Brosser les citrons sous l'eau chaude. Les décalotter, dans la hauteur, et les évider. Porter à ébullition 90 cl d'eau avec 900 g de sucre. Blanchir les coques et chapeaux de citron 2 à 3 mn, puis les plonger dans le sirop. Laisser cuire à petit frémissement 20 mn. Laisser refroidir. Porter à ébullition 3 cuillerées à soupe d'eau additionnée du reste de sucre. Y faire cuire le zeste de citron vert 5 mn.
2. Égoutter les citrons confits. Les disposer dans les assiettes. Garnir chaque coque de mousse au citron. Répartir le zeste de citron sur la mousse et autour des coques. Décorer avec les chapeaux. Servir.

variante de la recette

Mousse au citron et aux amandes

Ingrédients : 4 jaunes d'œufs + 4 blancs, le jus et le zeste finement râpé de 2 citrons, 2 feuilles de gélatine, 40 cl de crème fouettée et 25 g d'amandes mondées, grillées et hachées.

Battre les jaunes d'œufs, le jus et le zeste des citrons dans une jatte placée sur un bain-marie, jusqu'à épaississement; lorsque le mélange mousse, y dissoudre la gélatine ramollie dans de l'eau froide et essorée; placer la jatte sur des glaçons et laisser refroidir en battant de temps en temps. Ajouter la crème fouettée, en en réservant un peu, et les blancs battus en neige; verser l'appareil dans un moule à soufflé et réfrigérer 2 h au moins. Au moment de servir, décorer avec le reste de crème et les amandes.

Mousse au citron en mille-feuilles
de chocolat, coulis de clémentines

Préparation : 1 h
Repos : 12 h

recette de fête

Ingrédients pour 12 personnes :

1 kg de chocolat noir
100 g de sucre
12 clémentines
1 c. à s. de grenadine
600 g de mousse au citron au beurre et à la crème (voir recette p. 441)

1. Préparer les cœurs en chocolat la veille : disposer le chocolat cassé en morceaux dans une terrine placée sur un bain-marie et le faire fondre sans cesser de mélanger. Retirer du bain-marie et laisser refroidir en mélangeant de temps en temps. Disposer à nouveau le chocolat durci sur un bain-marie et le faire fondre.
2. Verser le chocolat sur une plaque couverte de film alimentaire bien tendu. L'étaler sur toute la surface, à la spatule, sur 3 mm d'épaisseur. Lorsque le chocolat commence à durcir, y découper 36 cœurs à l'emporte-pièce. Laisser reposer 12 h.
3. Décoller les cœurs de chocolat. Réserver.
4. Porter 20 cl d'eau à ébullition avec le sucre. Pendant ce temps, peler les clémentines, en réservant le zeste de 6 d'entre elles, les détailler en quartiers et ôter les membranes blanches. Réserver 6 quartiers par mille-feuille. Mixer le reste avec le sirop. Filtrer le coulis de clémentines. Réserver. Blanchir le zeste 3 mn, l'égoutter, l'émincer et le faire confire dans la grenadine additionnée de 1 cuillerée à soupe d'eau.
5. Monter un mille-feuille : sur 1 cœur en chocolat, déposer 1 cuillerée à café de mousse au citron, ajouter 3 quartiers de clémentine et 1 noix de mousse au citron. Poser 1 cœur en chocolat. Renouveler l'opération, et terminer par 1 cœur en chocolat. Décorer avec le coulis de clémentines et les zestes confits. Confectionner les autres mille-feuilles de la même façon.

Mousse au fromage blanc à l'ananas

Préparation : 15 mn
Réfrigération : 2 h

recette antillaise

Ingrédients pour 6 personnes :

220 g de sucre
800 g de fromage blanc
250 g de yaourt
1 l de crème fleurette
Le jus de 2 citrons
8 feuilles de gélatine
1 ananas pelé + 1 ananas non pelé

1. Mélanger le sucre, le fromage blanc et le yaourt au batteur. Ajouter la crème, le jus des citrons et la gélatine ramollie dans de l'eau tiède et essorée. Répartir la moitié de l'appareil dans 6 ramequins.
2. Détailler l'ananas pelé en 6 rondelles du même diamètre que les ramequins et les disposer dans les ramequins. Recouvrir avec le reste du mélange. Réfrigérer 2 h au moins. Couper l'ananas non pelé en 6 rondelles. Démouler chaque mousse sur 1 rondelle d'ananas. Servir.

variante de la recette

Mousse au fromage blanc au citron

Ingrédients : 200 g de sablés finement écrasés, 30 g de cassonade, 80 g de beurre fondu, le zeste de 1 citron râpé + le jus de 3 citrons, 3 feuilles de gélatine, 400 g de fromage blanc en faisselle, 20 cl de crème fraîche et 200 g de lait concentré sucré.

Dans une jatte, mélanger les biscuits avec la cassonade et le beurre. Chemiser un moule à bord amovible de papier sulfurisé ; y tasser le mélange. Chauffer le jus de citron ; y dissoudre la gélatine ramollie dans de l'eau froide et essorée en fouettant ; laisser tiédir. Fouetter le fromage blanc avec la crème ; ajouter le zeste et le jus de citron, puis le lait. Verser l'appareil dans le moule. Couvrir de papier d'aluminium. Réfrigérer 12 h. Démouler sur un plat ; napper éventuellement de glaçage au citron (voir recette p. 438). Servir aussitôt.

Mousse au fromage blanc aux fraises

Préparation : 30 mn
Réfrigération : 6 h

recette nantaise

Ingrédients pour 6 personnes :

150 g de petits-beurre
80 g de beurre ramolli
350 g de fromage blanc en faisselle
Le jus et le zeste râpé de 1 citron vert
3 feuilles de gélatine
3 œufs
120 g de sucre
1 sachet de sucre vanillé
20 cl de crème liquide très froide
1 pincée de sel
450 g de fraises

1. Émietter les biscuits. Les mixer avec le beurre. Tasser le mélange dans un moule à manqué avec le fond d'un verre. Placer au réfrigérateur. Bien égoutter le fromage blanc. Porter le jus de citron à ébullition, puis y dissoudre la gélatine ramollie dans de l'eau froide et essorée. Séparer les blancs d'œufs des jaunes. Dans une terrine, travailler ceux-ci avec 90 g de sucre et le sucre vanillé, jusqu'à ce que le mélange mousse. Incorporer le fromage blanc, le zeste et le jus de citron. Mélanger jusqu'à ce que la préparation soit parfaitement homogène.
2. Fouetter la crème jusqu'à ce qu'elle soit ferme. Réserver au réfrigérateur. Monter les blancs en neige avec le sel. Verser le reste du sucre en pluie, en fouettant 2 mn. Incorporer la crème fouettée, en en réservant 4 cuillerées à soupe. Mélanger cet appareil avec la préparation précédente. Verser la moitié du mélange dans le moule.
3. Équeuter les fraises et les couper en deux, en réservant les plus grosses. Disposer les demi-fraises dans le moule et verser le reste du mélange. Réfrigérer 6 h au moins.
4. Démouler l'entremets au moment de servir. Décorer le pourtour avec les fraises réservées, coupées en deux. Répartir la crème fouettée restante en petits dômes. Servir aussitôt.

Mousse au fromage blanc aux groseilles,
coulis de framboises

Préparation : 35 mn
Réfrigération : 5 à 6 h

recette raffinée

Ingrédients pour 6 personnes :

180 g de sucre
6 feuilles de gélatine
250 g de groseilles rouges
200 g de groseilles à maquereau
300 g de fromage blanc en faisselle
25 cl de crème liquide
125 g de framboises
125 g de fraises des bois

Coulis de framboises :
300 g de framboises
100 g de sucre

1. Faire chauffer 8 cl d'eau avec le sucre jusqu'au point d'ébullition. Lorsque le sucre est bien dissous, retirer du feu. Ajouter la gélatine ramollie dans de l'eau froide, égouttée et essorée. Mélanger. Laisser refroidir ce sirop.
2. Verser 2 à 3 cuillerées à soupe d'eau dans une casserole. Ajouter les 2 variétés de groseilles, en réservant quelques groseilles rouges, et les faire éclater sur feu doux. Les passer au moulin à légumes pour en extraire le jus. Incorporer le jus des groseilles au sirop.
3. Fouetter vivement le fromage blanc pour bien le lisser. Ajouter le sirop. Réserver au réfrigérateur.
4. Fouetter la crème et l'incorporer délicatement au fromage blanc bien froid. Verser la préparation dans un moule à manqué ou à soufflé mouillé. Entreposer au réfrigérateur 5 à 6 h.
5. Préparer le coulis de framboises : mixer les framboises avec le sucre. Tamiser.
6. Au moment de servir, plonger le moule dans de l'eau chaude 10 s. Retourner le moule au centre d'un plat et démouler. Décorer le dessus avec les groseilles, les framboises et les fraises des bois. Répartir le coulis de framboises autour de la mousse. Servir aussitôt.

notre avis

Pour confectionner la mousse, vous pouvez remplacer les groseilles fraîches par des groseilles surgelées, puisque seul le jus de ces dernières est utilisé.

Mousse au lait de coco et à la vanille,
glaçage au chocolat

Préparation : 40 mn
Cuisson : 15 mn
Congélation : 20 h

recette raffinée

Ingrédients pour 6 personnes :

50 cl de lait
1/2 boîte de lait de coco
2 gousses de vanille
5 jaunes d'œufs
40 g de sucre
6 feuilles de gélatine
50 cl de crème fouettée
1/2 noix de coco

Glaçage au chocolat :
100 g de crème liquide
100 g de chocolat

1. Préparer une crème anglaise : verser le lait dans une casserole. Ajouter le lait de coco et les gousses de vanille fendues en deux et grattées. Porter à ébullition. Dans une terrine, fouetter les jaunes d'œufs avec le sucre, jusqu'à ce que le mélange blanchisse. Verser le lait bouillant. Laisser cuire, sans cesser de remuer, jusqu'à ce que la crème nappe la cuiller.
2. Ramollir la gélatine dans de l'eau froide et l'essorer.
3. Incorporer la gélatine à la crème anglaise. Mélanger. Laisser refroidir.
4. Ajouter la crème fouettée au mélange précédent. Verser l'appareil dans un moule à cake tapissé de film alimentaire et placer au congélateur 2 h.
5. Pendant ce temps, râper la moitié de la chair de la demi-noix de coco, et confectionner des copeaux avec le reste. Réserver.
6. Préparer le glaçage au chocolat : faire chauffer la crème et la verser sur le chocolat cassé en morceaux. Bien mélanger et laisser tiédir.
7. Avec une spatule, napper l'entremets encore congelé de glaçage au chocolat. Disposer des copeaux de noix de coco tout autour et saupoudrer la surface de noix de coco râpée. Servir bien froid.

conseil

Pour parfumer davantage ce dessert, achetez de l'essence de coco ; on la trouve dans les épiceries chinoises.

Mousse au mascarpone,
au chocolat et aux macarons

Préparation : 20 mn
Réfrigération : 2 h

recette italienne

Ingrédients pour 6 personnes :

200 g de mascarpone
3 c. à s. de sucre
3 c. à s. de Grand Marnier
200 g de chocolat noir à 70 %
12 macarons
30 cl de crème liquide
1 c. à s. de sucre glace

1. Mélanger le mascarpone, le sucre et le Grand Marnier. Casser le chocolat en morceaux et le faire fondre au bain-marie. L'incorporer au mélange précédent, ainsi que les macarons réduits en poudre.
2. Fouetter la crème avec le sucre glace jusqu'à ce qu'elle soit ferme. En ajouter la moitié à la préparation au mascarpone. Mélanger et réserver au frais.
3. Avant de servir, recouvrir la mousse du reste de crème fouettée.

variante de la recette

Mousse aux macarons et au chocolat

Ingrédients pour 8 à 10 personnes : 200 g de chocolat, 50 g de beurre, 4 œufs, 1 c. à c. de café soluble, 300 g de mousse aux macarons et quelques pralines roses.

Casser le chocolat en morceaux ; le faire fondre au bain-marie avec 2 cuillerées à soupe d'eau et le beurre coupé en dés ; laisser tiédir. Séparer les blancs d'œufs des jaunes ; incorporer ceux-ci au mélange, ainsi que le café dilué dans un peu d'eau. Monter les blancs en neige ferme ; les incorporer délicatement à la préparation. Réserver au réfrigérateur. Tapisser un moule à cake de 26 cm de long de papier sulfurisé ; y verser la moitié de la mousse aux macarons, puis la mousse au chocolat et recouvrir du reste de mousse aux macarons. Placer au congélateur 2 h et réfrigérer 1 h avant de servir. Démouler sur un plat. Parsemer de pralines broyées. Servir.

Mousse aux abricots et aux biscuits,
sauce au thé

Préparation : 40 mn
Cuisson : 20 mn
Réfrigération : 2 h

recette anglaise

Ingrédients pour 4 personnes :

150 g de biscuits sablés
60 g de beurre ramolli
500 g d'abricots
80 g de sucre
5 feuilles de gélatine
20 cl de crème liquide
2 brins de menthe

Sauce au thé :
20 g de thé au choix
3 jaunes d'œufs
50 g de sucre

1. Découper 4 rectangles de 22 x 6 cm dans une grande feuille de papier bristol. Les fermer en formant un cylindre. Les fixer avec du ruban adhésif. Les disposer sur une feuille de papier sulfurisé. Mixer les biscuits avec le beurre. Répartir cette pâte dans les cylindres en bristol. Dénoyauter les abricots et les mixer, en en réservant quelques-uns. Réserver.
2. Porter 8 cl d'eau à ébullition avec le sucre. Hors du feu, incorporer les feuilles de gélatine ramollies dans de l'eau froide et essorées, puis la purée d'abricots.
3. Fouetter la crème au batteur électrique. L'incorporer délicatement au mélange précédent en soulevant la masse. Garnir chaque cylindre de bristol de cette préparation et laisser prendre au réfrigérateur 2 h.
4. Préparer la sauce au thé : porter 30 cl d'eau à ébullition. Ajouter le thé et laisser infuser 5 mn. Battre les jaunes d'œufs et le sucre. Verser le thé en fouettant. Transvaser la préparation dans une casserole. Cuire sur feu doux, sans cesser de remuer, jusqu'à épaississement. Verser la sauce dans une jatte et laisser refroidir. Pendant ce temps, détailler les abricots restants en dés et en lamelles.
5. Disposer les cylindres de mousse dans les assiettes et ôter le bristol. Verser la sauce au thé autour. Décorer avec les dés et les lamelles d'abricot, et des feuilles de menthe.

notre avis

Tous les thés conviennent, à l'exception des thés aromatisés.

Mousse aux mangues

Préparation : 35 mn
Réfrigération : 2 h

recette économique

Ingrédients pour 4 personnes :

2 grosses mangues
1 clou de girofle
3 feuilles de gélatine
30 cl de crème fleurette
70 g de sucre

1. Couper les mangues en deux. Prélever la chair à l'aide d'une petite cuiller et la mixer. Tamiser la purée de mangues dans un chinois. Parfumer du clou de girofle. Réserver.
2. Faire ramollir les feuilles de gélatine dans de l'eau froide. Les égoutter et les faire fondre dans 2 cuillerées à soupe d'eau sur feu doux, en remuant, sans laisser bouillir.
3. Incorporer la gélatine au coulis de mangues. Réserver au réfrigérateur jusqu'à ce que la préparation épaississe, en remuant de temps en temps au fouet.
4. Verser la crème dans une jatte. La fouetter avec le sucre jusqu'à ce qu'elle soit ferme. Incorporer délicatement la crème fouettée à la mousse de mangues. Répartir celle-ci dans des coupes. Réfrigérer 2 h au moins.

variante de la recette

Mousse aux mangues, pistaches et gingembre

Procéder comme pour la Mousse aux mangues.

À l'étape **4,** ajouter 2 noix de gingembre confit coupées en petits dés. Au moment de servir, parsemer les coupes de pistaches hachées.

à savoir

Si la mangue n'est pas tout à fait mûre au moment de l'achat, elle finira de s'épanouir à température ambiante en quelques jours. En revanche, elle ne supporte pas le froid : lorsqu'elle est à point, il faut la consommer sans attendre.

Mousse aux myrtilles

Préparation : 30 mn
Cuisson : 10 mn
Réfrigération : 35 mn

recette raffinée

Ingrédients pour 6 personnes :

500 g de myrtilles
Le jus de 1 citron
4 jaunes d'œufs
220 g de sucre
4 feuilles de gélatine
50 cl de crème fraîche

1. Placer les myrtilles dans une casserole contenant un fond d'eau. Arroser du jus de citron. Porter à ébullition.
2. Monter les jaunes d'œufs au batteur électrique, en incorporant le sucre peu à peu, jusqu'à obtention d'un mélange presque blanc. Ajouter cet appareil aux myrtilles, en remuant et en raclant le fond de la casserole pour éviter que le mélange n'accroche. Laisser cuire sur feu doux 8 mn.
3. Faire ramollir les feuilles de gélatine dans de l'eau froide. Égoutter.
4. Verser le mélange jaunes d'œufs-myrtilles dans une jatte posée sur un lit de glaçons. Incorporer la gélatine. Remuer souvent, jusqu'à refroidissement.
5. Monter la crème fraîche en chantilly et en incorporer les 3/4 à la préparation. Verser l'appareil dans une moule et placer au réfrigérateur 35 mn. Décorer avec le reste de chantilly et servir.

variante de la recette

Mousse aux myrtilles et aux mûres

Procéder comme pour la Mousse aux myrtilles.

Utiliser 400 g de myrtilles et 200 g de mûres. À l'étape **4,** ajouter 2 cuillerées à soupe de liqueur de cassis.

conseil

Servez la mousse aux myrtilles avec un coulis de framboises ou de fraises, ou encore un sorbet à la fraise.

Mousse aux pruneaux au thé

Préparation : 30 mn
Cuisson : 20 mn
Réfrigération : 4 h

recette agenaise

Ingrédients pour 6 personnes :

- 300 g de pruneaux non dénoyautés
- 1 sachet de thé darjeeling
- 50 g de cassonade
- 3 yaourts
- Le zeste de 1 orange
- Le jus de 1 citron
- 4 feuilles de gélatine
- 20 cl de crème fraîche
- 1 c. à s. de sucre glace
- 1 sachet de sucre vanillé
- 1 c. à s. de cannelle en poudre
- 50 g de cerneaux de noix
- 2 brins de menthe

1. Verser 50 cl d'eau dans une casserole. Ajouter les pruneaux et chauffer jusqu'à frémissement. Laisser cuire sur feu doux 20 mn.
2. Ôter la casserole du feu. Plonger le sachet de thé dans le liquide de cuisson des pruneaux et laisser infuser quelques minutes.
3. Égoutter les pruneaux, en réservant le jus de cuisson parfumé au thé, et les dénoyauter. Les disposer dans le bol d'un robot, en en réservant quelques-uns, avec 2 cuillerées à soupe du jus de cuisson et la cassonade. Mixer. Transvaser la purée de pruneaux dans une jatte. Ajouter les yaourts et mélanger. Réserver.
4. Émincer le zeste d'orange. Réchauffer le reste du jus de cuisson des pruneaux, additionné du jus de citron et du zeste émincé. Incorporer la gélatine ramollie dans de l'eau froide et essorée. Hors du feu, mélanger pour la dissoudre. Laisser refroidir.
5. Incorporer le mélange précédent, peu à peu, à la préparation aux pruneaux, en émulsionnant bien l'appareil.
6. Fouetter la crème en chantilly, en ajoutant le sucre glace, le sucre vanillé et la cannelle en poudre. Incorporer la crème fouettée à la préparation précédente.
7. Répartir la mousse dans 6 coupes. Décorer avec les pruneaux restants, dénoyautés, les cerneaux de noix et des feuilles de menthe. Réfrigérer 4 h.

Mousse de chantilly au chocolat à la marmelade de fruits secs

Préparation : 35 mn
Cuisson : 15 mn
Congélation : 1 h

recette raffinée

Ingrédients pour 4 à 6 personnes :

- 100 g de chocolat au lait
- 75 g de riz soufflé

Chantilly au chocolat :
- 200 g de chocolat au lait
- 50 g de pralin
- 30 cl de crème liquide

Marmelade de fruits secs :
- 200 g d'abricots secs
- 150 g de pruneaux
- 150 g de sucre
- 4 sachets de thé

Glaçage au chocolat :
- 12 cl de crème liquide
- 100 g de chocolat noir haché fin
- 50 g de beurre

1. Faire fondre le chocolat au bain-marie. Ajouter le riz soufflé. Bien mélanger. Réserver.
2. Préparer la chantilly au chocolat : faire fondre le chocolat au bain-marie, puis y ajouter le pralin. Monter la crème en chantilly, puis en verser 1/3 sur le mélange précédent. Fouetter énergiquement, puis incorporer le reste de chantilly.
3. Hacher grossièrement, les abricots et les pruneaux. Dans une casserole, faire bouillir 20 cl d'eau avec le sucre. Hors du feu, ajouter le thé et laisser infuser, à couvert, 5 mn. Retirer le thé. Ajouter les abricots et les pruneaux hachés et faire cuire sur feu doux 5 mn. Laisser refroidir.
4. Chemiser un moule long et étroit de papier sulfurisé. Le garnir de chantilly au chocolat jusqu'au 1/3. Avec une cuiller, disposer une bande de marmelade de fruits secs au centre. Recouvrir de chantilly au chocolat, en laissant une bordure de 3 cm environ. Terminer par une couche de chocolat au riz soufflé. Placer au congélateur 1 h.
5. Préparer le glaçage : porter la crème à ébullition, et la verser sur le chocolat. Mélanger. Ajouter le beurre. Laisser tiédir.
6. Démouler l'entremets. Napper la mousse de glaçage au chocolat.

Nage de chocolat à la vanille et aux épices

Préparation : 15 mn
Réfrigération : 12 h

recette raffinée

Ingrédients pour 6 personnes :

60 cl de lait
200 g de chocolat noir à 70 %
1 c. à s. d'extrait liquide de vanille
1/2 c. à c. de cannelle en poudre
6 étoiles de badiane

1. Préparer la nage de chocolat la veille : porter 50 cl de lait à ébullition.
2. Pendant ce temps, casser le chocolat en petits morceaux dans une jatte.
3. Verser le lait sur le chocolat. Mélanger délicatement.
4. Lorsque le chocolat est fondu, ajouter le reste de lait froid et l'extrait de vanille en mélangeant délicatement.
5. Entreposer la nage de chocolat au réfrigérateur 12 h.
6. Au moment de servir, faire tiédir la nage de chocolat au bain-marie sur feu doux.
7. Dans 6 coupelles, disposer 1 pincée de cannelle et 1 étoile de badiane. Répartir la nage de chocolat sur les épices.
8. Servir aussitôt.

conseil

Servez cet entremets avec des tranches de brioche toastées.

à savoir

Pour en savoir plus sur le « chocolatl » découvert par les Aztèques, sur la fabrication de la pâte de cacao et sur le choix du chocolat en fonction de son utilisation, voir p. 15.

Œufs à la neige au caramel

Préparation : 40 mn
Cuisson : 4 mn

délice des enfants

Ingrédients pour 4 personnes :

150 g de sucre
3 blancs d'œufs
1 pincée de sel
50 cl de lait
50 cl de crème anglaise (voir recette p. 431)
1 c. à s. de cacao

1. Porter à ébullition le sucre et 10 cl d'eau. Laisser cuire jusqu'à obtention d'un caramel blond. Hors du feu, ajouter 3 cuillerées à soupe d'eau froide. Bien mélanger.
2. Monter les blancs d'œufs en neige ferme avec le sel. Incorporer le caramel en mince filet, sans cesser de fouetter.
3. Chauffer le lait additionné de 25 cl d'eau à petit frémissement. Confectionner 12 quenelles de blanc d'œuf avec 2 cuillers et les pocher 4 mn, en les retournant à mi-cuisson. Égoutter et disposer les quenelles sur un linge.
4. Répartir la crème anglaise dans 4 coupelles. Disposer 3 quenelles de blanc d'œuf dans chaque coupelle et saupoudrer de cacao.

conseil

Pour mouler les quenelles de blanc d'œuf, utilisez 2 cuillers à soupe.

variante de la recette

Œufs à la neige à la crème au thé

Ingrédients : 6 blancs d'œufs, 220 g de sucre et 400 g de crème au thé (voir recette p. 433).

Monter les blancs d'œufs en neige ferme, en incorporant le sucre peu à peu ; confectionner des quenelles avec 2 cuillers ; les plonger dans de l'eau frémissante et laisser cuire 8 mn, en les retournant à mi-cuisson ; égoutter. Verser la crème au thé dans une coupe et disposer les blancs en neige dessus.

Œufs tièdes à la ganache au chocolat et à la crème au café

Préparation : 45 mn
Réfrigération : 6 h
Cuisson : 10 à 12 mn

recette raffinée

Ingrédients pour 6 personnes :

6 œufs
1 c. à s. de rhum ambré agricole

Crème au café :
15 cl de crème liquide
1 c. à s. rase de café moulu

Ganache au chocolat :
150 g de chocolat gianduja
1 œuf + 2 jaunes
3 c. à s. de sucre
60 cl de crème liquide
100 g de beurre fondu

Sabayon :
1 jaune d'œuf
2 c. à s. de sucre

1. Préparer la crème au café : porter la crème à ébullition. Ajouter le café et laisser infuser, hors du feu. Filtrer. Réserver au réfrigérateur 6 h.
2. Fouetter la crème au café en chantilly. Remettre au frais.
3. Préparer le sabayon : dans une casserole, verser le jaune d'œuf, le sucre, 1 cuillerée à soupe d'eau et le rhum. Fouetter sur feu doux jusqu'à ce que le mélange épaississe.
4. Préparer la ganache au chocolat : hacher le chocolat et le faire fondre au bain-marie. Pendant ce temps, fouetter l'œuf avec les jaunes et le sucre. Mélanger la crème liquide et le chocolat fondu jusqu'à obtention d'un mélange lisse. Incorporer au mélange œufs-sucre. Lisser au fouet. Ajouter le beurre. Lisser à nouveau.
5. Préchauffer le four à 180 °C.
6. Couper le haut des œufs à l'aide d'une pointe de couteau, puis de ciseaux de cuisine, sans les briser. Vider les coquilles et les rincer soigneusement à l'eau froide. Les faire sécher. Les garnir de ganache jusqu'à mi-hauteur. Cuire sur un support alvéolé 10 à 12 mn.
7. Garnir les œufs à ras bord de crème au café. Servir en coquetier, accompagné du sabayon.

Petits pots de crème à la vanille

Préparation : 25 mn
Cuisson : 1 h 45 à 2 h

délice des enfants

Ingrédients pour 4 personnes :

11 jaunes d'œufs
5 c. à s. de sucre
4 gousses de vanille
1 l de crème liquide froide

1. Préchauffer le four à 60 °C.
2. Mélanger les jaunes d'œufs et le sucre jusqu'à obtention d'un appareil homogène. Incorporer les graines des gousses de vanille fendues en deux, en les grattant. Ajouter la crème. Mélanger.
3. Répartir la préparation dans des petits pots en verre. Disposer ceux-ci dans la lèchefrite couverte de papier sulfurisé, à moitié remplie d'eau. Enfourner et cuire 1 h 45 à 2 h.
4. Sortir les pots de crème du four et laisser refroidir.

variante de la recette

Petits pots de crème au thym et au citron

Ingrédients : 25 cl de lait, le zeste de 2 citrons, 1 brin de thym, 1 œuf + 5 jaunes, 150 g de sucre et 40 cl de crème fleurette.

Faire chauffer le lait; au premier bouillon, ajouter le zeste de citron et le thym ; laisser infuser, hors du feu, jusqu'à refroidissement; filtrer. Dans une terrine, mélanger vigoureusement l'œuf, les jaunes et 120 g de sucre jusqu'à blanchiment; incorporer la crème et le lait; tamiser au chinois; répartir le mélange dans des petits pots en verre; placer ceux-ci dans la lèchefrite à moitié remplie d'eau et cuire au four préchauffé à 100 °C 1 h. Sortir les pots de crème du four et laisser refroidir. Au moment de servir, saupoudrer le reste de sucre à la surface de chaque pot de crème et faire caraméliser sous le gril très chaud 1 mn.

Petits pots de crème au cacao

Préparation : 15 mn
Cuisson : 40 mn

délice des enfants

Ingrédients pour 8 personnes :

1 l de lait
130 g de sucre
3 c. à s. de cacao
7 œufs + 1 jaune
1 pincée de sel

1. Préchauffer le four à 240 °C.
2. Porter le lait à ébullition avec le sucre. Ajouter le cacao. Bien mélanger.
3. Battre les œufs et le jaune en omelette, au fouet, avec le sel. Les incorporer au mélange précédent encore très chaud, en remuant vivement pour éviter qu'ils ne coagulent.
4. Répartir la préparation dans des petits pots en verre. Placer les pots dans la lèchefrite couverte de papier sulfurisé et à moitié remplie d'eau. Baisser la température du four à 210 °C. Enfourner et cuire 40 mn. Sortir les pots de crème du four et laisser refroidir.
5. Réfrigérer jusqu'au moment de servir.

variante de la recette

Petits pots de crème à la réglisse

Ingrédients pour 4 personnes : 1 l de lait, 40 g de réglisse en poudre, 6 œufs et 170 g de sucre.

Porter le lait à ébullition avec la réglisse. Dans une terrine, fouetter légèrement les œufs et le sucre; incorporer le lait, peu à peu, en mélangeant; écumer; répartir la préparation dans des petits pots en verre; les disposer dans la lèchefrite couverte de papier sulfurisé et à moitié remplie d'eau et cuire au four préchauffé à 190 °C 45 mn.

notre avis

Vous trouverez la réglisse en poudre en pharmacie.

Quenelles de crème au chocolat,
sauce à la vanille

Préparation : 40 mn
Réfrigération : 12 h

recette raffinée

Ingrédients pour 8 à 10 personnes :

4 jaunes d'œufs
50 g de sucre (facultatif)
20 cl de lait
20 cl de crème liquide
200 g de chocolat noir
2 brins de menthe

Sauce à la vanille :
8 jaunes d'œufs
120 g de sucre
1 l de lait
2 gousses de vanille

1. Préparer la crème au chocolat la veille : fouetter les jaunes d'œufs avec le sucre jusqu'à blanchiment. Chauffer le lait avec la crème, en remuant. Le verser sur le mélange précédent, mélanger, transvaser la préparation dans la casserole et cuire sur feu doux, en remuant, jusqu'à ce que le mélange nappe la cuiller. Au seuil de l'ébullition, retirer du feu et verser l'appareil, en mince filet, sur le chocolat cassé en petits morceaux, sans cesser de tourner. Quand la crème est assez homogène, la laisser refroidir complètement. Couvrir de film alimentaire. Entreposer au réfrigérateur 12 h au moins.
2. Préparer la sauce à la vanille : travailler les jaunes d'œufs et le sucre jusqu'à blanchiment. Chauffer le lait avec les graines des gousses de vanille fendues en deux et grattée. Délayer les jaunes d'œufs avec ce lait vanillé, peu à peu. Transvaser le mélange dans la casserole et faire cuire sur feu doux jusqu'à consistance veloutée, sans cesser de tourner et sans laisser bouillir. Retirer du feu et laisser refroidir, en mélangeant de temps en temps. Réserver au réfrigérateur.
3. Former des quenelles de crème au chocolat avec 2 cuillers à soupe trempées dans de l'eau très chaude. Disposer 3 quenelles dans chaque assiette. Verser la sauce à la vanille autour. Décorer avec des feuilles de menthe et servir aussitôt.

Omelettes et Soufflés

La préparation d'un soufflé s'avère plus délicate que celle d'une omelette. Voici quelques conseils susceptibles d'en assurer la réussite.

COMMENT RÉUSSIR LES SOUFFLÉS

Le moule

Le moule utilisé doit être cylindrique, en verre, en Pyrex ou en porcelaine. Le beurrer et le fariner impérativement. Ne jamais le remplir au-delà des 3/4 : il faut laisser au soufflé la place de monter.

Le four

Ne jamais ouvrir la porte du four – préchauffé – pendant la cuisson : le soufflé retomberait immanquablement.

Pour obtenir des bords bien droits

Découper une bande de carton propre plus haute que le moule et l'enrouler à l'intérieur, elle guidera le soufflé quand il prendra du volume. Ou bien chemiser le moule de l'extérieur avec du papier sulfurisé maintenu par des agrafes (attention : compter les agrafes pour ne pas risquer d'en oublier dans le soufflé). Il faut bien sûr ôter ces artifices avant de servir.

Pour obtenir un dessus bien plat

Lisser le dessus avec la lame d'un couteau ou une palette et, avec le pouce, tracer une rigole entre le carton et la préparation pour marquer la circonférence du soufflé.

Pour monter les blancs d'œufs en neige,

Voir p. 146.

Astuce

Un soufflé n'attend pas : il faut en principe le préparer « à la minute », c'est-à-dire qu'il faut monter les blancs et les incorporer au dernier moment, et le servir dès sa sortie du four.
Cependant, pour ne pas préparer le soufflé devant les invités, l'astuce consiste à préparer le soufflé à l'avance et à l'entreposer au congélateur au lieu de le passer au four : le froid fera tenir les blancs en neige, et c'est seulement à l'approche du dessert que vous le passerez du froid au chaud : du congélateur au four préchauffé, en ajoutant 5 mn pour un gros soufflé au temps de cuisson indiqué dans la recette, et 2 mn pour des petits.

Omelette au zeste d'orange

Préparation : 10 mn
Cuisson : 20 mn

recette limousine

Ingrédients pour 8 personnes :

230 g de farine
1 pincée de sel
5 c. à s. de sucre
3 œufs
65 cl de lait
Le zeste de 1 orange râpé
80 g de beurre

1. Dans une terrine, verser la farine, le sel et 3 cuillerées à soupe de sucre. Faire une fontaine. Y casser les œufs. Bien mélanger.
2. Délayer avec le lait, peu à peu, jusqu'à obtention d'une pâte homogène et fluide. Ajouter le zeste d'orange.
3. Dans une grande poêle antiadhésive, faire fondre 50 g de beurre sur feu doux, sans le laisser colorer.
4. Verser la pâte doucement et laisser cuire sur feu doux, à couvert, 10 mn. Retourner l'omelette sur un plat.
5. Faire fondre le reste de beurre dans la poêle et y cuire l'omelette sur l'autre face 10 mn.
6. Disposer l'omelette sur un plat de service. Saupoudrer du reste de sucre.
7. Servir aussitôt.

conseil

Servez avec de la marmelade d'oranges.

notre avis

Vous pouvez confectionner cette omelette avec du zeste de citron ou de pamplemousse. Dans ce cas, servez avec de la marmelade de l'agrume choisi.

Omelette soufflée
aux pommes caramélisées et à la cannelle

Préparation : 20 mn
Cuisson : 5 mn

recette rustique

Ingrédients pour 4 personnes :

4 pommes reines des reinettes
Le jus de 1 citron
4 c. à s. de sucre
6 œufs
1/2 c. à c. de cannelle en poudre
10 g de beurre
4 c. à s. de calvados

1. Couper les pommes en quartiers. Les peler et les épépiner. Les détailler en fines lamelles, les citronner et les faire caraméliser dans une poêle antiadhésive avec le sucre additionné d'un peu d'eau quelques minutes.
2. Séparer les blancs d'œufs des jaunes. Fouetter ceux-ci et leur ajouter la cannelle.
3. Monter les blancs en neige, puis les incorporer délicatement aux jaunes.
4. Beurrer une poêle antiadhésive et y faire cuire l'omelette.
5. Disposer les lamelles de pomme sur la moitié de l'omelette, puis rabattre l'autre moitié sur les fruits. Dresser l'omelette sur un plat de service.
6. Faire tiédir le calvados sur feu doux. Le verser sur l'omelette, flamber et servir aussitôt.

conseil

Servez avec de la crème fouettée ou de la crème fraîche très froide.

notre avis

Vous pouvez également confectionner cette omelette en remplaçant 2 pommes par 2 poires.

Soufflé à la crème pâtissière au citron

Préparation : 30 mn
Cuisson : 15 à 20 mn

recette économique

Ingrédients pour 4 personnes :

10 blancs d'œufs
1 pincée de sel
60 g de sucre
200 g de crème pâtissière au citron (voir recette p. 436)
20 g de beurre

1. Préchauffer le four à 200 °C.
2. Monter les blancs d'œufs en neige avec le sel, leur ajouter 50 g de sucre et les incorporer à la crème pâtissière froide.
3. Beurrer un moule à soufflé et le saupoudrer de sucre. Y verser le mélange précédent. Lisser le dessus à la spatule. Passer le pouce sur le pourtour du moule pour ôter l'excédent, enfourner et cuire 15 à 20 mn. Servir aussitôt.

notre avis

Pour une recette plus légère, utilisez du fromage blanc à 0 %.

variante de la recette

Soufflés au fromage blanc et au citron

Ingrédients : 100 g de fromage blanc, 3 œufs, 1 sachet de sucre vanillé, le zeste de 1 citron, 90 g de sucre semoule et 20 g de beurre.

Fouetter le fromage blanc jusqu'à consistance lisse. Séparer les blancs d'œufs des jaunes; travailler ceux-ci avec le sucre vanillé et le zeste de citron; ajouter le fromage blanc. Battre les blancs en neige en leur incorporant 80 g de sucre, puis les mélanger au fromage blanc. Beurrer 4 moules à soufflé, les saupoudrer du reste de sucre et y verser la préparation; les placer dans un bain-marie et cuire au four préchauffé à 180 °C 20 mn. Servir froid.

Soufflé à la crème pâtissière au Grand Marnier

Préparation : 45 mn
Cuisson : 15 à 18 mn

recette raffinée

Ingrédients pour 4 personnes :

70 g de chocolat
6 blancs d'œufs
2 pincées de sel
3 c. à s. de sucre
25 g de beurre fondu

Crème pâtissière :
30 cl de lait
1/2 gousse de vanille
3 jaunes d'œufs
5 c. à s. de sucre
2 c. à s. de farine
1 c. à s. de Grand Marnier

1. Préparer la crème pâtissière (voir recette p. 435). Après avoir retiré la casserole du feu, ajouter le Grand Marnier. Mélanger et laisser refroidir en fouettant de temps en temps, pour empêcher la formation d'une peau.
2. Faire fondre le chocolat au bain-marie. Réserver. Préchauffer le four à 200 °C.
3. Dans une terrine, monter 3 blancs d'œufs en neige avec 1 pincée de sel, en incorporant 1 cuillerée à soupe de sucre quand ils sont fermes. Procéder de la même façon avec les blancs restants.
4. Partager la crème pâtissière en 2 quantités égales. Ajouter le chocolat fondu à une moitié et mélanger. Incorporer la moitié d'une terrine de blancs en neige, fouetter vigoureusement, puis ajouter le reste en soulevant la masse. Procéder de la même façon avec la crème pâtissière nature.
5. Badigeonner un moule à soufflé de beurre fondu et le saupoudrer de sucre. Disposer un carton au milieu et verser les 2 appareils de chaque côté. Ôter le carton, enfourner et cuire 15 à 18 mn.
6. Servir aussitôt.

notre avis

Vous pouvez remplacer le Grand Marnier par une autre liqueur de votre choix.

Soufflé au chocolat noir et au Grand Marnier

Préparation : 20 mn
Cuisson : 25 mn

recette raffinée

Ingrédients pour 6 personnes :

3 c. à s. de Maïzena	20 g de beurre
50 cl de lait	2 c. à s. de sucre glace
3 c. à s. de crème fraîche épaisse	6 œufs + 1 blanc
200 g de chocolat noir à 70 %	1 pincée de sel
1 c. à s. de sucre semoule	3 c. à s. de Grand Marnier

1. Délayer la Maïzena dans 2 cuillerées à soupe de lait et porter le reste à ébullition avec la crème.
2. Faire fondre le chocolat cassé en morceaux dans le lait. Laisser cuire à petit frémissement jusqu'à parfaite homogénéité. Ajouter la Maïzena, puis le sucre semoule. Bien mélanger.
3. Beurrer un moule à soufflé et le saupoudrer de sucre glace. Préchauffer le four à 190-200 °C.
4. Séparer les blancs d'œufs des jaunes.
5. Battre les 7 blancs en neige pas trop ferme avec le sel.
6. Hors du feu, incorporer les jaunes d'œufs, un par un, au mélange au chocolat en remuant bien. Verser le Grand Marnier et mélanger. Ajouter 2 cuillerées à soupe de blancs en neige, puis incorporer le reste. Verser l'appareil dans le moule. Enfourner et cuire 15 mn. Augmenter la température à 220 °C et poursuivre la cuisson 10 mn.
7. Servir aussitôt.

notre avis

Décorez avec du sucre glace et des zestes d'orange confits. Servez avec une sauce au cacao (voir recette p. 444) présentée dans une saucière.

Soufflé au potiron et au zeste d'orange

Préparation : 30 mn
Cuisson : 30 mn

recette limousine

Ingrédients pour 4 personnes :

500 g de pulpe de potiron	1 pincée de cannelle en poudre
4 blancs d'œufs	Le zeste de 1 orange râpé
1 pincée de sel	20 g de beurre
120 g de sucre	

1. Tailler la pulpe de potiron en gros dés.
2. Faire cuire les dés de potiron à la vapeur 20 mn, jusqu'à ce qu'ils soient fondants.
3. Mixer les dés de potiron jusqu'à obtention d'une consistance bien homogène. Réserver.
4. Préchauffer le four à 200 °C.
5. Fouetter les blancs d'œufs en neige avec le sel.
6. Incorporer délicatement 100 g de sucre en pluie fine, la cannelle, la purée de potiron et le zeste d'orange aux blancs en neige. Mélanger à la spatule en soulevant délicatement la masse.
7. Beurrer un moule à soufflé et le saupoudrer de sucre. Y verser la préparation au potiron. Enfourner et cuire 30 mn.
8. Servir aussitôt.

notre avis

Vous pouvez remplacer le zeste d'orange par du zeste de citron.

à savoir

Pour qu'un soufflé ne reste pas collé au moule, il est important de ne pas toucher l'intérieur du moule après l'avoir beurré et fariné : une seule empreinte suffit à stopper l'ascension du soufflé.

Soufflés à la crème pâtissière
et à la rhubarbe

Préparation : 30 mn
Cuisson : 10 mn

recette alsacienne

Ingrédients pour 4 personnes :

500 g de rhubarbe
190 g de sucre
Le jus de 1 citron
1 gousse de vanille
6 blancs d'œufs
1 pincée de sel
30 cl de crème pâtissière (voir recette p. 435)
20 g de beurre

1. Éplucher la rhubarbe et la couper en dés. Les faire suer, avec 150 g de sucre, 1 cuillerée à soupe d'eau, le jus d'orange et la gousse de vanille fendue en deux et grattée, sur feu doux jusqu'à obtention d'une purée bien sèche. Réserver au frais.
2. Préchauffer le four à 180 °C.
3. Monter les blancs d'œufs en neige avec le sel et 2 cuillerées à soupe de sucre, de façon à obtenir une meringue.
4. Incorporer la meringue à la crème pâtissière, puis ajouter la purée de rhubarbe en mélangeant délicatement.
5. Beurrer 4 ramequins, les saupoudrer du reste de sucre, puis y répartir le mélange à la rhubarbe. Enfourner et cuire 10 mn.
6. Démouler les soufflés sur les assiettes.
7. Servir aussitôt.

notre avis

Vous pouvez aromatiser la crème pâtissière avec l'alcool de votre choix.

conseil

Pour réaliser ce dessert en toute saison, vous pouvez utiliser de la rhubarbe surgelée.

Soufflés au cacao
et à la cannelle

Préparation : 45 mn
Cuisson : 15 mn

recette économique

Ingrédients pour 4 personnes :

3 c. à s. de cacao
6 blancs d'œufs
4 c. à s. de sucre
1/2 c. à c. de cannelle en poudre
1 c. à s. de jus de citron
25 g de beurre
4 oranges

1. Préchauffer le four à 190 °C.
2. Disposer le cacao dans un bol, verser 3 cuillerées à soupe d'eau bouillante et mélanger au fouet jusqu'à obtention d'une consistance homogène. Réserver.
3. Monter les blancs d'œufs en neige ferme avec 1 pincée de sucre, puis ajouter le reste de sucre, en en réservant 1/2 cuillerée à soupe, la cannelle et le jus de citron en mélangeant délicatement. Incorporer une petite quantité de blancs en neige au cacao, mélanger jusqu'à homogénéité, puis ajouter le reste en soulevant la masse à la spatule.
4. Beurrer 4 moules à soufflé et les saupoudrer du reste de sucre. Les retourner et tapoter le fond pour faire tomber l'excédent de sucre, puis les remplir d'appareil au cacao jusqu'au bord. Enfourner et cuire 15 mn.
5. Pendant ce temps, peler les oranges à vif et lever les quartiers.
6. Disposer les soufflés dans leur moule sur des assiettes à dessert, répartir les quartiers d'orange autour et servir aussitôt.

notre avis

Vous pouvez également servir les soufflés démoulés. Il suffit de les retourner d'un petit coup sec.

Soufflés aux mirabelles
et à la vanille flambés à l'eau-de-vie

Préparation : 30 mn
Cuisson : 10 mn

recette raffinée

Ingrédients pour 6 personnes :

20 g de beurre
190 g de sucre
500 g de mirabelles au sirop
3 c. à s. d'eau-de-vie de mirabelle
1/2 c. à s. d'extrait liquide de vanille
6 blancs d'œufs
1 pincée de sel
1 c. à s. de sucre glace

1. Chauffer 6 ramequins, les beurrer et les saupoudrer de sucre.
2. Égoutter les mirabelles, puis les hacher finement. Ajouter 2 cuillerées à soupe d'eau-de-vie de mirabelle et l'extrait de vanille. Diviser ce mélange en 2 parts égales et en répartir une moitié dans les ramequins. Placer le reste dans une jatte.
3. Préchauffer le four à 160 °C.
4. Dans une casserole à fond épais, préparer un sirop en mélangeant le reste de sucre avec 50 cl d'eau. Cuire jusqu'à 30 °C, sans mélanger. Réserver.
5. Préparer une meringue italienne : battre les blancs d'œufs en neige avec le sel, puis leur incorporer le sirop en le versant en mince filet. Fouetter jusqu'à complet refroidissement. Incorporer la meringue au reste de mirabelles, en mélangeant intimement. Avec une poche à douille munie d'un embout de taille moyenne, répartir le mélange dans les ramequins. Enfourner et cuire 10 mn.
6. Hors du feu, flamber avec le reste d'eau-de-vie. Saupoudrer de sucre glace et servir aussitôt.

notre avis

Vous pouvez également utiliser des mirabelles fraîches et dénoyautées, pochées dans de l'eau et 20 g de sucre.

Soufflés aux noix
et aux biscuits à la cuiller

Préparation : 20 mn
Cuisson : 15 mn

recette grenobloise

Ingrédients pour 4 personnes :

80 g de cerneaux de noix
20 g de beurre
8 biscuits à la cuiller
2 c. à s. de liqueur de noix
8 œufs
80 g de sucre semoule
2 c. à s. de sucre glace

1. Faire dorer légèrement les cerneaux de noix au four. Laisser refroidir.
2. Concasser 2/3 des cerneaux de noix. Réserver.
3. Préchauffer le four à 180 °C.
4. Beurrer 4 moules à soufflé de 13 cm de diamètre et de 5 cm de haut.
5. Casser les biscuits à la cuiller en morceaux. Les humecter de liqueur de noix, à l'aide d'un pinceau, sans les détremper. Réserver.
6. Séparer les blancs d'œufs des jaunes. Fouetter ceux-ci avec 60 g de sucre semoule jusqu'à blanchiment. Incorporer les noix concassées.
7. Monter les blancs d'œufs en neige, en incorporant le reste de sucre semoule lorsqu'ils commencent à se raffermir. Les incorporer au mélange jaunes-sucre-noix, en soulevant délicatement la masse.
8. Répartir la moitié de la préparation dans les moules. Étaler une couche de biscuits dessus. Couvrir avec le reste de la préparation. Enfourner et cuire 15 mn, en veillant à ce que la surface ne soit pas trop colorée.
9. Saupoudrer de sucre glace et servir aussitôt.

conseil

Incorporez d'abord 1 grosse cuillerée à soupe de blancs en neige au mélange jaunes d'œufs-sucre-noix avant d'ajouter le reste.

notre avis

Veillez à ne pas laisser griller les noix, qui donneraient un goût âcre. Vous pouvez également confectionner ce dessert dans un grand moule à soufflé.

Clafoutis, Crêpes, Fars et Flans

Les clafoutis, les crêpes, les fars et les flans sont des entremets traditionnels à la réalisation enfantine.
Mais seules les crêpes sont associées à un moment précis de l'année : elles sont les incontournables de la Chandeleur (le 2 février).

COMMENT RÉUSSIR LES CRÊPES

L'appareil à crêpes

On peut sucrer la pâte. Les crêpes n'en seront que plus colorées car le sucre les fera brunir à la cuisson. En revanche, on ne sucre jamais la pâte à galettes, à base de farine de sarrasin, dit aussi blé noir. Le beurre fondu incorporé à la pâte l'empêche de coller à la cuisson et de sécher. On peut réserver 1 blanc d'œuf, faire reposer la pâte et incorporer le blanc monté en neige au moment de la cuisson et une fois monté en neige : la pâte y gagnera en moelleux et en légèreté.

Le repos de la pâte

Le temps de repos de 2 heures au minimum est nécessaire ; il donne de l'onctuosité à la pâte et en facilite la tenue.

La première crêpe

Il faut la jeter, elle n'est jamais réussie et elle absorbe les éventuelles odeurs d'ustensiles.

1

2

Réalisation

Ingrédients : 125 g de farine, 25 cl de lait, 4 œufs, 20 g de beurre fondu, 1 pincée de sel, 1 pincée de sucre (facultatif).

1. Verser la farine dans une terrine. Creuser un puits et y verser le sel et le sucre. Ajouter les œufs. Mélanger à l'aide d'une spatule, en faisant tomber peu à peu la farine sur les œufs, jusqu'à obtention d'une pâte homogène. Incorporer le beurre fondu en mélangeant de nouveau.
2. Verser le lait peu à peu, et délayer à l'aide d'une spatule ou d'un fouet (afin d'éviter les grumeaux). Couvrir la terrine et laisser reposer la pâte 2 à 3 h.

Astuce

Les crêpes sont meilleures servies immédiatement, mais on peut toutefois les tenir au chaud entre 2 assiettes retournées sur une casserole d'eau frémissante.

Clafoutis aux abricots et aux amandes à la pistache

Préparation : 20 mn
Cuisson : 45 mn

recette raffinée

Ingrédients pour 4 à 6 personnes :

40 g de brioche
75 cl de lait
50 cl de crème liquide
60 g de beurre
40 g de pâte de pistaches
60 g de poudre d'amandes
2 pincées de sel
4 jaunes d'œufs + 4 blancs
4 c. à s. de sucre
1 c. à s. de farine
500 g d'abricots dénoyautés

1. Retirer la croûte de la brioche à l'aide d'un couteau-scie. Réserver la mie.
2. Porter le lait et la crème à ébullition, puis retirer du feu. Réserver.
3. Préchauffer le four à 180 °C.
4. Dans le bol du robot, mixer la mie de la brioche, puis ajouter, tout en mixant, le mélange lait-crème, 40 g de beurre, la pâte de pistaches, la poudre d'amandes, 1 pincée de sel et les jaunes d'œufs. Transvaser le mélange dans une jatte.
5. Monter les blancs d'œufs en neige ferme avec 1 pincée de sel, en ajoutant le sucre à la fin, puis les incorporer au mélange précédent.
6. Beurrer et fariner un plat à gratin. Y répartir les abricots. Verser l'appareil à clafoutis entre les fruits. Enfourner et cuire 45 mn, en surveillant la cuisson.
7. Servir tiède ou froid.

à savoir

Vous trouverez de la pâte de pistaches dans les épiceries spécialisées et dans certains hypermarchés.

variantes de la recette

Clafoutis aux abricots, aux pommes ou aux poires

Ingrédients : 500 g d'abricots dénoyautés (ou de pommes, ou de poires), 50 g de beurre, 150 g de sucre semoule, 30 cl de lait, 50 g de Maïzena, 2 œufs + 2 jaunes, 2 c. à s. de crème fleurette et 1 c. à s. de sucre glace.

Couper les abricots en quartiers ; les poêler dans 30 g de beurre chaud avec le sucre semoule. Faire chauffer le lait. Délayer la Maïzena avec 2 cuillerées à soupe d'eau froide; ajouter le reste de sucre, les œufs battus, puis le lait, peu à peu, et la crème. Disposer les abricots caramélisés dans un moule à manqué beurré de 20 cm de diamètre; verser l'appareil à clafoutis et cuire au four préchauffé à 240 °C 30 mn. Saupoudrer de sucre glace et servir tiède.

Clafoutis aux pêches et aux amandes

Ingrédients : 2 pêches jaunes, 70 g de sucre, 1 œuf + 2 jaunes, 30 g de farine, 20 g de beurre fondu noisette, 3 c. à s. de lait, 50 g de crème liquide, 1/4 de gousse de vanille et 1 c. à s. de poudre d'amandes.

Peler les pêches et les pocher dans un sirop bouillant préparé avec 30 g de sucre et 20 cl d'eau; les peler, les détailler en lamelles et les disposer dans 4 ramequins. Mélanger les œufs avec le reste de sucre, la farine, le beurre, le lait, la crème, la vanille et la poudre d'amandes; verser l'appareil à clafoutis sur les pêches et cuire au four préchauffé à 180 °C 25 mn. Laisser refroidir et démouler sur les assiettes.

Clafoutis aux cerises noires

Préparation : 20 mn
Cuisson : 50 mn

recette traditionnelle

Ingrédients pour 4 personnes :

25 cl de lait	4 œufs
750 g de cerises bien mûres	125 g de sucre
45 g de beurre	2 pincées de sel
115 g de farine	10 g de sucre cassonnade
1/2 sachet de levure en poudre	

1. Préchauffer le four à 180 °C.
2. Porter le lait à ébullition. Laisser tiédir.
3. Laver les cerises, les égoutter et les équeuter. Réserver.
4. Beurrer un plat à gratin, puis le fariner. Y disposer les cerises, sans les dénoyauter.
5. Tamiser le reste de farine et la levure ensemble. Réserver.
6. Faire fondre le reste de beurre au bain-marie. Réserver.
7. Dans une terrine, battre les œufs en omelette. Ajouter le sucre et le sel. Fouetter 5 mn. Verser le mélange farine-levure. Mélanger délicatement à la spatule en bois. Ajouter progressivement le beurre fondu, puis le lait. Verser l'appareil à clafoutis sur les cerises. Enfourner et cuire 50 mn.
8. Sortir le plat du four et saupoudrer le clafoutis de sucre cassonnade.

conseil

Utilisez de préférence un plat à gratin assez large pour que le clafoutis soit moins épais et donc plus léger.

notre avis

Cet entremets ne se démoule pas et se mange tiède de préférence. Vous pouvez dénoyauter les cerises pour que la dégustation soit plus aisée, toutefois les noyaux donnent davantage de saveur au clafoutis et, surtout, ils lui assurent une meilleure tenue.

Clafoutis aux coings, aux noisettes, aux bananes et au fromage blanc

Préparation : 25 mn
Cuisson : 35 mn

recette traditionnelle

Ingrédients pour 4 personnes :

50 g de raisins secs	2 œufs
150 g de coings	100 g de sucre
2 bananes	100 g de noisettes mondées
150 g de fromage blanc	1 c. à s. de sucre glace
70 g de beurre	

1. Préchauffer le four à 160 °C. Faire gonfler les raisins dans de l'eau chaude 15 mn. Peler les coings et les râper avec une mandoline. Couper 1 banane en rondelles. Réserver.
2. Mixer la banane restante avec le fromage blanc, 50 g de beurre, les œufs, le sucre et les noisettes jusqu'à obtention d'une pâte lisse. Ajouter les coing râpés, les raisins secs et les rondelles de banane. Mélanger avec une cuiller en bois.
3. Beurrer un moule à tarte en porcelaine à feu de 30 cm de diamètre. Y verser l'appareil. Cuire 35 mn. Saupoudrer de sucre glace et servir.

variante de la recette

Clafoutis aux deux raisins et aux noisettes

Ingrédients : 50 g de beurre, 175 g de sucre, 750 g de muscat et de chasselas mélangés, 50 g de noisettes concassées, 150 g de farine, 4 œufs et 50 cl de lait.

Beurrer un moule à tarte en porcelaine à feu et le saupoudrer de sucre. Laver et épépiner les 2 raisins; les disposer en une couche dans le moule; parsemer de noisettes. Mélanger la farine et le reste de sucre; ajouter les œufs légèrement battus en omelette, puis le lait, peu à peu; incorporer le reste de beurre préalablement fondu. Verser l'appareil à clafoutis sur les fruits et cuire au four préchauffé à 150 °C 45 mn environ. Servir tiède.

Clafoutis aux poires, au miel et aux amandes

Préparation : 10 mn
Cuisson : 10 mn

recette express

Ingrédients pour 4 personnes :

2 œufs + 1 jaune
3 c. à s. de sucre
2 c. à s. de fécule
15 cl de crème fraîche
500 g de poires comices assez fermes
2 c. à s. de miel
30 g d'amandes effilées grillées (ou 15 g d'amandes effilées et 15 g d'amandes fraîches entières mondées)
3 c. à s. de sucre glace

1. Mélanger, au fouet, les œufs avec le jaune et le sucre. Verser la fécule, puis la crème fraîche, peu à peu. Réserver.
2. Couper les poires en deux, les épépiner, les peler et les détailler en cubes de 1,5 cm de côté environ. Réserver.
3. Préchauffer le four à 290 °C.
4. Dans une poêle antiadhésive, chauffer le miel. Ajouter les cubes de poire. Bien mélanger. Laisser cuire 2 à 3 mn environ.
5. Verser l'appareil à clafoutis dans la poêle. Dès que le fond commence à colorer, retourner le clafoutis et cuire l'autre côté.
6. Disposer le clafoutis dans un plat à gratin. Enfourner et laisser cuire quelques minutes.
7. Sortir le plat du four. Parsemer des amandes et saupoudrer de sucre glace. Servir aussitôt.

conseil

À défaut de fruits frais, vous pouvez utiliser des poires au sirop, que vous égoutterez bien.

notre avis

Vous pouvez confectionner cette recette en remplaçant la moitié des poires par des pommes reines des reinettes.

variantes de la recette

Clafoutis aux poires, aux raisins et aux amandes

Ingrédients : 500 g de poires comices, 50 g de beurre, 300 g de raisin noir, 1 œuf + 2 jaunes, 70 g de sucre, 1 c. à s. de farine, 18 cl de crème liquide et 20 g d'amandes effilées.

Peler les poires, les épépiner et les couper en dés; les faire dorer dans le beurre; ajouter les grains de raisin lavés, épépinés et coupés en deux; égoutter les fruits et les disposer dans un plat à tarte en porcelaine à feu. Mélanger l'œuf avec les jaunes et le sucre jusqu'à blanchiment, ajouter la farine et la crème. Verser l'appareil à clafoutis sur les fruits. Parsemer des amandes et cuire au four préchauffé à 180 °C 30 à 35 mn. Servir tiède.

Clafoutis aux poires, pommes, ananas et raisins secs

80 g de raisins de Corinthe, 1 c. à s. de rhum, 1 petit ananas, 2 poires, 2 petites pommes, 20 g de beurre, 160 g de sucre, 50 cl de lait, 1 sachet de sucre vanillé, 4 c. à s. de farine et 4 œufs.

Faire macérer les raisins secs dans le rhum. Peler, parer et couper l'ananas, les poires et les pommes en lamelles; les disposer dans une tourtière beurrée et saupoudrée de 2 cuillerées à soupe de sucre, en les alternant ; parsemer des raisins secs égouttés. Mélanger le lait avec les 2 sucres, la farine et les œufs légèrement battus; verser délicatement l'appareil à clafoutis sur les fruits et cuire au four préchauffé à 150 °C 45 mn.

Clafoutis aux prunes

Préparation : 15 mn
Cuisson : 20 mn

recette rustique

Ingrédients pour 6 personnes :

150 g de farine	50 cl de lait
250 g de sucre	1 c. à s. d'eau-de-vie de prune
1 pincée de sel	300 g de prunes
6 œufs	80 g de beurre

1. Dans une jatte, mélanger la farine, le sucre et le sel. Creuser un puits et ajouter les œufs, le lait et l'eau-de-vie de prune.
2. Préchauffer le four à 180 °C.
3. Dénoyauter les prunes.
4. Sur feu doux, faire fondre le beurre dans un moule à gratin et y faire revenir les prunes 1 à 2 mn. Verser l'appareil à clafoutis. Enfourner et cuire 20 mn.

variante de la recette

Clafoutis aux pruneaux et aux mandarines

Ingrédients : 200 g de pruneaux dénoyautés, 3 c. à s. d'armagnac, 140 g de farine, 1 pincée de sel, 100 g de sucre, 1 gousse de vanille, 6 œufs, 30 cl de lait, 70 cl de crème liquide, 20 g de beurre et 2 mandarines.

Mettre les pruneaux à macérer dans l'armagnac la veille. Mélanger la farine avec le sel, le sucre et les graines de vanille ; ajouter les œufs, un par un, le lait et la crème en mélangeant bien entre chaque adjonction. Beurrer un plat à gratin ; y disposer les pruneaux et les mandarines détaillées en quartiers ; verser l'appareil à clafoutis et cuire au four préchauffé à 180 °C 30 à 40 mn.

variantes de la recette

Clafoutis aux mirabelles

Ingrédients pour 8 personnes : 8 œufs, 350 g de sucre, 1 l de lait, 1 c. à s. d'eau-de-vie de mirabelle et 1 kg de mirabelles.

Battre les œufs avec le sucre ; ajouter le lait et l'eau-de-vie de mirabelle et bien mélanger. Dénoyauter les mirabelles et les disposer dans un plat à gratin. Verser l'appareil à clafoutis et cuire au four préchauffé à 150 °C 45 mn. Déguster tiède.

Clafoutis aux pruneaux et aux fruits secs

Ingrédients : 150 g de pruneaux, 50 g de raisins secs, 2 belles pommes, 3 c. à s. d'armagnac, 4 œufs, 1 pincée de sel, 125 g de sucre semoule, 80 g de farine tamisée, 100 g de beurre, 25 cl de lait, 50 g d'amandes effilées et 1 sachet de sucre vanillé, 1 c. à s. de cannelle en poudre et 1 pincée de poivre.

Mettre les pruneaux, les raisins secs et les pommes coupées en petits dés à macérer dans l'armagnac additionné d'un peu d'eau tiède. Battre les œufs en omelette dans une jatte ; ajouter le sel et le sucre semoule et bien mélanger ; verser la farine en pluie ; mélanger jusqu'à obtention d'une consistance lisse. Faire fondre 60 g de beurre au bain-marie, le laisser refroidir, puis le verser dans la préparation ; ajouter le lait, peu à peu. Beurrer un plat à gratin ; y répartir les fruits macérés et les amandes ; verser l'appareil à clafoutis ; ajouter le reste de beurre coupé en noisettes et cuire au four préchauffé à 210 °C 45 mn, jusqu'à ce que le dessus dore. Saupoudrer de sucre vanillé, de cannelle et de poivre. Servir.

Crêpes à l'orange et aux fraises des bois,
sauce et crème au citron

Préparation : 35 mn
Repos : 1 h
Cuisson : 4 mn par crêpe

recette raffinée

Ingrédients pour 6 à 8 personnes :

Pâte à crêpes à l'orange
(voir recette p. 443)
3 c. à s. d'huile de maïs
250 g de fraises des bois
3 c. à s. de sucre glace

Sauce au citron :
290 g de sucre
8 cl de jus de citron avec sa pulpe
Le jus de 1 orange

Crème au citron :
60 g de sucre
Le zeste de 1 citron
2 œufs
4 c. à s. de jus de citron
100 g de beurre

1. Préparer la pâte à crêpes. Laisser reposer 1 h.
2. Préparer la sauce au citron : dans une casserole, faire chauffer le sucre à sec jusqu'à obtention d'un caramel bien coloré. Ajouter 7 cl d'eau et les jus de citron et d'orange. Mélanger et réserver.
3. Préparer la crème au citron : dans une terrine, mélanger le sucre et le zeste de citron finement haché1 mn. Ajouter les œufs en fouettant, puis le jus de citron. Placer le récipient sur un bain-marie frémissant. Lorsque la préparation commence à tiédir, fouetter jusqu'à ce qu'elle atteigne 80 °C. Laisser refroidir jusqu'à 60 °C environ, puis incorporer le beurre coupé en cubes de 1 cm en fouettant.
4. Confectionner les crêpes en les faisant cuire dans l'huile chaude 2 mn sur chaque face.
5. Garnir chaque crêpe de 1 cuillerée à soupe de crème au citron, puis les plier en quatre. Dresser les crêpes dans les assiettes. Les napper de sauce au citron et disposer 5 ou 6 fraises des bois sur chacune d'elles. Saupoudrer de sucre glace et servir.

Crêpes au lait concentré sucré
et au zeste d'orange

Préparation : 3 h 30
Repos : 1 h
Cuisson : 5 mn par crêpe

recette mexicaine

Ingrédients pour 6 personnes :

1 grosse boîte de lait concentré sucré
1 c. à s. de rhum
50 g de noix de pecan

Pâte à crêpes :
250 g de farine
3 œufs
1/2 c. à c. de sel
50 cl de lait
2 c. à s. de sucre
1 c. à c. de zeste d'orange finement râpé
5 cl de Grand Marnier
2 c. à s. de beurre fondu ou d'huile

1. Placer la boîte de lait concentré sucré, sans l'ouvrir, dans une casserole. Verser de l'eau à hauteur et cuire sur feu doux, au bain-marie, 3 h, en contrôlant régulièrement le niveau d'eau.
2. Préparer la pâte à crêpes : disposer la farine dans une terrine et y faire un puits. Incorporer les œufs battus et le sel. Délayer en versant le lait, peu à peu, et 15 cl d'eau. Ajouter le sucre, le zeste d'orange, le Grand Manier et le beurre ou l'huile. Laisser reposer 1 h au moins.
3. Faire chauffer une poêle antiadhésive de 12 à 16 cm de diamètre. Confectionner les crêpes en versant une petite louche de pâte dans la poêle et en les laissant cuire 2 mn sur chaque face.
4. Ouvrir la boîte de lait concentré. Aromatiser celui-ci avec le rhum, puis en farcir les crêpes. Les plier en demi-lune et les réchauffer dans une poêle antiadhésive sur feu doux.
5. Disposer 3 crêpes dans chaque assiette. Décorer avec les noix de pecan.

conseil

Vous pouvez remplacer le rhum par 1 cuillerée à café de vanille liquide.

Crêpes fourrées à la compote de bananes, crème au citron

Préparation : 40 mn
Réfrigération : 2 à 3 h
Cuisson : 15 mn

recette raffinée

Ingrédients pour 6 personnes :

Pâte à crêpes
(voir recette p. 184)
2 à 3 c. à s. de sucre glace
3 à 4 c. à s. de Cointreau

Compote de bananes :
50 g de beurre
5 bananes
4 c. à s. de sucre
1 c. à s. de cannelle

Crème au citron :
10 cl de jus de citron
Le zeste de 1 citron finement râpé
3 jaunes d'œufs
4 c. à s. de sucre
1 œuf
60 g de beurre

1. Préparer la pâte à crêpes, en divisant les proportions par deux.
2. Préparer la compote de bananes : dans une casserole, faire fondre le beurre sur feu doux. Ajouter les bananes coupées en rondelles, le jus de citron, le sucre et la cannelle. Cuire 5 mn, en mélangeant souvent, jusqu'à ce que le mélange ait la consistance d'une compote.
3. Confectionner 12 petites crêpes et disposer chacune d'elles dans un ramequin. Garnir avec la compote de bananes. Rabattre les pans de crêpe. Réfrigérer 2 à 3 h.
4. Préparer la crème au citron : dans une casserole, chauffer le jus et le zeste de citron. Dans une jatte, fouetter les jaunes d'œufs avec le sucre et l'œuf. Transvaser le mélange dans la casserole et porter à ébullition en fouettant constamment. Hors du feu, ajouter le beurre. Réserver. Préchauffer le four à 240 °C.
5. Sortir les ramequins du réfrigérateur et les tremper dans de l'eau chaude quelques instants avant de démouler les crêpes. Réchauffer celles-ci au four et les saupoudrer de sucre glace.
6. Chauffer le Cointreau, le flamber et en arroser les crêpes. Verser un cordon de crème au citron autour des crêpes et servir.

Crêpes fourrées à la ricotta

Préparation : 20 mn
Repos : 1 h
Cuisson : 4 mn par crêpe

recette toscane

Ingrédients pour 4 personnes :

250 g de ricotta
50 g de sucre ou de miel
10 feuilles de basilic

Pâte à crêpes :
250 g de farine de châtaigne
3 œufs
1/2 c. à c. de sel
50 cl de lait
2 c. à s. de sucre
1 c. à s. d'huile d'olive

1. Préparer la pâte à crêpes : disposer la farine dans une terrine et y faire un puits. Incorporer les œufs battus et le sel. Délayer en versant le lait, peu à peu, et 15 cl d'eau. Ajouter le sucre et l'huile. Laisser reposer 1 h au moins.
2. Faire chauffer une poêle antiadhésive de 12 à 16 cm de diamètre. Confectionner les crêpes en versant une petite louche de pâte dans la poêle et en les laissant cuire 2 mn sur chaque face.
3. Mélanger la ricotta avec le sucre ou le miel et les feuilles de basilic ciselées.
4. Farcir les crêpes chaudes de ricotta, les enrouler et servir aussitôt.

notre avis

Vous pouvez aromatiser la pâte à crêpes avec du Grand Marnier.

variante de la recette

Crêpes fourrées à la ricotta et à la banane

Procéder comme pour les Crêpes fourrées à la ricotta.

À l'étape **3,** ajouter 2 bananes écrasées avec le jus de 1/2 citron.

Crêpes fourrées
aux fruits frais caramélisés

Préparation : 20 mn
Repos : 1 h
Cuisson : 10 mn

délice des enfants

Ingrédients pour 3 personnes :

3 gousses de vanille

Pâte à crêpes :
140 g de farine
2 œufs
1 pincée de sel
25 cl de lait
50 g de sucre
1 c. à s. de calvados
1 c. à s. de beurre fondu

Fruits caramélisés :
2 pommes
2 abricots
1 poire
1 pêche
1 orange + le zeste de 1 orange
Le jus de 1 citron
30 g de beurre
2 c. à s. de sucre
1 gousse de vanille
1 bâton de cannelle

1. Préparer la pâte à crêpes (voir recette p. 184) et laisser reposer 1 h au moins.
2. Couper les gousses de vanille dans la longueur en 6 lanières. Réserver.
3. Préparer les fruits caramélisés : laver, peler et détailler tous les fruits en petits dés. Faire fondre le beurre dans une poêle avec le sucre. Ajouter les dés de fruits, le jus de citron, la gousse de vanille fendue en deux dans la longueur, la cannelle et le zeste d'orange préalablement blanchi 1 mn. Laisser cuire 5 à 6 mn.
4. Confectionner 6 petites crêpes dans une poêle antiadhésive.
5. Disposer un dôme de fruits caramélisés au centre de chaque crêpe. Rabattre les bords des crêpes de façon à former une aumônière et les attacher délicatement avec 1 lanière de vanille. Servir tiède.

Crêpes fourrées aux poires,
pommes et bananes, flambées au rhum

Préparation : 45 mn
Repos : 1 h
Cuisson : 25 mn

recette économique

Ingrédients pour 6 personnes :

2 poires pelées et épépinées
2 pommes pelées et épépinées
2 bananes pelées
80 g de sucre
2 c. à s. de Grand Marnier
120 g de beurre
3 c. à s. de sucre
10 cl de rhum ambré

Pâte à crêpes :
180 g de farine
2 œufs
1/2 c. à c. de sel
30 cl de lait
40 g de sucre
1 c. à s. de Grand Marnier
40 g de beurre

1. Préparer la pâte à crêpes (voir recette p. 184) et laisser reposer 1 h.
2. Détailler les poires et les pommes en petits dés. Émincer les bananes en fines rondelles. Disposer les fruits dans une jatte. Les saupoudrer de sucre. Verser le Grand Marnier et laisser macérer 15 mn.
3. Faire fondre 75 g de beurre jusqu'à coloration noisette dans une grande poêle. Y faire caraméliser les fruits sur feu modéré. Retirer du feu.
4. Préchauffer le four à 120 °C. Confectionner 12 crêpes dans une poêle antiadhésive graissée. Disposer sur chaque crêpe encore tiède 1 cuillerée à soupe du mélange de fruits. L'étaler à la spatule. Rouler chaque crêpe et les ranger dans un plat à gratin. Les saupoudrer de sucre. Enfourner et cuire 10 mn.
5. Chauffer le rhum dans une casserole, puis le verser sur les crêpes chaudes, en en prélevant 1 cuillerée à soupe à l'aide d'une cuiller à long manche. Mettre 1 pincée de sucre dans la cuiller, enflammer puis répandre le contenu de la cuiller dans le plat pour enflammer le rhum.

Crêpes fourrées
aux trois coulis de chocolat

Préparation : 40 mn
Repos : 1 h
Cuisson : 5 mn

recette raffinée

Ingrédients pour 8 personnes :

20 g de beurre

Pâte à crêpes :
250 g de farine
3 œufs
1/2 c. à c. de sel
25 cl de lait
2 c. à s. de sucre
2 c. à s. d'huile d'arachide

Coulis de chocolat noir :
100 g de chocolat noir à 70 %
1 c. à s. de sucre
2 c. à s. de rhum
6 c. à s. de crème liquide

Coulis de chocolat au lait :
100 g de chocolat au lait
2 c. à s. de sucre
3 c. à s. de café fort

Coulis de chocolat blanc :
100 g de chocolat blanc à pâtisser
1 c. à s. de sucre
3 c. à s. de liqueur de mandarine
3 c. à s. de crème liquide

1. Préparer la pâte à crêpes (voir recette p. 184) et laisser reposer 1 h.
2. Confectionner 24 crêpes dans une poêle antiadhésive graissée. Réserver au chaud au bain-marie.
3. Préparer les 3 coulis au chocolat : dans 3 terrines, disposer respectivement le chocolat noir cassé en morceaux, le sucre, le rhum et la crème ; le chocolat au lait cassé en morceaux, le sucre et le café ; le chocolat blanc cassé en morceaux, le sucre, la liqueur de mandarine et la crème. Faire fondre chaque chocolat au bain-marie, puis mélanger le contenu de chaque terrine jusqu'à obtention d'un coulis onctueux.
4. Garnir 8 crêpes de 1 bonne cuillerée à soupe de coulis de chocolat noir. Les plier en quatre (ou former une aumônière et l'attacher avec une lanière de vanille). Disposer 1 crêpe sur chaque assiette. Procéder de la même façon avec le coulis de chocolat au lait pour 8 crêpes, et avec le coulis de chocolat blanc pour les crêpes restantes. Servir.

Crêpes soufflées à la crème de marron
et au Grand Marnier

Préparation : 30 mn
Repos : 30 mn
Cuisson : 6 mn

recette ardéchoise

Ingrédients pour 4 personnes :

10 g de beurre
30 g de noix de coco râpée grillée
25 cl de crème anglaise (voir recette p. 431)

Pâte à crêpes :
250 g de farine
3 œufs
50 cl de lait

Appareil à soufflé à la crème de marron :
6 œufs + 4 blancs
80 g de sucre
2 c. à s. de farine tamisée
25 cl de lait
1 pincée de sel
1 grosse boîte de crème de marron
2 c. à s. de Grand Marnier

1. Préparer la pâte à crêpes (voir recette p. 184) et laisser reposer 30 mn. La tamiser si nécessaire. Confectionner 16 crêpes dans une poêle antiadhésive de 18 cm de diamètre, en la beurrant avant de cuire la première crêpe. Réserver.
2. Préparer l'appareil à soufflé à la crème de marron : dans une terrine, mélanger les œufs et le sucre en fouettant jusqu'à obtention d'un mélange mousseux. Ajouter la farine, puis le lait bouillant. Transvaser la préparation dans une casserole, porter à ébullition et laisser cuire 1 mn sans cesser de mélanger. Laisser refroidir complètement.
3. Monter les blancs d'œufs en neige pas trop ferme avec le sel. Lorsque le mélange précédent est bien froid, incorporer la crème de marron en deux fois, en mélangeant bien, le Grand Marnier et les blancs en neige. Préchauffer le four à 200 °C.
4. Garnir le centre de chaque crêpe de 2 cuillerées à soupe d'appareil à soufflé. Parsemer de noix de coco, puis les replier en portefeuille. Disposer les crêpes sur une plaque, enfourner et cuire 6 mn. Servir avec la crème anglaise.

Crêpes Suzette

Préparation : 15 mn
Repos : 1 h
Cuisson : 20 mn

recette traditionnelle

Ingrédients pour 6 personnes :

2 oranges
50 g de beurre
1 c. à s. de Grand Marnier ou de Cointreau
3 c. à s. sucre

Pâte à crêpes :
250 g de farine
3 œufs
1 pincée de sel
30 cl de lait
1 c. à s. de Grand Marnier
1 c. à s. d'huile

1. Râper le zeste de 1 orange. Presser le jus des 2 fruits. Réserver le tout.
2. Préparer la pâte à crêpes : mélanger la farine, le sel, les œufs et le lait. Ajouter le jus de 1 orange, le Grand Marnier et l'huile. Laisser reposer 1 h.
3. Confectionner 12 crêpes fines dans une poêle antiadhésive.
4. Dans une terrine, malaxer le beurre, le reste de jus d'orange, le zeste d'orange, le Grand Manier et le sucre.
5. Tartiner chaque crêpe de la préparation précédente. Les replier en quatre, les réchauffer dans la poêle et servir aussitôt.

conseil

Vous pouvez remplacer les oranges par 3 mandarines, et le Grand Marnier par du curaçao.

à savoir

Cette recette a été créée par Henri Charpentier, cuisinier à Monte-Carlo, à l'occasion d'un dîner du prince de Galles, le futur roi d'Angleterre Édouard VII. Celui-ci demanda un dessert original et, trouvant les crêpes qu'on lui servit excellentes, il leur associa le prénom de son invitée, Suzette.

Crêpes vertes à la menthe
et à la confiture de pêches

Préparation : 10 mn
Repos : 30 mn
Cuisson : 30 s par crêpe

recette raffinée

Ingrédients pour 4 personnes :

40 cl de lait
1 bouquet de menthe fraîche
40 g d'épinards
2 œufs
100 g de farine
2 c. à s. de sucre
1 c. à s. d'huile d'arachide
1 pot de confiture de pêches
1 pomme

1. Mixer le lait avec les feuilles de menthe et d'épinard. Réserver.
2. Casser les œufs dans une jatte. Ajouter la farine et mélanger intimement.
3. Délayer le mélange précédent avec le lait aux herbes en le versant en mince filet. Ajouter le sucre et mélanger. Laisser reposer la pâte 30 mn environ.
4. Chauffer l'huile dans une poêle et confectionner des crêpes fines en les faisant cuire 30 s.
5. Tartiner les crêpes encore tièdes de confiture de pêches. Les rouler, puis les couper en trois.
6. Éplucher et épépiner la pomme. La détailler en lamelles et en décorer les assiettes.
7. Servir aussitôt.

conseil

Vous pouvez remplacer les épinards par 1/3 de botte de basilic.

notre avis

Pour décorer, vous pouvez aussi ajouter une pêche coupée en deux.

Far aux fraises

Préparation : 1 h 10
Cuisson : 1 h 15
Repos : 2 h

recette bretonne

Ingrédients pour 4 à 6 personnes :

- 30 g de beurre
- 220 g de farine
- 1 l de lait
- 1 gousse de vanille
- 220 g de sucre
- 4 œufs
- 400 g de fraises

1. Beurrer un plat à gratin et le fariner légèrement.
2. Préchauffer le four à 270 °C.
3. Faire tiédir le lait avec la gousse de vanille fendue en deux dans la longueur. Laisser infuser 1 h. Jeter la gousse.
4. Dans une jatte, mélanger le reste de farine, le sucre, les œufs et le lait. Verser l'appareil dans le plat. Enfourner et cuire 35 mn.
5. Pendant ce temps, laver les fraises, les éponger, les équeuter et les couper en deux.
6. Sortir le far du four. Pratiquer plusieurs incisions à la surface, puis y introduire les demi-fraises. Couvrir avec une feuille de papier d'aluminium beurrée. Remettre au four 40 mn.
7. Laisser reposer 2 h avant de servir.

notre avis

En saison, utilisez des fraises gariguettes.

variante de la recette

Far aux framboises

Procéder comme pour le Far aux fraises.

Remplacer les fraises par des framboises.

Far aux pruneaux, à la vanille et au rhum

Préparation : 20 mn
Cuisson : 1 h

recette bretonne

Ingrédients pour 6 à 8 personnes :

- 2 l de lait
- 1/2 gousse de vanille
- 6 œufs
- 300 g de sucre
- 280 g de farine
- 3 c. à s. de rhum
- 20 g de beurre
- 300 g de pruneaux dénoyautés

1. Porter le lait à ébullition avec la gousse de vanille fendue en deux dans la longueur. Mélanger les œufs avec le sucre en fouettant jusqu'à ce que le mélange soit mousseux. Incorporer la farine.
2. Filtrer le lait dans un chinois et l'ajouter au mélange précédent. Parfumer avec le rhum et laisser cuire sur feu doux jusqu'à ce que la préparation épaississe. Préchauffer le four à 180 °C.
3. Verser l'appareil dans un moule à gratin beurré. Ajouter les pruneaux. Enfourner et cuire 1 h environ.

variante de la recette

Far aux pruneaux périgourdin

Ingrédients : 200 g de farine, 1 pincée de sel, 170 g de sucre semoule, 1 sachet de sucre vanillé, 4 œufs, 60 g de beurre, 50 cl de lait et 500 g de pruneaux dénoyautés.

Verser la farine dans une terrine; ajouter le sel et les 2 sucres et bien mélanger; faire un puits et y casser les œufs ; continuer à mélanger en faisant tomber la farine; incorporer 40 g de beurre fondu puis le lait préalablement tiédi et travailler jusqu'à obtention d'une pâte homogène. Beurrer un plat à gratin et y répartir les pruneaux; verser la pâte et cuire au four préchauffé à 210 °C 40 mn environ, jusqu'à ce qu'elle se détache complètement des parois du plat. Saupoudrer de sucre et servir chaud.

Flan aux patates douces
et à la cannelle

Préparation : 1 h
Cuisson : 30 mn
Repos : 10 mn

recette économique

Ingrédients pour 6 personnes :

- 1 kg de patates douces
- 2 pincées de sel
- 4 œufs
- 80 g de beurre
- 1 sachet de sucre vanillé
- 1/2 c. à c. de cannelle en poudre
- 1 sachet de levure chimique
- 2 ou 3 gousses de vanille

1. Peler les patates douces, les laver et les couper en morceaux. Les placer dans une casserole. Couvrir d'eau à hauteur, ajouter 1 pincée de sel et porter à ébullition. Baisser le feu et laisser cuire 30 mn à petit frémissement.
2. Égoutter les morceaux de patate douce. Réserver.
3. Séparer les blancs d'œufs des jaunes. Réserver.
4. Écraser les patates douces encore tièdes au moulin à légumes dans une terrine.
5. Incorporer 2 cuillerées à soupe de beurre à la purée de patates douces. Mélanger. Ajouter les jaunes d'œufs, le sucre vanillé et la cannelle. Incorporer la levure. Bien mélanger et réserver.
6. Préchauffer le four à 210 °C.
7. Beurrer un plat à gratin. Fouetter les blancs d'œufs en neige ferme avec le reste de sel, puis les incorporer à la purée de patates douces. Verser celle-ci dans le plat. Enfourner et cuire 30 mn.
8. Éteindre le four. Couvrir le flan de papier d'aluminium et laisser reposer 10 mn. Décorer avec les gousses de vanille et servir tiède.

conseil

Si la purée de patates douces est un peu trop sèche, ajoutez 2 cuillerées à soupe de rhum vieux avec les jaunes d'œufs.

notre avis

Vous pouvez également confectionner ce dessert dans des ramequins individuels.

Flan aux poires,
sauce au chocolat

Préparation : 30 mn
Cuisson : 45 mn

recette économique

Ingrédients pour 4 personnes :

- 4 poires passe-crassane
- 50 g de beurre
- 160 g de sucre
- 50 cl de lait
- 7 œufs

Sauce au chocolat :

- 200 g de chocolat noir à 70 %
- 25 g de beurre
- 3 c. à s. de crème fraîche

1. Préchauffer le four à 180 °C.
2. Peler les poires et les couper en lamelles. Les poêler dans le beurre avec 4 cuillerées à soupe de sucre. Laisser refroidir.
3. Dans un récipient, verser le lait, les œufs et le reste de sucre. Mélanger.
4. Verser une petite quantité du mélange précédent dans un moule à gratin. Disposer les lamelles de poire harmonieusement. Verser le reste du mélange. Placer le moule dans un bain-marie, enfourner et cuire 45 mn.
5. Un quart d'heure avant la fin de la cuisson, préparer la sauce au chocolat. Râper le chocolat. Le disposer, avec le beurre, dans une jatte placée sur un bain-marie frémissant et le laisser fondre. Ajouter la crème fraîche. Faire chauffer le mélange sans cesser de remuer.
6. Servir le flan aux poires avec la sauce au chocolat.

conseil

Décorez avec des feuilles de menthe.

notre avis

Vous pouvez également préparer ce flan avec des poires au sirop, en veillant à bien les égoutter.

Flan aux pommes caramélisées
et aux pruneaux

Préparation : 30 mn
Macération : 12 h
Cuisson : 30 mn

recette nantaise

Ingrédients pour 4 personnes :

12 pruneaux
15 cl de muscadet
60 g de sucre
1 œuf + 3 jaunes
30 cl de crème liquide
2 pommes coupées en dés
20 g de beurre clarifié
1 1/2 c. à s. de rhum
4 c. à s. de cassonade

1. Mettre les pruneaux à macérer la veille dans 10 cl de muscadet.
2. Dans une terrine, mélanger le sucre, l'œuf et les jaunes. Ajouter la crème et le reste de muscadet.
3. Faire caraméliser les pommes dans le beurre clarifié. Les flamber avec le rhum. Égoutter les pruneaux et les couper en quatre.
4. Préchauffer le four à 130 °C.
5. Répartir les pommes et les pruneaux dans 4 moules à flan. Verser l'appareil à flan. Enfourner et cuire 30 mn. Saupoudrer de cassonade et faire gratiner sous le gril. Laisser tiédir et servir.

variante de la recette

Flan aux pommes, au miel et au sauternes

Ingrédients : le zeste de 1 citron, 120 g de miel, 30 cl de sauternes, 2 pincées de cannelle en poudre, 6 œufs et 2 grosses pommes golden.

Placer le zeste de citron dans une casserole avec le miel, le vin et la cannelle ; porter à ébullition, puis éteindre le feu. Dans une terrine, fouetter les œufs en omelette ; ajouter le mélange précédent après avoir ôté le zeste, puis transvaser l'appareil dans un plat à four. Peler les pommes et les émincer en lamelles de 5 mm d'épaisseur ; les répartir dans le plat ; placer le plat dans un bain-marie et cuire au four préchauffé à 200 °C 20 à 25 mn. Réfrigérer avant de servir.

Flognarde aux pommes

Préparation : 25 mn
Cuisson : 30 à 40 mn

recette limousine

Ingrédients pour 6 personnes :

100 g de farine tamisée
1 pincée de sel
4 œufs
100 g de sucre semoule
3 c. à s. d'eau de fleur d'oranger
1 l de lait
3 pommes granny-smith
Le jus de 1 citron
50 g de beurre
2 c. à s. de sucre cassonnade

1. Mélanger la farine et le sel dans une terrine. Former un puits au milieu. Dans une assiette creuse, battre les œufs en omelette avec le sucre semoule et l'eau de fleur d'oranger jusqu'à ce que le mélange soit bien mousseux. Verser celui-ci dans le puits et travailler à la cuiller en bois en délayant avec le lait, peu à peu.
2. Couper les pommes en deux, les peler, ôter le cœur puis les détailler en lamelles épaisses. Citronner celles-ci au fur et à mesure pour éviter qu'elles ne s'oxydent.
3. Préchauffer le four à 210 °C.
4. Enduire un plat à gratin à bord haut de beurre. Y disposer les lamelles de pomme. Verser la pâte. Parsemer le reste de beurre coupé en parcelles. Enfourner à mi-hauteur du four et cuire 30 à 40 mn, selon la taille du plat. Saupoudrer la flognarde de sucre cassonnade à la sortie du four.

variante de la recette

Flognarde aux pruneaux
ou aux poires

Procéder comme pour la Flognarde aux pommes.

Remplacer les pommes par 12 beaux pruneaux dénoyautés et coupés en morceaux ou par 3 poires à chair assez ferme.

Gâteau de crêpes à la crème à l'orange flambé au Cointreau

Préparation : 45 mn
Cuisson : 4 mn par crêpe
Réfrigération : 2 à 3 h

recette raffinée

Ingrédients pour 8 personnes :

4 oranges
300 g de crème à l'orange (voir recette p. 431)
100 g de gelée d'abricot
9 cl de Cointreau

Pâte à crêpes :
100 g de farine
4 œufs
1/2 c. à c. de sel
20 cl de lait
70 g de sucre
100 g de crème fraîche épaisse
9 cl de bière
30 g de beurre fondu

1. Préparer la pâte à crêpes la veille : dans une terrine, mélanger la farine, les œufs et le sel. Incorporer le lait, peu à peu, le sucre, la crème fraîche, la bière puis le beurre. Mélanger et laisser reposer. Au moment de l'utilisation, si la pâte est trop épaisse, la diluer avec un peu de lait.
2. Confectionner les crêpes dans une poêle antiadhésive. Laisser tiédir.
3. Laver les oranges. Les peler en arc de cercle sans laisser de trace de peau. Lever les segments en les séparant de leur membrane. Réserver.
4. Chemiser un moule à charlotte de 12 cm de diamètre de film alimentaire. Tapisser le fond et les parois avec 2 crêpes. Étaler 1 cuillerée à soupe de crème à l'orange. Ajouter 3 ou 4 quartiers d'orange. Couvrir d'une crêpe repliée. Répéter l'opération sur toute la hauteur du moule, en terminant par une couche de crème. Replier les pans de crêpe et le film alimentaire. Réfrigérer 2 à 3 h.
5. Démouler le gâteau de crêpes. Faire tiédir la gelée d'abricot. Ajouter un peu d'eau si nécessaire. Filtrer et verser la moitié de ce sirop sur le gâteau de crêpes, puis, au pinceau, badigeonner 3 ou 4 crêpes restantes et les disposer sur le gâteau en les faisant plisser. Ajouter les quartiers d'orange restants. Au moment de servir, arroser de Cointreau, flamber et servir.

Terrine de crêpes aux fruits frais

Préparation : 40 mn
Repos : 1 h
Cuisson : 4 mn par crêpe
Réfrigération : 5 à 6 h

recette raffinée

Ingrédients pour 6 à 8 personnes :

125 g d'abricots
125 g de kiwis
125 g de groseilles
125 g de framboises

Pâte à crêpes :
250 g de farine
3 œufs
1/2 c. à c. de sel
50 cl de lait
2 c. à s. de sucre
1 c. à s. d'huile d'arachide

Crème anglaise :
50 cl de lait
6 jaunes d'œufs
100 g de sucre
4 feuilles de gélatine

1. Préparer la pâte à crêpes (voir recette p. 184) et laisser reposer 1 h.
2. Crème anglaise : verser le lait dans une casserole et le faire chauffer. Fouetter les jaunes d'œufs avec le sucre, puis verser le lait en mince filet tout en mélangeant. Transvaser l'appareil dans la casserole et mélanger. Faire cuire sur feu doux sans atteindre l'ébullition. Ajouter la gélatine ramollie dans de l'eau froide. Tamiser et réserver.
3. Laver les abricots et peler les kiwis, puis les couper en petits dés. Égrapper les groseilles. Mélanger tous les fruits. Réserver.
4. Confectionner les crêpes dans une poêle antiadhésive de 12 à 16 cm de diamètre en y versant une petite louche de pâte et en les laissant cuire 2 mn sur chaque face. Chemiser une terrine de crêpes en les laissant déborder. Étaler une couche de crème anglaise. Couvrir d'une couche de fruits, puis de 1 ou 2 crêpes, selon la taille de la terrine, sans les faire se chevaucher. Napper de crème anglaise. Disposer une couche de fruits. Recouvrir de crêpes. Répéter l'opération sur toute la hauteur de la terrine. Réfrigérer 5 à 6 h.
5. Démouler la terrine en trempant le fond dans de l'eau tiède. Couper la terrine de crêpes en tranches et servir avec un coulis de framboises.

notre avis

Vous pouvez remplacer le lait de la crème anglaise par 50 cl de jus de fruits.

Polenta, Semoule, Blé, Riz et Tapioca

L'UTILISATION DE LA POLENTA, DE LA SEMOULE, DU BLÉ, DU RIZ ET DU TAPIOCA

La polenta

D'origine italienne, c'est une semoule de maïs que l'on trouve aujourd'hui sous forme précuite, plus rapide et plus facile à préparer.

La semoule

La semoule de blé dur, grains moyens, est la plus facile à utiliser. Les grains fins demandent plus de dextérité, mais sont plus agréables dans les gâteaux de semoule.

Le blé

On emploie de plus en plus cette céréale, vendue sous forme de grains entiers précuits, dont les qualités nutritionnelles sont intéressantes à plus d'un titre : apport de protéines, de fibres, de vitamine PP, et pauvre en sodium.

Le riz

Les desserts au riz réclament du riz qui s'agglomère à la cuisson, c'est-à-dire des grains ronds.

Le tapioca

Extrait de la racine de manioc, le tapioca est énergétique. Sa texture gluante le fait particulièrement apprécier des jeunes enfants.

Les perles du Japon

Fabriquées à partir de fécule de pomme de terre, ces petites perles blanches, rondes et régulières, deviennent transparentes à la cuisson.

L'origine du mot « entremets »

Au XIIe siècle, un « entre »-« mets » désignait les divertissements donnés en plein milieu des repas par des musiciens, des danseurs et des jongleurs, et les plats salés ou sucrés que l'on servait pendant ce temps. À partir du XVIIIe, par extension, il s'appliquait au deuxième service d'un repas composé de mets plus légers. Puis il fut synonyme de mets sucrés servis après le fromage et avant le dessert proprement dit, composé, lui, de gâteaux et pâtisseries.

Couscous sucré aux fruits secs et à la cannelle

Préparation : 25 mn
Cuisson : 40 mn

recette marocaine

Ingrédients pour 6 personnes :

500 g de semoule à gros grains
1 pincée de sel
1 pincée de cannelle en poudre
2 c. à s. d'huile
100 g de beurre
100 g de sucre
150 g de fruits secs (dattes, raisins secs, pruneaux, amandes)

1. Disposer la semoule dans un large récipient. Ajouter le sel et la cannelle. Verser l'huile. Mélanger avec les doigts ou avec une cuiller, afin de bien enrober les grains de semoule d'huile. Au besoin, ajouter 2 cuillerées à soupe d'eau.
2. Faire chauffer 2 l d'eau dans la partie basse d'un couscoussier. Lorsque la vapeur s'échappe, placer la semoule dans la partie haute. Appliquer une bande de tissu enduite d'un mélange de farine et d'eau sur la jonction des deux parties du récipient. Laisser cuire 20 mn.
3. Retirer la partie haute du couscoussier et la poser sur un large récipient. Arroser la semoule avec la moitié de l'eau bouillante. Laisser égoutter. Jeter l'eau, puis verser la semoule dans le plat et décoller les grains agglomérés en les roulant avec la paume de la main.
4. Remplir à nouveau d'eau la partie basse du couscoussier. Transvaser la semoule dans la partie haute et laisser cuire encore 20 mn.
5. Disposer la semoule dans le grand plat, ajouter le beurre coupé en dés, puis décoller les grains agglomérés en les roulant avec la paume de la main.
6. Dresser la semoule sur un plat. Saupoudrer de sucre et garnir avec les fruits secs.

conseil

Servez avec du lait frais ou du thé à la menthe (voir recette p. 417).

Crème de blé aux oranges, coulis d'abricots

Préparation : 30 mn
Cuisson : 20 mn

recette rustique

Ingrédients pour 6 personnes :

3 oranges
150 g de blé Ebly
50 cl de lait
3 jaunes d'œufs
110 g de sucre
40 g de Maïzena
10 cl de crème liquide
2 c. à s. de cassonade

Coulis d'abricots :
200 g d'abricots bien mûrs
30 g de sucre
Le jus de 1 citron

1. Préparer le coulis d'abricots : laver les fruits, les couper en deux et les dénoyauter. Les pocher dans 10 cl d'eau additionnée du sucre jusqu'à ce qu'ils soient tendres. Laisser refroidir, puis égoutter. Écraser les abricots dans un tamis pour obtenir une purée. Arroser avec le jus de citron et réserver au réfrigérateur.
2. Dans une casserole, verser 60 cl d'eau. Ajouter les zestes de 2 oranges et le blé. Faire cuire 15 mn.
3. Verser le lait dans une casserole et chauffer sur feu doux. Retirer du feu.
4. Dans une terrine, verser les jaunes d'œufs, le sucre et la Maïzena. Mélanger au fouet. Incorporer le lait en mince filet sans cesser de fouetter. Transvaser le mélange dans la casserole et faire cuire jusqu'au premier bouillon.
5. Hors du feu, incorporer le jus des oranges et la crème. Ajouter le blé. Mélanger. Verser le mélange dans un plat à gratin. Saupoudrer de cassonade. Faire gratiner sous le gril du four quelques minutes.
6. Servir avec le coulis d'abricots.

conseil

Vous pouvez parfumer le coulis avec 1 cuillerée à soupe de Grand Marnier ou de Cointreau.

Crème de riz au lait au safran et à la cardamome

Préparation : 5 mn
Cuisson : 1 h 30

recette indienne

Ingrédients pour 4 personnes :

60 cl de lait
70 g de riz basmati
130 g de sucre
4 graines de cardamome
1 pincée de safran en filaments
1 c. à s. de pistaches hachées
1 c. à s. d'amandes effilées

1. Verser le lait dans une casserole. Ajouter le riz et faire cuire sur feu doux 1 h 30.
2. Incorporer le sucre, la cardamome et le safran au riz.
3. Mixer la préparation afin d'obtenir une purée.
4. Répartir la crème de riz dans des ramequins individuels et laisser refroidir.
5. Décorer de pistaches hachées et d'amandes effilées.
6. Servir frais.

conseil

Vous pouvez aromatiser la crème de riz avec une cuillerée à soupe d'eau de rose.

à savoir

En Inde, ce dessert est parfois décoré d'une feuille d'or ou d'argent.

notre avis

Vous pouvez remplacer le riz par 100 g de fécule de riz. Dans ce cas, mélangez la fécule, le sucre et le lait, et portez le mélange à ébullition. Ajoutez les épices et faites cuire sur feu doux, en remuant, jusqu'à épaississement.

Gâteau de riz à la compote d'oranges

Préparation : 3 h
Cuisson : 1 h

recette lyonnaise

Ingrédients pour 6 à 8 personnes :

1 l de lait
1 gousse de vanille
125 g de beurre
160 g de sucre
175 g de riz rond
2 œufs

Compote d'oranges :
2 kg d'oranges
1 kg de sucre
Le jus de 3 citrons

1. Préparer la compote d'oranges : peler les oranges et les blanchir quelques minutes. Les détailler en quartiers. Verser le sucre dans une grande casserole. Ajouter 2 l d'eau et le jus des citrons, puis chauffer sur feu moyen. Plonger les quartiers d'orange dans ce sirop et laisser cuire sur feu doux 3 h, jusqu'à ce que les fruits soient bien tendres.
2. Une heure avant la fin de la cuisson de la compote d'oranges, porter le lait à ébullition avec la gousse de vanille fendue en deux et grattée. Ajouter le beurre, 50 g de sucre et le riz. Laisser cuire doucement 20 mn, en remuant de temps en temps.
3. Préchauffer le four à 200 °C.
4. Verser le reste de sucre dans une casserole à fond épais. Ajouter 4 cuillerées à soupe d'eau et chauffer sur feu doux jusqu'à obtention d'un caramel clair. Verser le caramel dans un moule, et incliner celui-ci pour enduire uniformément le fond et les parois.
5. Mélanger le riz avec les œufs. Verser la préparation dans le moule et placer celui-ci dans un plat contenant de l'eau jusqu'à mi-hauteur. Enfourner et cuire 40 mn.
6. Démouler le gâteau et servir avec la compote d'oranges.

Gâteau de riz
à la rhubarbe

Préparation : 30 mn
Cuisson : 40 mn

recette rustique

Ingrédients pour 8 personnes :

75 cl de lait	**20 g de beurre**
1 sachet de sucre vanillé	**3 œufs**
200 g de riz rond	**180 g de sucre semoule**
500 g de rhubarbe	**20 cl de crème fraîche épaisse**

1. Verser le lait dans une casserole. Ajouter le sucre vanillé et faire chauffer sur feu doux.
2. Laver le riz dans un chinois. Bien l'égoutter, puis le jeter en pluie dans le lait. Laisser cuire à petit frémissement 20 mn.
3. Éplucher la rhubarbe : ôter les feuilles et la fine membrane qui recouvre les tiges. Couper celles-ci en tronçons de 2 à 3 cm. Réserver.
4. Préchauffer le four à 200 °C.
5. Beurrer un moule à côtes en terre, en porcelaine à feu ou en Pyrex.
6. Dans un saladier ou une terrine, mélanger les œufs, le sucre semoule et la crème fraîche. Ajouter le riz au lait et les tronçons de rhubarbe. Bien mélanger avec une cuiller en bois.
7. Verser la préparation dans le moule.
8. Enfourner et cuire 40 mn.
9. Laisser refroidir complètement avant de servir.

•——conseil——•

Pour servir, décorez avec des feuilles de menthe.

•——notre avis——•

Vous pouvez faire cuire le riz au lait à la rhubarbe dans un moule caramélisé. Ce gâteau n'en sera que meilleur.

Gâteau de riz
au chocolat

Préparation : 20 mn
Cuisson : 40 mn
Réfrigération : 3 à 5 h

recette traditionnelle

Ingrédients pour 6 personnes :

150 g de riz rond	**1 gousse de vanille**
75 cl de lait	**1 pincée de sel**
120 g de sucre	**150 g de chocolat noir à 70 %**

1. Préchauffer le four à 210 °C. Blanchir le riz dans de l'eau bouillante 3 mn.
2. Verser le lait dans une casserole, ajouter 60 g de sucre, la gousse de vanille fendue en deux et grattée et le sel. Porter à ébullition.
3. Égoutter le riz et le disposer dans un plat à four. Verser le lait. Enfourner et cuire 25 mn.
4. Sortir le plat du four et laisser tiédir. Baisser la température à 150 °C.
5. Verser le reste de sucre dans une casserole à fond épais. Ajouter 6 cuillerées à soupe d'eau et chauffer sur feu doux jusqu'à obtention d'un caramel blond. Verser le caramel dans un moule à génoise et incliner celui-ci pour napper les parois.
6. Faire fondre le chocolat cassé en morceaux au bain-marie. Le mélanger avec le riz, après avoir ôté la vanille. Verser la préparation dans le moule et placer celui-ci dans un plat contenant de l'eau jusqu'à mi-hauteur. Enfourner et cuire 15 mn.
7. Laisser refroidir dans le moule et réfrigérer 3 à 5 h.
8. Pour démouler le gâteau, plonger le moule dans de l'eau chaude.

•——conseil——•

Le gâteau de riz se confectionne uniquement avec du riz à grains ronds, qui se démoule parfaitement.

Gâteau de semoule
à la compote d'abricots

Préparation : 30 mn
Cuisson : 20 mn

recette rustique

Ingrédients pour 6 personnes :

75 cl de lait
1 pincée de sel
1/2 gousse de vanille
80 g de sucre
100 g de semoule fine
70 g de beurre
3 œufs

Compote d'abricots :
750 g d'abricots
125 g de sucre
Le jus de 1 citron

1. Verser le lait dans une casserole. Ajouter le sel, la gousse de vanille fendue en deux dans la longueur et grattée et le sucre. Porter à ébullition, puis verser la semoule en pluie. Remuer sans arrêt 3 mn, jusqu'à ce que la semoule épaississe. Retirer du feu et laisser tiédir.
2. Ajouter 50 g de beurre et les œufs battus en omelette à la semoule. Réserver.
3. Préchauffer le four à 150 °C.
4. Préparer la compote d'abricots : laver les abricots, les couper en deux et les dénoyauter. Les faire cuire avec le jus de citron et un 1/2 verre d'eau 10 mn. Ajouter le sucre et mélanger.
5. Chemiser un moule à soufflé de 24 cm de diamètre de papier sulfurisé et le beurrer. Verser la moitié de la semoule dans le moule. Recouvrir de compote d'abricots. Verser le reste de semoule. Enfourner et cuire 20 mn.
6. Laisser refroidir. Démouler et ôter le papier.

conseil

Décorez le gâteau avec des quartiers d'abricot et des morceaux de vanille.

Gâteau de semoule au fromage blanc
et aux raisins secs

Préparation : 20 mn
Cuisson : 1 h 15

recette économique

Ingrédients pour 8 personnes :

140 g de beurre
650 g de fromage blanc
4 œufs
6 c. à s. de semoule
5 c. à s. de sucre
2 sachets de sucre vanillé
120 g de raisins de Corinthe

1. Préchauffer le four à 200 °C.
2. Faire fondre 120 g de beurre au bain-marie sur feu doux.
3. Dans une jatte, bien mélanger le fromage blanc avec les œufs battus en omelette, la semoule, le sucre et le sucre vanillé.
4. Ajouter le beurre fondu, peu à peu. Mélanger soigneusement.
5. Incorporer les raisins secs préalablement lavés.
6. Beurrer un moule à charlotte et y verser la préparation. Enfourner et cuire 1 h 15.
7. Laisser refroidir et démouler.

variante de la recette

Gâteau de semoule au fromage blanc et aux pruneaux

Procéder comme pour le Gâteau de semoule au fromage blanc et aux raisins secs.

Remplacer les raisins secs par des pruneaux détaillés en petits dés.
À l'étape **3,** ajouter 1 cuillerée à café de zeste d'orange ou de citron finement râpé.

Gâteau de semoule aux amandes
et au zeste de citron

Préparation : 20 mn
Cuisson : 40 à 45 mn

recette turque

Ingrédients pour 6 personnes :

160 g de semoule
200 g de beurre
200 g d'amandes mondées et coupées en deux
1 l de lait
400 g de sucre
Le zeste de 1 citron

1. Dans une grande casserole à fond épais, placer la semoule, le beurre et les amandes. Faire dorer sur feu très doux 30 mn.
2. Verser le lait dans une casserole. Ajouter le sucre et remuer jusqu'à complète dissolution.
3. Verser le lait sucré sur le mélange semoule-beurre-amandes. Cuire sur feu doux, sans cesser de remuer avec une cuiller en bois, 10 à 15 mn.
4. Ajouter le zeste de citron râpé et bien mélanger.
5. Verser la préparation dans un plat creux et laisser refroidir à température ambiante.

à savoir

On obtient la semoule en broyant grossièrement les grains de blé dur. Au Moyen-Orient et en Inde, on l'utilise pour préparer de succulents entremets, souvent aromatisés à l'eau de rose.

conseil

Pour une présentation raffinée, décorez ce gâteau de semoule de pignons de pin et de feuilles de menthe.

notre avis

Ce dessert est meilleur lorsqu'il est dégusté aussitôt refroidi.

Gâteau de semoule aux pruneaux,
coulis à l'orange

Préparation : 15 mn
Cuisson : 2 mn

recette alsacienne

Ingrédients pour 6 à 8 personnes :

1 l de lait
120 g de sucre
170 g de semoule
200 g de pruneaux dénoyautés

Coulis à l'orange :
30 cl de jus d'orange
1 c. à s. de fécule
3 c. à s. de sucre

1. Verser le lait et le sucre dans une casserole. Porter à ébullition. Ajouter la semoule et laisser cuire 2 mn.
2. Détailler les pruneaux en épaisses lamelles. Réserver.
3. Verser une couche épaisse de semoule chaude dans un récipient. Recouvrir d'une couche de lamelles de pruneau, en laissant un espace de 1,5 cm sur les bords. Renouveler l'opération trois fois. Terminer par une couche de semoule. Entreposer au réfrigérateur jusqu'au moment de servir.
4. Préparer le coulis à l'orange : mélanger 10 cl de jus d'orange avec la fécule, en la délayant bien. Chauffer le reste de jus d'orange avec le sucre jusqu'à ébullition, puis incorporer le mélange précédent. Laisser cuire 2 mn. Filtrer et laisser tiédir.
5. Servir le gâteau de semoule bien froid avec le coulis à l'orange.

notre avis

Vous pouvez remplacer les pruneaux par des abricots séchés ou de gros raisins secs mis à macérer dans l'alcool de votre choix

conseil

Ce gâteau sera encore meilleur si vous le préparez la veille et l'entreposez au frais. Si vous le confectionnez au moment du repas, placez-le au congélateur jusqu'au moment de servir.

Gâteau de semoule vanillé à la crème
et aux fruits rouges

Préparation : 20 mn
Cuisson : 10 mn

recette traditionnelle

Ingrédients pour 4 personnes :

25 cl de lait
1 gousse de vanille
35 g de semoule de blé dur moyenne
50 g de sucre
10 cl de crème liquide
800 g de fruits rouges (fraises, framboises, fraises des bois, groseilles, myrtilles, mûres...)

1. Verser le lait dans une casserole.
2. Fendre la gousse de vanille en deux. Gratter les graines et les ajouter au lait. Porter à ébullition.
3. Verser la semoule en pluie fine dans le lait, puis le sucre. Laisser cuire à petit frémissement, en mélangeant avec une cuiller en bois, 10 mn.
4. Retirer la casserole du feu. Recouvrir la semoule de film alimentaire, pour éviter le formation d'une croûte, et laisser refroidir.
5. Détendre la semoule avec la crème. Enlever la gousse de vanille. Couvrir et entreposer au réfrigérateur.
6. Laver et nettoyer les fruits. Les disposer dans des coupes. Verser la semoule au centre, en dôme.
7. Disposer quelques fruits au centre pour décorer.

conseil

Pour gagner du temps, vous pouvez préparer le gâteau de semoule la veille et l'entreposer au réfrigérateur jusqu'au moment de servir. Saupoudrez les fruits de sucre glace.

notre avis

Vous pouvez réaliser cette recette avec tous les fruits de saison disponibles.

Perles du Japon à la noix de coco
et à la mangue

Préparation : 10 mn
Cuisson : 20 à 25 mn

recette économique

Ingrédients pour 4 personnes :

75 cl de lait
1 gousse de vanille
100 g de perles du Japon
75 g de sucre
30 cl de lait de coco
20 cl de crème liquide
30 g de noix de coco râpée
1 mangue

1. Verser le lait dans une casserole. Ajouter la gousse de vanille fendue en deux dans la longueur et grattée, puis les perles du Japon. Faire cuire sur feu doux 20 à 25 mn, jusqu'à absorption du lait.
2. Ajouter le sucre et donner une ébullition.
3. Verser le lait de coco et la crème dans une casserole et faire tiédir le mélange sur feu doux. Ajouter la noix de coco râpée. Laisser infuser hors du feu, à couvert, 10 mn.
4. Verser le mélange précédent sur les perles du Japon. Laisser refroidir complètement.
5. Couper la mangue en trois dans la longueur, de chaque côté du noyau. Peler les morceaux de mangue et les détailler en fines lamelles. Couper celles-ci en bâtonnets de 6 cm de long et de 2 à 3 mm d'épaisseur environ.
6. Ajouter les lamelles de mangue à la préparation et servir très froid.

conseil

Accompagnez ce dessert de 1 quenelle de glace au fruit de la Passion et décorez avec des feuilles de coriandre fraîche.

à savoir

Les perles du Japon sont vendues en grandes surfaces, au rayon pâtes et riz. À défaut, vous pouvez utiliser du tapioca.

notre avis

Vous pouvez remplacer la noix de coco fraîche par de la noix de coco râpée séchée.

Polenta au lait,
aux raisins secs et aux pignons

Préparation : 1 h
Cuisson : 20 mn

recette vénitienne

Ingrédients pour 6 personnes :

1 l de lait
500 g de polenta
100 g de beurre
7 œufs
180 g de sucre ou de miel
1 pincée de sel
1 pincée de cannelle ou de noix muscade en poudre
100 g d'amaretti
100 g de pignons
100 g de raisins secs
50 g de cédrat ou de citron confit

1. Porter le lait à ébullition. Y verser la polenta en pluie, en remuant avec une cuiller en bois. Si le mélange est très épais, ajouter un peu de lait. À ébullition, baisser le feu et laisser cuire, sans cesser de remuer, 30 mn.
2. Faire fondre 80 g de beurre.
3. Mélanger les jaunes d'œufs avec le sucre ou le miel, et les incorporer, hors du feu, au mélange précédent. Saler et saupoudrer de cannelle ou de noix muscade. Incorporer le beurre fondu, les amaretti écrasés, les pignons, les raisins secs et le cédrat ou le citron confit haché. Bien mélanger. Remettre sur feu doux et cuire 20 mn, sans cesser de remuer.
4. Préchauffer le four à 180 °C.
5. Verser la préparation dans un moule à cake beurré. Enfourner et cuire 20 mn, jusqu'à ce que la polenta soit dorée.
6. Déguster chaud à la cuiller, ou froid en tranches.

notre avis

Ce dessert est délicieux avec du café.

à savoir

La polenta est de la semoule de maïs.
Elle était déjà utilisée par les Aztèques.
Les amaretti sont des petits gâteaux secs aux amandes.

Riz au lait à la cannelle

Préparation : 15 mn
Cuisson : 4 h 30

recette normande

Ingrédients pour 8 personnes :

150 g de riz rond
40 g de beurre demi-sel
2 c. à c. de cannelle en poudre
150 g de sucre
2 l de lait entier
2 ou 3 bâtons de cannelle

1. Préchauffer le four à 250 °C.
2. Dans un plat à four – en terre de préférence –, mélanger le riz, le beurre, la cannelle et le sucre.
3. Porter le lait à ébullition.
4. Verser le lait dans le plat. Bien mélanger les ingrédients avec une cuiller en bois. Enfourner et cuire 30 mn.
5. Baisser la température du four à 100-120 °C.
6. Disposer le plat dans un bain-marie, remettre au four et poursuivre la cuisson 4 h.
7. Laisser refroidir complètement dans le plat de cuisson.
8. Décorer de quelques bâtons de cannelle et servir.

notre avis

Vous pouvez accompagner ce dessert de fines lamelles de fruits, de crème anglaise ou de fruits rouges.

à savoir

En Normandie, ce dessert porte le nom de teurgoule ou de terrine de Fierville. Autrefois, c'était un dessert de fête. À l'origine, il était confectionné avec du blé, jusqu'à ce que l'on adopte le riz à la suite d'une erreur de livraison de la céréale...

Riz au lait à la crème et à la cannelle

Préparation : 10 mn
Cuisson : 30 mn

recette économique

Ingrédients pour 4 personnes :

- 100 g de riz rond
- 75 cl de lait
- 5 c. à s. de crème fraîche
- 120 g de sucre
- Le zeste de 1 citron
- 1 bâton de cannelle
- 1 c. à s. de cannelle en poudre

1. Mettre le riz dans une casserole et couvrir d'eau à hauteur. Laisser cuire sur feu doux jusqu'à évaporation complète de l'eau.
2. Ajouter le lait et la crème fraîche. À partir de la reprise de l'ébullition, poursuivre la cuisson sur feu doux 20 mn.
3. Incorporer le sucre, le zeste de citron et le bâton de cannelle. Laisser cuire encore 10 mn.
4. Faire refroidir dans un plat ou dans des ramequins individuels.
5. Au moment de servir, saupoudrer de cannelle.

à savoir

La cannelle est l'écorce du cannelier, dont la forme recourbée évoque celle d'un canon, d'où son nom. Cet arbuste est originaire du Sri Lanka, et appartient à la famille des lauriers.

variante de la recette

Riz au lait à la crème et à la vanille

Procéder comme pour le Riz au lait à la crème et à la cannelle.

Remplacer la cannelle par 2 gousses de vanille fendues en deux et grattées, et le zeste de citron par du zeste d'orange.

Riz au lait à l'ananas

Préparation : 1 h
Repos : 30 mn
Cuisson : 6 mn

recette antillaise

Ingrédients pour 6 à 8 personnes :

- 1 gros ananas
- 160 g de sucre
- 3 c. à s. de confiture d'abricots
- 2 bananes
- 4 kiwis

Riz au lait :

- 90 cl de lait
- 200 g de riz rond
- 70 g de sucre
- 1 gousse de vanille
- 20 cl de crème fraîche
- 1 jaune d'œuf

1. Préparer le riz au lait : verser le lait dans une casserole. Ajouter le riz, le sucre et la gousse de vanille fendue en deux et grattée. Faire cuire sur feu doux 15 à 20 mn, jusqu'à ce que le lait soit complètement absorbé. Mélanger la crème fraîche et le jaune d'œuf. Les incorporer au riz au lait. Réserver.
2. Ôter l'écorce de l'ananas et enlever soigneusement les « yeux ». Couper 3 tranches épaisses et les détailler en dés. Réserver. Émincer le reste de la chair en fines lamelles dans la hauteur, pour leur donner la forme d'un croissant..
3. Porter 20 cl d'eau à ébullition avec le sucre. Y plonger les lamelles d'ananas et les pocher 5 mn. Égoutter, en réservant le sirop.
4. Faire tiédir la confiture d'abricots. La mélanger aux dés d'ananas. Réserver. Préchauffer le four à 130 °C.
5. Tapisser un moule à dôme de lamelles d'ananas, en les faisant se chevaucher légèrement, et laisser reposer 30 mn. Étaler une épaisse couche de riz au lait, en ménageant un creux au milieu du moule. Remplir celui-ci du mélange dés d'ananas-confiture d'abricots. Ajouter le reste du riz au lait. Enfourner et cuire 6 mn.
6. Démouler sur un plat rond. Peler les bananes et les kiwis. Les détailler en rondelles. Les pocher quelques minutes dans le sirop. Les répartir au centre de l'entremets et tout autour.

Riz au lait à la noix de coco
et aux raisins secs

Trempage : 12 h
Préparation : 10 mn
Cuisson : 30 à 40 mn

recette réunionnaise

Ingrédients pour 4 personnes :

50 g de raisins de Corinthe
4 c. à s. de rhum
1 pincée de sel
100 g de riz rond
35 cl de lait
40 g de sucre
30 g de noix de coco râpée

1. La veille, placer les raisins secs dans le rhum et laisser tremper 12 h.
2. Porter 1 l d'eau, additionnée du sel, à ébullition.
3. Verser le riz dans l'eau et laisser cuire 2 mn.
4. Égoutter le riz.
5. Porter le lait à ébullition.
6. Verser le riz dans le lait. Baisser le feu et laisser cuire 30 à 40 mn.
7. Ajouter le sucre, la noix de coco et les raisins secs.
8. Laisser tiédir le riz au lait et servir.

conseil

À défaut de noix de coco fraîche, utilisez 2 cuillerées à soupe de noix de coco râpée séchée. Dans ce cas, le riz au lait sera un peu moins savoureux.

notre avis

Vous pouvez servir le riz au lait froid ; dans ce cas, ajouter 8 cl de crème fraîche liquide montée en Chantilly à l'étape 7. Veillez à ne pas trop cuire le riz. Il doit être à la fois ferme et souple. Pour une présentation raffinée, vous pouvez servir le riz au lait dans une demi-noix de coco fraîche et le décorer de copeaux de noix de coco.

Riz au lait au citron
et à la cannelle

Préparation : 15 mn
Cuisson : 40 à 45 mn

recette portugaise

Ingrédients pour 6 personnes :

125 g de riz blanc long
1 l de lait
1 morceau d'écorce de citron
1 bâton de cannelle
120 g de sucre en poudre
50 g de beurre
12 jaunes d'œufs
1/2 c. à c. de cannelle en poudre

1. Verser le riz dans une casserole. Couvrir d'eau à hauteur et cuire 30 à 40 mn.
2. Cinq minutes avant la fin de la cuisson du riz, porter le lait à ébullition avec l'écorce de citron et le bâton de cannelle.
3. Verser le lait sur le riz. Chauffer sur feu doux en remuant, jusqu'à ce que le riz soit crémeux. Ajouter le sucre.
4. Enlever la casserole du feu et incorporer le beurre coupé en dés.
5. Battre légèrement les jaunes d'œufs et les mélanger avec un peu de riz cuit. Incorporer ce mélange au riz.
6. Remettre la casserole sur le feu et faire épaissir sur feu doux quelques minutes.
7. Enlever l'écorce de citron et le bâton de cannelle du riz au lait. Verser celui-ci dans un plat de service ou des ramequins. Saupoudrer de cannelle. Servir tiède ou froid.

à savoir

Au Portugal, ce dessert, comme d'autres entremets et pâtisseries, est confectionné dans les couvents.

notre avis

Pour utiliser les blancs d'œufs, vous pouvez confectionner un Soufflé à la crème pâtissière au citron (voir recette p. 180).

Riz au lait aux amandes
et aux griottes

Préparation : 10 mn
Cuisson : 45 mn

recette danoise

Ingrédients pour 6 personnes :

60 g de riz rond
75 cl de lait
1 gousse de vanille
20 g de beurre
40 g de sucre
50 g d'amandes effilées
30 cl de crème fraîche
1 bocal de griottes au sirop
30 cl de xérès

1. Laver le riz, puis l'égoutter.
2. Porter le lait à ébullition avec la gousse de vanille fendue en deux dans la longueur et le beurre. Y verser le riz et laisser cuire sur feu très doux 40 mn environ, jusqu'à ce que le riz soit très moelleux, presque fondant.
3. Hors du feu, mélanger délicatement le riz avec le sucre et les amandes. Laisser refroidir complètement.
4. Pendant ce temps, fouetter la crème fraîche en chantilly, puis la mélanger au riz en soulevant doucement la masse à la spatule. Verser le riz dans un plat de service et réserver au frais.
5. Égoutter les griottes en conservant le sirop. Verser celui-ci dans une casserole et le laisser réduire légèrement sur feu doux. Ajouter le xérès et les cerises.
6. Au moment de servir, verser les griottes au sirop sur le riz.

notre avis

Vous pouvez servir ce dessert sous forme de quenelles formées à l'aide de 2 cuillers à soupe.

à savoir

Au Danemark, cet entremets rituel comporte une amande entière, qui équivaut à la fève de la galette des Rois et porte chance pour l'année nouvelle. S'il est servi sous forme de quenelles, l'amande est introduite dans l'une d'elles.

Taboulé sucré au citron
et aux dattes

Préparation : 20 mn
Cuisson : 5 mn

recette économique

Ingrédients pour 4 personnes :

Le jus de 1 citron
25 g de sucre
100 g de semoule fine
150 g de dattes
1 bouquet de menthe
100 g de raisins de Smyrne
50 g de pistaches mondées

1. Dans une casserole, verser le jus de citron, 2 cuillerées à soupe d'eau et le sucre. Porter à ébullition et laisser cuire 1 à 2 mn. Ajouter la semoule en la versant en pluie fine et mélanger à la spatule. Poursuivre la cuisson à l'étuvée, sur feu doux, 5 mn.
2. Laver et hacher finement les feuilles de menthe en ayant soin d'en réserver 1 pour le décor. Les mélanger au taboulé. Réserver.
3. Couper les dattes en dés, en en réservant 5 pour le décor. Les mélanger, ainsi que les raisins et les pistaches mondées, au taboulé. Au moment de servir, décorer avec les dattes et 1 feuille de menthe.

notre avis

Vous pouvez remplacer le jus de citron par du jus d'orange.

à savoir

Les dattes sont cultivées au Moyen-Orient depuis plus de 5 000 ans.
Les fruits séchés sont beaucoup plus caloriques que les dattes fraîches (respectivement, 248 kcal et 96 kcal pour 100 g).
La forte teneur en fer des dattes, ajoutée à leurs qualités énergétiques, en fait un aliment idéal pour combattre la fatigue et l'anémie.

Taboulé sucré aux fruits frais, coulis aux fruits de la Passion

Préparation : 45 mn
Cuisson : 5 mn
Réfrigération : 12 h

recette économique

Ingrédients pour 4 personnes :

70 g de sucre
8 fruits de la Passion
100 g de semoule moyenne
15 fraises
10 framboises
1 petite mangue
20 g de groseilles
1 brin de menthe

1. La veille, préparer le taboulé : verser 10 cl d'eau dans une casserole. Ajouter le sucre et porter à ébullition. Réserver ce sirop. Nettoyer les fruits de la Passion. En réserver un et couper les autres en deux. Prélever la pulpe à l'aide d'une cuiller à soupe, et la tamiser de façon à ne conserver que le jus. Réserver 12 coques pour la présentation. Placer la semoule dans un saladier, puis ajouter 10 cl de jus de fruits de la Passion et la moitié du sirop. Réserver au réfrigérateur, en recouvrant le saladier d'un film alimentaire, 12 h environ. Réserver également le reste de sirop au frais, en le recouvrant d'un torchon.
2. Sortir la semoule du réfrigérateur, puis l'égrener délicatement avec une fourchette. Couper les fraises, les framboises et la mangue en petits morceaux, et les ajouter à la semoule. Mélanger délicatement.
3. Dans un saladier, mélanger énergiquement au fouet le reste de sirop et de jus de fruits de la Passion. Ajouter les graines du fruit de la Passion restant. Verser le coulis obtenu dans un bol.
4. Entailler légèrement le fond de chaque coque de fruit de la Passion pour qu'elles soient stables. À l'aide d'une cuiller à soupe, les remplir de taboulé aux fruits. Placer les coques dans les assiettes, puis les entourer de coulis. Décorer avec les groseilles et des feuilles de menthe.

conseil

Choisissez des fruits de la Passion dont les coques sont fermes et sans taches.

Tapioca à la vanille, compotée de coings et croustillants au citron

Préparation : 50 mn
Cuisson : 40 mn

recette raffinée

Ingrédients pour 6 personnes :

3 coings
80 g de sucre
1 filet de jus de citron
3 œufs
75 cl de lait
1 gousse de vanille
1 pincée de sel
100 g de tapioca
4 c. à s. de crème Chantilly
2 c. à s. de pistaches hachées

Compotée de coings :
650 g de coings
Le jus de 1 citron
60 g de sucre

6 croustillants au citron
(voir recette p. 436)

1. Préparer la compotée de coings : éplucher les coings, les couper en gros quartiers et les épépiner. Les disposer dans une casserole avec le jus de citron, 10 cl d'eau et le sucre et les faire compoter en veillant à ce qu'il reste quelques morceaux entiers. Réserver.
2. Éplucher les coings et les détailler en lamelles. Les poêler à sec dans une poêle antiadhésive, puis les pocher quelques minutes dans un sirop préparé avec 2 cuillerées à café de sucre, 10 cl d'eau et le jus de citron. Égoutter et réserver.
3. Séparer les blancs d'œufs des jaunes. Mélanger ceux-ci avec 45 g de sucre. Réserver. Verser le lait dans une casserole et le porter à ébullition avec la gousse de vanille fendue en deux et grattée et le sel. Verser le tapioca en pluie. Faire cuire 10 à 15 mn, en fouettant régulièrement. Hors du feu, incorporer le mélange jaunes-sucre. Monter les blancs en neige ferme avec le reste de sucre et les incorporer délicatement.
4. Répartir les lamelles de coing pochées dans des coupes à dessert. Verser le tapioca dessus. Ajouter la compotée de coings, et y planter délicatement 1 croustillant au citron. Agrémenter de crème Chantilly et de pistaches hachées.

Beignets, Croustillants, Gaufres et Pastillas

COMMENT RÉUSSIR
LES BEIGNETS,
LES CROUSTILLANTS,
LES GAUFRES ET LES PASTILLAS

Les beignets

Il est préférable de ne pas sucrer la pâte, car le sucre la ferait brunir à la cuisson. La bassine à friture débarrassée de son panier doit être remplie d'une huile neuve d'excellente qualité (voire de saindoux). Les beignets une fois égouttés doivent être dégustés immédiatement. Tièdes, ils deviennent lourds et indigestes.

Les gaufres

On peut sucrer la pâte à gaufres en raison de son mode de cuisson particulier. Il est recommandé de préparer la pâte à gaufres 2 h à l'avance, de la laisser reposer au frais et de la placer à température ambiante 10 mn avant utilisation.

Les pâtes à brick, pastilla et filo

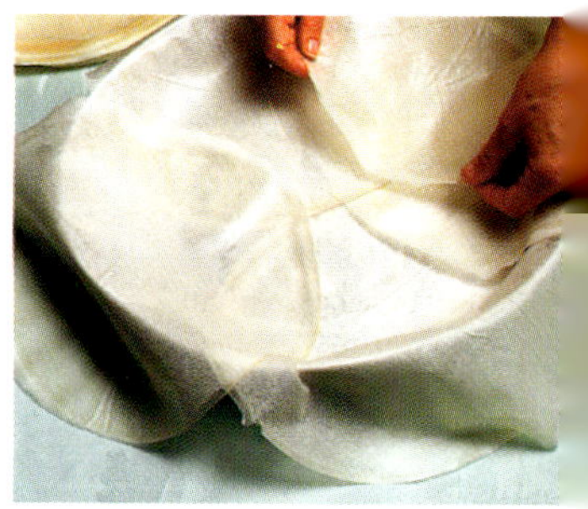

La pâte à brick d'origine tunisienne, ou la ouarka marocaine, dite pâte à pastilla, s'achète dans les épiceries orientales et au rayon frais de certaines grandes surfaces. C'est une pâte extrafine dont la confection requiert une très grande habileté, et une plaque de cuisson particulière. Elle est vendue par paquet de 12 feuilles rondes de 28 cm, sous sachet plastique, ce qui permet de les conserver à l'abri de l'air une bonne quinzaine de jours. la pâte à filo (ou phyllo ou « le » filo), d'origine turque, est très semblable à la pâte à brick. De forme carrée, elle s'achète également dans les épiceries orientales et au rayon frais des grandes surfaces, mais ne se conserve que quelques jours.

Farine à beignets

Pour confectionner les beignets, vous pouvez mélanger 1/3 de farine de riz à 2/3 de farine blanche. La farine de riz absorbe en effet moins l'humidité et reste plus croustillante à la cuisson.

Beignets à la fleur d'oranger
et au zeste de citron

Préparation : 15 mn
Repos : 2 à 3 h
Cuisson : 5 à 8 mn

recette marseillaise

Ingrédients pour 6 à 8 personnes :

15 g de levure de boulanger
1 pincée de sel
500 g de farine
1 c. à c. de zeste de citron finement râpé
1 c. à s. d'eau de fleur d'oranger
2 l d'huile de friture
100 g de sucre glace

1. Délayer la levure dans un peu d'eau chaude, ajouter le sel et transvaser le mélange dans une terrine.
2. Verser la farine en fontaine. Ajouter le zeste de citron et l'eau de fleur d'oranger. Délayer en ajoutant de l'eau tiède, au fur et à mesure, jusqu'à obtention d'une pâte souple mais pas liquide. La travailler 10 mn environ.
3. Couvrir la terrine d'un linge et laisser lever 2 à 3 h.
4. Faire chauffer l'huile.
5. Avec une poche à douille, couler délicatement la pâte à la surface de l'huile en formant un serpentin. Lorsque le beignet est bien doré, l'égoutter, le couper en morceaux de 15 cm et rouler ceux-ci dans le sucre glace.
6. Servir aussitôt.

à savoir

En Provence, ces beignets portent le nom de chichifregi, ce qui signifie littéralement « petit morceau de pois chiche frit », parce que, à l'origine, ils étaient à base de farine de pois chiche et frits dans de l'huile d'olive.

notre avis

Vous pouvez confectionner ces beignets en remplaçant le zeste de citron par du zeste d'orange.

Beignets au miel
et feuilles de menthe frites

Préparation : 45 mn
Repos : 12 h
Cuisson : 2 à 3 mn

recette nantaise

Ingrédients pour 6 personnes :

1 l d'huile de friture
3 c. à s. de farine
1 botte de menthe
6 c. à s. de miel liquide

Pâte à beignets :
400 g de farine
4 c. à s. de sucre
3 œufs
1 c. à s. de rhum
1 cube de levure de boulanger
10 cl de lait
125 g dc beurre

1. Préparer la pâte la veille : dans une terrine, mélanger la farine, le sucre, les œufs, le rhum et la levure. Délayer avec le lait. Sur le plan de travail, travailler cette pâte 4 à 5 mn en l'écrasant de la paume de la main. Incorporer le beurre coupé en petits morceaux. Couvrir et laisser reposer au réfrigérateur 12 h.
2. Chauffer l'huile à 130 °C.
3. Sur le plan de travail fariné, abaisser la pâte sur 5 mm d'épaisseur. La détailler en lanières de 4 à 5 cm de longueur et de 1 cm de largeur, puis vriller légèrement celles-ci et les plonger dans l'huile, par petites quantités. Laisser cuire 2 à 3 mn, jusqu'à coloration blonde. Égoutter les beignets sur du papier absorbant.
4. Effeuiller la menthe et faire frire les feuilles 20 s. Les égoutter.
5. Dans un grand plat, disposer les beignets chauds. Les arroser de miel. Décorer avec les feuilles de menthe. Servir aussitôt.

conseil

Choisissez un miel légèrement parfumé pour aromatiser les beignets. Vous pouvez également saupoudrer ceux-ci de cannelle.

à savoir

À Nantes, ces beignets, appelés bottereaux, sont confectionnés à la Chandeleur.

Beignets d'abricot à la noix de coco

Préparation : 20 mn
Repos : 30 mn
Cuisson : 20 mn

recette raffinée

Ingrédients pour 4 personnes :

16 oreillons d'abricot au sirop
1 l d'huile de friture
3 c. à s. de noix de coco râpée

Pâte à beignets :
30 g de levure de boulanger
15 cl de bière
200 g de farine tamisée

Crème à la noix de coco :
60 g de beurre mou
40 g de sucre glace
60 g de noix de coco râpée
1 œuf
2 c. à s. de farine
1 c. à s. de rhum

1. Préparer la crème à la noix de coco : dans un saladier, mélanger le beurre avec le sucre, la noix de coco, l'œuf et la farine jusqu'à homogénéité. Ajouter le rhum.
2. Garnir les oreillons d'abricot de crème à la noix de coco, puis les accoler deux par deux pour reconstituer le fruit. Les piquer avec un bâtonnet en bois pour les maintenir. Réserver au réfrigérateur 5 mn au moins, pour que la crème durcisse.
3. Préparer la pâte : détendre la levure avec un peu de bière, puis incorporer la farine, peu à peu, tout en ajoutant le reste de bière en mince filet, pour éviter les grumeaux. Laisser lever à température ambiante 30 mn.
4. Chauffer l'huile à 200 °C.
5. Tremper délicatement les abricots reconstitués dans la pâte à beignets, puis les plonger dans l'huile, 4 par 4 à la fois. Laisser cuire 5 mn, jusqu'à coloration dorée.
6. Égoutter les beignets sur du papier absorbant. Les saupoudrer de noix de coco. Servir aussitôt.

notre avis

En saison, utilisez des abricots bien mûrs, dont vous remplacerez le noyau par de la crème à la noix de coco.

Beignets d'ananas au rhum

Préparation : 30 mn
Macération : 2 h
Cuisson : 30 mn

recette antillaise

Ingrédients pour 6 personnes :

1 ananas
15 cl de rhum vieux
1 l d'huile de friture

Pâte à beignets :
200 g de farine
1 sachet de levure chimique
2 c. à s. de sucre
1 œuf
15 cl de lait
Le zeste de 1 citron
1 pincée de cannelle en poudre
1 pincée de noix muscade râpée

1. Peler l'ananas et le trancher. Détailler chaque tranche en tronçons. Les arroser de rhum et laisser macérer 2 h au moins.
2. Préparer la pâte : mélanger la farine avec la levure, le sucre, l'œuf et le lait. Aromatiser avec le zeste du citron râpé, la cannelle et la muscade.
3. Chauffer l'huile à 160 °C.
4. Enrober les morceaux d'ananas de pâte et les plonger dans l'huile, par petites quantités. Laisser cuire 5 mn environ, jusqu'à ce qu'ils soient bien dorés.

variante de la recette

Beignets d'ananas, sauce au lait de coco

Procéder comme pour les Beignets d'ananas au rhum. Après l'étape **4,** préparer une sauce en fouettant 10 cl de lait de coco, 1 cuillerée à soupe de rhum et 50 g de noix de coco râpée. Placer les beignets dans un plat, verser un peu de sauce autour et servir le reste à part.

Beignets de banane

Préparation : 45 mn
Repos : 1 h
Cuisson : 10 mn

recette martiniquaise

Ingrédients pour 4 personnes :

1 l d'huile de friture	3 c. à s. de sucre
4 bananes	20 cl de rhum
	1 c. à s. d'huile d'arachide
Pâte à beignets :	2 œufs
250 g de farine	Le zeste de 1 orange finement hâché

1. Préparer la pâte : dans une terrine, verser la farine et le sucre. Ajouter 20 cl d'eau, puis le rhum. Mélanger délicatement, en ramenant la farine au centre. Verser l'huile, incorporer les œufs, puis le zeste d'orange. Laisser reposer à température ambiante 1 h.
2. Chauffer l'huile. Pendant ce temps, peler les bananes et les détailler en rondelles biseautées.
3. Tremper les rondelles de banane dans la pâte, par petites quantités, en les piquant avec une fourchette. Les plonger dans l'huile lorsqu'elle est bien chaude et laisser cuire 2 à 3 mn.
4. Égoutter les beignets sur du papier absorbant.

conseils

Servez ces beignets avec 1 quenelle de glace piñacolada (voir recette p. 439).
Pour accompagner ces beignets, vous pouvez mixer des cacahouètes avec de l'eau, de la crème et du sucre. Il suffit alors de tremper les beignets dans la pâte de cacahouètes comme lors d'une fondue.

notre avis

Vous pouvez remplacer le rhum par de l'anisette.

variantes de la recette

Beignets de banane au rhum

Ingrédients : 200 g de farine, 2 sachets de levure chimique, 1 œuf, 1 gousse de vanille, 2 1/2 c. à s. de rhum, 1 l d'huile de friture, 3 bananes, 100 g de sucre semoule et 2 c. à s. de sucre glace.

Mélanger la farine, la levure et l'œuf ; fendre la gousse de vanille en deux et gratter les graines dans le mélange précédent ; bien mélanger ; ajouter 2 cuillerées à soupe de rhum. Chauffer l'huile, en veillant à ce qu'elle ne fume pas. Peler les bananes et les couper en rondelles ; les arroser du reste de rhum et les saupoudrer de sucre semoule ; laisser macérer 5 mn. Égoutter les rondelles de banane, les enrober de pâte et les faire frire jusqu'à ce qu'elles soient dorées. Saupoudrer les beignets de sucre glace. Servir aussitôt.

Beignets de banane caramélisés aux graines de sésame

Ingrédients : 350 g de farine, 1 œuf, 2 c. à s. de levure, 3 c. à s. de fécule de pomme de terre, 1 c. à c. de sel, 4 bananes bien mûres, 1 l d'huile de friture, 200 g de sucre et 50 g de graines de sésame.

Mélanger la farine, l'œuf, la levure, la fécule de pomme de terre et le sel avec 25 cl d'eau ; laisser reposer 10 mn. Peler les bananes, les couper en tronçons de 3 cm, les enrober de pâte et les plonger dans l'huile chaude ; laisser cuire 5 mn environ, sur feu pas trop vif, pour que les beignets soient bien gonflés et dorés. Dans une sauteuse huilée très chaude, faire un caramel avec le sucre et 6 cuillerées à soupe d'eau ; quand il est bien roux, ajouter les graines de sésame, puis y jeter les beignets, bien les enrober de caramel et les enlever presque aussitôt : ils doivent être croquants à l'extérieur et moelleux à l'intérieur.

Beignets de chocolat glacé,
coulis d'abricots

Préparation : 20 mn
Repos : 2 h
Réfrigération et congélation : 2 h
Cuisson : 10 à 12 mn

recette raffinée

Ingrédients pour 6 personnes :

300 g de chocolat
20 cl de crème liquide
1 l d'huile de friture
2 c. à s. de farine
1 boîte d'abricots au sirop
1 c. à s. de cacao

Pâte à beignets :
150 g de farine
1/2 c. à s. de fécule
1 c. à s. d'huile
1 pincée de sel
1 œuf
12 cl de bière
2 blancs d'œufs
2 c. à s. de sucre

1. Préparer la pâte : dans une terrine, verser la farine tamisée avec la fécule. Ajouter l'huile, le sel et l'œuf, et incorporer ces ingrédients en travaillant à la spatule. Ajouter la bière, peu à peu. Mélanger vigoureusement pour obtenir une pâte lisse. Laisser reposer 2 h.
2. Monter les blancs d'œufs en neige ferme avec le sucre et les incorporer à la pâte à beignets.
3. Faire fondre le chocolat au bain-marie. Porter la crème à ébullition, puis la verser sur le chocolat fondu en mélangeant au fouet. Laisser refroidir jusqu'à obtention d'une consistance ferme. Coucher des noix de ce mélange, à la poche à douille, sur du papier sulfurisé. Laisser raffermir au réfrigérateur. Rouler les noix de chocolat entre les paumes pour former des boulettes. Faire durcir au congélateur.
4. Chauffer l'huile à 160 °C. Fariner légèrement les boules de chocolat encore congelées. Les tremper dans la pâte à beignets et les plonger dans l'huile, par petites quantités, 3 à 5 mn, en les retournant avec une écumoire à mi-cuisson. Égoutter les beignets sur du papier absorbant.
5. Égoutter les oreillons d'abricot, en réservant le sirop, et les mixer. Ajouter un peu de sirop, selon la consistance. Servir les beignets de chocolat poudrés de cacao sur le coulis d'abricots.

Beignets de chocolat noir glacé
à la badiane

Préparation : 20 mn
Congélation : 1 h 20
Cuisson : 20 mn

recette raffinée

Ingrédients pour 4 personnes :

200 g de chocolat noir
12 cl de lait
1 étoile de badiane
3 feuilles de gélatine
65 g de beurre mou
2 œufs
1 pincée de sel
300 g de brioche bien rassise réduite en chapelure fine
1 l d'huile de friture

1. Râper grossièrement le chocolat et le faire fondre au bain-marie. Porter le lait, avec la badiane, à ébullition. Faire ramollir les feuilles de gélatine dans de l'eau froide, les essorer et les ajouter au lait. Ôter la badiane, et verser le lait sur le chocolat. Bien mélanger, hors du feu, puis incorporer le beurre coupé en dés. Mélanger avec une cuiller en bois jusqu'à obtention d'une préparation lisse.
2. Chemiser un moule rectangulaire de film alimentaire. Y verser le mélange précédent sur 1,5 cm d'épaisseur environ. Placer au congélateur 1 h.
3. Démouler la ganache au chocolat et la détailler en petits cubes réguliers. Réserver au congélateur 20 mn.
4. Dans une assiette creuse, battre les œufs en omelette avec le sel. Verser la chapelure de brioche dans une autre assiette creuse. Passer les cubes de ganache au chocolat dans l'œuf, puis dans la chapelure. Renouveler l'opération deux fois, en procédant rapidement, pour bien enrober les cubes de ganache sans leur laisser le temps de ramollir. Réserver au congélateur jusqu'au moment de l'utilisation.
5. Chauffer l'huile à 180 °C.
6. Plonger les cubes de ganache dans l'huile, par petites quantités, et laisser cuire 5 mn environ. Égoutter les beignets sur du papier absorbant et servir aussitôt.

conseil

Accompagnez ces beignets d'une crème anglaise à l'orange et aux épices (voir recette p. 432).

Beignets de poire à la réglisse

Préparation : 15 mn
Cuisson : 15 mn

recette raffinée

Ingrédients pour 4 personnes :

2 poires
4 bâtons de réglisse
1 l d'huile de friture
2 c. à s. de sucre glace

Sauce à la réglisse :
4 c. à s. de sucre
1/2 c. à c. de réglisse en poudre
40 g de beurre

Pâte à beignets :
100 g de farine
1/2 c. à c. de réglisse en poudre

1. Peler les poires, les épépiner et les détailler en 6 quartiers, en conservant la queue sur l'un d'eux. Débiter les bâtons de réglisse en allumettes, puis en piquer les quartiers de poire, régulièrement. Réserver au frais.
2. Préparer la pâte : mélanger la farine avec la réglisse, puis détendre avec de l'eau froide pour obtenir la consistance d'une pâte à crêpes pas trop liquide. Réserver.
3. Préparer la sauce à la réglisse : dans une poêle, faire caraméliser rapidement le sucre avec la réglisse, incorporer le beurre coupé en dés et 1 cuillerée à soupe d'eau, sans cesser de mélanger. Réserver au chaud.
4. Chauffer l'huile à 200 °C.
5. Tremper les quartiers de poire dans la pâte. Les plonger dans l'huile, 4 par 4 à la fois, et les faire frire 5 mn, jusqu'à ce qu'ils aient une belle coloration blonde. Égoutter les beignets sur du papier absorbant.
6. Disposer 3 beignets dans chaque assiette, les saupoudrer de sucre glace et les napper de sauce à la réglisse.

notre avis

Choisissez des poires bien mûres mais encore un peu fermes, telles des comices ou des passe-crassane.

Beignets de pomme au rhum et à la cannelle

Préparation : 30 mn
Cuisson : 30 à 40 mn

recette économique

Ingrédients pour 6 personnes :

1 l d'huile de friture
6 pommes reinettes
3 c. à s. de sucre semoule
1 c. à c. de cannelle en poudre
3 c. à s. de sucre glace

Pâte à beignets :
2 œufs
250 g de farine
1 c. à s. de rhum
1 pincée de sel
20 cl de lait

1. Préparer la pâte : séparer les blancs d'œufs des jaunes. Dans une terrine, verser la farine. Creuser un puits au centre, ajouter les jaunes d'œufs, le rhum et le sel. Mélanger tout en délayant avec le lait, peu à peu, jusqu'à ce que la pâte soit lisse et homogène. Monter les blancs en neige et les incorporer à la pâte.
2. Chauffer l'huile à 175 °C.
3. Peler les pommes, les évider et les détailler en rondelles de 5 mm d'épaisseur. Les rouler dans le sucre semoule, puis dans la cannelle. Tremper les rondelles de pomme dans la pâte en les piquant avec une fourchette, puis les faire frire dans l'huile, par petites quantités. Retourner les beignets avec une écumoire quand ils sont blonds. Les égoutter et les disposer sur du papier absorbant.
4. Saupoudrer de sucre glace et servir aussitôt.

conseil

Vous pouvez remplacer le rhum par du calvados.

notre avis

Pour que les beignets soient encore plus savoureux, laissez macérer les rondelles de pomme dans le mélange sucre-cannelle, en les arrosant de 1 cuillerée à soupe de l'alcool choisi, 1 h au moins, en les retournant pour qu'elles s'imprègnent bien du mélange.

Bugnes au chocolat
et aux cerises à l'eau-de-vie

Préparation : 30 mn
Repos : 12 h 30
Cuisson : 2 h

recette raffinée

Ingrédients pour 6 personnes :

2 c. à s. de farine
750 g de ganache au chocolat (voir recette page 436)
36 cerises à l'eau-de-vie
1 œuf + 1 jaune
1 l d'huile de friture
3 c. à s. de sucre glace

Pâte à beignets :
500 g de farine
2 c. à c. de sel
3 c. à s. de sucre
1 sachet de levure chimique
6 œufs

1. Préparer la pâte la veille : mélanger la farine, le sel, le sucre et la levure. Ajouter les œufs, un par un, et mélanger 5 mn. Réserver au réfrigérateur 12 h.
2. Partager la pâte en 2 parts inégales. Réserver la plus grosse au réfrigérateur. Sur un plan de travail fariné, abaisser la petite part sur 5 mm d'épaisseur. Y marquer légèrement l'emplacement des bugnes avec un emporte-pièce de 7 cm de diamètre. Au milieu de chaque disque, déposer 1 boule de ganache au chocolat de 3 cm de diamètre, surmontée de 1 cerise à l'eau-de-vie.
3. Abaisser le reste de pâte. Y découper des disques plus grands que les premiers. Battre l'œuf avec le jaune et en badigeonner les boules de ganache avec un pinceau. Recouvrir délicatement chaque boule d'une abaisse de pâte, en chassant l'air du bout des doigts, et bien souder la pâte à la jointure. Couper les bugnes à l'emporte-pièce. Réserver au frais 30 mn.
4. Chauffer l'huile. Y jeter un morceau de pâte crue pour vérifier la température. Lorsque l'huile frémit, y faire cuire les bugnes, par 2 ou 3 à la fois, 6 à 7 mn, de façon qu'elles gonflent et dorent lentement. Égoutter et saupoudrer de sucre glace.

Croustillant de brick aux fraises,
mousseline au romarin

Préparation : 20 mn
Cuisson : 5 mn

recette raffinée

Ingrédients pour 4 personnes :

50 cl de lait
2 branches de romarin
4 œufs
120 g de sucre semoule
2 c. à s. de farine
6 feuilles de brick
3 c. à s. de sucre glace
200 g de crème liquide fouettée
250 g de fraises

1. Verser le lait dans une casserole. Ajouter 1 branche de romarin et porter à ébullition.
2. Dans une terrine, mélanger les œufs, le sucre semoule et la farine. Fouetter jusqu'à ce que le mélange mousse et blanchisse.
3. Verser le lait sur le mélange précédent, en mince filet, sans cesser de fouetter. Transvaser le mélange dans la casserole. Porter de nouveau à ébullition et laisser cuire 3 mn, sans cesser de mélanger. Enlever la branche de romarin. Laisser refroidir.
4. Préchauffer le four à 180 °C.
5. Couper les feuilles de brick en carrés de 20 x 20 cm. Les associer deux par deux. Saupoudrer le dessus de sucre glace. Les disposer sur une plaque de four et les faire colorer quelques minutes.
6. Sortir les feuilles de brick caramélisées du four. Les laisser refroidir.
7. Mélanger la crème fouettée à la crème au romarin. Équeuter les fraises.
8. Napper 2 carrés de feuilles de brick superposés de mousseline au romarin. Disposer harmonieusement des fraises dessus. Poser 2 carrés de feuilles de brick sur les fraises et renouveler l'opération. Terminer le montage par 2 carrés de feuilles de brick. Décorer avec du sucre glace et 1 branche de romarin.

conseil

Essuyez les fraises, mais ne les lavez pas, pour qu'elles ne détrempent pas la mousseline au romarin.

Croustillant de brick aux pommes
et à la crème d'amandes

Préparation : 50 mn
Cuisson : 40 mn

recette raffinée

Ingrédients pour 8 personnes :

12 pommes granny-smith
120 g de beurre
100 g de sucre
3 c. à s. de Bénédictine
5 feuilles de brick

Crème d'amandes :
2 œufs
100 g de beurre mou
10 g de sucre
100 g de poudre d'amandes

1. Peler les pommes. Les couper en quartiers. Ôter le cœur et les pépins.
2. Dans une poêle, faire fondre 100 g de beurre avec le sucre. Y faire revenir les pommes en secouant la poêle régulièrement. Laisser cuire sur feu doux 10 mn.
3. Préparer la crème d'amandes : disposer les œufs dans une terrine. Ajouter le beurre, le sucre et la poudre d'amandes. Tout en mélangeant, incorporer 2 cuillerées à soupe de Bénédictine.
4. Préchauffer le four à 180 °C.
5. Beurrer un moule à manqué. Le tapisser de feuilles de brick de façon qu'elles se chevauchent et débordent du moule.
6. Incorporer les pommes à la crème d'amandes. Disposer le mélange dans le moule. Rabattre les feuilles de brick par-dessus. Couvrir d'une feuille d'aluminium. Enfourner et cuire 40 mn.
7. Démouler le gâteau, l'arroser du reste de Bénédictine et flamber.
8. Servir chaud ou tiède.

à savoir

La granny smith, originaire d'Australie, est la deuxième variété de pomme produite en France. D'un vert vif et dotée d'une peau cireuse, elle a une chair croquante et juteuse, acidulée et peu sucrée.

Croustillants de brick aux pommes,
caramel à la crème

Préparation : 10 mn
Cuisson : 8 à 10 mn

recette express

Ingrédients pour 4 personnes :

900 g de pommes golden
80 g de beurre
4 feuilles de brick

Caramel à la crème :
200 g de sucre
30 cl de crème liquide

1. Préchauffer le four à 200 °C.
2. Éplucher les pommes. Les épépiner et les couper en gros cubes. Les poêler dans le beurre 3 mn.
3. Répartir les pommes au centre de chaque feuille de brick. Replier celles-ci en forme de bourse et les attacher avec de la ficelle de cuisine. Enfourner et cuire 7 à 8 mn.
4. Préparer le caramel laitier : dans une casserole, verser le sucre et 10 cl d'eau. Cuire 8 à 10 mn, jusqu'à obtention d'un caramel de couleur châtaigne. Verser la crème et porter le mélange à ébullition. Éteindre le feu. Servir le caramel autour des aumônières.

conseils

*Vous pouvez également ficeler les aumônières avec de la vanille coupée en fines lanières à l'aide d'un couteau bien aiguisé.
Lorsque vous ajoutez la crème liquide pour stopper la cuisson du caramel, prenez garde aux éclaboussures provoquées par le choc thermique.*

à savoir

Les feuilles de brick se trouvent communément aujourd'hui au rayon frais des supermarchés.

Gaufres

Préparation : 15 mn
Repos : 1 h
Cuisson : 3 à 5 mn par gaufre

délices des enfants

Ingrédients pour 4 personnes :

150 g de beurre	**10 g de sel**
5 œufs	**3 c. à s. de sucre semoule**
500 g de farine tamisée	**80 cl de lait**
1 sachet de levure chimique	**3 c. à s. de sucre glace**

1. Faire fondre le beurre au bain-marie et le laisser tiédir. Battre les œufs en omelette. Réserver. Dans une terrine, mélanger la farine, la levure, le sel, le sucre semoule, 140 g de beurre, les œufs et le lait. Bien mélanger pour obtenir une pâte fluide et lisse. Laisser reposer au réfrigérateur 1 h au moins.
2. Chauffer le gaufrier et le beurrer. Y verser 1 petite louche de pâte, le refermer, puis le retourner pour que la pâte se répartisse de façon uniforme dans les deux parties du moule. Laisser cuire 3 à 5 mn, en retournant le gaufrier à mi-cuisson.
3. Ouvrir le gaufrier, détacher la gaufre et la poudrer de sucre glace. Servir aussitôt.

conseil

Chauffez le gaufrier 3 mn avant d'y verser la pâte : il doit être très chaud. S'il est doté d'un revêtement antiadhésif, il est inutile de le graisser.

à savoir

Le mot gaufre vient du francique wafla, *qui signifie « rayon de miel », sans doute en raison de l'aspect nid d'abeilles de cet entremets, à moins que ce ne soit parce que, du temps où le sucre était encore très cher, on les confectionnait avec du miel.*

notre avis

Servez avec de la crème Chantilly ou de la marmelade d'agrumes.

variantes de la recette

Gaufres à la crème fouettée

250 g de beurre ramolli, 6 œufs, 250 g de farine tamisée, 5 g de levure de boulanger, 20 cl de crème fleurette bien froide, 1 c. à c. de cacao, 2 c. à s. d'huile d'arachide et 200 g de sucre glace.

Battre le beurre énergiquement au gros fouet 3 mn environ, jusqu'à blanchiment. Séparer les blancs d'œufs des jaunes ; incorporer ceux-ci, un par un, au mélange précédent ; ajouter la farine, puis la levure délayée dans 3 cuillerées à soupe d'eau tiède ; monter les blancs en neige et les incorporer à la pâte ; laisser reposer 5 mn. Fouetter la crème ; tamiser le cacao et en saupoudrer la crème ; réserver. Chauffer le gaufrier et le huiler légèrement ; y verser 1 petite louche de pâte, le refermer et laisser cuire 3 mn de chaque côté. Saupoudrer la gaufre de sucre glace. Servir avec la crème fouettée au cacao.

Gaufres à la limonade

Ingrédients pour 8 à 10 personnes : 500 g de farine, 4 œufs, 5 c. à s. de sucre semoule, 75 cl de limonade, 1 pincée de levure chimique, 75 g de beurre fondu et 100 g de sucre glace.

Dans une terrine, verser la farine ; creuser un puits au milieu ; ajouter les œufs et le sucre semoule ; mélanger à la spatule, puis verser la limonade, en mince filet, sans cesser de remuer ; ajouter la levure et le beurre. Chauffer le gaufrier et le beurrer ; lorsqu'il est très chaud, y verser 1 petite louche de pâte et laisser cuire 3 à 5 mn, en retournant le gaufrier à mi-cuisson. Saupoudrer la gaufre de sucre glace. Servir aussitôt.

Gaufres à la farine de châtaigne

Préparation : 10 mn
Repos : 1 h
Cuisson : 3 à 5 mn par gaufre

recette ardéchoise

Ingrédients pour 4 personnes :

500 g de farine de châtaigne
200 g de sucre semoule
2 œufs
150 g de beurre fondu
50 cl de lait
2 c. à s. d'huile d'arachide
3 c. à s. de sucre glace

1. Préparer la pâte : mélanger la farine, le sucre semoule, les œufs et le beurre. Délayer avec le lait. Laisser reposer à température ambiante 1 h.
2. Chauffer le gaufrier et le huiler légèrement. Y verser 1 petite louche de pâte, le refermer et laisser cuire 3 à 5 mn, en retournant le gaufrier à mi-cuisson. Saupoudrer légèrement la gaufre de sucre glace.

notre avis

Servez ces gaufres avec une sauce au chocolat préparée en faisant fondre 50 g de chocolat noir au bain-marie auquel vous incorporerez 75 cl de crème liquide.

variante de la recette

Gaufres aux 2 farines

Ingrédients : 100 g de farine de châtaigne, 100 g de farine de blé, 1 c. à c. de levure, 2 œufs, 50 g de sucre, 50 g de beurre et 25 cl de lait.

Mélanger les 2 farines, la levure, les œufs et le sucre. Faire fondre le beurre et l'incorporer au mélange précédent ; délayer avec le lait, en le versant en mince filet, de façon à obtenir une pâte assez épaisse. Chauffer le gaufrier et faire cuire les gaufres 5 mn, en retournant le gaufrier à mi-cuisson.

Gaufres à l'orange
et à la cannelle

Préparation : 20 mn
Cuisson : 2 à 3 mn par gaufre

recette raffinée

Ingrédients pour 8 à 12 personnes :

1 orange
4 œufs
200 g de sucre semoule
300 g de farine
2 pincées de sel
40 cl de lait
150 g de beurre clarifié
200 g de sucre glace
2 c. à c. de cannelle en poudre

1. Brosser l'orange, puis râper finement le zeste. Presser le jus. Réserver.
2. Séparer les blancs d'œufs des jaunes. Battre ceux-ci avec le sucre semoule jusqu'à ce que le mélange fasse le ruban. Ajouter le zeste et le jus d'orange. Incorporer la farine additionnée de 1 pincée de sel, peu à peu, en la versant en pluie pour éviter les grumeaux. Délayer avec le lait, en le versant en mince filet.
3. Battre les blancs d'œufs en neige très ferme avec le reste de sel. Les incorporer délicatement à la pâte, en soulevant la masse à la spatule. Ajouter le beurre, toujours en soulevant la pâte.
4. Mélanger le sucre glace et la cannelle. Réserver.
5. Chauffer le gaufrier. Lorsqu'il est bien chaud, y verser 1 petite louche de pâte jusqu'au ras des alvéoles. Laisser cuire 2 à 3 mn, en retournant le gaufrier à mi-cuisson. Décoller la gaufre avec une spatule.
6. Saupoudrer les gaufres du mélange sucre glace-cannelle et servir aussitôt.

notre avis

Vous pouvez remplacer les 2 c. à s. de cannelle en poudre par 1 c. à s. de cannelle et 1 c. à c. de gingembre en poudre.

Gaufres à l'orange et au cacao, crème de marron au Grand Marnier

Préparation : 15 mn
Cuisson : 2 à 3 mn par gaufre

recette économique

Ingrédients pour 4 personnes :

- **1 c. à s. de cacao**
- **40 cl de lait**
- **60 g de beurre**
- **1/2 c. à c. de sel**
- **3 c. à s. de sucre**
- **150 g de farine**
- **6 œufs**
- **1 c. à c. de zeste d'orange très finement râpé**
- **15 cl de crème fleurette**
- **3 c. à s. de Grand Marnier**
- **2 c. à s. d'huile d'arachide**
- **125 g de crème de marron**
- **60 g de beurre mou**
- **100 g de marrons glacés**

1. Préparer la pâte : délayer le cacao dans 1 cuillerée à soupe de lait tiède. Réserver. Porter à ébullition 20 cl de lait additionné du beurre, du sel et du sucre. Hors du feu, ajouter toute la farine d'un coup. Mélanger vivement, jusqu'à ce que la pâte se détache des parois de la casserole. Verser l'appareil dans une terrine, ajouter les œufs, un par un, le zeste d'orange et le cacao. Délayer avec le reste de lait, la crème et 1 cuillerée à soupe de Grand Marnier.
2. Chauffer le gaufrier et le huiler légèrement. Y verser 1 petite louche de pâte, le refermer et laisser cuire 2 à 3 mn, jusqu'à belle coloration blonde, en retournant le gaufrier à mi-cuisson. Réserver les gaufres sur une assiette, en les couvrant d'un linge.
3. Travailler la crème de marron au batteur électrique, en ajoutant le beurre coupé en dés, puis le reste de Grand Marnier.
4. Garnir les gaufres de crème de marron, à l'aide d'une poche à douille munie d'un embout cannelé, en alternant avec les marrons glacés. Servir.

•——conseil——•

Avant de servir, vous pouvez parsemer les gaufres de noix de coco rapée grillée.

Merveilles à l'eau de fleur d'oranger

Préparation : 30 mn
Repos : 3 h
Cuisson : 30 mn

recette économique

Ingrédients pour 6 à 8 personnes :

- **15 cl de lait**
- **80 g de beurre**
- **80 g de sucre**
- **2 c. à s. d'eau de fleur d'oranger**
- **300 g de farine**
- **1 pincées de sel**
- **15 g de levure de boulanger**
- **3 œufs**
- **1 l d'huile de friture**
- **100 g de sucre glace**

1. Faire tiédir le lait. Ajouter le beurre coupé en dés et le laisser fondre. Incorporer le sucre et l'eau de fleur d'oranger. Mélanger. Réserver.
2. Verser la farine dans une jatte. Ajouter le sel et la levure. Mélanger, puis verser le lait, peu à peu. Incorporer les œufs, un à un. Bien pétrir la pâte. Laisser reposer 3 h.
3. Chauffer l'huile à 170 °C.
4. Abaisser la pâte au rouleau. La détailler en bandes de 10 à 12 cm de long sur 4 à 5 cm de large. Inciser chaque rectangle en pratiquant 1 ou 2 fentes. Les plonger dans l'huile par petites quantités et laisser dorer.
5. Égoutter les merveilles sur du papier absorbant. Saupoudrer de sucre glace.
6. Servir chaud, tiède ou froid.

•——notre avis——•

Vous pouvez conserver les merveilles dans une boîte hermétique quelques jours.

•——conseil——•

Vous pouvez remplacer la fleur d'oranger par du pastis, du rhum, du cognac, de la vanille, ou bien les zestes râpés de 1/2 citron et de 1/2 orange.

Oreillettes

Préparation : 30 mn
Repos : 3 h
Cuisson : 25 à 40 mn

délice des enfants

Ingrédients pour 6 à 8 personnes :

Le zeste de 1 citron et de 1 orange
530 g de farine
1 c. à c. de sel
100 g de sucre semoule
10 g de levure de boulanger
2 œufs
350 g de beurre mou
15 cl de lait
1 l d'huile de friture
3 c. à s. de sucre glace

1. Blanchir les zestes d'agrumes 3 min, puis les détailler en petits dés. Réserver. Dans une terrine, verser 500 g de farine. Creuser un puits au centre. Ajouter le sel, le sucre semoule, la levure délayée dans 2 cuillerées à soupe d'eau tiède, les œufs et les dés de zeste. Malaxer du bout des doigts, en incorporant la farine peu à peu. Ajouter le beurre coupé en dés, progressivement, et le lait en continuant à pétrir la pâte jusqu'à ce qu'elle se décolle des doigts. Rouler la pâte en boule. Laisser reposer au réfrigérateur 2 h environ.
2. Sur un plan de travail fariné, abaisser la pâte sur 5 mm d'épaisseur. Y découper 40 rectangles de 15 x 7 cm environ, avec un emporte-pièce, et les inciser au centre avec la pointe d'un couteau. Passer une des extrémités de chaque rectangle, en la retournant, dans la fente. Laisser lever à température ambiante 1 h.
3. Chauffer l'huile à 160 °C.
4. Plonger les rectangles de pâte dans l'huile, par 2 ou 3 à la fois, et laisser cuire 1 mn. Retourner les oreillettes avec une écumoire dès qu'elles remontent à la surface. Poursuivre la cuisson 1 mn. Égoutter sur du papier absorbant. Disposer les oreillettes sur un plat. Saupoudrer du sucre glace et laisser tiédir.

conseil

Ne faites pas cuire plus de 2 ou 3 oreillettes à la fois. Plus nombreuses, elles refroidiraient le bain de friture, ne gonfleraient pas et s'imbiberaient d'huile.

variantes de la recette

Oreillettes à la fleur d'oranger

Ingrédients pour 4 personnes : 280 g de farine, 100 g de sucre semoule, 2 jaunes d'œufs, 2 c. à s. d'eau de fleur d'oranger, 1 l d'huile de friture et 2 c. à s. de sucre glace.

Mélanger 250 g de farine et le sucre semoule ; ajouter les jaunes d'œufs, l'eau de fleur d'oranger et un peu d'eau, de façon que la pâte se détache des doigts ; laisser reposer au réfrigérateur 1 h. Sur un plan de travail fariné, abaisser la pâte au rouleau et y découper des rectangles de 15 x 7 cm ; les inciser au centre avec la pointe d'un coutcau, puis passer l'une des extrémités, en la retournant, dans la fente. Chauffer l'huile à 180 °C ; y plonger les oreillettes, par petites quantités, et laisser cuire sans colorer ; égoutter sur du papier absorbant, saupoudrer de sucre glace et servir aussitôt.

Oreillettes à la fleur d'oranger et au citron

Ingrédients pour 4 personnes : 100 g de beurre, 4 c. à s. de sucre semoule, 280 g de farine, 1/2 sachet de levure chimique, 2 œufs, 1 c. à c. de sel, 1 c. à s. d'eau de fleur d'oranger, le zeste de 1/2 citron râpé, 1 l d'huile de friture et 2 c. à s. de sucre glace.

Bien mélanger le beurre et le sucre semoule ; ajouter 250 g de farine et la levure tamisées ensemble et mélanger sans trop travailler la pâte ; incorporer rapidement les œufs, le sel, l'eau de fleur d'oranger et le zeste de citron ; laisser reposer au réfrigérateur 2 h. Sur un plan de travail fariné, abaisser la pâte finement ; avec une roulette, découper des bandes en formant des losanges ; laisser reposer au réfrigérateur 1 h. Chauffer l'huile ; y plonger les losanges de pâte et les faire frire jusqu'à ce qu'ils soient dorés. Égoutter les oreillettes avec une écumoire et les disposer sur du papier absorbant. Saupoudrer de sucre glace et servir.

Pastilla au chocolat
et aux dattes

Préparation : 15 mn
Cuisson : 12 mn

recette raffinée

Ingrédients pour 4 personnes :

- 1 sachet de thé
- 24 dattes
- 110 g de beurre
- 150 g de chocolat gianduja
- 1 œuf + 2 jaunes
- 30 g de sucre
- 1 étoile de badiane
- 6 feuilles de brick
- 20 g de beurre clarifié
- 5 c. à s. de sucre glace
- Le jus de 4 fruits de la Passion
- Le jus de 4 oranges

1. Préparer une théière de thé assez fort. Y faire gonfler les dattes.
2. Préparer 2 bains-marie à 50 °C, et y faire fondre respectivement 100 g de beurre et le chocolat.
3. Mélanger l'œuf avec les jaunes et le sucre jusqu'à blanchiment. Ajouter le chocolat fondu, puis le beurre et la badiane écrasée. Mouler la préparation dans un récipient rond de 20 cm de diamètre et placer au réfrigérateur.
4. Préchauffer le four à 180 °C.
5. Badigeonner légèrement les feuilles de brick de beurre clarifié et les saupoudrer de sucre glace. Les superposer. Disposer au centre le disque de ganache au chocolat, puis replier les bords. Enfourner et cuire 12 mn.
6. Dans une grande poêle, faire chauffer le reste de beurre. Y faire dorer les dattes, puis ajouter les jus des fruits.
7. Sortir la pastilla du four. La dresser sur un plat de service. Disposer les dattes autour, et arroser d'un peu de jus. Servir le reste à part.

conseil

Pour que la pastilla soit bien colorée, vous pouvez la dorer avec 1 jaune d'œuf battu juste avant de la faire cuire.
Décorez le plat avec de la vanille, 1/2 fruit de la Passion et des étoiles de badiane.

Pastilla aux amandes,
crème à la vanille et à la cannelle

Préparation : 15 mn
Cuisson : 10 mn

recette marocaine

Ingrédients pour 4 personnes :

- 8 feuilles de brick
- 1 l d'huile
- 100 g de sucre glace
- 200 g de poudre d'amandes
- 1 poignée d'amandes entières

Crème :
- 50 cl de lait
- 90 g de sucre
- 1 gousse de vanille
- 8 jaunes d'œufs
- 1 c. à café de cannelle

1. Plier les feuilles de brick en quatre pour obtenir un triangle.
2. Chauffer l'huile dans une sauteuse. Y plonger les triangles de brick, un par un, jusqu'à ce qu'ils soient dorés. Bien les égoutter sur du papier absorbant.
3. Préparer la crème : verser le lait dans une casserole. Ajouter la moitié du sucre et la vanille fendue en deux et grattée. Porter à ébullition. Dans un saladier, fouetter les jaunes d'œufs et le reste du sucre jusqu'à blanchiment. Incorporer le lait et la cannelle en remuant bien. Transvaser le mélange dans la casserole et laisser cuire sur feu doux 5 mn. Dès que la crème nappe la cuiller, la retirer du feu et la verser dans une jatte. Laisser refroidir complètement.
4. Verser 3 cuillerées à soupe de crème dans 4 assiettes à dessert, et la recouvrir de 2 feuilles de brick. Saupoudrer de sucre glace, puis de poudre d'amandes. Décorer avec des amandes et servir.

à savoir

La pastilla est originaire de Fès. Elle est généralement garnie d'une farce salée aux légumes ou à la viande et servie en entrée ou en plat. En dessert, elle est garnie d'une préparation sucrée.

notre avis

Certaines recettes préconisent de remplacer les jaunes d'œufs par 2 cuillerées à soupe de Maïzena. Vous pouvez aussi ajouter 2 cuillerées à soupe d'eau de fleur d'oranger pour parfumer la crème.

Pets-de-nonne

Préparation : 20 mn
Cuisson : 20 mn

recette économique

Ingrédients pour 4 personnes :

90 g de sucre	75 g de farine
1 pincée de sel	2 œufs
40 g de beurre	1 l d'huile de friture

1. Verser 12 cl d'eau dans une casserole. Ajouter 30 g de sucre, le sel et le beurre coupé en dés. Porter à ébullition, puis retirer du feu. Jeter la farine d'un coup et remuer vigoureusement à la spatule jusqu'à ce que la pâte forme une boule qui se détache des parois de la casserole.
2. Incorporer les œufs, un par un, préalablement battus en omelette. Bien fouetter jusqu'à obtention d'une pâte lisse et épaisse.
3. Chauffer l'huile à 160 °C.
4. Avec une cuiller à café, confectionner des boulettes de la grosseur d'une noix et les faire glisser dans l'huile, par petites quantités. Laisser cuire en augmentant progressivement le feu et en retournant les beignets avec une fourchette ou une écumoire à mi-cuisson, pour qu'ils soient uniformément dorés.
5. Égoutter les beignets et les disposer sur du papier absorbant. Les saupoudrer du reste de sucre et servir aussitôt.

conseil

Pour que la pâte gonfle bien, le bain de friture ne doit pas être trop chaud.

à savoir

Cette recette aurait été inventée par les dames chanoinesses de Baume-les-Dames. En effet, selon la légende, ces dernières, qui menaient une vie mondaine, reçurent un jour un colonel de régiment à qui elles préparèrent de petits beignets dont elles avaient le secret. Leur hôte les mit dans l'embarras lorsqu'il leur demanda le nom de ces douceurs : elles n'en avaient pas. C'est alors qu'une chanoinesse laissa échapper un pet ! Le colonel, avec humour, les baptisa « pets-de-nonne »...

Raviolis frits d'abricots secs à l'orgeat, coulis au chocolat

Préparation : 30 mn
Cuisson : 3 mn

délice des enfants

Ingrédients pour 4 personnes :

20 abricots secs
Huile de friture
2 c. à soupe de sucre glace

Pâte au sirop d'orgeat :
50 g de beurre
100 g de sucre
4 c. à s. de farine
3 c. à s. de poudre d'amandes
1 sachet de sucre vanillé
2 c. à s. de sirop d'orgeat

Coulis au chocolat :
200 g de chocolat à croquer
Le jus de 3 oranges
5 c. à s. de sirop de sucre de canne

Pâte à ravioli :
500 g de farine
4 œufs
1 c. à s. d'huile

1. Préparer la pâte à ravioli : pétrir la farine avec les œufs et l'huile, en ajoutant un peu d'eau, de façon à obtenir une boule de pâte. Réserver.
2. Préparer la pâte au sirop d'orgeat : faire fondre le beurre. Dans une terrine, mélanger le sucre, la farine, la poudre d'amandes, le sucre vanillé, le beurre fondu et le sirop d'orgeat.
3. Préparer le coulis au chocolat : casser le chocolat en morceaux. Les disposer dans un récipient muni d'un couvercle. Verser le jus d'orange et le sirop de sucre de canne dans une casserole. Porter à ébullition. Verser le mélange bouillant sur le chocolat. Poser le couvercle sur le récipient et laisser fondre.
4. Abaisser la pâte à ravioli et y découper 20 carrés de 10 x 10 cm. Disposer 1 noix de pâte au sirop d'orgeat au centre de chaque carré. Poser 1 abricot dessus. Relever les bords de la pâte. Les accoler, pointe opposée à pointe opposée, et pincer fort la pâte entre le pouce et l'index.
5. Chauffer l'huile de friture à 180 °C. Y plonger les ravioli et laisser cuire 3 mn. Les éponger sur du papier absorbant. Les saupoudrer de sucre glace. Servir avec le coulis au chocolat.

conseil

Pour gagner du temps, utilisez de la pâte à ravioli toute faite.

Charlottes, Pains perdus et Puddings

COMMENT RÉUSSIR UNE CHARLOTTE

Le montage

Le secret consiste à ne pas laisser d'interstices entre les biscuits : il faut obtenir des parois de biscuits bien serrés, la face bombée contre le moule.

Le démoulage

Tremper le moule sortant du réfrigérateur dans de l'eau chaude, placer le plat de service dessus, retourner l'ensemble et soulever délicatement le moule.

LE PRINCIPE DU PAIN PERDU

Le pain perdu est, comme son nom l'indique, une façon astucieuse de préparer rapidement un dessert ou un goûter gourmand tout en ne perdant pas du pain qui commence à rassir.
On peut aussi utiliser de la brioche ou du pain de mie de la veille, ou encore du pain d'épice de 4 ou 5 jours ; c'est meilleur !

LE PRINCIPE DU PUDDING

D'origine anglaise, cet entremets revêt diverses formes : il peut être confectionné à base de biscuits, de mie de pain, de pâte, de riz ou de semoule, et agrémenté d'épices et de fruits frais, secs ou confits. Servi chaud aussi bien que froid, il est souvent accompagné de sauce aux fruits ou de crème anglaise.
Il ne faut pas le confondre avec le Christmas pudding, gâteau à base de graisse de rognon de bœuf, de chapelure, de farine, de raisins secs et de fruits confits, que les Anglais servent traditionnellement au moment de Noël.

L'origine de la charlotte

La charlotte a été inventée par un pâtissier royal anglais en l'honneur de l'épouse du roi George III qui se prénommait ainsi. On la réalisait traditionnellement avec du pain de mie beurré. Classiquement aujourd'hui, on utilise des biscuits à la cuiller (l'usage recommande dans cette expression d'écrire « cuiller » à l'ancienne), et de façon plus raffinée des langues de chat ou des biscuits roses de Reims.

Charlotte à la noix de coco
et au coulis de goyaves

Préparation : 1 h 10
Réfrigération : 4 h
Cuisson : 45 mn

recette guadeloupéenne

Ingrédients pour 6 personnes :

5 feuilles de gélatine
50 cl de lait
250 g de noix de coco râpée fraîche
1 gousse de vanille
80 g de farine
150 g de cassonade
6 jaunes d'œufs

Coulis de goyaves :
500 g de goyaves
250 g de cassonade
1 gousse de vanille

1. Mettre à tremper les feuilles de gélatine dans de l'eau froide.
2. Verser le lait dans une casserole. Ajouter la noix de coco et la gousse de vanille fendue dans la longueur et grattée. Faire chauffer sans laisser bouillir.
3. Dans une jatte, mélanger la farine, la cassonade et les jaunes d'œufs jusqu'à obtention d'une préparation homogène. Ôter la vanille puis verser le lait chaud, en mince filet, sans cesser de fouetter. Transvaser le mélange dans la casserole et faire épaissir sur feu doux en remuant sans cesse avec une spatule. Égoutter la gélatine et l'ajouter à la préparation. Verser le mélange dans un moule à charlotte. Réfrigérer 4 h.
4. Préparer le coulis de goyaves : éplucher les goyaves et détailler la pulpe en morceaux. Les cuire sur feu doux avec la cassonade, la gousse de vanille fendue en deux et 25 cl d'eau, en remuant souvent, 45 mn.
5. Passer le coulis de goyaves au chinois. Réserver au réfrigérateur.
6. Démouler la charlotte au moment de servir et la napper du coulis.

conseil

À défaut de goyaves fraîches, chauffez 250 g de confiture de goyaves diluée dans 20 cl d'eau sur feu doux.

notre avis

Vous pouvez chemiser le moule de biscuits à la cuiller trempés dans 10 cl de rhum vieux dilué dans un peu d'eau.

Charlotte au chocolat
et aux langues-de-chat

Préparation : 40 mn
Cuisson : 15 mn
Réfrigération : 12 h

délice des enfants

Ingrédients pour 6 personnes :

325 g de sucre
40 cl de lait
8 jaunes d'œufs
5 feuilles de gélatine
200 g de chocolat noir à 70 %
1 c. à s. de rhum ambré
30 à 40 langues-de-chat
40 cl de crème liquide

1. Dans une casserole, verser 125 g de sucre et 12 cl d'eau. Porter à ébullition. Éteindre le feu et laisser refroidir ce sirop.
2. Porter le lait à ébullition.
3. Pendant ce temps, dans une terrine, fouetter les jaunes d'œufs avec le reste de sucre jusqu'à ce que le mélange blanchisse. Sans cesser de fouetter, incorporer le lait bouillant, en mince filet. Transvaser le mélange dans la casserole et cuire sur feu très doux (80 °C) 15 mn.
4. Faire ramollir les feuilles de gélatine dans de l'eau froide.
5. Hacher le chocolat. L'incorporer, hors du feu, au mélange œufs-sucre. Fouetter jusqu'à ce qu'il soit complètement fondu. Ajouter la gélatine bien égouttée. Remuer jusqu'à ce qu'elle soit dissoute. Laisser refroidir.
6. Verser le sirop dans un bol. Ajouter le rhum. Tremper les langues-de-chat dans ce mélange.
7. Tapisser le fond d'un moule à charlotte de papier sulfurisé. Chemiser le moule avec les biscuits humectés. Fouetter la crème. L'ajouter à la préparation au chocolat. Verser le mélange dans le moule. Couvrir d'un film alimentaire. Réfrigérer 12 h.

conseil

Décorez le dessus de la charlotte de crème Chantilly. Servez avec une glace à la pistache ou un coulis d'oranges.

Charlotte aux cerises
et au fromage blanc

Préparation : 40 mn
Macération : 2 à 3 h
Réfrigération : 8 à 10 h

recette raffinée

Ingrédients pour 6 personnes :

750 g de cerises (montmorency ou anglaises, de préférence)
125 g de sucre
300 g de fromage blanc
36 biscuits à la cuiller

1. Laver et dénoyauter les cerises. Les disposer dans un saladier et les saupoudrer de 3 cuillerées à soupe de sucre. Les mélanger délicatement, pour ne pas les écraser, et laisser macérer 2 à 3 h.
2. Dans un grand bol, battre le fromage blanc avec 3 cuillerées à soupe de sucre. Réserver.
3. Préparer un sirop léger : dans une casserole, porter à ébullition le reste de sucre dilué dans 10 cl d'eau. Laisser tiédir.
4. Tremper les biscuits à la cuiller, un à un, dans le sirop, en veillant à ne pas trop les en imbiber.
5. Chemiser soigneusement un moule à charlotte de 18 ou 20 cm de diamètre de biscuits. Remplir le moule en alternant des couches de cerises macérées, de fromage blanc et de biscuits. Terminer par une couche de biscuits. Couvrir d'une assiette surmontée d'un poids et réfrigérer 8 à 10 h.
6. Démouler la charlotte au moment de servir.

conseil

Réservez une douzaine de cerises pour décorer.

notre avis

Vous pouvez confectionner une sauce délicieuse pour napper la charlotte en diluant 3 cuillerées à soupe de gelée de groseille avec le jus de macération des cerises.

Charlotte aux fraises,
au citron et au fromage blanc

Préparation : 15 mn
Réfrigération : 4 h

recette raffinée

Ingrédients pour 4 personnes :

2 citrons
3 feuilles de gélatine
3 c. à s. de sirop de fraise
250 g de fromage blanc
10 cl de crème liquide
60 g de sucre
5 blancs d'œufs
300 g de fraises
25 biscuits à la cuiller

1. Râper le zeste des citrons. Faire tremper les feuilles de gélatine dans de l'eau froide. Presser les citrons, et faire chauffer le jus. Hors du feu, ajouter la gélatine égouttée. Incorporer les zestes de citron, le sirop de fraise et le fromage blanc. Réserver.
2. Dans une jatte froide, monter la crème en chantilly. Ajouter le sucre sans cesser de fouetter. L'incorporer en soulevant la masse.
3. Monter les blancs en neige et les incorporer délicatement au mélange précédent.
4. Laver les fraises, les équeuter et les couper en morceaux.
5. Tapisser un moule à charlotte de biscuits à la cuiller, côté plat vers l'extérieur dans le fond, et côté bombé vers l'extérieur sur les parois.
6. Verser la moitié de la préparation au fromage blanc dans le moule. Ajouter les morceaux de fraise et verser le reste de la préparation. Terminer par une couche de biscuits à la cuiller. Tasser délicatement et recouvrir d'une assiette surmontée d'un poids. Réfrigérer 4 h au moins avant de servir.

à savoir

À l'origine, la charlotte consistait en une épaisse marmelade de fruits parfumée au citron et à la cannelle, que l'on versait dans un moule rond légèrement évasé et tapissé de tranches de pain de mie beurrées. Antonin Carême, cuisinier français du XIXe siècle, créa la charlotte à la russe, à base d'un appareil à bavarois ou d'une mousse, que l'on verse dans un moule à charlotte chemisé de biscuits à la cuiller.

Charlotte aux fraises, crème à l'ananas et crème à la fraise

Préparation : 1 h 10
Réfrigération : 24 h

recette raffinée

Ingrédients pour 6 personnes :

400 g de meringue italienne (voir recette p. 440)
Le jus de 1 fruit de la Passion
5 cl de jus d'orange
20 biscuits à la cuiller
20 g de beurre
2 c. à s. de sucre
250 g de fraises

Crème à l'ananas :
200 g de pulpe d'ananas
3 feuilles de gélatine
1 fruit de la Passion
1/4 de mangue
350 g de crème fouettée

Crème à la fraise :
200 g de pulpe de fraises
3 feuilles de gélatine
50 g de fraises des bois
1 c. à s. de jus de citron
350 g de crème fouettée

1. Préparer la crème à l'ananas : porter à ébullition la moitié de la pulpe d'ananas. Incorporer la gélatine ramollie dans de l'eau froide et égouttée, puis le reste de pulpe d'ananas, celle du fruit de la Passion et la chair de mangue. Mixer. Ajouter la moitié de la meringue italienne et la crème fouettée. Réserver. Préparer la crème à la fraise : porter à ébullition la moitié de la pulpe de fraises. Incorporer la gélatine ramollie et égouttée, puis le reste de pulpe de fraises, les fraises des bois et le jus de citron. Mixer. Ajouter le reste de meringue italienne et la crème fouettée. Mélanger 2 cuillerées à soupe d'eau avec le jus du fruit de la Passion et le jus d'orange, et en imbiber les biscuits à la cuiller.
2. Beurrer un moule à charlotte. Le saupoudrer de sucre. Chemiser les parois de biscuits. Verser 1/3 de crème à l'ananas, la moitié de la crème à la fraise, la moitié du reste de crème à l'ananas, le reste de crème à la fraise, puis le reste de crème à l'ananas. Terminer par une couche de biscuits. Réfrigérer 24 h. Démouler au moment de servir. Décorer avec la moitié des fraises émincées. Mixer le reste en coulis.

Charlotte aux fraises en gelée

Préparation : 30 mn
Réfrigération : 5 à 6 h

recette traditionnelle

Ingrédients pour 6 à 8 personnes :

20 biscuits à la cuiller
700 g de fraises
200 g de crème fleurette
50 g de sucre glace
1 sachet de sucre vanillé
1 c. à s. de kirsch

Gelée aux fraises et au kirsch :
300 g de fraises
6 feuilles de gélatine
150 g de sucre en morceaux
3 c. à s. de kirsch

1. Préparer la gelée aux fraises et au kirsch : laver les fraises, les équeuter, puis les mixer. Faire tremper les feuilles de gélatine dans de l'eau froide. Imbiber d'eau les morceaux de sucre, puis les faire chauffer dans une petite casserole. Retirer le sirop obtenu du feu dès qu'il atteint l'ébullition. Incorporer la gélatine ramollie et bien mélanger. Ajouter la purée de fraises et le kirsch.
2. Tapisser le fond d'un moule à manqué de papier sulfurisé. Disposer les biscuits à la cuiller en couronne tout autour du moule, côté bombé contre la paroi, en les serrant bien. Verser une couche de gelée aux fraises et au kirsch de 5 mm d'épaisseur.
3. Laver, sécher et équeuter les fraises. Choisir les plus petites pour en disposer une couche, très serrée, dans la gelée, la pointe vers le bas. Placer le moule au réfrigérateur 20 mn, pour faire prendre en gelée.
4. Couper le reste des fraises en morceaux et en remplir le moule, puis y faire couler le reste de gelée. Terminer par une couche de biscuits, côté plat vers le haut. Recouvrir d'une assiette surmontée d'un poids. Réfrigérer 5 à 6 h.
5. Au moment de servir, fouetter la crème avec les deux sucres. La parfumer avec le kirsch. Démouler la charlotte sur un plat et ôter la feuille de papier sulfurisé. Couper les fraises réservées en fines lamelles, puis les disposer harmonieusement sur la charlotte. Servir la chantilly très fraîche à part.

Charlotte aux fruits rouges et au fromage blanc

Préparation : 30 mn
Réfrigération : 4 h

recette raffinée

Ingrédients pour 6 personnes :

1 grand bol de fruits rouges mélangés (groseilles, cassis, fraises, cerises, framboises...)
2 feuilles de gélatine
Le jus de 1 citron
200 g de fromage blanc à 40 %
100 g de sucre
15 cl de crème fraîche
200 g de boudoirs ou de biscuits à la cuiller
3 c. à s. de porto

1. Laver les fruits et les trier. Les dénoyauter (cerises) ou les détailler en morceaux (fraises). Les égoutter. Réserver au frais.
2. Faire tremper les feuilles de gélatine dans un bol d'eau froide.
3. Dans une petite casserole, faire chauffer le jus de citron. Ajouter la gélatine ramollie.
4. Battre le fromage blanc avec le sucre pour le lisser. Battre la crème pour la rendre mousseuse.
5. Mélanger délicatement le fromage blanc, la crème et le jus de citron, puis incorporer les fruits rouges bien égouttés.
6. Passer rapidement les boudoirs ou les biscuits à la cuiller, un à un, dans le porto additionné d'un peu d'eau. En tapisser le fond et les parois d'un moule à charlotte. Remplir le moule de fromage blanc aux fruits. Couvrir avec une couche de biscuits. Disposer une assiette surmontée d'un poids sur la charlotte et réfrigérer 4 h au moins.
7. Démouler la charlotte au moment de servir.

conseil

Vous pouvez servir la charlotte avec un coulis de framboises (voir recette p. 429).

notre avis

Décorez la charlotte avec une belle grappe de groseilles et quelques mûres.

Charlotte aux marrons et au rhum, coulis au chocolat

Préparation : 15 mn
Cuisson : 10 mn
Réfrigération : 12 h

recette ardéchoise

Ingrédients pour 4 personnes :

2 feuilles de gélatine
2 c. à c. de rhum
37 cl de crème fouettée
125 g de crème de marron
220 g de brisures de marrons glacés
100 g de sucre
300 g de biscuits à la cuiller

Coulis au chocolat :
15 cl de crème fraîche liquide
100 g de chocolat noir

1. Ramollir les feuilles de gélatine dans de l'eau froide, puis les faire fondre dans 1 cuillerée à soupe de rhum chaud. Laisser refroidir.
2. Mélanger délicatement 12 cl de crème fouettée avec la crème de marron et le reste de rhum. Incorporer ce mélange à la gélatine froide. Ajouter les brisures de marrons glacés, puis le reste de crème fouettée. Bien mélanger. Réserver.
3. Mélanger le sucre avec 20 cl d'eau. Imbiber les biscuits à la cuiller de ce mélange.
4. Tapisser le fond et les parois d'un moule à charlotte de biscuits. Remplir le moule de crème. Réfrigérer 12 h.
5. Au moment de servir, préparer le coulis au chocolat : chauffer la crème fraîche liquide sur feu doux. Y incorporer le chocolat cassé en petits morceaux sans cesser de mélanger.
6. Démouler la charlotte sur un plat, la napper de coulis au chocolat et servir.

à savoir

N'imbibez pas trop les biscuits à la cuiller, ils se déliteraient.

Charlotte aux noix et à la crème anglaise, glaçage au chocolat

Préparation : 45 mn
Réfrigération : 12 h

recette raffinée

Ingrédients pour 6 personnes :

150 g de cerneaux de noix
170 g de sucre
170 g de beurre mou
125 g de biscuits à la cuiller

Crème anglaise :
50 cl de lait
25 cl de crème fraîche liquide
1 gousse de vanille
10 jaunes d'œufs
75 g de sucre

Glaçage au chocolat :
100 g de chocolat à 70 %
40 g de beurre

1. Réduire les noix en poudre, en en réservant une douzaine pour décorer.
2. Dans une terrine, travailler longuement le sucre et le beurre avec une cuiller en bois. Mélanger jusqu'à obtention d'une consistance mousseuse. Ajouter la poudre de noix.
3. Préparer la crème anglaise : faire chauffer le lait et la crème, avec la gousse de vanille fendue en deux et grattée, sur feu doux jusqu'à ébullition. Pendant ce temps, fouetter énergiquement les jaunes d'œufs et le sucre. Verser le mélange lait-crème, après avoir ôté la vanille. Faire cuire sur feu doux, sans cesser de remuer, jusqu'à ce que la crème nappe la cuiller, sans laisser bouillir. Laisser refroidir.
4. Incorporer 1/3 de la crème anglaise à la crème aux noix. Mélanger et réserver.
5. Tapisser le fond et les parois d'un moule à charlotte de biscuits à la cuiller, côté plat vers l'intérieur.
6. Remplir le moule de la préparation aux noix. Recouvrir d'une couche de biscuits, côté plat vers l'extérieur. Réfrigérer 12 h.
7. Préparer le glaçage au chocolat : faire fondre le chocolat cassé en morceaux avec 3 cuillerées à soupe d'eau et le beurre au bain-marie. Remuer quand il est bien mou, pour obtenir une crème lisse et brillante.
8. Démouler la charlotte. La napper du glaçage, en le laissant couler sur les bords. Décorer avec les cerneaux de noix réservés.
9. Servir avec le reste de crème anglaise.

variantes de la recette

Charlotte aux amandes à la crème anglaise, glaçage au chocolat

Procéder comme pour la Charlotte aux noix à la crème anglaise, glaçage au chocolat.

Remplacer les noix par des amandes très légèrement torréfiées.

Charlotte aux noisettes à la crème anglaise, glaçage au chocolat

Procéder comme pour la Charlotte aux noix à la crème anglaise, glaçage au chocolat.

Remplacer les noix par des noisettes très légèrement torréfiées.

Charlotte aux oranges

Préparation : 1 h 50
Réfrigération : 2 h

recette raffinée

Ingrédients pour 4 personnes :

6 oranges maltaises
240 g de sucre
20 g de beurre
20 cl de crème fleurette très froide
4 feuilles de gélatine

1. Détailler 2 oranges verticalement, sans les peler, en rondelles de 2 à 3 mm d'épaisseur. Les placer dans une casserole et couvrir d'eau à hauteur. Porter à ébullition, puis égoutter aussitôt et laisser refroidir. Renouveler cette opération deux fois. Ajouter 180 g de sucre et 20 cl d'eau environ aux rondelles d'orange. Porter de nouveau à ébullition et laisser frémir 1 h, en vérifiant le niveau du sirop et en ajoutant un peu d'eau si nécessaire. Vérifier la cuisson en pressant l'écorce entre le pouce et l'index : elle doit être souple. Égoutter et réserver.
2. Beurrer un moule à charlotte. Chemiser le fond et les parois de rondelles d'orange. Placer au réfrigérateur.
3. Verser la crème fleurette dans un bol et la monter en chantilly au fouet. Réserver au réfrigérateur.
4. Râper le zeste de 2 oranges dans une casserole. Ajouter leur jus et le reste de sucre. Porter à ébullition et faire réduire de moitié sur feu très doux 20 mn environ. Réserver.
5. Faire ramollir les feuilles de gélatine dans un grand bol d'eau froide. Bien les égoutter et les ajouter au mélange précédent, ainsi que le jus des 2 oranges restantes. Battre au fouet. Réserver au réfrigérateur jusqu'à épaississement du jus, en remuant de temps en temps avec un fouet pour éviter la formation de grumeaux.
6. Verser la préparation précédente dans un grand saladier. Ajouter la crème Chantilly. Mélanger de façon à obtenir une consistance homogène. Verser l'appareil dans le moule. Réfrigérer 2 h au moins.
7. Démouler délicatement la charlotte au moment de servir. Décorer avec les zestes d'orange confits.

Charlotte aux oranges, aux fruits rouges et à la crème anglaise

Préparation : 35 mn
Réfrigération : 6 h

recette anglaise

Ingrédients pour 6 personnes :

5 feuilles de gélatine
3 oranges
50 cl de crème anglaise (voir recette p. 431)
300 g de fraises
200 g de cerises
150 g de groseilles
1/2 bouquet de menthe
48 boudoirs

Coulis de framboises :
400 g de framboises
80 g de sucre
Le jus de 1 citron

1. Faire tremper les feuilles de gélatine dans un peu d'eau froide. Éplucher 1 orange. Blanchir le zeste 2 mn. L'émincer finement.
2. Faire chauffer la crème anglaise. Ajouter les feuilles de gélatine égouttées, une par une, puis le zeste d'orange.
3. Laver les fraises, les équeuter et les couper en morceaux. Dénoyauter les cerises. Égrapper les groseilles. Mélanger les fruits avec des feuilles de menthe hachées. Presser 2 oranges. Ajouter un peu d'eau à leur jus, puis en imbiber rapidement les boudoirs.
4. Chemiser un moule à cake de biscuits, côté blanc vers l'extérieur. Disposer une couche de fruits dans le moule. Verser un peu de crème anglaise. Recouvrir d'une couche de boudoirs. Renouveler l'opération en terminant par des biscuits, face sucrée vers l'intérieur. Tasser légèrement. Recouvrir d'une planchette de la taille du moule. Poser un poids dessus. Réfrigérer 6 h.
5. Préparer le coulis de framboises : disposer les framboises, le sucre et le jus de citron dans le bol d'un mixeur. Mixer 2 mn. Filtrer en pressant bien. Réserver au froid.
6. Au moment de servir, blanchir l'orange restante, non pelée, puis la rafraîchir. La détailler en fines rondelles. Disposer celles-ci sur la charlotte démoulée, et décorer avec des feuilles de menthe. Servir avec le coulis de framboises.

Charlotte aux pêches au sirop
et au riz au lait

Préparation : 1 h
Réfrigération : 12 h

recette économique

Ingrédients pour 4 personnes :

100 g de riz long
40 cl de lait
100 g de cassonade
3 gousses de vanille
850 g de pêches au sirop
1 paquet de boudoirs
1 brin de menthe

1. Rincer le riz à l'eau froide. Le mettre dans une casserole avec le lait, la cassonade et les gousses de vanille fendues en deux dans la longueur et grattées. Porter à ébullition puis baisser le feu. Laisser cuire 40 mn.
2. Égoutter les pêches au sirop en réservant celui-ci. Réserver 2 demi-pêches pour le décor. Émincer les autres en petits dés réguliers.
3. Lorsque le riz est cuit, incorporer les dés de pêche. Bien mélanger.
4. Imbiber les boudoirs de sirop de pêche en les y trempant 1 à 2 mn. Tapisser les parois d'un moule à charlotte de boudoirs. Verser le riz tiède dans le moule. Presser légèrement avec le dos d'une assiette. Réfrigérer 12 h au moins.
5. Au moment de servir, démouler délicatement la charlotte. Émincer les demi-pêches en fines lamelles. Les disposer en rosace sur le dessus de la charlotte. Décorer avec des feuilles de menthe.

conseil

En saison, utilisez des pêches fraîches que vous pocherez dans un sirop préparé avec 120 g de sucre et 12 cl d'eau. Respectez bien le temps de cuisson du riz, quel que soit son type, car il doit être fondant. Ne laissez pas s'imbiber les boudoirs trop longtemps, la charlotte s'affaisserait lors du démoulage.

Charlotte rose aux fraises
et au fromage blanc

Préparation : 20 mn
Réfrigération : 4 h

recette raffinée

Ingrédients pour 6 personnes :

6 feuilles de gélatine
350 g de fraises
500 g de fromage blanc égoutté
2 yaourts aux framboises ou aux fruits des bois
2 sachets de sucre vanillé
4 c. à s. de sirop de framboise
1 paquet de biscuits roses de Reims
3 c. à s. de crème liquide

1. Faire tremper la gélatine dans une assiette d'eau froide 5 mn. Laver rapidement les fraises, les égoutter puis les équeuter; en réserver 4 pour la décoration. Disposer le fromage blanc dans une jatte ; ajouter les yaourts et le sucre vanillé et bien mélanger.
2. Faire chauffer 2 cuillerées à soupe de sirop de framboise dans une petite casserole. Ajouter la gélatine égouttée et la laisser fondre. Mélanger et verser le mélange dans la préparation au fromage blanc, en remuant vigoureusement avec un fouet.
3. Verser le reste du sirop de framboise dans une assiette creuse. Étendre avec 4 cuillerées à soupe d'eau. Tremper les biscuits, un à un, dans ce mélange, puis en tapisser les parois d'un moule à charlotte de 16 cm de diamètre. Remplir le moule de fromage blanc et de fraises en alternant les couches. Réfrigérer 4 h au moins.
4. Démouler délicatement la charlotte sur un plat de service au moment de servir. Décorer avec les fraises réservées.
5. Monter la crème en chantilly et en décorer la charlotte à l'aide d'une poche à douille. Servir aussitôt.

conseil

Si la charlotte n'est pas destinée à des enfants, vous pouvez remplacer le sirop de framboise par du kirsch ou de l'eau-de-vie de framboise.

Pain perdu de brioche
à la fleur d'oranger

Préparation : 10 mn
Cuisson : 10 mn

recette express

Ingrédients pour 4 personnes :

2 œufs
5 c. à s. de sucre
12 cl de lait
12 cl de crème fleurette
4 c. à c. d'eau de fleur d'oranger
4 tranches de brioche de 2 cm d'épaisseur
30 g de beurre
1 c. à s. de sucre glace

1. Battre les œufs avec le sucre jusqu'à ce que le mélange blanchisse. Incorporer le lait, la crème et l'eau de fleur d'oranger.
2. Laisser tremper les tranches de brioche dans la préparation précédente quelques minutes.
3. Égoutter les tranches de brioche et les faire revenir à la poêle dans le beurre.
4. Servir chaud, saupoudré de sucre glace.

à savoir

L'eau de fleur d'oranger est extraite par distillation des fleurs du bigaradier, l'arbre qui produit les oranges amères. Tranquillisante, elle calme l'anxiété et favorise, dit-on, le sommeil. Au Maroc, on la marie aux desserts, aux boissons, aux salades et l'on s'en sert même comme produit cosmétique.

notre avis

Vous pouvez remplacer l'eau de fleur d'oranger par 1 cuillerée à café de cannelle en poudre et décorer le pain perdu avec quelques grappes de groseilles, ou l'accompagner de 150 g de fraises et 150 g de framboises.

Pain perdu de pain de mie
aux pommes et au miel

Préparation : 45 mn
Cuisson : 4 mn

recette normande

Ingrédients pour 4 personnes :

5 pommes reines des reinettes
4 c. à s. de miel
4 œufs + 2 jaunes
2 c. à s. de sucre
1 gousse de vanille
20 cl de lait
40 cl de crème fraîche
8 tranches de pain de mie rassis
50 g de beurre clarifié

1. Couper les pommes en quartiers, les peler et ôter le cœur. Les faire cuire dans une poêle avec le miel et 1 cuillerée à soupe d'eau sur feu doux. En fin de cuisson, augmenter le feu pour les faire dorer.
2. Réserver les pommes et déglacer la poêle avec un peu d'eau pour obtenir une sauce caramélisée.
3. Dans une terrine, casser les œufs. Ajouter les jaunes et le sucre, la gousse de vanille fendue en deux et grattée, le lait et la crème fraîche. Fouetter soigneusement. Disposer les tranches de pain de mie dans ce mélange et les laisser tremper 30 mn.
4. Verser le beurre clarifié dans une poêle et y faire cuire les tranches de pain de mie préalablement égouttées 2 mn de chaque côté.
5. Éponger les tranches de pain de mie et les disposer sur les assiettes. Poser les quartiers de pomme dessus. Napper de sauce et servir.

conseil

Pour obtenir une sauce plus goûteuse, déglacez la poêle avec du jus de pomme.

Pain perdu de pain d'épice
au vin framboisé

Préparation : 10 mn
Cuisson : 4 mn

recette bourguignonne

Ingrédients pour 6 personnes :

1 œuf
30 g de sucre
6 belles tranches de pain d'épice
25 g de beurre
75 g de miel
10 cl de bourgogne blanc
350 g de framboises

1. Battre l'œuf avec le sucre.
2. Disposer les tranches de pain d'épice dans le mélange précédent, les retourner pour bien les enrober et les laisser s'imbiber 2 mn.
3. Chauffer le beurre dans une poêle et y faire dorer le pain d'épice 2 mn sur chaque face.
4. Dans une petite casserole, faire bouillir le miel et le vin, puis ajouter les framboises. Arrêter la cuisson. Mélanger délicatement.
5. Répartir les framboises au vin chaud dans les assiettes. Ajouter 1 tranche de pain d'épice bien chaud et servir.

variante de la recette

Pain perdu de pain d'épice aux coings

Ingrédients pour 4 personnes : 2 beaux coings, 380 g de sucre, 3 jaunes d'œufs, 20 cl de crème liquide, 1/2 gousse de vanille, 12 tranches de pain d'épice et 20 g de beurre.

Peler les coings. Les couper en quartiers. Ôter les pépins et le cœur. Porter à ébullition 1 l d'eau et 300 g sucre. Pocher les coings dans ce sirop 45 mn. Les égoutter. Couper chaque quartier en deux. Dans une terrine, mélanger les jaunes d'œufs avec la crème et le reste de sucre. Ajouter les graines de vanille. Imbiber légèrement les tranches de pain d'épice de ce mélange. Les égoutter. Les faire colorer dans le beurre sur chaque face. Les disposer sur les assiettes. Répartir les morceaux de coing dessus et servir.

Pain perdu de pain d'épice
aux raisins pochés et au chutney

Préparation : 1 h 35
Cuisson : 4 mn

recette raffinée

Ingrédients pour 8 personnes :

20 cl de saint-joseph
150 g de sucre
1 rondelle d'orange avec la peau
1 rondelle de citron avec la peau
1 gousse de vanille
1/2 bâton de cannelle
500 g de chasselas
1 œuf
15 cl de lait
10 cl de crème fraîche
125 g de sucre
8 tranches de pain d'épice
25 g de beurre
5 cl d'armagnac

Chutney :
1 reinette grise
30 g de cerneaux de noix
40 g de miel d'acacia
1 trait de vinaigre de xérès

1. Dans une casserole, mélanger le vin, le sucre, les rondelles d'agrumes et les épices. Laisser cuire sur feu doux 30 mn, pour obtenir un sirop.
2. Éplucher les raisins, puis les pocher dans le sirop. Réserver.
3. Dans un saladier, battre l'œuf, le lait, la crème fraîche et 2 cuillerées à soupe de sucre. Passer les tranches de pain d'épice dans ce mélange, les retourner pour les enrober et les laisser s'en imbiber quelques minutes. Les poêler dans le beurre. Les égoutter sur du papier absorbant.
4. Poêler les raisins pochés. Ajouter 20 cl d'eau et le reste de sucre. Laisser réduire jusqu'à consistance sirupeuse. Hors du feu, flamber à l'armagnac.
5. Préparer le chutney : couper la pomme en petits dés et concasser les noix. Dans une casserole, verser le miel et le faire caraméliser. Ajouter les dés de pomme et les noix. Laisser cuire 5 mn. Déglacer avec le vinaigre et réserver au frais.
6. Dans chaque assiette, disposer 1 tranche de pain perdu et la surmonter de raisins flambés. Ajouter 2 cuillerées à soupe de chutney à côté et verser du sirop autour.

Pudding au chocolat

Préparation : 20 mn
Cuisson : 1 h 30 à 2 h

recette économique

Ingrédients pour 4 à 6 personnes :

75 g de chocolat
75 g de beurre
25 cl de lait
4 c. à s. de sucre
2 œufs
1/2 gousse de vanille
125 g de pain de campagne rassis

1. Dans une terrine, faire fondre le chocolat avec 50 g de beurre au bain-marie sans cesser de mélanger. Ajouter le lait chaud, peu à peu, puis le sucre.
2. Séparer les blancs d'œufs des jaunes. Battre ceux-ci avec les graines de la gousse de vanille. Les ajouter au mélange précédent, ainsi que le pain émietté.
3. Fouetter les blancs d'œufs en neige très ferme. Les incorporer au mélange au chocolat.
4. Beurrer un moule à charlotte. Verser la préparation dans le moule. Couvrir avec du papier sulfurisé et cuire au bain-marie 1 h 30 à 2 h.
5. Laisser tiédir avant de démouler.

à savoir

Le pudding, à l'origine à base de pain, est une vieille recette d'origine européenne, conçue avant tout pour utiliser de façon gourmande les restes de pain rassis.

conseil

Servez le pudding avec une sauce au chocolat préparée en mélangeant de la crème anglaise et du chocolat fondu.

notre avis

Vous pouvez parfumer davantage votre pudding en ajoutant 1 c. à s. de cannelle en poudre à l'étape 2.

Pudding aux raisins secs et au rhum

Préparation : 40 mn
Macération : 12 h
Cuisson : 45 mn

recette traditionnelle

Ingrédients pour 6 personnes :

1 petit bol de raisins secs
2 c. à s. de rhum
75 cl de lait
1 sachet de sucre vanillé
500 g de croûtons de pain de mie rassis
3 œufs
5 c. à s. de sucre
20 g de beurre

1. La veille, mettre à macérer les raisins secs dans le rhum.
2. Préchauffer le four à 160 °C.
3. Verser le lait dans une casserole et le porter à ébullition. Ajouter le sucre vanillé, mélanger puis éteindre le feu.
4. Faire tremper les croûtons de pain dans le lait 30 mn.
5. Battre 2 œufs avec le sucre. Ajouter les raisins. Incorporer la préparation au mélange lait-pain. Mélanger.
6. Verser l'appareil dans un plat beurré. Dorer la surface avec l'œuf restant préalablement battu. Enfourner et cuire 45 mn.
7. Laisser tiédir avant de servir.

conseil

Servez avec de la confiture ou de la gelée de fruit de votre choix.

notre avis

Vous pouvez ajouter 1 pincée de cannelle en poudre à la préparation.

Tiramisu

Préparation : 30 mn
Réfrigération : 2 h

recette italienne

Ingrédients pour 6 personnes :

3 œufs	**1 pincée de sel**
120 g de sucre	**12 biscuits à la cuiller**
250 g de mascarpone	**30 cl de café froid**
3 c. à s. de marsala ou de rhum vieux	**3 c. à s. de cacao**

1. Séparer les blancs d'œufs des jaunes. Battre ceux-ci avec le sucre jusqu'à ce que le mélange blanchisse. Ajouter le mascarpone et le marsala ou le rhum.
2. Battre les blancs d'œufs, avec le sel, en neige ferme. Les mélanger à la préparation précédente.
3. Tremper les biscuits à la cuiller dans le café. Les disposer dans un moule à manqué de 5 cm de haut. Les napper de crème. Ranger une autre couche de biscuits imbibés de café. Répartir le reste de crème. Saupoudrer de cacao. Réfrigérer 2 h au moins.

à savoir

Tiramisu signifie « élève-moi » ou « remonte-moi ». Selon la tradition, c'était le « remontant » que les mammas italiennes préparaient pour leurs filles enceintes lorsque celles-ci se sentaient fatiguées.

notre avis

Le tiramisu sera encore meilleur si vous le préparez la veille. Il se conserve parfaitement au réfrigérateur.

variante de la recette

Tiramisu à la marmelade de raisin

Ingrédients pour 6 personnes : 285 g de sucre, 50 g de café moulu, 1/2 c. à s. de Maïzena, 500 g de chasselas, 3 œufs, 250 g de mascarpone et 12 biscuits à la cuiller

Porter à ébullition 25 cl d'eau et 125 g de sucre ; ajouter le café ; enlever du feu et laisser infuser, à couvert, 10 mn ; ajouter la Maïzena ; laisser reposer 5 mn ; filtrer et réserver. Égrapper le raisin ; couper les grains en deux ; les épépiner ; les disposer dans une casserole et les faire compoter avec 100 g de sucre 20 à 30 mn ; réserver. Séparer les blancs d'œufs des jaunes ; fouetter ceux-ci, sur un bain-marie pas trop chaud, avec 3 cuillerées à soupe de sucre jusqu'à ce que le mélange double de volume. Monter les blancs en neige ferme avec le reste de sucre. Verser le mascarpone dans une terrine ; le fouetter légèrement ; incorporer le mélange jaunes/sucre, puis les blancs en neige. Tailler les biscuits à la cuiller à la dimension de 6 cercles ou moules de 8 cm de diamètre et de 5 cm de haut, et en disposer 1 couche dans chacun d'eux ; recouvrir de 1 cm de marmelade de raisin ; verser la préparation au mascarpone jusqu'au bord. Réfrigérer 5 h au moins. Au moment de servir, démouler et décorer de quelques grains de raisin. Accompagner de la sauce au café.

Desserts de fruits

Fruits en gelée et Terrines

COMMENT RÉUSSIR LES GELÉES ET TERRINES

Une question de temps

Les fruits en gelée et les terrines, également appelés aspics, sont réalisés à base de gélatine qui, sous l'action du froid, fige la préparation et la fait tenir. Ces desserts rafraîchissants doivent être confectionnés de 2 à 12 h à l'avance. Cela présente l'avantage de pouvoir mieux s'organiser pour préparer les autres plats constituant le repas. En revanche, ces préparations ne permettent pas de satisfaire une envie subite...

La gélatine

La gélatine se présente sous forme de poudre ou de feuilles, plus faciles à utiliser. Il suffit de les ramollir dans de l'eau froide pendant 5 mn et de bien les égoutter avant de les incorporer à la préparation chaude, mais pas brûlante. Une feuille de gélatine pèse 2 g, ce qui facilite le dosage par rapport à la poudre, qu'il faut en outre chauffer au bain-marie pour la réhumecter.

Le démoulage d'une terrine

On peut chemiser le moule ou la terrine de film alimentaire en le laissant dépasser des bords de façon qu'il recouvre complètement la préparation. Grâce à cette opération, la terrine se démoulera sans se casser. Pour faciliter le démoulage, il convient de tremper le fond du moule ou de la terrine 1 mn dans de l'eau très chaude.

Couper une terrine en tranches

Pour couper l'entremets en tranches bien régulières, utiliser un couteau à lame large : tremper celle-ci dans de l'eau très chaude et l'essuyer avant de trancher la terrine. Si la terrine est très fragile, mieux vaut la découper à l'aide d'un couteau électrique.

Qu'est-ce que la gélatine ?

La gélatine est incolore, inodore et sans saveur. Elle est fabriquée à base d'os et de cartilages de bovins ou de porcs dont est extrait le collagène. Une fois isolé, celui-ci est lavé, stérilisé à 140° C pendant 4 secondes, figé puis séché.

Agrumes en gelée à la grenadine et aux fruits rouges

Préparation : 30 mn
Réfrigération : 2 h

recette économique

Ingrédients pour 4 personnes :

- 4 oranges
- 4 pamplemousses roses
- 3 feuilles de gélatine
- 25 cl de jus d'orange
- 1 c. à s. de sirop de grenadine
- 80 g de fruits rouges (fraises, framboises, groseilles...)
- 1 c. à s. de menthe ciselée

1. Couper les extrémités des oranges et des pamplemousses. Les peler en arc de cercle avec un couteau effilé. Détailler les agrumes en quartiers au-dessus d'un récipient, pour recueillir le jus, en ôtant la membrane transparente.
2. Ramollir les feuilles de gélatine dans de l'eau froide. Les égoutter.
3. Ajouter le jus des agrumes au jus d'orange et faire tiédir le mélange. Incorporer la gélatine essorée. Mélanger jusqu'à sa complète dissolution. Filtrer au chinois.
4. Disposer les quartiers d'orange et de pamplemousse dans 4 plats à œufs, en les intercalant. Répartir la gelée encore liquide, additionnée de la grenadine, sur les fruits. Faire prendre au réfrigérateur 2 h.
5. Avant de servir, répartir les fruits rouges et la menthe dans les plats.

variante de la recette

Agrumes en gelée au jus d'orange et au champagne

Ingrédients : 20 cl de jus d'orange, 3 c. à s. de sucre, 1 1/2 feuille de gélatine, 3 c. à s. de champagne rosé, 2 oranges et 2 pamplemousses.

Chauffer doucement le jus d'orange avec le sucre ; ajouter la gélatine ramollie dans de l'eau froide et essorée, puis le champagne ; mélanger et retirer du feu. Peler les agrumes à vif ; les détailler en quartiers ; les disposer dans des coupes ; verser la gelée. Réfrigérer 2 h.

Agrumes en gelée au sauternes, crème au thé à la bergamote

Préparation : 25 mn
Réfrigération : 2 h
Cuisson : 15 mn

recette raffinée

Ingrédients pour 4 personnes :

- 4 oranges
- 2 pamplemousses
- 3 feuilles de gélatine
- 20 cl de sauternes
- 4 framboises
- 8 feuilles de menthe

Crème au thé à la bergamote :

- 50 cl de lait
- 1 gousse de vanille
- 3 sachets de thé à la bergamote
- 100 g de sucre
- 5 jaunes d'œufs

1. Peler les oranges et les pamplemousses à vif. Les détailler en quartiers, en ôtant la membrane blanche. Bien les égoutter. Ramollir les feuilles de gélatine dans de l'eau froide.
2. Chauffer le vin, additionné de la gélatine essorée, sur feu doux jusqu'à obtention d'une gelée liquide.
3. Répartir les quartiers d'agrumes dans 4 ramequins. Recouvrir de gelée. Réfrigérer 2 h.
4. Préparer la crème au thé à la bergamote : porter le lait à ébullition avec la gousse de vanille fendue en deux et grattée. Ôter la casserole du feu. Ajouter les sachets de thé et laisser infuser, à couvert.
5. Enlever les sachets de thé de la casserole et réserver l'infusion à température ambiante.
6. Mélanger le sucre et les jaunes d'œufs en travaillant à la spatule, jusqu'à ce que le mélange blanchisse et épaississe. Incorporer le lait parfumé au thé. Mélanger. Transvaser le mélange dans une casserole et chauffer sur feu doux, sans cesser de remuer avec une cuiller en bois, jusqu'à ce que la crème nappe la cuiller.
7. Laisser tiédir la crème et la répartir dans des coupes ou des assiettes creuses. Démouler les aspics d'agrumes et les disposer sur la crème. Décorer avec 1 framboise et 2 feuilles de menthe.

notre avis

L'acidité des agrumes est adoucie par la crème au thé.

Figues en gelée au champagne,
sauce aux mûres et aux figues

Préparation : 30 mn
Cuisson : 25 mn
Réfrigération : 2 h

recette raffinée

Ingrédients pour 6 personnes :

6 figues bien mûres
200 g de pâte feuilletée (voir recette p. 76)
1 c. à s. de sucre glace

Gelée au champagne :
125 g de sucre
3 feuilles de gélatine
35 cl de champagne rosé demi-sec

Sauce aux mûres et aux figues :
100 g de figues
50 g de mûres
3 c. à s. de sucre

1. Préchauffer le four à 200 °C. Laver les figues, les éponger et les inciser en étoile. Enfourner et cuire 5 mn.
2. Sortir les figues du four, sans éteindre celui-ci. Réserver au réfrigérateur.
3. Gelée au champagne : porter 20 cl d'eau à ébullition avec le sucre. Pendant ce temps, faire ramollir les feuilles de gélatine dans de l'eau froide et les égoutter. Ôter le sirop du feu. Ajouter le champagne, puis la gélatine essorée. Bien mélanger. Réserver.
4. Abaisser la pâte sur 2 mm d'épaisseur. Disposer l'abaisse de pâte entre 2 plaques couvertes de papier sulfurisé. Enfourner et cuire 12 mn. Ôter la plaque supérieure, saupoudrer de sucre glace et remettre au four 2 mn.
5. Chemiser 6 moules de film alimentaire. Disposer 1 figue, côté incisé en dessous, dans chaque moule. Répartir la gelée dans les moules. Réfrigérer 2 h.
6. Sauce aux mûres et aux figues : peler les figues et les détailler en petits dés. Faire cuire les mûres et les dés de figue avec le sucre sur feu vif, en remuant avec une cuiller, jusqu'à ce que la sauce nappe la cuiller.
7. Découper 6 carrés de pâte. Démouler les figues en gelée et les disposer sur ces feuilletages. Napper de sauce et servir.

Fruits d'été, baies rouges
et raisin en gelée au vin blanc

Préparation : 30 mn
Réfrigération : 12 h

recette alsacienne

Ingrédients pour 8 personnes :

8 feuilles de gélatine
75 cl de gewurztraminer
200 g de sucre
500 g de groseilles, cassis et raisin mélangés
1 kg de fraises, pêches, abricots et nectarines mélangés
Le jus de 2 citrons

Coulis de framboises :
300 g de framboises
80 g de sucre

1. Faire ramollir les feuilles de gélatine dans de l'eau froide. Les égoutter. Réserver.
2. Faire chauffer le vin avec le sucre sans cesser de remuer, jusqu'à la dissolution complète du sucre. Retirer du feu lorsqu'une mousse blanche se forme à la surface. Incorporer la gélatine. Mélanger. Laisser refroidir.
3. Pendant ce temps, laver et égrener les groseilles, le cassis et le raisin. Laver et équeuter les fraises. Peler et dénoyauter les pêches. Dénoyauter les abricots et les nectarines. Couper les pêches, les abricots et les nectarines en petits morceaux. Les arroser de jus de citron.
4. Faire couler un peu de gelée au vin dans un moule en couronne, et incliner celui-ci pour en enrober les parois. Faire prendre au réfrigérateur.
5. Disposer la moitié des fruits dans le moule, en formant une mosaïque. Verser le reste de gelée sur les fruits, en veillant à ce qu'ils soient uniformément recouverts.
6. Remplir le centre avec les fruits restants. Entreposer au réfrigérateur 12 h.
7. Préparer le coulis de framboises : mixer les framboises et le sucre. Filtrer le coulis au chinois.
8. Démouler l'entremets sur un plat et servir avec le coulis.

conseil

Pour faciliter la prise de la gelée, réfrigérez le moule avant utilisation.

Fruits exotiques à la gelée au vin rosé

Préparation : 30 mn
Réfrigération : 12 h

recette économique

Ingrédients pour 6 personnes :

70 g de sucre
1 gousse de vanille
1 brin de romarin
Le jus de 1/2 citron
10 feuilles de gélatine
75 cl de vin rosé (buzet, coteaux-d'aix ou côtes-de-provence)
1 ananas
1 carambole
2 kiwis
4 litchis
1 mangue
1 papaye

1. Porter 8 cl d'eau à ébullition avec le sucre. Ajouter la gousse de vanille fendue en deux et grattée, le romarin et le jus de citron. Réserver.
2. Faire ramollir les feuilles de gélatine dans de l'eau froide.
3. Faire tiédir 1 verre de vin et y dissoudre la gélatine ramollie et essorée. Verser le mélange dans le reste de vin.
4. Ajouter le sirop. Mélanger.
5. Entreposer au réfrigérateur 12 h.
6. Au moment de servir, détailler la gelée au vin en petits dés.
7. Prélever des billes de fruits à l'aide d'une cuiller parisienne, et en détailler quelques-uns en lamelles.
8. Répartir les dés de gelée et les billes et les lamelles de fruits dans des coupes.

conseil

Pour une présentation raffinée, citronnez le bord des coupes, puis retournez celles-ci dans une soucoupe contenant du sucre semoule, que vous pouvez éventuellement colorer en y ajoutant une goutte de sirop de grenadine ou de curaçao.

notre avis

Vous pouvez accompagner ce dessert de biscuits secs ou de tuiles.

Fruits rouges en gelée au jus de raisin à la menthe

Préparation : 20 mn
Réfrigération : 8 h

recette économique

Ingrédients pour 6 à 8 personnes :

2 c. à s. de gélatine en poudre
75 cl de jus de raisin rouge
1 c. à s. de vinaigre balsamique
5 c. à s. de sucre
50 g de groseilles
200 g de framboises
200 g de fraises
220 g de cassis
1/2 botte de menthe

1. Faire dissoudre la gélatine dans 15 cl de jus de raisin sur feu très doux. Ajouter le vinaigre, le sucre et le jus de raisin restant. Verser ce mélange dans un moule à cake. Réfrigérer 30 mn. Disposer les fruits dans le moule, en alternant les couches et en plaçant les groseilles au milieu et les framboises sur le dessus. Répartir quelques feuilles de menthe à la surface.
2. Verser le gelée au jus de raisin sur les fruits. Réfrigérer 8 h.
3. Démouler. Couper la terrine en tranches et servir.

notre avis

Servez avec de la crème Chantilly et un coulis de framboises.

variante de la recette

Kiwis en gelée à la menthe

Ingrédients pour 4 personnes : 3 c. à s. de sucre, 1 c. à s. de sirop de menthe, 6 feuilles de gélatine, 4 kiwis coupés en rondelles et 4 c. à s. de gelée de coing.

Porter à ébullition 12 cl d'eau avec le sucre et le sirop de menthe ; ajouter la gélatine ramollie et essorée. Tapisser le fond et les parois de 4 ramequins de rondelles de kiwi ; verser un peu de gelée ; recouvrir de 1 rondelle de kiwi ; renouveler l'opération deux fois, en terminant par une couche de gelée. Réfrigérer 4 h. Démouler les aspics et servir avec la gelée de coing tiédie.

Fruits rouges en gelée et semoule à la crème

Préparation : 30 mn
Cuisson : 10 mn
Réfrigération : 1 h

recette raffinée

Ingrédients pour 4 personnes :

1/2 orange
1/2 citron
100 g de sucre
3 feuilles de gélatine
300 g de fraises
150 g de framboises
4 grappes de groseilles
550 g de semoule à la crème (**voir recette p. 445**)
1/2 c. à c. de graines d'anis

1. Peler les agrumes. Lever les quartiers. Faire chauffer 10 cl d'eau avec le sucre, en remuant. Au premier bouillon, éteindre le feu et pocher les quartiers d'agrumes dans ce sirop 5 mn. Incorporer la gélatine ramollie dans de l'eau froide et essorée. Équeuter les fraises et les couper en quartiers. Égrener 3 grappes de groseilles.
2. Verser un peu de gelée encore liquide dans 4 coupes. Parsemer des graines d'anis. Réfrigérer 15 à 20 mn.
3. Répartir les fruits dans les coupes. Recouvrir de gelée jusqu'aux 3/4. Réfrigérer 45 mn. Répartir la semoule à la crème sur les fruits. Décorer avec 1 grappe de groseilles.

variante de la recette

Fruits rouges et pamplemousses en gelée

Ingrédients pour 8 personnes : 4 pamplemousses roses, 400 g de sucre, 5 c. à s. de vin blanc, 2 feuilles de gélatine, 250 g de framboises, 35 cl de crème au yaourt (voir recette p. 433) et 1 c. à s. de sirop de grenadine.

Peler les pamplemousses ; détailler la peau en carrés de 1 cm ; les blanchir 7 fois ; les faire confire dans 400 g de sucre sur feu doux 30 mn ; ajouter le vin, puis la gélatine ramollie et essorée ; ôter du feu et laisser refroidir ; ajouter les quartiers de pamplemousse et les framboises ; réfrigérer 2 h. Répartir les fruits dans des coupes, sur la crème au yaourt, et verser la grenadine.

Pêches en gelée à la verveine, coulis caramélisé au jus d'orange

Préparation : 40 mn
Cuisson : 20 mn
Réfrigération : 6 h

recette économique

Ingrédients pour 6 personnes :

6 pêches jaunes
200 g de sucre
1 sachet d'infusion de verveine
50 cl de lait
5 jaunes d'œufs
8 feuilles de gélatine
25 cl de crème liquide

Coulis :
50 g de sucre
15 cl de jus d'orange

1. Ébouillanter les pêches 2 mn, les rafraîchir dans de l'eau froide, et les peler. Porter à ébullition 25 cl d'eau avec 80 g de sucre et la verveine. Plonger les pêches dans ce sirop. Porter de nouveau à ébullition. Éteindre le feu et laisser reposer 5 mn.
2. Porter le lait à ébullition. Fouetter les jaunes d'œufs avec le reste de sucre jusqu'à ce que le mélange fasse le ruban. Ajouter le lait, sans cesser de fouetter. Transvaser la préparation dans la casserole et laisser cuire, en remuant, jusqu'à ce que la crème nappe la cuiller. Incorporer la gélatine ramollie dans de l'eau froide et essorée. Bien mélanger pour la dissoudre. Placer la casserole sur un récipient contenant des glaçons.
3. Égoutter les pêches, en réservant le sirop. Mixer 3 pêches. Incorporer cette purée au mélange précédent, ainsi que la crème fouettée. Verser la moitié de l'appareil dans une terrine rectangulaire. Réfrigérer 15 mn.
4. Préparer le coulis : chauffer le sucre avec 3 cuillerées à soupe de sirop de pêche et laisser cuire sur feu doux jusqu'à obtention d'un caramel acajou. Déglacer avec le jus d'orange. Mélanger. Filtrer. Laisser refroidir. Réfrigérer jusqu'à l'utilisation.
5. Couper les pêches restantes en deux, et piquer les demi-pêches dans la préparation. Verser le reste de l'appareil. Couvrir et réfrigérer 6 h. Servir avec le coulis.

Terrine d'agrumes en gelée
à la menthe

Préparation : 30 mn
Réfrigération : 12 h

recette économique

Ingrédients pour 8 à 10 personnes :

2 kg de pamplemousses roses
2 kg d'oranges
4 citrons verts
13 feuilles de gélatine
180 g de sucre
1 botte de menthe
1/2 c. à c. de graines de cumin

1. Peler les pamplemousses, les oranges et les citrons. Prélever les quartiers, en ôtant la membrane transparente. Les égoutter, pour récupérer le jus.
2. Faire ramollir les feuilles de gélatine dans de l'eau froide.
3. Mélanger le sucre avec 1 l d'eau et le jus des agrumes, jusqu'à sa dissolution complète.
4. Faire dissoudre la gélatine essorée dans le sirop. Réserver.
5. Chemiser une terrine rectangulaire de film alimentaire. Verser une couche de gelée de 5 mm d'épaisseur. Faire prendre au réfrigérateur 5 mn.
6. Monter la terrine : disposer une couche de quartiers de pamplemousse, d'orange et de citron, en les intercalant. Verser une couche de gelée. Laisser prendre au réfrigérateur 5 mn. Parsemer 1 cuillerée à soupe de menthe finement ciselée et des graines de cumin. Renouveler ces opérations trois fois, en terminant par une couche de gelée. Entreposer au réfrigérateur 12 h.
7. Démouler au moment de servir. Décorer avec des feuilles de menthe.

Terrine d'agrumes en gelée au muscat,
sauce aux épices et au miel

Préparation : 40 mn
Réfrigération : 12 h

recette raffinée

Ingrédients pour 4 personnes :

10 oranges
5 pamplemousses
4 c. à s. de jus d'orange
4 c. à s. de jus de pamplemousse
15 cl de muscat
1 gousse de vanille
2 étoiles de badiane
2 brins de menthe
6 feuilles de gélatine

Sauce aux épices et au miel :
1 c. à c. de poivre blanc
1 c. à c. de poivre du Sichuan
1 feuille de laurier
2 clous de girofle
1 étoile de badiane
1 bâton de cannelle
1 gousse de vanille
20 cl de vin blanc
30 g de miel liquide
1 sachet de sucre vanillé
1 c. à c. de coriandre finement hachée
1 c. à c. de menthe finement hachée

1. Peler les oranges et les pamplemousses à vif, en récupérant le jus. Les détailler en quartiers réguliers, en ôtant la membrane transparente, et les éponger avec un linge.
2. Dans une casserole, verser le jus des agrumes et le muscat. Ajouter la gousse de vanille fendue en deux et grattée, les étoiles de badiane et les feuilles de menthe. Faire chauffer jusqu'au point d'ébullition. Retirer du feu. Ajouter la gélatine ramollie dans de l'eau froide et essorée. Laisser infuser.
3. Chemiser une terrine rectangulaire de film alimentaire. Disposer plusieurs couches de quartiers d'agrumes, en les intercalant. Verser le mélange jus d'agrumes-muscat. Entreposer au réfrigérateur 12 h.
4. Bien mélanger les épices et les aromates avec le vin. Dans une casserole, faire chauffer le miel avec le sucre, jusqu'à la dissolution de celui-ci, puis incorporer le tout au vin aux épices. Ajouter la coriandre et la menthe et laisser infuser, à couvert, jusqu'à refroidissement. Servir la terrine coupée en tranches avec la sauce froide.

Terrine de pêches en gelée au vin rosé

Préparation : 20 mn
Réfrigération : 3 à 4 h

recette languedocienne

Ingrédients pour 6 personnes :

35 cl de vin de vin rosé
250 g de sucre
1 gousse de vanille
9 feuilles de gélatine
6 pêches blanches
12 à 18 fraises

1. Chauffer le vin et 30 cl d'eau. Ajouter le sucre et la gousse de vanille fendue en deux et grattée. Porter à ébullition 1 à 2 mn. Hors du feu, incorporer la gélatine ramollie et essorée. Laisser refroidir.
2. Verser une couche de gelée, en ôtant la vanille, dans une terrine rectangulaire, sur 5 mm d'épaisseur. Réfrigérer 15 mn.
3. Détailler 4 pêches en dés, sans les peler. Disposer une couche de dés de pêche dans la terrine. Couvrir de gelée. Réfrigérer 15 mn. Renouveler ces opérations jusqu'à épuisement des ingrédients. Réfrigérer 2 à 3 h. Couper la terrine en tranches. Décorer avec les pêches restantes détaillées en lamelles et les fraises.

variante de la recette

Terrine de pêches et poires en gelée

Ingrédients pour 4 personnes : 1 boîte 4/4 de poires au sirop, 8 cl de vin blanc sec, 15 cl de crème de cassis, 7 feuilles de gélatine, 6 pêches jaunes et 1 c. à s. de réglisse en poudre

Égoutter les poires ; filtrer le jus dans une casserole ; ajouter la moitié du vin et de la crème de cassis ; chauffer et laisser frémir 4 mn. Hors du feu, ajouter le reste de vin et de crème de cassis, puis la gélatine ramollie et essorée. Peler les pêches ; détailler pêches et poires en quartiers. Verser 5 mm de gelée dans une terrine ; réfrigérer. Étaler la moitié des quartiers de fruits et les saupoudrer de la moitié de la réglisse en poudre ; verser une couche de gelée ; réfrigérer. Renouveler l'opération et réfrigérer 2 h.

Terrine de pêches, poires et melon, coulis de fruits rouges

Préparation : 45 mn
Cuisson : 20 mn
Réfrigération : 12 h

recette économique

Ingrédients pour 8 personnes :

250 g de sucre
Le jus de 2 citrons
1 kg de pêches jaunes
750 g de poires
9 feuilles de gélatine
1 melon de 1 kg
200 g de framboises
400 g de coulis de fruits rouges (voir recette p. 430)

1. Porter à ébullition 75 cl d'eau avec le sucre. Ajouter le jus de citron. Laisser bouillir 3 mn. Peler 3 pêches et 2 poires. Les couper en quatre et les pocher dans le sirop 10 mn. Égoutter. Laisser refroidir.
2. Peler les pêches et les poires restantes. Les détailler en dés. Faire cuire les dés de pêche et de poire dans le sirop 20 mn. Égoutter. Réduire les fruits en compote, puis y dissoudre la gélatine ramollie et essorée. Mélanger.
3. Évider le melon. Le couper en fines tranches, en ôter l'écorce et les disposer dans une terrine. Garnir le moule en alternant des couches de compote, de lamelles de fruits pochés et de framboises, et finir par une couche de compote. Réfrigérer 12 h. Servir avec le coulis.

variante de la recette

Terrine de bananes, coulis de fruits rouges

Ingrédients pour 6 personnes : 12 bananes bien mûres pelées, 120 g de cassonade, 2 gousses de vanille, 100 g de framboises et 400 g de coulis de fruits rouges (voir recette p. 430).

Enrober les bananes de cassonade ; les faire dorer au four préchauffé à 240 °C 10 mn. Les disposer dans un moule à cake antiadhésif, en saupoudrant chaque couche de graines de vanille. Réfrigérer 12 h. Démouler. Servir avec les framboises et le coulis.

Terrine de pommes au vin blanc en gelée au citron

Préparation : 30 mn
Cuisson : 15 mn
Réfrigération : 2 h

recette économique

Ingrédients pour 4 personnes :

6 pommes
160 g de sucre
1 bâton de cannelle
80 g de beurre
10 cl de vin blanc sec
7 citrons
10 morceaux de sucre
3 c. à s. de gelée en poudre

1. Placer un moule en couronne au congélateur.
2. Peler les pommes. Ôter le cœur et les détailler en quartiers.
3. Verser 10 cl d'eau dans une casserole. Ajouter 60 g de sucre, le bâton de cannelle, le beurre, le vin et les quartiers de pomme. Chauffer jusqu'au point d'ébullition, sur feu doux, et laisser cuire 15 mn.
4. Ôter la cannelle et laisser tiédir.
5. Laver soigneusement les citrons. Frotter les morceaux de sucre sur le zeste. Presser les citrons.
6. Porter à ébullition le reste de sucre avec 25 cl d'eau, le jus de citron et les morceaux de sucre, en remuant. Filtrer ce sirop. Ajouter la gelée, mélanger et laisser refroidir.
7. Verser la gelée dans le moule glacé, en l'inclinant pour en napper les parois. Remettre au congélateur jusqu'à ce que la gelée prenne.
8. Disposer une couche de pommes. Couvrir de gelée. Faire prendre au congélateur. Ajouter le reste des fruits. Réfrigérer 2 h.
9. Démouler sur un plat et servir.

conseil

Décorez la couronne de feuilles de menthe.

notre avis

Les pommes reines des reinettes conviennent bien pour cette recette, mais vous pouvez aussi utiliser des granny-smith ou des goldens.

Terrine d'oranges et de pamplemousses au Grand Marnier

Préparation : 40 mn
Cuisson : 10 mn
Réfrigération : 3 h

recette économique

Ingrédients pour 8 personnes :

3 pamplemousses roses
6 oranges
25 cl de jus d'orange
4 feuilles de gélatine
2 c. à s. de Grand Marnier
25 g de beurre

Granité à la menthe :
100 g de sucre
50 g de feuilles de menthe ciselées
1 c. à c. d'alcool de menthe

1. Couper les pamplemousses et les oranges à chaque extrémité. Avec un couteau bien aiguisé, les peler en arc de cercle, en ôtant la peau blanche. Séparer la chair des membranes au-dessus d'un récipient, pour récupérer le jus.
2. Faire tiédir le jus d'orange additionné du jus des agrumes. Ajouter la gélatine ramollie dans de l'eau froide et essorée. Mélanger. Filtrer et laisser refroidir.
3. Incorporer le Grand Marnier à la gelée. Beurrer un moule à cake. Le tapisser de film alimentaire, en le tendant bien et en le laissant dépasser largement des bords. Verser une couche de gelée de 1,5 cm d'épaisseur. Faire prendre au réfrigérateur.
4. Disposer une couche de suprêmes d'agrumes dans le moule, dans le sens de la longueur. Couvrir de gelée. Faire prendre au réfrigérateur. Renouveler ces opérations jusqu'à épuisement des ingrédients. Replier le film. Entreposer au réfrigérateur 3 h.
5. Préparer le granité : chauffer 50 cl d'eau avec le sucre sur feu doux. Ajouter la menthe. Laisser tiédir. Incorporer l'alcool de menthe. Verser le mélange dans un récipient et placer au congélateur. Avec une fourchette, gratter régulièrement la préparation dès qu'elle durcit.
6. Couper la terrine en tranches avec un couteau à pain et servir avec le granité à la menthe.

Fruits cuits

COMMENT RÉUSSIR LES SOUPES DE FRUITS, FRUITS AU FOUR, POCHÉS ET LES COMPOTES

Les soupes de fruits et les fruits au four ou pochés se réalisent plutôt avec des fruits pas très mûrs, fermes et qui tiennent bien à la cuisson. Pour les compotes, en revanche, des fruits très mûrs, même à la limite de la consommation à croquer, pourront convenir. Ces desserts peuvent se préparer à l'avance (7 ou 8 h au maximum) et être entreposés au réfrigérateur, recouverts de film alimentaire, jusqu'au moment du repas, mais s'ils sont servis chauds ou tièdes, ne pas hésiter à les accompagner de glace : l'effet « chaud-froid » est toujours apprécié.

COMMENT RÉUSSIR LES PAPILLOTES

Elles peuvent se préparer à l'avance, mais pour que les convives puissent bénéficier de leur délicieux fumet en les ouvrant, il faut les faire cuire au dernier moment.

COMMENT RÉUSSIR LES GRATINS DE FRUITS

Ils se réalisent de préférence dans des plats individuels, pour ne pas abîmer la préparation au moment du service. Prêts en un tour de main, ils mettent bien en valeur le goût des fruits. Il faut surveiller la cuisson attentivement, en entrouvrant la porte du four pour faciliter le fonctionnement du gril. Prévenir les invités que les bords du plat sont chauds, pour éviter les brûlures.

COMMENT RÉUSSIR UN SABAYON

Le plus important est que la température de cuisson ne soit pas trop élevée, afin d'éviter l'ébullition. Le mieux est de faire cuire le sabayon dans un bain-marie.

Parfumer les fruits

Les herbes aromatiques, les épices et les alcools n'ont pas leurs pareils pour mettre en valeur le goût des fruits. Toutefois, afin de ne pas le masquer, il faut veiller à respecter les quantités indiquées. En revanche, ne pas hésiter à remplacer un aromate ou un alcool manquant par un autre ingrédient s'en rapprochant.

Le sabayon et son vin

Pour confectionner un sabayon, tous les vins de dessert conviennent : muscat, marsala, vieux banyuls, porto, champagne, rhum, malvoisie... Certains, même, ne comportent pas d'alcool.

Abricots en compote aux amandes

Préparation : 10 mn
Cuisson : 20 mn

recette express

Ingrédients pour 4 personnes :

1 kg d'abricots
10 g de beurre
150 g de sucre
1 gousse de vanille
80 g d'amandes effilées grillées
4 petites brioches au sucre

1. Laver les abricots. Les dénoyauter, les couper en quatre et les disposer dans une casserole. Les faire fondre avec le beurre sur feu doux. Ajouter le sucre. Mélanger. Ajouter la gousse de vanille fendue en deux et laisser cuire 20 mn sur feu doux.
2. Incorporer les amandes. Laisser tiédir et servir avec les brioches.

variante de la recette

Abricots caramélisés aux amandes et à la pistache

Ingrédients : 100 g de sucre, 80 g de pistaches, 50 g d'amandes mondées, 20 oreillons d'abricot, 40 g de beurre et 20 g de pâte de pistaches.

Mélanger 50 g de sucre avec 50 g de pistaches et les amandes; faire cuire ce mélange à sec jusqu'à coloration, en remuant pour obtenir de petites pralines, en veillant à ne pas laisser brûler le sucre; réserver. Faire revenir les abricots dans le beurre noisette; réserver au chaud. Dans le même récipient, faire cuire le reste de sucre et la pâte de pistaches jusqu'à obtention d'un caramel; stopper la cuisson en versant un filet d'eau lorsque la coloration souhaitée est atteinte. Glacer les oreillons d'abricot avec ce caramel, puis les répartir dans les assiettes de service; décorer avec les pralines aux pistaches et aux amandes et le reste de pistaches décortiquées.

Ananas croustillant et ananas confit, glace au thé

Préparation : 45 mn
Repos : 1 h
Cuisson : 1 h

recette économique

Ingrédients pour 4 personnes :

1 ananas de 800 g + 4 ananas victoria
3 c. à s. de sucre
3 c. à s. de miel liquide

Glace au thé :
20 cl de lait
2 jaunes d'œufs
3 c. à s. de sucre
3 c. à s. de crème liquide
1 c. à c. de thé

1. Préparer la glace au thé : porter le lait à ébullition. Fouetter les jaunes d'œufs avec le sucre jusqu'à blanchiment. Ajouter le lait, puis la crème. Faire cuire sur feu doux sans cesser de remuer, jusqu'à ce que la crème nappe la cuiller, en veillant à ne pas laisser bouillir. Ajouter le thé et laisser infuser 1 h, hors du feu.
2. Filtrer la crème anglaise parfumée au thé. La verser dans la sorbetière et faire prendre selon les instructions du fabricant.
3. Préchauffer le four à 100 °C.
4. Couper le gros ananas en deux dans la hauteur et ôter l'écorce. Le détailler en fines lamelles dans la longueur.
5. Faire chauffer 3 cuillerées à soupe d'eau avec le sucre. Ajouter les lamelles d'ananas et bien les enrober de ce sirop. Les disposer sur une plaque, enfourner et cuire 1 h.
6. Couper les petits ananas en deux dans la hauteur. Évider chaque moitié, en réservant l'écorce, et détailler la chair en petits morceaux.
7. Verser le miel dans une poêle et le faire chauffer sur feu doux jusqu'à caramélisation. Ajouter les morceaux d'ananas et laisser cuire jusqu'à ce qu'ils soient confits.
8. Servir les lamelles d'ananas croustillantes avec l'ananas confit et la glace au thé dans les demi-écorces d'ananas.

notre avis

Vous pouvez confectionner les lamelles d'ananas croustillantes à l'avance et les conserver dans une boîte hermétique.

Ananas en papillote à la vanille

Préparation : 30 mn
Cuisson : 10 à 12 mn

recette réunionnaise

Ingrédients pour 4 personnes :

1 gros ananas
250 g de sucre
1 gousse de vanille
100 g d'amandes mondées entières
1 pincée de fleur de sel

1. Éplucher l'ananas. Le détailler en gros morceaux. Réserver.
2. Dans une casserole, verser 50 cl d'eau et le sucre. Ajouter la gousse de vanille fendue en deux et les amandes. Porter à ébullition, puis éteindre le feu. Plonger les dés d'ananas dans ce sirop. Laisser tiédir, à couvert. Pendant ce temps, préchauffer le four à 180 °C.
3. Filtrer le sirop. Disposer les morceaux d'ananas, la vanille, les amandes et la fleur de sel dans une feuille de papier d'aluminium. Refermer la papillote, enfourner et cuire 10 à 12 mn.

variante de la recette

Ananas et poires en papillotes à la vanille et au miel

Ingrédients pour 6 personnes : 6 poires fermes pelées et coupées en quatre, le jus de 2 citrons, 1 ananas victoria paré et coupé en dés, 2 c. à s. de miel liquide, 30 g de beurre, 4 étoiles de badiane et 4 petites gousses de vanille.

Arroser les quartiers de poire épépinés du jus de 1 citron. Confectionner 2 papillotes en papier sulfurisé ; répartir dans chacune d'elles les quartiers de poire, les dés d'ananas, le miel, le beurre, le reste de jus de citron, les étoiles de badiane et les gousses de vanille ; fermer les papillotes hermétiquement ; les disposer sur une plaque et cuire au four préchauffé à 180 °C 12 à 15 mn. Servir dans les papillotes, en les ouvrant délicatement, avec 1 quenelle de glace à la vanille.

Ananas frais et ananas croustillant, sirop au basilic

Préparation : 45 mn
Cuisson : 1 h

recette raffinée

Ingrédients pour 4 personnes :

1 gros ananas
4 blancs d'œufs
50 cl de glace au chocolat

Sirop au basilic :
40 g de sucre
Le jus de 1 citron
2 branches de basilic

1. Ôter l'écorce de l'ananas. Couper les deux extrémités. Le détailler en 20 rondelles.
2. Recouvrir les 12 plus grandes rondelles de film alimentaire et réserver au réfrigérateur.
3. Préchauffer le four à 100 °C.
4. Couvrir une plaque de papier sulfurisé.
5. Battre légèrement les blancs d'œufs.
6. Enrober les rondelles d'ananas restantes de blanc d'œuf battu. Les égoutter et les disposer sur la plaque. Enfourner et laisser cuire 1 h.
7. Pendant ce temps, préparer le sirop au basilic : porter à ébullition 10 cl d'eau, le jus de citron et le sucre. Laisser refroidir ce sirop. Ajouter les feuilles de basilic ciselées.
8. Tapisser 4 grandes assiettes de 3 rondelles d'ananas frais. Disposer au centre 1 rondelle d'ananas croustillant, puis 1 boule de glace au chocolat surmontée de 1 rondelle d'ananas croustillant. Napper de sirop au basilic.
9. Servir avec le reste de glace au chocolat.

conseil

Manipulez délicatement les rondelles d'ananas croustillant, pour éviter de les casser.

notre avis

Vous pouvez remplacer la glace au chocolat par un sorbet au chocolat.

Bananes à l'orange
et à la cannelle flambées au rhum

Préparation : 10 mn
Cuisson : 10 mn

recette réunionnaise

Ingrédients pour 6 personnes :

25 g de beurre
80 g de sucre
8 bananes mûres pelées
25 cl de jus d'orange
10 cl de rhum

1. Faire fondre le beurre dans une casserole à fond épais.
2. Ajouter le sucre et faire cuire sur feu moyen, en mélangeant de temps en temps, jusqu'à obtention d'un caramel.
3. Ajouter les bananes. Mélanger délicatement. Mouiller avec le jus d'orange. Laisser réduire 10 mn environ.
4. Verser le rhum et flamber. Servir aussitôt.

variante de la recette

Mûres et bananes pochées au vin
et au rhum à la cannelle

Ingrédients pour 4 personnes : 400 g de mûres, 200 g de cassonade, 10 cl de vin rouge, 3 c. à s. de rhum, 1 pincée de cannelle, le zeste de 1 citron et 2 bananes.

Trier les mûres et les essuyer avec un linge; les placer dans une casserole; ajouter la cassonade, le vin, le rhum, la cannelle, 10 cl d'eau et le zeste de citron; faire cuire sur feu doux, à couvert, 10 mn. Pendant ce temps, peler les bananes et les couper en deux dans la longueur; détailler chaque demi-banane en fines lamelles. Répartir les mûres pochées dans des coupes ou des assiettes creuses; ajouter les lamelles de banane. Servir tiède ou froid.

Bananes au four,
croustillants au chocolat

Préparation : 30 mn
Cuisson : 20 mn

recette raffinée

Ingrédients pour 8 personnes :

24 mini-bananes
1 botte de citronnelle
60 g de beurre
300 g de pâte feuilletée (voir recette p. 76)
100 g de sucre glace
10 cl de crème fraîche
100 g de chocolat

1. Préchauffer le four à 180 °C. Ôter la moitié de la peau de chaque banane dans le sens de la longueur. Transpercer la chair de bâtonnets de citronnelle, en les enfonçant au ras de la peau restante, à intervalles réguliers. Placer les bananes dans un plat à gratin. Ajouter 1 noix de beurre. Enfourner et cuire 20 mn.
2. Étaler la pâte feuilletée sur 3 mm d'épaisseur.
3. Augmenter la température du four à 220 °C. Disposer l'abaisse de pâte entre 2 plaques. Enfourner et cuire jusqu'à coloration blonde.
4. Sortir la pâte du four. La saupoudrer de sucre glace. Remettre au four et poursuivre la cuisson 5 mn, de façon à obtenir une caramélisation homogène.
5. Découper le feuilletage en 8 bandes de 5 x 14 cm. Laisser refroidir.
6. Verser la crème dans une casserole. Porter à ébullition. Ajouter le chocolat cassé en morceaux. Mélanger jusqu'à obtention d'une ganache homogène.
7. Répartir la ganache au chocolat dans les assiettes, en formant des bandes de 3 x 12 cm. Poser une bande de feuilletage dessus. Servir avec 3 bananes piquées de citronnelle.

conseil

Disposez une plaque lourde sur les bandes de feuilletage, afin que la pâte ne gonfle pas au cours de la cuisson.

notre avis

Vous pouvez remplacer les mini-bananes par 8 bananes.

Blancs en neige
à la compote de pommes et d'abricots

Préparation : 20 mn
Cuisson : 16 mn

recette raffinée

Ingrédients pour 4 personnes :

6 blancs d'œufs
1 pincée de sel
2 c. à c. de sucre
50 cl de lait
2 brins de menthe

Compote de pommes et d'abricots :
6 pommes royal gala
8 oreillons d'abricot
4 c. à s. rases de sucre
1 goutte d'extrait liquide de vanille

1. Préparer la compote : peler les pommes. Les couper en morceaux, ainsi que 4 oreillons d'abricot. Dans une casserole, verser 2 cuillerées à soupe d'eau. Ajouter le sucre, la vanille et les morceaux de pomme et d'abricot. Laisser cuire 15 mn.
2. Réduire les fruits en purée. Ajouter le reste d'oreillons d'abricot coupés en dés. Mélanger. Répartir la préparation dans 4 coupes. Réserver au réfrigérateur.
3. Dans un saladier, monter les blancs d'œufs en neige ferme avec le sel. Ajouter le sucre.
4. À l'aide de 2 cuillers à soupe, réaliser 8 quenelles de blancs en neige.
5. Dans une casserole, porter 50 cl d'eau additionnée du lait à légers frémissements. Y pocher les quenelles de blancs en neige 1 mn de chaque côté, en les retournant avec une écumoire. Les égoutter sur un linge et laisser refroidir.
6. Disposer les quenelles de blancs en neige froides sur la compote de pommes et d'abricots.
7. Décorer avec des feuilles de menthe. Servir.

notre avis

À défaut d'abricots frais, vous pouvez utiliser des abricots séchés. Dans ce dernier cas, pochez-les dans de l'eau chaude quelques minutes avant de les détailler en dés.

Blancs en neige aux cerises,
coulis de fruits rouges

Préparation : 40 mn
Cuisson : 5 mn environ

recette raffinée

Ingrédients pour 4 personnes :

5 blancs d'œufs
100 g de sucre
4 douzaines de cerises (burlat de préférence)

Coulis :
500 g de fruits rouges au choix (framboises, fraises, groseilles, cassis...)
80 g de sucre glace
Le jus de 1/2 citron

1. Préparer le coulis : trier et laver les fruits rouges. Les équeuter ou les égrapper si nécessaire. Les mixer avec le sucre glace et le jus de citron. Filtrer dans un chinois si besoin, pour ôter les pépins. Réserver.
2. Faire chauffer 1 l d'eau à petit frémissement.
3. Monter les blancs d'œufs en neige, en incorporant le sucre peu à peu dès qu'ils commencent à se raffermir, jusqu'à obtention d'une neige très serrée.
4. Confectionner 8 boules d'œufs en neige à l'aide d'une grande cuiller ou d'une petite louche. Les déposer à la surface de l'eau frémissante, deux par deux. Les pocher 25 s, en les retournant avec une écumoire au bout de 15 s. Égoutter sur un linge.
5. Laver, équeuter et dénoyauter les cerises. En enfoncer délicatement 5 ou 6 à la surface de chaque boule d'œuf en neige.
6. Disposer les boules d'œuf en neige, deux par deux, dans 4 cassolettes allant au four. Passer 2 à 3 mn sous le gril, juste le temps de dorer légèrement les œufs en neige.
7. Au moment de servir, répartir le coulis de fruits rouges dans les cassolettes, autour des œufs en neige, avec une petite louche.

conseil

Pour gagner du temps, vous pouvez utiliser 25 cl de coulis de fruits rouges tout prêt.

Cerises meringuées aux amandes en timbale, coulis de cerises

Préparation : 30 mn
Cuisson : 10 à 12 mn
Congélation : 2 à 3 h

recette alsacienne

Ingrédients pour 8 personnes :

100 g de poudre d'amandes
400 g de cerises dénoyautées
5 c. à s. de sucre glace

Coulis :
200 g de cerises dénoyautées
4 c. à s. de sucre
2 c. à s. de kirsch

Crème pâtissière :
40 cl de crème fraîche
6 jaunes d'œufs
75 g de sucre
4 c. à s. de farine
3 feuilles de gélatine

Meringue italienne :
300 g de sucre
8 blancs d'œufs

1. Coulis : mixer les cerises avec le sucre et le kirsch. Réserver.
2. Crème pâtissière : porter la crème à ébullition. Battre les jaunes d'œufs au fouet avec le sucre et la farine, jusqu'à blanchiment. Incorporer le mélange à la crème, hors du feu. Porter de nouveau à ébullition et laisser cuire 1 mn. Hors du feu, incorporer la gélatine ramollie dans de l'eau froide et essorée. Mélanger pour la dissoudre. Réserver.
3. Meringue italienne : dans une casserole, verser 10 cl d'eau et le sucre. Cuire à 120 °C, jusqu'au petit boulé (lorsque l'on jette 1 goutte de sirop dans une jatte d'eau glacée, elle doit former une boule molle). Réserver. Monter les blancs d'œufs en neige ferme. Incorporer le sirop de sucre sans cesser de fouetter, de façon à obtenir une meringue lisse et brillante.
4. Mélanger la crème pâtissière avec la meringue italienne et la poudre d'amandes. Répartir cette mousse dans 8 ramequins. Disposer les cerises dessus. Faire prendre au congélateur 2 à 3 h.
5. Au moment de servir, préchauffer le four à 180 °C. Saupoudrer les timbales de cerises de sucre glace, enfourner et cuire 10 à 12 mn, jusqu'à coloration. Servir avec le coulis de cerises chaud.

Coings pochés au sabayon au banyuls

Préparation : 20 mn
Cuisson : 30 mn

recette espagnole

Ingrédients pour 6 personnes :

5 coings
Le jus de 1 citron
680 g de sucre semoule
6 jaunes d'œufs
4 c. à s. de banyuls
20 cl de crème fouettée
2 c. à s. de sucre glace

1. Peler les coings. Les couper en quartiers, les épépiner et les arroser de jus de citron. Faire chauffer 1 l d'eau avec 500 g de sucre semoule. Ajouter les coings et laisser frémir 30 mn. Laisser tiédir.
2. Dans une terrine posée sur un bain-marie, fouetter les jaunes d'œufs avec le reste de sucre semoule, jusqu'à consistance crémeuse. Ajouter le banyuls et la crème fouettée. Réserver au réfrigérateur.
3. Préchauffer le four à 260 °C. Égoutter les quartiers de coing, puis les tailler en lamelles. Disposer celles-ci en rosace dans des assiettes creuses. Couvrir de sabayon, en laissant apparaître la rosace. Passer sous le gril 1 à 2 mn. Saupoudrer de sucre glace. Servir.

variante de la recette

Fruits séchés en sabayon au banyuls

Ingrédients pour 4 personnes : 6 figues séchées coupées en deux, 10 g de beurre, 12 abricots séchés, 14 cerneaux de noix, 20 noisettes, 20 amandes, 4 jaunes d'œufs, 3 c. à s. de banyuls et 2 c. à s. de sucre.

Poêler les figues dans le beurre avec tous les fruits. Verser les jaunes d'œufs, 2 cuillerées à soupe d'eau, le banyuls et le sucre dans une casserole; fouetter 3 mn, jusqu'à ce que le mélange ait doublé de volume; poser la casserole sur feu doux et continuer à fouetter 4 mn, jusqu'à consistance onctueuse, sans laisser bouillir. Répartir les fruits dans les assiettes; napper de sabayon et servir.

Figues au four au miel, au jus d'agrumes et au romarin

Préparation : 20 mn
Cuisson : 1 h

recette provençale

Ingrédients pour 4 personnes :

1 branche de romarin séché
12 figues
1 gousse de vanille
50 g de beurre
4 c. à s. de miel liquide
Le jus de 1 orange
Le jus de 1 citron

1. Préchauffer le four à 120 °C. Effeuiller le romarin, puis le concasser.
2. Inciser les figues au niveau du pédoncule et les disposer dans un plat à four ainsi que la gousse de vanille grattée. Ajouter le beurre coupé en dés. Arroser de miel, de jus d'orange et de citron. Saupoudrer de romarin. Enfourner et cuire 1 h, en arrosant les figues régulièrement.
3. Sortir le plat du four. Réserver les figues. Faire réduire le jus de cuisson. Le verser sur les figues tièdes.

variante de la recette

Figues au miel en sabayon au Grand Marnier

Ingrédients pour 6 personnes : 1 œuf + 3 jaunes, 150 g de sucre, 100 g de poudre d'amandes, 10 cl de crème liquide, 40 g de beurre, 500 g de figues violettes et blanches, 2 c. à s. de miel liquide et 3 c. à s. de Grand Marnier.

Mélanger l'œuf, 100 g de sucre, les amandes et la crème; verser le mélange dans un plat à gratin beurré et cuire au four préchauffé à 200 °C 8 à 10 mn. Couper les figues en deux; chauffer le reste de beurre dans la poêle et les faire blondir 3 mn avec le miel; les disposer dans le plat. Fouetter, sur un bain-marie, les jaunes d'œufs, le reste de sucre et 10 cl d'eau jusqu'à ce que le mélange ait doublé de volume; ajouter le Grand Marnier; verser ce sabayon sur les figues sans les recouvrir; passer sous le gril très chaud et servir.

Figues en gratin aux raisins blanc et noir et aux châtaignes

Préparation : 15 mn
Cuisson : 35 mn

recette limousine

Ingrédients pour 4 personnes :

15 châtaignes
4 œufs
130 g de cassonade
1 pincée de cannelle en poudre
5 c. à s. de farine
25 cl de lait
5 figues bien mûres
50 g de beurre
1 grappe de raisin blanc
1 grappe de raisin noir

1. Inciser la peau des châtaignes, puis les plonger dans une casserole d'eau bouillante 1 mn. Les rafraîchir quelques instants à l'eau courante et ôter la peau avant qu'elles n'aient complètement refroidi.
2. Préchauffer le four à 210 °C.
3. Casser les œufs dans une jatte. Ajouter la cassonade, la cannelle et la farine. Mélanger vigoureusement avec une cuiller en bois.
4. Délayer la pâte avec le lait, en le versant peu à peu. Réserver.
5. Laver les figues, puis les couper en fines tranches dans la hauteur. Réserver.
6. Couper les châtaignes en deux.
7. Beurrer un plat à gratin. Y disposer les tranches de figue, les châtaignes et les grains de raisin. Couvrir avec la pâte. Enfourner et cuire 35 mn.
8. Servir tiède ou froid.

conseil

Décorez avec des étoiles de badiane.

notre avis

Pour vérifier la cuisson, enfoncez la lame d'un couteau au centre du gratin : elle doit ressortir propre.

Figues farcies aux raisins secs,
au rhum et à la crème

Préparation : 45 mn
Cuisson : 5 mn

recette antillaise

Ingrédients pour 4 personnes :

15 figues violettes
4 c. à s. de sucre
20 cl de rhum ambré vieux
50 g de raisins de Corinthe
10 cl de crème fraîche épaisse
Le jus de 1/4 de citron
3 c. à s. de cassonade

1. Laver 3 figues. Les écraser sans les peler. Réserver.
2. Faire chauffer le sucre jusqu'à ce qu'il ait la couleur du caramel. Ajouter les figues écrasées et mouiller d'eau à hauteur. Porter à ébullition et laisser cuire 4 mn. Filtrer le mélange et faire réduire jusqu'à obtention d'une sauce sirupeuse. Laisser refroidir.
3. Porter le rhum à ébullition. Ajouter les raisins secs et poursuivre l'ébullition quelques secondes. Éteindre le feu et laisser les raisins gonfler 15 mn.
4. Pendant ce temps, dans une jatte, mélanger la crème avec le jus du citron, la cassonade et un peu du rhum de macération des raisins, jusqu'à dissolution complète de la cassonade. Réserver.
5. Laver les figues restantes. Découper un chapeau, et faire 3 entailles en forme de trèfle. Creuser légèrement la pulpe et farcir les figues avec 2 raisins de Corinthe macérés, 1 cuillerée à café de crème et 2 raisins. Remettre les chapeaux en place.
6. Napper les assiettes de sauce aux figues et disposer 3 figues. Servir.

conseil

Pour gagner du temps, vous pouvez faire macérer les raisins secs dans le rhum et préparer le sirop à l'avance.
Vous pouvez aussi confectionner la sauce aux figues au four micro-ondes : disposez les figues écrasées et le sucre mouillé d'un peu d'eau dans un récipient; faites cuire à pleine puissance 2 à 3 mn, puis filtrez.

Figues pochées au vin,
aux agrumes et à la cannelle

Préparation : 15 mn
Cuisson : 10 mn
Réfrigération : 2 h

recette express

Ingrédients pour 4 personnes :

50 cl de vin rouge (du Bugey de préférence)
3 c. à s. de sucre
2 rondelles d'orange
2 rondelles de citron
1/2 bâtonnet de cannelle
20 figues violettes très fermes

1. Dans une casserole en acier inoxydable, verser le vin et le sucre. Ajouter les rondelles d'orange et de citron et la cannelle. Porter à ébullition et laisser cuire 5 mn.
2. Inciser légèrement chaque figue, côté pédoncule. Les pocher dans le vin bouillant à petit frémissement. Ôter du feu et placer la casserole sur un récipient contenant des glaçons. Laisser tiédir, à couvert.
3. Ôter le bâtonnet de cannelle du jus de cuisson et faire réduire celui-ci des 3/4 sur feu doux 5 mn, jusqu'à ce qu'il soit sirupeux.
4. Disposer les figues tièdes sur les assiettes. Les arroser du jus de cuisson. Réfrigérer 2 h au moins.

variante de la recette

Figues pochées à la cannelle

Ingrédients : 100 g de sucre, 2 bâtons de cannelle, 2 gousses de vanille et 10 figues.

Porter 50 cl d'eau à ébullition avec le sucre, la cannelle et les gousses de vanille fendues en deux et laisser cuire 5 mn. Éteindre le feu; plonger les figues dans ce sirop; réserver jusqu'au moment de servir. Décorer de feuilles de menthe et de groseilles.

Fraises au sirop à la badiane
et à l'anis

Préparation : 15 mn
Réfrigération : 2 h

recette québécoise

Ingrédients pour 4 personnes :

100 g de sucre
3 étoiles de badiane
1 c. à c. de pastis
800 g de fraises

1. Porter à ébullition 15 cl d'eau avec le sucre et la badiane. Ajouter le pastis. Laisser tiédir.
2. Laver les fraises, les équeuter et les couper en deux.
3. Disposer les demi-fraises dans des assiettes creuses. Les napper de sirop tiède. Réfrigérer 2 h.

variante de la recette

Fraises, ananas et poires en brochettes à la badiane, sauce au miel

Ingrédients : 24 fraises, 1 petit ananas, 2 poires comices, le jus de 1 citron, 50 g de beurre, 4 étoiles de badiane, 100 g de sucre, 1 c. à s. de pastis et 500 g de miel de montagne.

Laver les fraises et les équeuter. Ôter l'écorce de l'ananas et le couper en quatre; enlever le cœur, puis détailler chaque quartier en 5 morceaux. Peler les poires et les couper en six; ôter le cœur; les citronner. Faire fondre le beurre dans une grande poêle; ajouter les morceaux de fruits et les étoiles de badiane; laisser colorer 5 à 8 mn, en saupoudrant régulièrement de sucre; ajouter les fraises; déglacer avec le pastis; mélanger délicatement; ôter la poêle du feu. Confectionner 8 brochettes, en alternant les fraises et les morceaux de fruits. Faire fondre le miel avec le reste de jus de citron; arroser les brochettes de ce mélange et servir.

notre avis

Les fruits sont chauds à cœur mais restent crus.
En revanche, leur surface est saisie et colorée.

Fraises au vin blanc
et au jus d'orange

Préparation : 20 mn
Réfrigération : 2 h

recette bourguignonne

Ingrédients pour 6 personnes :

4 oranges à jus
1 kg de fraises
600 g de sucre
1 bouquet de menthe
37,5 cl de vin blanc (de préférence bourgogne aligoté)

1. Presser les oranges. Réserver le jus.
2. Laver les fraises et les équeuter.
3. Mixer le jus d'orange avec 200 g de fraises, le sucre, 2 feuilles de menthe et le vin. Réfrigérer 2 h.
4. Au moment de servir, émincer le reste des fraises et les arroser avec la soupe bien fraîche. Parsemer de feuilles de menthe hachées.

variante de la recette

Fraises au vin rouge et au miel

Ingrédients pour 4 personnes : 25 cl de vin rouge (madiran de préférence), 1 c. à s. rase de miel liquide, 500 g de fraises gariguettes et 10 grains de poivre noir.

Verser le vin et le miel dans une casserole ; faire chauffer sur feu doux et laisser réduire 20 mn, jusqu'à consistance sirupeuse. Laisser refroidir complètement. Pendant ce temps, laver les fraises, les équeuter et les couper en deux; répartir les demi-fraises dans des coupes; verser le mélange vin-miel sur les fraises et laisser macérer 30 mn au maximum; saupoudrer de poivre concassé.

à savoir

Le poivre, comme d'autres épices (noix muscade, cannelle et cumin), développe les arômes de la fraise.
Toutefois, il faut veiller à ne pas forcer la dose, afin de ne pas tuer la saveur du fruit.

Fraises en gratin

Préparation : 20 mn
Cuisson : 8 mn

recette raffinée

Ingrédients pour 4 personnes :

500 g de petites fraises
20 g de beurre
3 c. à s. de sucre
30 g de pistaches mondées

Crème :
25 cl de lait
2 jaunes d'œufs
2 c. à s. de sucre
1 c. à c. de Maïzena

1. Laver les fraises et les équeuter.
2. Faire fondre le beurre dans une poêle sur feu doux. Ajouter les fraises et les faire revenir 1 mn. Incorporer le sucre. Mélanger délicatement et laisser cuire 2 mn.
3. Égoutter les fraises. Réserver.
4. Préchauffer le four à 220 °C.
5. Préparer la crème : porter le lait à ébullition. Dans une terrine, mélanger les jaunes d'œufs, le sucre et la Maïzena. Incorporer le lait au mélange, peu à peu, sans cesser de fouetter. Transvaser la préparation dans la casserole. Faire épaissir sans cesser de remuer, jusqu'à ce que la crème nappe la spatule. Enlever la casserole du feu et laisser tiédir.
6. Disposer les fraises et les pistaches dans un plat à gratin. Les napper de crème. Enfourner et faire gratiner 5 mn.
7. Laisser tiédir le clafoutis.

conseil

Pour poêler les fraises, vous pouvez utiliser du beurre clarifié, afin d'éviter qu'elles ne brûlent.

Fraises en gratin au sabayon
à l'amande amère

Préparation : 20 mn
Cuisson : 12 mn environ

recette raffinée

Ingrédients pour 4 personnes :

50 g d'amandes
600 g de fraises
1 goutte d'essence d'amande amère

Sabayon :
4 c. à s. de sucre
6 jaunes d'œufs

1. Préchauffer le four à 260 °C.
2. Préparer le sabayon : dans une casserole, verser 5 cuillerées à soupe d'eau et le sucre. Porter à ébullition. Verser ce sirop sur les jaunes d'œufs, peu à peu, sans cesser de fouetter. Cuire le mélange sur un bain-marie 10 mn environ, jusqu'à ce qu'il épaississe.
3. Hors du feu, continuer à fouetter jusqu'à refroidissement complet. Parfumer avec l'essence d'amande amère. Réserver.
4. Broyer les amandes et les faire griller légèrement. Réserver.
5. Laver les fraises, les équeuter et les couper en deux dans la hauteur.
6. Disposer les fraises en couronne dans un plat creux, pointe vers le haut. Les napper légèrement de sabayon. Enfourner sous le gril et laisser colorer 1 mn. Saupoudrer les amandes et servir.

variante de la recette

Fraises en gratin au sabayon

Procéder comme pour les Fraises en gratin au sabayon à l'amande amère.

Supprimer les amandes et l'essence d'amande amère. Lorsque le sabayon est froid, ajouter 10 cl de crème liquide très froide montée en chantilly.

Fruits au miel en gratin à la crème

Préparation : 20 mn
Cuisson : 15 mn

recette raffinée

Ingrédients pour 4 personnes :

4 pomelos
2 oranges
1 grappe de raisin
1 gousse de vanille
Le jus de 2 citrons
4 c. à s. de miel
60 g de beurre ramolli
100 g de farine
50 g de sucre glace
3 c. à s. de crème fraîche épaisse

1. Peler les pomelos et les oranges à vif. Réserver.
2. Enlever la peau des raisins et les épépiner.
3. Tailler les fruits en dés, en ayant soin d'en réserver 16 quartiers pour le décor. Les placer dans une casserole. Ajouter la gousse de vanille fendue en deux dans la longueur et grattée, le jus de citron ainsi que le miel. Couvrir et faire cuire sur feu doux environ 8 à 10 mn.
4. Préchauffer le four à 200 °C.
5. Beurrer 4 petits ramequins. Disposer les fruits en dés dans les ramequins.
6. Dans une terrine, verser la farine, le reste de beurre coupé en dés et le sucre glace. Mélanger. Écraser le mélange entre les mains, jusqu'à obtention d'une poudre ayant l'aspect du sable.
7. Répartir le mélange précédent sur les fruits. Décorer chaque ramequin de 4 quartiers de pomelos. Enfourner et cuire 5 mn, jusqu'à coloration.
8. Servir le gratin de fruits avec la crème fraîche.

notre avis

Pour confectionner ce dessert, vous pouvez utiliser des fruits qui ne sont plus de première fraîcheur.

Fruits d'automne en compote au jus de raisin et à la badiane

Préparation : 15 mn
Cuisson : 3 à 4 mn

recette raffinée

Ingrédients pour 4 personnes :

2 pommes
2 poires
2 bananes
6 figues
1 grappe de raisin noir
1 grappe de raisin blanc
50 g de beurre
Le jus de 1 1/2 citron
6 étoiles de badiane
25 cl de jus de raisin rouge

1. Laver tous les fruits, à l'exception des figues.
2. Couper les pommes et les poires en quartiers, sans les peler. Les épépiner. Réserver.
3. Peler les bananes. Les tailler en gros tronçons. Réserver.
4. Couper les figues en deux, sans ôter la peau. Réserver.
5. Égrener le raisin.
6. Dans une poêle antiadhésive, faire chauffer le beurre jusqu'à ce qu'il ait une couleur noisette.
7. Ajouter les quartiers de pomme et de poire arrosés du jus de citron. Les faire colorer, en secouant vivement la poêle. Ajouter les figues, les grains de raisin, les étoiles de badiane, les morceaux de banane et le jus de raisin. Laisser cuire 3 à 4 mn.
8. Servir chaud.

conseil

Retournez les morceaux de fruits dans la poêle, afin de les dorer sur chaque face.

notre avis

Le beurre doit être très chaud, afin que les fruits soient saisis et ne s'écrasent pas.

Fruits en brochette poêlés,
gelée de pastèque

Préparation : 30 mn
Réfrigération : 2 h
Cuisson : 2 à 3 mn

recette raffinée

Ingrédients pour 4 personnes :

1 kiwi
1 banane
2 rondelles d'ananas frais
100 g de chair de pastèque
4 quartiers de pommes golden
75 g de beurre
150 g de sucre

Gelée de pastèque :
75 g de sucre
4 feuilles de gélatine
400 g de chair de pastèque

1. Préparer la gelée de pastèque : porter 10 cl d'eau à ébullition avec le sucre, sans cesser de remuer. Ramollir les feuilles de gélatine dans de l'eau froide. Épépiner la pastèque et la détailler en morceaux. Mixer ceux-ci avec le sirop. Transvaser la purée de pastèque dans une terrine. Ajouter la gélatine essorée. Mélanger. Entreposer au réfrigérateur 2 h.
2. Peler le kiwi et la banane. Les détailler en rondelles.
3. Couper les rondelles d'ananas en deux, puis les détailler en morceaux. Détailler la pastèque en cubes, ainsi que les pommes.
4. Confectionner des brochettes en piquant les morceaux de fruits sur des piques en bois.
5. Faire fondre le beurre dans une poêle. Ajouter le sucre et laisser cuire jusqu'à légère coloration. Faire dorer les brochettes dans ce caramel 2 à 3 mn, en les retournant à mi-cuisson.
6. Servir avec la gelée de pastèque.

•——notre avis——•

Vous pouvez accompagner ces brochettes de fruits d'une gelée préparée avec un autre fruit de votre choix.

Fruits en gaspacho au basilic
et au pain d'épice

Préparation : 15 mn
Cuisson : 10 mn

recette raffinée

Ingrédients pour 6 personnes :

350 g de fraises
300 g de tomates
350 g de framboises
300 g de groseilles
2 pêches
Le jus de 1 citron
100 g de sucre
12 feuilles de basilic
100 g de pain d'épice

1. Préchauffer le four à 160 °C.
2. Laver les fraises et les équeuter. Réserver.
3. Plonger les tomates dans de l'eau bouillante. Les peler et les épépiner. Réserver.
4. Mixer les tomates avec 200 g de fraises, 200 g de framboises, 150 g de groseilles, 1 pêche, le jus de citron, le sucre et 6 feuilles de basilic jusqu'à obtention d'une purée homogène. Filtrer pour éliminer les pépins. Réserver le coulis de fruits au réfrigérateur.
5. Détailler le pain d'épice en petits cubes. Les disposer sur une plaque et enfourner sous le gril quelques minutes, jusqu'à ce qu'ils soient croustillants.
6. Détailler les fraises, les framboises et la pêche restantes en petits dés. Réserver.
7. Ciseler les feuilles de basilic restantes.
8. Répartir le coulis de fruits dans des coupes. Parsemer les dés de fruits, les groseilles restantes, le basilic et les croûtons de pain d'épice.

•——conseil——•

Sucrez plus ou moins, selon l'acidité des fruits. Vous pouvez également poêler les croûtons de pain d'épice dans 1 noix de beurre.

Fruits en soupe parfumée
aux fleurs séchées

Préparation : 20 mn
Cuisson : 2 mn
Réfrigération : 1 h

recette raffinée

Ingrédients pour 4 personnes :

- Le jus de 1 orange
- 2 c. à s. de sucre
- 1/2 bâton de cannelle
- 50 g de coulis de framboises surgelé
- 50 g de cassis en grains
- 4 feuilles de menthe
- 1 gousse de vanille
- Poivre du moulin
- 20 g de fleurs séchées au choix
- 1 ananas victoria
- 1 orange
- 2 pommes granny-smith
- 2 poires
- Le jus de 1/2 citron

1. Dans une casserole, mélanger le jus d'orange avec 8 cl d'eau, le sucre, la cannelle, le coulis de framboises, le cassis, les feuilles de menthe ciselées et la gousse de vanille fendue en deux dans la longueur et grattée.
2. Donner 2 tours de moulin à poivre. Porter à ébullition. Éteindre le feu et laisser infuser, à couvert, 10 mn.
3. Filtrer le mélange précédent. Remettre sur le feu et porter de nouveau à ébullition.
4. Ajouter les fleurs séchées. Laisser infuser, hors du feu, 10 mn. Filtrer. Hacher les fleurs séchées et les remettre dans l'infusion. Laisser refroidir.
5. Ôter l'écorce de l'ananas. Peler l'orange, les pommes et les poires. Détailler tous les fruits en dés. Les disposer dans une coupelle. Ajouter le jus de citron. Mélanger.
6. Verser l'infusion sur les fruits. Couvrir de film alimentaire et laisser reposer au réfrigérateur 1 h. Servir très frais.

notre avis

Vous trouverez des fleurs séchées dans les herboristeries.

Fruits exotiques au sirop,
croustillants et sorbet au fromage blanc

Préparation : 40 mn
Cuisson : 5 mn

recette exotique

Ingrédients pour 4 personnes :

- 80 g de sucre semoule
- 1 tige de citronnelle
- 1 ananas
- 1 mangue
- 1 papaye
- 2 kiwis
- 2 c. à s. de sucre glace
- 100 g de pâte feuilletée toute prête
- 1 barquette de mûres
- 50 cl de sorbet au fromage blanc (voir recette p. 338)

1. Porter 50 cl d'eau à ébullition avec le sucre semoule. Retirer du feu. Ajouter la citronnelle. Laisser infuser, à couvert, au réfrigérateur.
2. Peler les fruits et les détailler en petits dés. Réserver.
3. Préchauffer le four à 220 °C. Préparer les croustillants : tamiser le sucre glace sur le plan de travail. Abaisser finement la pâte. La rouler serré et la couper en rondelles. Aplatir celles-ci dans le sucre glace. Enfourner sur une plaque et cuire 5 mn. Répartir les dés de fruits dans les assiettes. Verser le sirop à la citronnelle autour. Parsemer des mûres. Disposer 2 quenelles de sorbet au fromage blanc au milieu et décorer avec 1 croustillant.

variante de la recette

Fruits exotiques et figues en papillotes

Ingrédients : 1 mangue, 2 kiwis, 100 g de litchis, 4 mini-bananes, 4 figues, 1 c. à c. de miel et 4 feuilles de citron vert.

Peler la mangue, les kiwis, les litchis et les bananes; laver soigneusement les figues; détailler les fruits en rondelles ou en gros dés; les répartir sur 4 morceaux de papier d'aluminium; ajouter le miel et 1 feuille de citron vert dans chaque papillote; les fermer hermétiquement; enfourner et cuire au four préchauffé à 200 °C 7 mn. Servir avec 1 boule de sorbet au citron vert.

Fruits poêlés au caramel, crème au thym

Préparation : 20 mn
Cuisson : 2 mn

recette provençale

Ingrédients pour 4 personnes :

1 petit ananas
2 pommes granny-smith
3 poires conférences
2 bananes
20 g de beurre
70 g de sucre
3 jaunes d'œufs
Le jus de 1/2 citron

Crème au thym :
25 cl de crème liquide
1 branche de thym frais

1. Préparer la crème au thym : porter la crème à ébullition. Ajouter la branche de thym. Laisser infuser, à couvert, 5 mn.
2. Pendant ce temps, ôter l'écorce de l'ananas. Couper celui-ci en tranches de 5 mm d'épaisseur environ. Réserver.
3. Peler les pommes et les poires. Les couper en quartiers. Réserver.
4. Peler les bananes. Les couper en deux dans la longueur. Réserver.
5. Dans une poêle, chauffer le beurre, 3 cuillerées à soupe de sucre et le jus de citron jusqu'à obtention d'un caramel. Ajouter les fruits et les faire colorer.
6. Fouetter les jaunes d'œufs avec le reste de sucre jusqu'à ce qu'il soit dissous. Ajouter la crème au thym. Mélanger.
7. Préchauffer le four en position gril.
8. Garnir les assiettes d'une couche de crème de 3 mm d'épaisseur environ. Disposer les fruits caramélisés dessus. Passer sous le gril quelques secondes pour obtenir une légère coloration. Servir aussitôt.

conseil

Veillez à ne pas laisser le thym infuser plus de 5 mn, afin que le parfum de la crème ne masque pas le goût des fruits.

Fruits rouges au vin et aux épices

Préparation : 15 mn
Cuisson : 5 mn

recette alsacienne

Ingrédients pour 4 personnes :

75 cl de vin (rasteau de préférence)
200 g de sucre
1 clou de girofle
1/2 bâton de cannelle
1 étoile de badiane
1 rondelle d'orange
1 rondelle de citron
1/2 barquette de groseilles
1 barquette de framboises
1 barquette de mûres
1 barquette de fraises des bois
1 barquette de myrtilles
1/2 barquette de fraises

1. Verser le vin dans une casserole.
2. Ajouter le sucre, le clou de girofle, la cannelle, la badiane et les rondelles d'orange et de citron.
3. Porter à ébullition. Éteindre le feu.
4. Laisser infuser, à couvert, 10 mn.
5. Égrapper les groseilles.
6. Trier le reste des fruits et les nettoyer. Les répartir dans des assiettes creuses.
7. Filtrer le vin dans un chinois. Le verser, encore chaud, sur les fruits. Servir.

conseil

Vous pourrez accompagner ce dessert de petits biscuits secs, tels que les langues-de-chat (voir recette p. 307) ou les tuiles (voir recette p. 447), ou de madeleines (voir recette p. 309).

notre avis

À défaut de une ou plusieurs variétés de fruits rouges, notamment en hiver, vous pouvez utiliser des fruits surgelés. Dans ce cas, veillez à respecter les indications mentionnées sur l'emballage pour la décongélation.

Fruits rouges en gratin au sabayon au crémant

Préparation : 45 mn
Cuisson : 3 mn

recette bourguignonne

Ingrédients pour 4 personnes :

50 g de sucre
4 jaunes d'œufs
10 cl de crémant
25 cl de crème fraîche
320 g de fraises
80 g de cassis
60 g de groseilles
80 g de fraises de bois
200 g de framboises

1. Verser le sucre dans une casserole. Ajouter les jaunes d'œufs et le crémant.
2. Chauffer sur feu doux, sans cesser de fouetter pour émulsionner le mélange, jusqu'à ce que celui-ci double de volume.
3. Retirer la casserole du feu. Laisser tiédir le sabayon. Entreposer au réfrigérateur.
4. Fouetter la crème fraîche fermement.
5. Incorporer délicatement la crème fouettée au sabayon froid, de façon à obtenir une préparation homogène.
6. Allumer le four sur la position gril.
7. Équeuter les fraises. Égrapper le cassis et les groseilles. Les passer sous un filet d'eau. Les égoutter dans une passoire.
8. Répartir tous les fruits dans 4 assiettes. Les napper de sabayon.
9. Au moment de servir, passer sous le gril jusqu'à obtention d'une couleur dorée uniforme. Servir aussitôt.

notre avis

Pour vérifier la cuisson du sabayon, cessez de fouetter : les traces du fouet doivent être visibles sur le fond de la casserole.

Fruits séchés et pruneaux pochés à la vanille

Préparation : 15 mn
Cuisson : 10 mn

recette tunisienne

Ingrédients pour 6 personnes :

100 g de figues séchées
100 g de pruneaux d'Agen
100 g d'abricots séchés
100 g de pommes séchées
100 g de poires séchées
100 g de pêches séchées

Sirop :
300 g de sucre
2 gousses de vanille
Le jus de 2 citrons

1. Faire tremper les figues et les pruneaux. Préparer le sirop : verser 1 l d'eau dans une casserole. Ajouter le sucre et les gousses de vanille fendues et grattées. Chauffer sur feu doux. Pocher les abricots, les pommes, les poires et les pêches séchés dans le sirop 10 mn environ. Égoutter les figues et les pruneaux et les faire cuire séparément.
2. Laisser refroidir tous les fruits, puis les mélanger. Les disposer sur des assiettes ou dans des coupes. Arroser du sirop de cuisson. Placer au réfrigérateur. Servir frais.

variante de la recette

Pruneaux pochés au thé à la vanille

Ingrédients pour 4 personnes : 12 c. à s. de thé à la vanille, 100 g de sucre, le zeste de 3 oranges, 16 pruneaux et 1 pincée de cannelle en poudre.

Porter 75 cl d'eau à ébullition ; la verser sur 6 cuillerées à soupe de thé à la vanille et laisser infuser quelques minutes ; filtrer et laisser refroidir ; réserver au réfrigérateur. Porter à ébullition 1 l d'eau avec le sucre sur feu vif ; ajouter le reste de thé et laisser infuser quelques minutes ; incorporer le zeste d'orange ; pocher les pruneaux dans le thé bouillant 6 à 10 mn, puis les plonger dans le thé froid ; réfrigérer 6 h. Saupoudrer de cannelle au moment de servir.

Groseilles et framboises poêlées à la menthe

Préparation : 15 mn
Cuisson : 2 mn

recette raffinée

Ingrédients pour 4 personnes :

500 g de framboises
500 g de groseilles
40 g de beurre
3 c. à s. de sucre
2 brins de menthe
Le jus de 1 citron

1. Nettoyer les framboises. Égrapper les groseilles.
2. Faire fondre le beurre dans une grande poêle. Lorsqu'il mousse, ajouter le sucre et mélanger jusqu'à sa dissolution complète. Ajouter les groseilles. Les poêler 1 à 2 mn. Ajouter les framboises. Poursuivre la cuisson 30 s. Servir dans des assiettes creuses.

conseil

Accompagnez de 2 quenelles de glace à la pistache (voir p. 333).

variante de la recette

Framboises et groseilles au sabayon

Ingrédients pour 4 personnes : 110 g de sucre, 4 jaunes d'œufs, 1 c. à s. de kirsch, 12 biscuits à la cuiller, 300 g de framboises et 250 g de groseilles.

Préparer le sabayon : porter à ébullition 4 cuillerées à soupe d'eau et 60 g de sucre; verser le mélange sur les jaunes d'œufs et chauffer au bain-marie, en fouettant, 1 à 2 mn, jusqu'à épaississement; hors du feu, continuer à fouetter jusqu'à refroidissement complet. Préparer un sirop : porter à ébullition 3 cuillerées à soupe d'eau et le reste de sucre; ajouter le kirsch; plonger les biscuits à la cuiller dans le sirop 1 à 2 s, pour les imbiber. Placer 3 biscuits dans chaque assiette; répartir les fruits sur les biscuits; napper d'une fine couche de sabayon ; passer les assiettes sous le gril très chaud quelques secondes, de façon que le sabayon soit coloré.

Kiwis à la vanille en gratin

Préparation : 10 mn
Cuisson : 8 à 10 mn

recette exotique

Ingrédients pour 4 personnes :

4 jaunes d'œufs
15 cl de crème fraîche
1 c. à café de Maïzena
1 c. à café d'extrait liquide de vanille
2 c. à café de sucre
5 à 6 kiwis pelés et coupés en tranches
2 c. à s. de sucre glace

1. Placer les jaunes d'œufs dans une casserole. Ajouter la crème, la Maïzena et la vanille. Fouetter vivement le mélange. Incorporer le sucre et 2 cuillerées à soupe d'eau. Faire chauffer le mélange sur feu doux, en fouettant, jusqu'à obtention d'une crème onctueuse.
2. Répartir la crème dans 4 plats à œufs. Disposer les tranches de kiwi. Passer 4 mn sous le gril. Saupoudrer de sucre glace. Servir.

variante de la recette

Kiwis à la crème à la vanille

Ingrédients pour 4 personnes : 3 jaunes d'œufs, 3 c. à s. de sucre, 1 gousse de vanille, 3 c. à s. de lait, 30 cl de crème liquide, 9 kiwis, 2 c. à s. de sucre glace et 8 tranches de pain d'épice.

Fouetter les jaunes d'œufs avec le sucre jusqu'à blanchiment; ajouter les graines de la gousse de vanille fendue en deux, le lait et la crème; filtrer; laisser reposer 1 h. Verser l'appareil dans un moule à flan; enfourner et cuire 1 h 30 au four préchauffé à 90 °C. Laisser refroidir. Couper la partie supérieure de 8 kiwis; les évider avec une petite cuiller; concasser la chair grossièrement et la mélanger avec l'appareil à la vanille; farcir chaque kiwi de ce mélange; les placer dans des coquetiers. Détailler le kiwi restant en rondelles. Saupoudrer de sucre glace. Servir avec des mouillettes de pain d'épice.

Kiwis à la vanille et au sésame

Préparation : 20 mn
Cuisson : 15 mn
Repos : 2 h

recette chinoise

Ingrédients pour 4 personnes :

- 5 jaunes d'œufs
- 3 c. à s. de sucre
- 1/2 c. à c. de vanille en poudre
- 50 cl de crème liquide
- Le zeste de 1 orange
- 4 kiwis
- 4 c. à s. de cassonade
- 1 c. à s. de graines de sésame

1. Dans un bol, mélanger les jaunes d'œufs, le sucre et la vanille en fouettant, jusqu'à ce que le mélange blanchisse.
2. Faire chauffer la crème sur feu doux avec le zeste d'orange, sans laisser bouillir.
3. Verser la crème sur le mélange œufs-sucre. Battre vigoureusement.
4. Répartir la crème dans 4 ramequins.
5. Préchauffer le four à 210 °C.
6. Peler les kiwis et les détailler en rondelles.
7. Répartir les rondelles de kiwi dans 4 ramequins. Placer les ramequins dans un plat à gratin à moitié rempli d'eau. Enfourner et cuire 15 mn.
8. Entreposer au réfrigérateur 2 h au moins, jusqu'à ce qu'une peau se forme à la surface.
9. Au moment de servir, saupoudrer de cassonade et passer sous le gril très chaud 2 à 3 mn pour caraméliser. Parsemer des graines de sésame et laisser refroidir.

à savoir

Le kiwi, originaire de Chine centrale, est le fruit d'une liane. Il fut exporté en Nouvelle-Zélande en 1906, sous le nom de groseille de Chine, et fut alors baptisé kiwi, du nom de l'oiseau emblème de ce pays.

Mandarines au sirop épicé,
biscuit aux agrumes et aux fruits secs

Préparation : 45 mn
Cuisson : 30 mn

recette de fête

Ingrédients pour 4 personnes :

- 230 g de sucre
- 1 c. à s. de sirop de grenadine
- 6 baies de genièvre
- 4 clous de girofle
- 6 mandarines
- 3 œufs + 3 blancs
- 120 g de farine
- 25 g de zeste d'orange finement haché
- 25 g de zeste de citron vert finement haché
- 90 g d'amandes pilées
- 90 g de noisettes pilées
- 90 g de pistaches pilées
- 20 g de beurre
- 20 g de cassonade

1. Porter à ébullition 35 cl d'eau avec 80 g de sucre, le sirop de grenadine, 4 baies de genièvre et 2 clous de girofle écrasés au pilon ou avec la lame d'un couteau plat. Pendant ce temps, peler les mandarines et ôter les peaux blanches. Pocher les mandarines dans le sirop 10 mn à partir de la reprise de l'ébullition, en baissant le feu. Retirer du feu et laisser infuser. Préchauffer le four à 180 °C.
2. Séparer les blancs d'œufs des jaunes. Mélanger ceux-ci avec le reste de sucre en fouettant vivement, jusqu'à blanchiment. Ajouter la farine, les épices restantes et les zestes d'agrumes. Monter les blancs en neige ferme et les incorporer délicatement au mélange. Ajouter les amandes, noisettes et pistaches. Verser la pâte dans un moule beurré de 30 x 23 cm. Enfourner et cuire 30 mn. Sortir le biscuit du four, et régler celui-ci sur la position gril.
3. Démouler aussitôt. Égoutter les mandarines. Faire réduire le jus de cuisson de moitié sur feu vif. Placer 4 mandarines dans un plat à gratin. Saupoudrer de cassonade et passer sous le gril 2 à 3 mn. Couper le biscuit en 8 triangles. Disposer 1 mandarine caramélisée dans chaque assiette. Répartir les quartiers des mandarines restantes et les triangles de biscuit autour. Verser un cordon de sirop et servir.

Mandarines au sirop
et à la menthe, glace au thé

Préparation : 30 mn
Cuisson : 3 à 4 mn

recette raffinée

Ingrédients pour 4 personnes :

200 g de sucre
8 mandarines
6 à 8 feuilles de menthe

Glace au thé :
50 cl de lait
50 g de thé darjeeling
5 jaunes d'œufs
80 g de sucre

1. Préparer la glace : porter le lait à ébullition. Ajouter le thé et laisser infuser 10 mn. Fouetter les jaunes d'œufs avec le sucre. Verser un peu de lait chaud. Transvaser le mélange dans la casserole contenant le reste du lait. Laisser cuire 3 à 4 mn sur feu doux, sans cesser de mélanger. Filtrer. Laisser tiédir. Verser l'appareil dans la sorbetière et laisser prendre en suivant les instructions du fabricant.
2. Porter 20 cl d'eau sucrée à ébullition. Pocher les mandarines pelées et coupées en rondelles dans ce sirop. Ajouter la menthe ciselée. Couvrir et laisser refroidir au réfrigérateur. Servir avec 1 quenelle de glace au thé.

variante de la recette

Mandarines et litchis au gingembre

Ingrédients : 300 g de litchis frais dénoyautés, 4 mandarines, 35 g de gingembre confit, le jus de 1/2 citron, 10 morceaux de sucre et 150 g de sucre.

Placer les litchis dans une jatte, en en réservant une douzaine; ajouter les quartiers de mandarine, 30 g de gingembre coupé en dés et le jus de citron. Faire chauffer les morceaux de sucre avec 1 cuillerée à soupe d'eau; verser les 2/3 de ce caramel sur les fruits; les répartir dans les assiettes; napper avec le reste de caramel tiède; ajouter 3 litchis; parsemer de copeaux de gingembre; servir, avec 1 quenelle de sorbet au thé au jasmin (voir recette p. 447).

Mandarines confites au caramel
aux épices

Préparation : 15 mn
Cuisson : 1 h

recette raffinée

Ingrédients pour 4 personnes :

12 mandarines pelées
1 kg de sucre
1 gousse de vanille
4 étoiles de badiane
1 c. à c. rase de poivre du Sichuan
2 clous de girofle
100 g de beurre

1. Ôter les membranes blanches des mandarines. Préchauffer le four à 160 °C.
2. Verser 1 verre d'eau dans une casserole. Ajouter le sucre, la gousse de vanille fendue en deux dans la longueur et recoupée en deux, la badiane, le poivre et les clous de girofle. Faire cuire sur feu doux jusqu'à obtention d'un caramel blond. Mouiller avec 1/2 verre d'eau glacée pour stopper la cuisson, puis incorporer le beurre coupé en dés. Mélanger jusqu'à obtention d'un caramel liquide.
3. Plonger les mandarines dans le caramel. Enfourner et laisser cuire 1 h, en arrosant les fruits toutes les 10 mn et en les retournant. Servir les mandarines avec le caramel et les épices.

variante de la recette

Poires et mandarines aux épices

Ingrédients : 4 poires passe-crassane, 10 g de beurre, 4 mandarines pelées et détaillées en quartiers, 200 g de sucre, 1 c. à c. de cannelle en poudre, 2 étoiles de badiane et 50 cl de rivesaltes.

Peler les poires en conservant la queue; les épépiner par le fond avec un vide-pomme; les disposer dans un plat à four beurré; ajouter les quartiers de mandarine, le sucre, la cannelle et la badiane; verser le rivesaltes et 50 cl d'eau; cuire au four préchauffé à 180 °C 20 mn. Arroser les fruits avec le jus rendu; cuire encore 10 mn et arroser de nouveau. Répéter l'opération. Servir tiède ou froid.

Mandarines poêlées, tuiles de caramel

Préparation : 30 mn
Cuisson : 5 à 7 mn

recette raffinée

Ingrédients pour 4 personnes :

200 g de sucre
6 mandarines
50 g de beurre
4 c. à s. de sucre

Glace à la confiture de lait :
25 cl de lait
3 jaunes d'œufs
4 c. à s. de confiture de lait (voir recette p. 427)

1. Préparer la glace à la confiture de lait : porter le lait à ébullition. Mélanger les jaunes d'œufs et la confiture de lait. Verser le lait bouillant, en mince filet, sans cesser de fouetter. Transvaser la préparation dans la casserole et laisser cuire jusqu'à ce qu'elle nappe la cuiller. Laisser tiédir. Verser l'appareil dans une sorbetière et laisser prendre en suivant les instructions du fabricant.
2. Dans une casserole, faire chauffer le sucre avec 1 cuillerée à soupe d'eau. Laisser cuire jusqu'à obtention d'un caramel blond. Étaler celui-ci sur une feuille de papier sulfurisé, avec une cuiller, pour obtenir de fines tuiles.
3. Peler les mandarines et les détailler en quartiers. Les faire revenir dans le beurre dans une poêle antiadhésive. Saupoudrer de sucre.
4. Disposer les quartiers de mandarine en rosace dans les assiettes. Poser 1 quenelle de glace à la confiture de lait au milieu. Décorer avec les tuiles de caramel.

conseil

Huilez le papier sulfurisé pour que le caramel ne colle pas, et attendez que celui-ci soit froid avant de décoller les tuiles.

Mangues aux épices en gratin

Préparation : 30 mn
Cuisson : 20 mn
Repos : 24 h

recette antillaise

Ingrédients pour 4 personnes :

2 mangues
50 g de beurre
5 jaunes d'œufs
25 cl de crème fouettée
4 tranches de pain d'épice
2 c. à s. de sucre

Sirop aux épices :
75 g de sucre
15 grains de poivre noir écrasés
5 graines de coriandre écrasées
1/2 bâton de cannelle
1 gousse de vanille
20 g de gingembre
1 étoile de badiane
2 clous de girolle
4 figues séchées
8 abricots séchés

1. Préparer le sirop aux épices la veille : verser 20 cl d'eau dans une casserole. Ajouter le sucre et toutes les épices. Porter à ébullition. Hors du feu, ajouter les figues et les abricots. Laisser infuser 24 h.
2. Égoutter les fruits en réservant le sirop. Les détailler en dés. Réserver.
3. Peler les mangues et les détailler en dés. Faire fondre le beurre dans une poêle et y faire dorer les dés de mangue et de fruits séchés.
4. Verser 5 cuillerées à soupe de sirop aux épices et les jaunes d'œufs dans une casserole. Faire cuire sur feu doux, en fouettant énergiquement, jusqu'à ce que le mélange épaississe. Laisser refroidir à température ambiante, en fouettant de temps en temps.
5. Lorsque le sabayon est froid, incorporer la crème fouettée.
6. Imbiber les tranches de pain d'épice du reste de sirop. Les disposer dans des plats à gratin individuels, des ramequins ou des assiettes allant au four. Recouvrir avec les fruits poêlés, puis le mélange sabayon-crème fouettée. Saupoudrer de sucre. Placer sous le gril très chaud pour faire colorer. Servir aussitôt.

Mangues en compote au citron et à la cannelle

Préparation : 10 mn
Cuisson : 40 mn

recette d'Afrique du Sud

Ingrédients pour 4 personnes :

2 kg de mangues bien mûres
75 g de sucre
Le jus de 2 citrons
10 g de cannelle en poudre

1. Couper les mangues en deux. Retirer le noyau. Détailler la chair en gros quartiers.
2. Disposer les quartiers de mangue dans une casserole. Ajouter le sucre, 20 cl d'eau et le jus de citron. Faire compoter environ sur feu doux, en remuant régulièrement, 40 mn. Ajouter la cannelle.
3. Servir tiède ou très frais.

variante de la recette

Mangues en papillote à l'orange, à la vanille et à la cannelle

Ingrédients : 1 orange, 4 mangues pelées et détaillées en 6 quartiers, 2 gousses de vanille, 1 c. à s. de miel liquide, 2 pincées de cannelle en poudre et 20 g de beurre.

Couper l'orange en deux; presser le jus d'une moitié, et détailler l'autre en 4 rondelles; réserver. Confectionner une grande papillote dans une double épaisseur de papier sulfurisé; y disposer les quartiers de mangue, les gousses de vanille fendues dans la longueur, le miel, la cannelle, le beurre, le jus et les rondelles d'orange; bien replier les bords de la papillote pour qu'elle soit parfaitement hermétique et la placer sur une plaque; cuire au four préchauffé à 180 °C 10 mn; disposer la papillote sur un plat, sur la table; l'ouvrir; répartir le contenu dans des assiettes creuses. Napper du jus de cuisson et servir.

Melons grillés au miel, aux noix caramélisées et au sésame

Préparation : 5 mn
Cuisson : 5 mn

recette express

Ingrédients pour 4 personnes :

3 c. à s. de sucre
1 c. à c. de vinaigre de vin
100 g de cerneaux de noix
1 c. à s. d'huile
4 melons
2 c. à s. de sucre vanillé
Le jus de 1 citron vert
1 pot de miel liquide toutes fleurs
50 g de fraises
1 c. à s. de graines de sésame

1. Faire chauffer le sucre avec 1 c. à s. d'eau et le vinaigre. Plonger les cerneaux de noix dans ce caramel.
2. Verser les noix et le caramel sur une plaque huilée. Laisser prendre au réfrigérateur.
3. Détailler les melons en quartiers pas trop épais, sans enlever l'écorce. Ôter les pépins.
4. Cuire les quartiers de melon au barbecue.
5. Saupoudrer légèrement les quartiers de melon grillés de sucre vanillé et les arroser de jus de citron.
6. Disposer les quartiers de melon sur les assiettes. Les arroser de miel.
7. Concasser les noix caramélisées avec un rouleau à pâtisserie. Réserver.
8. Équeuter les fraises et les couper en quatre.
9. Parsemer les noix caramélisées et les graines de sésame sur les quartiers de melon. Décorer avec les quartiers de fraise. Servir.

conseil

Accompagnez de 1 quenelle de sorbet au melon ou à la framboise.

Mirabelles au sirop au thé, amandes caramélisées et pignons

Préparation : 35 mn
Cuisson : 5 mn

recette lorraine

Ingrédients pour 6 personnes :

600 g de mirabelles
350 g de sucre
20 g de thé earl grey
1 gousse de vanille
50 g d'amandes effilées
50 cl de glace à la vanille
1 petite poignée de pignons de pin

1. Laver les mirabelles, les essuyer et les couper en quatre. Les dénoyauter. Réserver.
2. Dans une casserole à fond épais, porter à ébullition 30 cl d'eau avec 300 g de sucre. Incorporer le thé. Hors du feu, ajouter la gousse de vanille fendue en deux. Laisser infuser, à couvert, 10 mn.
3. Filtrer le sirop au chinois. Le verser dans une casserole et porter à ébullition. Y plonger les mirabelles et laisser frémir 5 mn. Laisser refroidir. Réserver au réfrigérateur.
4. Faire chauffer 3 cuillerées à soupe d'eau avec le reste de sucre, jusqu'à obtention d'un caramel bien blond. Ajouter les amandes. Verser le tout sur une plaque couverte de papier sulfurisé. Laisser refroidir.
5. Quand le caramel aux amandes est froid, le déposer sur le plan de travail, puis le broyer grossièrement à l'aide d'un rouleau à pâtisserie. Mélanger ce pralin avec la glace à la vanille. Réserver au congélateur.
6. Dans une poêle antiadhésive, faire légèrement griller les pignons de pin à sec.
7. Répartir les mirabelles dans les assiettes. Parsemer de pignons. Confectionner 1 quenelle de glace, à l'aide de 2 cuillers à soupe trempées dans de l'eau chaude, et la disposer au centre. Servir.

notre avis

Décorez avec des gousses de vanille.

Mirabelles en gratin au sabayon au vin et à la mirabelle

Préparation : 30 mn
Cuisson : 20 mn

recette lorraine

Ingrédients pour 6 personnes :

180 g de sucre
600 g de mirabelles lavées et dénoyautées
50 cl de glace à la vanille
3 c. à s. de sucre glace

Sabayon :
6 jaunes d'œufs
130 g de sucre
4 c. à s. de vin blanc
3 c. à s. d'alcool de mirabelle

1. Préchauffer le four à 260 °C.
2. Préparer un sirop : dans une casserole, verser 50 cl d'eau et le sucre. Porter à ébullition.
3. Pocher les mirabelles dans le sirop. Dès la reprise de l'ébullition, les égoutter et les répartir dans 6 petits moules à gratin. Réserver.
4. Préparer le sabayon : dans une casserole, fouetter énergiquement les jaunes d'œufs avec le sucre, le vin blanc et l'alcool de mirabelle dans un bain-marie, jusqu'à ce que le mélange soit mousseux et ait doublé de volume.
5. Napper les mirabelles de sabayon. Enfourner sous le gril et faire gratiner 10 à 12 mn.
6. Déposer 1 boule de glace à la vanille sur chaque gratin. Saupoudrer de sucre glace et servir aussitôt.

à savoir

La mirabelle est l'emblème de la Lorraine. Très appréciée en dessert, elle accompagne aussi délicieusement certaines viandes et terrines.

notre avis

Vous pouvez décorer ces gratins de mirabelle avec quelques filaments de gousse de vanille et des feuilles de menthe.

Mirabelles poêlées au muscat

Préparation : 5 mn
Cuisson : 5 mn

recette express

Ingrédients pour 4 personnes :

300 g de mirabelles
2 c. à s. de miel liquide
1 pincée de cannelle en poudre
10 cl de muscat de Beaumes-de-venise

1. Laver les mirabelles, les dénoyauter et les égoutter.
2. Disposer les mirabelles dans une poêle. Arroser de miel. Saupoudrer de cannelle.
3. Faire cuire les mirabelles sur feu assez vif 5 mn, en secouant la poêle régulièrement pour bien enrober les fruits de miel.
4. Hors du feu, arroser les mirabelles de muscat.
5. Laisser tiédir. Servir.

conseil

Accompagnez ces mirabelles poêlées de 1 quenelle de glace à la vanille.

notre avis

Vous pouvez remplacer le muscat de Beaumes-de-Venise par du banyuls.

à savoir

Pour apprécier la maturité des mirabelles, coupez-les en deux et dénoyautez-les : le noyau ne doit pas adhérer à la chair.

Nectarines à la bière blanche

Préparation : 20 mn
Cuisson : 10 mn
Macération : 4 h

recette belge

Ingrédients pour 6 personnes :

1 citron
9 nectarines
75 cl de bière blanche
2 c. à s. d'écorces de citron confites **(voir recettes p. 421)**
3 brins de menthe

1. Placer le citron, les nectarines et la bière au réfrigérateur 30 mn avant de servir.
2. Égoutter les écorces de citron confites. Les rincer à l'eau froide. Réserver.
3. Couper les nectarines en deux et les dénoyauter. Détailler chaque demi-nectarine en gros cubes. Les disposer dans une coupe en verre. Ajouter les écorces de citron confites.
4. Presser le citron. Verser le jus sur les fruits. Arroser avec la bière. Parsemer des feuilles de menthe ciselées.

variante de la recette

Nectarines au jus d'orange et au gingembre

Ingrédients pour 4 personnes : 4 nectarines, 1 l de jus d'orange, 1 c. à c. de gingembre frais finement râpé, le zeste de 1 citron finement émincé, 150 g de sucre semoule, 1 sachet de sucre vanillé et quelques feuilles de menthe.

Peler les nectarines; les émincer finement. Faire chauffer le jus d'orange sur feu doux; ajouter le gingembre, le zeste de citron et les 2 sucres; bien mélanger. Disposer les nectarines dans des assiettes à soupe; les napper de jus d'orange chaud. Décorer avec des feuilles de menthe.

Oranges en gratin au sabayon au champagne

Préparation : 25 mn
Repos : 12 h
Cuisson : 5 mn

recette raffinée

Ingrédients pour 6 personnes :

12 oranges
6 jaunes d'œufs
125 g de sucre
25 cl de champagne

Sorbet à la poire :
500 g de poires au sirop
Le jus de 2 citrons verts
2 c. à s. de miel liquide
3 c. à s. de sucre
10 cl d'alcool de poire
50 cl de sirop de poire
50 g de gingembre râpé

1. Préparer le sorbet à la poire : mixer les poires coupées en dés avec le jus de citron, le miel, le sucre, l'alcool de poire et le sirop de poire. Filtrer la préparation. Ajouter le gingembre. Laisser infuser au réfrigérateur, à couvert, 12 h.
2. Verser l'appareil dans la sorbetière et faire prendre en suivant les instructions du fabricant.
3. Peler les oranges à vif. Les détailler en quartiers. Réserver.
4. Verser les jaunes d'œufs, le sucre et le champagne dans une casserole à fond épais. Fouetter énergiquement sur feu doux, jusqu'à ce que le sabayon soit mousseux.
5. Disposer les quartiers d'orange dans les assiettes. Arroser de sabayon. Passer sous le gril très chaud quelques instants pour faire gratiner. Servir aussitôt, avec 1 quenelle de sorbet à la poire.

notre avis

Accompagnez ce gratin d'oranges d'une coupe de champagne. Vous pouvez aussi confectionner cette recette avec des clémentines ou des pomelos, et remplacer le champagne par du banyuls, du porto ou du sauternes.

Oranges et pruneaux au vin et à la liqueur d'orange

Préparation : 15 mn
Cuisson : 3 mn
Repos : 1 h

recette express

Ingrédients pour 4 personnes :

2 oranges
75 cl de vin rouge (anjou de préférence)
80 g de sucre
1 bâton de cannelle
4 zestes d'orange
2 c. à s. de Grand Marnier
1/2 gousse de vanille
400 g de pruneaux
50 cl de glace à la vanille

1. Peler les oranges à vif et les détailler en quartiers. Réserver.
2. Verser le vin dans une grande casserole.
3. Ajouter le sucre, la cannelle, les zestes d'orange, le Grand Marnier et la vanille.
4. Porter le mélange à ébullition, en remuant de temps en temps avec une cuiller en bois.
5. Plonger les pruneaux et les quartiers d'orange dans le vin et maintenir l'ébullition 2 mn environ, en remuant doucement.
6. Enlever la casserole du feu.
7. Laisser reposer 1 h, à couvert, jusqu'à ce que les pruneaux soient bien gonflés.
8. Servir avec 1 quenelle de glace à la vanille.

conseil

Utilisez de préférence des pruneaux non dénoyautés, qui auront plus de tenue et seront plus savoureux une fois cuits.

notre avis

Vous pouvez supprimer les oranges, et remplacer le zeste d'orange par du zeste de citron.

Pamplemousses en gratin,
sabayon au miel et au romarin

Préparation : 20 mn
Cuisson : 5 mn

recette méditerranéenne

Ingrédients pour 4 personnes :

4 pamplemousses roses
4 pamplemousses blancs
1 orange
3 jaunes d'œufs
4 c. à s. de miel liquide
1 branche de romarin

1. Peler tous les pamplemousses.
2. Prélever les quartiers au-dessus d'un récipient pour récupérer le jus. Réserver.
3. Prélever le zeste de l'orange et le détailler en julienne. Prélever les quartiers. Réserver.
4. Blanchir le zeste d'orange. L'égoutter.
5. Préparer un sabayon : battre les jaunes d'œufs avec 10 cl de jus de pamplemousse, dans un bain-marie, jusqu'à ce que le mélange mousse et épaississe.
6. Ajouter le miel et des brindilles de romarin.
7. Répartir les quartiers d'agrumes dans 4 plats à œufs. Couvrir de sabayon. Parsemer du zeste d'orange. Faire colorer sous le gril quelques minutes.
8. Parsemer chaque plat de brindilles de romarin.
9. Servir aussitôt.

conseil

Choisissez de préférence une orange non traitée, le zeste étant utilisé dans la recette.

notre avis

Le sabayon au miel, délicatement parfumé, adoucit en outre la légère acidité des agrumes.

Papayes caramélisées à l'ananas,
sorbet au champagne

Préparation : 30 mn
Cuisson : 2 h

recette polynésienne

Ingrédients pour 6 personnes :

6 fines rondelles d'ananas frais
1 c. à c. d'huile
3 papayes pelées
100 g de beurre
2 c. à s. de sucre

Sorbet au champagne :
200 g de sucre
37,5 cl de champagne

1. Préparer le sorbet : porter 50 cl d'eau à ébullition avec le sucre. Faire cuire 3 mn. Laisser refroidir. Ajouter le champagne. Verser le mélange dans la sorbetière et faire prendre en suivant les instructions du fabricant.
2. Préchauffer le four à 90 °C. Placer les rondelles d'ananas sur une plaque huilée. Enfourner et laisser sécher 2 h.
3. Couper les papayes en deux et ôter les graines. Émincer les demi-papaye en lamelles. Les poêler dans le beurre, dans une poêle anti-adhésive, en les saupoudrant de sucre.
4. Répartir les lamelles de papaye caramélisées en demi-rosace dans les assiettes. Ajouter 1 quenelle de sorbet au champagne. Décorer de rondelles d'ananas séchées.

notre avis

Vous pouvez remplacer le sorbet au champagne par un autre sorbet de votre choix, voire par de la glace.

à savoir

La papaye est originaire d'Amérique centrale et d'Amérique du Sud. Sa pulpe, de couleur orangée, est moelleuse et parfumée. Elle peut servir à préparer des mousses, des glaces ou des sorbets, ou encore des tartes.

Pêches au four au citron et au basilic

Préparation : 10 mn
Cuisson : 25 mn

recette nîmoise

Ingrédients pour 6 personnes :

12 pêches blanches
40 g de beurre
24 feuilles de basilic
30 g de sucre
4 citrons
2 c. à s. d'huile d'olive
Poivre noir du moulin

1. Préchauffer le four à 240 °C.
2. Inciser le sommet de chaque pêche en croix, jusqu'au noyau. Disposer les pêches, côte à côte, dans un plat à gratin. Parsemer du beurre coupé en dés, de 12 feuilles de basilic déchirées à la main, puis saupoudrer de sucre.
3. Prélever le zeste de 1 citron avec un économe, et presser 2 citrons. Verser le jus de citron sur les pêches. Ajouter 2 cuillerées à soupe d'huile, 12 cuillerées à soupe d'eau et le zeste de citron. Enfourner et cuire 25 mn, en arrosant les fruits de jus toutes les 5 mn environ.
4. Placer les pêches sur un plat.
5. Presser les citrons restants. Filtrer le jus de cuisson des pêches dans une casserole et ajouter le jus de citron. Porter à ébullition et laisser réduire jusqu'à ce que la sauce soit sirupeuse. Donner 2 ou 3 tours de moulin à poivre. Mixer la sauce avec le reste d'huile et les feuilles de basilic restantes.
6. Napper les pêches de sauce. Servir.

notre avis

Décorez avec des feuilles de basilic.

Pêches au sirop aux fruits rouges et au vouvray

Préparation : 20 mn
Cuisson : 10 mn

recette saveur

Ingrédients pour 4 personnes :

1 barquette de groseilles
1 barquette de mûres
4 pêches
1 barquette de framboises
15 cl de vouvray frappé
Sirop :
220 g de sucre
1 bouquet de verveine-citronnelle fraîche

1. Laver les groseilles et les mûres. Égrapper les groseilles. Réserver.
2. Couper les pêches en deux, sans les peler, et les dénoyauter. Réserver.
3. Préparer le sirop : verser 1 l d'eau dans une casserole. Ajouter le sucre et 1 branche de verveine. Porter à ébullition, sans cesser de mélanger.
4. Lorsque le sirop commence à bouillir, y plonger les demi-pêches. Laisser pocher sur feu doux 10 mn.
5. Égoutter délicatement les demi-pêches avec une écumoire. Les peler.
6. Répartir les demi-pêches dans 4 coupes.
7. Ajouter les framboises, les groseilles et les mûres. Verser le vouvray. Décorer avec des feuilles de verveine.

conseil

Accompagnez ce dessert de 1 quenelle de sorbet aux fruits rouges de votre choix.

notre avis

Ouvrez la bouteille de vouvray juste au moment de servir, pour qu'il soit bien pétillant.

Pêches blanches au sirop
à la verveine-citronnelle

Préparation : 45 mn
Cuisson : 2 mn
Repos : 12 h
Réfrigération : 12 h

recette provençale

Ingrédients pour 6 personnes :

2 kg de pêches blanches
10 cl de jus de citron

Sirop à la verveine :
400 g de sucre
1 bouquet de verveine-citronnelle fraîche

1. Préparer le sirop à la verveine la veille : porter 1,2 l d'eau à ébullition avec le sucre. Laisser bouillir sur feu doux 30 mn, de façon qu'il reste 1 l de liquide.
2. Ajouter la verveine et laisser infuser 12 h.
3. La veille également, plonger les pêches dans de l'eau bouillante 2 mn. Les peler.
4. Couper la moitié des pêches en deux et les dénoyauter. Réserver les pêches restantes.
5. Mixer les pêches dénoyautées et les ajouter au sirop. Verser le jus de citron. Mélanger et réserver au frais 12 h.
6. Au moment de servir, couper les pêches restantes et les dénoyauter.
7. Répartir la nage de pêches dans 6 coupes. Ajouter les demi-pêches. Décorer avec des feuilles de verveine.

à savoir

À la différence de la verveine, plante herbacée, la verveine-citronnelle est un arbuste. Elle est très utilisée dans la liquoristerie, et elle remplace parfois la citronnelle en cuisine.

Pêches blanches pochées au cidre
et melon

Préparation : 10 mn
Cuisson : 10 à 15 mn
Réfrigération : 2 h

recette express

Ingrédients pour 6 personnes :

1 kg de pêches blanches
37,5 cl de cidre doux
75 g de sucre
Le zeste de 1 orange détaillé en ruban
1 petit melon bien mûr
3 brins de menthe

1. Peler les pêches. Les couper en deux et ôter le noyau.
2. Dans une grande casserole, porter le cidre à ébullition avec le sucre et le zeste d'orange. Y pocher les demi-pêches sur feu doux 10 à 15 mn.
3. Verser les fruits et le liquide de cuisson dans une jatte. Ôter le zeste d'orange. Réfrigérer 2 h.
4. Au moment de servir, couper le melon en deux. L'épépiner, et prélever des boules de chair avec une cuiller parisienne. Les ajouter aux pêches.
5. Décorer avec des feuilles de menthe. Servir frais.

conseil

Pour décorer, parsemez de quelques framboises fraîches ou de fraises des bois.

notre avis

Pour confectionner cette recette estivale, vous pouvez également pocher les pêches dans du vin blanc. À défaut de pêches blanches, utilisez des pêches jaunes.

Pêches de vigne au cassis,
granité au vin et au porto

Préparation : 20 mn
Cuisson : 6 mn
Congélation : 4 à 5 h

recette raffinée

Ingrédients pour 4 personnes :

75 cl de vin rouge léger
30 cl de porto
1 zeste de citron
1 gousse de vanille
2 c. à s. de miel
1 c. à c. de poivre noir en grains concassés
2 feuilles de laurier
25 cl de crème de cassis
1 kg de pêches de vigne
150 g de cassis

Coulis de cassis :
60 g de sucre
100 g de cassis

1. Dans une casserole, verser le vin et le porto. Ajouter le zeste de citron, la gousse de vanille fendue en deux, le miel, le poivre et le laurier. Porter à ébullition.
2. Retirer la casserole du feu et laisser refroidir.
3. Lorsque la préparation est froide, la filtrer au chinois. Ajouter la crème de cassis. Mélanger et faire prendre au congélateur quelques heures, en remuant régulièrement avec une fourchette.
4. Préparer le coulis de cassis : dans une casserole, porter à ébullition 3 cuillerées à soupe d'eau avec le sucre et le cassis.
5. Retirer la casserole du feu. Filtrer et réserver au frais.
6. Ébouillanter les pêches 1 mn, puis les plonger dans de l'eau froide pour les peler facilement. Les détailler en lamelles.
7. Répartir le granité au vin et au porto dans des assiettes ou des coupes givrées. Ajouter les lamelles de pêche, le cassis et le coulis de cassis.

conseil

Placez les assiettes ou les coupes au congélateur 1 h avant de servir.

notre avis

Vous pouvez mélanger le cassis avec des fraises des bois.

Pêches de vigne au four au miel,
au pamplemousse et au romarin

Préparation : 30 mn
Cuisson : 30 à 45 mn

recette provençale

Ingrédients pour 6 personnes :

6 pêches de vigne
1/2 pamplemousse rose
4 c. à s. de miel
30 g de beurre clarifié
2 gousses de vanille
1 branche de romarin
1 pincée de poivre du Sichuan

1. Laver les pêches. Inciser le sommet de chaque pêche en croix, pour éviter qu'elles ne se défassent à la cuisson. Si elles ne sont pas très mûres, les ébouillanter quelques secondes, puis les plonger dans un bol d'eau froide pour les peler facilement avec un petit couteau.
2. Préchauffer le four à 170 °C.
3. Presser le demi-pamplemousse. Réserver le jus.
4. Faire chauffer le miel et le beurre dans une sauteuse pouvant aller au four. Dès que le mélange commence à prendre couleur, ajouter les pêches entières, 1 gousse de vanille fendue en deux dans la longueur et le romarin. Laisser dorer, en retournant souvent les pêches, puis déglacer avec le jus de pamplemousse. Placer un couvercle sur le récipient. Enfourner et laisser cuire 30 à 45 mn, jusqu'à ce que les pêches soient bien cuites, en les arrosant régulièrement avec le jus de cuisson pour bien les imbiber.
5. Enlever la sauteuse du four. Disposer les pêches sur un plat. Décorer avec des brins de romarin et 1 gousse de vanille. Au moment de servir, saupoudrer très légèrement de poivre.

conseil

Accompagnez de framboises et de 1 quenelle de sorbet à la framboise *(voir recette p. 446).*

notre avis

Le poivre relève agréablement le goût de la pêche.

Pêches de vigne pochées au vin

Préparation : 10 mn
Cuisson : 30 mn
Réfrigération : 12 h

recette bourguignonne

Ingrédients pour 6 personnes :

6 pêches de vigne
2 l de vin rouge corsé (bourgogne par exemple)
900 g de sucre
10 cl de purée de myrtilles
1 génoise
6 feuilles de menthe
3 c. à s. de crème Chantilly

1. Peler les pêches. Les pocher dans le vin additionné du sucre sur feu doux, à couvert, 30 mn. Laisser refroidir. Ajouter la purée de myrtilles. Mélanger délicatement. Réfrigérer 12 h.
2. Au moment de servir, disposer 1 tranche de génoise bien imbibée de marinade dans 6 petites soupières. Ajouter 1 pêche. Décorer avec 1 feuille de menthe et de la chantilly.

variante de la recette

Pêches de vigne pochées au vin, granité aux framboises

Ingrédients : 6 pêches de vigne, 75 cl de rosé (coteaux-d'aix), 1 bâton de cannelle, 1 gousse de vanille, 3 grains de genièvre, 2 grains de poivre noir, 1 clou de girofle, 20 cl de coulis de framboises, 6 à 8 feuilles de menthe et 250 g de sucre.

Peler les pêches. Porter le vin à ébullition avec le sucre, la cannelle, la gousse de vanille fendue, les grains de genièvre et de poivre, et le clou de girofle; y pocher les pêches 25 mn à petit frémissement; les y laisser refroidir, puis les égoutter ; les placer dans un récipient, couvrir de film alimentaire et réfrigérer. Filtrer le jus de cuisson; ajouter le coulis de framboises; placer au congélateur 12 h au moins, en remuant au fouet toutes les 2 h. Répartir le granité dans des coupes et ajouter les pêches; décorer avec les feuilles de menthe.

Pêches Melba

Préparation : 20 mn
Cuisson : 12 mn
Repos : 1 h

recette traditionnelle

Ingrédients pour 6 personnes :

6 pêches jaunes
50 cl de glace à la vanille

Sirop :
180 g de sucre
1 gousse de vanille

Coulis :
200 g de framboises
6 c. à s. de sucre glace
Le jus de 1/2 citron

1. Préparer le sirop : dans une casserole, verser 1 l d'eau et le sucre. Ajouter la gousse de vanille fendue en deux et faire chauffer sur feu moyen, jusqu'à ce que le sirop frémisse.
2. Peler les pêches. Les plonger dans le sirop frémissant et laisser cuire 8 mn. Les laisser refroidir dans le sirop.
3. Préparer le coulis de framboises : mixer les fruits avec le sucre glace et le jus du citron. Filtrer le coulis au tamis. Réserver.
4. Enlever les pêches du sirop, les couper en deux et les dénoyauter.
5. Dresser dans chaque coupe 1 boule de glace à la vanille, surmontée de 2 demi-pêches. Napper de coulis de framboises.

conseil

À défaut de fruits frais, vous pouvez utiliser des pêches au sirop.

à savoir

Cette recette a été créée par l'illustre cuisinier français Auguste Escoffier, en 1892, à l'hôtel Savoy à Londres, en l'honneur d'une cantatrice originaire de Melbourne, qui se faisait appeler Nelly Melba. La cantatrice était, dit-on, non seulement dotée d'une voix merveilleuse, mais elle possédait également des poumons généreux, qui ont inspiré le cuisinier malicieux.

Pêches pochées au sirop et meringuées

Préparation : 15 mn
Cuisson : 5 mn
Repos : 8 mn

recette raffinée

Ingrédients pour 4 personnes :

4 pêches
40 g d'amandes effilées

Sirop :
200 g de sucre
1 c. à s. de sirop de grenadine

Meringue :
4 blancs d'œufs
150 g de sucre

1. Peler les pêches. Réserver.
2. Préchauffer le four à 240 °C.
3. Préparer le sirop : dans une casserole, verser 30 cl d'eau et le sucre. Porter à ébullition.
4. Hors du feu, ajouter le sirop de grenadine. Disposer les pêches dans le sirop chaud. Couvrir de papier sulfurisé et laisser reposer 8 mn.
5. Préparer la meringue : dans une jatte, monter les blancs d'œufs au fouet, en ajoutant le sucre peu à peu. Fouetter encore 1 mn après l'ajout du sucre. Réserver.
6. Égoutter soigneusement les pêches. Les poser sur une plaque. Les recouvrir complètement de meringue, en effectuant une spirale au-dessus du fruit, l'aide d'une poche à douille cannelée. Saupoudrer des amandes effilées, enfourner et cuire 5 mn environ, jusqu'à légère coloration.
7. Servir aussitôt dans des coupes.

conseil

Pour confectionner cette recette, choisissez de préférence des pêches jaunes pas trop mûres, qui sont plus fermes que les pêches blanches et tiennent mieux à la cuisson, ou des nectarines.

notre avis

Vous pouvez décorer ce dessert avec des lanières d'écorce d'orange confite (voir recette p. 421) et des feuilles de menthe.

Poires au sabayon au marsala

Préparation : 15 mn
Cuisson : 30 mn à 1 h

recette toscane

Ingrédients pour 4 personnes :

4 poires
1 bouteille de vin rouge léger
2 clous de girofle
1 c. à c. de cannelle en poudre
2 c. à s. de sucre

Sabayon :
50 g de sucre
20 cl de marsala
3 jaunes d'œufs

1. Peler les poires. Les épépiner par le dessous, afin de les laisser entières, à l'aide d'un vide-pomme ou avec un petit couteau très pointu. Les disposer dans une casserole. Verser le vin. Ajouter les clous de girofle, la cannelle et le sucre et laisser cuire 30 mn à 1 h, selon la maturité des fruits.
2. Préparer le sabayon : dans une casserole placée dans un bain-marie, faire fondre le sucre dans le marsala. Enlever du feu et laisser tiédir. Ajouter les jaunes d'œufs battus et remettre sur feu doux, au bain-marie, sans cesser de fouetter, 5 à 10 mn, jusqu'à obtention d'une crème très mousseuse.
3. Napper les assiettes de sabayon.
4. Émincer les poires et les disposer en éventail sur le sabayon.
5. Servir tiède ou froid.

notre avis

Vous pouvez accompagner ce dessert de petits gâteaux secs comme des langues-de-chat (voir recette p. 307).

Poires au vin et à la crème de cassis

Préparation : 10 mn
Cuisson : 5 à 10 mn

recette traditionnelle

Ingrédients pour 4 personnes :

4 poires
Le zeste de 1 orange
Le zeste de 1 citron
50 cl de vin rouge
75 g de sucre
3 c. à s. de crème de cassis
1 pincée de cannelle en poudre
100 g de cassis

1. Peler les poires en les laissant entières et en conservant la queue. Les épépiner par le dessous, à l'aide d'un couteau très pointu ou avec un vide-pomme. Réserver.
2. Blanchir les zestes d'agrumes quelques minutes. Réserver.
3. Dans une casserole à bord assez haut, verser le vin, le sucre et la crème de cassis. Porter à ébullition. Ajouter la cannelle, les zestes d'agrumes, le cassis et les poires. Laisser frémir 5 à 10 mn, selon la fermeté des fruits.
4. Retirer la casserole du feu. Laisser refroidir jusqu'au moment de servir.
5. Dresser les poires debout dans un compotier, avec leur jus de cuisson.

conseil

Flambez le vin avant d'y plonger les grains de cassis, afin de brûler l'alcool. Pour obtenir un goût plus corsé, faites réduire le jus de cuisson.

notre avis

Le sirop de pochage ne doit pas bouillir. Le temps de cuisson varie selon la maturité des fruits : pour vérifier si les poires sont cuites, piquez-les avec la lame d'un couteau : elle doit s'y enfoncer facilement.

Poires caramélisées au miel, glace au pain d'épice

Préparation : 45 mn
Cuisson : 5 mn
Réfrigération : 24 h

recette bourguignonne

Ingrédients pour 4 personnes :

6 belles poires
375 g de sucre
50 g de beurre
2 c. à s. de miel
4 disques de pain d'épice
100 g de fruits secs

Glace au pain d'épice :
60 cl de lait
3 c. à s. de crème fraîche
150 g de sucre
3 jaunes d'œufs
100 g de brisures de pain d'épice

1. Préparer l'appareil pour la glace la veille : faire bouillir le lait avec la crème et la moitié du sucre. Dans une terrine, fouetter vigoureusement les jaunes d'œufs avec le reste du sucre jusqu'à ce que la préparation fasse un ruban. Incorporer 1/3 du lait en mince filet. Transvaser le mélange dans la casserole contenant le reste du lait. Faire cuire sur feu doux, sans cesser de remuer, jusqu'à ce que la crème nappe la cuiller. Enlever du feu. Incorporer les brisures de pain d'épice. Mélanger et laisser infuser au réfrigérateur 24 h. Préparer la glace : sortir la crème au pain d'épice du réfrigérateur. La verser dans une sorbetière et faire prendre en suivant les instructions du fabricant.
2. Préparer un sirop en versant le reste de sucre dans une casserole d'eau. Porter le tout à ébullition. Peler les poires. Les plonger dans le sirop bouillant 5 mn.
3. Pendant ce temps, faire chauffer le beurre et le miel dans une poêle, sur feu doux, jusqu'à obtention d'un caramel. Égoutter les poires. Les poêler dans le caramel. Couper 2 poires en deux. Disposer 1 poire entière sur un disque de pain d'épice et 1/2 poire dans chaque assiette. Passer sous le gril très chaud 3 mn.
4. Parsemer des fruits secs. Verser un cordon de sauce autour des poires. Servir avec 1 quenelle de glace au pain d'épice.

conseil

Surveillez la cuisson du caramel, car, si le feu est trop vif, il brunit, voire brûle, très rapidement.

Poires caramélisées aux pignons et aux raisins secs

Préparation : 30 mn
Cuisson : 35 à 45 mn

recette toscane

Ingrédients pour 4 personnes :

- 4 poires
- 75 cl de chianti
- 75 g de sucre
- Le zeste de 1 orange
- Le zeste de 1 citron
- 5 clous de girofle
- 40 g de pignons de pin
- 40 g de raisins secs

1. Peler les poires et les placer dans une casserole. Verser le chianti et le sucre. Ajouter les zestes d'orange et de citron et les clous de girofle. Cuire sur feu doux 30 à 40 mn, jusqu'à ce que les poires soient bien tendres.
2. Égoutter les poires. Réserver.
3. Ajouter les pignons et les raisins secs au jus de cuisson des poires et faire réduire celui-ci jusqu'à ce qu'il soit sirupeux et légèrement caramélisé. Ajouter un peu de sucre si nécessaire.
4. Enlever les zestes des agrumes de la sauce.
5. Disposer les poires dans les assiettes.
6. Napper les poires de sauce et laisser tiédir avant de servir.

conseil

Utilisez des poires pas trop mûres, qui résisteront mieux à la cuisson. Pour confectionner cette recette, choisissez de préférence des passe-crassane, des beurrés hardy ou des conférences.

notre avis

Vous pouvez accompagner ce dessert d'amaretti, délicieux petits biscuits italiens aux amandes dont la saveur se marie bien avec les poires.

Poires farcies au soufflé à la williamine et poires pochées

Préparation : 30 mn
Cuisson : 15 mn

recette suisse

Ingrédients pour 4 personnes :

- 6 poires
- Le jus de 1 citron
- 4 c. à s. de sucre
- 1 bâtonnet de cannelle
- 1 c. à s. de williamine
- 2 blancs d'œufs
- 1 gousse de vanille

1. Peler 2 poires. Les détailler en 8 quartiers. Les citronner pour éviter qu'ils ne s'oxydent. Réserver.
2. Laver les poires restantes. Couper le haut, qui servira de chapeau, et les évider avec une cuiller parisienne, en laissant 5 mm de pulpe sur la peau.
3. Faire compoter la pulpe de poires sur feu doux.
4. Dans une casserole, verser 10 cl d'eau et 4 cuillerées à soupe de sucre. Porter à ébullition. Ajouter la cannelle. Plonger les quartiers de poire dans le sirop et les pocher à petit frémissement 5 mn. Éteindre le feu. Laisser infuser jusqu'à complet refroidissement du sirop.
5. Préchauffer le four à 180 °C.
6. Mixer la compotée de poires. Ajouter la williamine. Laisser refroidir.
7. Fouetter les blancs d'œufs en neige. Lorsqu'ils sont fermes, incorporer le reste de sucre en pluie fine.
8. Mélanger les blancs en neige et la compotée de poires. Remplir une poche à douille de cet appareil à soufflé et farcir les poires évidées. Remettre les chapeaux en place. Disposer les poires dans un plat à gratin, enfourner et cuire 8 à 9 mn.
9. Servir aussitôt dans des coupelles, avec les quartiers de poire pochés. Décorer de filaments de vanille.

à savoir

La williamine est une excellente eau-de-vie de poire, qui agrémente avec finesse les desserts à base de poire, et, d'une façon générale, les fins de repas des gastronomes.

Poires farcies aux fruits secs
et au miel en papillotes

Préparation : 25 mn
Cuisson : 20 mn

recette raffinée

Ingrédients pour 6 personnes :

6 poires williams bien mûres
Le jus de 1 citron

Farce aux fruits secs :
100 g d'abricots séchés
100 g de raisins secs
100 g de poudre d'amandes
100 g de beurre
150 g de sucre
2 c. à s. de miel toutes fleurs
Le jus de 1 citron

1. Laver les poires soigneusement. Découper un chapeau sur chacune d'elles.
2. Évider légèrement les poires à l'aide d'une petite cuiller – de la valeur de 4 cuillerées à café environ. Les citronner, pour éviter qu'elles ne s'oxydent. Réserver.
3. Préchauffer le four à 180 °C.
4. Préparer la farce : mixer les abricots avec les raisins secs, la poudre d'amandes, le beurre, le sucre et le miel et le jus de citron jusqu'à obtention d'une pâte homogène.
5. Farcir le centre évidé des poires et remettre le chapeau sur chacune d'elles.
6. Confectionner les papillotes : disposer chaque poire sur une grande feuille de papier sulfurisé, et refermer celle-ci sur elle-même, comme une aumônière. Fermer chaque papillote avec un morceau de ficelle de cuisine. Enfourner et cuire 20 mn.
7. Sortir les poires du four et servir dans les papillotes.

notre avis

Pour une présentation plus raffinée, attachez les papillotes avec une lanière de vanille.

Poires pochées à l'eau-de-vie
et meringuées

Préparation : 25 mn
Cuisson : 20 à 25 mn

recette raffinée

Ingrédients pour 4 personnes :

4 poires mûres mais fermes
75 g de sucre semoule
3 c. à s. d'eau-de-vie de poire
2 blancs d'œufs
100 g de sucre glace
2 c. à s. de pistaches
10 g de beurre
1 petit morceau d'angélique confite

1. Peler les poires, en conservant la queue.
2. Dans une casserole, faire dissoudre le sucre semoule dans 20 cl d'eau, jusqu'à obtention d'une consistance sirupeuse. Incorporer l'eau-de-vie de poire. Donner quelques bouillons. Abaisser le feu. Plonger les poires debout dans ce sirop et les pocher à petit frémissement 15 mn.
3. Égoutter les poires.
4. Préchauffer le four à 210 °C.
5. Dans une jatte ne craignant pas la chaleur, commencer à battre les blancs en neige avec le sucre glace. Placer la jatte dans un bain-marie. Continuer à fouetter jusqu'à obtention d'une meringue brillante et bien ferme. Retirer du feu.
6. Masquer les poires de meringue, à l'aide d'une poche à douille ou d'une spatule, en laissant dépasser le bout de la queue. Parsemer des pistaches grossièrement concassées. Ranger les fruits debout dans un plat beurré. Enfourner et cuire 5 à 10 mn.
7. Disposer 2 petits morceaux d'angélique de part et d'autre de la queue, pour représenter les feuilles. Servir tiède.

conseil

Pour éviter que les poires ne noircissent une fois pelées, arrosez-les aussitôt de jus de citron additionné d'un peu d'huile.

Poires pochées au sirop, crème au chocolat

Préparation : 25 mn
Cuisson : 20 mn
Repos : 12 h

recette raffinée

Ingrédients pour 8 personnes :

1 citron
250 g de sucre
60 g de thym effeuillé
8 poires

Crème au chocolat :
20 cl de lait
20 cl de crème liquide
40 g de sucre
3 jaunes d'œufs
250 g de chocolat râpé

1. Préparer les poires la veille : prélever le zeste du citron, puis le râper. Recueillir le jus. Dans une casserole, porter à ébullition 1 l d'eau avec le sucre. Ajouter le jus de citron, le zeste et le thym. Porter de nouveau à ébullition. Peler les poires en les laissant entières et en conservant la queue. Les vider par le bas, avec un vide-pomme. Les plonger dans le sirop et laisser cuire sur feu doux, à couvert, 20 mn à partir de la reprise l'ébullition.
2. Laisser refroidir les poires dans le sirop de pochage 12 h.
3. Préparer la crème au chocolat : porter à ébullition le lait avec la crème et 2 cuillerées à soupe de sucre. Mélanger vigoureusement les jaunes d'œufs avec le reste de sucre, jusqu'à blanchiment. Verser le mélange lait-crème sur cette préparation. Replacer sur le feu quelques minutes, sans cesser de remuer, jusqu'à épaississement. Tamiser la crème au chinois au-dessus du chocolat râpé, en mélangeant délicatement.
4. Couper les poires en éventail, du côté opposé à la queue, et les servir dans des coupes ou des assiettes creuses, sur un lit de crème au chocolat chaude.

notre avis

Décorez avec des pistaches et 1 brin de thym.

Poires pochées au vin en aumônières de brick

Préparation : 30 mn
Cuisson : 15 mn

recette raffinée

Ingrédients pour 4 personnes :

4 poires
1 citron
1 orange
75 cl de vin rouge
180 g de sucre
1 bâton de cannelle
1 étoile de badiane
1 pincée de cardamome
4 feuilles de brick

1. Peler les poires en les laissant entières et en conservant la queue. Les épépiner par le dessous, à l'aide d'un vide-pomme.
2. Laver le citron et l'orange. Les détailler en quartiers.
3. Verser le vin dans une casserole. Ajouter le sucre, les épices et les quartiers d'agrumes. Porter à ébullition.
4. Plonger les poires dans le vin et laisser cuire 10 mn.
5. Égoutter les poires. Faire réduire le vin jusqu'à consistance sirupeuse.
6. Préchauffer le four à 200 °C.
7. Couper chaque poire à la base, puis les disposer au milieu d'une feuille de brick. Chiffonner cette dernière, de façon à envelopper les fruits. Enfoncer 2 piques en bois dans la chair, en les croisant, pour maintenir la feuille de brick.
8. Couvrir une plaque de papier sulfurisé. Disposer les poires dessus. Enfourner quelques minutes, jusqu'à légère coloration des feuilles de brick.
9. Servir chaud, avec la réduction de vin.

conseil

Pour confectionner cette recette, utilisez un vin rouge un peu corsé. Veillez à ce que les poires soient complètement immergées pendant la cuisson, pour une couleur uniforme.

Poires pochées au vin épicé,
granité au vin

Préparation : 25 mn
Cuisson : 35 mn
Congélation : 6 h

recette raffinée

Ingrédients pour 4 personnes :

- **4 poires assez fermes**
- **75 cl de vin rouge (bergerac de préférence)**
- **160 g de sucre**
- **2 gousses de vanille**
- **Le zeste de 1 citron**
- **Le zeste de 1 orange**
- **3 clous de girofle**
- **2 brins de menthe**

1. Peler les poires en les laissant entières et en conservant la queue. Réserver.
2. Verser le vin dans une casserole. Ajouter le sucre, les gousses de vanille fendues en deux dans la longueur et grattées, les zestes de citron et d'orange et les clous de girofle. Porter à ébullition.
3. Plonger les poires dans le vin et laisser cuire 20 mn environ.
4. Égoutter les poires. Faire chauffer le jus de cuisson, en en prélevant la moitié pour le granité, 15 mn environ, jusqu'à réduction de moitié.
5. Préparer le granité : verser le jus de cuisson des poires réservé dans un récipient. Entreposer au congélateur 6 h, en grattant régulièrement en profondeur avec une fourchette.
6. Couper chaque poire en deux, puis émincer chaque demi-poire en lamelles.
7. Verser le jus réduit dans 4 petites coupes. Disposer les lamelles de poire. Au moment de servir, ajouter 1 cuillerée à soupe de granité. Décorer avec des feuilles de menthe.

conseil

Pour vérifier la cuisson des poires, piquez-les avec la pointe d'un couteau : celle-ci doit s'enfoncer facilement.

notre avis

Pour confectionner cette recette, utilisez des poires comices ou williams.

Poires pochées au vin et aux épices,
sirop aux agrumes

Préparation : 30 mn
Cuisson : 40 mn

recette angevine

Ingrédients pour 6 personnes :

- **6 poires comices**
- **1 orange**
- **1 citron**
- **75 cl de vin rouge (anjou de préférence)**
- **75 g de sucre**
- **1 bâton de cannelle**
- **1 clou de girofle**
- **1 petite gousse de vanille**
- **6 tranches de pain de mie**
- **10 g de beurre**
- **5 à 10 g de graines de fenouil ou d'anis**
- **18 marrons glacés**

1. Peler les poires en les conservant entières. Les épépiner par le dessous, à l'aide d'un vide-pomme. Prélever le zeste de l'orange et du citron, puis détailler les fruits en fines rondelles. Réserver.
2. Verser le vin dans une casserole. Ajouter le sucre, la cannelle, le clou de girofle, la gousse de vanille fendue en deux et grattée et le zeste de l'orange et du citron. Porter à ébullition sur feu doux.
3. Plonger les poires dans le vin et les pocher à petits frémissements 30 mn environ, jusqu'à ce qu'elles soient fondantes à cœur.
4. Prélever la moitié du vin et le filtrer. Laisser refroidir complètement les poires dans le reste de vin.
5. Faire réduire le vin filtré avec les rondelles d'agrumes jusqu'à consistance sirupeuse.
6. Détailler le pain de mie en petits triangles. Les faire dorer dans le beurre, avec les graines de fenouil ou d'anis, sur chaque face.
7. Disposer 1 poire dans chaque assiette. Arroser de sirop aux agrumes. Décorer avec les marrons glacés. Au moment de servir, parsemer des croûtons et des graines d'anis ou de fenouil.

notre avis

Vous pouvez remplacer le pain de mie par du pain d'épice. Vous pouvez également arroser les poires de 10 cl de crème liquide au moment de servir.

Poires poêlées aux épices
et au jus d'orange

Préparation : 15 mn
Cuisson : 12 mn

recette raffinée

Ingrédients pour 4 personnes :

4 belles poires
Le jus de 1 citron
20 g de beurre
30 g de sucre
1 bâton de cannelle
1 pincée de quatre-épices
1 pincée de gingembre en poudre
1 gousse de vanille
Le jus de 2 oranges

1. Peler les poires et les couper en deux dans le sens de la hauteur.
2. Ôter le cœur à l'aide d'un petit couteau pointu.
3. Arroser les demi-poires de jus de citron, pour éviter qu'elles ne s'oxydent.
4. Faire fondre le beurre dans une poêle.
5. Faire dorer les demi-poires dans le beurre avec le sucre. Lorsqu'elles commencent à caraméliser, ajouter les épices et la gousse de vanille fendue en deux dans la longueur et grattée. Laisser cuire 7 à 8 mn.
6. Déglacer le jus de cuisson des poires avec le jus d'orange.
7. Disposer 2 demi-poires caramélisées dans chaque assiette. Les arroser de sauce. Servir aussitôt.

conseil

Décorez avec les demi-gousses de vanille et des étoiles de badiane enrobées de sauce.

à savoir

Il existe une grande variété de poires. Toutes sont une excellente source de minéraux (phosphore et magnésium) et de fibres, et leur apport calorique est faible (60 kcal aux 100 g).

notre avis

Pour confectionner cette recette, utilisez des poires guyot, louise-bonne ou williams.

Pomelos en gratin au sabayon
au miel et aux noisettes

Préparation : 15 mn
Cuisson : 2 à 3 mn

recette provençale

Ingrédients pour 4 personnes :

50 g de noisettes
6 pomelos
1 c. à s. de miel liquide
6 brindilles de romarin hachées

Sabayon :
6 jaunes d'œufs
60 g de sucre

1. Torréfier les noisettes : les passer sous le gril très chaud ou les faire griller à sec dans une poêle antiadhésive sur feu vif 2 à 3 mn.
2. Hacher les noisettes. Réserver.
3. Couper 2 pomelos en deux. Les évider à l'aide d'une cuiller parisienne, en réservant les demi-coques. Peler les pomelos restants. Détailler la chair en quartiers. Les répartir dans les demi-coques.
4. Faire chauffer le miel avec les noisettes et le romarin sur feu doux, jusqu'à coloration caramel.
5. Préparer le sabayon : placer les jaunes d'œufs dans une terrine. Porter à ébullition 5 cuillerées à soupe d'eau avec le sucre. Verser le sirop sur les œufs, en fouettant énergiquement jusqu'à ce que le mélange ait doublé de volume : le sabayon doit être mousseux et bien lié.
6. Incorporer le caramel aux noisettes et au romarin au sabayon. Mélanger délicatement.
7. Préchauffer le four à 200 °C.
8. Répartir le sabayon sur les quartiers de pomelo. Placer les demi-coques de pomelo sous le gril et faire légèrement gratiner.

conseil

Parsemez des éclats de noisette sur les quartiers de pomelo.

notre avis

Pour une présentation raffinée, confectionnez des anses avec 2 branches de romarin et placez-les au-dessus de chaque coque de pomelo, en les piquant dans l'écorce de chaque côté pour les maintenir.

Pomelos en gratin, glace au miel

Préparation : 1 h
Cuisson : 10 mn

recette raffinée

Ingrédients pour 4 personnes :

6 pomelos
100 g de groseilles

Glace au miel :
50 cl de lait
5 jaunes d'œufs
60 g de sucre
3 c. à s. de miel

Sabayon :
50 cl de crème liquide très froide
2 c. à s. de sucre rases
3 jaunes d'œufs

1. Préparer la glace : porter le lait à ébullition. Placer les jaunes d'œufs dans une terrine. Incorporer le sucre peu à peu, puis le miel, sans cesser de fouetter, jusqu'à ce que le mélange mousse. Verser 1/4 du lait bouillant, en mince filet, toujours en fouettant. Transvaser la préparation dans la casserole contenant le reste du lait. Faire cuire sur feux doux, sans cesser de remuer, jusqu'à consistance homogène. Filtrer la préparation, la laisser refroidir, puis la verser dans la sorbetière. Faire prendre en suivant les instructions du fabricant.
2. Peler soigneusement les pomelos. Prélever les quartiers de chair en ôtant la membrane transparente. Les égoutter sur du papier absorbant. Les disposer en rosace dans 4 petits moules à gratin.
3. Préparer le sabayon : fouetter la crème en chantilly. Réserver. Porter à ébullition 3 cuillerées à soupe d'eau avec le sucre. Casser les jaunes dans une terrine. Verser le sirop en mince filet, sans cesser de fouetter. Poser la terrine dans un bain-marie. Faire cuire jusqu'à ce que la préparation double de volume, toujours en fouettant.
4. Ôter du bain-marie et continuer à fouetter jusqu'à complet refroidissement. Incorporer la crème fouettée. Verser le sabayon sur les pomelos. Préchauffer le four à 200 °C. Faire gratiner 1 à 2 mn sous le gril. Disposer 1 boule de glace au miel et les groseilles sur les gratins. Servir.

Pommes au four au pain d'épice farcies à la rhubarbe

Préparation : 20 mn
Cuisson : 1 h 20

recette raffinée

Ingrédients pour 4 personnes :

500 g de rhubarbe
6 c. à s. de sucre
150 g de pain d'épice
2 œufs
4 pommes golden
25 g de beurre
1 yaourt

1. Éplucher la rhubarbe et la couper grossièrement. La faire confire avec le sucre 40 mn environ, jusqu'à évaporation complète de l'eau de végétation. Réserver.
2. Préchauffer le four à 170 °C.
3. Hacher finement le pain d'épice. Battre les œufs. Réserver.
4. Laver les pommes. Les couper aux 3/4 de la hauteur et réserver les chapeaux. Les évider, puis les peler.
5. Badigeonner les pommes d'œuf battu, à l'aide d'un pinceau, puis les enrober de miettes de pain d'épice. Les farcir de rhubarbe confite et remettre les chapeaux en place.
6. Beurrer un plat en terre. Disposer les pommes dans le plat, enfourner et cuire 35 à 40 mn.
7. Fouetter le yaourt énergiquement.
8. Napper chaque assiette de yaourt. Disposer 1 pomme chaude dessus. Servir aussitôt pour que le pain d'épice reste croustillant.

conseil

Badigeonnez les pommes en veillant à ce que la dorure ne pénètre pas à l'intérieur des fruits.

notre avis

Cette recette permet d'utiliser avantageusement un reste de pain d'épice rassis.

Pommes au four farcies
à la crème aux amandes, sauce au miel

Préparation : 40 mn
Cuisson : 25 mn

recette bourguignonne

Ingrédients pour 4 personnes :

2 c. à s. de miel d'acacia
4 c. à s. de crème fraîche
4 pommes
20 g de beurre

Crème aux amandes :
100 g de beurre
4 c. à s. de sucre
70 g de poudre d'amandes
1 œuf + 1 jaune

1. Préchauffer le four à 220 °C.
2. Verser le miel dans une casserole et le faire caraméliser sur feu doux.
3. Ajouter la crème fraîche. Porter à ébullition. Mélanger. Réserver.
4. Préparer la crème aux amandes : travailler le beurre en pommade. Ajouter le sucre, la poudre d'amandes, l'œuf, puis le jaune. Réserver.
5. Couper chaque pomme aux 3/4 de la hauteur. Réserver le chapeau.
6. Creuser les pommes à l'aide d'une petite cuiller.
7. Farcir les pommes de crème aux amandes. Les disposer dans un plat à gratin beurré. Enfourner et cuire 20 mn environ.
8. Dresser les pommes chaudes sur les assiettes. Verser un cordon de sauce au miel et à la crème tout autour. Servir aussitôt.

conseil

Pour confectionner cette recette, utilisez de préférence des reines des reinettes, légèrement acidulées, ou encore des royal gala.

à savoir

Pour en savoir plus sur le miel, cet aliment extraordinaire que l'homme ne sait ni fabriquer ni synthétiser, *reportez-vous p. 14.*

Pommes au four farcies à la semoule
aux fruits secs et au rhum

Préparation : 20 mn
Cuisson : 30 mn

recette quercinoise

Ingrédients pour 4 personnes :

4 grosses pommes
100 g de sucre
20 g de beurre
15 cl de rhum
25 g de raisins secs
50 cl de lait
1 gousse de vanille
50 g de semoule fine
2 œufs
10 g de figues séchées finement hachées
25 g de cerneaux de noix
1 pincée de sel
25 g d'amandes effilées

1. Laver et essuyer les pommes sans les peler. Les découper aux 3/4 de la hauteur et réserver les chapeaux. Les évider. Ôter les pépins. Faire cuire la chair et les chapeaux avec 10 cl d'eau et 1 cuillerée à soupe de sucre 15 mn, jusqu'à obtention d'une compote. Réserver.
2. Préchauffer le four à 180 °C.
3. Placer les pommes dans un plat à gratin beurré.
4. Faire tiédir le rhum et le verser sur les raisins secs. Les laisser gonfler.
5. Faire chauffer le lait. Ajouter le sucre restant, la gousse de vanille fendue en deux et grattée, et la semoule. Laisser cuire à petit frémissement 10 mn environ, en mélangeant.
6. Séparer les blancs d'œufs des jaunes. Incorporer ceux-ci à la préparation précédente, ainsi que les raisins secs égouttés et quelques cuillerées à café du rhum de macération. Ajouter les figues et les noix. Mélanger.
7. Battre les blancs d'œufs en neige ferme avec le sel. En incorporer délicatement la moitié à la semoule, puis ajouter la compote de pommes. Farcir les pommes de ce mélange. Enfourner et cuire 20 mn environ.
8. Répartir le reste des blancs en neige sur les pommes avec une poche à douille. Parsemer des amandes. Placer sous le gril 2 mn.

Pommes au four farcies aux fruits rouges, sauce au miel

Préparation : 20 mn
Cuisson : 20 mn

recette raffinée

Ingrédients pour 8 personnes :

100 g de beurre
900 g de fruits rouges mélangés
80 g de sucre
8 pommes
1 citron
100 g de miel
10 cl de crème liquide
50 cl de sorbet à la pomme (voir recette p. 446)

1. Faire chauffer 50 g de beurre dans une poêle antiadhésive. Verser 450 g de fruits rouges. Faire cuire 5 mn. Réserver. Renouveler l'opération avec le reste de beurre et de fruits rouges.
2. Égoutter les fruits. Les remettre dans la poêle et les saupoudrer de sucre. Laisser cuire jusqu'à évaporation complète du jus.
3. Préchauffer le four à 180 °C.
4. Laver les pommes. Les couper aux 3/4 et réserver le chapeau. Les évider avec une petite cuiller, en laissant 1 cm de chair. Citronner la chair prélevée, pour éviter qu'elle ne s'oxyde, et la placer dans une casserole. Réserver.
5. Farcir chaque pomme de pulpe de fruits rouges et remettre les chapeaux en place. Les disposer dans un plat avec 1 noix de beurre sur le dessus. Enfourner et cuire 20 mn.
6. Incorporer le miel à la chair des pommes. Verser 2 cuillerées à soupe d'eau. Mélanger. Faire cuire sur feu doux jusqu'à coloration caramel. Ajouter la crème. Mélanger. Poursuivre la cuisson 5 mn. Mixer.
7. Disposer les pommes sur les assiettes. Servir avec 1 quenelle de sorbet à la pomme et un peu de sauce.

Pommes caramélisées au four aux pruneaux et à l'armagnac

Préparation : 15 mn
Repos : 12 h
Cuisson : 30 mn

recette agenaise

Ingrédients pour 4 personnes :

2 pommes
3 c. à s. de cassonade rases
25 g de beurre
2 bâtons de cannelle
Le zeste de 2 oranges

Garniture aux pruneaux et à l'armagnac :
100 g de cassonade
1 bâton de cannelle
Le jus et le zeste de 1/2 orange
200 g de pruneaux
3 c. à s. d'armagnac

1. Préparer la garniture la veille : faire chauffer 10 cl d'eau avec la cassonade, la cannelle, le jus et le zeste d'orange. Ajouter les pruneaux et l'armagnac. Laisser cuire jusqu'à obtention d'un caramel blond.
2. Retirer du feu. Laisser reposer, à couvert, 12 h.
3. Préchauffer le four à 180 °C.
4. Peler les pommes. Les couper en deux et ôter les pépins. réserver.
5. Dans une sauteuse, faire fondre le sucre avec le beurre, la cannelle et les zestes d'orange. Lorsque le mélange commence à se colorer légèrement, ajouter les pommes. Les faire cuire sur feu doux 5 mn de chaque côté.
6. Placer les pommes caramélisées dans un plat à gratin. Enfourner et cuire 30 mn, en arrosant de temps en temps avec le liquide de macération des pruneaux.
7. Ajouter les pruneaux à l'armagnac et le liquide de macération. Porter à ébullition sur le feu. Éteindre le feu. Dresser les pommes sur un plat et servir aussitôt.

conseil

Pour confectionner cette recette, utilisez des pommes golden. Si le caramel se colore un peu trop, détendez-le avec un peu d'eau ou de jus d'orange.

notre avis

Décorez avec des mirabelles au sirop.

Pommes et coings à l'orange et au miel

Préparation : 15 mn
Cuisson : 35 mn

recette traditionnelle

Ingrédients pour 4 personnes :

4 pommes
4 coings bien mûrs
1 orange
175 g de miel
1 gousse de vanille
Le jus de 1/2 citron

1. Laver les pommes et les coings. Les peler. Les épépiner et les détailler en dés séparément.
2. Blanchir les dés de coing quelques minutes. Égoutter. Réserver.
3. Laver l'orange, l'essuyer et prélever le zeste. Le détailler en lanières. Les blanchir 1 mn.
4. Faire confire les lanières de zeste d'orange sur feu doux 20 mn, dans 100 g de miel additionné de 10 cl d'eau. Réserver.
5. Presser l'orange. Verser le jus dans une grande casserole et le porter à ébullition. Ajouter le reste de miel, le jus de citron, la gousse de vanille fendue en deux et grattée et les dés de pomme. Laisser cuire 4 à 5 mn. Égoutter.
6. Faire cuire les dés de coing dans le jus de cuisson des pommes jusqu'à obtention d'une marmelade.
7. Lisser la marmelade de coings au fouet, puis la transvaser dans un compotier. Ajouter les dés de pomme. Laisser refroidir.
8. Parsemer les fruits des lanières d'orange confite. Servir.

à savoir

Le coing renferme de la pectine qui fait merveille dans les gelées de fruits.

notre avis

Pour confectionner cette recette, utilisez des pommes idared. Ce dessert se sert aussi bien froid que tiède.

Pommes farcies en gratin au sabayon

Préparation : 40 mn
Cuisson : 25 mn

recette normande

Ingrédients pour 4 personnes :

5 pommes
500 g de sucre
1 gousse de vanille
1 noix de beurre
1 c. à s. de pommeau
12 crêpes ou blinis de 3 cm de diamètre

Sabayon :
3 jaunes d'œufs
3 c. à s. de sucre
1/2 gousse de vanille
15 g de crème liquide

1. Couper 4 pommes au niveau du pédoncule. Les évider en laissant 5 mm de chair sur la peau, afin que les pommes ne s'affaissent pas à la cuisson.
2. Porter 1 l d'eau à ébullition avec le sucre et la gousse de vanille fendue en deux. Plonger les pommes évidées et les chapeaux dans le sirop. Les pocher sur feu doux 25 mn, en les retournant à mi-cuisson et en veillant à ne pas laisser bouillir.
3. Préparer le sabayon : placer les jaunes d'œufs, le sucre et la gousse de vanille fendue en deux et grattée, en réservant quelques graines, dans la cuve d'un batteur. Fouetter jusqu'à ce que le mélange double de volume. Ajouter la crème.
4. Peler la pomme restante et la détailler en petits dés. Les faire sauter dans le beurre avec les graines de vanille. Réserver. Déglacer avec le pommeau. Égoutter en réservant la sauce.
5. Disposer 1 cuillerée de dés de pomme dans chaque pomme. Couvrir avec 1 crêpe. Renouveler ces opérations, en terminant par une couche de dés de pomme. Napper de sabayon. Passer les fruits sous le gril 2 à 3 mn.
6. Pendant ce temps, faire réduire la sauce jusqu'à consistance sirupeuse. Verser un cordon de sauce autour de chaque pomme. Remettre les couvercles en place, en les disposant harmonieusement.

Pommes pochées au sirop à la crème aux amandes

Préparation : 30 mn
Cuisson : 20 mn

délice des enfants

Ingrédients pour 4 personnes :

6 pommes
350 g de sucre
50 cl de sorbet aux pruneaux (voir recette p. 447)

Crème aux amandes :
50 g de beurre mou
5 c. à s. de sucre glace
50 g de poudre d'amandes
25 g de farine
1 œuf

1. Peler les pommes. Les émincer en fines lamelles avec une mandoline. Détailler la moitié des lamelles de pomme en dés. Réserver le reste.
2. Verser 1 l d'eau dans une casserole. Ajouter le sucre. Faire chauffer sur feu moyen, jusqu'à dissolution du sucre.
3. Pocher les lamelles de pomme dans le sirop 1 à 2 mn. Les égoutter sur du papier absorbant. Réserver.
4. Pocher les dés de pomme dans le sirop 2 à 3 mn. Les égoutter sur du papier absorbant. Réserver.
5. Préparer la crème aux amandes : dans une jatte, mélanger le beurre, le sucre glace, la poudre d'amandes et la farine. Incorporer l'œuf. Réserver.
6. Préchauffer le four à 170 °C.
7. Disposer les lamelles de pomme en rosace dans des cercles de 7 cm de diamètre, en les laissant dépasser du bord. Les recouvrir de dés de pomme. Déposer 1 cuillerée à soupe de crème aux amandes. Rabattre les lamelles de pomme sur la crème. Retourner les cercles. Enfourner et cuire 15 mn.
8. Servir aussitôt, accompagné du sorbet aux pruneaux.

Pruneaux pochés et bananes caramélisées à la crème aux marrons

Préparation : 25 mn
Réfrigération : 1 h
Cuisson : 30 mn

recette exotique

Ingrédients pour 4 personnes :

20 cl de crème liquide très froide
1 feuille de gélatine
2 c. à s. de crème de marron
250 g de pruneaux
50 cl de vin rouge
1 bâton de cannelle
80 g de sucre
2 clémentines
1 c. à s. de sirop de grenadine
2 bananes
2 feuilles de pâte à ravioli chinois
1 c. à s. de sucre glace
1 brin de menthe

1. Fouetter la crème jusqu'à ce qu'elle soit bien ferme. Ramollir la gélatine dans de l'eau. L'égoutter et la faire dissoudre sur feu doux. L'incorporer à la crème de marron. Mélanger cette préparation à la crème fouettée. Réserver au réfrigérateur 1 h.
2. Faire cuire les pruneaux avec le vin, la cannelle et 3 cuillerées à soupe de sucre sur feu doux 30 mn.
3. Laver les clémentines et prélever le zeste avec un économe. Le détailler en fines lanières. Les blanchir 2 mn. Égoutter. Mélanger le sirop de grenadine avec 1 cuillerée à soupe d'eau. Enrober uniformément les clémentines de sirop. Préchauffer le four à 180 °C.
4. Peler les bananes. Les détailler en rondelles. Verser le reste de sucre dans une poêle. Le faire cuire à sec jusqu'à obtention d'un caramel roux. Ajouter les rondelles de banane. Les faire caraméliser sur chaque face. Réserver.
5. Couper les feuilles de pâte à ravioli en deux, de façon à obtenir 4 triangles. Les saupoudrer de sucre glace. Laisser cuire 2 mn.
6. Égoutter les pruneaux. Les répartir dans des assiettes creuses. Intercaler les rondelles de banane. Placer 1 triangle de pâte au milieu, surmonté de 1 quenelle de crème aux marrons. Ajouter le zeste de clémentine, 1 feuille de menthe et 1 cuillerée de jus de cuisson des pruneaux.

Quetsches à l'armagnac
et à la crème anglaise

Macération : 24 h
Préparation : 30 mn
Cuisson : 3 à 4 mn
Réfrigération : 2 à 3 h

recette gersoise

Ingrédients pour 4 personnes :

500 g de quetsches
10 cl d'armagnac
1 l de lait
1 gousse de vanille
8 jaunes d'œufs
120 g de sucre
1 c. à c. de cannelle en poudre

1. Laver les quetsches. Les dénoyauter.
2. Disposer les quetsches dans une jatte. Verser l'armagnac. Laisser macérer 24 h.
3. Porter le lait à ébullition avec la gousse de vanille fendue en deux et grattée.
4. Fouetter les œufs et le sucre dans une jatte. Lorsque le mélange blanchit, verser le lait peu à peu, sans cesser de fouetter.
5. Transvaser le mélange dans la casserole. Faire cuire, sans cesser de mélanger, jusqu'à ce que la crème nappe la cuiller.
6. Plonger la casserole dans un bain d'eau glacée pour que la crème anglaise refroidisse rapidement.
7. Répartir les quetsches à l'armagnac dans des coupes. Les napper de crème anglaise. Saupoudrer de sucre et de cannelle. Entreposer au réfrigérateur 2 à 3 h.
8. Servir très frais.

conseil

Fouettez vivement la crème anglaise, de temps en temps, pendant son refroidissement.

notre avis

Vous pouvez également napper les pruneaux de crème anglaise tiède et servir aussitôt.

Quetsches en compote
et sabayon en brioche

Préparation : 45 mn
Cuisson : 10 mn

recette raffinée

Ingrédients pour 4 personnes :

4 petites brioches bien moelleuses
100 g de crème
10 g d'eau de fleur d'oranger

Compote de quetsches :
500 g de quetsches
50 g de beurre
3 c. à s. de sucre rases
Le jus de 1/2 citron

Sirop :
100 g de sucre
Le zeste de 1/2 citron
Le zeste de 1/2 orange
2 cl d'eau-de-vie de quetsche

Sabayon à la fleur d'oranger :
6 jaunes d'œufs
75 g de sucre

1. Préparer la compote : laver les quetsches et les dénoyauter. Les faire dorer dans le beurre jusqu'à ramollissement. Saupoudrer de sucre. Remettre sur le feu et faire caraméliser 2 à 3 mn. Ajouter le jus du citron. Mélanger. Réserver.
2. Préparer le sabayon : fouetter les jaunes d'œufs avec le sucre dans une jatte jusqu'à ce que le mélange blanchisse. Fouetter la crème en chantilly. L'incorporer délicatement au mélange œufs-sucre. Ajouter l'eau de fleur d'oranger. Mélanger délicatement.
3. Préparer le sirop : porter à ébullition 20 cl d'eau avec le sucre. Enlever la casserole du feu. Incorporer les zestes de citron et d'orange, puis l'eau-de-vie de quetsche. Laisser refroidir le sirop.
4. Enlever le chapeau de chaque brioche. Les évider légèrement. À l'aide d'un pinceau ou d'une petite cuiller, les imbiber de sirop refroidi.
5. Garnir les brioches de compote de quetsches et de sabayon.

notre avis

Servir avec 1 boule de glace à la vanille.

Quetsches en compote au miel et à la fleur d'oranger

Préparation : 15 mn
Cuisson : 10 mn

recette provençale

Ingrédients pour 4 personnes :

200 g de quetsches
2 c. à s. de miel liquide
Le zeste de 1 orange
1 gousse de vanille
2 c. à s. d'eau de fleur d'oranger

1. Laver les quetsches sous un filet d'eau. Les égoutter, les dénoyauter et les couper en quartiers. Les faire dorer dans le miel, avec la moitié du zeste d'orange et la gousse de vanille fendue en deux dans la longueur et grattée, 10 mn. Laisser tiédir.
2. Verser l'eau de fleur d'oranger sur les fruits caramélisés. Parsemer du reste du zeste. Servir.

variante de la recette

Fruits en papillotes à la fleur d'oranger

Ingrédients : 250 g de sucre, 1 c. à s. d'eau de fleur d'oranger, 1 pamplemousse, 2 oranges, 2 kiwis, 4 poires, 2 bananes, 8 cerneaux de noix, 4 pruneaux dénoyautés et 4 gousses de vanille.

Porter à ébullition 25 cl d'eau et le sucre ; laisser refroidir ce sirop et ajouter l'eau de fleur d'oranger. Peler le pamplemousse et les oranges à vif ; prélever les quartiers avec un couteau bien aiguisé, en ôtant la membrane transparente ; peler les kiwis, les poires et les bananes ; les tailler en gros dés. Façonner 4 feuilles de papier d'aluminium en forme de gondole ; y répartir les fruits ; ajouter 1 gousse de vanille fendue en deux ; napper de sirop ; refermer les papillotes et cuire au four préchauffé à 200 °C 10 mn. Servir dans les papillotes, sur une assiette.

Quetsches pochées au vin et aux épices

Préparation : 20 mn
Cuisson : 5 mn
Réfrigération : 30 mn

recette quercinoise

Ingrédients pour 8 personnes :

1 citron
1 orange
1 bâton de cannelle
1 c. à c. de graines de coriandre
6 clous de girofle
1 c. à c. de poivre vert
160 g de sucre
1 l de vin rouge (cahors de préférence)
1 kg de quetsches

1. Laver et brosser le citron et l'orange.
2. Prélever le zeste des agrumes avec un couteau économe. L'émincer en fines lanières.
3. Placer les lanières de zeste dans une casserole. Ajouter le bâton de cannelle, les graines de coriandre, les clous de girofle, le poivre vert, le sucre et le vin. Porter à ébullition.
4. Laisser cuire 5 mn à partir de l'ébullition. Éteindre le feu et laisser refroidir.
5. Laver les quetsches. Les dénoyauter et les détailler couper en lamelles.
6. Plonger les lamelles de quetsche dans le vin aux épices. Laisser infuser au réfrigérateur 30 mn.
7. Répartir les quetsches et le sirop de pochage dans 8 coupes.

conseil

Servez avec 1 quenelle de glace à la vanille.

notre avis

Vous pouvez remplacer les graines de coriandre par 2 étoiles de badiane.

Raisin en sabayon au champagne, streusel et glace

Préparation : 20 mn
Cuisson : 20 mn

recette de fête

Ingrédients pour 6 personnes :

6 boules de glace rhum-raisins

Sabayon :
300 g de grains de raisin blanc
6 jaunes d'œufs
50 g de sucre
12 cl de champagne

Streusel :
100 g de beurre
100 g de farine tamisée
100 g de sucre
100 g de poudre d'amandes

1. Préparer le sabayon : dans une casserole, faire tiédir les grains de raisin sur feu très doux. Pendant ce temps, dans une autre casserole placée sur un bain-marie, fouetter les jaunes d'œufs avec le sucre et le champagne 3 mn environ, jusqu'à ce que la préparation mousse et devienne légèrement ferme : le sabayon doit faire le ruban.
2. Incorporer les raisins au sabayon. Mélanger délicatement. Réserver la préparation au réfrigérateur.
3. Préparer le streusel : préchauffer le four à 170 °C. Mélanger du bout des doigts, grossièrement, le beurre coupé en parcelles, la farine, le sucre et la poudre d'amandes. Verser la pâte dans un moule. Enfourner et cuire 20 mn.
4. Laisser tiédir le streusel, puis l'émietter grossièrement.
5. Au moment de servir, répartir le sabayon aux raisins sur les assiettes. Parsemer de streusel. Servir avec 1 boule de glace rhum-raisins.

conseil

Accompagnez ce dessert de biscuits à la cuiller maison (voir recette p. 425).

notre avis

Vous pouvez remplacer le champagne par du sauternes, du muscat, du porto, voire du marsala.

Rhubarbe en compote aux fraises, crème au fromage blanc

Préparation : 1 h 40
Cuisson : 5 mn

recette raffinée

Ingrédients pour 6 personnes :

500 g de rhubarbe
80 g de sucre
50 g de beurre
2 gousses de vanille
150 g de fraises
3 c. à s. de cassonade
6 tuiles en dentelle (voir recette p. 447)

Crème au fromage blanc :
4 c. à s. de lait
3 jaunes d'œufs
75 g de sucre
1 c. à s. rase de farine
100 g de fromage blanc à 40 %
4 feuilles de gélatine
3 blancs d'œufs

1. Préparer la crème au fromage blanc : porter le lait à ébullition. Fouetter les jaunes d'œufs et 2 cuillerées à soupe de sucre jusqu'à blanchiment. Ajouter la farine et le lait. Transvaser le mélange dans la casserole et laisser cuire 5 mn, en mélangeant. Verser le mélange dans une jatte. Incorporer le fromage blanc, puis la gélatine ramollie dans de l'eau et essorée Réserver.
2. Faire cuire le reste de sucre avec 5 cuillerées à soupe d'eau jusqu'au stade du grand boulé (1 goutte versée dans un bol d'eau forme une boule que l'on peut modeler entre les doigts). Fouetter les blancs d'œufs en neige ferme. Incorporer le sirop, peu à peu. Fouetter cette meringue italienne jusqu'à complet refroidissement. L'ajouter délicatement à la préparation au fromage blanc, en soulevant la masse. Répartir l'appareil dans des petits cercles. Réfrigérer.
3. Éplucher la rhubarbe et la couper en tronçons. Ajouter 40 g de sucre, mélanger et laisser dégorger dans une passoire 1 h. Faire fondre le beurre. Ajouter la rhubarbe, le reste de sucre, les gousses de vanille fendues en deux et les fraises. Laisser cuire 5 mn. Réserver.
4. Disposer les crèmes au fromage blanc dans des assiettes creuses. Ôter les cercles. Saupoudrer de cassonade. Faire caraméliser sous le gril très chaud 30 s. Servir avec la rhubarbe aux fraises et 1 tuile.

Rhubarbe en compote, crème fouettée à la noix de coco

Préparation : 10 mn
Cuisson : 15 mn

recette économique

Ingrédients pour 4 personnes :

600 g de rhubarbe
100 g de sucre semoule
100 g de noix de coco fraîche
30 cl de crème liquide très fraîche
5 c. à s. de sucre glace
30 cl de lait de coco

1. Éplucher la rhubarbe de façon à enlever les grosses fibres. La couper en tronçons de 5 cm.
2. Placer les tronçons de rhubarbe dans une casserole. Verser de l'eau jusqu'à mi-hauteur et ajouter le sucre semoule. Faire cuire sur feu moyen, à couvert, 15 mn. Laisser refroidir.
3. Pendant ce temps, râper la noix de coco. Réserver.
4. Fouetter la crème au batteur électrique.
5. Incorporer le sucre glace et la noix de coco râpée à la crème fouettée.
6. Répartir la rhubarbe dans 4 coupes.
7. Décorer avec la crème à la noix de coco à l'aide d'une poche à douille. Verser un peu de lait de coco autour. Servir.

conseil

Pour réussir la crème fouettée, il est indispensable que la crème soit bien froide. Utilisez également un récipient préalablement refroidi. Vous pouvez également fouetter la crème dans une jatte posée sur un lit de glaçons.

à savoir

Bien que la rhubarbe soit une cousine de l'oseille, c'est-à-dire un... légume et non un fruit, on l'utilise essentiellement pour confectionner des tartes, des confitures et des compotes. Elle entre également dans la composition de chutneys à l'indienne.

Rhubarbe et oranges au sirop à la vanille

Préparation : 45 mn
Cuisson : 15 mn

recette raffinée

Ingrédients pour 4 personnes :

500 g de rhubarbe
3 oranges sanguines
2 brins de menthe
Sirop :
200 g de sucre semoule
2 gousses de vanille

1. Éplucher la rhubarbe et la couper en tronçons. Détailler les oranges en fines rondelles. Réserver.
2. Préparer le sirop : verser 1 l d'eau dans une casserole. Ajouter le sucre et les gousses de vanille fendues en deux et grattées. Chauffer sur feu doux.
3. Plonger les tronçons de rhubarbe et les rondelles d'orange dans le sirop. Laisser cuire 15 mn. Ôter la casserole du feu et laisser tiédir.
4. Enlever les gousses de vanille de la rhubarbe.
5. Répartir la préparation dans des assiettes creuses.
6. Décorer avec des feuilles de menthe.

conseil

Servez avec 1 boule de sorbet à l'orange (voir recette p. 446). Récupérez les rondelles d'orange cuites dans le sirop. Égouttez-les et faites-les sécher au four préchauffé à 60 °C 2 h 30 à 3 h. Au moment de servir, enfoncez 1 rondelle d'orange séchée dans la boule de sorbet pour décorer.

Pâtisseries individuelles

Biscuits secs, Petits gâteaux, Pâtisseries et Petits fours

COMMENT RÉUSSIR LES BISCUITS

Les biscuits faits maison demandent patience et minutie : plus on fabrique petit, et plus il faut être précis !

Un peu d'histoire

On ignore à quelle époque fut créé le biscuit, mais on sait que Romains, les armées vénitiennes et les Turcs le fabriquaient déjà. Avant d'être un instrument de gourmandise, il fut pendant plusieurs siècles l'aliment de base des marins et des soldats : on enveloppait cette pâtisserie nourrissante et lente à se périmer dans du papier d'étain. En France, il commença à être fabriqué sous Louis XIV.

Le secret de fabrication de la madeleine fut longtemps jalousement gardé par la ville de Commercy, en Lorraine. On raconte que le souverain Stanislas Leszczynski découvrit cette pâtisserie en 1755, et qu'il la baptisa du prénom de la jeune paysanne qui la fabriquait alors. Le succès de la madeleine gagna rapidement la cour de Versailles, puis Paris.

Les meringues cuites au four étaient autrefois moulées à la cuiller, jusqu'à ce que Antonin Carême, grand cuisinier et pâtissier français du XIXe, décide de les coucher à la poche à douille.

Variété des pâtes, variété des parfums

Les biscuits peuvent être confectionnés à base de pâtes dures ou semi-dures, comme les sablés, ou également de pâtes molles, qui donnent des biscuits secs tels que les cigarettes, les tuiles et les langues-de-chat, ou des biscuits moelleux tels que les madeleines ou encore les macarons.

Ces biscuits traditionnels peuvent par ailleurs donner lieu à de nombreuses variantes, de sorte que vous pouvez choisir de les parfumer aux amandes, à la vanille, ou de les agrémenter de diverses garnitures crémeuses et elles aussi parfumées.

Ustensiles

La variété du goût des biscuits s'accompagne de la diversité de leur forme. Il est ainsi nécessaire, pour leur réalisation, de posséder des moules spéciaux, comme les moules à madeleine, en forme de coquillage. Mais vous pouvez aussi parfois choisir l'aspect que vous souhaitez donner à vos biscuits : les sablés, par exemple, peuvent adopter la forme amusante, gaie ou originale d'emporte-pièces inattendus. Vous aurez aussi besoin d'une poche à douille, indispensable pour les langues-de-chat, les meringues et les macarons.

Dégustation

Les biscuits accompagnent généralement une boisson chaude, un entremets ou une glace. Mais ils peuvent tout aussi bien se déguster seuls, pour le plaisir.

Conservation

Le grand atout des biscuits est qu'ils se conservent longtemps. Il convient malgré tout de les entreposer dans une boîte en fer, à l'abri de l'humidité.

Baklava aux noix

Préparation : 25 mn
Cuisson : 1 h 20
Repos : 4 à 5 h

recette grecque

Ingrédients pour 12 à 15 personnes :

20 feuilles de pâte de filo découpées aux dimensions du moule
200 g de beurre fondu tiède
300 g de noix pilées
2 pincées de cannelle en poudre

Sirop :
500 g de sucre
Le jus de 2 citrons
3 c. à s. d'eau de fleur d'oranger

1. Préchauffer le four à 150 °C.
2. Chemiser un moule avec 3 feuilles de pâte de filo, en les badigeonnant de beurre à l'aide d'un pinceau.
3. Couvrir de noix pilées et de 1 feuille de pâte de filo badigeonnée de beurre. Renouveler ces opérations huit fois, en terminant par une couche de noix pilées.
4. Saupoudrer de cannelle uniformément. Disposer les 8 dernières feuilles de pâte de filo, en les badigeonnant de beurre.
5. Prédécouper 12 à 15 parts en forme de losange ou de triangle, à l'aide d'un petit couteau pointu. Enfourner et cuire 1 h 20.
6. Sortir le baklava du four. Laisser refroidir.
7. Pendant ce temps, préparer le sirop : porter à ébullition 50 cl d'eau avec le sucre et le jus des citrons 1 mn. Hors du feu, incorporer l'eau de fleur d'oranger.
8. Verser le sirop chaud sur le baklava, jusqu'au bord du plat. Laisser reposer 4 à 5 h au moins avant de servir.

conseil

Disposez les feuilles de pâte de filo dans le moule sans les tasser, pour que le gâteau gonfle bien.

notre avis

Vous pouvez également confectionner ces feuilletés en remplaçant les noix pilées par des amandes, des noisettes, des pistaches, ou encore un mélange de deux ou de tous ces fruits secs.

Barquettes aux fruits rouges

Préparation : 30 mn
Cuisson : 20 mn

recette raffinée

Ingrédients pour 10 personnes :

200 g de pâte sablée (voir recette p. 114)
40 g de crème aux amandes (voir recette p. 434)
50 g de fraises
50 g de mûres
50 g de framboises
50 g de myrtilles
50 g de groseilles
2 brins de menthe

1. Préchauffer le four à 160 °C.
2. Abaisser la pâte à l'aide d'un rouleau à pâtisserie sur 2 mm d'épaisseur.
3. Foncer 10 moules à tartelette en forme de barquette.
4. Répartir la crème aux amandes sur les fonds de pâte.
5. Enfourner et cuire 20 mn.
6. Sortir les moules du four et laisser refroidir.
7. Garnir les fonds de pâte cuits avec les fraises, mûres, framboises, myrtilles et groseilles mélangées.
8. Décorer avec 1 feuille de menthe.

conseil

Pour gagner du temps, vous pouvez utiliser une pâte toute faite.

notre avis

Vous pouvez confectionner des barquettes en utilisant d'autres fruits de saison, selon le goût, pochés dans un sirop quelques minutes et détaillés en dés ou en boules à l'aide d'une cuiller parisienne.

Biscuits aux amandes, à la cannelle et au gingembre

Préparation : 30 mn
Repos : 12 h
Cuisson : 15 à 20 mn

recette économique

Ingrédients pour 40 biscuits :

1 c. à s. d'huile
1 jaune d'œuf

Pâte :
500 g de farine
300 g de beurre mou
2 œufs
250 g de sucre
150 g d'amandes hachées
Le zeste de 1 citron râpé
1 c. à s. de cannelle en poudre
1 pincée de gingembre en poudre

1. La pâte : pétrir la farine avec le beurre. Incorporer les œufs battus, le sucre, les amandes, le zeste de citron, la cannelle et le gingembre. Travailler jusqu'à obtention d'une pâte homogène. Rouler celle-ci en boule, la couvrir d'un linge et laisser reposer au réfrigérateur 12 h.
2. Préchauffer le four à 210 °C. Abaisser la pâte sur 1,5 cm d'épaisseur. Y découper des biscuits avec le rebord d'un verre. Huiler une plaque à pâtisserie au pinceau. Y disposer les biscuits. Les badigeonner de jaune d'œuf battu. Cuire 15 à 20 mn.

variante de la recette

Biscuits au gingembre et à la cannelle

Ingrédients pour 20 biscuits : 120 g de beurre, 10 cl de sirop de sucre de canne, 230 g de farine, 80 g de poudre d'amandes, 4 c. à c. de sucre, 3 c. à c. de gingembre en poudre, 2 c. à c. de cannelle en poudre et 1 c. à c. de bicarbonate de soude.

Faire fondre le beurre avec le sirop sur feu doux; hors du feu, ajouter le reste des ingrédients; confectionner des boulettes de pâte; les aplatir en galettes de 5 cm de diamètre environ; réfrigérer 20 mn. Disposer les biscuits sur une plaque couverte de papier sulfurisé et cuire au four préchauffé à 170 °C 10 mn environ.

Biscuits aux amandes, à l'orange et à la fleur d'oranger

Préparation : 30 mn
Repos : 12 h
Cuisson : 30 mn

recette grecque

Ingrédients pour 12 personnes :

100 g d'amandes mondées
400 g de beurre
200 g de sucre glace
1 kg de farine
Le zeste de 1 orange râpé
1/2 sachet de levure chimique
3 c. à s. d'eau de fleur d'oranger

1. Griller les amandes à sec dans une poêle antiadhésive ou sous le gril, puis les concasser. Réserver.
2. Travailler 380 g de beurre avec 170 g de sucre glace jusqu'à obtention d'une pommade. Réserver.
3. Dans une jatte, mélanger la farine, le zeste d'orange et la levure. Creuser un puits au centre. Incorporer le mélange beurre-sucre, en travaillant rapidement, jusqu'à obtention d'une pâte molle et légère.
4. Incorporer les amandes à la pâte, en mélangeant délicatement. Laisser reposer 12 h.
5. Préchauffer le four à 150 °C. Beurrer une plaque.
6. Façonner la pâte en un long rouleau. Couper celui-ci en tronçons de 5 cm et les façonner en boulettes. Les aplatir légèrement. Disposer les biscuits sur la plaque, enfourner et cuire 30 mn, jusqu'à ce qu'ils soient légèrement dorés.
7. Sortir les biscuits du four. Les arroser aussitôt d'eau de fleur d'oranger et les rouler dans le reste de sucre glace.

à savoir

Ces petits biscuits secs sont originaires du nord de la Grèce, où ils portent le nom de kourabiédes. Traditionnellement, on pique 1 clou de girofle au centre de la pâte avant de les faire cuire.

notre avis

Vous pouvez parfumer la pâte avec 1 cuillerée à soupe d'ouzo et remplacer l'eau de fleur d'oranger par de l'eau de rose.

Biscuits aux amandes, à l'orange
et à la vanille

Préparation : 20 mn
Repos : 12 h
Cuisson : 15 mn

recette toscane

Ingrédients pour 40 biscuits :

300 g d'amandes mondées
200 g de sucre semoule
2 blancs d'œufs
180 g de sucre glace
Le zeste de 1 orange râpé
1 c. à c. d'extrait liquide de vanille
1 sachet de levure chimique
1 sachet de sucre vanillé

1. Réduire les amandes en poudre dans un robot.
2. Dans une jatte, mélanger la poudre d'amandes et le sucre semoule. Réserver.
3. Monter les blancs d'œufs en neige.
4. Incorporer délicatement les blancs en neige au mélange amandes-sucre. Ajouter 100 g de sucre glace. Mélanger jusqu'à obtention d'une pâte lisse. Couvrir la jatte d'un linge et laisser reposer 12 h.
5. Incorporer le zeste d'orange, l'extrait de vanille, la levure et le sucre vanillé à la pâte.
6. Préchauffer le four à 175 °C.
7. Saupoudrer le plan de travail de sucre glace. Y abaisser la pâte au rouleau sur 1 cm d'épaisseur environ, puis la diviser en losanges de 5 cm de long sur 4 cm de large environ. Les saupoudrer de sucre glace.
8. Disposer les biscuits sur une plaque couverte de papier sulfurisé, enfourner et cuire 15 environ.

à savoir

Ces biscuits, qui portent le nom de ricciarelli, sont une spécialité de la ville de Sienne.

Biscuits aux pralines,
crème au chocolat

Préparation : 25 mn
Cuisson : 10 mn

recette savoyarde

Ingrédients pour 4 personnes :

2 œufs + 1 jaune
75 g de sucre glace
60 g de farine
5 blancs d'œufs
140 g de sucre semoule
75 g de pralines concassées
20 g de beurre

Crème au chocolat :
80 g de chocolat noir
3 c. à s. de sucre
1 jaune d'œuf
10 cl de crème fouettée

1. Préparer les biscuits : dans une terrine, fouetter vivement les œufs avec le jaune et le sucre glace, jusqu'à ce que la pâte fasse le ruban. Ajouter la farine.
2. Monter les blancs d'œufs en neige avec le sucre semoule.
3. Incorporer le mélange précédent à la pâte. Ajouter les pralines.
4. Préchauffer le four à 180 °C.
5. Beurrer une plaque à pâtisserie. Déposer 8 disques de pâte de 6 cm de diamètre et de 1 cm d'épaisseur sur la plaque, à l'aide d'une poche à douille, en les espaçant bien les uns des autres. Enfourner et cuire 10 mm.
6. Pendant ce temps, préparer la crème au chocolat : faire fondre le chocolat cassé en morceaux au bain-marie. Porter 3 cuillerées à soupe d'eau à ébullition avec le sucre et chauffer jusqu'à ce que le sirop atteigne 120 °C. Le verser sur le jaune d'œuf, sans cesser de fouetter. Ajouter le chocolat et la crème fouettée. Réserver au réfrigérateur.
7. Sortir les biscuits du four et les laisser refroidir sur une grille.
8. Superposer 2 biscuits dans chaque assiette, en nappant le premier de crème au chocolat.

notre avis

Décorez avec des quartiers d'orange et des feuilles de menthe.

Biscuits croustillants au miel d'acacia, crème à la pistache

Préparation : 20 mn
Cuisson : 3 à 4 mn

recette provençale

Ingrédients pour 5 personnes :

145 g de beurre ramolli
125 g de farine
125 g de miel d'acacia
4 blancs d'œufs
2 c. à s. de sucre glace
250 g de framboises
5 brins de menthe

Crème à la pistache :
50 cl de lait
50 g de pâte de pistaches
4 jaunes d'œufs
100 g de sucre
1 c. à s. de farine
1 c. à s. de Maïzena
25 cl de crème fouettée

1. Préparer les biscuits : placer 125 g de beurre et la farine dans une jatte. Mélanger. Ajouter le miel préalablement tiédi, puis les blancs d'œufs. Mélanger jusqu'à obtention d'une consistance homogène.
2. Préchauffer le four à 200 °C. Beurrer une plaque. Confectionner 15 disques de pâte de 10 cm de diamètre environ et de 2 à 3 mm d'épaisseur à l'aide d'une cuiller à soupe. Enfourner et cuire 3 à 4 mn. Procéder en deux fois si la plaque n'est pas assez grande.
3. Préparer la crème à la pistache : faire chauffer le lait avec la pâte de pistaches sur feu doux jusqu'au seuil de l'ébullition. Retirer du feu. Mélanger les jaunes d'œufs avec le sucre jusqu'à blanchiment. Ajouter la farine et la Maïzena, en fouettant. Verser le lait, peu à peu. Laisser cuire sur feu doux, en fouettant, 1 mn. Laisser refroidir. Incorporer la crème fouettée.
4. Confectionner un mille-feuille dans chaque assiette, en intercalant 2 couches de crème à la pistache entre 3 biscuits croustillants. Saupoudrer de sucre glace. Décorer avec les framboises et des feuilles de menthe.

notre avis

Vous pouvez remplacer la crème à la pistache par une autre crème de votre choix (voir recettes p. 430 à 436).

Biscuits de Noël aux amandes

Préparation : 20 mn
Réfrigération : 6 à 8 h
Cuisson : 15 à 20 mn

recette picarde

Ingrédients pour 20 biscuits :

250 g de poudre d'amandes
200 g de sucre
1 c. à s. de miel
Quelques gouttes d'extrait liquide de vanille
2 blancs d'œufs + 1 jaune
1 c. à s. de gelée d'abricot ou de pomme
1 c. à c. d'extrait d'amande amère
20 g de beurre

1. Dans une jatte, mélanger la poudre d'amandes, le sucre, le miel, l'extrait de vanille et le jaune d'œuf jusqu'à ce que l'appareil ait la consistance d'une pâte d'amandes.
2. Ajouter les blancs d'œufs, un par un.
3. Incorporer la gelée d'abricot ou de pomme et l'extrait d'amande amère. Laisser reposer au réfrigérateur 6 à 8 h.
4. Préchauffer le four à 180 °C.
5. Façonner la pâte en un rouleau de 4 cm de diamètre. Détailler celui-ci en rondelles de 2 cm d'épaisseur.
6. Déposer les rondelles de pâte sur une tôle couverte de papier d'aluminium beurré. Enfourner et cuire entre 15 et 20 mn, jusqu'à ce que les biscuits soient blond doré.
7. Sortir la plaque du four et laisser refroidir complètement les biscuits.

conseil

Pour que les biscuits conservent leur moelleux et leur fraîcheur, enveloppez-les chacun dans un carré de papier d'aluminium.

à savoir

Ces biscuits secs sont une spécialité d'Amiens, où ils portent le nom de macarons. En Picardie, la tradition veut que, pour Noël, ils soient déposés dans les souliers des enfants par le Petit Jésus.

Biscuits meringués au romarin, crème au mascarpone

Préparation : 1 h
Cuisson : 15 mn

recette de fête

Ingrédients pour 8 personnes :

3 blancs d'œufs
70 g de sucre semoule
70 g de poudre d'amandes
1 branche de romarin
2 c. à s. de sucre glace

Crème au mascarpone :
250 g de crème liquide très froide
1 1/2 c. à s. de sucre glace
1 gousse de vanille
250 g de mascarpone

1. Préchauffer le four à 180 °C.
2. Préparer les biscuits : monter les blancs d'œufs en neige au fouet. Incorporer le sucre semoule, puis la poudre d'amandes et les feuilles de romarin hachées finement.
3. Sur une plaque, confectionner 16 disques de meringue à l'aide d'une poche à douille. Enfourner et cuire 15 mn
4. Pendant ce temps, préparer la crème au mascarpone : dans un bol posé sur des glaçons, fouetter la crème en chantilly jusqu'à ce qu'elle devienne ferme. Ajouter le sucre. Fendre la gousse de vanille en deux, et gratter les graines avec un couteau dans le mélange crème-sucre. Fouetter le mascarpone et l'incorporer à la crème Chantilly. Réserver.
5. Disposer un biscuit dans chaque assiette. Étaler une couche de crème au mascarpone dessus, et couvrir d'un autre biscuit. Saupoudrer de sucre glace et servir.

conseil

Décorez avec quelques brins de romarin.

notre avis

Pour renforcer la saveur des biscuits, vous pouvez remplacer le sucre glace par du cacao. Vous pouvez accompagner ces biscuits d'une compotée d'airelles préparée en faisant cuire sur feu doux, sans cesser de mélanger, 200 g d'airelles et 100 g de sucre 15 mn.

Cannelés bordelais

Préparation : 20 mn
Réfrigération : 36 h
Cuisson : 1h

recette traditionnelle

Ingrédients pour 4 personnes :

50 cl de lait
1 gousse de vanille
250 g de sucre glace
2 œufs + 2 jaunes
2 c. à s. de rhum ambré agricole vieux
75 g de beurre
100 g de farine

1. La veille, porter le lait à ébullition avec la gousse de vanille fendue en deux et grattée. Laisser infuser au réfrigérateur 12 h.
2. Retirer la gousse de vanille du lait.
3. Préparer la pâte : dans une terrine, mélanger le sucre glace avec les jaunes d'œufs. Ajouter les œufs, le rhum, 50 g de beurre, la farine et le lait. Réserver au réfrigérateur 24 h au moins.
4. Préchauffer le four à 200-210 °C.
5. Beurrer des moules à cannelés de 4,5 cm de diamètre. Les placer au congélateur quelques minutes.
6. Bien mélanger la pâte et la répartir dans les moules. Enfourner et cuire 1 h.
7. Démouler les cannelés : l'extérieur doit être marron foncé. Déguster tiède ou froid.

conseil

Vous pouvez préparer la pâte à l'avance et la conserver au réfrigérateur 3 à 4 jours. En revanche, une fois cuits, les cannelés doivent être consommés dans la journée.

à savoir

À Bordeaux, autrefois, les religieuses annonciades fabriquaient de petites friandises appelées « canelats » ou « canelets ». Leur recette a disparu a l'époque de la Révolution. Mais, vers 1830, un petit gâteau cuit dans un moule en bronze cannelé serait réapparu. Ce moule a donné son nom au cannelé bordelais.

notre avis

Vous trouverez des moules à cannelés dans les magasins spécialisés.

Chaussons aux prunes

Préparation : 25 mn
Cuisson : 25 à 27 mn

Délice des enfants

Ingrédients pour 10 personnes :

500 g de reines-claudes
30 g de beurre
Le jus de 1 citron
20 cl de crème fraîche
100 g de sucre
2 rouleaux de pâte feuilletée
1 œuf

1. Couper les reines-claudes en deux. Les dénoyauter.
2. Faire chauffer le beurre dans une casserole sur feu moyen. Ajouter les reines-claudes et le jus de citron. Mouiller avec 1 petit verre d'eau et laisser cuire, sans cesser de remuer, 10 mm, de façon que les fruits réduisent mais ne forment pas une compote.
3. Hors du feu, ajouter la crème fraîche et le sucre. Mélanger délicatement jusqu'à refroidissement complet.
4. Préchauffer le four à 230 °C.
5. Dérouler la pâte sur le plan de travail. Y découper 10 disques de 14 cm de diamètre environ. Les dorer au jaune d'œuf. Déposer 2 grosses cuillerées à soupe de reines-claudes sur la moitié de chaque disque, en laissant une bordure de 5 mm tout autour.
6. Replier les chaussons. Pincer le pourtour avec 2 doigts humidifiés.
7. Badigeonner les chaussons avec le reste d'œuf battu. Laisser reposer quelques minutes. Enfourner et cuire entre 10 et 12 mn. Baisser la température du four à 180 °C et poursuivre la cuisson 30 mn, en veillant à ce que les chaussons ne brûlent pas.

•——conseil——•

Si la préparation aux reines-claudes est trop épaisse et que le sucre a tendance à cristalliser, allongez-la avec un peu d'eau et poursuivez la cuisson 2 mn.

•——notre avis——•

Vous pouvez remplacer les reines-claudes par des quetsches ou des mirabelles, ou, plus classiquement, par des pommes.

Chouquettes

Préparation : 15 mn
Cuisson : 15 à 20 mn

recette traditionnelle

Ingrédients pour 6 à 8 personnes :

1 pincée de sel
1/2 c. à s. de sucre semoule
110 g de beurre
150 g de farine tamisée
4 œufs
2 c. à s. de sucre glace
100 g de sucre en grains

1. Verser 25 cl d'eau dans une casserole à fond épais. Ajouter le sel, le sucre semoule, puis 90 g de beurre coupé en parcelles. Porter à ébullition et retirer la casserole du feu. Incorporer la farine d'un coup, en mélangeant vigoureusement à la cuiller en bois, jusqu'à ce que la pâte se détache des parois de la casserole et forme une boule. Remettre la casserole sur le feu et faire dessécher la pâte 20 s, sur feu doux, en remuant énergiquement.
2. Transférer la pâte dans une jatte.
3. Casser les œufs et les incorporer à la pâte un par un, en mélangeant entre chaque adjonction, jusqu'à ce que la pâte soit brillante et élastique, comme un ruban épais, et rajouter un peu d'œuf battu si nécessaire.
4. Préchauffer le four à 200 °C.
5. Beurrer une plaque à pâtisserie. Y déposer des boulettes de pâte à l'aide d'une poche à douille, en aplatissant légèrement la crête avec une fourchette. Enfourner et cuire 15 à 20 mn, jusqu'à ce que les choux soient bien gonflés, en les saupoudrant de sucre glace 1 mn avant la fin de la cuisson pour les caraméliser.
6. Sortir la plaque du four et parsemer aussitôt le sucre en grains sur les choux.
7. Laisser refroidir sur une grille.

•——conseil——•

Pour que les chouquettes soient plus moelleuses, placez un bol d'eau dans le four pendant la cuisson.

Choux à la crème

Préparation : 20 mn
Cuisson : 20 à 25 mn

recette traditionnelle

Ingrédients pour 4 personnes :

Pâte à choux :
12 cl de lait
1 c. à c. de sel
1 c. à c. de sucre
90 g de beurre
140 g de farine
4 petits œufs

Crème au beurre :
50 cl de lait
1 gousse de vanille
120 g de sucre
6 jaunes d'œufs
1 1/2 c. à s. de farine
1 1/2 c. à s. de Maïzena
50 g de beurre

1. Préparer la pâte à choux : chauffer le lait dans une casserole avec 12 cl d'eau, le sel, le sucre et le beurre. Au point d'ébullition, ajouter la farine, hors du feu. Mélanger avec une cuiller en bois. Remettre sur le feu pour dessécher la pâte. Transférer l'appareil dans une jatte. Ajouter la moitié des œufs battus. Mélanger. Ajouter le reste en deux fois, en mélangeant entre chaque adjonction. La pâte doit être souple.
2. Préchauffer le four à 190 °C. Avec une poche à douille, dresser des boulettes de pâte sur une plaque. Enfourner et cuire 20 à 25 mn, en entrouvrant la porte du four au bout de 6 ou 7 mn.
3. Pendant ce temps, préparer la crème au beurre : porter le lait à ébullition avec la gousse de vanille fendue en deux et grattée. Dans une terrine, mélanger le sucre avec les jaunes d'œufs, la farine et la Maïzena tamisées ensemble. Verser un peu de lait bouillant, en mélangeant. Ôter la vanille et transvaser le mélange dans la casserole. Faire bouillir 3 mn sans cesser de remuer. Verser l'appareil dans une jatte. Laisser refroidir jusqu'à 60 °C. Ajouter le beurre coupé en dés. Laisser refroidir, en fouettant de temps en temps. Réserver au réfrigérateur.
4. Garnir les choux froids de crème pâtissière à la poche à douille, en incisant le fond ou en les ouvrant délicatement en deux horizontalement.

Cigarettes

Préparation : 45 mn
Cuisson : 3 mn

recette traditionnelle

Ingrédients pour 4 personnes :

45 g de beurre mou
50 g de sucre glace tamisé
1 blanc d'œuf
30 g de farine

1. Dans une terrine, mélanger 25 g de beurre avec le sucre glace, le blanc d'œuf et la farine en fouettant énergiquement.
2. Préchauffer le four à 180 °C.
3. Beurrer une plaque. Y déposer des boulettes de pâte. Aplatir celles-ci, avec le dos d'une cuiller humide, en disques de 6 cm de diamètre.
4. Enfourner et cuire 3 mn, jusqu'à coloration blonde.
5. Sortir la plaque du four. Décoller chaque disque avec une spatule, tout en les enroulant pour former les cigarettes.

conseil

Pour que les cigarettes soient bien régulières, enroulez les disques de pâte autour d'un fusil à aiguiser les couteaux.

variante de la recette

Cigarettes aux graines de fenouil

Procéder comme pour les Cigarettes.

À l'étape **2,** parsemer les disques de pâte de 1 cuillerée à café de graines de fenouil avant de les faire cuire.

Cookies au chocolat, à l'orange et aux noix

Préparation : 20 mn
Cuisson : 10 à 12 mn

recette traditionnelle

Ingrédients pour 40 cookies :

150 g de beurre
200 g de chocolat noir
230 g de farine
1/2 c. à c. de levure chimique
200 g de sucre
1 jaune d'œuf
2 c. à c. de zeste d'orange râpé
1 c. à s. de jus d'orange
100 g de cerneaux de noix écrasés

1. Préchauffer le four à 190 °C.
2. Beurrer 2 plaques à pâtisserie. Les couvrir de papier sulfurisé.
3. Casser le chocolat en petits morceaux. Les faire fondre dans un récipient placé dans un bain-marie avec le reste de beurre. Réserver.
4. Tamiser la farine dans une jatte. Ajouter la levure et le sucre. Bien mélanger. Incorporer le jaune d'œuf, en mélangeant avec une cuiller en bois. Ajouter le mélange chocolat-beurre à la préparation. Mélanger soigneusement jusqu'à obtention d'un appareil homogène.
5. Ajouter le zeste d'orange, le jus d'orange et les cerneaux de noix.
6. Déposer des petits tas de pâte sur les plaques, avec une cuiller, en les espaçant de 4 à 5 cm. Les aplatir légèrement avec la paume de la main mouillée, de façon à obtenir des disques de 4 à 5 cm de diamètre. Enfourner et cuire 10 à 12 mn.
7. Laisser tiédir les cookies, puis les transférer sur une grille. Laisser refroidir complètement.

•——notre avis——•

Vous pouvez remplacer le zeste et le jus d'orange par du zeste et du jus de citron ou de citron vert. Dans ce cas, supprimez le chocolat, et ajoutez 3 cuillerées à soupe de sucre. De même, vous pouvez confectionner ces cookies avec des pistaches à la place des noix.

Cookies au chocolat et aux amandes

Préparation : 20 mn
Cuisson : 12 à 15 mn

recette traditionnelle

Ingrédients pour 40 cookies :

150 g de beurre
150 g de chocolat noir
50 g de chocolat au lait
2 œufs
100 g de sucre
100 g de cassonade
220 g de farine tamisée
1/2 c. à c. de levure chimique
1/2 c. à c. de sel
2 c. à s. de Maïzena
100 g d'amandes mondées
1 goutte d'essence d'amande amère

1. Préchauffer le four à 190 °C.
2. Beurrer 2 plaques à pâtisserie.
3. Casser les 2 chocolats en petits morceaux. Les faire fondre au bain-marie avec le reste de beurre coupé en dés.
4. Dans une terrine, mélanger les œufs avec le sucre et la cassonade. Incorporer le mélange chocolat-beurre à la préparation. Réserver.
5. Dans une jatte, mélanger la farine avec la levure, le sel et la Maïzena. Ajouter ce mélange à la pâte, en mélangeant pour éviter la formation de grumeaux. Incorporer les amandes écrasées et l'essence d'amande amère. Mélanger jusqu'à ce que la préparation soit homogène.
6. Déposer des petits tas de pâte sur les plaques, avec une cuiller, en les espaçant de 4 cm environ. Les aplatit légèrement avec la paume de la main mouillée, de façon à obtenir des disques de 4 à 5 cm de diamètre. Enfourner et cuire 12 à 15 mn.
7. Laisser tiédir les cookies, puis les transférer sur une grille. Laisser refroidir complètement.

•——notre avis——•

Pour varier, vous pouvez remplacer les amandes par des pralines. Vous pouvez également confectionner ces cookies avec du chocolat blanc haché.

Cookies au chocolat et aux noix

Préparation : 20 mn
Cuisson : 10 à 12 mn

recette traditionnelle

Ingrédients pour 40 cookies :

150 g de beurre
200 g de chocolat noir
2 œufs
180 g de sucre
200 g de farine tamisée
2 c. à s. de Maïzena
1/2 c. à c. de levure chimique
1 pincée de sel
120 g de cerneaux de noix

1. Préchauffer le four à 190 °C. Beurrer 2 plaques à pâtisserie. Casser le chocolat en morceaux. Les faire fondre au bain-marie avec le reste de beurre. Réserver.
2. Mélanger les œufs et le sucre. Ajouter le mélange précédent. Réserver. Mélanger la farine, la Maïzena, la levure et le sel. Incorporer ce mélange à la pâte. Ajouter les cerneaux de noix écrasés.
3. Déposer des petits tas de pâte sur les plaques; les aplatir en disques de 4 à 5 cm, bien espacés. Cuire 10 à 12 mn. Laisser refroidir.

variante de la recette

Cookies à l'ananas et aux noix

Ingrédients : 1 petite boîte d'ananas au sirop, 150 g de chocolat à 70 %, 200 g de sucre, 1 sachet de sucre vanillé, 2 œufs, 170 g de beurre, 170 g de farine et 50 g de cerneaux de noix concassés.

Égoutter les rondelles d'ananas et les couper en dés. Râper le chocolat. Dans une jatte, travailler les 2 sucres, les œufs et 125 g de beurre fondu au batteur électrique, jusqu'à ce que le mélange soit homogène; ajouter 150 g de farine, le chocolat et les noix; mélanger; ajouter les dés d'ananas. Déposer des petits tas de pâte sur 2 plaques beurrées et farinées ; les aplatir en disques, cuire au four préchauffé à 200 °C 12 à 15 mn environ. Laisser refroidir.

Cornes de gazelle

Préparation : 45 mn
Cuisson : 15 mn

recette marocaine

Ingrédients pour 20 pâtisseries :

350 g de farine
1 pincée de sel
20 g de beurre

Farce aux amandes :
450 g d'amandes mondées
150 g de sucre
1 c. à c. de cannelle en poudre
10 cl d'eau de fleur d'oranger
60 g de beurre mou
1 pincée de sel

1. Préparer la farce : mixer les amandes avec le sucre, la cannelle et l'eau de fleur d'oranger et le sel jusqu'à obtention d'une pâte parfaitement homogène.
2. Incorporer le beurre progressivement.
3. Diviser la farce en boulettes. Confectionner des petits boudins de 6 cm de long et de 1,5 cm d'épaisseur environ en les roulant sur le plan de travail. Réserver.
4. Préparer la pâte : dans une terrine, pétrir la farine avec le sel et 50 cl d'eau tiède 10 mn, jusqu'à obtention d'une pâte molle et élastique.
5. Diviser la pâte en 20 boulettes de la taille d'une mandarine.
6. Abaisser les boulettes de pâte en bandes de 10 cm de large.
7. Préchauffer le four à 200 °C.
8. Déposer un boudin de pâte d'amandes au centre de chaque bande de pâte, dans la longueur. Replier la bande comme un chausson. Découper le bord extérieur de chaque chausson en forme de croissant à l'aide d'une roulette à pâtisserie, à 5 mm de la farce. Presser les bords en appuyant bien, pour les souder, et en accentuant la forme de croissant. Disposer les cornes de gazelle sur une plaque beurrée. Enfourner et cuire 15 mn, jusqu'à ce qu'elles soient dorées.

conseil

Trempez les cornes de gazelle dans de l'eau de rose et saupoudrez-les de sucre glace.

Croquets aux amandes

Préparation : 30 mn
Cuisson : 10 à 15 mn

recette traditionnelle

Ingrédients pour 50 croquets :

- 1 kg de farine
- 900 g de sucre
- 2 c. à s. de miel
- 500 g d'amandes effilées
- 4 blancs d'œufs
- 1/2 c. à s. de bicarbonate de soude
- 1 c. à s. d'huile

1. Préchauffer le four à 200 °C.
2. Mélanger la farine avec le sucre et le miel. Ajouter les amandes. Bien mélanger. Incorporer les blancs d'œufs, le bicarbonate de soude, puis 15 cl d'eau environ. La pâte doit être ferme.
3. Abaisser la pâte au rouleau à pâtisserie sur 3 mm d'épaisseur environ.
4. Découper des bandes dans l'abaisse de pâte, puis détailler celles-ci en petites languettes.
5. Huiler une plaque de four avec un pinceau. Disposer les croquets aux amandes sur la plaque, enfourner et cuire 10 à 15 mn.

conseil

Vous pouvez remplacer les amandes par des noisettes hachées, et parfumer les croquets avec de la vanille ou de l'eau de fleur d'oranger.

à savoir

Les croquets sont une spécialité de la Nièvre.

notre avis

Ces biscuits secs sont délicieux avec du thé, du café ou une glace. Vous pouvez également les accompagner de champagne ou de crémant rosé.

Crumpets

Préparation : 15 mn
Repos : 1 h 20
Cuisson : 9 à 11 mn

recette anglaise

Ingrédients pour 5 personnes :

- 230 g de farine de type 55
- 230 g de farine de type 45
- 1/2 c. à c. de crème de tartre
- 15 g de levure de boulanger
- 1 c. à c. de sel
- 1/2 c. à c. de bicarbonate de soude
- 15 cl de lait tiède
- 80 g de beurre
- 6 cuillerées à soupe de miel liquide

1. Mélanger les 2 farines avec la crème de tartre.
2. Délayer la levure dans 50 cl d'eau tiède. L'incorporer à la farine et pétrir vigoureusement 2 mn, jusqu'à obtention d'une pâte épaisse et lisse.
3. Laisser reposer, à couvert, 1 h environ dans un endroit chaud, de façon que la pâte lève puis retombe.
4. Ajouter le sel à la pâte et mélanger 1 mn. Laisser reposer, à couvert 20 mn.
5. Délayer le bicarbonate dans le lait. L'incorporer à la pâte.
6. Beurrer des cercles à flan de 8 cm de diamètre. Les placer sur une plaque ou dans une poêle en fonte très chaude.
7. Verser 2 grosses cuillerées à soupe de pâte dans chaque cercle, pour obtenir une crêpe de 2 cm d'épaisseur. Des trous doivent se former dans la pâte ; si ce n'est pas le cas, délayer celle-ci avec un peu d'eau. Cuire 7 à 8 mn à 200 °C.
8. Retirer les cercles. Retourner les crumpets et poursuivre la cuisson 2 à 3 mn, jusqu'à ce qu'ils soient légèrement dorés.
9. Tartiner les crumpets de beurre et les napper de miel. Servir aussitôt.

à savoir

Vous trouverez la crème de tartre en pharmacie.

Éclairs au café et éclairs à la vanille

Préparation : 1 h
Cuisson : 30 mn

recette traditionnelle

Ingrédients pour 5 personnes :

650 g de pâte à choux
(voir recette p. 299)
20 g de beurre
1 jaune d'œuf
2 c. à s. d'extrait de café
3 c. à s. de fondant blanc
3 c. à s. de fondant au café

Crème pâtissière :
50 cl de lait
2 gousses de vanille
4 jaunes d'œufs
70 g de sucre
4 c. à s. de farine

1. Préchauffer le four à 210 °C.
2. Avec une poche à douille, dresser 10 bâtonnets de pâte à choux sur une plaque beurrée. Les badigeonner de jaune d'œuf battu. Les aplatir légèrement avec le dos d'une fourchette. Enfourner et cuire 30 mn, en laissant la porte du four entrouverte.
3. Préparer la crème pâtissière : porter le lait à ébullition avec 1 gousse de vanille fendue en deux, en réservant les graines. Fouetter les jaunes et le sucre. Ajouter la farine. Verser 1/3 du lait bouillant. Mélanger et transvaser l'appareil dans la casserole de lait restant. Cuire la crème sur feu moyen 45 s. environ sans cesser de fouetter. Ôter du feu. Réfrigérer jusqu'à complet refroidissement.
4. Diviser la crème pâtissière en 2 parts égales. Ajouter l'extrait de café à la première, et les graines des 2 gousses de vanille à la seconde. Inciser les bâtonnets de pâte à choux sur le côté. À la poche à douille, garnir 5 éclairs de crème au café, et les éclairs restants de crème à la vanille.
5. Faire tiédir les fondants dans une casserole, séparément, en mélangeant à la spatule. Badigeonner les éclairs au café de fondant au café, et les éclairs à la vanille de fondant blanc.

Éclairs et religieuses au chocolat

Préparation : 30 mn
Cuisson : 20 à 25 mn

recette traditionnelle

Ingrédients pour 6 personnes :

20 g de beurre
650 g de pâte à choux
(voir recette p. 299)
1 jaune d'œuf
200 g de crème liquide
400 g de chocolat noir à 70 %
1 c. à s. d'huile d'arachide
30 g de crème au beurre
(voir recette p. 432)

Crème pâtissière :
3 jaunes d'œufs
30 g de sucre
20 g de farine
25 cl de lait bouillant

1. Préchauffer le four à 230 °C.
2. Sur une plaque beurrée, former, avec une poche à douille à bout uni, des traits de pâte à choux de 12 cm de long et assez épais pour des éclairs, et des choux petits et moyens pour les religieuses. Les dorer au jaune d'œuf. Les aplatir légèrement avec le dos d'une fourchette mouillée. Enfourner et cuire 20 à 25 mn.
3. Pendant ce temps, préparer la crème pâtissière : fouetter les jaunes d'œufs et le sucre jusqu'à blanchiment. Ajouter la farine et le lait, en mince filet. Transvaser le mélange dans une casserole et laisser cuire 3 mn à partir du premier bouillon, sans cesser de fouetter. Plaquer une feuille de film alimentaire sur la crème. Laisser refroidir.
4. Porter la crème liquide à ébullition. La verser sur le chocolat cassé en morceaux, en fouettant. Incorporer 2/3 de cette ganache à la crème pâtissière. Fendre les éclairs d'un côté, et les choux par le dessous. Les garnir du mélange. Détendre le reste de ganache avec l'huile et en napper les gâteaux. Confectionner les religieuses, en posant les petits choux sur les moyens, et les décorer, à la poche à douille, de crème au beurre.

Feuilletés aux noisettes, au sésame et aux pistaches

Préparation : 30 mn
Cuisson : 15 mn environ

recette tunisienne

Ingrédients pour 4 personnes :

- 250 g de noisettes décortiquées
- 150 g de graines de sésame
- 280 g de sucre
- 1 jaune d'œuf
- 1 c. à s. d'eau de rose ou de fleur d'oranger
- 6 feuilles de brick
- 60 g de beurre fondu
- 1 blanc d'œuf
- Huile de friture
- 1 c. à s. de jus de citron
- 2 c. à s. de pistaches broyées

1. Faire griller les noisettes à sec dans une poêle ou au four.
2. Préparer la farce : mixer les noisettes avec les graines de sésame et 100 g de sucre.
3. Ajouter le jaune d'œuf et l'eau de rose ou de fleur d'oranger. Réserver.
4. Couper les feuilles de brick en deux. Retailler chaque demi-feuille de brick de façon à obtenir un grand rectangle.
5. Badigeonner les rectangles de feuille de brick de beurre fondu au pinceau.
6. Déposer 1 cuillerée à soupe de farce dans un coin de chaque rectangle de pâte. Replier le coin en biais, de façon à former un triangle, puis rabattre celui-ci plusieurs fois sur lui-même. Enduire l'extrémité de la pâte de blanc d'œuf battu, puis l'insérer dans une pliure, de sorte que les triangles soient bien fermés et que la farce ne s'échappe pas.
7. Chauffer l'huile de friture et y faire dorer les chaussons, par petites quantités, quelques minutes.
8. Faire chauffer le reste de sucre avec le jus de citron et 25 cl d'eau.
9. Tremper les feuilletés dans le sirop au citron et les égoutter. Parsemer des pistaches et servir aussitôt.

notre avis

Vous pouvez remplacer les noisettes par des amandes, des pistaches ou encore des pignons de pin.

Financiers à l'orange

Préparation : 20 mn
Cuisson : 15 à 20 mn

recette raffinée

Ingrédients pour 8 personnes :

- 50 g de farine
- 50 g poudre d'amandes
- 90 g de sucre semoule
- 40 g de cassonade
- 1 sachet de sucre vanillé
- 1 gousse de vanille
- 2 c. à s. de zeste d'orange râpé
- 1 c. à s. de Grand Marnier
- 150 g de beurre
- 4 blancs d'œufs
- 1 pincée de sel

1. Préchauffer le four à 200 °C.
2. Tamiser la farine dans une jatte.
3. Ajouter la poudre d'amandes, le sucre semoule, la cassonade, le sucre vanillé, la gousse de vanille fendue et grattée, le zeste d'orange et le Grand Marnier. Mélanger jusqu'à obtention d'une consistance homogène.
4. Faire chauffer 75 g de beurre dans une petite casserole sur feu très doux.
5. Pendant ce temps, fouetter les blancs d'œufs en neige très ferme avec le sel.
6. Incorporer les blancs en neige à la pâte. Ajouter le beurre fondu. Mélanger délicatement.
7. Beurrer 8 moules rectangulaires, longs et étroits, ou de forme ovale.
8. Répartir l'appareil dans les moules. Enfourner et cuire 15 à 20 mn, jusqu'à ce que les gâteaux soient dorés. N'hésitez pas à baisser la température du four si nécessaire
9. Sortir les moules du four. Démouler les financiers. Les placer sur une grille et laisser refroidir.

notre avis

Vous pouvez napper ces petits gâteaux d'un glaçage au chocolat ou au citron (voir recettes p. 438). Vous pouvez également remplacer le zeste d'orange par du zeste de citron.

Florentins

Préparation : 20 mn
Cuisson : 6 mn
Réfrigération : 2 h

recette raffinée

Ingrédients pour 6 personnes :

100 g de sucre
2 c. à s. de miel
40 cl de crème fraîche
50 g de fruits confits hachés
50 g d'amandes effilées
25 g de beurre
100 g de chocolat noir

1. Préchauffer le four à 210 °C. Faire chauffer le sucre avec le miel et 1/2 verre d'eau sur feu doux. Ajouter la crème, les fruits confits et les amandes. Mélanger. Beurrer une plaque. Y disposer des noix de pâte. Les étaler, pour former des biscuits de 5 cm de diamètre. Cuire 5 à 6 mn. Laisser refroidir. Réfrigérer au moins 2 h.
2. Faire fondre le chocolat avec un peu d'eau sur un bain-marie, en mélangeant jusqu'à ce qu'il soit lisse. En badigeonner les florentins sur une face. Laisser prendre et refroidir.

variante de la recette

Florentins aux noix de pecan

Ingrédients : 85 g de crème fraîche épaisse, 75 g de sucre, 2 c. à s. de miel, 85 g d'écorce d'orange confites coupées en dés, 85 g d'amandes effilées et grillées, 2 c. à s. de farine, 20 g de beurre, 150 g de chocolat noir fondu et 20 noix de pecan.

Placer la crème, le sucre, le miel, les écorces d'orange, les amandes et la farine dans une casserole et faire cuire, en mélangeant, jusqu'à ce que la température atteigne 110 °C. Abaisser la pâte, sur une plaque couverte de papier sulfurisé beurré, sur 3 mm d'épaisseur; cuire au four préchauffé à 180 °C 30 mn. Découper les biscuits avec un emporte-pièce; étaler du chocolat froid sur une face; laisser durcir; coller 1 noix de pecan avec du chocolat sur l'autre face.

Fondants au chocolat et aux amandes

Préparation : 55 mn
Congélation : 12 h
Cuisson : 15 mn

recette raffinée

Ingrédients pour 6 personnes :

330 g de chocolat noir
120 g de beurre mou
6 œufs
200 g de sucre
180 g de poudre d'amandes
180 g de farine

Noyau au chocolat :
25 cl de crème fraîche
3 c. à s. de lait
50 g de beurre
180 g de chocolat noir

1. La veille, préparer le noyau au chocolat : verser la crème fraîche et le lait dans une casserole et porter à ébullition. Dans une jatte, travailler le beurre coupé en parcelles et le chocolat. Arroser progressivement avec le mélange crème-lait, sans cesser de remuer, jusqu'à ce que la texture soit lisse. Répartir l'appareil dans 6 compartiments d'un moule à glaçons. Laisser refroidir, puis placer au congélateur 12 h.
2. Râper le chocolat dans une terrine. Porter 100 g de beurre à ébullition et le verser aussitôt sur le chocolat. Mélanger de façon à obtenir une ganache lisse. Réserver.
3. Fouetter les œufs et le sucre jusqu'à blanchiment. Incorporer ce mélange à la ganache. Ajouter la poudre d'amandes et la farine. Laisser reposer la pâte 30 mn.
4. Préchauffer le four à 180 °C.
5. Répartir la moitié de la pâte à biscuit dans 6 petits moules cylindriques beurrés. Disposer 1 noyau au chocolat glacé au centre de chaque moule, puis recouvrir avec le reste de pâte à biscuit. Enfourner et cuire 15 mn.
6. Laisser reposer dans le four 10 mn environ.
7. Démouler les fondants dans les assiettes et servir aussitôt.

conseil

Servez ces fondants avec 1 boule de glace à la vanille.

Gâteaux à la farine de maïs

Préparation : 20 mn
Cuisson : 30 mn

recette languedocienne

Ingrédients pour 6 personnes :

50 cl de lait
3 œufs
160 g de sucre
120 g de farine de maïs
1 pincée de sel
3 c. à s. d'alcool au choix (eau-de-vie, anis…)
60 g de beurre

1. Préchauffer le four à 180 °C. Porter le lait à ébullition. Séparer les blancs d'œufs des jaunes. Dans une terrine, mélanger ceux-ci avec 100 g de sucre et la farine. Verser le lait bouillant, sans cesser de mélanger.
2. Monter les blancs d'œufs en neige ferme avec le sel. Les incorporer au mélange précédent. Ajouter l'alcool choisi.
3. Beurrer des moules ronds individuels et les saupoudrer de sucre. Y répartir l'appareil. Enfourner et cuire 30 mn.

variante de la recette

Biscuits à la semoule de maïs

Ingrédients pour 8 à 10 personnes : 6 œufs, 40 cl de lait, 120 g de beurre, 100 g de semoule de maïs fine et 150 g de sucre.

Séparer les blancs d'œufs des jaunes. Porter le lait à ébullition avec 100 g de beurre coupé en dés; verser la semoule en pluie fine; laisser cuire sur feu doux 2 mn; hors du feu, ajouter les jaunes d'œufs. Monter les blancs en neige avec le sucre; les incorporer au mélange précédent. Répartir l'appareil dans 8 à 10 cercles disposés sur du papier sulfurisé beurré et cuire au four préchauffé à 180 °C 10 à 12 mn. Démouler les biscuits. Servir avec des dés de pomme poêlés au beurre et 1 boule de glace au miel.

Gâteaux à la semoule et aux dattes

Préparation : 45 mn
Cuisson : 25 à 30 mn

recette tunisienne

Ingrédients pour 15 gâteaux :

250 g de semoule
12 cl d'huile
1 pincée de bicarbonate de soude
1 pincée de sel
100 g de dattes
100 g de sucre
2 pincées de cannelle en poudre

Sirop :
500 g de sucre
Le jus de 2 petits citrons

1. Placer la semoule dans un grand récipient. Faire tiédir l'huile et la verser sur la semoule, en en réservant 1 1/2 cuillerée à soupe. Ajouter le bicarbonate et le sel. Mélanger.
2. Mouiller la semoule avec 1 verre d'eau chaude. Mélanger jusqu'à obtention d'une pâte ferme. Laisser refroidir. Travailler la pâte à la spatule en bois. Laisser reposer 25 à 30 mn.
3. Dénoyauter les dattes. Les arroser de 1 cuillerée à soupe d'huile. Les saupoudrer de sucre et de cannelle. Mixer. Réserver à température ambiante.
4. Préchauffer le four à 200 °C.
5. Huiler une plaque au pinceau, puis étaler la semoule sur toute sa surface, de façon à obtenir une abaisse de 1,5 cm d'épaisseur. Y découper des bandes de 8 à 10 cm de large.
6. Confectionner de longs boudins, de la grosseur d'un doigt, avec la pâte de dattes, et les placer au centre de chaque bande de pâte, dans la longueur. Enrouler la semoule autour de la farce. Aplatir ces rouleaux au rouleau à pâtisserie sur 1,5 cm d'épaisseur. Découper cette bande, dans la largeur, en losanges de 5 cm de côté. Enfourner les losanges et cuire 25 à 30 mn.
7. Préparer le sirop : verser 25 cl d'eau, le sucre et le jus de citron dans une casserole. Faire cuire jusqu'à obtention d'un sirop.
8. Plonger les gâteaux à la semoule et aux dattes dans le sirop, à l'aide d'une écumoire, 1 mn. Les égoutter et laisser refroidir.

Kadaïf

Préparation : 1 h 15
Cuisson : 45 mn
Repos : 3 à 4 h

recette grecque

Ingrédients pour 10 à 12 personnes :

250 g de noix hachées
50 g de chapelure
125 g de sucre
15 cl de jus d'orange
500 g de cheveux d'ange
300 g de beurre fondu
2 c. à c. rases de cannelle en poudre

Sirop :
700 g de sucre
72 cl de miel liquide
2 c. à s. de jus de citron

1. Préchauffer le four à 180 °C.
2. Préparer la farce : dans une jatte, mélanger les noix avec la chapelure, le sucre et le jus d'orange.
3. Partager les cheveux d'ange en 16 à 18 rectangles.
4. Déposer 1 grosse cuillerée de farce aux noix à chaque extrémité des rectangles, et rouler ceux-ci sans serrer.
5. Beurrer une plaque à pâtisserie. Disposer les rouleaux aux cheveux d'ange sur la plaque, en veillant à les espacer suffisamment. Arroser de beurre fondu et cuire à four modéré 45 mn.
6. Sortir les kadaïf du four et laisser reposer 20 mn.
7. Pendant ce temps, préparer le sirop : porter à ébullition 50 cl d'eau avec le sucre, le miel et le jus de citron 5 mn.
8. Arroser les kadaïf de sirop bouillant. Couvrir d'un linge et laisser reposer 3 à 4 h, jusqu'à ce qu'ils aient absorbé le sirop.

à savoir

Les cheveux d'ange sont vendus au poids dans les épiceries orientales. Ils se présentent en écheveaux composés de centaines de filaments de pâte, comme des vermicelles.

Langues-de-chat, crème à la vanille

Préparation : 25 mn
Cuisson : 2 h

délice des enfants

Ingrédients pour 4 personnes :

11 jaunes d'œufs
5 c. à s. rases de sucre
4 gousses de vanille
1 l de crème liquide très froide
30 g de beurre
2 c. à s. de farine

Langues-de-chat :
4 blancs d'œufs
250 g de beurre mou
150 g de sucre
140 g de farine

1. Préchauffer le four à 60 °C. Placer les blancs d'œufs destinés à préparer les langues-de-chat près d'une source de chaleur pour les tiédir.
2. Préparer la crème : mélanger les jaunes d'œufs et le sucre de façon à obtenir un appareil homogène. Couper les gousses de vanille en deux dans la longueur. Gratter les graines et les incorporer au mélange précédent. Ajouter la crème et bien mélanger. Répartir la préparation dans des pots de yaourt en verre. Les disposer dans la lèchefrite contenant un peu d'eau, enfourner et cuire 1 h 45 à 2 h. Sortir les pots de crème et laisser refroidir.
3. Préparer les langues-de-chat : dans une jatte, battre le beurre. Ajouter le sucre, puis les blancs d'œufs et la farine. Mélanger jusqu'à obtention d'une pâte homogène.
4. Augmenter la température du four à 180 °C.
5. Beurrer et fariner un moule à langues-de-chat. Disposer un peu de pâte dans chaque cavité, sans la remplir complètement, à l'aide d'une poche à douille. Enfourner et cuire 3 à 4 mn, jusqu'à ce que les langues-de-chat aient une belle coloration.
6. Démouler les langues-de-chat et les laisser sécher quelques minutes. Servir avec la crème à la vanille.

conseil

Pendant la cuisson des crèmes, l'eau du bain-marie ne doit pas bouillir, car l'œuf coagulerait et l'appareil deviendrait granuleux.

Macarons à la crème à l'ananas et à la noix de coco

Préparation : 1 h
Repos : 30 mn
Cuisson : 1 h

recette raffinée

Ingrédients pour 6 personnes :

- 100 g de poudre d'amandes
- 180 g de sucre glace
- 5 blancs d'œufs
- 50 g de sucre semoule
- 1 c. à c. d'huile
- 3 c. à s. de noix de coco râpée

Crème à l'ananas :

- 250 g de chair d'ananas
- 110 g de sucre
- Le jus de 1 citron
- 2 feuilles de gélatine
- 1 c. à s. de rhum
- 20 cl de crème fouettée

1. Dans une jatte, mélanger intimement la poudre d'amandes et le sucre glace.
2. Monter les blancs d'œufs en neige ferme. Ajouter le sucre semoule, puis le mélange poudre d'amandes-sucre glace. Faire retomber la préparation, de façon à obtenir une pâte lisse et brillante.
3. Couvrir une plaque d'une feuille de papier sulfurisé huilée. Avec une cuiller à soupe, y déposer des tas de pâte à macarons, en veillant à les espacer suffisamment. Laisser sécher 30 mm.
4. Préchauffer le four à 150 °C. Enfourner et cuire 1 h, en laissant la porte du four entrouverte.
5. Pendant ce temps, préparer la crème à l'ananas : placer la chair d'ananas dans une casserole et la faire confire avec le sucre et le jus de citron sur feu très doux 30 mm, pour que la préparation réduise bien. Ajouter la gélatine ramollie dans de l'eau froide, puis le rhum. Incorporer la crème fouettée.
6. Lorsque les macarons sont cuits, sortir la plaque du four. Verser 1 filet d'eau froide entre la plaque et la feuille de papier. Laisser refroidir complètement. Décoller délicatement les macarons. Les couper en deux dans l'épaisseur, et les garnir d'une épaisse couche de crème à l'ananas. Parsemer la noix de coco à la surface.

notre avis

Les macarons doivent être croquants, mais moelleux à l'intérieur.

Macarons au chocolat

Préparation : 40 mn
Cuisson : 12 mn

recette traditionnelle

Ingrédients pour 12 macarons :

- 100 g de sucre glace
- 75 g de poudre d'amandes
- 2 blancs d'œufs
- 40 g de sucre semoule
- 1 c. à c. de cacao en poudre

Ganache au chocolat :

- 30 cl de crème liquide
- 500 g de chocolat de couverture
- 20 g de beurre

1. Préchauffer le four à 160 °C.
2. Monter les blancs d'œufs en neige ferme. Ajouter le sucre semoule, additionné du cacao, puis le mélange poudre d'amandes-sucre glace. Faire retomber la préparation, de façon à obtenir une pâte lisse et brillante. Les ajouter au mélange précédent. Laisser sécher 10 à 15 mn avant cuisson.
3. Déposer de grosses noix de pâte, à l'aide d'une poche à douille, sur une plaque couverte de papier sulfurisé. Enfourner et cuire 12 mn, en laissant la porte du four entrouverte.
4. Pendant ce temps, préparer la ganache au chocolat : verser la crème dans une casserole et porter à ébullition. Baisser le feu. Ajouter le chocolat cassé en morceaux. Mélanger jusqu'à ce qu'il soit complètement fondu. Incorporer le beurre coupé en dés. Mélanger jusqu'à sa dissolution complète. Fouetter vivement l'appareil jusqu'à obtention d'une consistance mousseuse.
5. Sortir les macarons du four. Laisser refroidir.
6. Accoler les macarons deux par deux avec la ganache au chocolat.

notre avis

Vous pouvez également colorer la pâte à macarons en vert, en rose ou en jaune, en ajoutant respectivement une pointe de couteau de pâte de pistaches ou quelques gouttes d'essence de framboise ou de citron. Dans ce cas, vous accolerez les macarons avec une mousse aromatisée au parfum correspondant.

Madeleines

Préparation : 20 mn
Cuisson : 10 mn

recette traditionnelle

Ingrédients pour 25 madeleines :

2 gros œufs
150 g de sucre semoule
160 g de farine
150 g de beurre fondu
Le zeste de 1 citron
1/2 c. à c. de levure

1. Mélanger les œufs avec le sucre. Fouetter énergiquement jusqu'à blanchiment. Ajouter 150 g de farine et 125 g de beurre fondu, peu à peu. Incorporer le zeste de citron, puis la levure. Réserver.
2. Préchauffer le four à 210 °C.
3. Beurrer une plaque à madeleines à l'aide d'un pinceau et la saupoudrer de farine. Remplir chaque cavité de 1 petite cuillerée de pâte. Enfourner et cuire 10 mn.
4. Sortir les madeleines du four. Démouler aussitôt et laisser refroidir sur une grille.

à savoir

L'origine des madeleines est pour le moins controversée : elles seraient issues d'une recette de quatre-quarts réalisée à Commercy dès le XVIIe siècle, ou bien créées par Avice, pâtissier ayant inspiré le grand Carême, et devenu le pâtissier de Talleyrand. Pour d'autres, elles remonteraient au Moyen Âge. Elles auraient été une spécialité d'Illiers, ville-étape des pèlerins de Saint-Jacques de Compostelle, comme pourrait le laisser supposer les sillons de leur dos, en forme de coquillage, et leur ventre rebondi qui ressemble fort à un chapeau de pèlerin. On peut suivre avec certitude leur histoire, au XVIIIe siècle, en Lorraine, à la cour du roi Stanislas Leszczynski. Lors d'une fête, une jeune soubrette, Madeleine, remplaça au pied levé le pâtissier qui avait rendu son tablier. Le roi Stanislas donna le prénom de sa servante, Madeleine, aux petits gâteaux dorés et fondants. La mode de la madeleine fut ensuite lancée à Versailles par la reine Marie Leszczynska. Quant à leur père spirituel, il s'agit, sans aucun doute, de Marcel Proust.

Madeleines au miel, sauce aux fraises et aux framboises

Préparation : 30 mn
Réfrigération : 12 h
Cuisson : 8 mn

recette raffinée

Ingrédients pour 12 madeleines :

3 œufs
30 g de sucre
3 c. à s. de miel liquide
4 c. à s. de lait
1 pincée de vanille en poudre
1 c. à s. d'extrait liquide de vanille
215 g de farine tamisée
1 sachet de levure chimique
220 g de beurre
Sauce aux fraises et aux framboises (voir recette p. 445)

1. Préparer la pâte la veille : mélanger les œufs, le sucre, le miel, le lait, la vanille en poudre et l'extrait de vanille. Mélanger 200 g de farine avec la levure, et l'incorporer au mélange précédent. Faire chauffer 200 g de beurre jusqu'à coloration légère, l'ajouter tiédi à la pâte. Mélanger. Laisser reposer au réfrigérateur 12 h.
2. Préchauffer le four à 240 °C. Beurrer et fariner un moule à mini-madeleines. Verser l'appareil dans les alvéoles, enfourner et cuire 8 mn. Servir avec la sauce aux fraises et aux framboises.

variante de la recette

Madeleines au miel

Ingrédients pour 4 personnes : 100 g de sucre glace, 180 g de farine, 40 g de poudre d'amandes, 100 g de beurre noisette tiède, 3 c. à s. de miel liquide, 3 blancs d'œufs et 40 g de sucre.

Mélanger le sucre glace, la farine et la poudre d'amandes ; ajouter le beurre et le miel ; monter les blancs en neige très ferme ; les incorporer à la préparation. Répartir la pâte dans les alvéoles du moule ; laisser reposer 10 mn au frais. Cuire 8 à 9 mn au four préchauffé à 150 °C 20 mn au moins. Démouler et laisser refroidir.

Madeleines au thé à la bergamote

Préparation : 45 mn
Réfrigération : 12 h
Cuisson : 10 à 15 mn

recette raffinée

Ingrédients pour 4 personnes :

2 œufs
60 g de sucre
100 g de farine
1 c. à c. de levure chimique
100 g de beurre
10 g de thé à la bergamote
3 c. à s. de miel liquide

1. Préparer la pâte la veille : mélanger les œufs et le sucre. Incorporer la farine et la levure. Réserver.
2. Dans une casserole, faire fondre le beurre et laisser atteindre le point d'ébullition. Ajouter le thé, retirer la casserole du feu et laisser infuser 3 mm.
3. Tamiser le mélange précédent dans un chinois, en veillant à ne pas verser le dépôt qui s'est formé au fond de la casserole. L'incorporer au mélange œufs-sucre-farine-levure. Ajouter le miel. Réserver la préparation au réfrigérateur 12 h.
4. Préchauffer le four à 190 °C.
5. Remplir les moules à madeleines de pâte jusqu'aux 3/4, à l'aide d'une poche à douille unie. Enfourner et cuire 10 à 15 mm, jusqu'à ce que les madeleines soient dorées.
6. Sortir les madeleines du four. Les démouler et les laisser refroidir.

conseil

Vous pouvez également confectionner ces madeleines en utilisant d'autres variétés de thé, ceylan ou darjeeling par exemple. Choisissez un thé au goût très prononcé, ou bien augmentez la quantité de thé que vous incorporerez au beurre.

notre avis

La réfrigération confère à la pâte une meilleure tenue lors de la cuisson.

Meringues au cacao

Préparation : 20 mn
Cuisson : 2 h

délice des enfants

Ingrédients pour 25 meringues :

4 blancs d'œufs
250 g de sucre semoule
4 c. à s. de cacao
4 c. à s. de sucre glace

1. Préchauffer le four à 90-100 °C au maximum.
2. Dans une terrine, monter les blancs d'œufs en neige ferme avec 1 cuillerée à café de sucre semoule. Réserver.
3. Dans une casserole, verser le reste de sucre. Mouiller avec 3 cuillerées à soupe d'eau. Cuire jusqu'au boulé (lorsque l'on verse 1 goutte de sirop dans de l'eau, elle forme une boule que l'on peut modeler).
4. Verser le sirop sur les blancs en neige en mince filet, sans cesser de fouetter, jusqu'à ce que la préparation refroidisse. Incorporer alors le cacao et le sucre glace. Remplir une poche à douille de l'appareil.
5. Couvrir une plaque de papier sulfurisé. Coucher des petits tas de meringue sur la plaque, en les espaçant de 4 cm. Enfourner et cuire 2 h environ, en laissant la porte du four entrouverte.
6. Laisser refroidir les meringues dans le four, porte fermée. Les décoller délicatement du papier.

conseil

Les meringues sont une excellente occasion d'employer les blancs en neige inutilisés dans une recette qui ne nécessite que des jaunes d'œufs.

à savoir

L'origine des meringues, suisses ou italiennes, est obscure. Il semble que Stanislas Leszczynski, père de l'épouse de Louis XV, y soit pour quelque chose, en fin gourmet qu'il était. Il faut dire qu'on le tient pour responsable du nom de baptême des « madeleines ».

Moelleux à la pâte d'amandes et à la pistache, ganache au chocolat

Préparation : 25 mn
Cuisson : 10 mn

recette raffinée

Ingrédients pour 10 personnes :

500 g de pâte d'amandes
5 œufs
40 g de pâte de pistaches
120 g de beurre fondu
10 cl de crème liquide
100 g de chocolat noir

1. Préchauffer le four à 180 °C.
2. Placer la pâte d'amandes dans une jatte.
3. Incorporer les œufs, un par un, et mélanger délicatement jusqu'à obtention d'une consistance homogène.
4. Ajouter la pâte de pistaches au mélange précédent, puis incorporer le beurre fondu.
5. Beurrer 10 moules à savarin individuels.
6. Répartir l'appareil dans les moules.
7. Enfourner et cuire 10 mn.
8. Démouler les gâteaux sur une grille et laisser refroidir.
9. Au moment de servir, porter la crème à ébullition. Incorporer le chocolat cassé en morceaux et mélanger jusqu'à ce qu'il soit complètement fondu.
10. Verser la ganache au chocolat au milieu des gâteaux. Servir aussitôt.

conseil

Pour une présentation raffinée, décorez la ganache au chocolat avec un éclat de feuille d'or.

notre avis

Vous pouvez confectionner un assortiment de petits gâteaux et pâtisseries pour régaler vos convives. Des barquettes aux fruits rouges (voir recette p. 293), par exemple, se marieront bien avec ces moelleux à la pâte d'amandes, ainsi que des éclairs au café et à la vanille (voir recette p. 303).

Moelleux au chocolat et au cacao, sauce au caramel

Préparation : 45 mn
Cuisson : 15 mn

recette de fête

Ingrédients pour 4 personnes :

125 g de chocolat noir à 70 %
30 g de beurre
1 jaune d'œuf + 4 blancs
70 g de sucre
3 c. à s. de cacao
1 c. à s. de sucre glace

Sauce au caramel :
75 g de sucre
12 cl de crème liquide
1 gousse de vanille
1 pincée de sel

1. Faire fondre le chocolat cassé en morceaux au bain-marie.
2. Ajouter le beurre coupé en parcelles, ainsi que le jaune d'œuf.
3. Monter les blancs en neige au fouet, en ajoutant le sucre lorsqu'ils deviennent fermes. Les incorporer délicatement au mélange au chocolat à l'aide d'une spatule. Ajouter le cacao.
4. Préchauffer le four à 180 °C.
5. Chemiser l'intérieur de 4 petits cercles de papier sulfurisé et les poser sur une plaque couverte de papier sulfurisé. Répartir l'appareil dans les cercles. Enfourner et cuire 15 mn.
6. Pendant ce temps, préparer la sauce au caramel : faire chauffer le sucre avec 1 cuillerée à soupe d'eau jusqu'à ce qu'il devienne roux. Faire chauffer la crème avec la gousse de vanille fendue en deux et grattée et le sel. La verser sur le caramel lorsque celui-ci est à peine roux. Filtrer au chinois.
7. Démouler les gâteaux. Les saupoudrer de sucre glace. Servir aussitôt avec la sauce au caramel.

conseil

Décorez ces moelleux au chocolat avec des pistaches.

Muffins à la semoule de maïs et au chocolat

Préparation : 10 mn
Cuisson : 20 mn

recette anglaise

Ingrédients pour 8 muffins :

70 g de beurre
150 g de semoule de maïs
3 c. à s. de farine tamisée
90 g de sucre
2 c. à s. de cacao
1 pincée de sel
1 sachet de levure chimique
1 œuf
20 cl de lait
8 carrés de chocolat noir

1. Préchauffer le four à 200 °C.
2. Faire fondre 50 g de beurre sur feu doux. Réserver.
3. Mélanger la semoule de maïs, la farine, le sucre, le cacao, le sel et la levure dans une jatte.
4. Creuser une fontaine au centre et y casser l'œuf. Délayer les ingrédients progressivement, à la cuiller en bois, en incorporant le beurre fondu. Ajouter le lait, en mince filet.
5. Beurrer 8 petits ramequins.
6. Disposer 1 cuillerée à soupe de pâte dans chaque ramequin. Poser un carré de chocolat sur la pâte. Ajouter 1 cuillerée de pâte. Enfourner à mi-hauteur du four et cuire 20 mn.
7. Sortir les ramequins du four.
8. Passer la lame d'un couteau sur tout le pourtour des muffins, de façon à pouvoir les décoller plus facilement.
9. Démouler les ramequins et les retourner sur une grille. Laisser tiédir. Servir.

notre avis

Vous pouvez servir ces muffins avec des muffins aux myrtilles ou aux bananes (voir recettes ci-contre).

conseil

Pour déguster les muffins – meilleurs encore tièdes –, coupez-les en deux et beurrez-les généreusement.

Muffins aux myrtilles et au rhum

Préparation : 30 mn
Cuisson : 15 à 20 mn

recette américaine

Ingrédients pour 12 muffins :

200 g de myrtilles
200 g de farine
1 pincée de sel
1/2 sachet de levure chimique
145 g de beurre
115 g de sucre
3 œufs
Le zeste de 1 citron râpé
2 c. à s. de rhum

1. Préchauffer le four à 180 °C. Nettoyer les myrtilles. Réserver. Mélanger la farine, le sel et la levure dans une jatte. Réserver.
2. Dans une terrine, travailler 125 g de beurre en pommade. Ajouter le sucre, sans cesser de mélanger, jusqu'à obtention d'un mélange crémeux. Incorporer les œufs un par un, en mélangeant entre chaque adjonction. Ajouter le mélange précédent, sans cesser de mélanger, puis le zeste de citron, le rhum et les myrtilles.
3. Beurrer 12 ramequins. Les remplir de pâte jusqu'aux 3/4. Enfourner à mi-hauteur du four et cuire 15 à 20 mn. Démouler les muffins et laisser refroidir sur une grille.

variante de la recette

Muffins aux bananes et au rhum

Ingrédients : 160 g de beurre mou, 140 g de sucre, 3 œufs, 180 g de farine, 1/2 sachet de levure chimique, 2 c. à s. de rhum et 2 bananes coupées en 6 morceaux.

Travailler 140 g de beurre avec le sucre jusqu'à homogénéité ; ajouter les œufs un par un ; mélanger jusqu'à obtention d'une émulsion lisse ; incorporer la farine et la levure tamisées puis le rhum. Beurrer 12 ramequins et les remplir de pâte jusqu'aux 2/3 ; ajouter 1 morceau de banane ; répartir le reste de pâte dessus et laisser reposer 3 h. Cuire au four préchauffé à 180 °C 15 à 20 mm.

Palets aux amandes
et aux fruits rouges, sauce au cassis

Préparation : 10 mn
Cuisson : 15 mn

recette raffinée

Ingrédients pour 4 personnes :

130 g de beurre mou
110 g de sucre glace
120 g de poudre d'amandes
2 œufs + 1 jaune
3 c. à c. de farine
5 c. à c. de crème liquide
1 c. à c. de rhum ambré
50 g de myrtilles
50 g de cassis
50 g de groseilles

Sauce au cassis :
45 g de sucre
Le jus de 1/2 citron
200 g de cassis

1. Préchauffer le four à 190 °C.
2. Dans une terrine, mélanger 120 g de beurre avec le sucre, la poudre d'amandes, les œufs et le jaune, la farine, la crème et le rhum, en veillant à ce que l'appareil ne mousse pas.
3. Beurrer 4 petits cercles à pâtisserie ou 4 moules individuels. Y répartir la préparation.
4. Mélanger les myrtilles, les cassis et les groseilles.
5. Répartir le mélange de fruits rouges à la surface de la pâte.
6. Enfourner et cuire 15 mn.
7. Pendant ce temps, préparer la sauce au cassis : dans une casserole, porter à ébullition 20 cl d'eau additionnée du sucre et du jus de citron. Ajouter le cassis. Laisser cuire 2 à 3 mn à partir de la reprise de l'ébullition. Éteindre le feu, couvrir la casserole et laisser refroidir.
8. Sortir les palets du four. Laisser tiédir et servir avec la sauce au cassis.

conseil

Servez ces palets avec 1 quenelle de glace à la vanille (voir recette p. 438), et décorez avec des fruits rouges.

notre avis

Pour épaissir la sauce au cassis, vous pouvez mélanger le sucre avec 1 cuillerée de fécule.

Petits carrés aux noix

Préparation : 40 mn
Cuisson : 20 mn

recette raffinée

Ingrédients pour 8 à 10 personnes :

100 g de cerneaux de noix
100 g de chocolat noir à 70 %
100 g de beurre
3 œufs
210 g de sucre
1 c. à c. d'extrait liquide de vanille
1 bonne pincée de sel
5 c. à s. de farine

1. Hacher grossièrement les 2/3 des cerneaux de noix. Réserver.
2. Casser le chocolat en morceaux.
3. Dans une casserole placée dans un bain-marie, faire fondre les morceaux de chocolat avec 80 g de beurre, sur feu doux, sans cesser de mélanger.
4. Laisser refroidir le chocolat fondu.
5. Pendant ce temps, préchauffer le four à 170 °C.
6. Dans une jatte, battre les œufs avec le sucre jusqu'à ce que le mélange devienne jaune pâle et ait une consistance crémeuse et légère. Incorporer l'extrait de vanille et le sel. Mélanger délicatement.
7. Ajouter la farine au mélange précédent. Incorporer le mélange chocolat-beurre, puis les cerneaux de noix.
8. Beurrer un moule carré de 20 cm de côté. Y verser la pâte. Enfourner et cuire 20 mn environ : le gâteau est cuit lorsque les bords commencent à se décoller des parois du moule.
9. Démouler le gâteau et laisser refroidir une grille.
10. Découper le gâteau en petits carrés de 3 cm de côté environ. Disposer 1 cerneau de noix sur le dessus.

notre avis

Vous pouvez aromatiser la pâte avec 1/2 cuillerée à café de cannelle, ou 1 cuillerée à café de zeste d'orange finement râpé.

Petits fours à la semoule

Préparation : 20 mn
Cuisson : 20 mn

recette marocaine

Ingrédients pour 30 petits fours :

3 œufs
120 g de sucre
1/2 sachet de levure chimique
1/2 sachet de sucre vanillé
1/2 verre d'huile
500 g de semoule fine
2 c. à s. de sucre glace

1. Battre les œufs dans une jatte.
2. Incorporer le sucre, la levure, le sucre vanillé et l'huile, en en réservant 1 cuillerée à café, et travailler la préparation longuement.
3. Ajouter la semoule progressivement, en pluie fine, sans cesser de mélanger jusqu'à obtention d'une pâte molle.
4. Préchauffer le four à 180 °C.
5. Huiler une plaque à pâtisserie au pinceau.
6. Diviser la pâte en 30 boules de la taille d'une noix.
7. Aplatir légèrement les boules de pâte avec la paume de la main. Les saupoudrer de sucre glace. Les disposer sur la plaque. Enfourner et cuire 20 mn environ.
8. Laissez refroidir les petits fours et servir.

conseil

Si la pâte vous semble trop épaisse, ajoutez 1 œuf.

notre avis

Vous pouvez parfumer la pâte avec 1/2 cuillerée à café de cannelle en poudre, ou avec 1 cuillerée à soupe d'eau de fleur d'oranger ou d'eau de rose.
Vous pouvez également ajouter 2 cuillerées à café de miel liquide.
Servez ces petits fours avec du thé à la menthe ou du café.

Profiteroles au chocolat

Préparation : 30 mn
Cuisson : 15 à 20 mn

recette traditionnelle

Ingrédients pour 6 à 8 personnes :

20 g de beurre
2 c. à s. de sucre glace
250 g de chocolat noir à 70 %
30 à 40 cl de glace à la vanille

Pâte à choux :
1 pincée de sel
1/2 c. à s. de sucre
80 g de beurre
150 g de farine tamisée
4 œufs

1. Préparer la pâte à choux : verser 25 cl d'eau dans une casserole à fond épais. Ajouter le sel, le sucre et 80 g de beurre coupé en parcelles. Porter à ébullition et retirer la casserole du feu. Incorporer la farine d'un coup, en mélangeant vigoureusement à la cuiller en bois, jusqu'à ce que la pâte se détache des parois de la casserole et forme une boule. Remettre sur le feu et faire dessécher la pâte 20 s sur feu doux, en remuant énergiquement.
2. Transférer la pâte dans une jatte. Y casser les œufs un par un, en mélangeant entre chaque adjonction, jusqu'à ce que la pâte soit brillante et élastique.
3. Préchauffer le four à 200 °C.
4. Beurrer une plaque à pâtisserie. Y déposer des boulettes de pâte à l'aide d'une poche à douille, en aplatissant légèrement la crête avec une fourchette. Enfourner et cuire 15 à 20 mn jusqu'à ce que les choux soient bien gonflés, en les saupoudrant de sucre glace 1 mn avant la fin de la cuisson pour les caraméliser.
5. Sortir la plaque du four et laisser refroidir les choux sur une grille.
6. Casser le chocolat en morceaux et les faire fondre, sur feu doux, dans une jatte placée dans un bain-marie.
7. Pendant ce temps, couper les choux aux 2/3 de la hauteur. Les garnir de glace à la vanille. Remettre le chapeau en place. Napper de chocolat brûlant. Servir aussitôt.

Sablés aux amandes et à la cannelle

Préparation : 1 h
Cuisson : 10 à 12 mn

recette raffinée

Ingrédients pour 6 personnes :

170 g de beurre
120 g de sucre glace
1 gousse de vanille
2 jaunes d'œufs
220 g de farine
40 g de poudre d'amandes
1 pincée de sel
1 pincée de levure chimique
2 pincées de cannelle en poudre

1. Mélanger le beurre avec le sucre glace jusqu'à ce que l'appareil soit homogène.
2. Fendre la gousse de vanille en deux dans la longueur et gratter les graines dans le mélange précédent.
3. Ajouter les jaunes d'œufs. Mélanger.
4. Incorporer 190 g de farine, la poudre d'amandes, le sel, la levure et la cannelle tamisés ensemble.
5. Rouler la pâte en boule et laisser reposer 30 mn.
6. Préchauffer le four à 190 °C.
7. Sur un plan de travail fariné, abaisser la pâte sur 3 mm d'épaisseur.
8. Déposer l'abaisse de pâte sur une plaque à pâtisserie. Enfourner et cuire 10 à 12 mn, jusqu'à ce qu'elle blondisse.
9. Sortir la plaque du four.
10. Confectionner les sablés en découpant 6 ronds dans la pâte avec un emporte-pièce cannelé.
11. Laissez refroitir et servir.

conseil

Servez ces sablés avec 1 quenelle de sorbet au choix, et des mangues détaillées en lamelles.

variantes de la recette

Sablés au beurre salé

Ingrédients : 170 g de beurre demi-sel mou, 100 g de sucre, 2 jaunes d'œufs, 280 g de farine, 1 pincée de sel, 2 gouttes d'extrait liquide de vanille, 20 g de beurre et 1 œuf battu.

Mélanger le beurre avec le sucre et les jaunes d'œufs; ajouter la farine, le sel et l'extrait de vanille; travailler la préparation à la main jusqu'à obtention d'une pâte homogène; rouler la pâte en boule ; la placer dans une jatte, couvrir celle-ci d'un linge et réfrigérer 1 h. Travailler la pâte légèrement, pour l'assouplir et la rendre lisse, puis l'abaisser sur 3 mm d'épaisseur au rouleau; confectionner les sablés en découpant des disques de pâte de 4 cm de diamètre avec le rebord d'un verre ou un emporte-pièce. Placer les sablés sur une plaque beurrée, les dorer à l'œuf battu et les quadriller avec la lame d'un couteau. Cuire au four préchauffé à 200 °C jusqu'à coloration.

Sablés bretons aux amandes

Ingrédients : 175 g de beurre mou, 1 pincée de sel, 70 g de sucre glace, 1 jaune d'œuf, 25 g de poudre d'amandes et 140 g de farine.

Mélanger le beurre avec le sel et le sucre glace dans une terrine; ajouter le jaune d'œuf, la poudre d'amandes et la farine et mélanger jusqu'à homogénéité; rouler la pâte en boule, l'envelopper de film alimentaire et réfrigérer 1 h. Abaisser la pâte sur 8 mm d'épaisseur au rouleau. Tailler des ronds dans la pâte avec des cercles à pâtisserie, sans les ôter. Disposer le tout sur une plaque antiadhésive et cuire au four préchauffé à 200 °C 8 mn.

Sablés aux noisettes

Préparation : 30 mn
Cuisson : 10 à 15 mn

recette traditionnelle

Ingrédients pour 60 sablés :

- 1 kg de farine
- 500 g de beurre mou
- 1 pincée de sel
- 150 g de sucre glace
- 10 cl de crème liquide
- 2 gousses de vanille
- 2 jaunes d'œufs
- 200 g de noisettes
- 1 c. à s. d'huile

1. Tamiser la farine dans une jatte. Incorporer le beurre, puis le sel et le sucre glace. Réserver.
2. Dans une casserole, chauffer la crème et y faire infuser les gousses de vanille fendues en deux dans la longueur et grattées. Laisser tiédir.
3. Fouetter la crème, puis ajouter les jaunes d'œufs. Verser la préparation sur la pâte, mélanger et incorporer les noisettes hachées.
4. Préchauffer le four à 200 °C.
5. Abaisser la pâte et y découper 60 ronds à l'aide d'un emporte-pièce ou avec le bord d'un petit verre.
6. Huiler une plaque à pâtisserie. Disposer les sablés sur la plaque. Enfourner et cuire 10 à 15 mn.

à savoir

Les noisettes sont principalement utilisées en pâtisserie, mais on peut aussi les servir grillées ou salées en amuse-gueule, ou pilées dans une farce. Par ailleurs, on extrait des noisettes une huile d'une grande finesse qui ne doit pas être chauffée.

notre avis

Les sablés sont très agréables à déguster tels quels, avec du thé ou du café, ou bien légèrement nappés de confiture.

Sacristains

Préparation : 40 mn
Cuisson : 20 à 22 mn

recette traditionnelle

Ingrédients pour 32 sacristains :

- 80 g d'amandes mondées
- 2 œufs
- 1 rouleau de pâte feuilletée toute prête
- 2 c. à s. de farine
- 80 g de sucre cristallisé

1. Hacher grossièrement les amandes. Réserver.
2. Casser les œufs dans une jatte et les battre. Réserver.
3. Diviser la pâte feuilletée en 2 portions égales. Placer la moitié de la pâte au réfrigérateur.
4. Sur le plan de travail fariné, abaisser l'autre moitié de pâte au rouleau à pâtisserie sur 2 mm d'épaisseur, en formant un rectangle de 15 cm de long.
5. Préchauffer le four à 210 °C.
6. Couper le rectangle de pâte en deux dans la longueur. Badigeonner 1 bande de pâte d'œuf battu au pinceau. Parsemer un peu d'amandes et saupoudrer de sucre. Passer le rouleau sur la pâte, en appuyant très légèrement, pour y faire adhérer les ingrédients. Retourner la bande et renouveler ces opérations.
7. Détailler la bande de pâte en bâtonnets de 2 cm de large avec un couteau. Les torsader en hélice en tenant chacune des extrémités. Procéder de la même façon avec l'autre bande de pâte, puis avec l'autre moitié de pâte.
8. Placer les sacristains sur une plaque humide, en veillant à bien les espacer. Enfourner et cuire 10 à 12 mn. Baisser la température à 180 °C et poursuivre la cuisson 10 mn.
9. Sortir la plaque du four. Transférer les sacristains sur une grille et laisser tiédir.

notre avis

Vous pouvez conserver les sacristains dans une boîte hermétique 1 semaine.

Traou mad au beurre salé
et poires au caramel

Préparation : 45 mn
Réfrigération : 4 h
Cuisson : 8 à 10 mn

recette bretonne

Ingrédients pour 4 personnes :

315 g de sucre
Le jus de 1 citron
600 g de poires
20 cl de crème liquide très froide
1 pincée de cannelle
4 c. à c. de sucre glace

Pâte à traou mad :
350 g de beurre salé mou
150 g de sucre glace
3 jaunes d'œufs
500 g de farine
60 g de poudre d'amandes

1. Préparer la pâte à traou mad : dans une jatte, mélanger le beurre et le sucre glace. Incorporer les jaunes d'œufs un par un, en mélangeant entre chaque adjonction, la farine et la poudre d'amandes. Mélanger.
2. Placer la pâte entre 2 feuilles de film alimentaire. Laisser reposer au réfrigérateur 4 h.
3. Préparer les poires : porter à ébullition 50 cl d'eau avec 250 g de sucre et le jus de citron.
4. Peler les poires, les épépiner et les couper en deux. Les pocher dans le sirop sur feu doux 20 mn.
5. Préchauffer le four à 200 °C.
6. Fouetter la crème en chantilly avec 15 g de sucre, dans un bol glacé, jusqu'à ce qu'elle soit ferme. Ajouter la cannelle.
7. Sortir la pâte du réfrigérateur. L'abaisser sur 8 mm d'épaisseur au rouleau. Tailler des ronds dans la pâte avec 8 cercles à pâtisserie, sans les ôter. Disposer le tout sur une plaque antiadhésive. Enfourner et cuire 8 à 10 mn environ.
8. Pendant ce temps, faire chauffer le reste de sucre avec un peu d'eau jusqu'à coloration blonde. Ajouter les poires détaillées en dés. Les faire caraméliser et laisser tiédir. Dans 4 cercles, couvrir le traou mad de dés de poire. Ajouter 1 quenelle de chantilly à la poche à douille, puis surmonter d'un traou mad. Décorer avec du sucre glace.

Tuiles à l'orange, ganache au chocolat
et sauce à l'orange

Préparation : 45 mn
Cuisson : 5 à 6 mn par tuile

recette de fête

Ingrédients pour 6 personnes :

Le jus et le zeste de 1 orange
120 g de beurre mou
200 g de sucre
90 g de farine
1 c. à s. de Grand Marnier
Sauce à l'orange (voir recette p. 444)

Ganache au chocolat (voir recette p. 437)
50 g de chocolat blanc fondu
150 g d'écorces d'orange confites (voir recette p. 421)
3 brins de menthe

1. Préchauffer le four à 130 °C.
2. Détailler le zeste de l'orange en filaments. Les blanchir 2 mn. Presser l'orange et réserver le jus. Mélanger 100 g de beurre et le sucre. Ajouter le jus d'orange, le zeste, la farine et le Grand Marnier. Mélanger. Beurrer une plaque à pâtisserie. Y déposer un peu de pâte au centre et étaler celle-ci sur 2 mm d'épaisseur, en formant un ovale du centre vers l'extérieur. Enfourner et cuire 5 à 6 mn.
3. Sortir la plaque du four et la poser sur un linge mouillé, afin de stopper la cuisson. Soulever légèrement la tuile d'un côté, laisser tiédir 30 s, puis la décoller avec une spatule en soulevant la partie décollée de l'autre main.
4. Appliquer la dentelle de tuile autour d'une bouteille en verre, après l'avoir ébouillantée pour ôter l'étiquette. Laisser durcir et décoller la tuile. Confectionner les autres tuiles de la même façon.
5. Répartir la sauce à l'orange dans les assiettes. Disposer une tuile à l'orange. Confectionner des gros copeaux de chocolat, en passant une cuillère à soupe trempée dans de l'eau chaude à la surface de la ganache, et les dresser en éventail dans les assiettes. Verser du chocolat blanc fondu dessus. Parsemer les dés d'écorces d'orange confites et décorer avec des feuilles de menthe.

Bonbons et Mignardises

Les friandises : une longue histoire !

Le goût pour les friandises existait déjà dès l'Antiquité égyptienne. Le véritable bonbon, de consistance solide, apparaît au XIIIe siècle sous l'appellation de « dragerie » : les épices et les fruits rapportés d'Orient par les croisés étaient plongés dans du sucre fondu et cuits sur le feu. Réservées à l'aristocratie et dotées d'un pouvoir thérapeutique, ces « épices de chambre » étaient très prisées. Au XVIe siècle, Catherine de Médicis fait découvrir à la cour de France le savoir-faire des Italiens en matière de confiserie, et Marie de Médicis, lorsqu'elle vient épouser Henri IV, est accompagnée de son confiseur officiel, Giovanni Pastilla, qui confectionne des pastilles à tous les parfums.

Si le nom de « bonbon » remonte à 1604, la sucette, quant à elle, naît à Paris en 1924.

Aujourd'hui, les bonnes tables se font une obligation de proposer des mignardises – du vieux français « mignard », signifiant « gracieux et mignon » – avec le café. Cet usage des plus agréables n'a d'ailleurs pas de frontières : en effet, le terme « rahat-lou koum », qui désigne parfois l'ensemble des petites confiseries orientales, signifie, en turc, « repos du gosier »...

COMMENT FAIRE FONDRE LE CHOCOLAT

Couper le chocolat en très petits morceaux ou, mieux, le hacher finement au couteau dans une jatte, et placer celle-ci dans un bain-marie très doux (45 °C) – l'eau doit frémir mais pas bouillir, afin qu'il fonde lentement. Pour éviter les projections ou les retombées de vapeur d'eau du bain-marie, ne pas mélanger avant que le chocolat ne soit complètement fondu. Faute de temps, on peut aussi le faire fondre dans le four à micro-ondes.

Pour enrober des friandises de chocolat fondu, utiliser une brochette ou deux fourchettes, afin que le nappage soit uniforme. Laisser égoutter l'excédent de chocolat, puis disposer les friandises sur une feuille de papier sulfurisé et laisser durcir le chocolat.

COMMENT CONFECTIONNER DES PÂTES DE FRUITS

Pour réussir les pâtes de fruits, compter 800 g de sucre pour 1 kg de purée de fruits.

Pour vérifier la cuisson de la pâte, en verser un peu sur une assiette : elle ne doit pas s'étaler. Pour accélérer son séchage, mettre la plaque dans le four préchauffé à 90 °C. Les pâtes de fruits se conservent dans une boîte métallique, en séparant les couches par des feuilles de papier sulfurisé.

COMMENT SERVIR LES TRUFFES AU CHOCOLAT

Les truffes, qui sont les bouchées les plus fréquemment réalisées aujourd'hui, sont en fait une simple ganache, parfumée ou non, façonnée en boulettes. Si elles se conservent au réfrigérateur, en revanche, il faut les sortir de celui-ci au moins 1 h avant de les servir, sous peine de tuer les arômes subtils du chocolat.

Les truffes

Pour enrober plus facilement les truffes de cacao, on peut préalablement les tremper dans du chocolat fondu, tiède. Il suffit ensuite de les rouler dans le cacao à l'aide d'une fourchette.

Calissons

Préparation : 45 mn
Repos : 12 h
Cuisson : 10 mn

recette traditionnelle

Ingrédients pour 1 kg de calissons :

550 g d'amandes décortiquées
250 g de melon confit
4 c. à s. de miel liquide
50 g d'oranges confites
100 g de sucre semoule
1 blanc d'œuf
2 c. à s. de sucre glace
Le jus de1 citron

1. Pocher les amandes quelque minutes, afin de pouvoir les monder plus facilement.
2. Broyer les amandes au mixeur avec le melon confit, le miel et les oranges confites jusqu'à obtention d'une pâte homogène.
3. Dans une casserole, placer le sucre semoule et le faire cuire jusqu'à ce que la température atteigne 120 °C.
4. Incorporer le sucre au mélange amandes-melon-miel-oranges. Malaxer l'appareil 20 mn. Laisser reposer 12 h.
5. Préchauffer le four à 100-110 °C.
6. Préparer le glaçage : battre le blanc d'œuf en neige ferme, en incorporant le sucre glace peu à peu.
7. Ajouter le jus de citron au mélange précédent. Celui-ci doit avoir la consistance d'une pâte et être brillant.
8. Étaler la pâte aux amandes sur une plaque, sur 1 cm d'épaisseur environ, et la napper du glaçage. Enfourner et cuire 10 mn.
9. Découper les calissons avec un couteau.

à savoir

« Peut-être sacrées, toujours sucrées » : les origines du calisson sont confuses. Sa fabrication et sa commercialisation demeurent liées à Aix-en-Provence. Contrairement à certaines assertions, le calisson d'Aix ne fait pas partie des fameux « treize desserts » du soir de Noël provençal. Mais pourquoi ne seraient-ils pas quatorze ?

Caramels mous au chocolat

Préparation : 1 h
Cuisson : 30 à 35 mn

recette traditionnelle

Ingrédients pour 1 kg de caramels :

50 cl de lait
200 g de sucre
200 g de chocolat râpé
3 c. à s. de miel liquide
70 g de beurre

1. Verser le lait dans une terrine. Ajouter le sucre, le chocolat, le miel et 50 g de beurre coupé en dés. Mélanger jusqu'à obtention d'une pâte épaisse.
2. Beurrer un moule carré. Y verser la pâte. Quadriller la surface avec la pointe d'un couteau. Couvrir de film alimentaire et laisser refroidir complètement. Réserver au frais 30 mn.
3. Découper les caramels avec un couteau.

notre avis

Vous pouvez conserver les caramels 1 semaine au moins dans une boîte hermétique.

variante de la recette

Caramels au cacao

Ingrédients : 270 g de sucre, 270 g de cacao, 50 cl de crème fraîche, 60 g de beurre et 1/2 c. à s. d'huile.

Placer le sucre dans une casserole ; ajouter le cacao, la crème et le beurre coupé en dés, en mélangeant entre chaque adjonction. Faire cuire jusqu'au stade du gros boulé (120 °C). Verser la préparation dans un moule carré huilé ; quadriller la surface avec la pointe d'un couteau. Couvrir de film alimentaire, laisser refroidir et réserver au frais. Découper les caramels avec un couteau.

Dattes farcies à la crème aux amandes en papillotes de pâte de filo

Préparation : 40 mn
Cuisson : 7 mn

délice des enfants

Ingrédients pour 4 personnes :

400 g de dattes
1 paquet de feuilles de pâte de filo
40 g de beurre fondu

Crème aux amandes :
50 g de beurre mou
3 c. à s. de sucre
1 œuf
4 c. à s. de poudre d'amandes

1. Préparer la crème aux amandes : mélanger le beurre et le sucre. Ajouter l'œuf, puis la poudre d'amandes, en mélangeant entre chaque adjonction.
2. Préchauffer le four à 200 °C.
3. Fendre les dattes en deux dans la longueur, en veillant à ce que les deux moitiés restent attachées, et les dénoyauter. Les farcir de crème aux amandes à la poche à douille.
4. Badigeonner de beurre les feuilles de pâte de filo avec un pinceau, puis les couper en quatre. Disposer une datte sur chaque morceau de pâte, et rouler celui-ci de façon à obtenir une papillote. Enfourner les papillotes et cuire 7 mn, jusqu'à ce qu'elles aient une belle coloration blonde.

variante de la recette

Dattes farcies à la pâte d'amandes

Ingrédients : 400 g de dattes, 50 g de pâte d'amandes, 50 g de pâte d'amandes colorée en vert, 50 g de pâte d'amandes colorée en rose et 3 c. à s. de sucre glace.

Fendre les dattes en deux dans la longueur, en veillant à ce que les deux moitiés restent attachées, et les dénoyauter ; les farcir de pâte d'amande, en alternant les couleurs, et quadriller celle-ci avec un couteau. Saupoudrer de sucre glace.

Dattes farcies aux noix

Préparation : 20 mn

recette tunisienne

Ingrédients pour 3 ou 4 personnes :

12 dattes
12 noix
50 g de beurre
30 g de sucre glace
1 c. à s. d'eau de rose

1. Fendre les dattes en deux dans la longueur, en veillant à ce que les deux moitiés restent attachées, et les dénoyauter.
2. Écraser finement les noix. Les mélanger avec le beurre, le sucre glace et l'eau de rose.
3. Farcir chaque datte du mélange précédent.

à savoir

L'eau de rose entre dans la confection de nombreuses pâtisseries, notamment dans le bassin méditerranéen et au Moyen-Orient. Elle est obtenue par distillation des pétales, qui renferment une essence volatile.

notre avis

Vous pouvez remplacer le beurre par de la pâte d'amandes parfumée à l'eau de fleur d'oranger.

variante de la recette

Pruneaux farcis aux noix

Procéder comme pour les Dattes farcies aux noix.

Remplacer les dattes par des pruneaux, et l'eau de rose par de l'armagnac ou de la liqueur de noix.

Dattes, pruneaux et abricots farcis à la semoule

Préparation : 45 mn
Cuisson : 5 à 10 mn

recette tunisienne

Ingrédients pour 6 personnes :

1 l de lait
1 gousse de vanille
100 g de sucre
100 g de semoule
12 dattes
12 pruneaux
12 abricots séchés
24 cerneaux de noix
150 g d'amandes entières, de noisettes et de pignons de pin, à parts égales

1. Porter le lait à ébullition avec la gousse de vanille fendue en deux. Ajouter le sucre et la semoule. Laisser cuire, en mélangeant, 5 à 10 mm. Verser la semoule dans une jatte. Couvrir de film alimentaire et laisser refroidir.
2. Fendre les dattes en deux dans la longueur, en veillant à ce que les deux moitiés restent attachées, et les dénoyauter. Les farcir de semoule à la poche à douille. Procéder de la même façon avec les pruneaux et les abricots. Accoler les cerneaux de noix avec un peu de semoule.
3. Mélanger le reste de semoule avec les fruits secs. Disposer les fruits déguisés sur ce mélange.

variante de la recette

Boulettes aux fruits secs

Ingrédients pour 12 personnes : 75 g de sucre glace, 1 jaune d'œuf, 1 1/2 c. à s. d'eau de fleur d'oranger, 210 g de fruits secs décortiqués (pistaches, noisettes et amandes) mixés séparément, 1 c. à s. de sucre cristallisé et 2 c. à s. de poudre de pistaches .

Incorporer 25 g de sucre glace, 1/3 du jaune d'œuf et 1/2 cuillerée à soupe d'eau de fleur d'oranger aux pistaches, noisettes et amandes en poudre. Façonner des boulettes ; les rouler dans le sucre cristallisé ; enrober les boulettes aux pistaches et celles aux noisettes de poudre de pistaches, et les autres de sucre cristallisé.

Marrons glacés

Préparation : 20 mn
Repos : 2 h
Cuisson : 3 mn

recette traditionnelle

Ingrédients pour 1 kg de marrons glacés :

1 kg de marrons au sirop
800 g de sucre glace

1. Verser les marrons dans une passoire, en récupérant le sirop. Les disposer sur une grille et laisser égoutter 2 h.
2. Préchauffer le four à 230 °C.
3. Mélanger 20 cl d'eau avec le sirop réservé et le sucre glace. Filtrer le mélange. Réserver.
4. Enfourner les marrons et cuire 3 mn. Sortir la grille du four et la placer sur la lèchefrite. Napper les marrons de sirop. Laisser refroidir.

conseil

Rangez les marrons bien à plat dans une boîte hermétique, en séparant les couches de papier sulfurisé, et conservez-les dans un endroit aéré.

variante de la recette

Noix glacées

Ingrédients : 60 grosses noix, 300 g de pâte d'amandes et 250 g de sucre.

Diviser les noix en cerneaux. Répartir la pâte d'amandes sur la moitié des cerneaux de noix, puis réunir ceux-ci avec les cerneaux restants en appuyant fortement, de façon à reconstituer les noix. Préparer un caramel blond en faisant chauffer le sucre avec 5 cuillerées à soupe d'eau sur feu doux ; y plonger les noix une par une, en les piquant avec une brochette ; les égoutter et les disposer sur une grille. Laisser sécher.

Orangettes

Repos : 12 h
Préparation : 15 mn

recette traditionnelle

Ingrédients pour 1 kg d'orangettes :

450 g d'écorces d'orange confites
275 g de chocolat noir à 70 %
275 g de chocolat de couverture

1. Détailler les écorces d'orange confites en lamelles de 5 mm d'épaisseur.
2. Placer les lamelles d'écorce d'orange sur une grille. Laisser sécher 12 h.
3. Casser la moitié du chocolat noir et du chocolat de couverture en petits morceaux. Réserver.
4. Râper le reste des chocolats. Réserver.
5. Disposer le chocolat cassé en morceaux dans une jatte placée dans un bain-marie et le faire fondre sur feu doux.
6. Quand le chocolat est bien fondu, retirer la jatte du bain-marie et, tout en mélangeant vivement, incorporer le chocolat râpé.
7. Remettre la jatte sur le bain-marie et éteindre le feu. Mélanger jusqu'à ce que la température atteigne 32 °C (le chocolat fondu doit être tiède-doux, au contact de la lèvre inférieure).
8. Plonger les lamelles d'écorce d'orange dans le chocolat une par une, en les piquant avec une fourchette. Les égoutter et laisser refroidir sur une grille ou sur une feuille de papier sulfurisé.

conseil

Vous pouvez confire vous-même les écorces d'orange *(voir recette p. 421).*

notre avis

Les orangettes sont un accompagnement idéal pour le café.

Pâte de coings

Préparation : 15 mn
Cuisson : 30 mn
Repos : 12 h

recette traditionnelle

Ingrédients pour 1 kg de pâte de coings :

2 kg de coings pelés et coupés en dés
1 kg de sucre semoule
1/2 c. à s. d'huile d'arachide
3 c. à s. de sucre cristallisé

1. Placer les dés de coing dans une marmite et les cuire avec 30 cl d'eau sur feu doux jusqu'à obtention d'une compote. Les écraser en purée au moulin à légumes (grille moyenne). La tamiser au chinois et la remettre dans la marmite. Ajouter le sucre semoule. Faire cuire sur feu vif, sans cesser de mélanger, jusqu'à ce que la préparation soit très épaisse. Verser le mélange sur une plaque huilée et l'étaler sur 1 cm d'épaisseur. Laisser reposer 12 h.
2. Renverser la pâte de coings sur un linge. La détailler en cubes ou en losanges. Les enrober de sucre cristallisé et laisser sécher sur un grille.

variante de la recette

Pâte de pommes

Ingrédients : 2 kg de pommes reinettes, 1 kg de sucre, 1/2 c. à s. d'huile d'arachide et 3 c. à s. de sucre cristallisé.

Peler les pommes, les couper en quartiers, ôter le cœur et les pépins ; placer ceux-ci dans une mousseline et la nouer ; mettre les pommes dans une sauteuse ; ajouter 1 verre d'eau et le nouet et faire cuire sur feu doux jusqu'à ce que les fruits commencent à s'écraser. Ôter le nouet ; écraser les pommes à la fourchette ; transvaser la purée dans une marmite ; ajouter le sucre ; mélanger ; faire cuire jusqu'à obtention d'une marmelade épaisse ; la verser sur une plaque huilée, en l'étalant en couche régulière avec une spatule. Laisser sécher 2 h. Couper la pâte de pommes en cubes ou en losanges ; les enrober de sucre cristallisé.

Truffes au chocolat blanc
et au champagne

Préparation : 30 mn
Réfrigération : 30 mn

recette saveur

Ingrédients pour 30 à 40 truffes :

300 g de chocolat blanc
15 cl de lait concentré non sucré
25 g de beurre
10 cl de champagne
120 g de sucre glace

1. Râper le chocolat. Porter le lait concentré à ébullition, puis le verser sur le chocolat. Mélanger au fouet jusqu'à ce que la préparation soit homogène. Ajouter le beurre coupé en dés, puis le champagne. Laisser reposer 30 mn au réfrigérateur.
2. Confectionner des boulettes de ganache au chocolat avec une poche à douille ou une cuiller à café. Les enrober uniformément de sucre glace. Réfrigérer les truffes jusqu'au moment de servir.

notre avis

Cette recette est idéale pour utiliser un reste de champagne.

variante de la recette

Truffes au chocolat blanc et à la noix de coco

Ingrédients : 3 c. à s. de crème liquide, 400 g de chocolat blanc cassé en morceaux et 200 g de noix de coco râpée.

Porter la crème à ébullition ; ajouter 300 g de chocolat et 100 g de noix de coco ; mélanger jusqu'à obtention d'une ganache lisse ; réfrigérer jusqu'à ce qu'elle soit ferme. Former des boulettes régulières, à la poche à douille, sur une plaque à pâtisserie ; les rouler pour leur donner une forme bien arrondie. Faire fondre le reste de chocolat ; enrober les truffes de chocolat fondu ; les égoutter et les rouler dans le reste de noix de coco.

Truffes au chocolat noir,
au beurre et au whisky

Préparation : 30 mn
Réfrigération : 1 h

recette écossaise

Ingrédients pour 40 truffes :

300 g de chocolat noir à 70 %
100 g de beurre mou
3 c. à s. de crème liquide
2 c. à s. de whisky
70 g de cacao

1. Casser le chocolat ou le râper dans une jatte au bain-marie frémissant mais pas bouillant et le faire fondre. Ajouter le beurre, peu à peu, puis la crème liquide et le whisky. Mélanger soigneusement, de façon à bien amalgamer les ingrédients.
2. Ôter la jatte du bain-marie et laisser refroidir la ganache à température ambiante.
3. Saupoudrer la ganache de 1 cuillerée à soupe de cacao, puis confectionner des boulettes. Les enrober du reste de cacao. Réfrigérer 1 h.
4. Sortir les truffes du réfrigérateur 30 mn avant de servir.

variante de la recette

Truffes au café et au whisky

Ingrédients : 4 c. à s. de crème liquide, 5 c. à s. de café soluble, 250 g de chocolat noir haché, 50 g de beurre, 4 c. à s. de whisky, 400 g de chocolat au lait et 40 grains de café en chocolat.

Porter la crème à ébullition avec le café soluble ; filtrer le mélange ; le verser sur le chocolat haché et mélanger jusqu'à ce que celui-ci soit complètement fondu ; laisser tiédir jusqu'à 30 °C. Ajouter le beurre peu à peu, puis le whisky, sans cesser de fouetter. Dresser des rosaces de ganache à la poche à douille sur du papier sulfurisé ; entreposer au réfrigérateur 24 h. Faire fondre le chocolat au lait, puis en enrober les truffes ; poser un grain de café en chocolat sur chaque truffe et laisser durcir.

Truffes au chocolat noir, au miel et à la noix muscade

Préparation : 30 mn
Réfrigération : 1 h

recette écossaise

Ingrédients pour 40 truffes :

15 cl de crème liquide
80 g de miel liquide
1/2 c. à c. de noix muscade en poudre
450 g de chocolat noir à 70 %
80 g de beurre
80 g de cacao

1. Porter la crème à ébullition avec le miel et la noix muscade.
2. Pendant ce temps, casser 300 g de chocolat en petits morceaux.
3. Verser le mélange crème-miel-muscade sur le chocolat. Ajouter le beurre, peu à peu. Mélanger. Réfrigérer 1 h, jusqu'à ce que la ganache soit suffisamment ferme.
4. Confectionner des boulettes de ganache. Faire fondre le reste de chocolat. Enrober les truffes de chocolat fondu. Les égoutter et les rouler dans le cacao. Laisser sécher.

variante de la recette

Truffes au miel, aux amandes et à la menthe

Ingrédients : 150 g de sucre glace, 150 g de poudre d'amandes, 2 jaunes d'œufs, 5 c. à s. de miel liquide, 3 gouttes d'alcool de menthe et 150 g de chocolat de couverture cassé en morceaux.

Mélanger le sucre glace et la poudre d'amandes dans une terrine; ajouter les jaunes d'œufs, le miel et l'alcool de menthe; malaxer, jusqu'à obtention d'une pâte homogène. Confectionner des boulettes. Faire fondre le chocolat au bain-marie sur feu doux. Enrober les boulettes de chocolat fondu; les égoutter et laisser refroidir. Réfrigérer 1 à 2 h.

Truffes au chocolat noir et à la crème

Préparation : 30 mn
Réfrigération : 1 h 15
Repos : 12 h

recette traditionnelle

Ingrédients pour 1 kg de truffes :

20 cl de crème liquide
2 c. à s. de sucre
250 g de chocolat noir
60 g de beurre
250 g de chocolat de couverture
50 g de cacao

1. Préparer la ganache la veille : porter la crème à ébullition avec le sucre. La verser, en plusieurs fois, sur le chocolat noir cassé en morceaux. Laisser tiédir. Ajouter le beurre, peu à peu, en mélangeant jusqu'à ce que la préparation soit homogène. Réserver au réfrigérateur 1 h. Lorsque la ganache est suffisamment ferme, dresser des noix sur du papier sulfurisé. Réfrigérer 15 mn. Faire rouler les truffes sous la paume de la main. Laisser reposer 12 h.
2. Faire fondre le chocolat de couverture au bain-marie sur feu doux. Enrober les truffes de chocolat fondu. Les égoutter et les rouler dans le cacao.

variante de la recette

Truffes au chocolat

200 g de chocolat noir cassé en morceaux, 3 jaunes d'œufs, 120 g de beurre mou, 4 c. à s. de cacao et 4 c. à s. de sucre glace.

Faire fondre le chocolat avec 3 cuillerées à soupe d'eau sur feu doux, sans cesser de mélanger; retirer du feu et laisser tiédir; incorporer les jaunes d'œufs un par un, en fouettant énergiquement entre chaque adjonction; remettre sur feu moyen 1 à 2 mn; ajouter le beurre peu à peu, hors du feu; laisser refroidir jusqu'à épaississement, en remuant de temps en temps; confectionner des boulettes de ganache; les rouler dans le cacao, puis dans le sucre glace.

Truffes au chocolat noir et au beurre

Préparation : 30 mn

recette traditionnelle

Ingrédients pour 50 truffes :

400 g de chocolat noir
75 g de beurre
3 c. à s. de crème liquide
1 jaune d'œuf
100 g de cacao

1. Casser le chocolat en morceaux dans une jatte placée dans un bain-marie frémissant mais non bouillant et le faire fondre avec 2 cuillerées d'eau. Retirer la jatte du bain-marie. Ajouter le beurre peu à peu, puis la crème liquide et le jaune d'œuf, sans cesser de fouetter. Laisser refroidir.
2. Lorsque la ganache est ferme, confectionner des boulettes en en prélevant 1 cuillerée à café. Rouler les truffes dans le cacao.

variante de la recette

Truffes au beurre, au cognac et à la crème de marron

Ingrédients : 250 g de chocolat noir cassé en morceaux, 2 jaunes d'œufs, 150 g de beurre, 75 g de sucre glace, 3 c. à s. de crème fraîche, 2 c. à s. de cognac, 250 g de crème de marron et 50 g de cacao.

Faire fondre le chocolat au bain-marie avec 2 ou 3 cuillerées à soupe d'eau ; retirer du feu lorsqu'il est mou ; ajouter les jaunes d'œufs, un par un, et un peu de beurre ; mélanger soigneusement ; incorporer le reste de beurre peu à peu, sans cesser de mélanger ; ajouter le sucre glace, la crème, le cognac et la crème de marron ; mélanger soigneusement ; réfrigérer 12 h. Confectionner les truffes avec deux petites cuillers ; les rouler dans le cacao ; réserver au frais.

Truffes au chocolat noir et au Grand Marnier

Préparation : 30 mn
Repos : 13 h

recette raffinée

Ingrédients pour 6 personnes :

15 cl de crème liquide
400 g de chocolat noir à 70 %
20 g de beurre mou
2 c. à s. de Grand Marnier
100 g de cacao

1. Verser la crème dans une casserole et la porter à ébullition.
2. Pendant ce temps, hacher 200 g de chocolat dans une jatte.
3. Verser la crème, peu à peu, sur le chocolat haché. Ajouter le beurre, puis le Grand Marnier, sans cesser de mélanger jusqu'à ce que la ganache soit lisse. Laisser reposer à température ambiante 1 h.
4. Confectionner des boulettes de ganache avec une poche à douille. Les disposer sur une plaque couverte de papier sulfurisé. Entreposer au réfrigérateur jusqu'à ce que les truffes soient fermes.
5. Faire fondre le reste de chocolat au bain-marie sur feu doux.
6. Enrober les truffes de chocolat fondu. Les rouler dans le cacao. Laisser reposer à température ambiante 12 h.

conseil

Pour ôter l'excédent de cacao des truffes, placez-les dans une passoire et secouez délicatement.

notre avis

Vous pouvez remplacer le Grand Marnier par du cognac.

variante de la recette

Truffes au chocolat blanc et au Grand Marnier

Procéder comme pour les Truffes au chocolat noir et au Grand Marnier.
Remplacer le chocolat noir à 70 % par du chocolat blanc.

Desserts glacés, glaces, granités et sorbets

Desserts glacés, Glaces, Granités et Sorbets

Les origines de la glace, du sorbet et du granité

La glace est appréciée depuis l'Antiquité : Égyptiens et Romains sont déjà friands de fruits écrasés dans de la neige.
En 1200, les Chinois maîtrisent l'art de fabriquer des mets glacés, en recourant à un mélange réfrigérant composé de salpêtre et d'eau.
En France, c'est grâce à Catherine de Médicis que la cour peut goûter de la glace, en 1533, mais il faut attendre 1685 pour que le Procope, célèbre café parisien, la fasse découvrir à sa clientèle médusée.
Au Moyen Âge, à Bagdad, on consomme une boisson aux fruits, le *charbât*, qui deviendra *chorbêt* en turc, *sorbetto* en italien et sorbet en français.
Le granité est lancé à Paris au XIXe siècle par le pâtissier Tortoni. Préparation à base de sirop de fruits peu sucré ou parfumé à la liqueur ou au café, il doit son nom à sa texture grenue.

COMMENT RÉUSSIR UNE GLACE

La glace se prépare simplement avec une crème anglaise, que l'on parfume avec des fruits, des épices ou un alcool, voire un mélange de ces ingrédients. Il importe de ne pas faire bouillir cette crème, ni de la faire trop cuire, pour éviter qu'elle ne graine, et surtout de stopper rapidement sa cuisson en trempant le fond de la casserole dans de l'eau glacée. Pour faciliter le démoulage, on tapissera le fond du moule de film alimentaire.

COMMENT RÉUSSIR UN SORBET OU UN GRANITÉ

À la différence de la glace, le sorbet ne comporte pas, sauf exception, de produits laitiers : il se compose d'eau, de sucre, de jus de citron (ou d'un autre agrume), et de fruits divers, voire d'une infusion aromatique. En cours de refroidissement, on peut ajouter 1 blanc d'œuf battu pour donner du corps et de l'onctuosité à la préparation. Pour faciliter le démoulage, on tapissera le fond du moule de film alimentaire, et on le trempera dans de l'eau froide.
Le granité, très rafraîchissant, peut faire office de trou normand. Pour le préparer, il suffit de mélanger le sorbet toutes les heures avec une fourchette pendant le refroidissement, afin d'obtenir des paillettes.

COMMENT UTILISER FREEZER ET CONGÉLATEUR

On peut préparer une glace simple en sorbetière au freezer à la température de – 7 à – 8 °C (en revanche, celle-ci ne suffit pas pour un entremets glacé), ou dans un congélateur.
Il ne faut pas conserver une glace au freezer plus de 48 h. Dans un congélateur, ne pas dépasser 15 jours à 3 semaines (15 jours maximum pour les sorbets), et placer la glace dans une boîte parfaitement hermétique.

La glace : un produit fragile

Une extrême rigueur s'impose quant à la fraîcheur des produits utilisés pour préparer les glaces : crème, lait et œufs devront être impérativement extrafrais. La même vigilance est de mise pour la propreté du matériel, afin de limiter tout risque de développement de bactéries.

Quelle sorbetière ?

Il existe différents modèles de sorbetières, dont le mode d'emploi varie. Se reporter aux instructions du fabricant lorsque cela est indiqué dans les recettes.
On peut aussi préparer une glace ou un sorbet sans sorbetière : utiliser un moule métallique et mélanger régulièrement la préparation avec une fourchette (toutes les 2 h pour les sorbets), afin de casser les cristaux qui se forment pendant le refroidissement au freezer ou au congélateur.

Bombe au raisin

Préparation : 15 mn
Réfrigération : 2 h

recette raffinée

Ingrédients pour 4 personnes :

500 g de sucre
750 g de muscat blanc bien mûr
300 g de muscat noir
20 cl de crème fraîche

1. Préparer un sirop : verser le sucre dans une casserole. Ajouter 50 cl d'eau. Faire chauffer sur feu doux, sans cesser de mélanger avec une cuiller en bois, jusqu'à ce que le sucre soit complètement dissous. Au point d'ébullition, retirer la casserole du feu et laisser refroidir.
2. Égrener et presser le muscat blanc. Filtrer le jus au tamis.
3. Mélanger le jus de raisin et le sirop. Verser le mélange dans la sorbetière et la placer au freezer.
4. Au bout de 1 h, lorsque les pales de la sorbetière se soulèvent, incorporer des grains de raisin noir.
5. Remettre au freezer au moins 1 h ou jusqu'au moment de servir.
6. Démouler sur un plat très froid. Décorer avec des grains de raisin noir et de la crème fouettée.

notre avis

Vous pouvez accompagner cette bombe de petits biscuits secs.

Cassate au quatre-quarts et à la ricotta

Préparation : 30 mn
Réfrigération : 2 h

recette économique

Ingrédients pour 8 à 10 personnes :

1 quatre-quarts
50 g de fruits confits en morceaux
60 g de chocolat noir
1 kg de ricotta
20 cl de crème fraîche
4 c. à s. de sucre
3 c. à s. de curaçao
50 g de copeaux de chocolat
1/2 c. à c. d'extrait de café
1 c. à c. de cacao

1. Couper le quatre-quarts en fines tranches. Hacher les morceaux de fruits confits. Casser le chocolat en très petits morceaux. Passer la ricotta à travers un tamis et la fouetter jusqu'à obtention d'une consistance lisse, puis la diviser en 2 parts, dans la proportion de 2/3, 1/3.
2. Ajouter la moitié de la crème fraîche, 3 cuillerées à soupe de sucre et le curaçao à la plus grosse part, sans cesser de fouetter, puis incorporer, à la spatule, les fruits confits et les petits morceaux de chocolat. Réserver.
3. Disposer une couche de tranches de quatre-quarts dans un moule à cake. Étaler une couche de mélange à la ricotta, couvrir de copeaux de chocolat, et disposer une nouvelle couche de tranches de quatre-quarts. Renouveler ces opérations jusqu'à épuisement des ingrédients.
4. Travailler le reste de ricotta au fouet en ajoutant l'extrait de café. Napper le dessus du gâteau de ricotta au café à l'aide d'une poche à douille à embout plat. Entreposer au réfrigérateur 2 h environ.
5. Fouetter le reste de crème fraîche en chantilly, en incorporant le reste de sucre lorsqu'elle commence à se raffermir.
6. Démouler la cassate. Saupoudrer le centre de cacao. Décorer avec un cordon de chantilly, à l'aide d'une poche à douille cannelée.

notre avis

Vous pouvez remplacer le curaçao par une autre liqueur d'orange.

Crème glacée à la noix de coco
et au café

Préparation : 30 mn
Réfrigération : 30 mn

recette exotique

Ingrédients pour 4 personnes :

- 75 g de sucre semoule
- 4 c. à s. de farine
- 1 pincée de sel
- 15 cl de café très fort
- 50 cl de crème fraîche
- 3 jaunes d'œufs
- 2 petites noix de coco
- 1 sachet de sucre vanillé
- 40 g de beurre
- 2 c. à s. de sucre glace
- 2 pincées de cannelle en poudre

1. Verser le sucre semoule dans une jatte. Ajouter la farine et le sel. Placer la jatte dans un bain-marie. Ajouter le café, peu à peu, et 20 cl de crème fraîche environ. Mélanger jusqu'à ce que l'appareil commence à épaissir.
2. Ajouter aux jaunes d'œufs quelques cuillerées de la préparation au café, puis les incorporer au contenu de la jatte et faire cuire encore quelques minutes, toujours sans cesser de mélanger.
3. Couper les noix de coco en deux, en recueillant leur eau. Prélever la pulpe, en en laissant une épaisseur de 1 cm centimètre sur les coques. La râper finement.
4. Incorporer la noix de coco râpée au mélange. Ajouter le sucre vanillé et le beurre. Travailler au fouet à main, pour alléger la préparation. Placer celle-ci au réfrigérateur 30 mn, ainsi que les demi-noix de coco.
5. Remplir les demi-noix de coco de crème au café et à la noix de coco.
6. Fouetter le reste de crème fraîche en chantilly, en incorporant le sucre glace lorsqu'elle commence à se raffermir.
7. Décorer les crèmes glacées de chantilly à la poche à douille et saupoudrer de cannelle.

conseil

Pour couper une noix de coco en 2 parties égales, percez un trou à l'endroit où elle présente un petit creux semblable à un orifice à moitié bouché, videz-la de son eau, puis sciez-la en travers, à l'aide d'une scie à métaux.

Glace à la cannelle ou au curcuma,
coulis de mûres

Préparation : 30 mn

recette saveur

Ingrédients pour 4 personnes :

- 1 l de lait entier
- 6 jaunes d'œufs
- 200 g de sucre
- 1 c. à s. de cannelle en poudre
- ou 1 c. à s. rase de curcuma

Coulis de mûres :
- 100 g de mûres
- 3 c. à s. de sucre

1. Verser le lait dans une casserole et le porter à ébullition.
2. Pendant ce temps, fouetter vigoureusement les jaunes d'œufs avec le sucre jusqu'à ce que le mélange commence à mousser.
3. Lorsque le lait bout, ajouter la cannelle ou le curcuma. Retirer la casserole du feu et laisser infuser 2 à 3 mn.
4. Verser le lait sur le mélange œufs-sucre. Mélanger délicatement et transvaser le mélange dans la casserole.
5. Remettre la casserole sur le feu et faire épaissir sur feu doux, sans cesser de mélanger, en veillant à ne pas laisser bouillir, jusqu'à ce que le mélange nappe la cuiller.
6. Verser l'appareil dans une sorbetière et faire prendre en suivant les instructions du fabricant.
7. Préparer le coulis : mixer les mûres avec le sucre. Filtrer la préparation au chinois. Réserver au réfrigérateur jusqu'au moment de servir.

conseil

Pour le coulis, vous pouvez remplacer les mûres par du cassis.

à savoir

Le curcuma, l'épice reine de l'île de la Réunion, appelée « safran pays », est l'ingrédient de base du plat le plus fameux, le cari.

Glace à la confiture à l'orange et aux fruits secs

Préparation : 1 h 20

recette raffinée

Ingrédients pour 4 personnes :

Confiture à l'orange et aux fruits secs :
1 orange
300 g de sucre
180 g d'amandes, de noisettes et de raisins de Smyrne et de Corinthe mélangés
50 cl de lait
8 jaunes d'œufs
120 g de sucre

1. Préparer la confiture à l'orange et aux fruits secs : laver soigneusement l'orange, en la brossant. La couper en quatre sans enlever l'écorce. Émincer les quartiers d'orange. Placer les morceaux d'orange dans une casserole. Ajouter 10 cl d'eau. Porter à ébullition, en écumant si besoin est.
2. Incorporer le sucre au mélange précédent. Laisser cuire sur feu doux jusqu'à ce que le zeste d'orange s'écrase entre les doigts.
3. Ajouter les fruits secs. Mélanger soigneusement. Réserver.
4. Préparer la crème anglaise : verser le lait dans une casserole. Ajouter les jaunes d'œufs et le sucre et cuire sur feu doux jusqu'à ce que la crème nappe la cuiller.
5. Retirer la casserole du feu et laisser tiédir la crème.
6. Incorporer la confiture à la crème anglaise. Mélanger. Verser la préparation dans une sorbetière et faire prendre selon les instructions du fabricant.

conseil

Accompagnez cette glace d'un clafoutis aux abricots ou aux pêches (voir recette p. 185).

notre avis

Vous pouvez remplacer la confiture à l'orange et aux fruits secs par une autre confiture de votre choix.

Glace à la crème de marron

Préparation : 15 mn
Réfrigération : 2 à 3 h

recette raffinée

Ingrédients pour 6 personnes :

50 cl de lait
1 gousse de vanille
4 jaunes d'œufs
3 c. à s. de sucre
300 g de crème de marron
100 g de chocolat à cuire
2 c. à s. de rhum
1 petit bocal de marrons au naturel
100 g de crème Chantilly

1. Préparer une crème anglaise : verser le lait dans une casserole et le porter à ébullition avec la gousse de vanille fendue en deux. Laisser tiédir.
2. Pendant ce temps, battre les jaunes d'œufs et le sucre à la fourchette jusqu'à ce que le mélange blanchisse.
3. Incorporer le lait tiède au mélange précédent. Transvaser la préparation dans la casserole et faire chauffer sur feu très doux sans cesser de mélanger avec une cuiller en bois, en veillant à ne pas laisser bouillir, jusqu'à ce que la crème nappe la cuiller. Laisser refroidir.
4. Incorporer la crème de marron à la crème anglaise en mélangeant délicatement jusqu'à ce que le mélange soit homogène.
5. Verser l'appareil dans un moule et mettre dans le freezer 2 à 3 h, en battant à la fourchette toutes les 30 mn, puis toutes les 10 mn lorsque le mélange commence à prendre.
6. Faites fondre le chocolat dans 3 ou 4 cuillerées d'eau, sur feu doux. Laisser refroidir, en remuant de temps en temps.
7. Ajouter le rhum au chocolat, qui doit être presque liquide.
8. Servir 2 boules de glace par personne, dans des coupes réfrigérées. Napper de chocolat. Décorer avec les marrons et de la crème Chantilly.

notre avis

Vous pouvez remplacer les marrons au naturel par des marrons glacés (voir recette p. 321).

Glace à la fraise

Préparation : 15 mn
Réfrigération : 4 à 5 h

recette traditionnelle

Ingrédients pour 5 personnes :

- 1,250 kg de fraises
- 425 g de sucre semoule
- 10 feuilles de gélatine
- 1 sachet de sucre vanillé
- 250 g de crème fraîche
- 1 c. à c. d'huile

1. Équeuter 1 kg de fraises environ. Réserver les plus petites, en triant les plus belles, et passer les autres au tamis. Réserver.
2. Porter à ébullition 350 g de sucre semoule avec 2 cuillerées à soupe d'eau dans une casserole sur feu doux. Incorporer alors la gélatine ramollie dans de l'eau froide, hors du feu, et mélanger jusqu'à dissolution.
3. Ajouter la purée de fraises et le sachet de sucre vanillé. Mélanger et laisser refroidir. Pendant ce temps, fouetter la crème en chantilly avec le reste de sucre semoule. L'incorporer au mélange dès qu'il commence à prendre.
4. Huiler très légèrement un moule. Y verser la préparation, en ajoutant les petites fraises réservées. Frapper le moule deux ou trois fois sur une table, pour éviter la formation de bulles. Réfrigérer 4 à 5 h.
5. Démouler sur un plat de service et décorer avec le reste de fraises.

variante de la recette

Sorbet à la fraise

Ingrédients : 200 g de sucre, 10 cl de jus de citron, 3 ou 4 c. à s. de crème fraîche et 500 g de purée de fraises.

Mettre le sucre dans une casserole; ajouter 3 cuillerées à soupe d'eau; faire cuire à petits bouillons jusqu'au petit lissé (un peu de sirop pris entre les doigts humides forme un filament lorsqu'on les écarte). Hors du feu, mélanger le jus de citron et le sirop. Fouetter la crème fraîche et l'incorporer au mélange précédent, ainsi que la purée de fraises. Verser l'appareil dans une sorbetière et faire prendre en suivant les instructions du fabricant.

Glace à la lavande

Préparation : 25 mn
Congélation : 4 h au moins

recette saveur

Ingrédients pour 4 personnes :

- 30 cl de lait
- 50 g de fleurs de lavande
- 4 jaunes d'œufs
- 60 g de sucre
- 30 cl de crème fraîche

1. Dans une casserole, porter à ébullition le lait et les fleurs de lavande.
2. Retirer du feu et laisser infuser 30 mn, à couvert.
3. Filtrer le lait à la lavande.
4. Dans une terrine, mélanger les jaunes d'œufs et le sucre jusqu'à obtention d'une crème onctueuse et homogène. Ajouter le lait sans cesser de fouetter. Faire chauffer sur feu doux, sans cesser de mélanger, jusqu'à ce que la crème nappe la cuiller.
5. Laisser refroidir.
6. Incorporer la crème fraîche légèrement fouettée au mélange précédent. Bien mélanger.
7. Verser la préparation dans un petit moule à cake antiadhésif. Placer au congélateur 4 h au moins.
8. Démouler la glace sur un plat, en plongeant le fond du moule dans de l'eau chaude.

notre avis

Vous pouvez ajouter 2 cuillerées à soupe de miel de lavande tiédi à la préparation. Présentez celle-ci avec des branches de lavande fraîchement cueillies.

Glace à la noix de coco,
au rhum et au citron vert

Préparation : 25 mn

recette antillaise

Ingrédients pour 4 personnes :

2 petites noix de coco
1,5 l de lait
12 jaunes d'œufs
500 g de sucre
2 citrons verts
3 c. à s. de rhum blanc

1. Ouvrir les noix de coco en veillant à ce que les 2 parties soient égales.
2. Prélever la pulpe des demi-noix de coco, en conservant les coques, et la râper finement. Réserver.
3. Faire chauffer le lait sur feu doux.
4. Pendant ce temps, travailler les jaunes d'œufs avec le sucre dans une jatte 15 mn environ, à l'aide d'un fouet, jusqu'à ce que le mélange blanchisse et devienne mousseux.
5. Verser le lait chaud, mais non bouillant, peu à peu et mélanger jusqu'à obtention d'un appareil parfaitement homogène.
6. Incorporer la noix de coco râpée et faire chauffer sur feu doux, en veillant à ne pas laisser bouillir, jusqu'à ce que le mélange épaississe et nappe la cuiller. Éteindre le feu et laisser refroidir.
7. Râper très finement le zeste des citrons verts.
8. Verser l'appareil dans une sorbetière. Ajouter le rhum blanc et le zeste de citron. Faire prendre en suivant les instructions du fabricant.
9. Servir des boules de glace dans les coques de noix de coco. Décorer avec de très fines rondelles de citron vert.

conseil

Vous pouvez recueillir l'eau des noix de coco : elle est très désaltérante. Dégustez-là, bien fraîche, avec de la glace.

Glace à la pistache,
croustillants à la cannelle

Préparation : 30 mn

recette traditionnelle

Ingrédients pour 4 personnes :

30 cl de lait
1 c. à s. de crème liquide
4 jaunes d'œufs
70 g de sucre
30 g de pâte de pistaches

Croustillants à la cannelle :
2 c. à s. de sucre glace
1 c. à s. de farine
1 blanc d'œuf
1/2 c. à c. de cannelle en poudre

1. Porter le lait à ébullition avec la crème sur feu doux.
2. Dans une casserole, fouetter les jaunes d'œufs et le sucre jusqu'à ce que le mélange blanchisse.
3. Ajouter la pâte de pistaches au mélange œufs-sucre. Verser le lait bouillant, sans cesser de fouetter, et laisser cuire 5 mn sur feu très doux sans laisser bouillir.
4. Verser l'appareil dans une sorbetière et laisser prendre selon les instructions du fabricant.
5. Préparer les croustillants à la cannelle : préchauffer le four à 180 °C. Dans une jatte, mélanger le sucre glace, la farine, le blanc d'œuf et la cannelle jusqu'à obtention d'une pâte homogène. Abaisser la pâte sur du papier sulfurisé et former des losanges. Enfourner et cuire 2 mn. Décoller les croustillants avec une spatule. Les placer dans 4 ramequins. Laisser refroidir.

notre avis

Vous pouvez accompagner la glace à la pistache d'un coulis de fruits rouges *(voir recette p. 430).*

Glace à la vanille

Préparation : 35 mn

recette traditionnelle

Ingrédients pour 6 personnes :

2 gousse de vanille	150 g de sucre
75 cl de lait	ou de sucre glace
7 jaunes d'œufs	125 cl de crème fraîche

1. Préparer une crème anglaise : fendre la gousse de vanille en deux dans la longueur et gratter les graines avec un couteau dans une casserole.
2. Verser le lait dans la casserole et le porter à ébullition sur feu doux.
3. Éteindre le feu et laisser infuser 10 mn.
4. Travailler les jaunes d'œufs et le sucre dans une jatte, en mélangeant jusqu'à obtention d'un appareil onctueux et crémeux.
5. Verser le lait chaud, peu à peu, sur le mélange précédent. Faire épaissir la crème sur feu doux, sans cesser de fouetter, jusqu'à ce qu'elle nappe la cuiller.
6. Retirer la casserole du feu et laisser refroidir.
7. Retirer la gousse de vanille de la crème.
8. Incorporer la crème fraîche au fouet.
9. Verser la préparation dans la sorbetière, jusqu'aux 2/3 du bac. Faire prendre en suivant les instructions du fabricant.

à savoir

La vanille est le fruit du vanillier, une plante grimpante de la famille des orchidées qui ressemble au haricot. La vanille du Mexique est la plus prisée, suivie de la vanille Bourbon produite dans les îles de l'océan Indien (Comores, Madagascar, Maurice, Réunion), et de celle de Tahiti ou des Antilles. Elle est très utilisée en pâtisserie, en confiserie et en chocolaterie, sous diverses formes (gousses fraîches, poudre, extrait liquide ou encore sucre vanillé).

notre avis

Vous pouvez aromatiser la glace, selon votre goût, avec une épice ou un alcool de votre choix.

variantes de la recette

Glace à la vanille au caramel

Procéder comme pour la Glace à la vanille.

Préparer un caramel avec 100 g de sucre et 2 cuillerées à soupe d'eau, sur feu doux, jusqu'à coloration blonde. Laisser tiédir. Incorporer ce caramel à la préparation à l'étape **6,** ou bien en napper la glace au moment de servir.

Glace à la vanille au chocolat

Procéder comme pour la Glace à la vanille.

Râper finement 125 g de chocolat noir, et l'incorporer à la préparation à l'étape **6.**

Glace à la vanille aux noisettes

Procéder comme pour la Glace à la vanille.

À l'étape **5,** incorporer à la crème 70 g de noisettes légèrement grillées, mondées et écrasées, ou la même quantité de pâte de noisettes, en travaillant le mélange 5 mn environ.

Glace à la vanille à la génoise
et aux abricots

Préparation : 30 mn
Réfrigération : 2 h

recette économique

Ingrédients pour 4 personnes :

1 kg d'abricots
100 g de sucre
Le jus de 1 orange
1 génoise de 25 cm de diamètre (voir recette p. 42)
1/2 l de glace à la vanille pas trop froide
100 g de pistaches mondées

1. Couper les abricots en deux et retirer le noyau.
2. Préparer un sirop léger avec le sucre et 3 cuillerées à soupe d'eau.
3. Pocher les abricots dans le sirop 5 mn.
4. Égoutter les abricots, en réservant le sirop.
5. Mélanger le jus d'orange et le sirop. Faire réduire le mélange sur feu doux et laisser tiédir.
6. Couper la génoise en deux dans l'épaisseur. Arroser chaque moitié de génoise de sirop.
7. Poser une moitié de génoise sur un plat, face coupée vers le haut. L'entourer d'une bande de bristol de 15 cm de haut. Répartir dessus une couche de glace de la même épaisseur que le fond de génoise. Réfrigérer 2 h.
8. Disposer une couche de demi-abricots sur la glace, et les couvrir avec la seconde moitié de génoise.
9. Répartir le reste des demi-abricots sur le génoise.
10. Décorer avec les pistaches grossièrement hachées.

conseil

Laissez prendre au freezer, puis placez le gâteau au réfrigérateur 30 mn avant de servir, afin que la glace ne soit pas trop dure.

Glace à la vanille aux fruits confits
et aux violettes

Préparation : 25 mn
Repos : 30 mn
Macération : 1 h

recette raffinée

Ingrédients pour 4 personnes :

150 g de fruits confits
1 petit verre de kirsch
50 cl de crème fraîche épaisse
1 c. à s. de sucre glace
100 g de violettes au sucre

Glace à la vanille :
25 cl de lait
100 g de sucre
1 gousse de vanille
3 jaunes d'œufs
12 cl de crème fraîche

1. Préparer la glace à la vanille : porter le lait à ébullition avec la moitié du sucre et la gousse de vanille fendue en deux et grattée, en fouettant à la main jusqu'à ce que le sucre soit complètement dissous. Laisser infuser hors du feu, à couvert, 10 mn. Dans une jatte, fouetter les jaunes avec le reste du sucre 1 mn à vitesse moyenne. Remettre le lait sur le feu. Au premier frémissement, en verser un peu sur les jaunes, en fouettant doucement. Transvaser le mélange dans la casserole et faire cuire sur feu doux, sans cesser de mélanger, jusqu'à ce que la température atteigne 83 °C. Retirer du feu et continuer à vanner jusqu'à ce que température monte de 2 °C. La crème doit napper la cuiller. Retirer du feu, enlever la vanille et incorporer la crème fraîche, sans cesser de mélanger. Verser l'appareil dans un cul-de-poule posé dans un bain d'eau additionnée de glaçons. Laisser reposer 30 mn, en vannant de temps en temps. Mettre en sorbetière et faire prendre en suivant les instructions du fabricant.
2. Pendant ce temps, hacher les fruits confits et les faire macérer dans le kirsch 1 h.
3. Au moment de servir, battre la crème en chantilly épaisse, en incorporant le sucre glace peu à peu.
4. Garnir la glace avec les fruits confits, et la napper entièrement de crème Chantilly à l'aide d'une poche à douille cannelée. Décorer avec les violettes au sucre.

Glace à la vanille, coulis de fraises

Préparation : 25 mn
Réfrigération : 2 h

recette traditionnelle

Ingrédients pour 4 personnes :

50 cl de lait
250 g de sucre semoule
1 gousse de vanille
6 jaunes d'œufs
300 g de crème fraîche
1 kg de fraises
2 sachets de sucre vanillé

1. Porter le lait à ébullition avec 100 g de sucre semoule et la gousse de vanille fendue en deux dans la longueur et grattée. Retirer du feu et laisser infuser, à couvert, 10 mn.
2. Dans une jatte, fouetter les jaunes d'œufs avec 100 g de sucre semoule.
3. Remettre le lait sur le feu et chauffer jusqu'au point d'ébullition. En verser un peu sur le mélange jaunes d'œufs-sucre. Transvaser la préparation dans la casserole et faire cuire sur feu doux, sans cesser de mélanger.
4. Retirer du feu au premier frémissement. Ajouter 100 g de crème fraîche. Mélanger soigneusement. Verser le mélange dans une sorbetière et placer au freezer 2 h environ.
5. Placer les coupes au réfrigérateur.
6. Laver et équeuter 250 g de fraises. Les écraser grossièrement à la fourchette avec le reste de sucre semoule. Faire cuire le mélange sur feu doux 15 mn à compter de l'ébullition. Laisser refroidir.
7. Pendant ce temps, fouetter le reste de crème en chantilly très épaisse, en incorporant le sucre vanillé peu à peu.
8. Répartir la glace dans les coupes. Placer les fraises dessus. Arroser de coulis de fraises et décorer avec la chantilly. Servir le reste de fraises à part.

Glace à la vanille en coque de melon aux fraises des bois

Préparation : 25 mn
Repos : 30 mn

recette raffinée

Ingrédients pour 6 personnes :

50 cl de lait
180 grammes de sucre
1 gousse de vanille
6 œufs
25 cl de crème fraîche
1 gros melon d'Espagne
250 g de fraises des bois

1. Dans une casserole, porter le lait à ébullition sur feu doux avec la moitié du sucre et la gousse de vanille fendue en deux et grattée, sans cesser de fouetter à la main, jusqu'à ce que le sucre soit complètement dissous. Ôter du feu et laisser infuser, à couvert, 10 mn.
2. Dans une jatte, fouetter les jaunes d'œufs avec le reste du sucre 1 mn à vitesse moyenne. Réserver.
3. Remettre la casserole de lait sur feu doux. Au premier frémissement, verser un peu de lait sur le mélange précédent, sans cesser de fouetter. Transvaser le mélange dans la casserole et laisser cuire sur feu doux, sans cesser de vanner, jusqu'à ce que la température atteigne 83 °C. Retirer du feu et continuer à vanner, jusqu'à ce que la température monte de 2 °C. La crème doit napper la spatule.
4. Enlever la gousse de vanille et incorporer la crème fraîche, sans cesser de mélanger. Verser l'appareil dans un cul-de-poule posé dans un bain d'eau additionnée de glaçons. Laisser reposer 30 mn, en vannant de temps en temps.
5. Verser la préparation dans une sorbetière et faire prendre en suivant les instructions du fabricant.
6. Au moment de servir, couper le melon en deux. Ôter les fibres et les graines, puis évider chaque demi-coque. Garnir chacune d'elles de boules de glace et de fraises des bois.

conseil

Pour vérifier la cuisson de la crème, trempez la spatule dans la casserole et levez-la horizontalement : lorsque vous passez un doigt sur la crème, il doit rester un trait bien marqué sur la spatule.

Glace au cassis

Préparation : 15 mn
Réfrigération : 3 à 4 h

recette traditionnelle

Ingrédients pour 2 personnes :

- 100 g de cassonade
- 1 gousse de vanille
- 250 g de cassis
- 20 cl de crème fraîche
- 2 citrons vert
- 150 g de fraises
- 150 g de framboises
- 150 g de cerises

1. Placer 2 coupes dans une boîte en plastique et verser de l'eau dans la boîte jusqu'à 1 cm du bord des coupes. Mettre la boîte au freezer 12 h.
2. Dans une casserole, porter à ébullition 8 cl d'eau et la cassonade 5 à 6 mn.
3. Plonger la gousse de vanille fendue en deux dans la longueur et grattée dans le sirop. Retirer la casserole du feu et laisser infuser, à couvert, jusqu'à complet refroidissement.
4. Pendant ce temps, trier le cassis et l'égrener. Mixer les grains de cassis.
5. Mélanger la purée de cassis au sirop froid, après en avoir retiré la gousse de vanille.
6. Fouetter la crème en chantilly.
7. Incorporer la crème fouettée au mélange purée de cassis-sirop.
8. Verser le mélange précédent dans une sorbetière et placer celle-ci au freezer jusqu'à ce que le sorbet soit bien épais.
9. Au moment de servir, démouler le pain de glace contenant les coupes. Répartir le sorbet dans les coupes à l'aide d'une cuiller ou d'un appareil à faire les boules de glace. Couper les citrons vert en très fines rondelles.
10. Décorer avec les fraises, les framboises, les cerises et les rondelles de citron vert.

notre avis

À défaut de fruits frais, vous pouvez utiliser des fruits rouges surgelés. Respectez bien les conseils pour la décongélation.

Glace au chocolat blanc

Préparation : 20 mn
Réfrigération : 2 h

délice des enfants

Ingrédients pour 6 personnes :

- 50 cl de lait
- 12 cl de crème liquide
- 2 c. à s. de lait en poudre
- 140 g de sucre
- 5 jaunes d'œufs
- 175 g de chocolat blanc haché

1. Dans une casserole, porter à ébullition le lait, la crème, le lait en poudre et la moitié du sucre. Dans une jatte, fouetter les jaunes d'œufs et le reste de sucre jusqu'à blanchiment. Verser le lait, peu à peu, sur ce mélange. Transvaser celui-ci dans la casserole et faire cuire sur feu doux, en mélangeant, jusqu'à ce que la crème nappe la cuiller. Ajouter le chocolat blanc. Mélanger et laisser refroidir. Placer au freezer 2 h.

variante de la recette

Glace au chocolat et au cacao

Ingrédients : 50 cl de lait, 2 c. à s. de cacao, 75 g de sucre, 3 jaunes d'œufs + 1 œuf, 125 g de chocolat noir à 70 % finement haché et 10 cl de crème liquide.

Dans une casserole, faire chauffer sur feu doux le lait, le cacao et 3 cuillerées à soupe de sucre. Dans une jatte, fouetter les jaunes, l'œuf et le reste de sucre : le mélange doit mousser; verser le lait peu à peu, sans cesser de fouetter; transvaser le mélange dans la casserole et faire cuire, sans cesser de mélanger et sans laisser bouillir, jusqu'à ce que la crème nappe la cuiller. Ajouter le chocolat et la crème; fouetter vigoureusement jusqu'à ce que le chocolat soit fondu; verser le mélange dans une jatte posée sur des glaçons et laisser refroidir en fouettant régulièrement. Verser la crème au chocolat dans une sorbetière et faire prendre en suivant les instructions du fabricant.

Glace au fromage blanc

Préparation : 15 mn

délice des enfants

Ingrédients pour 4 personnes :

15 cl de lait
2 c. à s. de sucre
30 g de glucose
1 jaune d'œuf
100 g de fromage blanc à 40 %

1. Porter le lait à ébullition avec le sucre et le glucose. Verser ce mélange sur le jaune d'œuf. Fouetter et laisser refroidir.
2. Ajouter le fromage blanc au mélange précédent.
3. Verser la préparation dans une sorbetière et faire prendre en suivant les instructions du fabricant.

notre avis

Vous pouvez accompagner cette glace de petits biscuits secs.

conseil

Vous pouvez servir ce dessert avec des gaufres (voir recette p. 218).

variante de la recette

Sorbet au fromage blanc

Ingrédients : 40 g de sucre, 1 zeste de citron et 500 g de fromage blanc à 20 %.

Préparer un sirop : dans une casserole, verser 3 cuillerées à soupe d'eau et le sucre. Ajouter le zeste de citron. Porter à ébullition et laisser refroidir. Incorporer le fromage blanc au sirop. Verser le mélange dans une sorbetière et faire prendre en suivant les instructions du fabricant.

Glace au mascarpone
et au citron vert, chips de fraise

Préparation : 45 à 50 mn

délice des enfants

Ingrédients pour 4 personnes :

125 g de mascarpone
3 c. à s. de crème fraîche épaisse
Le jus de 1/2 citron vert
Le zeste de 1 citron vert
4 c. à s. de sucre semoule
250 g de fraises gariguettes

1. Préparer la glace : mélanger soigneusement le mascarpone avec la crème fraîche et le jus de citron. Verser le mélange dans une sorbetière et faire prendre en suivant les instructions du fabricant.
2. Préchauffer le four à 90 °C.
3. Préparer les chips de fraise : réserver 16 fraises. Équeuter le reste et les couper en fines lamelles. Réserver.
4. Préparer un sirop : blanchir le zeste de citron dans de l'eau bouillante 5 mn. Dans une casserole, verser 25 cl d'eau. Ajouter le zeste de citron et le sucre. Porter à ébullition sur feu doux. Arrêter le feu.
5. Tremper les lamelles de fraise dans le sirop.
6. Disposer les lamelles de fraise sur une plaque à pâtisserie. Enfourner et laisser sécher jusqu'à ce qu'elles soient croustillantes.
7. Répartir 4 fraises fraîches détaillées en lamelles et disposées en rosacc dans chaque assiette. Disposer au centre 1 quenelle de glace au mascarpone confectionnée à l'aide de 2 cuillers à soupe. Piquer les chips de fraise dans la glace.

conseil

Pour faire les chips, trempez les lamelles de fraise quelques secondes seulement dans le sirop, pour qu'elles restent entières.

notre avis

Si les fraises sont bien mûres, il n'est pas nécessaire de les sucrer.

Glace au rhum et aux raisins secs

Préparation : 15 mn

recette exotique

Ingrédients pour 6 personnes :

18 cl de lait
7 cl de crème liquide
1/2 gousse de vanille
2 jaunes d'œufs
3 c. à s. de sucre cristallisé
8 cl de rhum brun
50 g de raisins de Corinthe
50 g de raisins secs blonds

1. Verser le lait dans une casserole.
2. Ajouter la crème et la demi-gousse de vanille fendue en deux dans la longueur et grattée.
3. Dans une jatte, fouetter les jaunes d'œufs et le sucre jusqu'à ce que le mélange blanchisse.
4. Incorporer le mélange lait-crème à la préparation précédente, en mince filet, sans cesser de fouetter. Transvaser l'appareil dans la casserole. Faire cuire sur feu doux, sans laisser bouillir, jusqu'à ce que la crème épaississe.
5. Filtrer la préparation.
6. Ajouter le rhum. Mélanger délicatement.
7. Verser le mélange dans une sorbetière. Incorporer les raisins. Faire prendre en suivant les instructions du fabricant.

conseil

Vous pouvez accompagner cette glace de merveilles ou d'oreillettes (voir recettes p. 220 et 221) et de bananes poêlées.

notre avis

Décorez les boules de glace de raisins secs.

Glace aux agrumes
et au yaourt

Préparation : 30 mn
Réfrigération : 2 h

recette économique

Ingrédients pour 4 personnes :

2 pomelos
2 ou 3 oranges
140 g de sucre en morceaux
2 yaourts
20 cl de crème fraîche

1. Laver les agrumes. Frotter les morceaux de sucre sur l'écorce et les placer dans une jatte. Ajouter les yaourts, la crème et le jus de 1/2 orange. Battre jusqu'à obtention d'une crème mousseuse. Verser le mélange dans une sorbetière. Placer au freezer 2 h environ.
2. Remplir des petits moules de glace. Remettre quelques instants au freezer, puis démouler sur un plat très froid. Décorer de fines lanières de zeste d'agrumes légèrement pochées dans un sirop et de quartiers d'oranges levés à vif.

variante de la recette

Glace au yaourt aux abricots caramélisés, coulis de framboises

Ingrédients : 425 g de yaourt bien égoutté, 130 g de sucre, 6 c. à s. de crème liquide, 500 g d'abricots, 50 g de beurre, 70 g de cassonade, 250 g de framboises et 1 brin de menthe.

Verser le yaourt, 70 g de sucre et la crème dans une sorbetière. Mélanger et faire prendre en suivant les instructions du fabricant. Couper les abricots en deux et les dénoyauter; faire fondre le beurre dans une poêle; ajouter la cassonade et faire cuire jusqu'à coloration blonde; ajouter les abricots et les poêler 10 mn. Mixer les framboises et le reste de sucre jusqu'à obtention d'un coulis fluide; filtrer. Répartir les abricots caramélisés dans les assiettes; disposer 1 boule de glace au yaourt au centre; napper de coulis de framboises. Décorer la glace avec des feuilles de menthe.

Glace aux épices
et à la liqueur d'orange

Préparation : 1 h
Réfrigération : 12 h + 45 mn

recette saveur

Ingrédients pour 4 personnes :

- **50 cl de lait**
- **20 cl de crème fleurette**
- **1 zeste d'orange**
- **1 zeste de citron**
- **1/2 bâton de cannelle**
- **1 étoile de badiane**
- **1 gousse de vanille**
- **1 pincée de gingembre râpé**
- **2 c. à s. de tapioca**
- **4 c. à s. de lait en poudre**
- **2 jaunes d'œufs**
- **15 c. à s. d'édulcorant**
- **2 c. à s. de Grand Marnier**

1. Préparer la crème la veille : dans une casserole, porter à ébullition le lait et la crème fleurette.
2. Ajouter le zeste d'orange, le zeste de citron, la cannelle, la badiane, la gousse de vanille fendue en deux dans la longueur et grattée et le gingembre râpé. Retirer la casserole du feu et laisser infuser, à couvert, 30 mn.
3. Dans une autre casserole, porter à ébullition 30 cl d'eau et le tapioca 15 mn.
4. Mixer la préparation précédente. Filtrer.
5. Remettre le mélange lait-crème aux épices sur le feu. Ajouter le tapioca et le lait en poudre. Porter à ébullition sur feu doux.
6. Dans une jatte, mélanger les jaunes d'œufs et l'édulcorant.
7. Verser un peu du liquide bouillant sur le mélange précédent et faire cuire sur feu très doux. Mélanger avec une spatule en bois jusqu'à ce que la crème commence à épaissir, sans laisser bouillir. Réfrigérer 12 h.
8. Incorporer le Grand Marnier à la crème. Verser le mélange dans une sorbetière et faire prendre 45 mn. Réserver au congélateur jusqu'au moment de servir.

conseil

Vous pouvez servir cette glace avec une tarte aux pommes ou aux poires, ou des biscuits tels les financiers.

Granité à la groseille

Préparation : 15 mn
Réfrigération : 2 h

recette raffinée

Ingrédients pour 5 personnes :

- **1,5 kg de groseilles rouges**
- **125 g de sucre**
- **2 brins de menthe**

1. Égrener les groseilles, en en réservant 2 ou 3 belles grappes. Presser les grains.
2. Passer le jus de groseille à travers un linge fin, de façon à en obtenir 75 cl.
3. Ajouter le sucre et faire chauffer sur feu très doux, sans cesser de mélanger avec une cuiller en bois, jusqu'à sa complète dissolution, sans laisser bouillir.
4. Verser le sirop de groseille dans un moule. Placer celui-ci au freezer 2 h, en raclant de temps en temps les cristaux qui se forment sur les bords du moule avec une fourchette et en les ramenant vers le centre. Renouveler cette opération jusqu'à ce que tout le sirop de groseille soit pris en petites paillettes.
5. Quinze minutes avant de servir, disposer des boules ou des quenelles de granité dans une coupe préalablement rafraîchie au réfrigérateur.
6. Décorer avec les grappes de groseilles réservées.
7. Parsemer de petits bouquets de menthe, afin que chaque convive puisse en croquer à sa guise entre deux bouchées de granité.

conseil

Veillez bien à ne pas laisser bouillir le jus de groseille, afin qu'il ne perde pas son arôme : faites-le chauffer sur le feu le plus doux possible, jusqu'à ce que le sucre ait complètement fondu.

Granité à la poire et au vin

Préparation : 30 mn
Réfrigération : 2 à 3 h

recette raffinée

Ingrédients pour 4 personnes :

4 poires pas trop grosses et pas trop mûres
200 g de sucre
1 gousse de vanille
75 cl de vin rouge

1. Peler les poires, en conservant la queue. Couper la base, de façon qu'elles restent stables debout. Les placer dans une petite casserole, en veillant à ce qu'elles soient bien serrées les unes contre les autres. Saupoudrer de 3 cuillerées à soupe de sucre. Ajouter la gousse de vanille fendue en deux dans la longueur et grattée. Mouiller avec 5 cuillerées à soupe d'eau. Faire pocher sur feu doux, à couvert, 20 mn.
2. Laisser refroidir. Réserver au réfrigérateur.
3. Verser le vin et la moitié du sucre restant dans un récipient métallique large et plat. Fouetter jusqu'à ce que le sucre soit complètement dissous. Diviser ce mélange en 2 parts. Mettre l'une des parts au freezer, dans une moule, 1 h.
4. Verser le reste du sucre dans l'autre part et faire réduire sur feu moyen jusqu'à obtention d'un sirop qui nappe la cuiller. Laisser refroidir.
5. Placer les coupes au réfrigérateur.
6. Sortir le granité du freezer et, avec une spatule, décoller les paillettes qui se sont formées au fond et sur les bords du moule. Renouveler cette opération jusqu'à ce que tout le granité soit pris en paillettes.
7. Répartir le granité dans les coupes.
8. Plonger les poires dans le sirop au vin. Les dresser sur le granité.
9. Au moment de servir, verser un peu de sirop sur les poires.

notre avis

Décorez les coupes selon votre goût, par exemple avec des fruits rouges et des feuilles de menthe.

Granité à la pomme, au miel et au cidre

Préparation : 25 mn
Réfrigération : 1 h

recette saveur

Ingrédients pour 4 personnes :

2 pommes granny-smith
2 c. à s. de miel
8 morceaux de sucre
40 cl de cidre brut

1. Peler les pommes et les couper en dés. Dans une casserole, faire fondre le miel et le sucre dans le cidre, sur feu doux, jusqu'à ce que le mélange frémisse.
2. Retirer la casserole du feu et verser le mélange sur les dés de pomme. Mixer le tout jusqu'à homogénéité.
3. Placer les verres ou les coupes au réfrigérateur.
4. Verser le mélange dans un moule. Placer au congélateur 1 h, en grattant avec une fourchette de temps en temps afin d'obtenir une multitude de paillettes.
5. Répartir le granité dans les verres ou les coupes.

conseil

Vous accompagner ce granité de cigarettes (voir recette p. 299) ou de langues-de-chat (voir recette p. 307).

notre avis

À défaut de pommes granny-smith, choisissez une variété acide (elstar, par exemple) pour accentuer la fraîcheur du plat et, pour plus d'originalité, versez 2 gouttes de curaçao bleu sur le granité au moment de servir.

Granité à l'orange
et au pamplemousse

Préparation : 10 mn
Réfrigération : 2 à 3 h

recette traditionnelle

Ingrédients pour 4 personnes :

4 oranges acidulées
2 pamplemousses
2 verres de vin blanc fruité
4 c. à s. de sucre glace
1 blanc d'œuf
2 brins de menthe

1. Presser les oranges et les pamplemousses et recueillir le jus dans une jatte. Filtrer au chinois.
2. Ajouter le vin et le sucre glace. Fouetter jusqu'à ce que le sucre soit complètement dissous.
3. Monter le blanc d'œuf en neige ferme.
4. L'ajouter au mélange précédent. Verser le tout dans un moule et placer au freezer 2 à 3 h, en grattant la surface à la fourchette et en ramenant les cristaux du bord vers le centre lorsque le bord du granité est bien pris.
5. Servir le granité dans des coupes préalablement rafraîchies dans le réfrigérateur. Décorer avec des feuilles de menthe, que les convives mélangeront au granité.

conseil

Le goût de la menthe s'accorde merveilleusement avec celui de l'orange.

notre avis

Vous pouvez servir ce granité avec des quartiers d'orange ou de pamplemousse, et des biscuits secs.

Granité au champagne
et à l'eau-de-vie de noix

Préparation : 15 mn
Réfrigération : 4 h

recette de fête

Ingrédients pour 4 personnes :

150 g de sucre
30 cl de champagne
30 cl d'eau-de-vie de noix
Quelques noix caramélisées

1. Dans une casserole, mélanger le sucre et 15 cl d'eau. Porter à ébullition quelques minutes. Laisser refroidir.
2. Retirer la casserole du feu. Ajouter le champagne et l'eau-de-vie de noix. Bien mélanger. Verser la préparation dans un moule ou dans un plat allant au réfrigérateur. Placer au freezer 4 h environ, en remuant énergiquement à la fourchette toutes les heures, de façon à obtenir la consistance spécifique du granité.
3. Sortir le granité du freezer. Décorer avec les noix caramélisées. Servir aussitôt.

notre avis

Servez avec 2 beaux melons détaillés en quartiers.

à savoir

L'eau-de-vie de noix se trouve chez les bons cavistes ainsi que dans les épiceries fines, et les noix caramélisées en confiserie.

variante de la recette

Sorbet au champagne

Ingrédients pour 6 personnes : 200 g de sucre et 37,5 cl de champagne.

Dans une casserole, porter à ébullition 50 cl d'eau et le sucre 3 mn. Laisser refroidir. Ajouter le champagne. Verser le mélange dans une sorbetière et faire prendre selon les instructions du fabricant.

conseil

Attendez que le sirop soit bien froid avant de le mélanger au champagne.

Granité au citron vert et au basilic

Préparation : 30 mn
Réfrigération : 4 h
Repos : 12 h

recette saveur

Ingrédients pour 6 personnes :

1 botte de basilic
1 blanc d'œuf
1 kg de citrons verts
280 g de sucre

1. Prélever 18 feuilles de basilic. Les passer dans le blanc d'œuf, puis dans 2 cuillerées à soupe de sucre. Les laisser sécher 12 h, à l'air libre.
2. Presser les citrons.
3. Verser 50 cl de jus dans une casserole. Ajouter 65 cl d'eau et le reste de sucre.
4. Prélever 15 feuilles de basilic, les hacher et les ajouter au mélange eau-sucre. Porter à ébullition sur feu doux.
5. Au premier bouillon, filtrer le sirop dans une jatte.
6. Laisser refroidir.
7. Placer le sirop au congélateur 4 h, en remuant toutes les heures.
8. Au moment de servir, dresser le granité dans des coupes préalablement rafraîchies au congélateur.

notre avis

Vous pouvez remplacer la moitié des citrons verts par des citrons jaunes : la saveur du granité sera moins marquée, mais ce dessert sera tout aussi délicieux.

Nougat glacé au miel de lavande
et aux fruits secs

Préparation : 1 h
Congélation : 24 h

recette saveur

Ingrédients pour 6 personnes :

100 g d'amandes entières blanchies et mondées
50 g de noisettes mondées
120 de sucre
220 g de miel
Le jus de 1/2 citron
50 g de pistaches
1 c. à c. d'huile
4 jaunes d'œufs + 5 blancs
100 g de miel
25 cl de crème liquide

1. Préparer la nougatine : faire blondir les amandes et les noisettes sur feu doux. Faire fondre 3 cuillerées à soupe de sucre et 4 cuillerées à soupe de miel dans 2 cuillerées à soupe d'eau jusqu'à coloration blonde. Ajouter le jus de citron. Ôter du feu. Ajouter les amandes, noisettes et pistaches. Remettre sur feu doux, sans cesser de mélanger, quelques instants. Étaler la préparation sur une plaque légèrement huilée et lisser avec une spatule. Laisser refroidir.
2. Porter à ébullition 100 g de miel et 10 cl d'eau. Laisser cuire 3 mn. Verser les jaunes d'œufs dans un batteur. Ajouter le caramel peu à peu, sans cesser de fouetter énergiquement, jusqu'à ce que le mélange fasse le ruban.
3. Préparer une meringue italienne : fouetter les blancs d'œufs en neige ferme. Dans une casserole, faire chauffer le reste du sucre et le reste de miel jusqu'au grand boulé. Incorporer ce sirop aux blancs en neige, en fouettant jusqu'à complet refroidissement. Incorporer la préparation au mélange jaunes d'œufs-miel.
4. Fouetter la crème liquide. L'incorporer au mélange précédent, ainsi que la nougatine cassée en petits morceaux. Verser la préparation dans un moule à cake tapissé de papier sulfurisé. Recouvrir de papier d'aluminium. Placer au congélateur 24 h au moins.

à savoir

Le stade du grand boulé est atteint lorsqu'une goutte de sirop plongée dans de l'eau forme une boule souple entre les doigts.

Nougat glacé aux fruits confits, aux amandes et aux noisettes

Préparation : 40 mn
Réfrigération : 4 h au moins

recette traditionnelle

Ingrédients pour 6 personnes :

150 g de fruits confits
70 g de noisettes
70 g d'amandes
3 œufs
50 g de beurre
100 g de sucre
3 pincées de vanille en poudre
40 cl de crème fraîche épaisse

1. Hacher finement les fruits confits. Réserver.
2. Faire griller les noisettes et les amandes quelques minutes. Les frotter pour retirer la peau. Laisser refroidir.
3. Dans une casserole, faire chauffer sur feu doux les œufs, le beurre, le sucre et la vanille, sans cesser de mélanger avec une cuiller en bois, jusqu'à ce que le mélange ait la consistance d'œufs brouillés. Verser l'appareil dans une terrine. Laisser refroidir.
4. Ajouter 50 g d'amandes, 50 g de noisettes et 120 g de fruits confits à la préparation. Mélanger jusqu'à ce qu'elle soit homogène.
5. Fouetter la crème fraîche. L'incorporer, en plusieurs fois, au mélange précédent. Mélanger soigneusement.
6. Tapisser un moule à cake de 25 cm de long de papier sulfurisé. Y verser la préparation. Recouvrir de papier d'aluminium. Entreposer au réfrigérateur 4 h au moins.
7. Au moment de servir, démouler le nougat glacé sur un plat. Décorer avec les amandes, les noisettes et les fruits confits hachés restants. Couper des tranches assez épaisses avec un couteau à large lame.

conseil

Servez le nougat glacé sur des assiettes à dessert bien froides, et accompagnez de petits biscuits secs aux amandes.

Nougat glacé aux noix et aux pruneaux, sauce au caramel

Préparation : 20 mn
Congélation 6 h au moins

recette périgourdine

Ingrédients pour 4 personnes :

20 cl de crème fleurette très froide
4 blancs d'œufs
300 g de sucre
100 g de cerneaux de noix
100 g de pruneaux
1 c. à c. de liqueur de noix
20 g de beurre

Sauce au caramel :
300 g de sucre
50 cl de crème
2 jaunes d'œufs

1. Fouetter la crème jusqu'à ce qu'elle soit bien ferme. Réserver.
2. Monter les blancs en neige, en incorporant le sucre peu à peu. Ajouter la crème fouettée, en mélangeant délicatement.
3. Hacher les cerneaux de noix et les pruneaux. Les incorporer au mélange précédent, ainsi que la liqueur de noix.
4. Beurrer un moule à soufflé.
5. Verser la préparation dans le moule. Faire prendre au congélateur 6 h au moins.
6. Préparer la sauce au caramel : dans une casserole, faire chauffer le sucre avec 4 à 5 cuillerées à soupe d'eau, sur feu vif, jusqu'à ce qu'il commence à se colorer. Ajouter la crème, sans cesser de battre au fouet.
7. Retirer la casserole du feu. Ajouter les jaunes d'œufs. Mélanger délicatement. Passer la sauce au chinois.
8. Sortir le nougat du congélateur 10 mn avant de servir, pour qu'il soit moelleux.
9. Servir le nougat avec la sauce au caramel.

notre avis

Vous pouvez servir ce nougat avec des tuiles (voir recette p. 447) ou des petits biscuits secs de votre choix.

Omelette norvégienne

Préparation : 1 h 10
Cuisson : 20 à 25 mn

recette traditionnelle

Ingrédients pour 6 personnes :

12 cl de Grand Marnier
2 c. à s. de sucre
50 cl de glace à la vanille
(voir recette p. 334)

Biscuit :
5 œufs
140 g de sucre
140 g de farine tamisée

Meringue aux jaunes d'œufs :
2 œufs + 1 blanc
150 g de sucre

1. Préparer le biscuit : préchauffer le four à 200 °C. Séparer les blancs d'œufs des jaunes. Verser les blancs dans une terrine. Les monter en neige ferme, en incorporant le sucre au fur et à mesure. Fouetter les jaunes dans une jatte, puis les ajouter délicatement aux blancs en neige, en soulevant la masse avec une cuiller en bois. Incorporer la farine, sans cesser de mélanger à la spatule. Verser cette pâte à biscuit dans un moule à cake antiadhésif. Enfourner et cuire 20 à 25 mn. Laisser tiédir.

2. Préparer la meringue aux jaunes d'œufs : monter les blancs en neige, en ajoutant le sucre peu à peu. Incorporer les jaunes lorsqu'elle commence à se raffermir. Réserver.

3. Mélanger 2 cuillerées à soupe de Grand Marnier avec 7 cl d'eau tiède et le sucre jusqu'à sa dissolution complète. Démouler le biscuit. Couper, et réserver, la partie supérieure avec un couteau à lame dentelée, puis l'évider en découpant la mie. Imbiber l'intérieur du biscuit, au pinceau, du mélange précédent. Le remplir de glace et remettre le chapeau en place. Recouvrir le pourtour, puis le dessus du biscuit de meringue à l'aide d'une poche à douille. Enfourner 3 à 4 mn, jusqu'à ce qu'elle blondisse.

4. Disposer l'omelette norvégienne sur un plat à cake. Arroser avec le reste de Grand Marnier préalablement chauffé et flamber à table.

Oranges et citrons givrés

Préparation : 30 mn

recette traditionnelle

Ingrédients pour 4 personnes :

2 oranges
2 citrons
Le jus de 1/2 citron
130 g de sucre en morceaux
1 blanc d'œuf
20 cl de crème fraîche
250 g de groseilles

1. Laver les oranges et les citrons et les essuyer. Les couper aux 2/3 de leur hauteur. Les presser sans abîmer l'écorce. Ajouter le jus du demi-citron au jus recueilli. Filtrer au chinois. Réserver. Parer l'intérieur des écorces, en ôtant toutes les petites peaux.

2. Frotter la moitié des morceaux de sucre sur le fond des écorces, sans atteindre la pulpe blanche, afin qu'ils s'imprègnent des sucs contenus dans le zeste, et que les fruits tiennent mieux debout. Réserver les écorces au congélateur.

3. Dans une casserole, faire chauffer les morceaux de sucre avec 3 cuillerées à soupe d'eau, sans cesser de mélanger à la spatule. Retirer du feu au premier frémissement. Laisser tiédir.

4. Verser le jus des agrumes dans le sirop, puis plonger la casserole dans de l'eau froide. Verser le mélange dans une sorbetière. Turbiner jusqu'à ce que le sorbet soit presque pris. Prélever 2 cuillerées à soupe de sorbet, le fouetter à la fourchette avec le blanc d'œuf, puis incorporer ce mélange au reste du sorbet et achever de le faire prendre. Répartir le sorbet dans les écorces gelées.

5. Décorer avec la crème fouettée en chantilly et les groseilles. Servir aussitôt ou conserver au congélateur 12 h au maximum; dans ce cas, sortir les fruits givrés du congélateur 30 mn avant de servir et les placer au réfrigérateur.

conseil

Prévoyez 2 ou 3 fruits supplémentaires, au cas où vous abîmeriez une écorce ou deux en les pressant.

Parfait à la Chartreuse verte

Préparation : 30 mn
Congélation : 2 h

recette saveur

Ingrédients pour 4 ou 5 personnes :

40 cl de crème liquide
10 cl de Chartreuse verte
500 g de sucre
8 œufs

1. Fouetter la crème jusqu'à épaississement.
2. Incorporer la Chartreuse à la crème fouettée. Réserver.
3. Préparer un sirop : dans une casserole, verser 250 g de sucre et 12 cl d'eau. Faire cuire jusqu'au stade du petit boulé, à 120 °C. Réserver.
4. Séparer les blancs d'œufs des jaunes. Mettre ceux-ci dans le bol d'un batteur. Ajouter le sirop. Battre jusqu'à ce que le mélange ait complètement refroidi. Réserver.
5. Préparer une meringue italienne : dans une casserole, verser le reste de sucre et 12 cl d'eau. Faire cuire jusqu'au stade du petit boulé également. Monter les blancs d'œufs en neige ferme. Verser le sirop dessus, en mince filet, sans cesser de fouetter au batteur.
6. Dans une jatte, réunir le mélange crème fraîche-Chartreuse, le mélange jaunes d'œufs-sirop et la meringue italienne. Mélanger délicatement à l'aide d'une spatule, pas trop longtemps, jusqu'à ce que la préparation soit homogène.
7. Entreposer 2 h au congélateur.

conseil

Vous pouvez servir cette glace avec une sauce au chocolat (voir recette p. 445), et l'accompagner d'une tranche de biscuit de Savoie (voir recette p. 25).

Sorbet à l'abricot

Préparation : 40 mn
Macération : 12 h au moins

recette raffinée

Ingrédients pour 6 à 8 personnes :

1 kg d'abricots dénoyautés
200 g de sucre semoule

1. Préparer les abricots la veille : laver et essuyer 250 g d'abricots, les couper en deux et les dénoyauter, en réservant 6 noyaux. Dans une casserole, porter 40 cl d'eau à ébullition avec le sucre. Ajouter les abricots et laisser cuire sur feu doux 12 à 15 mn environ.
2. Faire éclater les noyaux d'abricot et les nouer dans un tissu fin, comme une mousseline.
3. Retirer la casserole du feu. Ajouter le nouet de noyaux d'abricot à la préparation, afin que les amandes distillent leur délicate saveur. Laisser refroidir.
4. Placer le mélange abricots-noyaux d'abricot au réfrigérateur et laisser macérer 12 h au moins.
5. Retirer le nouet de noyaux des abricots. Porter la préparation à ébullition, puis la transvaser dans un mixeur.
6. Ajouter le reste des abricots, dénoyautés et coupés en deux. Mixer.
7. Filtrer le mélange au chinois et le verser dans une sorbetière. Placer au congélateur et faire prendre en suivant les instructions du fabricant.

notre avis

Portez les abricots et leur liquide de macération à ébullition avant de les mixer avec le reste des abricots, pour éviter que le mélange ne noircisse au moment du turbinage.

conseil

Pour faire éclater les noyaux d'abricot, donnez un vigoureux coup de marteau dessus.

Sorbet à la cardamome,
compotée de coings

Préparation : 1 h
Repos : 12 h

recette raffinée

Ingrédients pour 6 personnes :

100 g de sucre
150 g de sucre à confiture
35 capsules de cardamome verte
2 c. à s. de jus de citron

Compotée de coings :
5 coings
3 citrons
600 g de sucre
1 gousse de vanille
1 c. à c. de poivre noir
1 c. à c. de graines de cardamome verte

1. Préparer un sirop la veille : dans une casserole, porter à ébullition 50 cl d'eau, le sucre et le sucre à confiture. Ajouter les capsules de cardamome. Retirer du feu et laisser infuser, à couvert, 12 h au moins.
2. Préparer la compotée de coings : peler les coings, en réservant les pelures, et les couper en quatre. Réserver dans de l'eau additionnée du jus de 1 citron, pour éviter qu'ils ne noircissent. Dans une casserole, porter à ébullition 1 l d'eau et le sucre. Ajouter les épices, le jus des citrons restants et les pelures de coing. Faire cuire sur feu doux 20 mn. Retirer du feu et laisser infuser, à couvert, jusqu'à refroidissement. Filtrer le sirop au chinois et y plonger les quartiers de coing. Porter à ébullition et laisser cuire jusqu'à ce que les fruits soient tendres. Laisser refroidir dans le sirop.
3. Ajouter le jus de citron au sirop à la cardamome. Verser dans la sorbetière. Faire prendre selon les instructions du fabricant.
4. Trente minutes à 1 h avant de servir, mouler les boules de glace et les entreposer au congélateur.

notre avis

Vous pouvez servir ce sorbet avec des tuiles (voir recette p. 447) ou des petits biscuits secs de votre choix.

Sorbet à la clémentine
et sorbet au citron

Préparation : 1 h 15

recette saveur

Ingrédients pour 6 à 8 personnes :

1 kg de sucre en morceaux
1 kg de clémentines
5 ou 6 citrons
2 blancs d'œufs
2 tiges d'angélique confite

1. Préparer un sirop à 28° Baumé : dans une casserole, faire chauffer 1 l d'eau et le sucre, sans cesser de mélanger, jusqu'à ce que le sucre soit complètement dissous.
2. Retirer la casserole du feu au premier frémissement. Laisser refroidir.
3. Presser les clémentines, en en réservant une. Réserver le jus.
4. Presser les citrons. Filtrer le jus au chinois.
5. Verser 25 cl de jus de clémentine dans un bac de la sorbetière. Ajouter 25 cl et 40 cl de sirop.
6. Verser 25 cl de jus de citron dans l'autre bac de la sorbetière. Ajouter 25 cl d'eau et 40 cl de sirop. Placer au freezer.
7. Lorsque les sorbets sont sur le point de prendre, prélever quelques cuillerées de sorbet à la clémentine et quelques cuillerées de sorbet au citron, puis les battre séparément avec 1 blanc d'œuf. Remettre chacune de ces préparations dans le bac du sorbet correspondant et laisser prendre complètement les sorbets.
8. Au moment de servir, rassembler des boules de sorbet sur des compotiers préalablement rafraîchis.
9. Décorer avec des petits morceaux d'angélique confite et des quartiers de clémentine pelés à vif.

notre avis

Ces deux sorbets se marient particulièrement bien. Vous pouvez les accompagner de tuiles (voir recette p. 447) ou de langues-de-chat (voir recette p. 307).

Sorbet à la groseille et à la framboise

Préparation : 20 mn
Réfrigération : 4 à 5 h

recette raffinée

Ingrédients pour 4 à 6 personnes :

200 g de sucre
750 g de groseilles rouges
250 g de framboises
1 citron

1. Préparer un sirop : dans une casserole, faire fondre le sucre et 20 cl d'eau sur feu doux. Laisser refroidir.
2. Pendant ce temps, trier les groseilles, les laver et les égrapper.
3. Écraser les groseilles dans un tamis, ainsi que la moitié des framboises.
4. Mesurer le jus de groseille et de framboise obtenu et le mélanger avec la même quantité de sirop.
5. Verser la préparation dans un bac en métal et placer au freezer.
6. Lorsque des cristaux commencent à se former sur les bords du bac, les gratter avec une fourchette, en les ramenant vers le centre.
7. Renouveler cette opération toutes les 15 mn, jusqu'à ce que tout le contenu du bac soit pris en sorbet.
8. Mouler le sorbet dans un récipient esthétique, en incorporant la moitié des framboises restantes. Remettre au freezer 30 mn environ, puis placer au réfrigérateur 15 mn.
9. Démouler sur un plat préalablement rafraîchi. Décorer avec le reste de framboises et de fines demi-rondelles de citron.

notre avis

Si vous désirez obtenir un sorbet un peu plus acidulé, ajoutez un peu de jus de citron au jus de groseille et de framboise.

Sorbet à la mangue

Préparation : 20 mn

recette guadeloupéenne

Ingrédients pour 6 personnes :

150 g de sucre
2 mangues (800 g à 1 kg) bien mûres
1 citron vert

1. Préparer un sirop : dans une casserole, porter à ébullition 30 cl d'eau et le sucre. Retirer du feu et laisser refroidir.
2. Peler les mangues. Détacher la pulpe du noyau, puis la mixer. Ajouter le sirop et le jus de citron à la purée de mangues, en fouettant.
3. Verser la préparation dans une sorbetière et faire prendre en suivant les instructions du fabricant.

notre avis

Pour cette recette, choisissez plutôt des mangues « madames » ou du Brésil.

variante de la recette

Glace à la mangue

Ingrédients pour 4 personnes : 4 œufs, 120 g de sucre vanillé, 30 cl de crème fraîche et 1 mangue bien mûre.

Séparer les blancs d'œufs des jaunes; fouetter ceux-ci jusqu'à obtention d'un mélange homogène. Monter les blancs en neige au batteur; les saupoudrer de sucre vanillé, cuillerée par cuillerée, en fouettant bien entre chaque adjonction. Dans un grand bol, battre la crème jusqu'à épaississement; avec un fouet, incorporer les blancs en neige, puis les jaunes d'œufs, à la crème fouettée; ajouter la pulpe de mangue légèrement écrasée; bien mélanger. Verser la préparation dans un récipient en plastique, couvrir de film alimentaire. Entreposer au congélateur 12 h.

Sorbet à la papaye

Préparation : 15 mn

recette guadeloupéenne

Ingrédients pour 6 personnes :

150 g de sucre
1 papaye de 600 g bien mûre
1 citron vert

1. Préparer un sirop : dans une casserole, porter à ébullition 35 cl d'eau et le sucre. Retirer du feu et laisser refroidir.
2. Couper la papaye en deux dans la longueur.
3. Retirer les graines, à l'aide d'une cuiller, de chaque demi-papaye. Ôter la peau, puis mixer la pulpe.
4. Ajouter le sirop et le jus de citron à la purée de papaye, en fouettant.
5. Verser la préparation dans une sorbetière et faire prendre en suivant les instructions du fabricant.

conseil

Servez dans des coupes ou des assiettes, en boules ou en quenelles, avec du sorbet à la mangue (voir recette page ci-contre).

notre avis

Vous pouvez accompagner ce sorbet d'une salade de fruits exotiques.

à savoir

La papaye est un gros fruit piriforme dont la peau vire du vert au jaune en mûrissant, tandis que la pulpe évolue du blanc au jaune orangé et acquiert un parfum délicat, proche de celui du melon.

Sorbet à la pastèque

Préparation : 45 mn

recette économique

Ingrédients pour 6 à 8 personnes :

1 kg de chair de pastèque épépinée
2 c. à s. de jus de citron
200 g de sucre
1 blanc d'œuf
2 brins de menthe

1. Mixer la chair de la pastèque avec le jus de citron.
2. Verser la moitié de cette purée dans une casserole.
3. Porter à ébullition et laisser frémir 10 mn.
4. Filtrer au chinois, et verser le jus obtenu dans une casserole. Ajouter le sucre. Porter à ébullition et laisser frémir 5 mn.
5. Éteindre le feu et laisser refroidir.
6. Ajouter le reste de purée de pastèque au sirop. Mélanger.
7. Verser la préparation dans une sorbetière et turbiner jusqu'à ce que le sorbet commence à épaissir.
8. Ajouter le blanc d'œuf monté en neige ferme. Turbiner encore 10 mn environ, jusqu'à consistance ferme.
9. Servir des boules de sorbet dans des coupes.
10. Décorer avec des feuilles de menthe.

notre avis

Vous pouvez servir ce sorbet à la saveur délicate avec des tranches de pastèque dont vous aurez ôté les graines noires. Accompagnez de madeleines légèrement tiédies.

à savoir

La pastèque est un des fruits exotiques les plus désaltérants et les moins riches en sucre. En cela, ils sont recommandés par les diététiciens.

Sorbet à la pêche blanche, coulis de framboises

Préparation : 15 mn
Réfrigération : 3 à 4 h

recette raffinée

Ingrédients pour 2 personnes :

500 g de pêches blanches
200 g de sucre glace
Le jus de 1 citron
20 cl de crème fraîche très froide
250 g de framboises

1. Placer 2 coupes au réfrigérateur.
2. Ébouillanter les pêches. Les peler, les dénoyauter et les détailler en morceaux.
3. Mixer la chair des pêches. Ajouter 130 g de sucre glace et la moitié du jus de citron à cette purée.
4. Fouetter la crème fraîche avec 2 cuillerées à soupe d'eau glacée, puis incorporer la purée de pêches, peu à peu. Verser la préparation dans une sorbetière et placer au freezer jusqu'à ce que le sorbet soit bien épais.
5. Pendant ce temps, écraser les framboises, ajouter le reste de jus de citron et de sucre glace. Filtrer et réserver.
6. Servir des boules de sorbet dans les coupes rafraîchies. Napper de coulis de framboises.

conseil

Présentez avec des tuiles aux amandes ou des petits sablés.

notre avis

Vous pouvez remplacer les pêches blanches par des pêches jaunes. Vous pouvez également substituer du coulis de fraises au coulis de framboises.

Sorbet à la poire, coulis de kiwis

Préparation : 15 mn
Réfrigération : 45 mn

recette raffinée

Ingrédients pour 4 personnes :

250 g de sucre en morceaux
Le jus de 1 citron
1 grosse boîte de poires au sirop
8 ou 10 kiwis
2 à 3 c. à s. de sucre glace

1. Faire chauffer 25 cl d'eau avec le sucre et le jus de citron. Au premier frémissement, arrêter le feu et laisser refroidir.
2. Égoutter les poires en réservant le sirop. Les mixer. Ajouter 20 cl du sirop précédent et 10 cl du sirop des poires. Verser la préparation dans une sorbetière et placer au freezer 30 mn environ. Verser celui-ci dans un moule et remettre au freezer 15 mn au moins.
3. Peler les kiwis. Les mixer avec le sucre glace. Démouler le sorbet et verser le coulis autour.

variante de la recette

Sorbet à la poire et au champagne

Ingrédients pour 6 personnes : le jus de 1 citron, 120 g de sucre semoule, 1 kg de poires pas trop mûres, 10 à 15 cl de champagne, 20 cl de crème fraîche, 2 meringues, 125 g de sucre candi roux en cristaux et quelques violettes en sucre.

Porter à ébullition 50 cl d'eau avec le jus de citron et 70 g de sucre semoule; retirer du feu. Peler les poires, les couper en quatre, les épépiner et les plonger dans le sirop; porter à ébullition, laisser bouillir 1 mn, puis les réduire en fine purée; ajouter le reste de sucre semoule. Verser le mélange dans une sorbetière et placer au freezer 1 h; ajouter le champagne. Battre la crème en chantilly. Briser les meringues; les mélanger, avec le sucre candi, à des boules de sorbet dans des coupes rafraîchies. Décorer avec la chantilly et des violettes en sucre.

Sorbet à la pomme, au citron et au calvados

Préparation : 45 mn

recette saveur

Ingrédients pour 4 personnes :

3 pommes granny-smith, dont 1 de 250 g
5 c. à s. de sucre
Le jus de 2 citrons
1/2 c. à s. de calvados

1. Laver la grosse pomme. La détailler en dés sans la peler. Réserver.
2. Dans une casserole, porter à ébullition 18 cl d'eau avec le sucre et le jus de 1 citron. Ajouter les dés de pomme. Porter de nouveau à ébullition. Ôter du feu. Mixer le mélange et laisser tiédir.
3. Incorporer le calvados à la purée de pommes. Verser la préparation dans une sorbetière et faire prendre selon les instructions du fabricant.
4. Dresser 2 boules de sorbet, en les faisant se chevaucher, dans chaque assiettes. Laver les pommes restantes et les détailler en fines lamelles. Les citronner et les piquer en éventail dans le sorbet, de façon à reconstituer une pomme.

conseil

Ne pelez pas la pomme : c'est la peau qui donne sa légère teinte verte au sorbet.

variante de la recette

Sorbet à la pomme

Ingrédients : 500 g de sucre et 1 kg de pommes granny-smith.

Dans une casserole, porter 1,5 l d'eau à ébullition avec le sucre. Laver les pommes, les détailler en quartiers et les épépiner. Les mixer avec le sirop chaud. Filtrer, verser le mélange dans une sorbetière et faire prendre en suivant les instructions du fabricant.

notre avis

Vous pouvez servir ce sorbet avec des pommes au four *(voir recette p. 282).*

Sorbet à la rhubarbe, nage de fraises

Préparation : 1 h 30
Repos : 12 h

recette économique

Ingrédients pour 4 personnes :

500 g de rhubarbe coupée en tronçons
260 g de sucre
100 g de fraises
Le jus de 1 citron

Nage de fraises :
500 g de fraises guariguettes
4 c. à s. de sucre
4 belles feuilles de menthe
1/2 gousse de vanille

1. Placer les tronçons de rhubarbe dans une jatte. Saupoudrer de 4 cuillerées à soupe de sucre et laisser dégorger 12 h.
2. Préparer le sorbet à la rhubarbe : laver les fraises, les équeuter et les détailler en morceaux. Égoutter la rhubarbe. La faire cuire avec le reste du sucre et les morceaux de fraise, sur feu doux, 15 mn.
3. Ajouter 25 cl d'eau et le jus de citron. Mélanger. Verser le mélange dans une sorbetière et faire prendre en suivant les instructions du fabricant.
4. Pendant ce temps, préparer la nage de fraises : laver et équeuter les fraises. En détailler la moitié en gros morceaux dans une jatte. Ajouter le sucre, la menthe hachée et la vanille fendue en deux et grattée. Couvrir de film alimentaire et placer la jatte au bain-marie, sur feu doux, 1 h. Filtrer le jus. Ajouter le reste des fraises coupées en quartiers. Laisser macérer 1 h.
5. Servir le sorbet avec la nage de fraises.

notre avis

Vous pouvez accompagner ce dessert de sablés bretons *(voir recette p. 315)* *ou d'autres petits gâteaux secs de votre choix.*

Sorbet à l'orange et à la grenadine, nage de rhubarbe

Préparation : 1 h 10

recette raffinée

Ingrédients pour 4 personnes :

500 g de rhubarbe
3 oranges sanguines
2 brins de menthe

Sorbet à l'orange :
1 kg d'oranges sanguines

600 g de sucre
3 c. à s. de sirop de grenadine

Sirop :
350 g de sucre semoule
2 gousses de vanille

1. Préparer le sorbet à l'orange : blanchir la moitié des oranges, non pelées, trois fois de suite. Peler les oranges restantes. Détailler toutes les oranges en petits dés. Verser 2 l d'eau et le sucre dans une casserole. Y faire confire les dés d'orange jusqu'à ce que le liquide ait réduit de moitié. Ajouter le sirop de grenadine. Mixer. Verser la préparation dans une sorbetière et faire prendre en suivant les instructions du fabricant.
2. Éplucher la rhubarbe et la couper en bâtonnets. Détailler les oranges sanguines en fines rondelles. Réserver.
3. Préparer le sirop : dans une casserole, verser 1 l d'eau et le sucre. Ajouter les gousses de vanille fendues en deux et grattées. Faire chauffer sur feu doux.
4. Plonger les bâtonnets de rhubarbe et les rondelles d'orange dans le sirop. Laisser cuire 15 mn. Ôter la casserole du feu et laisser tiédir.
5. Verser la nage de rhubarbe dans des assiettes creuses, après avoir ôté les gousses de vanille. Décorer avec 1 boule de sorbet à l'orange. Parsemer de feuilles de menthe.

conseil

Récupérez les rondelles d'orange cuites dans le sirop.
Égouttez-les et faites-les sécher au four préchauffé à 60 °C 2 h 30 à 3 h.
Au moment de servir, décorez la boule de sorbet
en y piquant 1 rondelle d'orange séchée.

Sorbet à l'orange et au miel

Préparation : 25 mn
Réfrigération : 3 h

recette saveur

Ingrédients pour 4 personnes :

1 kg d'oranges
500 g d'oranges sanguines
2 feuilles de gélatine
6 c. à s. de miel

Le jus de 1 citron
2 œufs
125 g de framboises
1 bouquet de menthe

1. Râper le zeste de 2 oranges. Réserver.
2. Peler les oranges. Lever les quartiers à vif, en ôtant soigneusement les membranes transparentes et la peau blanche, en recueillant le jus.
3. Faire ramollir les feuilles de gélatine dans une tasse d'eau.
4. Dans une casserole, faire chauffer le miel dans un peu d'eau, de façon à obtenir un sirop léger. Ôter la casserole du feu.
5. Essorer les feuilles de gélatine, puis les incorporer au sirop. Mélanger jusqu'à leur complète dissolution.
6. Plonger le zeste d'orange dans le sirop encore tiède. Laisser refroidir.
7. Pendant ce temps, mixer les quartiers d'orange. Ajouter le jus de citron. Incorporer ce mélange au sirop.
8. Battre les blancs d'œufs en neige. Les incorporer délicatement au mélange précédent, en soulevant la masse. Verser la préparation dans une sorbetière et laisser prendre au freezer ou au congélateur 3 h au moins.
9. Garnir des coupes de boules de sorbet. Décorer avec les framboises, les zestes d'orange cuits au sirop et des feuilles de menthe.

conseil

Utilisez un miel bien parfumé,
par exemple du miel de lavande ou de romarin.

Sorbet au cassis et au vin rouge

Préparation : 15 mn

recette traditionnelle

Ingrédients pour 6 personnes :

1 kg de cassis
50 cl de bourgogne rouge jeune
1 citron
200 g de sucre
3 c. à s. de crème de cassis

1. Faire chauffer le cassis et le vin sur feu doux. Laisser frémir jusqu'à ce que les grains éclatent. Réduire le cassis en purée. Passer au chinois. Ajouter le jus de citron. Réserver.
2. Porter à ébullition 25 cl d'eau avec le sucre. Enlever du feu. Incorporer ce sirop au mélange purée de cassis-vin. Verser la préparation dans une sorbetière et faire prendre en suivant les instructions du fabricant.

variante de la recette

Sorbet au cassis, nage de groseilles

Ingrédients pour 4 personnes : 200 g de cassonade, 1 gousse de vanille, 500 g de cassis, 20 cl de crème fraîche, 750 g de groseilles, 4 à 5 c. à s. de sucre et le zeste de 1/2 citron finement râpé.

Porter à ébullition 10 cl d'eau avec la cassonade 5 à 6 mn ; ajouter la vanille fendue en deux ; laisser infuser, hors du feu, jusqu'à complet refroidissement. Mixer le cassis; mélanger cette purée et le sirop, après avoir ôté la vanille. Fouetter la crème, et l'incorporer au mélange précédent; verser la préparation dans une sorbetière; placer au freezer jusqu'à épaississement. Rincer les groseilles, les égoutter et les éponger; les presser, en en réservant les 2/3; passer le jus au chinois. Placer les groseilles restantes dans une jatte, en les sucrant et en les parsemant de zeste de citron ; verser le jus de groseille et laisser macérer. Servir le sorbet au cassis avec la nage de groseilles.

Sorbet au chocolat et au cacao

Préparation : 20 mn

délice des enfants

Ingrédients pour 8 à 10 personnes :

650 g de chocolat à 70 %
120 g de sucre
25 g de poudre de cacao
2 gouttes d'extrait liquide de vanille

1. Casser le chocolat en petits morceaux réguliers avec un couteau à large lame. Dans une casserole, mélanger 50 cl d'eau avec le sucre et le cacao. Faire chauffer jusqu'à ébullition.
2. Ajouter quelques morceaux de chocolat. Mélanger. Incorporer le reste de chocolat, peu à peu, sans cesser de mélanger jusqu'à ce qu'il soit complètement fondu. Ajouter la vanille. Mélanger et laisser refroidir. Verser la préparation dans une sorbetière et faire prendre en suivant les instructions du fabricant.

variante de la recette

Sorbet au cacao, à la vanille et aux raisins secs

Ingrédients pour 4 personnes : 125 g de cacao, 250 g de sucre, 2 c. à s. d'extrait liquide de vanille et 50 g de raisins de Corinthe macérés dans du whisky 12 h.

Verser 50 cl d'eau dans le bol du mixeur ; ajouter le cacao ; mixer jusqu'à ce qu'il soit complètement dissous. Ajouter le sucre et l'extrait de vanille ; mixer à nouveau. Incorporer les raisins secs ; verser le mélange dans une sorbetière et faire prendre en suivant les instructions du fabricant.

conseil

Servez avec des zestes d'orange ou de citron confits et des cigarettes (voir recettes p. 421 et p. 299).

Sorbet au citron et à l'orange

Préparation : 25 mn
Réfrigération : 2 h

recette traditionnelle

Ingrédients pour 4 personnes :

250 g de sucre semoule
3 citrons
3 oranges
1 blanc d'œuf
30 g de sucre glace
50 cl de crème anglaise (voir recette p. 431)
1 ou 2 kiwis

1. Dans une casserole, faire fondre 200 g de sucre semoule avec 3 cuillerées à soupe d'eau sur feu doux, sans cesser de remuer avec une cuiller en bois. Au premier frémissement, retirer du feu. Laisser tiédir.
2. Râper le zeste de 2 citrons. Presser tous les citrons. Faire infuser le zeste dans la moitié du sirop. Ajouter le jus et 20 cl d'eau. Verser la préparation dans une sorbetière, en en réservant 1 cuillerée à soupe ; placer au freezer.
3. Râper le zeste de 2 oranges, puis les presser. Faire infuser le zeste dans le reste du sirop. Ajouter le jus et 20 cl d'eau. Verser la préparation dans une autre sorbetière, en en réservant 1 cuillerée à soupe ; placer au freezer.
4. Faire chauffer le reste de sucre semoule avec 2 cuillerées à soupe d'eau. Détailler le zeste de la dernière orange en fines lamelles et les pocher dans ce sirop. Laisser infuser. Réserver le zeste et faire réduire le sirop. Laisser refroidir.
5. Fouetter le blanc d'œuf et l'incorporer à chacune des cuillerées de sirop réservées, ainsi que le sucre glace. Ajouter ces préparations dans les sorbetières respectives lorsque les batteurs commencent à se soulever.
6. Servir à l'assiette, sur un lit de crème anglaise. Décorer avec les lamelles de zeste pochées au sirop, des quartiers d'orange levés à vif et des petits morceaux de kiwi. Napper de sirop d'orange très réduit, par endroits.

Sorbet au citron et sorbet à la clémentine,
sauce au miel et au pamplemousse

Préparation : 45 mn
Réfrigération : 4 h au moins

recette raffinée

Ingrédients pour 6 personnes :

Sorbet au citron :
6 citrons
4 c. à s. de lait
100 g de sucre

Sauce au miel et au pamplemousse :
1 pamplemousse rose
4 c. à s. de miel de lavande

Sorbet à la clémentine :
25 cl de jus de clémentine
100 g de sucre

1. Préparer le sorbet au citron : évider les citrons délicatement, en veillant à ne pas abîmer les écorces. Placer celles-ci au congélateur pour les faire durcir. Mixer la pulpe de citron et la filtrer au chinois. Porter à ébullition 10 cl d'eau avec le lait et le sucre. Ajouter ce sirop au jus de citron. Réserver.
2. Préparer le sorbet à la clémentine : découper la partie supérieure des clémentines et réserver les chapeaux. Presser les clémentines. Mélanger le jus de clémentine et le sucre.
3. Turbiner le sorbet au citron et le sorbet à la clémentine séparément, en suivant les instructions du fabricant. Entreposer au congélateur 4 h au moins.
4. Préparer la sauce au miel et au pamplemousse : couper le pamplemousse et presser le jus. Faire fondre le miel sur feu doux. Ajouter le jus de pamplemousse. Mélanger. Éteindre le feu. Laisser tiédir.
5. Remplir chaque écorce de citron congelée de sorbet de clémentine. Remettre au congélateur quelques minutes. Poser 1 boule de sorbet au citron sur le sorbet à la clémentine, pour figurer un petit bonhomme. Remettre au congélateur quelques minutes. Poser un chapeau d'écorce de clémentine sur la boule de sorbet au citron.
6. Servir les sorbets avec la sauce tiède.

Sorbet au gingembre

Préparation : 20 mn

recette polynésienne

Ingrédients pour 8 personnes :

150 g de gingembre frais
300 g de sucre

1. Peler le gingembre et le couper en petits morceaux.
2. Les mixer avec de l'eau, de façon à obtenir 50 cl de jus.
3. Réserver.
4. Porter à ébullition 40 cl d'eau et le sucre. Faire frémir 2 mn. Éteindre le feu. Laisser refroidir.
5. Ajouter ce sirop au jus de gingembre. Mélanger. Verser la préparation dans une sorbetière.
6. Faire prendre en suivant les instructions du fabricant.

conseil

Pour confectionner le sorbet, vous pouvez également utiliser un moule, que vous placerez au congélateur ; dans ce cas, il conviendra de mélanger fréquemment la préparation, pour éviter la formation de cristaux.

notre avis

Accompagnez le sorbet de biscuits au gingembre et à la cannelle *(voir recette p. 294).*

à savoir

Le gingembre, d'origine asiatique, est un rhizome aux formes tourmentées et à la saveur brûlante. Les Espagnols l'implantèrent avec succès aux Antilles. Le gingembre de la Jamaïque demeure le plus réputé.

variantes de la recette

Sorbet à l'ananas et au gingembre

Ingrédients : 1 gros ananas (700 g), 50 g de gingembre pelé et coupé en petits dés et 300 g de sucre.

Couper l'ananas en quartiers; ôter l'écorce et détailler la chair en morceaux; les mixer avec les dés de gingembre, de façon à obtenir 50 cl de jus. Porter à ébullition 40 cl d'eau et le sucre. Éteindre le feu. Laisser refroidir. Mélanger ce sirop et le jus d'ananas. Mélanger. Verser la préparation dans une sorbetière et faire prendre en suivant les instructions du fabricant.

Sorbet au corossol

Ingrédients : 2 corossols bien mûrs (700 g) et 200 g de sucre.

Peler les corossols; les couper en deux et ôter les graines; couper la chair en morceaux et la réduire en purée au moulin à légumes; réserver. Porter à ébullition 35 cl d'eau et le sucre; éteindre le feu et laisser refroidir. Mélanger ce sirop à la purée de corossols. Mixer. Verser la préparation dans une sorbetière et faire prendre en suivant les instructions du fabricant.

conseil

Ne mixez pas la chair des corossols pour les réduire en purée, pour éviter que celle-ci ne soit amère.

à savoir

Le corossol est originaire du Pérou. Sa pulpe blanchâtre et filandreuse, acidulée et rafraîchissante, se prête parfaitement à la confection des jus et des sorbets.

Sorbet au mangoustan

Préparation : 15 mn
Repos : 12 h

recette exotique

Ingrédients pour 6 personnes :

3 c. à s. de sucre spécial pour confiture
220 g de sucre cristallisé
20 g de lait en poudre à 0 %
24 beaux mangoustans de 100 g chacun

1. Dans une casserole, faire chauffer 10 cl d'eau. Ajouter les 2 sucres et le lait en poudre. Fouetter vigoureusement jusqu'au premier frémissement. Éteindre le feu. Couvrir de film alimentaire. Laisser refroidir ce sirop. Entreposer au réfrigérateur 12 h.
2. Couper la partie supérieure de 6 mangoustans. Réserver les chapeaux. Évider les fruits à l'aide d'une petite cuiller. Réserver les coques.
3. Mixer la pulpe de mangoustan avec le sirop 3 à 4 mn.
4. Verser la préparation dans une sorbetière et faire prendre en suivant les instructions du fabricant.
5. Au moment de servir, peler les mangoustans restants, en laissant les fruits entiers. Remplir les coques réservées de sorbet. Remettre les chapeaux en place.
6. Disposer le sorbet en coque et 3 mangoustans dans chaque assiette.

notre avis

Vous pouvez accompagner ce dessert d'un coulis de fruits rouges, de pistaches mondées et concassées et de zestes d'orange confits dans du sirop de grenadine.

à savoir

Le mangoustan, originaire de Malaisie, est un fruit rond de 8 cm de diamètre environ, avec un pédoncule vert pâle. Sa peau, épaisse, est rouge foncé ou violette. La pulpe, blanche veinée de rose, est divisée en cinq à sept quartiers comportant chacun un noyau brun et lisse. La saveur du mangoustan évoque tout à la fois la pêche, le raisin et la fraise.

Sorbet au maracuja

Préparation : 20 mn

recette antillaise

Ingrédients pour 8 à 10 personnes :

12 maracujas
300 g de sucre
Le jus de 1 citron vert

1. Couper les maracujas en deux. Prélever la pulpe, en recueillant le jus.
2. Mixer le tout, de façon à obtenir 50 cl de jus.
3. Porter à ébullition 45 cl d'eau et le sucre. Retirer du feu. Ajouter le jus de citron à ce sirop.
4. Incorporer le jus de maracuja.
5. Verser la préparation dans une sorbetière et faire prendre en suivant les instructions du fabricant.

conseil

Vous pouvez également confectionner ce sorbet dans un moule, que vous placerez au congélateur. Dans ce cas, mélangez régulièrement pour éviter la formation de cristaux.

notre avis

Servez le sorbet avec des petits biscuits secs.

à savoir

Le maracuja est l'une des variétés les plus connues, avec la grenadille, du fruit de la Passion.

Sorbet au melon

Préparation : 15 mn
Congélation : 3 h

recette économique

Ingrédients pour 6 à 8 personnes :

1 melon de 800 g bien mûr
Le jus de 1/2 citron
4 blancs d'œufs
100 g de sucre

1. Couper le melon en deux dans la hauteur, en ôter l'écorce et les pépins. Détailler la chair en petits morceaux. Les mixer avec le jus de citron jusqu'à obtention d'une consistance fluide.
2. Verser la préparation dans un moule à cake antiadhésif. Lisser le dessus. Placer au congélateur jusqu'à ce que les bords du sorbet commencent à prendre.
3. Battre les blancs d'œufs en neige, en ajoutant le sucre peu à peu, jusqu'à sa dissolution complète.
4. Sortir le sorbet du congélateur et le mixer pour le rendre plus fluide.
5. Incorporer les blancs en neige délicatement à la préparation au melon, jusqu'à obtention d'une consistance homogène. Remettre le mélange dans le moule. Couvrir de film alimentaire. Entreposer au congélateur 3 h environ.

conseil

Décorez avec des feuilles de menthe et des fruits rouges.

notre avis

Vous pouvez servir ce sorbet avec de fines tranches de melon bien mûr.

Sorbet au pamplemousse, sauce à l'orange

Préparation : 25 mn
Congélation : 2 h au moins

recette raffinée

Ingrédients pour 4 personnes :

50 cl de jus de pamplemousse
130 g de sucre
30 g de glucose

Sauce à l'orange :
50 cl de jus d'orange
100 g de sucre
6 c. à s. de Grand Marnier
1/2 c. à s. de fécule

1. Préparer le sorbet : dans une casserole, porter à ébullition le jus de pamplemousse, le sucre, le glucose et 3 cuillerées à soupe d'eau. Retirer du feu.
2. Verser la préparation dans une sorbetière et faire prendre en suivant les instructions du fabricant.
3. Répartir le sorbet dans de petits moules en forme de cône, à l'aide d'une spatule ou d'une cuiller à soupe. Entreposer au congélateur 2 h au moins.
4. Pendant ce temps, préparer la sauce à l'orange : dans une casserole, porter à ébullition le jus d'orange avec le sucre. Ajouter le Grand Marnier. Délayer la fécule dans 1 cuillerée à soupe d'eau. L'incorporer au mélange précédent. Mélanger soigneusement. Entreposer au réfrigérateur.
5. Lorsque le sorbet a bien pris, le démouler en plongeant les moules dans de l'eau chaude.
6. Servir avec la sauce à l'orange.

conseil

Si vous ne disposez pas de moules en forme de cône, vous pouvez servir ce sorbet dans des verres à cocktails de forme conique.

notre avis

Vous pouvez également présenter ce sorbet en boules dans des coupes.

Sorbet au thé et à la menthe

Préparation : 30 mn
Repos : 35 mn

recette raffinée

Ingrédients pour 4 personnes :

300 g de sucre
20 g de lait écrémé en poudre
2 c. à s. de thé
5 feuilles de menthe
Le jus de 1 citron vert

1. Verser 40 cl d'eau dans une casserole. Ajouter le sucre et le lait en poudre. Porter à ébullition. Éteindre le feu. Laisser refroidir ce sirop à température ambiante.
2. Porter 35 cl d'eau à ébullition. Y plonger le thé et les feuilles de menthe. Laisser infuser. Ajouter le jus de citron vert. Laisser refroidir.
3. Mélanger le sirop avec le thé parfumé à la menthe. Verser la préparation dans une sorbetière et faire prendre en suivant les instructions du fabricant.
4. Verser le sorbet dans de petits moules de votre choix. Entreposer au congélateur jusqu'au moment de servir.

variante de la recette

Glace au thé

Ingrédients : 50 cl de lait, 50 g de thé darjeeling, 5 jaunes d'œufs et 100 g de sucre.

Dans une casserole, porter le lait à ébullition; ajouter le thé et laisser infuser 10 mn. Fouetter les jaunes d'œufs avec le sucre; incorporer un peu de lait au thé chaud au mélange œufs-sucre; transvaser l'appareil dans la casserole et faire cuire sur feu doux, sans cesser de mélanger et sans laisser bouillir, 3 à 4 mn. Filtrer le mélange. Laisser refroidir. Verser la préparation dans une sorbetière et faire prendre en suivant les instructions du fabricant.

Sorbet aux graines de fenouil et au miel, sauce au safran

Préparation et cuisson : 25 à 30 mn
Repos : 2 h

recette raffinée

Ingrédients pour 6 personnes :

250 g de sucre
300 g de graines de fenouil
4 c. à s. de miel

Sauce au safran :
25 cl de lait
1 pointe de couteau de safran en poudre
3 jaunes d'œufs
4 c. à s. de sucre

1. Préparer le sorbet : dans une casserole, verser 75 cl d'eau et le sucre. Ajouter les graines de fenouil et le miel. Porter à ébullition. Retirer du feu et laisser reposer 2 h.
2. Filtrer le mélange précédent.
3. Verser la préparation dans une sorbetière et faire prendre en suivant les instructions du fabricant.
4. Au moment de servir, préparer la sauce au safran : dans une casserole, verser le lait. Ajouter le safran. Faire chauffer sur feu moyen et arrêter le feu au premier frémissement.
5. Dans une jatte, fouetter les jaunes d'œufs avec le sucre jusqu'à ce que le mélange blanchisse et épaississe légèrement. Verser le lait chaud en filet, sans cesser de fouetter. Transvaser la préparation dans la casserole et faire épaissir sur feu doux en remuant, jusqu'à ce que la crème nappe la cuiller. Laisser tiédir.
6. Servir le sorbet avec la sauce tiède ou froide, selon le goût.

conseil

Pour confectionner la sauce, vous pouvez remplacer le safran par du curcuma.

notre avis

Servez 3 quenelles de sorbet par personne, en les disposant sur un triangle de pain d'épice. Entourer d'un cordon de sauce au safran.

Soufflé glacé au chocolat et au génépi

Préparation : 35 mn
Congélation : 12 h

recette raffinée

Ingrédients pour 4 personnes :

4 œufs
100 g de sucre en morceaux
200 g de sucre semoule
45 cl de crème liquide très froide
3 cuillerées à soupe de génépi
80 g de chocolat noir
25 g de cacao

1. Séparer les blancs d'œufs des jaunes. Réserver.
2. Préparer un sirop : dans une casserole, porter à ébullition 8 cl d'eau et les morceaux de sucre. Éteindre le feu.
3. Battre les jaunes d'œufs dans une grande jatte placée au bain-marie. Incorporer le sirop chaud, en mélangeant délicatement. Faire épaissir le mélange sur feu doux, sans cesser de mélanger, jusqu'à ce qu'il commence à mousser. Retirer la jatte du bain-marie et la placer sur un lit de glaçons. Monter le mélange au batteur électrique 5 mn environ, jusqu'à ce qu'il reprenne du volume et soit moelleux. Réserver.
4. Monter les blancs en neige ferme avec 100 g de sucre semoule. Les incorporer, petit à petit, au mélange jaunes d'œufs-sirop, en soulevant la masse. Réserver.
5. Fouetter 40 cl de crème en chantilly. Incorporer délicatement la crème fouettée au mélange précédent. Ajouter le genépi.
6. Répartir la préparation dans 4 moules à soufflé individuels. Entreposer au congélateur 12 h.
7. Au moment de servir, préparer la sauce au chocolat : porter 10 cl d'eau à ébullition. Ajouter le reste de sucre semoule, le chocolat cassé en petits morceaux, le reste de crème et le cacao. Laisser refroidir.
8. Sortir les soufflés du congélateur 10 mn avant de servir. Les démouler sur les assiettes. Entourer d'un cordon de sauce.

à savoir

Le génépi est une armoise de haute montagne aux vertus toniques.

Soufflé glacé au marc de Bourgogne

Préparation : 25 mn
Congélation : 12 h

recette saveur

Ingrédients pour 4 personnes :

8 œufs
400 g de sucre
75 cl de crème fleurette très froide
3 c. à s. de marc de Bourgogne
20 g de cacao

1. Séparer les blancs d'œufs des jaunes. Placer ceux-ci dans une jatte. Réserver.
2. Préparer un sirop : dans une casserole, porter à ébullition 10 cl d'eau et 100 g de sucre. Éteindre le feu.
3. Verser le sirop chaud sur les jaunes d'œufs et mélanger soigneusement. Placer la jatte au bain-marie. Fouetter le mélange jusqu'à ce qu'il épaississe. Enlever la jatte du bain-marie au premier frémissement de l'eau. Continuer à battre jusqu'à complet refroidissement. Réserver.
4. Préparer un sirop : dans une casserole à fond épais, mélanger le reste de sucre et 10 à 15 cl d'eau. Faire cuire au petit boulé (120 °C), jusqu'à ce que 1 goutte de sirop plongée dans un bol d'eau froide forme une boulette molle.
5. Monter les blancs en neige. Incorporer le sirop. Fouetter jusqu'à complet refroidissement.
6. Fouetter la crème en chantilly.
7. Mélanger les deux préparations aux œufs avec la crème fouettée et le marc.
8. Entourer un moule à soufflé d'une bande de papier bristol, de façon qu'elle dépasse du bord de 3 cm. Verser la préparation dans le moule. Entreposer au congélateur 12 h.
9. Au moment de servir, ôter la bande de bristol. Saupoudrer le soufflé de cacao.

Desserts santé et allégés

Desserts santé et allégés

Un régime alimentaire ne signifie pas une alimentation triste. Les desserts participent à un art de vivre dont on ne saurait se passer, d'autant qu'aujourd'hui, on dispose de techniques de cuisson, de produits et de recettes qui permettent, sans grand écart, de se faire plaisir.

LES ALLIÉS DES DESSERTS SANTÉ ET ALLÉGÉS

La gélatine

Elle permet de réduire les quantités de beurre et de crème, tout en aidant la préparation à se « tenir ». *(voir p. 238 pour en savoir plus).*

La crème allégée

La crème, déjà faible en matières grasses par rapport au beurre (30 % contre 82 %), existe en version allégée à 15% de matières grasses.

Le sucre allégé

L'aspartame a un pouvoir sucrant 200 fois supérieur au sucre. Se conformer aux indications du fabricant pour bien le doser *(voir p. 14 pour en savoir plus).*

Le miel

À quantité égale, son pouvoir sucrant est 2 fois plus fort que le sucre, pour autant de calories. Il a également des propriétés antibiotiques *(voir p. 14 pour en savoir plus).*

Le fromage blanc

Sans aller jusqu'au 0 % de matières grasses, le fromage blanc à 20 ou 40 % donne de l'onctuosité aux fruits, avec un apport calorique des plus raisonnables.

La papillote

La cuisson en papillote est celle qui concentre les saveurs et les vitamines, c'est la plus saine qui soit.

Fruits frais

Ils sont bien sûr les grandes vedettes de ce chapitre. Attention aux fruits qui noircissent s'ils sont préparés trop longtemps à l'avance : pommes, poires, bananes. Un jus de citron aide à prolonger leur couleur.

Peler les agrumes à vif

Le truc consiste à ôter la première peau, séparer les quartiers et les placer 2 ou 3 h au réfrigérateur avant de continuer l'épluchage, avec un petit couteau pointu bien aiguisé.

Abricots à l'anis étoilé

Préparation : 20 mn
Cuisson : 35 mn

recette saveur

Ingrédients pour 4 personnes :

400 g de sucre
1 gousse de vanille
6 étoiles de badiane
24 abricots mûrs

1. Dans une casserole, verser 1 l d'eau et le sucre. Ajouter la gousse de vanille fendue dans sa longueur et les étoiles de badiane. Porter à ébullition. Réduire le feu et laisser cuire 20 mn.
2. Laver les abricots. Les ouvrir en deux. Les dénoyauter. Les ajouter au sirop. Relancer l'ébullition. Éteindre le feu. Couvrir et laisser pocher 15 mn.
3. Retirer la gousse de vanille. La tailler en filaments. Disposer les oreillons d'abricot en corolle. Les arroser de sirop aux épices. Les parsemer des filaments de vanille. Ajouter l'anis étoilé.

conseil

Servez les abricots à l'anis étoilé tièdes ou bien frais.

à savoir

Introduite en Europe au XVIIe siècle, l'étoile de badiane est peu à peu sortie du registre médicinal pour donner le meilleur d'elle-même aux apéritifs anisés et à la cuisine. En forme d'étoile, d'où son nom commun d'« anis étoilé », elle est le fruit d'un arbuste, la badiane, qui ne pousse qu'au sud de la Chine et au nord du Viêt Nam, où il est considéré comme un symbole de prospérité. Son goût et son parfum, proches de la réglisse, en font une alliée précieuse des pâtisseries... et des fruits.

Abricots poêlés à la lavande

Préparation : 20 mn
Cuisson : 12 mn

recette raffinée

Ingrédients pour 40 personnes :

500 g d'abricots
50 g de beurre
70 g de cassonade
Le jus de 1 citron
1 pincée de lavande séchée

1. Laver les abricots et les égoutter. Les couper en deux, puis les dénoyauter. Dans une poêle, faire fondre le beurre. Verser alors la cassonade en pluie. Faire cuire très doucement jusqu'à obtention d'un caramel blond. Ajouter les demi-abricots. Verser le jus de citron, ajouter la lavande. Couvrir et cuire à feu doux 5 mn en arrosant d'eau de temps en temps.
2. Présenter les abricots encore tièdes en une couronne harmonieuse sur chaque assiette.

conseil

Servez avec 1 boule de glace au yaourt (voir recette p. 339) au centre. La glace au yaourt peut être remplacée par de la glace aux amandes ou à la vanille, que vous achèterez dans le commerce.

à savoir

« La découverte d'une épice ou d'un aromate nouveau fera plus pour le bonheur du genre humain que la découverte d'une étoile », disait le gastronome Brillat-Savarin. La découverte de l'utilisation de la lavande de nos armoires en cuisine vaut si ce n'est une étoile, du moins un large détour.

Ananas aux fruits

Préparation : 20 mn

recette traditionnelle

Ingrédients pour 4 à 6 personnes :

1 ananas pas trop mûr
2 pêches
1 mangue
1 filet de rhum blanc

1. Ouvrir l'ananas aux 2/3 de sa hauteur. Lever la chair sans percer l'écorce.
2. Diviser la chair en morceaux sur un plat afin de pouvoir récupérer le jus.
3. Plonger les pêches dans de l'eau bouillante afin de pouvoir les peler facilement. Les couper en deux puis en morceaux.
4. Ouvrir la mangue en deux et passer une lame le long du noyau fibreux. Couper la chair en morceaux en veillant à conserver le jus.
5. Garnir l'ananas avec tous les morceaux de fruits après les avoir mélangés.
6. Arroser avec le jus, ajouter le rhum blanc et garder au frais jusqu'au moment de servir.

notre avis

Ce dessert est très rafraîchissant. Vous pouvez remplacer le rhum par du kirsch ou bien encore le supprimer complètement. Ceci vaut surtout pour les enfants !

conseil

Vous pouvez remplacer la mangue par un autre fruit exotique, tel que la papaye.

Ananas en soupe aux figues pochées et aux noisettes

Préparation : 30 mn
Cuisson : 10 mn
Réfrigération : 1 h

recette quercinoise

Ingrédients pour 6 personnes :

1 ananas
800 g de sucre
12 figues violettes
100 g de noisettes hachées
1/2 botte de citronnelle

1. Éplucher l'ananas. Dans une casserole, faire un sirop en portant à ébullition le sucre dans 1 l d'eau. Couper la chair de l'ananas en morceaux, puis la mixer avec la moitié du sirop obtenu. Filtrer.
2. Dans un saladier, déposer les figues entières. Les arroser avec les 2/3 du sirop restant, bouillant, et laisser refroidir. Recouvrir de film alimentaire et réserver au réfrigérateur 1 h au moins. Préchauffer le four à 180 °C. Mouiller les noisettes hachées avec le reste du sirop, les mettre dans un plat à four et les enfourner 5 mn (jusqu'à obtention d'une coloration brune).
3. Dans les assiettes de service, déposer les figues pochées coupées en rondelles. Napper de la soupe d'ananas et parsemer de noisettes hachées croustillantes. Ajouter la citronnelle ciselée.

conseil

Préparée la veille pour le lendemain, cette recette sera encore meilleure.

notre avis

Cette soupe d'ananas est délicieuse servie très fraîche, accompagnée de champagne.

à savoir

La figue violette se distingue par sa chair très sucrée. Fragile, elle ne se conserve pas plus de 24 h et se sert toujours à température ambiante.

Ananas mariné au kirsch
et caramélisé

Préparation : 25 mn
Réfrigération : 1 à 2 h
Cuisson : 5 mn

recette lorraine

Ingrédients pour 4 personnes :

1 ananas
4 c. à s. de kirsch
70 g de sucre semoule
Le jus de 2 citrons verts
60 g de beurre
16 cerises à l'eau-de-vie

1. Éplucher et détailler l'ananas en 8 grosses tranches, en prenant soin de retirer le cœur au centre de chaque tranche. Réserver. Dans un saladier, mettre à mariner les tranches d'ananas dans le kirsch, avec le sucre et le jus de citron. Réserver 1 à 2 h au réfrigérateur.
2. Préchauffer le gril. Égoutter soigneusement les tranches d'ananas et les déposer sur la plaque du gril avec le beurre. Laisser cuire 5 mn en les retournant et les arrosant régulièrement avec le jus de la marinade jusqu'à obtention d'une caramélisation parfaite.
3. Au centre de chaque assiette de service, déposer 2 belles tranches d'ananas caramélisées au kirsch. Disposer autour les cerises à l'eau-de-vie préalablement tiédies.

conseil

Retirez le cœur des tranches d'ananas à l'aide d'un bon couteau ou d'un vide-pomme.

notre avis

Servez avec un sorbet à la cerise et décorez chaque assiette de 2 gousses de vanille.

Ananas poêlés à la compote de pommes
et de pruneaux

Préparation : 50 mn
Cuisson : 36 mn

recette raffinée

Ingrédients pour 4 personnes :

500 g de pommes reines des reinettes
6 pruneaux dénoyautés
1 c. à s. de sucre
1 gousse de vanille
2 ananas victoria
50 g de beurre
40 g de poivre du Sichuan

Pommes au caramel :
100 g de sucre
2 gouttes de colorant rouge
8 minipommes

1. Éplucher et épépiner les pommes. Les couper chacune en 10 morceaux. Les mettre dans une casserole avec les pruneaux, le sucre, les graines de la gousse de vanille et 1 cuillerée à soupe d'eau. Laisser cuire doucement 30 mn.
2. Pendant ce temps, éplucher les ananas. Tailler chacun d'eux en 12 tranches de 8 mm d'épaisseur environ. Retailler chacune des tranches avec un emporte-pièce de 7 cm de diamètre. Réserver les tranches et faire cuire les chutes dans une petite casserole avec 10 cl d'eau 20 mn environ, puis mixer pour obtenir un coulis. Filtrer au chinois.
3. Faire fondre le beurre dans une poêle. Dès qu'il est couleur noisette, y poêler les tranches d'ananas 3 mn sur feu doux. Retourner, saupoudrer de poivre, continuer la cuisson 3 mn. Les égoutter sur du papier absorbant et réserver. Mixer les pommes en compote lisse.
4. Pommes au caramel : dans une casserole, cuire le sucre avec 5 cl d'eau. À légère coloration, retirer du feu. Ajouter le colorant. Mélanger. Y tremper les pommes une à une. Les égoutter et les poser sur 1 feuille de papier sulfurisé. Laisser refroidir.
5. Monter les mille-feuilles dans les assiettes : placer en couches les tranches d'ananas et la compote pommes-pruneaux. Napper ensuite le fond des assiettes de coulis d'ananas. Répartir dessus les pommes au caramel. Saupoudrer le bord des assiettes de poivre du Sichuan. Servir.

Brochettes aux quatre prunes

Préparation : 5 mn
Cuisson : 3 à 5 mn

recette raffinée

Ingrédients pour 4 personnes :

10 à 12 mirabelles
8 reines-claudes vertes
8 quetsches
8 reines-claudes friar
Miel liquide
1 goutte d'huile

1. Préparer de la braise sur un barbecue assez longtemps à l'avance pour qu'elle soit bien atténuée lorsque le moment sera venu de cuire les brochettes.
2. Dénoyauter les prunes en veillant à ne pas les couper vraiment en deux, sauf les grosses reines-claudes friar, qui seront coupées complètement.
3. Les enfiler sur des brochettes en terminant par une grosse demi-prune.
4. Badigeonner les prunes de miel sur les deux faces à l'aide d'un pinceau et les poser sur un gril préalablement chauffé et huilé placé sur une braise atténuée.
5. Compter 3 à 5 mn de cuisson et retourner les brochettes aux 2/3 de celle-ci.
6. Verser un peu de miel dans la cavité des demi-prunes juste après les avoir retournées.

notre avis

Vous pouvez confectionner ces brochettes avec deux ou trois variétés de prunes seulement, faute de pouvoir vous procurer les quatre indiquées dans la recette.

Brochettes de figues et de raisin

Préparation : 5 mn
Cuisson : 3 à 5 mn

recette saveur

Ingrédients pour 1 personne :

1 noix de beurre
Miel liquide
7 gros grains de raisin assez ferme
1 figue
1 goutte d'huile

1. Faire fondre le beurre sans le laisser cuire et le travailler avec un peu de miel liquide.
2. Égrener les raisins et les essuyer. Essuyer la figue et la couper en deux.
3. Croiser les brochettes en les piquant sur 1 grain de raisin. Piquer à leur tour les demi-figues sur les brochettes croisées et terminer par des grains de raisin.
4. Badigeonner au pinceau sur les deux faces avec le beurre au miel et poser sur un gril préalablement chauffé et huilé placé sur une braise atténuée. Compter 3 à 5 mn de cuisson et retourner aux 2/3 de celle-ci.

conseil

Le fait de croiser les brochettes vous permettra de les retourner plus facilement.

notre avis

Pour préparer ces brochettes, vous pouvez utiliser, au choix, des figues blanches ou violettes.

Brochettes de fruits exotiques au miel

Préparation : 15 mn
Cuisson : 5 à 7 mn

recette saveur

Ingrédients pour 4 personnes :

1 pamplemousse	**1 papaye**
1 petit ananas	**2 minibananes des Antilles**
4 kumquats	**Miel liquide**
1 mangue	**Bâtons de cannelle**

1. Peler le pamplemousse à vif et séparez ses quartiers en ôtant la pellicule qui les enferment.
2. Peler l'ananas, le couper en tranches.
3. Couper les kumquats en deux.
4. Ouvrir la mangue et la peler. Couper sa pulpe en morceaux. Faire de même avec la papaye.
5. Éplucher les bananes et les couper en tronçons.
6. Enfiler ces divers éléments sur des petites brochettes en bois. Arroser de miel liquide, poudrer de cannelle effritée.
7. Passer au four chauffé à 65 °C jusqu'à ce que les fruits commencent à roussir par endroits.
8. Servir chaud ou tiède.

notre avis

Vous pouvez accompagner ces brochettes de 1 quenelle de glace, de sorbet ou de granité préparés avec l'un des fruits exotiques entrant dans leur composition.

Brochettes de pruneaux marinés au thé

Préparation : 25 mn
Repos : 1 h
Cuisson : 3 à 5 mn

recette raffinée

Ingrédients pour 4 personnes :

Thé à la bergamote	**Le jus de 1 citron**
16 pruneaux d'Agen	**Beurre**
2 kiwis peu mûrs	**Sucre cristal**
2 pommes à chair ferme	**Huile**

1. Préparer un peu de thé fort et y faire gonfler les pruneaux 1 h.
2. Dénoyauter les pruneaux et les laisser s'égoutter. Peler les kiwis, les tailler en grosses olives. Fendre les pruneaux, mettre 1 olive de kiwi à l'intérieur de chacun d'eux. Peler les pommes et tailler leur chair en boules à l'aide d'une cuiller parisienne. Les passer immédiatement au jus de citron afin de les empêcher de brunir.
3. Enfiler pruneaux fourrés de kiwi et boules de pomme en les alternant sur deux brochettes de bois parallèles, ce qui permettra de les retourner facilement. Les passer au beurre fondu puis les rouler dans du sucre cristal et faire chauffer et gratiner légèrement sur un gril huilé et bien chauffé posé sur une braise très atténuée.

notre avis

Accompagnez ces brochettes de crème au thé : jaune d'œuf, fécule et thé fort travaillés ensemble; ajout de lait chaud et cuisson sur feu doux à très faible ébullition, le tout versé dans une coupe et mis au froid.

Citrons en sabayon

Préparation : 15 mn
Cuisson : 15 mn

recette italienne

Ingrédients pour 6 personnes :

4 citrons
6 œufs
250 g de sucre

1. Laver 1 citron. Râper le zeste.
2. Presser le jus des 4 citrons.
3. Séparer les blancs d'œufs des jaunes. Fouetter les jaunes avec le sucre.
4. Lorsque le mélange est bien mousseux, incorporer le jus de citron.
5. Verser le mélange dans une casserole inoxydable. Sur feu doux, fouetter jusqu'à ce que la crème épaississe.
6. Battre les blancs en neige. Les incorporer peu à peu à la crème encore chaude pour obtenir un mélange mousseux et homogène. Verser dans des verres à pied.
7. Servir très frais et saupoudrer de zeste de citron râpé.

conseil

Pour mesurer la consistance crémeuse du sabayon, vérifiez qu'il forme un ruban en en laissant retomber une petite quantité dans la casserole.

notre avis

Un bon coup de fouet et une cuisson pas trop élevée sont les deux critères de la réussite d'un sabayon.

Compote d'abricots
aux amandes fraîches

Préparation : 10 mn
Cuisson : 20 mn

recette traditionnelle

Ingrédients pour 4 personnes :

1 kg d'abricots très frais et pas trop mûrs
200 g de sucre semoule
1 kg d'amandes fraîches
1 bouquet de menthe

1. Couper les abricots et les dénoyauter.
2. Les mettre à cuire à feu moyen avec le sucre et 1 cuillerée à soupe d'eau et couvrir. Dès que les abricots deviennent translucides, baisser la force du feu et découvrir la casserole. Lorsque le jus est réduit à l'état de sirop très fluide, les abricots sont cuits. Laisser refroidir avant de verser dans une coupe.
3. Peu avant de servir, mais lorsque les abricots sont encore bien tièdes, ajouter des amandes fraîches décortiquées et pelées ainsi que quelques feuilles de menthe.
4. Servir tiède ou froid, selon le goût.

à savoir

Récoltée avant sa complète maturité, l'amande fraîche n'est présente que deux mois par an, en juin et en juillet. À l'intérieur de sa coque de velours, l'amandon, protégé encore par une peau beige, est blanc laiteux. Une fois pelé, il ne se conserve que quelques jours à température ambiante. Il faut choisir les amandes à coques encore fermes, couleur vert tendre, le fameux « vert amande ».

Compote d'abricots et de fraises

Préparation : 10 mn
Cuisson : 20 mn

délice des enfants

Ingrédients pour 4 personnes :

280 g de sucre
1 kg d'abricots à peine mûrs
1 kg de fraises

1. Préparer un sirop au lissé (le sirop pris dans une écumoire coule doucement en filets lisses par les trous, ou 103 °C au thermomètre) avec 140 g de sucre et 2 verres d'eau.
2. Laver les abricots, les couper en deux, ôter les noyaux. Les mettre dans le sirop et laisser bouillir 15 mn. Mettre les abricots dans un compotier et les arroser avec le sirop plus ou moins réduit selon la quantité de jus rendu par les abricots.
3. Préparer les fraises, triées et débarrassées de leur pédoncule, de la même manière, mais ne les cuire que 4 à 5 mn.

à savoir

L'abricot ne fut cultivé dans le Midi de la France qu'à partir du XVIIe siècle, alors qu'il poussait en Chine à l'état sauvage il y a déjà plusieurs millénaires. Il transita en Inde puis en Perse et en Arménie avant de rejoindre nos contrées, d'où son nom latin de Prunus armeniaca. *Gorgé de vitamines et d'oligoéléments, il doit être cueilli et choisi mûr à point car son mûrissement ne se prolonge pas après la cueillette.*

Compote de fruits d'été

Préparation : 5 mn
Cuisson : 10 mn
Réfrigération : 1 h

recette traditionnelle

Ingrédients pour 4 personnes :

750 g de pêches
125 g de sucre en poudre
500 g de fraises

1. Peler les pêches après les avoir plongées 30 s dans de l'eau bouillante.
2. Dans une casserole, mettre le sucre et 1 verre d'eau et faire chauffer en tournant jusqu'à ce que tout le sucre soit parfaitement dissous et que le sirop frémisse. Couper les pêches en morceaux et pochez-les dans ce sirop à peine frémissant 5 mn. Les recueillir à l'aide d'une écumoire et les réserver dans un saladier.
3. Équeuter les fraises pendant que le sirop réduit un peu. Pocher les fraises à leur tour dans le sirop frémissant 3 à 4 mn. Les recueillir et les mettre avec les pêches.
4. Faire encore un peu réduire le sirop et attendre qu'il soit presque froid pour en arroser la compote. La conserver 1 h au moins au frais avant de servir.

à savoir

Les variétés de fraises les plus goûteuses sont la gariguette, de forme oblongue, ainsi que ses cinq petites demi-sœurs, les ciflorette, cigaline, cireine, ciloé et cigoulette, issues de dix ans de recherche variétale ; l'elsanta, de forme conique ; la pajaro, gros fruit rouge en forme de cœur, et la selva, petite et ronde. Les choisir brillantes et au calice vert non desséché.

Compote de pommes aux framboises

Préparation : 10 mn
Cuisson : 30 mn

recette raffinée

Ingrédients pour 4 personnes :

1 kg de pommes
150 g de sucre semoule
Le jus de 1 citron
500 g de framboises

1. Peler les pommes, les couper en tranches et les faire cuire en compote avec le sucre. Ajouter le jus de citron, hors du feu, lorsque la compote est encore chaude.
2. Laisser refroidir et répartir dans des petits plats. Servir encore tiède, après avoir disposé des framboises sur chaque plat de compote.

notre avis

L'alliance de goût des framboises et de la compote peu sucrée et citronnée est remarquable; ce dessert très simple sera un véritable régal.

à savoir

Avec le cassis, la mûre, la myrtille et la groseille, la framboise fait partie des « fruits rouges ». Présente sur les marchés dès le mois d'avril, c'est à partir de la mi-juin qu'elle donne le meilleur de son goût. Elle revient en septembre, mais est plus acide. Précieuse entre les précieuses, son extrême fragilité l'oblige à n'être vendue qu'en barquettes. Elle ne se lave pas et s'équeute avec précaution. Elle ne se conserve guère au-delà de 1 journée.

Compote de pruneaux à la cannelle

Préparation : 5 mn
Trempage : 2 h
Cuisson : 5 mn
Macération : 3 h

recette saveur

Ingrédients pour 4 personnes :

600 g de pruneaux
Thé
2 citrons
3 bâtons de cannelle
100 g de sucre en poudre

1. Faire gonfler les pruneaux pendant 2 h dans de l'eau froide. Préparer 50 cl de thé chauffé avec les citrons coupés en rondelles, la cannelle et le sucre en poudre.
2. Égoutter les pruneaux, les verser dans une jatte, mouiller avec le thé à la cannelle. Laisser macérer 3 h avant de servir.

à savoir

La cannelle est en fait l'écorce séchée du cannelier, un arbuste tropical de la famille du laurier. L'écorce est détachée avec un couteau spécial puis débarrassée de sa couche externe. L'écorce intérieure, la plus fragile, est alors mise à sécher, à l'ombre d'abord puis au soleil pendant 3 à 5 jours. En séchant, elle se replie sur elle-même pour former des petits tuyaux : les bâtons de cannelle. La cannelle en provenance du Sri Lanka ou de Madagascar demeure la meilleure. En poudre aussi, elle distille sa saveur exotique dans les desserts mais également dans de nombreux plats salés, sans oublier l'incontournable vin chaud. Elle est couramment utilisée dans les pâtisseries d'Europe centrale, et plus particulièrement dans les pâtisseries allemandes et viennoises.

Coupes de fruits exotiques

Préparation : 40 mn
Réfrigération : 30 mn

recette de fête

Ingrédients pour 4 personnes :

165 g de sucre	2 citrons verts
1 mangue presque verte	1 petit pot de crème fleurette
4 fruits de la Passion	4 kiwis
35 g de beurre	1 grenade
3 petites bananes juste mûres	1 carambole

1. Préparer le coulis de mangue : faire un sirop en faisant cuire 125 g de sucre après l'avoir dilué dans 1 verre d'eau. Laisser refroidir. Peler la mangue, en retirer la chair tout autour du noyau. Réserver quelques morceaux pour décorer les coupes, mixer le reste avec le sirop.
2. Ouvrir les fruits de la Passion pour en extraire la pulpe. Faire fondre le beurre, ajouter les bananes pelées et coupées en morceaux et le jus de 1/2 citron vert. Réduire en purée, mélanger la pulpe de fruit de la Passion et réserver au frais. Monter la crème en chantilly tout en lui incorporant peu à peu le reste de sucre. Mélanger délicatement à la purée de bananes bien froide.
3. Peler les kiwis et les mixer avec du jus de citron vert. Répartir cette purée dans des coupes, compléter avec la purée de bananes, puis recouvrir avec le coulis de mangues.
4. Garder au frais jusqu'au moment de servir après avoir décoré de petits morceaux de mangue, de grains de grenade et de 1 fine tranche de carambole.

à savoir

La grenade est un fruit chargé de symbole, en particulier chez les musulmans. Le prophète Mahomet recommandait d'en consommer afin que l'envie soit délogée du corps. La quantité de ses petites graines dans un liquide qui rappelle le plasma en fait un puissant symbole de fécondité : les femmes berbères désirant connaître combien elles auront d'enfants jettent une grenade mûre à terre : le nombre de graines projetées à l'extérieur sera, disent-elles, celui de leur progéniture...

Coupes de pommes et de poires

Préparation : 10 mn

recette traditionnelle

Ingrédients pour 4 personnes :

1 pamplemousse acidulé	1 pomme à chair ferme et acidulée
Quelques raisins secs	1 petit melon très parfumé
1 poire juste mûre	Sucre semoule

1. Presser le pamplemousse et passer son jus à la passoire fine. Mettre les raisins secs à gonfler dans ce jus.
2. Peler la poire, la trancher en quartiers, ôter cœur et pépins, la couper en petits morceaux. Faire de même avec la pomme et mettre les morceaux immédiatement dans le jus de pamplemousse afin de leur éviter de brunir.
3. Ouvrir le melon, ôter les fibres et les pépins, trancher la pulpe au ras de l'écorce, la couper en morceaux.
4. Disposer l'ensemble dans des coupes, saupoudrer d'un peu de sucre et garder au frais jusqu'au moment de servir.

à savoir

Dodues et juteuses, les pommes d'été, akane et delbard estival, sont rejointes en automne par la golden, au jaune caractéristique, l'elstar et la royal gala, bicolores, la jonagold, vert doré, et la reine des reinettes, vedette à croquer. Quant aux poires, la précoce williams à la chair fondante laisse la place à la ronde des poires d'automne : la longue conférence, la rondouillarde doyenné du comice ou encore la jaune bronze alexandrine douillard et la jaune-vert beurré hardy. En hiver, c'est le tour de la passe-crassane.

Far aux pruneaux

Préparation : 10 mn
Cuisson : 45 mn

recette traditionnelle

Ingrédients pour 6 personnes :

200 g de pruneaux dénoyautés
50 g de farine
150 g de sucre semoule
5 œufs
50 cl de lait
1 c. à s. d'armagnac
1 noix de beurre
50 g de cassonade

1. Faire gonfler les pruneaux dénoyautés dans 50 cl d'eau tiède. Préchauffer le four à 180 °C.
2. Dans un saladier, mélanger la farine et le sucre. Casser les œufs un par un dans la préparation et délayer progressivement avec le lait en remuant avec une cuiller en bois. Parfumer le mélange avec l'armagnac et mélanger intimement.
3. Égoutter soigneusement les pruneaux. Ils doivent avoir gonflé et retrouvé la forme approximative des prunes fraîches (si ce n'était pas le cas, les mélanger et laisser gonfler encore 10 mn).
4. Beurrer le fond et les parois d'un grand plat à gratin. Tapisser le fond du plat de pruneaux et recouvrir de la préparation.
5. Saupoudrer de cassonade et enfourner. Laisser cuire 45 mn environ en surveillant de temps en temps la cuisson.

conseil

Vous pouvez remplacer les pruneaux par des raisins secs macérés dans de l'eau et de l'armagnac.

notre avis

Le far se déguste en tranches, tiède ou froid.

Figues au four farcies au fenouil

Préparation : 50 mn
Cuisson : 20 mn

recette bourguignonne

Ingrédients pour 4 personnes :

800 g de figues fraîches
300 g de bulbes de fenouil
8 étoiles de badiane
4 minifenouils
Gros sel

1. Couper le chapeau des figues et les vider. Réserver la pulpe. Effeuiller et éplucher les bulbes de fenouil. Les émincer finement. Réserver.
2. Dans une sauteuse, faire revenir la pulpe de figues avec l'émincé de fenouil 2 à 3 mn. Laisser mijoter à couvert 30 mn, avec 3 cuillerées à soupe d'eau et la badiane.
3. Farcir les figues de la compotée. Les réserver. Cuire les minifenouils 4 à 5 mn dans de l'eau bouillante salée, puis les rafraîchir à l'eau froide.
4. Préchauffer le four à 150 °C. Placer les figues dans un plat à rôtir recouvert de papier d'aluminium et faire cuire au four 20 mn. Ajouter les minifenouils dans le plat et servir.

conseil

Servez avec un vin de bourgogne rosé, un marsannay, qui développera ses arômes épicés et fruités en accord avec le dessert.

à savoir

Un dessert très peu calorique, enrichi des qualités nutritionnelles de la figue fraîche : richesse en fibres et en minéraux ! La compotée de fruits-légumes est à déguster sans attendre et permet de terminer le repas en douceur pour le transit intestinal.

Figues au raisin

Préparation : 15 mn
Macération : 1 h
Cuisson : 6 mn

recette saveur

Ingrédients pour 4 personnes :

- 500 g de raisin blanc
- 1 verre de vin blanc doux (rasteau, rivesaltes)
- 20 figues pas trop mûres
- 15 g de beurre
- Poivre blanc
- Sucre roux
- 1 petit pot de crème fraîche
- Sucre glace

1. Peler les grains de raisin et les faire macérer 1 h au moins dans le vin. Poser les figues fendues en deux dans un plat à gratin beurré. Glisser 1 grain de raisin dans chaque figue. Poivrer très légèrement, saupoudrer de sucre roux et répandre le reste des grains de raisin sur le plat. Arroser avec le vin de macération.
2. Faire chauffer le four à 285 °C et y mettre les fruits à gratiner 5 à 6 mn. Pendant ce temps, fouetter la crème fraîche en ajoutant un peu de sucre glace en cours d'opération.
3. Servir à la sortie du four les figues bien chaudes avec la crème bien fraîche.

à savoir

Les figues nous régalent deux fois par an, au début de l'été et à l'automne, comme les fraises remontantes. On trouve davantage de figues noires et violettes que de vertes, qui sont, elles, destinées à être séchées. Les violettes de Solliès sont les plus savoureuses. Les choisir bien charnues, avec une goutte de suc qui perle à la base du fruit. « Mi-figue, mi-raisin » : l'expression vient des Corinthiens qui escroquaient leurs clients vénitiens en mélangeant à leurs délicieux raisins des figues, moins chères, qu'ils faisaient payer au prix fort !

Figues farcies à la crème aux amandes, coulis de fraises

Préparation : 7 mn
Cuisson : 7 à 8 mn

recette raffinée

Ingrédients pour 4 personnes :

- 12 figues

Crème aux amandes :
- 80 g de beurre
- 80 g de sucre glace
- 80 g de poudre d'amandes
- 1 œuf
- 2 blancs d'œufs

Coulis de fraises :
- 200 g de fraises
- 25 g de sucre glace
- 1 filet de citron

1. Laver les figues à l'eau froide. Bien les essuyer avec un papier absorbant. Faire une incision en forme de croix sur le dessus de chaque figue à l'aide d'un couteau.
2. Préparer la crème aux amandes : ramollir le beurre pour lui donner la consistance d'une crème. Ajouter le sucre glace puis la poudre d'amandes et l'œuf. Bien lisser le tout. Incorporer les blancs d'œufs battus en neige.
3. Préchauffer le four à 240 °C. Ouvrir légèrement les figues afin de verser 1 cuillerée de crème aux amandes à l'intérieur. Passer au four 7 à 8 mn.
4. Préparer le coulis : mixer les fraises équeutées et lavées. Ajouter le sucre glace, le citron et passer au chinois.

conseil

Dès la sortie du four, placez les figues sur assiettes et verser le coulis autour.

à savoir

Depuis des siècles, les amandes douces se consomment nature, sous forme d'huile et plus rarement de lait. Associées aux figues, aux raisins secs et aux noisettes, elles participent au plus populaire des desserts dénommé les « quatre mendiants », en référence à la couleur des quatre ordres mendiants : dominicains, franciscains, carmes et augustins.

Fraises à la compote de rhubarbe

Préparation : 40 mn
Cuisson : 40 mn

recette saveur

Ingrédients pour 6 personnes :

Compote de rhubarbe :
1 kg de rhubarbe
Le jus de 1/2 citron
2 bâtons de cannelle
160 g de sucre semoule

Fraises au poivre :
1 kg de fraises (gariguettes, fraises des bois)
100 g de sucre semoule
Poivre de Sarawak ou noir

1. Préparer la compote de rhubarbe : éplucher les tiges de rhubarbe. Les découper en bâtonnets. Dans une casserole, verser les 3/4 des fruits, 20 cl d'eau, le jus de citron et les bâtons de cannelle. Faire cuire à feu doux jusqu'à ce que la rhubarbe commence à se réduire en purée. Ajouter le reste de la rhubarbe. Poursuivre la cuisson jusqu'à évaporation de l'eau de végétation.
2. Hors du feu, incorporer le sucre.
3. Préparer les fraises au poivre : laver, équeuter les fraises. Les couper par le milieu. Les assaisonner avec le sucre et 6 tours de moulin à poivre.
4. Dans des coupelles, verser la compote de rhubarbe. Ajouter quelques fraises.

conseil

Décorez de cubes de mangue fraîche et donnez 1 tour de moulin à poivre.

notre avis

Vous pouvez remplacer les fraises par des framboises. Dans ce cas, supprimez le poivre.

Fraises des bois en paniers d'orange

Préparation : 15 mn
Cuisson : 10 mn

recette de fête

Ingrédients pour 4 personnes :

4 oranges à peau fine et chair acidulée (maltaises de préférence)
Le jus de 1 citron
125 g de sucre
2 c. à s. de Maïzena
3 blancs d'œufs
1 pincée de sel
500 g de fraises des bois

1. Couper un large chapeau sur les oranges en veillant à en conserver une lanière qui représentera l'anse du panier, recueillir leur pulpe et la presser à travers une passoire fine. Ajouter au jus obtenu le jus de citron et la même quantité d'eau. Faire chauffer avec le sucre sans laisser bouillir.
2. Délayer la Maïzena avec quelques cuillerées de ce liquide. Reverser peu à peu dans la casserole en tournant sans cesse. Retirer du feu au premier bouillon. Laisser refroidir.
3. Battre les blancs d'œufs en neige ferme avec le sel. Les incorporer à la crème refroidie. En garnir les paniers d'orange et garder au froid.
4. Équeuter les fraises, décorer les paniers avec quelques-unes d'entre elles et servir les autres à part.

conseil

La fraise des bois, en raison de son arôme si subtil, ne supporte pas le froid : ne la mettez pas réfrigérateur mais laissez-la toujours à température ambiante. À défaut de fraises des bois, vous pouvez utiliser la variété mara des bois, qui est un croisement de fraise normale et de fraise des bois ; elle a la taille de la première et une partie de l'arôme de la seconde : c'est un excellent compromis.

Fraises en mousse légère

Préparation : 15 mn

recette saveur

Ingrédients pour 4 personnes :

350 g de fromage blanc
Lait
125 g de sucre
3 blancs d'œufs
750 g de fraises

1. Travailler le fromage blanc à la fourchette avec un peu de lait afin de le rendre plus léger, puis le fouetter jusqu'à ce qu'il devienne mousseux en ajoutant les 3/4 du sucre.
2. Battre les blancs en neige avec le reste de sucre. Équeuter les fraises, en réserver quelques-unes des plus belles, écraser grossièrement les autres à la fourchette.
3. Mélanger précautionneusement purée de fraises et les deux composants de la mousse : fromage battu et blancs montés en neige. Verser la mousse sur les fraises, puis mélanger en travaillant de bas en haut.
4. Verser l'ensemble dans des verres ou des coupes et ajouter les fraises réservées. Garder au frais jusqu'au moment de servir.

à savoir

Contrairement à ce qu'on pourrait croire, la fraise ne doit pas son nom au capitaine Frézier qui, en 1712 rapporta du Chili en Bretagne les plants de cette belle inconnue. Le mot fraise vient du latin fraga *qui signifie « embaumer ». Réputée depuis toujours pour son parfum, la fraise l'est aussi de nos jours pour sa richesse en vitamine C, en minéraux, et sa faiblesse calorique : 37 kcal seulement aux 100 g. On peut donc la consommer sans modération.*

Fraises en nage de verveine

Préparation : 5 mn
Cuisson : 3 mn

recette raffinée

Ingrédients pour 4 personnes :

40 g de sucre
20 g de feuilles de verveine
10 g de Maïzena
500 g de fraises

1. Préparer le jus de verveine : porter à ébullition 30 cl d'eau avec le sucre et les feuilles de verveine. Retirer du feu, puis laisser infuser environ 4 mn.
2. Filtrer, puis lier le jus ainsi obtenu avec la Maïzena.
3. Laver et équeuter les fraises. Les répartir dans 4 coupelles de service.
4. Napper avec le jus de verveine. Décorer de quelques feuilles de verveine. Laisser refroidir, puis servir.

conseil

Servez avec un thé à la menthe léger et dégustez dès l'arrivée des premières fraises.

à savoir

Dans les desserts aux fruits, on ajoute souvent un sirop très sucré qui masque le goût naturel du fruit. Cette « nage » de verveine parfume légèrement les fraises et reste onctueuse, grâce à la Maïzena, tout en limitant au minimum l'apport en sucre.

Fraises et mangue à la citronnelle, tuiles au jus de pamplemousse

Préparation : 30 mn
Réfrigération : 12 h
Cuisson : 15 mn

recette de fête

Ingrédients pour 8 à 10 personnes :

400 g de sucre semoule
Les zestes de 2 citrons
1 botte de citronnelle en bulbe
500 g de fraises goûteuses (maras des bois)
1 mangue

Tuiles :
80 g de sucre glace
20 g de farine
Le jus de 1 pamplemousse
30 g de beurre demi-sel

1. Porter à ébullition 1 l d'eau avec le sucre, les zestes de citron et les 3/4 de la botte de bâtons de citronnelle, soigneusement fendus en deux. Transvaser dans une jatte ou un saladier, laisser refroidir 20 mn et réserver au réfrigérateur jusqu'au lendemain.
2. Préparer les tuiles : préchauffer le four à 180 °C. Dans un saladier, mélanger le sucre glace, la farine, le jus de pamplemousse et le beurre fondu. Déposer 1 feuille de papier sulfurisé sur la plaque du four et y étaler soigneusement le mélange obtenu. Enfourner jusqu'à coloration blonde 10 à 15 mn.
3. À la sortie du four, découper des tuiles dans la pâte encore chaude puis les enrouler sur un rouleau à pâtisserie.
4. Laver les fraises, les équeuter, en couper la moitié en deux. Laisser l'autre moitié des fraises entières.
5. Éplucher la mangue et la couper en quartiers.
6. Dans les assiettes de service, disposer les fruits pêle-mêle, et arroser de sirop.
7. Ajouter les tuiles et les bâtons de citronnelle restants.

à savoir

La mangue, originaire d'inde, est très riche en vitamine C : un fruit moyen couvre plus que nos besoins journaliers.

Fraises et mirabelles en salade, jus à la rhubarbe

Préparation : 20 mn
Cuisson : 10 mn

recette saveur

Ingrédients pour 4 personnes :

3 tiges de rhubarbe
Le jus de 1 citron
115 g de sucre semoule
2 barquettes de fraises
500 g de mirabelles
1 botte de menthe fraîche

1. Éplucher la rhubarbe, la couper en dés.
2. Dans une petite casserole, la mettre à cuire avec le jus de citron et 100 g de sucre.
3. Mixer la rhubarbe.
4. Équeuter, puis couper les fraises en deux.
5. Dénoyauter les mirabelles.
6. Mélanger les mirabelles avec le reste de sucre et les feuilles de menthe ciselées.
7. Dresser les fraises en dôme, les mirabelles dispersées dessus. Napper avec le coulis de rhubarbe.
8. Décorer avec la menthe.

conseil

Placez cette salade de fruits au réfrigérateur jusqu'au moment de servir.

notre avis

Accompagnez cette salade à dominante acide d'un verre de vouvray demi-sec.

Fromage blanc aux abricots

Préparation : 45 mn
Réfrigération : 12 h
Congélation : 12 h

recette de fête

Ingrédients pour 6 personnes :

250 g de crème fouettée
100 g de groseilles
80 g d'abricots
4 feuilles de gélatine
7 cl de lait
300 g de fromage blanc frais 20 %

Préparation au fromage blanc :
Le jus de 1 citron vert
1 c. à c. de gingembre en poudre

Meringue italienne :
100 g de blancs d'œufs
45 g de sucre

1. Réaliser la préparation au fromage blanc la veille : faire bouillir le jus de citron vert avec le gingembre en poudre. Éteindre le feu. Ajouter les feuilles de gélatine ramollies dans de l'eau et essorées. Incorporer le lait et le fromage blanc. Mixer. Réfrigérer 12 h.
2. Préparer la meringue italienne (voir recette p. 440).
3. Mélanger la meringue italienne à la préparation au fromage blanc. Y incorporer la crème fouettée, les groseilles et les abricots coupés en petits dés. Verser le mélange dans un moule de 18 cm de diamètre préalablement entreposé 30 mn au congélateur, et congeler 12 h au moins.

•——conseil——•

Pour éviter la formation de bulles d'air, étalez 1 cuillerée à soupe de la préparation à l'intérieur du moule avant de le remplir.

•——notre avis——•

Accompagnez ce dessert d'un coulis de fruits rouges (voir recette p. 430).

Fruits au vin et au thé

Préparation : 40 mn

recette bordelaise

Ingrédients pour 4 personnes :

80 g de thé
75 cl de côtes-de-bourg rouge
50 g de sucre
2 oranges
1 bâton de cannelle
1 pomelo rose
1 moitié d'ananas victoria
1 kiwi
1 mangue
10 litchis

1. Disposer le thé dans une mousseline. Ficeler celle-ci en ballotin. Réserver.
2. Verser le vin dans une casserole. Le porter à ébullition et le flamber. Ajouter le sucre. Relancer l'ébullition.
3. Éteindre le feu. Ajouter les zestes et le jus des oranges, le bâton de cannelle et le ballotin de thé.
4. Laisser infuser 20 mn.
5. Filtrer et réserver le sirop de vin au réfrigérateur.
6. Pendant ce temps, peler tous les fruits.
7. Lever les suprêmes du pomelo, tailler l'ananas en bâtonnets. Couper le kiwi en huit, la mangue en quartiers, les litchis en deux. Les disposer dans des coupes.
8. Arroser les fruits du sirop de vin glacé. Servir.

•——conseil——•

Décorez les coupes avec des feuilles de menthe.

•——notre avis——•

À défaut de côtes-de-bourg, vous pouvez utiliser un autre vin de Bordeaux pour préparer cette recette.

Fruits d'été en salade

Préparation : 30 mn
Réfrigération : 1 h

recette saveur

Ingrédients pour 4 personnes :

2 nectarines
2 abricots
1 poire
1/2 melon
1 barquette de framboises
100 g de sucre
2 petits-suisses
3 c. à s. de crème liquide allégée
2 c. à s. de kirsch
2 blancs d'œufs
1 c. à s. de pistaches hachées

1. Peler les nectarines et les abricots, puis les dénoyauter. Les détailler en morceaux. Réserver.
2. Peler la poire, ôter le cœur et les pépins, et la détailler en morceaux.
3. Prélever des billes de melon à l'aide d'une cuiller parisienne. Réserver.
4. Passer les framboises rapidement sous l'eau. Les égoutter.
5. Disposer tous les fruits dans une jatte. Les saupoudrer de 3 cuillerées à soupe de sucre et mélanger délicatement. Placer au réfrigérateur 1 h.
6. Mélanger les petits-suisses avec la crème allégée, 3 cuillerées à soupe de sucre et le kirsch à l'aide d'un fouet. Réserver.
7. Monter les blancs d'œufs en neige au fouet, en ajoutant le reste de sucre lorsqu'ils commencent à se raffermir.
8. Incorporer délicatement, à la spatule, les blancs en neige au mélange petits-suisses-crème-sucre-kirsch, en soulevant la masse.
9. Au moment de servir, napper les fruits de la préparation précédente. Décorer avec les pistaches hachées.

Fruits en gelée

Préparation : 15 mn
Cuisson : 25 mn
Réfrigération : 2 h

recette de fête

Ingrédients pour 4 personnes :

200 g de sucre semoule
1 citron
2 oranges
5 feuilles de gélatine
50 g de fraises
500 g de cerises
500 g d'abricots
2 kiwis

1. Mettre le sucre et 1 verre d'eau dans une casserole. Faire cuire 20 mn à petit frémissement.
2. Presser le citron et les oranges; ajouter leur jus au sirop mis hors du feu, puis le zeste râpé de 1/2 orange et les feuilles de gélatine préalablement trempées et essorées. Remuer pour bien mélanger le tout.
3. Mettre 1 goutte de gelée sur une assiette sortant du réfrigérateur; elle doit prendre immédiatement, mais rester souple. Si elle durcit trop, ajouter 2 ou 3 cuillerées à soupe d'eau chaude; si, au contraire, elle reste liquide, poursuivre la cuisson quelques minutes. Passer à travers un linge fin.
4. Mettre le moule au réfrigérateur pendant que la gelée refroidit et préparer les fruits : fraises équeutées, cerises dénoyautées, abricots coupés en quartiers et kiwis en tranches. Les mettre également au frais.
5. Lorsque la gelée est sur le point de prendre, napper le fond et les bords du moule. Mettre des fruits en place artistiquement, puis achever de remplir avec les fruits et la gelée. Réfrigérer 2 h au moins.
6. Tremper le moule quelques instants dans de l'eau chaude et retourner sur un plat.

Fruits exotiques au fromage blanc

Préparation : 30 mn

recette raffinée

Ingrédients pour 4 personnes :

500 g de fromage blanc à 20 % de matière grasse en faisselle
4 fraises
2 clémentines
1/2 mangue
1/2 papaye
1 ananas victoria
1 goyave
1 carambole
1 fruit de la Passion

1. Dans un saladier, battre le fromage blanc bien égoutté jusqu'à consistance mousseuse.
2. Couper les fraises en quatre, les équeuter.
3. Éplucher les clémentines, en détacher les quartiers.
4. Éplucher la demi-mangue, puis la couper en bâtonnets.
5. Éplucher la demi-papaye, l'épépiner et la couper en cubes.
6. Éplucher l'ananas, le couper en deux, puis le couper en bâtonnets.
7. Éplucher la goyave et la couper en deux puis en tranches.
8. Couper la carambole en tranches et le fruit de la Passion en quatre.
9. Mélanger tous ces fruits, puis servir sans attendre, accompagné du fromage blanc.

conseil

Ajoutez quelques litchis fraîchement décortiqués, qui apporteront leur parfum délicat à cette salade exotique.

notre avis

Vous pouvez aromatiser le fromage blanc en incorporant 1/2 cuillerée à café d'extrait liquide de vanille.

Fruits exotiques aux épices

Préparation : 15 mn

recette raffinée

Ingrédients pour 4 personnes :

100 g de fraises
3 mangues
1 gros ananas
5 kiwis
2 fruits de la Passion

Sirop :
200 g de sucre
1 bâton de cannelle
4 clous de girofle
1 branche de menthe
1 gousse de vanille
Le zeste de 1 orange

1. Équeuter et couper les fraises en deux. Éplucher les mangues, l'ananas, les kiwis. Les couper en rectangles de 2 x 3 cm environ.
2. Faire un sirop en mélangeant 20 cl d'eau, le sucre et les épices. Porter à ébullition. Verser ce sirop bouillant sur les fruits. Ajouter la pulpe des fruits de la Passion coupés en deux. Réserver au réfrigérateur jusqu'au moment de servir.

à savoir

La mangue est un fruit exotique que l'on trouve facilement. La mangue amélie, à peau rouge marbrée de vert, est la variété la plus fréquente sur nos étals. En début d'année, elle nous arrive du Brésil ou d'Afrique du Sud, de mars à juillet de Côte d'Ivoire, puis jusqu'en décembre, d'Israël. Le manguier, originaire d'Inde, est un arbre imposant de plus de 30 mètres de hauteur. Le noyau de la mangue pourra donner naissance à une jolie petite plante verte... qui se gardera bien sous nos latitudes de monter si haut.

Fruits frais au vin blanc et à l'estragon

Préparation : 30 mn
Réfrigération : 2 h

recette sancerroise

Ingrédients pour 4 personnes :

1 petite pomme granny-smith
1 petite poire williams
1 pêche
50 g de fraises
50 g de mûres
50 g de groseilles
50 g de framboises
1 grenade
100 g de sucre en poudre
20 cl de vin blanc de Sancerre
2 branches d'estragon

1. Laver tous les fruits. Sans les éplucher, couper la pomme, la poire et la pêche en petits bâtonnets. Les mettre dans un saladier.
2. Ajouter les fraises, les mûres, les groseilles, les framboises, les graines de la grenade, le sucre en poudre et le vin blanc. Mélanger sans écraser les fruits. Laisser macérer au réfrigérateur 2 h environ. Au sortir du réfrigérateur, ciseler l'estragon et en parsemer la surface du mélange de fruits avant de le servir bien frais.

conseil

Servez cette délicieuse salade de fruits avec 1 boule de glace à l'estragon ou quelques quenelles de mascarpone.

notre avis

L'estragon ne doit pas infuser avec le vin et le jus des fruits. Cependant, vous pouvez, si vous le voulez, le remplacer par de la menthe fraîche qui, elle, pourra macérer avec les fruits, diffusant ainsi tout son parfum.

Fruits rouges au thé au jasmin

Préparation : 45 mn
Cuisson : 3 mn

recette raffinée

Ingrédients pour 4 personnes :

200 g de fraises de France
100 g de groseilles
125 g de framboises
100 g de mûres
100 g de myrtilles
100 g de cassis
100 g de fraises des bois
Sucre glace

Sirop :
160 g de sucre
1 c. à s. de thé au jasmin

1. Préchauffer le four à 180 °C.
2. Confectionner le sirop en portant à ébullition 50 cl d'eau et le sucre. Éteindre le feu. Mettre le thé à infuser 10 mn dans le sirop.
3. Filtrer et réserver au frais.
4. Laver délicatement les fruits.
5. Couper les fraises.
6. Égrener les groseilles.
7. Mélanger délicatement tous les fruits. Les arroser de sirop.
8. Poudrer de sucre glace.

conseil

Vous pouvez en garnir des timbales et y disposer en surface des morceaux de pistaches grossièrement concassées.

notre avis

Vous pouvez agrémenter ce dessert d'un coulis de fruits rouges de votre choix, voire d'un coulis d'abricot pour le contraste des saveurs !

Fruits rouges en coussinets

Préparation : 10 mn
Réfrigération : 2 h

recette de fête

Ingrédients pour 4 personnes :

500 g de fraises
250 g de groseilles rouges
250 g de groseilles à maquereau
150 g de sucre
10 feuilles de gélatine
Le jus de 1 citron
Huile
1 brin de menthe fraîche

1. Équeuter les fraises et toutes les groseilles. Réserver 100 g de groseilles rouges.
2. Passer les fruits au mixeur en ajoutant peu à peu le sucre jusqu'à consistance de purée.
3. Faire fondre les feuilles de gélatine dans le jus du citron.
4. Ajouter la gélatine à la purée de fruits en mélangeant bien.
5. Répartir quelques groseilles au fond d'un moule à savarin légèrement huilé puis y verser toute la préparation. Mettre au réfrigérateur (mais pas au freezer car la gélatine durcirait) pendant 2 h.
6. Pour servir, retirer la partie amovible du moule à savarin, sinon le plonger quelques instants dans de l'eau chaude et retourner sur un plat de service. Décorer avec les groseilles réservées et quelques feuilles de menthe.

notre avis

Vous pouvez accompagner ce dessert de crème fraîche allégée, longuement battue ou encore d'une chantilly légère, toujours à base de crème fraîche liquide.

Fruits verts au sucre roux

Préparation : 10 mn
Cuisson : 3 mn
Réfrigération : 1 h

recette raffinée

Ingrédients pour 4 personnes :

90 g de sucre roux
1 melon vert ou jaune
2 poires
3 pamplemousses
3 kiwis
2 pommes
Le jus de 1 citron vert

1. Mélanger le sucre et 1/2 verre d'eau.
2. Cuire 3 mn à petit frémissement.
3. Laisser refroidir ce sirop.
4. Ôter l'écorce et les pépins du melon. Peler les poires, les couper en deux, puis enlever le cœur et les pépins. Peler les pamplemousses à vif. Peler les kiwis. Éplucher les pommes, les couper en deux et les épépiner.
5. Couper tous les fruits en quartiers.
6. Verser le sirop et le jus de citron sur les fruits.
7. Réserver 1 h au réfrigérateur avant de servir.

conseil

Servez ce dessert très frais, accompagné d'un sorbet au citron ou au pamplemousse. Dégustez avec un verre de coteaux-du-layon moelleux.

notre avis

Vous pouvez servir ces fruits en salade avec 1 quenelle de sorbet à la pomme (voir recette p. 351) ou de sorbet à la poire (voir recette p. 350).

Gratin de figues

Préparation : 10 mn
Cuisson : 10 à 15 mn

recette provençale

Ingrédients pour 4 personnes :

4 jaunes d'œufs
3 c. à s. de sucre semoule
200 g de crème fraîche épaisse
3 ou 4 c. à s. de vin doux (rasteau, muscat de Frontignan ou de Beaumes-de-Venise)
750 g de figues noires pas trop mûres

1. Mettre les jaunes d'œufs et 2 cuillerées à soupe de sucre dans une jatte.
2. Fouetter à la fourchette jusqu'à ce que le mélange devienne mousseux et presque blanc.
3. Ajouter la crème fraîche et le vin doux. Réserver.
4. Faire chauffer le gril du four.
5. Verser la crème au vin dans un plat à four.
6. Répartir les figues essuyées et coupées en deux sur la crème, saupoudrer de très peu de sucre.
7. Placer à mi-hauteur dans le four. Laisser cuire jusqu'à ce que la crème soit prise et les figues à peine gratinées.
8. Servir chaud.

notre avis

À défaut de figues noires, vous pouvez confectionner ce gratin avec des figues blanches. Il sera tout aussi délicieux.

Gratin de pamplemousses

Préparation : 15 mn
Cuisson : 5 mn

recette exotique

Ingrédients pour 4 personnes :

2 ou 3 pamplemousses
3 cl de liqueur d'orange
40 g de sucre glace
2 œufs
50 g de sucre en poudre
1 petit pot de crème fraîche
Le zeste de 1 orange

1. Peler les pamplemousses à vif en ôtant toute la peau : zeste, peau blanche et pellicule qui recouvre la chair. Lever les quartiers en tranchant entre la pulpe et la membrane blanche au-dessus d'une assiette creuse afin de récupérer tout le jus.
2. Mettre les quartiers à mariner avec leur jus (plus celui obtenu en pressant les débris), la liqueur d'orange et 20 g de sucre glace. Faire chauffer le gril du four.
3. Séparer les blancs d'œufs des jaunes et fouetter ces derniers avec le sucre en poudre et le reste de sucre glace jusqu'à obtention une crème. Ajouter la crème fraîche. Incorporer les blancs battus en neige ferme.
4. Disposer cette crème sur des plats à gratin individuels et placer sur la crème les quartiers de pamplemousse et leur marinade. Ponctuer le centre d'un petit semis de zeste d'orange râpé extrêmement fin et faire prendre rapidement couleur sous le gril. Servir sans attendre.

conseil

N'oubliez pas de faire chauffer le gril à l'avance car la crème ne doit pas attendre une fois les blancs mélangés au reste.

Gratin de raisin

Préparation : 15 mn
Marinade : 30 mn
Cuisson : 6 mn

recette quercinoise

Ingrédients pour 2 personnes :

1 grappe de raisin blanc
1 verre de vin blanc très fruité
6 figues
1 noix de beurre
Poivre
1 petit pot de crème fraîche
3 cl de cognac ou d'armagnac

1. Mettre à mariner les grains de raisin dans le vin 30 mn.
2. Essuyer les figues et les trancher en quatre sans séparer les quartiers. Les ouvrir et les poser sur un plat à gratin beurré.
3. Faire chauffer le four à 225 °C.
4. Poivrer très légèrement les figues.
5. Mettre les grains de raisin sur les figues et autour d'elles, arroser avec un peu de vin de macération.
6. Monter la crème en chantilly et la parfumer au cognac ou à l'armagnac, puis la réserver au frais.
7. Mettre le plat au four, faire chauffer et très légèrement gratiner 6 à 7 mn.
8. Servir le plat chaud et la crème froide.

conseil

Pour confectionner ce gratin, utilisez de préférence du bergerac, ou, à défaut, un autre vin blanc très fruité.

notre avis

Vous pouvez remplacer le raisin blanc par du raisin noir.

Melon au jus de pamplemousse acidulé au miel et à la menthe

Préparation : 25 mn
Cuisson : 5 mn

recette saveur

Ingrédients pour 6 personnes :

2 gros melons
50 cl de granité au citron (voir recette p. 342)
50 cl de sorbet à la framboise (voir recette p. 446)
Jus acidulé :
80 g de miel de châtaignier
Le jus de 2 citrons
Le jus de 1 pamplemousse rose
10 feuilles de menthe

1. Couper les deux extrémités des melons. Retirer la peau de haut en bas, en suivant la courbe du fruit.
2. Couper les melons en deux et les évider de leurs pépins, que l'on conservera pour confectionner le jus.
3. Trancher la chair en fines lamelles et réserver au frais.
4. Préparer le jus acidulé : dans une casserole, verser le miel, le jus de citron, le jus de pamplemousse et la menthe grossièrement hachée. Porter à ébullition, puis incorporer les pépins de melon et laisser refroidir.
5. Quand le sirop est froid, le filtrer.
6. Dans des assiettes de service froides, disposer les lamelles de melon. Arroser de jus acidulé.
7. Recouvrir de granité au citron.
8. Servir accompagné de sorbet à la framboise.

notre avis

À défaut de miel de châtaignier, vous pouvez utiliser un autre miel très parfumé pour préparer le jus aux agrumes.

Melons aux fruits rouges

Préparation : 15 mn

recette raffinée

Ingrédients pour 3 personnes :

3 petits melons
Le jus de 1 citron
200 g de groseilles rouges
200 g de framboises
1 petit pot de crème fraîche
50 g de sucre glace

1. Ouvrir les melons à 1/3 de leur hauteur, ôter les fibres et les pépins. Lever la chair en petites lanières et les mettre au fur et à mesure dans un bol contenant le jus de citron.
2. Réserver au frais.
3. Mettre de côté quelques grappes de groseilles et égrener le reste en glissant les grappes entre les dents d'une fourchette.
4. Trier les framboises et les équeuter.
5. Battre la crème en chantilly en y incorporant peu à peu le sucre glace.
6. Remplir les écorces de lamelles de melon citronnées mêlées aux groseilles et aux framboises.
7. Mettre la chantilly sucrée sur les fruits à la poche à douille et servir après avoir décoré de grappes de groseilles.

conseil

Si vous ne disposez pas de sucre glace, vous pouvez mixer du sucre semoule dans un moulin à café électrique pour le remplacer.

notre avis

Vous pouvez substituer des groseilles rouges aux groseilles blanches.

Mousse à l'orange

Préparation : 15 mn
Cuisson : 10 mn
Réfrigération : 1 h

recette de fête

Ingrédients pour 4 personnes :

5 oranges à peau fine et chair acidulée
Le jus de 1 citron
125 g de sucre
2 c. à s. de Maïzena
3 blancs d'œufs
1 pincée de sel
1 petit pot de crème fraîche

1. Couper 4 oranges en deux, recueillir leur pulpe et la presser à travers une passoire fine. Ajouter au jus obtenu le jus de citron et la même quantité d'eau.
2. Faire chauffer, sans laisser bouillir, ajouter le sucre peu à peu. Délayer la Maïzena avec quelques cuillerées de ce liquide et reverser, peu à peu et en tournant, dans la casserole. Retirer du feu aux premiers bouillons.
3. Laisser refroidir.
4. Battre les blancs d'œufs en neige ferme avec le sel. Ajouter la préparation à la crème refroidie. En garnir les demi-oranges et garder au réfrigérateur 1 h.
5. Peu avant de servir, battre la crème en chantilly et décorer les demi-oranges.
6. Accompagner des quartiers pelés à vif de l'orange restante.

notre avis

Cette mousse savoureuse est très légère. Vous pouvez l'accompagner agréablement de petits biscuits secs ou de tuiles *(voir recette p. 447).*

Mousse aux groseilles

Préparation : 10 mn

recette raffinée

Ingrédients pour 4 personnes :

1 pot de yaourt
1 petit pot de crème fraîche
50 g de sucre semoule
500 g de groseilles rouges

1. Mélanger le yaourt et la crème fraîche.
2. Fouetter en incorporant le sucre jusqu'à obtention d'une mousse légère.
3. Réserver au frais.
4. Égrener les groseilles en glissant les grappes entre les dents d'une fourchette et les trier. Réserver les plus belles (la moitié environ) et mélanger les autres avec la mousse.
5. Peu avant de servir, répartir la mousse aux groseilles dans des coupes individuelles.
6. Placer dessus les groseilles réservées.
7. Servir avec un sucrier de sucre semoule.

conseil

Vous pouvez confectionner cette recette avec n'importe quels fruits rouges de votre choix : framboises, airelles, cassis, myrtilles par exemple.

notre avis

Ce dessert frais et léger est idéal à la période estivale, mais vous l'apprécierez tout autant en hiver. Dans ce cas, vous remplacerez les groseilles fraîches par des groseilles surgelées.

Mousse de poire au coulis d'oranges

Préparation : 1 h

recette de fête

Ingrédients pour 4 personnes :

150 g de sucre semoule
3 grosses poires
Le jus de 1 citron
50 g de sucre glace
3 feuilles de gélatine
150 g de crème fraîche légère
3 ou 4 oranges
1 c. à s. de confiture d'abricots
3 cl de Grand Marnier
Feuilles de menthe

1. Dans une casserole, mettre le sucre semoule avec 50 cl d'eau et faire chauffer en tournant de temps en temps à l'aide d'une cuiller en bois.
2. Peler 2 poires et les citronner.
3. Plonger les poires dans le sirop en ébullition et laisser frémir 8 mn. Égoutter les poires, les couper en deux, les épépiner et les réserver au freezer.
4. Peler la poire restante. La couper en quartiers, l'épépiner et la passer au moulin à légumes. Faire chauffer cette purée avec le sucre glace et les feuilles de gélatine préalablement trempées dans de l'eau froide et égouttées. Fouetter au fouet à main et mettre au froid.
5. Monter la crème en chantilly. L'incorporer délicatement à la purée de poires lorsqu'elle est froide, en travaillant à la spatule de bas en haut. Réserver au froid.
6. Presser les oranges, passer leur jus et le travailler avec la confiture d'abricots et le Grand Marnier pour obtenir un coulis souple.
7. Répartir la mousse sur les demi-poires à l'aide d'une grosse cuiller en redonnant à chacune la forme d'une poire entière.
8. Napper 4 assiettes de coulis, poser 1 poire sur chaque assiette et décorer de feuilles de menthe.

Œufs en neige au cassis

Préparation : 15 mn
Cuisson : 15 mn

recette raffinée

Ingrédients pour 4 personnes :

5 blancs d'œufs	300 g de cassis
300 g de sucre semoule	Quelques fraises

1. Battre les blancs d'œufs en neige, ajouter peu à peu 150 g de sucre et continuer à fouetter pendant 30 s environ.
2. Dans une sauteuse large et plate, faire chauffer de l'eau jusqu'à frémissement. Garnir une écumoire d'œuf en neige et façonner 1 demi-boule. Poser précautionneusement l'écumoire à la surface de l'eau et la maintenir jusqu'à ce que la boule de neige s'en détache et se mette à flotter. Répéter cette opération jusqu'à épuisement des blancs battus. Faire cuire les demi-boules 15 mn à petit frémissement, jamais à l'eau bouillante. Les retourner délicatement à mi-cuisson. Égoutter et laisser refroidir.
3. Pendant ce temps, égrener le cassis, le trier et passer les grains au moulin à légumes. Fouetter la pulpe obtenue avec le reste de sucre semoule jusqu'à obtention d'une sauce légèrement mousseuse.
4. Garder les boules d'œuf en neige et le cassis au réfrigérateur jusqu'au moment de servir. À cet instant, napper chaque assiette de coulis, placer 1 boule sur ce lit et décorer de demi-fraises.

conseil

Si vous montez les blancs d'œufs en neige au mixeur, battez-les auparavant avec une fourchette jusqu'à obtention d'une consistance mousseuse. Les blancs sont bien montés lorsque, en retournant le récipient, ils y adhèrent.

Papillotes de fruits au miel

Préparation : 15 mn
Cuisson : 15 mn

recette saveur

Ingrédients pour 4 personnes :

2 pommes à chair ferme	1 banane pas trop mûre
Le jus de 1 citron	Miel liquide
1 grappe de raisin blanc ferme	Cannelle en poudre
1 orange à peau fine	

1. Peler les pommes, les épépiner et les couper en quartiers.
2. Citronner immédiatement les quartiers de pomme afin de les empêcher de brunir.
3. Égrener la grappe de raisin.
4. Peler l'orange à vif et en lever les quartiers.
5. Éplucher la banane et la couper en rondelles épaisses.
6. Enfiler ces divers éléments sur des petites brochettes en bois. Placer les brochettes sur 4 feuilles de papier sulfurisé, arroser de miel liquide et poudrer de cannelle.
7. Refermer les papillotes et lier les deux extrémités du papier sur les brochettes avec un brin de raphia.
8. Mettre au four à 165 °C jusqu'à ce que le papier commence à roussir par endroits.
9. Servir chaud ou tiède, selon le goût, en pratiquant une ouverture sur chaque papillote.

conseil

Vous pouvez servir ces papillotes avec 1 quenelle de glace à la vanille ou d'un autre parfum de votre choix.

notre avis

Pour confectionner cette recette, vous pouvez utiliser d'autres fruits, par exemple un assortiment de fruits exotiques.

Pêches au jus de verveine et de framboise

Préparation : 20 mn
Réfrigération : 1 h 30

recette saveur

Ingrédients pour 4 personnes :

70 g de sucre
3 gousses de vanille
4 ou 5 feuilles de verveine
250 g de framboises
4 pêches blanches
Le jus de 1/2 citron

1. Dans une casserole, verser 50 cl d'eau, le sucre et les gousses de vanille fendues.
2. Porter à ébullition 3 à 4 mn, à feu doux.
3. Ajouter les feuilles de verveine. Stopper le feu.
4. Couvrir et laisser infuser 5 à 10 mn. Mettre à refroidir 30 mn au congélateur.
5. Lorsque le sirop est bien froid, retirer les gousses de vanille et les feuilles de verveine. Ajouter les framboises. Laisser macérer 1 h au réfrigérateur.
6. Éplucher les pêches. Les dénoyauter côté pédoncule, sans les ouvrir en deux.
7. Disposer les pêches sur des coupes, ouverture vers le bas.
8. Verser le jus de verveine et de framboise. Citronner légèrement et servir.

conseil

Pour servir, décorez avec des feuilles de menthe.

notre avis

Vous pouvez également confectionnercette recette en remplaçant des feuilles de verveine par une tige de citronnelle que vous détaillerez en petits morceaux.

Pêches blanches à la menthe fraîche

Préparation : 5 mn

recette raffinée

Ingrédients pour 4 personnes :

4 pêches blanches bien mûres
1 botte de menthe fraîche

1. Couper les pêches en deux.
2. Détailler chaque demi-pêche en fines lamelles, en les pelant ou non, selon le goût.
3. Disposer les lamelles de pêche artistiquement sur une assiette.
4. Glisser les feuilles de menthe à loisir entre les lamelles de fruit.
5. Servir bien frais.

notre avis

Servez avec un verre de sancerre. Cette recette sera tout aussi délicieuse si vous remplacez les pêches blanches par des pêches jaunes.

à savoir

La menthe se marie bien avec les fruits, elle parfume de ses arômes sans masquer la saveur sucrée de la pêche. Pour changer du fruit « à la croque » et sans calories supplémentaires, n'hésitez pas à ajouter herbes et épices (cannelle, citronnelle…).

Pêches, carambole et mangue au carthagène

Préparation : 30 mn

recette exotique

Ingrédients pour 10 à 12 personnes :

6 pêches jaunes
6 pêches blanches
1 mangue
1 carambole
1 c. à s. de sucre roux
10 cl de carthagène
Quelques feuilles de menthe poivrée

1. Laver tous les fruits.
2. Faire pocher 1 mn les pêches dans de l'eau bouillante.
3. Égoutter les pêches, les éplucher, les couper en deux puis les détailler en quartiers. Les réserver.
4. Éplucher la mangue. La couper en fines lamelles. Les tailler en julienne.
5. Détailler la carambole en fines tranches.
6. Dans un saladier, verser tous ces fruits. Saupoudrer de sucre. Mouiller de carthagène.
7. Mélanger délicatement à la cuiller.
8. Agrémenter de feuilles de menthe.

notre avis

Ce délicieux dessert est extrêmement rafraîchissant.

à savoir

La carambole, originaire d'Indonésie et de Malaisie, est aujourd'hui cultivée dans tous les pays tropicaux, en Australie et aux États-Unis. De couleur jaune paille ou vert tendre, elle a une pulpe sucrée et juteuse dont la saveur légèrement acide rappelle un peu la rhubarbe. Désaltérante, elle est aussi très décorative dans les salades de fruits, car, en la coupant dans la largeur, on obtient de jolies étoiles à cinq branches translucides.

Pêches gratinées à la crème au jurançon moelleux

Préparation : 10 mn
Cuisson : 10 mn

recette gasconne

Ingrédients pour 6 personnes :

100 g de sucre semoule
100 g de poudre d'amandes
100 g de beurre
1 œuf
9 pêches jaunes
30 cl de jurançon moelleux

1. Préchauffer le four à 120 °C.
2. Verser le sucre et la poudre d'amandes dans le bol d'un mixeur. Ajouter le beurre et mélanger. Incorporer l'œuf. Mixer jusqu'à obtention d'un appareil homogène.
3. Éplucher les pêches et les couper en deux. Les évider légèrement. Les farcir de la préparation précédente.
4. Disposer les pêches dans un plat allant au four. Arroser du jurançon, enfourner et cuire 10 mn.
5. Servir bien chaud.

conseil

Pour que la préparation soit bien homogène, utilisez du beurre ayant la consistance d'une pommade.

notre avis

Vous pouvez accompagner ces pêches rôties de glace à la vanille ou au caramel.

à savoir

Le jurançon moelleux est un vin de dessert ou d'apéritif, selon le goût. Henri IV fut baptisé au jurançon, et dès lors le jurançon devint le vin des cérémonies de la maison de France.

Petits paniers de fraises

Préparation : 30 mn
Cuisson : 6 à 8 mn

recette de fête

Ingrédients pour 4 personnes :

4 pamplemousses
500 g de fraises
100 g de sucre
3 œufs
1 c. à s. de Maïzena

1. Couper les pamplemousses aux 3/4 de leur hauteur en laissant une languette qui formera l'anse des petits paniers. Les vider délicatement. Réserver quelques jolis quartiers et les zestes. Passer le reste au moulin à légumes afin d'en extraire tout le jus.
2. Réserver au frais.
3. Équeuter les fraises et ne les laver que si cela est vraiment nécessaire. Les mettre dans un saladier, les saupoudrer à peine de sucre et les arroser d'un peu de jus de pamplemousse filtré. Laisser macérer au frais.
4. Séparer les blancs d'œufs des jaunes et mettre ces derniers dans une petite casserole avec le reste de sucre. Travailler vivement au fouet à main avant d'ajouter peu à peu la Maïzena, 1 verre de jus de pamplemousse et quelques lanières de zeste finement levées. Faire épaissir sur feu doux jusqu'au premier bouillon. Laisser refroidir avant d'incorporer 1 blanc d'œuf battu en neige.
5. Peu avant de servir, garnir les petits paniers d'écorce d'une couche de crème, puis de quelques fraises et de morceaux de quartiers de pamplemousse pelés à vif. Remettre une couche de crème et décorer avec fraises et pamplemousse.

notre avis

Vous pouvez remplacer les fraises par des framboises, et les pamplemousses par de grosses oranges à jus.

Petits soufflés aux fraises

Préparation : 20 mn
Cuisson : 10 mn

recette raffinée

Ingrédients pour 4 personnes :

300 g de fraises très parfumées
Le jus de 1 citron
150 g de sucre semoule
5 œufs
1 noix de beurre
Sel fin

1. Équeuter les fraises sans les rincer. Réserver les quatre plus belles, couper les autres en quartiers.
2. Dans le bol d'un mixeur, rassembler 200 g de quartiers de fraise, le jus de citron et 120 g de sucre. Réduire en coulis.
3. Préchauffer le four à 210 °C.
4. Séparer les blancs d'œufs des jaunes.
5. Verser le coulis de fraises dans une jatte et lui incorporer 2 jaunes d'œufs. Réserver.
6. Tapisser du reste de sucre 4 petits moules à soufflé beurrés en les tournant en tous sens, puis les retourner pour faire tomber l'excédent de sucre.
7. Battre en neige ferme les blancs d'œufs et 1 pincée de sel. Les incorporer délicatement au coulis, cuillerée par cuillerée, en travaillant de bas en haut.
8. Remplir les moules de ce mélange, lisser à la spatule et mettre au four 10 mn environ.
9. Servir à la sortie du four après avoir décoré chaque soufflé d'une fraise.

conseil

Vous pouvez ajouter 1 trait de kirsch dans le mélange fraises-jus de citron-sucre.

notre avis

Vous pouvez confectionner ces soufflés avec d'autres fruits rouges, par exemple des framboises.

Poires au gratin

Préparation : 20 mn
Cuisson : 20 mn

recette traditionnelle

Ingrédients pour 4 personnes :

750 g de poires
75 g de beurre
4 ou 5 c. à s. de marmelade d'abricots
Quelques biscuits sablés ou macarons

1. Couper les poires en deux. Les peler, supprimer les pépins et les parties dures du cœur. Émincer les demi-poires en tranches de 5 mm d'épaisseur.
2. Disposer les tranches de poire en couronnes superposées dans un plat à gratin bien beurré en les plaçant tête-bêche.
3. Dans le vide formé par la couronne, mettre de la marmelade d'abricots.
4. Saupoudrer de biscuits sablés écrasés en chapelure. Semez dessus de petites noisettes de beurre.
5. Mettre au four préchauffé à 225-250 °C et faire cuire 20 mn environ. Le gratin doit être d'un beau doré et les poires parfaitement moelleuses, sans trop de jus.

notre avis

Pour préparer ce succulent gratin, vous pourrez remplacer les poires par des pommes reines des reinettes. Dans ce cas, vous substituerez de la marmelade de framboises à de la marmelade d'abricots, et vous saupoudrerez le dessert de 1 pincée de cannelle en poudre avant de servir.

Poires en papillotes
à la vanille et à la citronnelle

Préparation : 5 mn
Cuisson : 8 mn

recette saveur

Ingrédients pour 4 personnes :

2 poires, mûres mais fermes, de 300 g
Le jus de 1/2 citron
2 gousses de vanille
1 bottillon de citronnelle
4 c. à café de miel

1. Éplucher les poires. Les couper en deux, les épépiner, les citronner pour leur éviter de noircir.
2. Préchauffer le four à 200 °C.
3. Confectionner 4 belles papillotes avec 4 feuilles de papier sulfurisé. Glisser dans chacune d'elles 1/2 poire, 1/2 gousse de vanille coupée en deux dans la longueur, 1/4 de la citronnelle ainsi que 1 cuillerée à café de miel.
4. Refermer hermétiquement chaque papillote, puis agrafer. Faire cuire au four 8 mn, puis servir immédiatement après avoir découpé avec des petits ciseaux les bords de la papillote qui comportent des agrafes.

conseil

Présentez en papillotes que chacun ouvrira juste avant de déguster.

notre avis

Lorsque l'on fait un plat copieux dans un menu comprenant des féculents, il est difficile de trouver un dessert adapté, ni trop riche ni trop lourd. Essayez ce dessert léger : vous aurez la solution pour de nombreuses occasions.

Poires pochées au coulis de mûres

Préparation : 20 mn
Cuisson : 20 mn

recette raffinée

Ingrédients pour 4 personnes :

4 poires williams
500 g de sucre
Le jus de 1/2 citron
3 c. à s. de sucre semoule

Coulis de mûres :
300 g de mûres
100 g de sucre glace

Glace au pain d'épice :
50 cl de lait
1 gousse de vanille
150 g de pain d'épice
5 jaunes d'œufs
4 c. à s. de sucre

1. Préparer la glace au pain d'épice : dans une casserole, verser le lait et le faire chauffer. Arrêter le feu. Ajouter la gousse de vanille fendue en deux et grattée. Couper le pain d'épice en petits dés et les faire tremper dans le lait 20 mn. Dans une jatte, mélanger au fouet les jaunes d'œufs et le sucre. Réserver.
2. Porter le lait à ébullition, puis le verser sur le mélange œufs-sucre. Transvaser la préparation dans une casserole et cuire à 85 °C, comme une crème anglaise, sans laisser bouillir. Enlever du feu dès que la crème nappe la cuiller. Laisser refroidir puis verser l'appareil dans une sorbetière. Faire prendre selon les instructions du fabricant.
3. Éplucher les poires sans les couper ni les équeuter. Réserver.
4. Préparer le sirop : dans une casserole, verser 1 l d'eau et le sucre. Porter à ébullition. Plonger les poires dans le sirop. Ajouter le jus de citron. Laisser cuire sur feu doux 15 mn.
5. Pendant ce temps, préparer le coulis de mûres : mixer les mûres avec le sucre glace. Passer le coulis au chinois fin. Réserver.
6. Égoutter les poires, les couper en huit et les épépiner. Saupoudrer toutes les faces de sucre semoule. Dans une poêle antiadhésive, placer les quartiers de poire et les faire caraméliser. Verser le coulis de mûres dans les assiettes. Dresser les poires en rosace. Servir avec la glace au pain d'épice.

Pommes vapeur à la cannelle

Préparation : 15 mn
Cuisson : 20 à 25 mn

recette traditionnelle

Ingrédients pour 4 personnes :

4 pommes
4 c. à c. de sucre semoule
Le jus de 1 ou 2 citrons verts
4 petits morceaux de cannelle

1. Essuyer les pommes très soigneusement. Les creuser de manière à en supprimer cœur et pépins par le haut, sans les transpercer complètement.
2. Mettre 1 cuillerée de sucre dans chacune d'elles, mouillez avec un peu de jus de citron vert et plantez 1 morceau de cannelle dans le sucre.
3. Poser les pommes dans le haut d'une marmite à vapeur, d'un couscoussier ou dans une grande passoire, après avoir intercalé 1 rondelle de citron entre chaque pomme. Couvrir et faire cuire 20 à 25 mn à la vapeur.
4. Servir immédiatement en prenant soin de ne pas faire couler le jus que les pommes contiennent.

conseil

Vous pouvez préparer un dessert tout aussi diététique en remplaçant les pommes par des poires.

notre avis

Grâce au mode de cuisson utilisé dans cette recette, les pommes sont très moelleuses et elles s'imprègnent bien de la saveur de la cannelle et du citron.

Raisin, fraises et groseilles au sirop de fruits rouges au safran

Préparation : 40 mn
Cuisson : 2 h

recette saveur

Ingrédients pour 4 personnes :

250 g de fraises
1 grappe de raisin noir
100 g de groseilles blanches
3 c. à s. de sucre

Sirop de fruits rouges :
1 kg de fruits rouges (framboises, cassis...)
500 g de sucre
1 pincée de safran

1. Préparer le sirop de fruits : disposer les fruits rouges dans une terrine avec le sucre et le safran. Laisser pocher 2 h dans un bain-marie. Enlever la terrine du feu. Filtrer le jus. Le mettre à refroidir au réfrigérateur.
2. Laver les fraises. Les équeuter.
3. Peler, épépiner et couper les grains de raisin en deux. Émincer les fraises en lamelles.
4. Former des grappillons de groseilles. Les tremper dans l'eau puis les passer dans le sucre semoule.
5. Sur les assiettes préalablement réfrigérées, disposer en corolle les lamelles de fraise et de raisin. Les arroser de sirop de fruits rouges frais.
6. Au dernier moment, disposer les grappes de groseilles au sucre.

conseil

Décorez avec des feuilles de menthe.

notre avis

Pour confectionner ce dessert très rafraichissant, vous pouvez utiliser un mélange de fraises et de framboises. À défaut de groseilles blanches, n'hésitez pas à employer des groseilles rouges, tout aussi savoureuses.

Salade de fruits en ananas

Préparation : 15 mn

recette exotique

Ingrédients pour 4 personnes :

1 mangue
150 g de fraises
2 kiwis
2 brugnons
1 filet de sirop de sucre de canne
3 cl de rhum blanc
Le jus de 1 citron
1 ananas pas trop mûr et très frais

1. Préparer une salade de fruits relevée du sirop, du rhum blanc et du jus de citron. Bien mélanger afin que tous les fruits s'imbibent de la sauce. Réserver au frais.
2. Trancher l'ananas sur une planche à 3 ou 4 cm en dessous des feuilles. Redresser l'ananas et enfoncer le couteau à 1 cm de l'écorce en veillant à l'incliner vers la base. Le passer tout autour de l'ananas sans percer l'écorce.
3. Planter le couteau dans l'ananas du côté de la base et trancher, sans élargir la fente, en faisant pivoter la lame d'abord de droite à gauche. Retourner le couteau et trancher de gauche à droite.
4. Retirer le corps de l'ananas. Le remplir avec la salade de fruits et le décorer.

conseil

Servez cette salade de fruits la plus fraîche possible : elle sera encore meilleure.

notre avis

Si ce dessert doit être consommé par des enfants, supprimez le rhum et remplacez-le par du lait de coco ou par du jus de fruits de votre choix (ananas, mangue par exemple).

Salade de fruits exotiques

Préparation : 15 mn
Réfrigération : 15 à 30 mn

recette saveur

Ingrédients pour 4 personnes :

4 kiwis
Le jus de 1 citron
1 filet de rhum blanc
1 grenade
1 ananas victoria
1 mangue

1. Peler les kiwis, les couper en tranches fines. Les mettre dans une jatte avec le jus de citron et le rhum blanc puis faire macérer au froid 15 à 30 mn.
2. Peler la grenade, recueillir ses graines.
3. Éplucher l'ananas, couper la chair en dés.
4. Peler la mangue, détailler la chair en cubes.
5. Disposer les rondelles de kiwi dans des coupes individuelles, mélanger avec les graines de grenade, les dés d'ananas et les cubes de mangue, arroser d'un peu du jus de marinade et servir très frais.

notre avis

L'alliance des kiwis et des graines de grenade offre un contraste de textures très agréable en bouche.

à savoir

Les graines de grenade, d'un joli rose transparent, à la saveur légèrement acidulée, sont souvent utilisées pour confectionner des salades de fruits, mais on peut aussi les consommer telles quelles ou, en les passant au moulin à légumes, préparer un coulis, une glace ou un sorbet avec leur jus parfumé et sucré.

Salade de fruits marinés

Préparation : 15 mn
Réfrigération : 1 h

recette traditionnelle

Ingrédients pour 4 personnes :

1 poire juste mûre
1 pomme à chair ferme et acidulée
Le jus de 1 citron
1 grappe de raisin
Quelques noix fraîches
Quelques prunes
Sucre semoule

1. Peler la poire, la trancher en quartiers, ôter le cœur et les pépins, la couper en tranches assez fines.
2. Faire de même avec la pomme et citronner les morceaux immédiatement afin de leur éviter de brunir.
3. Égrener le raisin tout en le triant.
4. Casser les noix et briser les cerneaux en petits morceaux.
5. Dénoyauter les prunes soit en les coupant en deux, si elles sont petites, soit en quartiers si elles sont plus grosses.
6. Disposer tous les fruits dans une coupe.
7. Arroser avec le jus de citron dans lequel les morceaux de pomme ont macéré, saupoudrer de sucre et garder au frais 1 h au moins avant de servir.

notre avis

Outre la saveur des fruits, l'intérêt de cette salade de fruits réside dans sa fraîcheur : plus vous la laisserez au réfrigérateur avant de servir, meilleure elle sera. Selon le goût, vous pourrez l'aromatiser avec 1 filet de rhum ou de kirsch.

Salade de pêches et de groseilles

Préparation : 15 mn
Réfrigération : 1 h

recette raffinée

Ingrédients pour 4 personnes :

1 kg de pêches	**60 g de sucre**
Le jus de 1/2 citron	**500 g de groseilles**

1. Peler les pêches. Les couper en deux.
2. Détailler les demi-pêches en quartiers.
3. Disposer les quartiers de pêche dans une jatte. Les arroser du jus de citron, puis les saupoudrer de sucre.
4. Placer la jatte au réfrigérateur et laisser reposer 1 h.
5. Pendant ce temps, passer les groseilles sous l'eau, puis les égrener à l'aide d'une fourchette. Réserver.
6. Au moment de servir, dresser les quartiers de pêche dans un plat ou dans 4 coupes individuelles.
7. Ajouter les groseilles égrenées. Napper les fruits avec le jus rendu par les pêches.
8. Saupoudrer du reste de sucre.

conseil

Vous pouvez accompagner ce dessert de langues-de-chat (voir recette p. 307) ou d'autres biscuits secs.

notre avis

Pour confectionner cette recette, vous pouvez utiliser, au choix, des pêches blanches ou des pêches jaunes. En saison, vous pouvez également remplacer les groseilles par des groseilles à maquereau.

Tartelettes au citron

Préparation : 25 mn
Repos : 1 h
Cuisson : 20 mn
Réfrigération : 5 h

recette traditionnelle

Ingrédients pour 10 personnes :

20 g de beurre

Pâte sablée
180 g de beurre mou
4 c. à s. d'aspartame
35 g de poudre d'amandes
2 jaunes d'œufs
Sel fin
1 c. à s. de cannelle
1/2 c. à s. de levure chimique
200 g de farine

Crème au citron :
3 zestes de citron
4 œufs
15 cl de jus de citron
300 g de beurre allégé
70 g d'aspartame

1. Pâte sablée : la veille, malaxer le beurre avec l'aspartame. Ajouter la poudre d'amandes, les jaunes d'œufs, le sel, la cannelle, la levure chimique mélangée à la farine. Sans trop travailler la pâte, former une boule. La laisser reposer 1 h au réfrigérateur.
2. Crème au citron : la veille, préparer un bain-marie. Dans une terrine, mélanger les zestes de citron hachés fin, les œufs, le jus de citron et le beurre fondu. Faire cuire le tout au bain-marie, en fouettant de temps en temps, jusqu'à ce que le mélange épaississe. Retirer du feu. Mixer 5 mn la crème encore chaude. Ajouter l'aspartame. Verser la crème dans un saladier. La réserver au réfrigérateur 5 h au moins.
3. Le jour même, préchauffer le four à 180 °C. Étaler la pâte. La disposer sur un moule préalablement beurré. Piquer le fond à l'aide d'une fourchette. Faire cuire au four 20 mn. Lorsque le fond est tiède, le garnir de crème au citron. Lisser, décorer avec 1 fine tranche de citron. Réserver au frais.

conseil

Décorez de quelques feuilles de menthe.

Tartelettes au citron meringuées

Préparation : 45 mn
Cuisson : 15 mn
Réfrigération : 2 h

recette raffinée

Ingrédients pour 10 personnes :

200 g de pâte sablée
(voir recette p. 114)
40 g de beurre
4 blancs d'œufs
180 g de sucre
50 g d'amandes effilées

Crème au citron :
15 cl de jus de citron
4 œufs
Le zeste de 1 citron râpé
240 g de sucre
300 g de beurre

1. Préchauffer le four à 160 °C.
2. Abaisser la pâte sur 2 mm d'épaisseur au rouleau à pâtisserie.
3. Beurrer 10 moules à tartelette de 6 cm de diamètre.
4. Foncer les moules. Enfourner et cuire à blanc 10 mn. Laisser refroidir.
5. Pendant ce temps, préparer la crème au citron : dans une casserole, verser le jus de citron et les œufs. Ajouter le zeste de citron et le sucre. Porter à ébullition, sans cesser de mélanger. Laisser tiédir.
6. Verser la crème au citron dans un mixeur et actionner l'appareil, en incorporant le beurre coupé en dés. Placer au réfrigérateur 2 h.
7. Garnir les fonds de tartelette de crème au citron. Réserver.
8. Préchauffer le four à 230 °C.
9. Préparer la meringue : battre les blancs d'œufs en neige ferme. Faire chauffer 3 cuillerées à soupe d'eau avec le sucre jusqu'au petit boulé. Verser ce sirop en mince filet sur les blancs en neige et fouetter jusqu'à complet refroidissement.
10. À l'aide d'une poche à douille, déposer des dômes de meringue sur les tartelettes. Les parsemer des amandes effilées. Passer au four 5 mn, pour faire colorer.

•——conseil——•

Pour vérifier si le sirop est au petit boulé, trempez une cuiller dans de l'eau froide, puis dans le sirop, puis de nouveau dans l'eau : en roulant une petite quantité de la préparation entre vos doigts mouillés, vous devez obtenir une boulette gluante.

Terrine de fruits à la menthe fraîche

Préparation : 45 mn
Réfrigération : 4 à 5 h

recette de fête

Ingrédients pour 8 personnes :

400 g de sucre semoule
5 poires
4 pommes
Le jus de 1 citron
Le jus de 1 orange
10 feuilles de gélatine
1 melon
500 g de fraises
1 bouquet de menthe fraîche
500 g de framboises
150 g de sucre glace

1. Mettre le sucre semoule et 1 l d'eau dans une casserole. Amener à ébullition en remuant.
2. Peler poires et pommes. Couper 3 poires en deux, ôter cœur et pépins, faire pocher 8 mn dans le sirop ; égoutter et laisser refroidir. Cuire les autres poires et les pommes, coupées en quartiers et évidées, dans le sirop 15 mn, ajouter le jus de citron et le jus d'orange ; laisser tiédir. Recueillir le jus, écraser en compote et passer au tamis fin.
3. Lorsque le jus est encore tiède, ajouter les feuilles de gélatine trempées à l'eau froide et égouttées.
4. Ouvir le melon en fins quartiers, ôter l'écorce, les fibres et les pépins.
5. Garnir un moule à cake, passé à l'eau froide, avec des tranches de melon et des demi-fraises. Verser le jus. Ciseler de la menthe fraîche. Achever de remplir le moule avec des couches alternées de compote, de fruits et de jus, le tout mêlé de menthe fraîche. Réfrigérer 4 à 5 h.
6. Démouler peu avant de servir accompagné d'un coulis fait avec les framboises écrasées travaillées à la fourchette avec le sucre glace.
7. Décorer de framboises et de menthe fraîche.

•——conseil——•

Pour démouler la terrine, plongez le moule à cake quelques instants dans de l'eau chaude.

Desserts au four micro-ondes

Desserts au four micro-ondes

COMMENT RÉUSSIR LES DESSERTS AU FOUR MICRO-ONDES

La cuisson au four micro-ondes nécessite peu de matière grasse. Elle est donc peu calorique et préserve remarquablement le goût des ingrédients, ainsi que les vitamines et les sels minéraux.

Couvrir les plats

Comme pour l'ensemble de la cuisine au four micro-ondes, il ne faut pas omettre de couvrir le plat avec un couvercle en plastique spécial ou un film plastique spécial micro-ondes (il est plus épais et plus adhérent que le film alimentaire ordinaire), afin d'éviter les projections sur les parois du four et de permettre une cuisson rapide et homogène.

Bannir le métal

Dans la cuisine au four micro-ondes, il est impossible de se servir d'ustensiles en métal ; ceux-ci détérioreraient immanquablement votre four.

Les différents types de four micro-ondes

Dans les recettes qui vont suivre, les temps de cuisson sont calculés pour un four de 600 à 650 watts. Dans un four de moindre puissance, il vous suffit d'augmenter les temps de cuisson en proportion : par exemple, avec un four de 500 watts, le temps de cuisson devra être prolongé de 15 à 20 %.

La fonction gril

Certains fours micro-ondes disposent d'une fonction gril, permettant de faire dorer certains desserts. Si ce n'est pas le cas du vôtre, vous pouvez passer le plat au gril d'un four traditionnel, ou encore confectionner votre dessert dans un plat à brunir, conçu dans un matériau prévu pour retenir la chaleur, tout comme un gril.

Abricots à la bourdaloue

Préparation : 15 mn
Cuisson : 15 mn
Repos : 1 h

recette traditionnelle

Ingrédients pour 4 personnes :

3 œufs
200 g de sucre
100 g de farine
50 cl de lait
10 macarons
6 abricots
5 c. à s. de confiture d'abricots
50 g d'amandes effilées

1. Préparer la crème : battre les œufs entiers avec la moitié du sucre jusqu'à ce que le mélange devienne mousseux. Ajouter la farine. Mélanger.
2. Faire bouillir le lait 2 mn à puissance maximale. Le verser peu à peu dans la préparation précédente.
3. Enfourner 2 à 3 mn en remuant trois fois.
4. Écraser finement les macarons, les ajouter à la crème. Laisser refroidir.
5. Laver les abricots, les essuyer et les couper en deux.
6. Dans une jatte, préparer un sirop en mélangeant le reste de sucre à 10 cl d'eau. Passer le tout 4 à 5 mn au micro-ondes à puissance maximale en remuant trois fois.
7. Jeter 5 ou 6 moitiés d'abricot dans le sirop, les y laisser 3 mn, puis les retirer sans les briser et les disposer sur la crème.
8. Renouveler l'opération avec tous les fruits.
9. Faire réduire le sirop 2 à 3 mn au four à puissance maximale sans couvrir. En verser les 2/3 sur les abricots.
10. Délayer la confiture dans le reste du sirop et en napper le dessert. Décorer avec les amandes grillées au four.
11. Réserver au frais 1 h au moins.

notre avis

Vous pouvez remplacer les amandes effilées par des pistaches concassées.

Brioche perdue aux abricots

Préparation : 10 mn
Cuisson : 13 mn

recette traditionnelle

Ingrédients pour 4 personnes :

300 g de brioche rassise
10 cl de lait
3 œufs
90 g de sucre
500 g d'abricots
100 g de poudre d'amandes
50 g de beurre
1 pot de confiture d'abricots

1. Couper la brioche en morceaux et mettre ceux-ci à gonfler dans le lait.
2. Séparer les blancs d'œufs des jaunes et battre les jaunes avec le sucre jusqu'à ce que le mélange blanchisse.
3. Essuyer les abricots, les couper en deux en retirant les noyaux.
4. Pétrir la brioche, puis lui ajouter les jaunes sucrés, la poudre d'amandes et les blancs d'œufs montés en neige.
5. Beurrer un moule à tarte.
6. Disposer la moitié des abricots dans le moule, verser la préparation à la brioche et garnir avec le reste des fruits.
7. Faire cuire 13 mn dans le four à puissance moyenne.
8. Démouler le gâteau sur un plat de service et le napper de confiture alors qu'il est encore chaud.
9. Servir aussitôt ou laisser tiédir.

notre avis

Vous pouvez aromatiser ce dessert en incorporant 1 cuillerée à soupe d'eau de fleur d'oranger au lait avant d'y faire gonfler les morceaux de brioche. Vous pouvez également accompagner ce gâteau de crème fouettée.

Cassolettes de cerises

Préparation : 10 mn
Cuisson : 3 mn

recette saveur

Ingrédients pour 4 personnes :

- 750 g de cerises
- 225 g de sucre
- 2 blancs œufs
- 125 g de poudre d'amandes

1. Équeuter les cerises.
2. Les pocher 1 mn à puissance moyenne.
3. Ajouter 100 g de sucre, mélanger et laisser reposer.
4. Battre les blancs d'œufs en neige ferme, puis leur incorporer délicatement en fin de parcours le sucre restant ainsi que la poudre d'amandes.
5. Répartir les cerises et leur jus dans des cassolettes.
6. Les garnir avec l'appareil à meringue, soit avec une cuiller, soit à la poche à douille.
7. Passer sous le gril chaud jusqu'à ce que la meringue dore par endroits.
8. Servir aussitôt.

conseil

Pour décorer, vous pouvez parsemer des amandes effilées légèrement grillées sur la meringue.

notre avis

À défaut de cerises fraîches, vous pouvez utiliser des cerises en conserve pour confectionner cette recette.

à savoir

Les cerises sont peu caloriques (48 kcal pour 100 g) et très riches en vitamine C.

Charlotte aux pommes et au caramel

Préparation : 1 h 20
Cuisson : 12 mn
Repos : 2 h

recette saveur

Ingrédients pour 4 personnes :

- 65 g de sucre semoule
- 1 citron
- 1,5 kg de pommes fermes
- 1 sachet de sucre vanillé
- 1 c. à s. de cannelle en poudre

1. Préparer le caramel : dans une jatte, placer le sucre semoule additionné de 3 cuillerées à café d'eau.
2. Enfourner à puissance moyenne jusqu'à ce que le mélange blondisse. Sortir la jatte du four et ajouter quelques gouttes de jus de citron.
3. Replacer au four 30 s.
4. Napper entièrement un moule à charlotte du caramel.
5. Éplucher et épépiner les pommes, et les détailler en fines lamelles.
6. Avec les lamelles de pomme, former une rosace au fond du moule.
7. Remplir le moule de couches successives de lamelles de pomme en saupoudrant chaque couche de sucre vanillé et de cannelle en poudre.
8. Cuire la charlotte sur feu doux au bain-marie pendant 1 h.
9. Éteindre le feu. Enfourner la charlotte dans un bain-marie 11 à 12 mn à puissance maximale en faisant tourner le moule trois fois.
10. Démouler la charlotte tiède, et la laisser reposer 2 h au réfrigérateur avant de servir.

conseil

Pour confectionner cette charlotte, choisissez une variété de pommes juteuses afin qu'elle soit moelleuse.

notre avis

Vous pouvez accompagner ce dessert de crème fouettée ou de crème fraîche.

Compote de mirabelles
aux raisins secs

Préparation : 5 mn
Cuisson : 5 mn

recette saveur

Ingrédients pour 4 personnes :

200 g de raisins secs blonds
1 kg de mirabelles
100 g de sucre
20 cl de crème fraîche

1. Placer les raisins secs une jatte. Ajouter quelques cuillerées à soupe d'eau tiède et les faire gonfler 5 mn.
2. Pendant ce temps, équeuter et laver les mirabelles.
3. Les mettre dans une cocotte à couvercle.
4. Ajouter les raisins à peine égouttés sans trop mélanger.
5. Saupoudrer de sucre et couvrir.
6. Donner 5 mn de cuisson à pleine puissance. Mélanger une fois à mi-cuisson.
7. Servir chaud ou froid selon le goût et accompagner de crème fraîche.

conseil

Pour confectionner une compote de mirabelle plus parfumée, vous pouvez faire macérer les raisins secs dans de l'eau additionnée de 1 cuillerée à soupe de rhum ou d'un autre alcool de votre choix.

notre avis

Vous pouvez remplacer la crème fraîche par de la crème fouettée.

Compote de rhubarbe

Préparation : 10 mn
Cuisson : 9 mn

recette saveur

Ingrédients pour 4 personnes :

750 g de tiges de rhubarbe
175 g de sucre
1 gousse de vanille
2 c. à s. de Maïzena
1 pot de crème fraîche épaisse

1. Laver et ébarber les tiges de rhubarbe.
2. Les couper en tronçons de 3 cm environ.
3. Les mettre dans un plat avec 2 cuillerées à soupe d'eau.
4. Couvrir et faire cuire 6 à 7 mn à pleine puissance, en remuant à mi-cuisson. La rhubarbe doit devenir translucide et tendre.
5. Ajouter le sucre, la vanille et la Maïzena travaillée dans un bol avec 1 ou 2 cuillerées d'eau froide et un peu de jus de cuisson de la rhubarbe. Mélanger bien le tout et remettre au four 1 ou 2 mn à puissance moyenne.
6. Laisser refroidir dans le plat.
7. Servir tiède ou froid, dans un compotier, après avoir retiré la vanille. Accompagner de crème fraîche… et de sucre pour les plus gourmands.

notre avis

Vous pouvez accompagner cette compote de tranches de brioche toastées ou de petits biscuits secs.

à savoir

La rhubarbe est originaire de Chine et du Tibet où on l'utilisait pour ses vertus thérapeutiques. Elle est riche en calcium et très peu calorique (7 kcal pour 100 g).

Compotée de fraises
au poivre du Sichuan

Préparation : 10 mn
Cuisson : 6 mn

recette saveur

Ingrédients pour 4 personnes :

500 g + 250 g de fraises
100 g de sucre
Le jus de 1 citron
5 g de poivre du Sichuan

1. Dans un récipient en verre, verser les 500 g de fraises équeutées.
2. Ajoutez le sucre, le jus de citron ainsi que le poivre du Sichuan.
3. Faire cuire 6 mn au four micro-ondes, puissance moyenne.
4. Au terme de la cuisson, filtrer les fraises dans une passoire.
5. Verser cette compotée de fraises au milieu des assiettes.
6. Essuyer délicatement les autres fraises. Les couper en quatre sans enlever les feuilles ni le pédoncule. Les disposer harmonieusement sur la compotée.
7. Verser le jus de cuisson autour.
8. Servir aussitôt.

conseil

Servez avec un verre de saint-nicolas-de-bourgueil 1995.

notre avis

Le poivre du Sichuan rehausse singulièrement la saveur des fraises.

à savoir

En provenance de Chine, le poivre du Sichuan, apparenté au poivre, se distingue par des baies foncées, assez grosses, séchées et éclatées. Sa saveur est à la fois piquante et florale.

Crème renversée

Préparation : 15 mn
Cuisson : 15 mn

recette traditionnelle

Ingrédients pour 2 personnes :

50 cl de lait
80 g de sucre semoule
1 petit verre de rhum
3 œufs

1. Faire chauffer le lait à découvert 1 à 2 mn à puissance maximale. Ajouter 50 g de sucre. Mélanger. Enfourner à nouveau 1 à 2 mn. Cesser au premier frémissement. Ajouter le rhum. Mélanger. Réserver.
2. Au fond d'un moule, verser le reste du sucre additionné de 1 cuillerée à soupe d'eau. Enfourner à puissance moyenne jusqu'à obtention d'un caramel roux. Tourner le moule en tous sens pour en napper le moule.
3. Dans une jatte, battre les œufs en omelette. Verser peu à peu le lait tiédi sur les œufs en fouettant constamment.
4. Verser le mélange précédent dans le moule.
5. Placer le moule dans un bain-marie. Enfourner et cuire 7 à 8 mn à puissance maximale.
6. Tourner le moule une fois pendant la cuisson. Piquer la pointe d'un couteau dans la crème ; elle doit ressortir propre.
7. Après complet refroidissement, démouler la crème en posant un plat renversé sur le moule et en retournant le tout rapidement.

notre avis

Vous pouvez accompagner la crème renversée de petits biscuits secs tels que les langues-de-chat *(voir recette p. 307).*

Gâteau aux cerises

Préparation : 35 mn
Cuisson : 8 mn

recette traditionnelle

Ingrédients pour 4 personnes :

75 g de beurre mou
150 g de sucre semoule
3 œufs
200 g de farine
1 sachet de levure en poudre
50 cl de lait
750 g de cerises
2 c. à s. de sucre glace

1. Travailler 60 g de beurre en pommade. Ajouter 40 g de sucre et mélanger vivement jusqu'à obtention d'une pâte crémeuse. Séparer les blancs d'œufs des jaunes et ajouter ces derniers au mélange précédent. Mélanger vigoureusement jusqu'à obtention d'une pâte lisse et homogène. Incorporer peu à peu la farine additionnée de la levure en mélangeant constamment. Verser le lait progressivement sans cesser de mélanger.
2. Équeuter les cerises.
3. Dans un récipient, faire cuire à couvert les cerises additionnées du reste de sucre 2 à 3 mn à puissance maximale en remuant régulièrement. Laisser refroidir. Prélever le jus des cerises.
4. Mélanger un peu du jus des cerises à la pâte. Réserver.
5. Battre les blancs en neige très ferme, et les incorporer à la pâte.
6. Au fond d'un moule beurré, répartir les 3/4 des cerises. Verser la pâte sur le tout. Cuire 8 mn à puissance moyenne en tournant le moule toutes les 2 mn.
7. Démouler le gâteau tiède. Décorer du reste des cerises et saupoudrer de sucre glace.

notre avis

Vous pouvez confectionner cette recette en remplaçant les cerises par des pruneaux coupés en morceaux ou par des mirabelles.

Îles flottantes

Préparation : 20 mn
Cuisson : 12 mn

recette traditionnelle

Ingrédients pour 4 personnes :

5 blancs d'œufs
160 g de sucre semoule
Le jus de 1/2 citron
25 g d'amandes effilées

Crème anglaise :
1 gousse de vanille
50 cl de lait
6 jaunes d'œufs
80 g de sucre

1. Préparer la crème anglaise : ouvrir la gousse de vanille dans la longueur. Gratter l'intérieur. Mélanger les graines avec le lait préalablement versé dans un récipient. Le faire bouillir 3 mn au micro-ondes, puissance maximale. Dans une terrine, mélanger les jaunes et 80 g sucre. Fouetter vigoureusement jusqu'à ce que le mélange blanchisse. Incorporer le lait. Remettre le tout dans un récipient. Faire cuire 8 mn au micro-ondes, puissance moyenne, en fouettant vigoureusement. Laisser refroidir.
2. Monter les blancs d'œufs additionnés de 60 g de sucre en neige ferme. Les répartir dans des tasses à thé jusqu'aux 3/4. Faire cuire 1 mn au four à micro-ondes, puissance moyenne. Démouler les œufs en neige.
3. Dans une casserole, verser le sucre restant. Ajouter 1 à 2 cuillerées à soupe d'eau et 1 filet de citron. Faire cuire le caramel jusqu'à coloration souhaitée. Sur la crème anglaise froide, disposer les blancs d'œufs en pyramide. Parsemer des amandes effilées. Napper du caramel.

notre avis

Cette traditionnelle recette d'entremets, d'une grande légèreté, peut être nappée de pralines écrasées et de zeste de citron finement râpé.

Îles flottantes aux fraises

Préparation : 10 mn
Cuisson : 30 s

recette saveur

Ingrédients pour 6 personnes :

500 g de fraises
100 g de sucre semoule
Le jus de 1 citron
10 blancs d'œufs
1 pincée de sel

1. Laver, puis équeuter les fraises.
2. Réserver les 12 plus belles fraises pour la décoration. Faire macérer les autres pendant quelques minutes dans le sucre puis les passer au mixeur avec le jus de citron.
3. Réserver ce coulis au frais.
4. Monter les blancs en neige ferme, avec le sel. Ajouter 1 cuillerée à café de sucre.
5. Disposer les blancs en neige dans des ramequins, puis les faire cuire 30 s dans le four micro-ondes à la puissance maximale.
6. Verser le coulis de fraises dans des petites assiettes creuses. Disposer une île dans chaque assiette.
7. Couper les fraises réservées en fines tranches. En recouvrir les îles flottantes, puis servir aussitôt.

conseil

Vous pouvez décorer ces îles flottantes avec des amandes effilées légèrement grillées ou encore avec quelques pistaches concassées.

notre avis

Vous pouvez également servir ce dessert dans des coupes. Pour une présentation raffinée, citronnez le bord de ces dernières, puis retournez-les dans une soucoupe contenant du sucre semoule, que vous pouvez éventuellement colorer en ajoutant une goutte de sirop de grenadine ou de menthe.

Pêches au coulis de framboises

Préparation : 10 mn
Cuisson : 8 mn

recette saveur

Ingrédients pour 4 personnes :

80 g de sucre
4 pêches
400 g de framboises
50 g de sucre glace
3 c. à s. de crème fraîche
50 g d'amandes effilées grillées

1. Dans une jatte, mélanger le sucre à 25 cl d'eau. Cuire 4 à 5 mn à puissance maximale en remuant trois fois.
2. Ajouter les pêches pelées, couvrir et cuire 3 mn à puissance maximale en remuant trois fois.
3. Égoutter les pêches. Laisser refroidir.
4. Préparer le coulis de framboises : laver les framboises. Mixer celles-ci avec le sucre glace de façon à obtenir une purée. Passer la purée au tamis fin.
5. Incorporer la crème fraîche.
6. Répartir le coulis dans des coupes, puis les pêches. Décorer avec les amandes.

conseil

Pour peler les pêches, pochez-les dans 1 l d'eau bouillante et passez le tout 1 mn au four micro-ondes à puissance maximale.

notre avis

Vous pouvez confectionner cette recette en utilisant un coulis préparé avec d'autres fruits rouges, par exemple des cassis ou des myrtilles.

Poires à la compote de framboises

Préparation : 15 mn
Cuisson : 15 mn
Réfrigération : 1 h

recette saveur

Ingrédients pour 4 personnes :

- **4 poires**
- **2 citrons**
- **80 g de sucre semoule**
- **1 gousse de vanille**
- **250 g de framboises**
- **2 c. à s. de crème de cassis**
- **50 g d'amandes effilées grillées**

1. Peler les poires en conservant la queue. Couper un citron en deux et en frotter les poires pour éviter qu'elles ne brunissent.
2. Prélever le zeste du second citron et le presser de façon à en extraire le jus. Dans une jatte, verser 1,5 l d'eau, le zeste de citron, le sucre semoule et la gousse de vanille fendue et grattée. Passer 4 mn au four micro-ondes à puissance maximale en remuant trois fois. Retirer au moment de l'ébullition et pocher les poires dans ce sirop. Couvrir et replacer 6 à 8 mn au micro-ondes à puissance maximale en faisant pivoter la jatte d'un demi-tour au bout de 4 mn. Égoutter les poires. Réserver.
3. Pocher les framboises 30 s dans le même sirop. Les égoutter. Réserver.
4. Faire réduire le sirop 3 à 4 mn à puissance maximale sans couvrir. Incorporer la crème de cassis et la gousse de vanille au sirop. Laisser refroidir. Filtrer au chinois.
5. Dans des coupes, répartir les framboises et les poires. Arroser du sirop. Réfrigérer 1 h. Au moment de servir, décorer avec les amandes grillées.

notre avis

Hors saison, vous pouvez utiliser des framboises congelées. Il est inutile de les faire pocher plus longtemps ; en revanche, le sirop doit réduire davantage, car elles risquent de rendre plus de jus que des framboises fraîches.

Pommes farcies aux amandes

Préparation : 15 mn
Cuisson : 6 mn

recette traditionnelle

Ingrédients pour 6 personnes :

- **6 pommes**
- **Le jus de 1 citron**
- **75 g de poudre d'amandes**
- **80 g de cassonade**
- **1 petit pot de crème fraîche**
- **25 g de beurre**
- **6 tranches de pain de mie**
- **1 pincée de cannelle en poudre**

1. Peler et évider les pommes à l'aide d'un vide-pomme. Boucher le fond de chaque pomme en y replaçant l'extrémité enlevée. Arroser les pommes du jus de citron pour leur éviter de brunir.
2. Mélanger ensemble la poudre d'amandes, 60 g de cassonade et la crème fraîche.
3. Farcir les pommes du mélange précédent.
4. Beurrer les tranches de pain de mie. En tapisser un plat, face beurrée vers le fond.
5. Saupoudrer de cannelle en poudre.
6. Poser les pommes sur les tranches de pain de mie, saupoudrer le tout du reste de cassonade et cuire 6 mn à puissance maximale.
7. Saupoudrer de cassonade. Servir chaud et accompagner de crème fraîche.

notre avis

Pour accompagner ces pommes farcies, vous pouvez remplacer la crème fraîche par un assortiment de confitures, des compotes de fruits frais ou encore une crème anglaise.

Desserts des enfants

Spécial Enfants

COMMENT RÉUSSIR LES DESSERTS DES ENFANTS

Il est important de réaliser ces recettes avec les enfants : la première réussite consistera à leur donner le goût… de les faire eux-mêmes.

Desserts Enfants

À quel âge ?

Les enfants peuvent réaliser une recette tout seuls dès quatre ans, accompagnés d'un adulte qui lit la recette, supervise et apporte son aide dans les phases délicates. L'essentiel est de laisser les enfants appréhender l'enchaînement de l'ensemble de la recette, et pas seulement de leur faire faire l'une des étapes, ce qui leur donnerait forcement une vue parcellaire de l'alchimie pâtissière.

Quelles précautions prendre ?

Quelques précautions sont bien sûr nécessaires avant d'abandonner la cuisine aux petites mains des garnements :

` leur laisser place nette et propre, et beaucoup de place, plus que vous n'en utiliseriez vous-même, les équiper de tabliers et leur faire se laver les mains avant de commencer ;

` leur donner une méthode : **1.** Je lis la recette (au moins deux fois). **2.** Je sors tous les ingrédients dont je vais avoir besoin. **3.** Je sors tous les ustensiles dont je vais avoir besoin. **4.** On distribue le travail si l'on est plusieurs ;

` prendre un maximum de précautions pour ce qui a trait à la cuisson : four et casseroles chaudes ;

` leur apprendre à rendre la cuisine dans l'état où ils l'ont trouvée en entrant… avant de déguster joyeusement.

Et ce n'est pas fini !

Les recettes de ce chapitre sont tout spécialement destinées aux enfants, mais on ne saurait oublier celles qui font partie de leurs grands classiques : les crêpes (voir recette p. 184), les gaufres (voir recette p. 218), les beignets (voir recette p. 214), le gâteau marbré (voir recette p. 57), le gâteau au chocolat et aux amandes (voir recette p. 35), la crème à la vanille (voir recette p. 431), les glaces vanille, fraise ou chocolat (voir le chapitre des glaces p. 326) et… la mousse au chocolat (voir recette p. 166) !
Miam !

Ananas en brochettes, pain d'épice et glace à la vanille

Préparation : 40 mn
Cuisson : 4 à 5 mn

recette pour 8 ans et +

Ingrédients pour 4 enfants :

200 g de pain d'épice
6 tranches d'ananas
50 g de beurre
1/2 gousse de vanille
1/2 c. à c. de jus de citron

1. Préparation et cuisson des brochettes : couper le pain d'épice en 40 morceaux bien réguliers et 5 tranches d'ananas en 32 morceaux.
2. Enfiler les morceaux de pain d'épice et d'ananas sur 8 brochettes en bois, en alternant pain d'épice et ananas.
3. Mixer la tranche d'ananas restante pour réaliser un jus.
4. Faire dorer les brochettes dans le beurre.
5. Hors du feu, ajouter la 1/2 gousse de vanille fendue en deux. Déglacer la poêle avec le jus d'ananas, puis le jus de citron.
6. Servir 2 brochettes par assiette, napper de sauce.
7. Décorer avec la vanille.

conseil

Pour obtenir un maximum de parfum, écrasez la gousse de vanille avec le plat d'un couteau avant de la fendre.

notre avis

Choisissez du pain d'épice bien moelleux et servez avec 1 quenelle de glace à la vanille (voir recette p. 438).

Cake au citron

Préparation : 20 mn
Cuisson : 30 mn

recette pour 5 ans et +

Ingrédients pour 6 enfants :

240 g de farine
1/2 sachet de levure chimique
250 g de beurre mou
220 g de sucre
4 œufs entiers + 3 jaunes
Le zeste de 1/2 citron non traité râpé
Le jus de 1 citron

1. Préchauffer le four à 180 °C.
2. Tamiser la farine avec la levure.
3. Dans une terrine, malaxer le beurre en pommade. Ajouter le sucre. Bien mélanger.
4. Avec l'aide d'un adulte, préparer les 3 jaunes d'œufs, en les séparant des blancs.
5. Battre les œufs entiers et les jaunes ensemble, puis ajouter la farine et la levure mélangées. Incorporez le zeste de citron râpé et le jus du citron.
6. Verser la préparation dans une terrine (20 x 10 cm). Enfourner et cuire 30 mn. Servir tiède.

notre avis

Les blancs inutilisés dans cette recette pourront vous servir à confectionner de la meringue (voir recette p. 310).

conseil

Afin de pouvoir conserver ce cake plusieurs jours, chemisez le moule de papier sulfurisé et, juste avant de le faire cuire, dessinez un sillon de 3 mm au milieu du cake, avec un pinceau bien beurré. Accompagnez ce cake d'une tasse de chocolat chaud, c'est délicieux !

Crème au caramel

Préparation : 25 mn
Cuisson : 30 mn

recette pour 5 ans et +

Ingrédients pour 6 enfants :

340 g de sucre
1 l de lait
2 gousses de vanille
6 œufs + 2 jaunes

1. Avec l'aide d'un adulte, préparer un caramel brun dans une casserole avec 200 g de sucre et 10 cl d'eau. Le verser dans un moule à bord haut. Attention de ne pas le toucher avant qu'il ne soit complètement refroidi.
2. Faire préchauffer le four à 180 °C.
3. Dans une grande casserole, faire chauffer le lait avec les gousses de vanille fendues et grattées. Prendre garde que le lait ne monte pas : éteindre le feu juste avant l'ébullition.
4. Mélanger les œufs, les jaunes et le reste de sucre dans une jatte.
5. Verser le lait pas trop chaud, passer l'ensemble au chinois (ou à la passoire fine).
6. Verser dans le moule et enfourner 30 mn.

notre avis

Vous pouvez remplacer le moule par 6 petits ramequins individuels.

conseil

Servez avec des petits biscuits secs.

Crème au chocolat
et tuiles croustillantes au riz soufflé

Préparation : 30 mn
Réfrigération : 4 à 5 h
Cuisson : 3 à 4 mn

recette pour 5 ans et +

Ingrédients pour 4 enfants :

Crème au chocolat :
100 g de chocolat noir
25 cl de lait
25 cl de crème liquide
5 jaunes d'œufs
60 g de sucre

Tuiles croustillantes :
75 g de beurre
100 g de sucre glace
5 blancs d'œufs
75 g de farine
30 g de riz soufflé au chocolat

1. Découper le chocolat en carrés.
2. Verser le lait et la crème dans une casserole. Porter à ébullition. Ne pas quitter la préparation des yeux car elle risquerait de « monter » dans votre dos…
3. Avec l'aide d'un adulte, préparer les 5 jaunes d'œufs (les blancs serviront à faire les tuiles). Dans une terrine, mélangez-les avec le sucre. Verser le mélange lait-crème sur le sucre. Remettre à cuire 3 à 4 mn sur le feu sans faire bouillir.
4. Verser la préparation sur le chocolat. Bien fouetter et répartir dans des coupes. Entreposer au réfrigérateur 4 à 5 h.
5. Tuiles croustillantes : préchauffer le four à 200 °C. Faire fondre le beurre. Incorporer le sucre glace en fouettant vigoureusement. Ajouter les blancs d'œufs crus et la farine. Bien mélanger. Entreposer 30 mn au réfrigérateur. Recouvrir une plaque du four de papier sulfurisé et disposer des noix de préparation en les espaçant bien. Parsemer le dessus de grains de riz soufflé. Enfourner 3 à 4 mn.

conseil

Servez avec un verre de jus de pomme.

à savoir

Le riz soufflé, régal des enfants au petit déjeuner, se prête également à la confection de desserts. Ne le faites pas trop cuire.

Fondue au chocolat

Préparation : 25 mn

recette pour 5 ans et +

Ingrédients pour 5 enfants :

Accompagnement :
2 pommes
2 poires
2 bananes
1 citron
1 boîte d'ananas
2 oranges
80 g de chamallows

Fondue :
10 cl de crème fraîche
100 g de lait concentré non sucré
25 g de beurre
200 g de chocolat noir

1. Accompagnement : laver soigneusement les pommes et les poires et peler les bananes. Découper tous les fruits de la taille d'une bouchée en les citronnant au fur et à mesure pour éviter qu'ils ne noircissent. Égoutter l'ananas, en détailler les tranches en petits triangles. Peler les oranges, en détacher les quartiers. Présenter ces ingrédients et les chamallows dans des bols.
2. Fondue : faire chauffer le caquelon à fondue sur le feu de la cuisinière. Verser la crème, le lait et le beurre. Ajouter le chocolat cassé en petits morceaux. Laisser fondre le chocolat sans remuer, puis lisser délicatement la crème obtenue avec une spatule en bois.
3. Mettre la fondue au centre de la table. Avec l'aide d'un adulte, allumer le réchaud sous le caquelon et disposer tout autour les assortiments de fruits et les chamallows. Munir chaque convive d'une longue pique et… c'est parti pour la fondue au chocolat !

•——conseil——•

Vous pouvez remplacer le chocolat noir par du chocolat au lait ou aux noisettes. N'hésitez pas à ajouter à cette fondue quelques gouttes d'extrait de menthe, un peu de cannelle en poudre, quelques amandes effilées très légèrement dorées à la poêle.

•——notre avis——•

La fondue au chocolat est l'un des meilleurs moyens de calmer tous les petits amis après un après-midi passé à jouer et à se dépenser.

Gâteau au yaourt

Préparation : 15 mn
Cuisson : 45 mn

recette pour 5 ans et +

Ingrédients pour 8 enfants :

2 œufs
1 citron non traité
1 yaourt nature
1 1/2 « pot de yaourt » de sucre en poudre
1 1/2 « pot de yaourt » d'huile de tournesol
3 « pots de yaourt » de farine
1 sachet de levure chimique
20 g de beurre

1. Avec l'aide d'un adulte, séparer les jaunes d'œufs des blancs et prélever le zeste du citron, puis le presser.
2. Dans un saladier, mélanger le yaourt avec le sucre en poudre. Ajouter les jaunes d'œufs, le zeste et le jus de citron, puis l'huile, la farine et la levure chimique.
3. Mélanger le tout vigoureusement au fouet électrique ou manuel, jusqu'à obtention d'une pâte homogène.
4. Préchauffer le four à 180 °C.
5. Battre les blancs d'œufs en neige bien ferme et les ajouter délicatement à la préparation. Beurrer un moule à manqué et y verser la préparation. Enfourner et faire cuire 45 mn environ.

•——conseil——•

Vous pouvez remplacer le citron par 1 orange ou le supprimer si les enfants préfèrent le gâteau nature. Servez juste tiède, accompagné de grands verres de jus d'orange.

Petite souris en riz au lait et coccinelle en sorbet à la fraise

Préparation : 20 mn
Cuisson : 15 mn

recette pour 8 ans et +

Ingrédients pour 4 enfants :

Souris :
50 g de riz rond italien
25 cl de lait
25 g de sucre
1/2 gousse de vanille
20 g d'amandes entières
40 g de pâte d'amandes

Coccinelle :
400 g de fraises
150 g de sucre
1 jus de citron
80 g de chocolat

Souris

1. Rincer abondamment le riz. Le faire blanchir (cuire une première fois) 1 à 2 mn dans de l'eau bouillante.
2. L'égoutter, le verser dans une autre casserole avec le lait, le sucre et la vanille fendue en deux et grattée.
3. Couvrir et faire cuire 15 mn à feu doux.
4. Au terme de la cuisson, enlever la casserole du feu. Ôter la gousse de vanille et la faire sécher au four à 180 °C 15 mn pour la faire durcir.
5. Laisser refroidir le riz au lait. L'entreposer au réfrigérateur.
6. Avec l'aide d'un adulte, mouler des quenelles de riz avec 2 cuillers à soupe.
7. Tailler la gousse de vanille en 4 baguettes : 2 longues, 2 courtes, pour réaliser les moustaches, le nez et les yeux. Planter les amandes pour les oreilles.
8. Modeler la pâte d'amandes en gros spaghetti pour la queue.

Coccinelle

1. Écraser les fraises.
2. Filtrer la pulpe dans une passoire fine avant de la mélanger avec le sucre et le jus du citron. Faire prendre en sorbetière selon les indications du fabricant.
3. Faire fondre le chocolat au bain-marie.
4. Rouler un morceau de papier sulfurisé en cornet.
5. Le remplir de chocolat fondu. Couper l'extrémité. Replier le dessus pour ne pas se salir les doigts.
6. Sur une feuille de plastique, réaliser des pépites de chocolat pour faire les points de la coccinelle. Les laisser durcir.
7. À l'aide d'une cuiller à glace, réaliser 4 boules de sorbet. Les poser sur une assiette.
8. Avec le cornet, dessiner une strie de chocolat au milieu de chaque boule de sorbet. Réaliser la tête. Disposer les pépites. Faire les antennes avec la gousse de vanille séchée.

conseil

Vous pouvez éventuellement accompagner la souris et la coccinelle de 1 cuillerée de coulis de fraises. D'autre part, vous pouvez tout aussi bien réaliser les coccinelles avec de la glace toute prête.

notre avis

Servez avec un verre de cocktail de jus de fruits et de fruits frais composé de 2/3 de jus d'orange, 1/3 de jus de citron, 1 trait de grenadine, 5 framboises, 4 fraises, 4 cuillerées à soupe de sucre, tous ces éléments étant mixés.

Pommes au four

Préparation : 5 mn
Cuisson : 45 mn

recette pour 5 ans et +

Ingrédients pour 6 enfants :

6 pommes reines des reinettes
150 g de beurre
100 g de sucre
Cannelle en poudre
Le jus de 1 citron

1. Préchauffer le four à 150 °C. Inciser les pommes de part et d'autre de la queue (celà leur évite d'éclater à la cuisson) et, par-dessous, les évider à l'aide d'un vide-pomme, sans toucher à la queue si possible, pour ôter les pépins.
2. Enduire un plat à gratin de 50 g de beurre. Y disposer les pommes les unes à côté des autres, sans qu'elles se touchent. Les saupoudrer de sucre. Verser 1 pincée de cannelle sur chacune des pommes. Diviser le beurre restant en 6 morceaux identiques et les placer sur les pommes.
3. Verser le jus de citron et 1 verre d'eau dans le fond du plat et enfourner 45 mn. Surveiller régulièrement pendant la cuisson que toute l'eau ne se soit pas évaporée. Au besoin, en ajouter 1/2 verre. Prolonger la cuisson de 10 mn si nécessaire pour que les pommes soient parfaitement cuites.

conseil

Les pommes reines des reinettes ou les canadas, à la saveur moins fruitée, mais qui sont tout aussi goûteuses, conviennent tout à fait pour ce plat.

notre avis

Un plat pour faire plaisir aux parents, que les enfants peuvent réaliser tout seuls, pourvu qu'ils prennent bien garde de se servir de maniques pour ne pas se brûler avec le four.

Soupe de chocolat et cola

Préparation : 20 mn

recette pour 5 ans et +

Ingrédients pour 4 enfants :

25 cl de cola
25 g de chocolat noir
200 g de beurre
50 g d'amandes effilées

1. Verser le cola dans une casserole.
2. Avec l'aide d'un adulte, le porter à ébullition.
3. Ajouter le chocolat en carrés. Sur feu doux, laisser fondre en remuant avec une spatule en bois.
4. Éteindre le feu. Incorporer le beurre, noix par noix, en mélangeant constamment.
5. Verser la soupe dans une grande tasse.
6. Avant de servir, saupoudrer la soupe de quelques amandes effilées.

conseil

Ajoutez le jus de 1 orange en même temps que le chocolat pour tempérer la richesse du cacao ou bien remplacez par du chocolat au lait, que les enfants préfèrent.

notre avis

Servez avec des petits-beurre ou quelques fines tranches de cake. Vous pouvez remplacer les amandes effilées par des pistaches concassées.

Boissons

Café liégeois

Ingrédients pour 1 personne :

1 c. à c. de sucre, 12 cl de café fort, 1 boule de glace à la vanille ou au café, 10 cl de crème fraîche, quelques grains de café à la liqueur.

Dans une coupe haute, mettre le sucre. Verser le café très froid. Remuer pour faire fondre le sucre. Ajouter la glace. Garnir avec la crème fouettée. Piquer des grains de café à la liqueur dans la crème. Servir avec une paille.

Chocolat viennois

Ingrédients pour 4 personnes :

200 g de chocolat noir, 50 cl de lait entier, 15 cl de crème Chantilly.

Dans un bain-marie frémissant, faire fondre le chocolat cassé en morceaux. Faire chauffer le lait. Verser la moitié du lait sur le chocolat. Bien mélanger. Verser la préparation dans la casserole avec le reste de lait. Fouetter sans faire mousser. Faire chauffer jusqu'au premier bouillon. Verser dans les tasses. Disposer une rosace de crème Chantilly dessus.

Hydromel

Ingrédients :

1 kg de miel, 1 c. à s. de quatre-épices, 100 g de levure de boulanger.

Dans une marmite, chauffer 4 l d'eau et le miel sans laisser bouillir et en remuant. Écumer. Porter à ébullition, puis ajouter le quatre-épices et laisser frémir 5 à 6 mn. Ôter du feu et laisser refroidir jusqu'à 30 °C. Incorporer la levure diluée dans un peu d'eau. Couvrir. Laisser reposer 12 h dans un endroit chaud. Mettre en bouteilles, boucher hermétiquement et conserver au frais 2 à 3 semaines avant de consommer.

Infusion à l'orange et aux clous de girofle

Ingrédients pour 4 personnes :

70 g de sucre, 1 orange, 18 clous de girofle, 6 graines de chicorée.

Mélanger 25 cl d'eau et le sucre. Piquer l'orange avec les clous de girofle. La placer dans l'eau sucrée. Porter à ébullition 3 à 4 mn. Ajouter les graines de chicorée. Couvrir et laisser refroidir.

Irish coffee

Ingrédients pour 2 personnes :

1. c. à s. de cassonade, 22 cl de café fort, 3,5 cl de whiskey irlandais, 7 cl de crème fleurette légèrement fouettée, cannelle moulue, muscade râpée ou poudre de cacao amer.

Dans 2 verres de 20 cl réchauffés, mettre la cassonade et le café chaud. Bien remuer. Verser le whiskey, puis la crème doucement pour éviter qu'elle ne se mélange au liquide. Saupoudrer la crème de cannelle, de noix muscade ou de cacao amer (ou des trois). Servir.

Milk-shake à la banane

Ingrédients pour 4 personnes :

80 cl de lait, 150 g de sucre, 3 bananes, 1/2 jus de citron.

Confectionner le milk-shake : dans un bol, verser le lait, le sucre et les bananes coupées en morceaux et citronnées. Mixer le tout avec un peu de glace pilée.

Milk-shake à la fraise

Ingrédients pour 4 personnes :

4 jaunes d'œufs, 80 cl de lait, 200 g de glace à la vanille, 100 g de fraises, 20 cl de sirop de fraise.

Dans le bol d'un mixeur, mélanger les œufs, le lait et la glace. Ajouter les fraises et mélanger avec une cuiller. Répartir le sirop de fraise dans 4 verres (30 cl), puis y verser le mélange. Décorer avec une fraise.

Milk-shake à la framboise

Ingrédients pour 4 personnes :

4 jaunes d'œufs, 80 cl de lait, 200 g de glace à la vanille, 100 g de framboises, 1 banane, 1 orange.

Dans le bol d'un mixeur, mélanger les œufs, le lait et la glace. Ajouter les framboises et mélanger avec une cuiller. Verser le mélange dans 4 verres (30 cl). Décorer de rondelles de banane et de quartiers d'orange.

Milk-shake à la pastèque et à la fraise

Ingrédients pour 4 personnes :

400 g de chair de pastèque, 12 belles fraises, 8 morceaux de sucre, 4 boules de glace à la vanille, 4 glaçons, 10 cl de lait, 2 belles fraises taillées en petits dés, 4 morceaux de pastèque.

Dans le bol d'un mixeur, verser la chair de pastèque, les fraises, le sucre, la glace à la vanille, les glaçons et la moitié du lait. Mixer. Ajouter le reste de lait. Mixer à nouveau. Verser le tout dans 4 verres. Décorer avec les dés de fraises et les morceaux de pastèque.

Milk-shake au chocolat

Ingrédients pour 1 personne :

15 cl de lait glacé, 1 c. à s. rase de cacao non sucré, 4 glaçons, chocolat râpé.

Verser tous les ingrédients dans le bol d'un mixeur. Mixer et servir dans un grand verre. Saupoudrer de chocolat râpé.

Thé à la menthe

Ingrédients :

Sucre en morceaux, 3 ou 4 c. à c. de thé vert, 1 poignée de menthe fraîche.

Disposer des verres et une théière sur un plateau. Sur un autre plateau, présenter le sucre en morceaux, le thé vert et la menthe très fraîche. Ébouillanter la théière et jeter l'eau. Mettre dans la théière 1 poignée de menthe froissée, sans ses tiges, le thé vert et 1 poignée de sucre en morceaux. Verser l'eau bouillante et laisser infuser quelques minutes. Remuer. Servir brûlant dans les verres.

Tisane digestive

Ingrédients :

1 branche d'aneth, 1 branche de thym citron, 1 branche de mélisse, 6 fleurs de bourrache séchées ou 2 grains de poivre noir, 1 feuille de citronnelle, 1 branche de menthe poivrée, 2 branches de verveine citronnée, 1 c. à s. de miel.

Faire bouillir 1 l d'eau dans une grande casserole. Y jeter pêle-mêle tous les ingrédients, couvrir et laisser infuser 5 mn. Servir la tisane chaude ou fraîche avec quelques rondelles d'orange et de citron non traités.

Décoration

Carrés, triangles et pastilles de chocolat

Ingrédient :

100 g de chocolat noir, blanc ou au lait

Mettre à fondre le chocolat dans un bain-marie. L'étaler sur une surface lisse (marbre, plaque à pâtisserie ou papier sulfurisé) à l'aide d'une spatule en métal sur 2 mm d'épaisseur. Dessiner les carrés à l'aide d'un couteau pointu quand le chocolat commence à se solidifier. Pour les triangles, couper les carrés en deux sur la diagonale. Pour les pastilles, utiliser un emporte-pièce rond. Détacher les formes quand le chocolat a complètement durci.

Cheveux d'ange en caramel

Ingrédient :

100 g de sucre

Préparer un caramel en versant le sucre dans 2 c. à s. d'eau dans une casserole, et en mouillant au pinceau le bord de la casserole pendant sa cuisson, ce qui lui évite de se solidifier. Quand il file au bout du fouet, façonner les cheveux d'ange en balayant la surface d'une feuille de papier d'aluminium légèrement huilée de filaments de caramel. Les disposer avec précaution sur les gâteaux : ils sont très fragiles !

Chips d'ananas

Ingrédient :

1 ananas

Éplucher l'ananas, retirer le cœur, couper-le en fines tranches. Les disposer sur une plaque de cuisson recouverte d'une feuille de papier sulfurisé. Les faire sécher dans le four préchauffé à 80-90 °C 60 à 90 mn. Les sortir du four et les laisser reposer 10 mn avant de les utiliser en décoration de desserts.

Cigarettes de chocolat

Ingrédient :

100 g de chocolat de couverture

Mettre à fondre le chocolat de couverture dans un bain-marie. L'étaler sur une surface lisse (marbre, plaque à pâtisserie ou papier sulfurisé) à l'aide d'une spatule en métal, en formant une couche uniforme de 2 mm d'épaisseur. Râper la plaque de chocolat ainsi obtenue en inclinant une palette métallique (ou, à défaut, une fine lame de couteau) de manière à former des rouleaux.

Copeaux de chocolat

Ingrédients :

100 g de chocolat de couverture et 1 c. à s. d'huile d'arachide

Mettre à fondre le chocolat de couverture et l'huile d'arachide dans un bain-marie. L'étaler sur une surface lisse (marbre, plaque à pâtisserie ou papier sulfurisé) à l'aide d'une spatule en métal, sur 2 mm d'épaisseur. Avant que le chocolat ne soit complètement refroidi, racler avec un grand couteau à lame fine tiédie dans de l'eau chaude et bien essuyée. Manipuler ces copeaux avec précaution : ils sont très fragiles !

Croustillant de caramel

Ingrédient :

100 g de sucre

Dans une casserole à fond épais, verser 2 c. à s. d'eau et le sucre. Porter à ébullition jusqu'à obtenir un caramel blond, puis le verser en une couche très fine sur une feuille de papier d'aluminium très légèrement froissée. Le laisser durcir avant de décoller ce caramel avec précaution.

Écorces d'orange confites

Ingrédients :

6 oranges non traitées, 500 g de sucre, 10 cl de jus d'orange

Prélever les écorces des oranges. Les blanchir 1 mn dans 1,5 l d'eau bouillante. Égoutter et rincer. Faire bouillir 1,5 l d'eau avec le sucre et le jus d'orange, ajouter les écorces. Cuire sur feu doux, à couvert, 1 h 30. Laisser refroidir. Égoutter sur du papier absorbant et laisser sécher avant de ranger dans une boîte hermétique.

variante de la recette

Écorces de citron confites

2 citrons non traités, 15 cl de sirop de citron

Retirer le zeste des citrons à l'aide d'un économe, en prenant garde de ne pas enlever la peau blanche. Les couper en fines lanières et les plonger dans le sirop de citron mélangé à 10 cl d'eau. Porter à ébullition et cuire 10 mn sur feu doux. Laisser refroidir, puis macérer quelques heures.

Éventails de chocolat

Ingrédient :

100 g de chocolat de couverture et 1 c. à s. d'huile d'arachide

Mettre à fondre le chocolat de couverture et l'huile d'arachide dans un bain-marie. L'étaler sur une surface lisse (marbre, plaque à pâtisserie ou papier sulfurisé) à l'aide d'une spatule en métal, sur 2 mm d'épaisseur. Râper la plaque de chocolat ainsi obtenue en inclinant une palette métallique (ou, à défaut, une fine lame de couteau) et en tournant la lame sur elle-même, de manière à former des éventails.

Feuilles en chocolat

Ingrédient :

100 g de chocolat de couverture

Cueillir des feuilles bien nervurées (feuilles de rosier ou de houx, par exemple – jamais de feuilles qui donneraient un goût ou qui sont toxiques). Les laver. Badigeonner la face la plus nervurée de chocolat fondu en utilisant un pinceau à pâtisserie. Laisser refroidir, puis faire prendre 30 mn environ au réfrigérateur. Retirer la feuille quand le chocolat est dur, en la tirant délicatement par sa tige.

Fruits déguisés, frais ou secs

Ingrédient pour 10 petits fruits :

50 g de chocolat

Tremper entièrement ou partiellement des cerneaux de noix, des amandes (effilées ou non), des noisettes, des noix de cajou, des zestes et des fruits confits, des tranches de banane, des cerises, des fraises (à température ambiante), ou tout autre fruit, dans le chocolat fondu dans 2 c. à s. d'eau. Les égoutter, puis les laisser sécher sur une feuille de papier sulfurisé 10 mn environ. Les disposer sur le gâteau ou l'entremets.

Noisettes grillées caramélisées

Ingrédients :

150 g de sucre, 150 g de noisettes

Dans une casserole à fond épais, verser 3 c. à s. d'eau et le sucre. Porter à ébullition. Ajouter les noisettes grillées. Mélanger continuellement sur le feu jusqu'à formation d'un caramel autour des noisettes. Étaler sur une plaque du four légèrement huilée. Laisser refroidir avant de broyer les noisettes caramélisées.

Recettes de base, garnitures et accompagnements

Recettes de base, Garnitures et Accompagnements

Ce chapitre rassemble des recettes telles que confitures, coulis, crèmes, mousses, sauces, sirops, meringues, ganaches, glaçages, glaces ou sorbets, qui relèvent de la recette de base, de la garniture ou de l'accompagnement. Ainsi, dans les chapitres précédents, certains desserts possèdent des renvois aux recettes qui vont suivre. Ces dernières viennent les compléter, sans pour autant leur appartenir exclusivement; utilisez donc ces recettes à votre guise. Parmi elles, les confitures, les gelées et les marmelades demandent une méthode particulière pour être réussies.

COMMENT RÉUSSIR LES CONFITURES, LES GELÉES ET LES MARMELADES

Les ingrédients

Les bonnes confitures se réalisent avant tout avec de bons fruits : beaux, sains et pas trop mûrs.
Le sucre dit « à confitures » est enrichi en pectine et en acide citrique, ce qui permet de faire « prendre » les fruits plus facilement. Mais le sucre blanc, de préférence cristallisé, fait aussi très bien l'affaire.

La cuisson

Pour une cuisson homogène, une casserole en cuivre est idéale. Cuire sur feu vif et le moins longtemps possible pour ne pas abîmer les fruits ni changer leur couleur.

La conservation

Les confitures doivent être mises en pots dès la fin de leur cuisson. Diverses méthodes existent pour fermer les pots hermétiquement. La plus simple consiste à utiliser des pots spéciaux, qui ferment grâce à un couvercle à vis. La plupart des confitures se ferment à chaud, sauf la confiture de fraises que l'on doit laisser reposer pour éviter que les fruits ne remontent à la surface.

La stérilisation des pots de confiture

Remplir les pots à ras bord et les déposer au fond d'un autocuiseur avec 50 cl d'eau. Laisser siffler pendant 3 mn puis ôter du feu. Attendre que les pots aient complètement refroidi avant de les sortir, puis les retourner sur un linge propre. Ne pas utiliser, pour les sécher, de torchon, qui laisserait inévitablement pluches et microbes, et réduirait à néant l'opération précédente.
On peut tout aussi bien remplir à ras bord les pots préalablement ébouillantés avec la confiture bien chaude. Essuyer les bords avec un linge humide, visser le couvercle et retourner aussitôt le pot : la confiture, très chaude (son degré de cuisson est de 105 °C), stérilise le pot, et l'air ne peut plus y pénétrer.

Le test de cuisson

Prélever un peu de confiture avec une petite cuiller et la placer sur un glaçon : si elle fige rapidement, stopper la cuisson. Sinon, poursuivre et renouveler l'opération.

Beurre au cognac

Ingrédients pour 4 personnes :

120 g de beurre
90 g de sucre glace
3 c. à s. de cognac
1 zeste de citron finement râpé
1 pincée de noix muscade râpée (facultatif)

1. Dans une jatte tiède, travailler le beurre en pommade à la cuiller en bois ou au batteur.
2. Ajouter le sucre, le cognac et le zeste de citron. Bien mélanger.
3. Parfumer, selon goût, avec la noix muscade.
4. Tasser le mélange dans une terrine et réserver au réfrigérateur jusqu'à l'utilisation.

notre avis

Pour une recette plus légère, vous pouvez remplacer la moitié du beurre par de la crème fraîche.

Beurre d'agrumes

Ingrédients pour 4 personnes :

12 cl de jus d'orange
12 cl de jus de citron
2 c. à s. de sucre glace
Le zeste de 1 orange finement râpé
150 g de beurre

1. Dans une casserole, verser le jus d'orange et le jus de citron. Ajouter le sucre glace et le zeste d'orange. Faire réduire sur feu doux.
2. Incorporer le beurre coupé en dés, peu à peu, en mélangeant avec une cuiller en bois.
3. Servir chaud ou tiède.

Biscuits à la cuiller

Ingrédients pour 6 personnes :

10 blancs d'œufs
200 g de sucre semoule
5 jaunes d'œufs
170 g de farine
20 g de beurre
1 c. à s. de farine
4 c. à s. de sucre glace

1. Préchauffer le four à 190-200 °C.
2. Monter les blancs en neige, ajouter le sucre; sans cesser de mélanger, incorporer les jaunes d'œufs un par un, puis la farine.
3. Beurrer et fariner une plaque à pâtisserie.
4. Coucher des bâtonnets de pâte de 8 cm de long sur la plaque, à l'aide d'une poche à douille, en les espaçant de 3 cm au moins. Saupoudrer la pâte de sucre glace. Cuire 10 à 12 mn. Sortir la plaque du four. Laisser tiédir. Les saupoudrer de sucre glace.

Caramel aux amandes et aux noisettes

Ingrédients pour 6 personnes :

100 g de sucre
100 g d'amandes
100 g de noisettes
5 c. à s. de crème liquide

1. Faire chauffer le sucre avec 3 cuillerées d'eau, sans cesser de mélanger, jusqu'à une belle coloration blonde.
2. Retirer du feu. Incorporer les amandes et les noisettes écrasées.
3. Ajouter la crème.
4. Remettre sur le feu et laisser cuire 3 à 4 mn.

Caramel aux noix

Ingrédients pour 6 personnes :

120 g de sucre
5 c. à s. de crème liquide
150 g de noix
100 g de beurre

1. Dans une casserole, faire chauffer 2 cuillerées à soupe d'eau avec le sucre jusqu'à obtention d'un caramel blond.
2. Déglacer avec la crème.
3. Ajouter les noix, puis le beurre. Mélanger.
4. Retirer du feu et laisser refroidir.

Caramel aux noix à la crème

Ingrédients pour 4 personnes :

70 g de sucre
80 g de noix hachées
50 cl de crème liquide

1. Dans une casserole, faire chauffer le sucre avec 2 cuillerées à soupe d'eau sur feu moyen, sans cesser de mélanger, jusqu'à obtention d'un caramel blond.
2. Hors du feu, incorporer les noix. Ajouter la crème, peu à peu.
3. Remettre sur feu doux 3 à 4 mn.

Caramel aux noix à la crème et au beurre

Ingrédients pour 4 personnes :

100 g de sucre
120 g de noix
4 c. à s. de crème liquide
50 g de beurre

1. Dans une casserole, faire chauffer le sucre avec 3 cuillerées à soupe d'eau, en mélangeant, jusqu'à coloration blonde.
2. Retirer du feu. Incorporer les noix hachées, puis la crème.
3. Remettre sur feu doux. Ajouter le beurre, peu à peu. Laisser cuire quelques minutes.

Chantilly aux noisettes

Ingrédients pour 4 personnes :

150 g de noisettes
30 cl de crème liquide très froide
2 1/2 c. à s. de sucre glace

1. Préchauffer le four à 200 °C.
2. Faire griller les noisettes. Les broyer grossièrement. Réserver.
3. Dans une jatte placée sur des glaçons, monter la crème en chantilly avec le sucre.
4. Lorsque la crème est bien ferme, incorporer les noisettes.
5. Réserver au réfrigérateur.

Compote de pommes aux épices

Ingrédients pour 6 personnes :

100 g de raisins de Corinthe
2 c. à s. de rhum ambré
Le zeste et le jus de 2 citrons
1,5 kg de pommes pelées et coupées
50 g de beurre
1 bâton de cannelle
1 gousse de vanille
1 morceau de gingembre
10 morceaux de sucre

1. Faire macérer les raisins secs dans le rhum et le jus de citron.
2. Faire cuire les dés de pomme dans le beurre, sur feu doux, 10 mn. Ajouter les épices et les raisins égouttés. Cuire encore 30 mn.
3. Cuire à petit frémissement le jus de macération des raisins avec le sucre et le zeste de citron 15 mn, jusqu'à épaississement du sirop.
4. Ôter la vanille et la cannelle des pommes. Verser le sirop. Mélanger. Laisser tiédir.

Confiture d'abricots aux amandes

Ingrédients pour 3 pots :

1 kg d'abricots dénoyautés
700 g de sucre
Le jus de 2 citrons

1. Recouper chaque oreillon d'abricot en deux. Casser 12 noyaux, puis en extraire les amandes. Ébouillanter celles-ci, puis les monder. Réserver.
2. Dans une terrine, mélanger les abricots, le sucre et le jus de citron. Placer au réfrigérateur 8 à 10 h.
3. Verser la préparation dans une bassine à confitures et cuire à faible ébullition 45 mn, jusqu'à ce que les abricots soient translucides.
4. Retirer les abricots avec une écumoire. Laisser épaissir le sirop sur feu doux 12 mn.
5. Plonger les abricots dans le sirop. Ajouter les amandes des noyaux, puis redonner un bouillon.
6. Mettre en pots stérilisés.

Confiture d'abricots et de framboises

Ingrédients pour 3 pots :

500 g de framboises
500 g d'abricots dénoyautés
800 g de sucre
1 c. à c. de jus de citron
Gélifiant

1. Équeuter les framboises.
2. Couper les oreillons d'abricot en quartiers. Les disposer dans une bassine à confitures. Ajouter le sucre, le jus de citron et un peu de gélifiant. Porter à ébullition et laisser cuire 20 mn.
3. Ajouter les framboises. Mélanger délicatement, en veillant à ne pas les écraser.
4. Vérifier la cuisson. Écumer et mettre en pots.

Confiture de châtaignes

Ingrédients pour 3 pots :

1 kg de châtaignes
900 g de sucre
1 gousse de vanille
10 cl de rhum

1. Entailler les châtaignes. Les placer dans une casserole. Couvrir d'eau à hauteur, porter à ébullition et laisser cuire sur feu doux 15 mn. Laisser tiédir dans l'eau 15 mn. Égoutter les châtaignes. Ôter l'écorce et la peau.
2. Dans une casserole, verser 1 l d'eau et le sucre. Mélanger et cuire à 130 °C. Plonger les châtaignes et la gousse de vanille fendue en deux dans le sirop. Ajouter le rhum et laisser cuire, sans cesser de mélanger, jusqu'à ce que les châtaignes soient tendres (au besoin, ajouter un peu d'eau et poursuivre la cuisson jusqu'à ce que la température atteigne 104 °C).
3. Ôter la gousse de vanille. Mettre en pots.

notre avis

Pour vérifier la température de cuisson, un thermomètre à sucre est indispensable.

Confiture de clémentines

Ingrédients pour 3 pots :

1,5 kg de clémentines
800 g de sucre

1. Peler les clémentines. Séparer les quartiers. Les placer dans une bassine à confitures.
2. Ajouter le sucre et 40 cl d'eau. Porter à ébullition et laisser cuire 20 mn, en mélangeant souvent avec une écumoire.
3. Vérifier la cuisson, puis retirer la bassine du feu.
4. Écumer soigneusement. Mélanger.
5. Mettre en pots. Couvrir et stériliser.

Confiture de coings

Ingrédients pour 3 pots :

1,3 kg de coings
800 g de sucre

1. Peler les coings, les couper en deux dans la hauteur et les épépiner. Nouer les pépins dans une mousseline. Couper chaque demi-coing en lamelles de 3 à 4 mm d'épaisseur.
2. Mettre le tout dans une bassine à confitures. Ajouter 50 cl d'eau. Porter à ébullition et laisser cuire 30 mn, en mélangeant souvent avec une écumoire, afin que les coings n'attachent pas.
3. Ajouter le sucre et poursuivre la cuisson 20 mn. Vérifier la cuisson en versant un peu de confiture sur une assiette froide : elle doit se figer rapidement.
4. Ôter du feu et écumer soigneusement. Mélanger. Mettre en pots. Couvrir et stériliser.

Confiture de figues

Ingrédients pour 3 pots :

1 kg de figues
500 g de sucre cristallisé
1 gousse de vanille
1 c. à s. de rhum

1. Placer les figues, le sucre et la gousse de vanille fendue en deux dans la longueur dans une bassine à confitures. Ajouter 1 verre d'eau et faire cuire 2 h, en mélangeant souvent avec une écumoire.
2. Ajouter le rhum.
3. Écumer si nécessaire.
4. Mettre en pots.

Confiture de kiwis

Ingrédients pour 3 pots :

Le zeste et le jus de 1 citron
1 kg de kiwis
900 g de sucre cristallisé

1. Laver le citron en le brossant, râper le zeste, puis le presser. Réserver le tout.
2. Peler les kiwis et les détailler en morceaux. Les placer dans une jatte. Ajouter le sucre, le zeste et le jus de citron. Bien mélanger et laisser reposer 3 h.
3. Verser la préparation dans une bassine à confitures ou dans une cocotte. Faire cuire sur feu doux 1 h, en mélangeant de temps en temps, jusqu'à ce que les fruits soient bien confits.
4. Mettre en pots. Fermer hermétiquement.

Confiture de lait

Ingrédients pour 4 pots :

2 kg de sucre
Parfum au choix (extrait liquide de vanille ou de café, rhum, cannelle...)
2 l de lait tiède

1. Mouiller la bassine à confitures, ou une cocotte émaillée, avec de l'eau très fraîche. Y verser le sucre, le parfum choisi et le lait.
2. Faire cuire sur feux doux, sans cesser de mélanger avec une cuiller en bois, pour éviter la formation d'une peau et pour que la confiture n'attache pas, 40 à 50 mn environ, jusqu'à ce que le lait épaississe et prenne une couleur saumonée : la confiture est prête. Le lait doit napper la cuiller et les gouttes se figer au contact d'une surface froide.
3. Mettre en pots et placer au réfrigérateur.

conseil

Consommez cette confiture rapidement, car sa durée de conservation est limitée.

Confiture de melons jaunes et de citrons

Ingrédients pour 3 pots :

2 melons jaunes
Sucre cristallisé
4 citrons

1. Ôter l'écorce des melons. Les détailler en tranches. Les épépiner, puis les couper en gros dés.
2. Peser la chair des melons. Mesurer le même poids de sucre. Placer le tout dans une jatte et entreposer au réfrigérateur 24 h.
3. Laver les citrons, les couper en fines rondelles. Les épépiner. Les ajouter au mélange melon-sucre.
4. Verser la préparation dans une bassine à confitures ou une grande cocotte émaillée. Cuire sur feu moyen 40 mn, en veillant à ce que l'appareil ne déborde pas. La température doit atteindre 104 °C.
5. Laisser tiédir. Relancer l'ébullition pour atteindre à nouveau la température de 104 °C. Mettre en pots aussitôt.

Confiture de mûres et de sureau

Ingrédients pour 4 pots :

750 g de mûres
1 kg de baies de sureau
Le jus et le zeste de 1 1/2 citron
1,5 kg de sucre

1. Rincer les mûres et les grappes de sureau à l'eau froide.
2. Égrainer le sureau. Verser les baies dans une cocotte. Ajouter le jus et le zeste de citron, le sucre et 1 verre d'eau. Faire cuire sur feu doux 35 à 40 mn, jusqu'à ce que le sucre soit complètement fondu et que les baies de sureau éclatent. Augmenter le feu et poursuivre la cuisson sur feu vif, sans cesser de mélanger.
3. Vérifier la cuisson en versant quelques gouttes de confiture sur une assiette froide. Écumer si nécessaire. Mettre en pots.

Confiture de noix de coco aux épices

Ingrédients pour 1 pot :

1 noix de coco
1 gousse de vanille
1 citron vert
1 pincée de cannelle en poudre
1 pincée de noix muscade
200 g de cassonade

1. Casser la noix de coco, récupérer la pulpe et la râper. Réserver.
2. Porter à ébullition 50 cl d'eau avec la pulpe de noix de coco, la gousse de vanille fendue en deux et grattée, le zeste du citron râpé, la cannelle et la muscade. Bien mélanger. Laisser cuire sur feu doux, en mélangeant souvent, 30 mn environ.
3. Ôter du feu. Laisser refroidir complètement à température ambiante.

Confiture de pêches à la vanille

Ingrédients pour 3 pots :

1,5 kg de pêches jaunes
1,5 kg de sucre en morceaux
1 gousse de vanille
Le jus de 1 citron

1. Ébouillanter les pêches, puis les peler. Les dénoyauter. Les détailler en quartiers.
2. Verser 25 cl d'eau dans une cocotte. Ajouter le sucre, la gousse de vanille fendue en deux et le jus de citron. Faire cuire jusqu'au petit boulé : une goutte de sirop plongée dans de l'eau doit former une boule malléable entre les doigts. Ajouter les pêches. Faire cuire sur feu vif 10 mn, sans cesser de mélanger.
3. Égoutter les quartiers de pêche avec une écumoire et les répartir dans les pots.
4. Poursuivre la cuisson du sirop 15 mn. Vérifier la cuisson en en versant quelques gouttes sur une assiette froide. Verser le sirop sur les fruits. Laisser refroidir. Couvrir les pots.

Confiture de poires à la cannelle

Ingrédients pour 4 pots :

1 citron
2 kg de poires
1,5 kg de sucre
1 bâton de cannelle

1. Laver le citron. Prélever le zeste. Réserver.
2. Peler les poires, les épépiner et les détailler en quartiers. Les citronner. Les plonger dans de l'eau bouillante 2 mn. Les rafraîchir et les égoutter. Réserver.
3. Porter à ébullition 40 cl d'eau avec le sucre, le zeste de citron et la cannelle. Ajouter les quartiers de poire. Faire cuire sur feu vif 45 mn. Vérifier la cuisson en versant quelques gouttes de confiture sur une assiette froide. Retirer la cannelle et le zeste. Mettre en pots. Couvrir aussitôt.

Confiture de pommes au gingembre

Ingrédients pour 3 pots :

1,5 kg de pommes légèrement acidulées pelées
Le jus de 1 citron
1 kg de sucre en morceaux
100 g de gingembre frais

1. Peler les pommes, les épépiner et les détailler en quartiers. Les citronner.
2. Dans une casserole, verser 20 cl d'eau et le jus de citron. Ajouter le sucre et faire cuire jusqu'à obtention d'un caramel blond.
3. Plonger les quartiers de pomme et le gingembre coupé en petits dés dans le sirop. À la reprise de l'ébullition, baisser le feu et laisser cuire 45 mn à feu très doux, en mélangeant souvent.
4. Vérifier la cuisson en versant quelques gouttes de confiture sur une assiette froide : elle doit se figer.
5. Mettre en pots.

Confiture de quetsches aux noix

Ingrédients pour 5 pots :

2 kg de quetsches
1,7 kg de sucre
30 noix fraîches

1. Couper les quetsches en deux et les dénoyauter. Les placer dans une bassine à confitures. Ajouter le sucre. Porter à ébullition. Faire cuire sur feu doux 20 mn, en mélangeant souvent, jusqu'à ce que la confiture nappe l'écumoire.
2. Pendant ce temps, décortiquer les noix. Ôter la peau et couper chaque cerneau en deux. Les incorporer à la confiture 5 mn avant la fin de la cuisson.
3. Retirer du feu. Écumer. Répartir la confiture dans les pots. Couvrir aussitôt.

Confiture de reines-claudes et de figues

Ingrédients pour 3 pots :

200 g de figues sèches
3 c. à s. de rhum vieux
800 g de reines-claudes
900 g de sucre
1 c. à c. de jus de citron
Gélifiant

1. Couper les figues en morceaux. Les faire macérer dans le rhum 12 h.
2. Laver les reines-claudes. Les couper en deux et les dénoyauter. Les placer dans une bassine à confitures.
3. Ajouter les figues, le sucre, le jus de citron et un peu de gélifiant. Porter à ébullition et laisser cuire 30 à 40 mn, en mélangeant de temps en temps. Vérifier la cuisson.
4. Écumer, puis mettre en pots.

Confiture de tomates vertes aux épices

Ingrédients pour 4 pots :

2 kg de tomates vertes
1 clou de girofle
1 citron
1,5 kg de sucre
1 c. à c. de cannelle

1. Ébouillanter les tomates. Les peler, les couper en deux et les épépiner. Détailler le citron en fines rondelles.
2. Dans un grand récipient, disposer les tomates et les rondelles de citron, en alternant les couches et en les saupoudrant de sucre et cannelle. Laisser macérer 12 h.
3. Verser la préparation dans une bassine à confitures avec le clou de girofle. Porter à ébullition sur feu doux. Poursuivre la cuisson à petit frémissement 1 h en mélangeant souvent. Vérifier la cuisson en versant quelques gouttes de confiture sur une assiette froide. Répartir la confiture dans les pots. Couvrir aussitôt.

Confiture d'oranges et de mandarines

Ingrédients pour 5 pots :

1 kg de mandarines
1 kg d'oranges
4 citrons
2 kg de sucre en morceaux

1. Laver soigneusement les fruits, en les brossant, puis en prélever le zeste en lamelles fines. Les blanchir dans 1 l d'eau. Égoutter et rafraîchir. Presser les citrons. Détailler les oranges et les mandarines en petits dés, en conservant une partie des membranes blanches – leur richesse en pectine assure la prise de la confiture. Nouer les pépins dans une mousseline.
2. Verser le sucre dans une bassine à confitures. Ajouter le jus de citron, les dés d'orange et de mandarine, les zestes et les pépins. Mélanger. Porter à ébullition sur feu doux. Laisser cuire sur feu doux, en mélangeant de temps en temps, 45 mn environ. Vérifier la cuisson.
3. Ôter les pépins. Mettre en pots.

Coulis d'abricots au muscat

Ingrédients pour 6 personnes :

500 g d'abricots bien mûrs
10 cl de muscat
100 g de sucre
Le jus de 1 citron

1. Laver les abricots, les couper en deux et les dénoyauter. Les détailler en morceaux.
2. Dans une casserole, faire cuire sur feu doux les morceaux d'abricot avec le muscat, le sucre et le jus de citron, jusqu'à ce que les fruits soient tendres.
3. Mixer la préparation. Laisser refroidir. Réserver ce coulis au réfrigérateur.

notre avis

Pour accompagner des entremets ou des glaces à base de fromage blanc.

Coulis de framboises

Ingrédients pour 4 personnes :

250 g de framboises
100 g de sucre

1. Disposer les framboises et le sucre dans le bol d'un mixeur.
2. Mixer 2 mn.
3. Filtrer le coulis, en pressant bien.
4. Réserver au réfrigérateur.

conseil

Pour un coulis plus acidulé, vous pouvez ajouter le jus de 1 citron ou, si le dessert comporte de l'orange, le jus de 1 orange.

Coulis de fruits

Ingrédients pour 4 personnes :

150 g de fruits au choix (bananes, fraises, framboises, mangues...)
2 c. à s. de sucre ou de sucre glace
Le jus de 1/2 citron

1. Mixer les fruits et le sucre en purée fine et homogène. Ajouter le jus de citron.
2. Passer la purée de fruits, si nécessaire, dans un tamis fin à l'aide d'une spatule en caoutchouc.
3. Réserver au réfrigérateur jusqu'à utilisation.

notre avis

Vous pouvez parfumer un coulis de bananes ou de mangues avec 1 cuillerée à soupe de rhum, un coulis de fraises avec 3 cuillerées à soupe de Cointreau, et un coulis de framboises avec 1 cuillerée à soupe de kirsch. Décorez le dessert avec quelques dés ou lamelles des fruits utilisés pour préparer le coulis.

Coulis de fruits rouges

Ingrédients pour 4 personnes :

300 g de fraises ou de framboises
90 g de sucre

1. Mixer les fruits avec le sucre.
2. Filtrer la purée de fruits rouges dans un chinois.
3. Réserver au réfrigérateur.

notre avis

Vous pouvez n'utiliser qu'un seul fruit, ou bien les mélanger. Vous pouvez aussi employer d'autres fruits (groseilles, myrtilles...).

Coulis d'oranges

Ingrédients pour 4 personnes :

5 oranges
90 g de sucre

1. Peler les oranges à vif, puis les détailler en gros dés.
2. Dans une casserole, faire cuire les dés d'orange et le sucre sur feu doux 15 mn.
3. Mixer la préparation. Filtrer au chinois.
4. Transvaser le mélange dans une casserole et laisser réduire sur feu doux jusqu'à obtention d'un coulis très légèrement sirupeux.

Crème à la cannelle

Ingrédients pour 4 personnes :

25 cl de crème liquide
2 bâtons de cannelle
2 c. à s. rases de sucre

1. Faire chauffer 4 cuillerées à soupe de crème avec la cannelle. Laisser infuser, à couvert, jusqu'à complet refroidissement.
2. Fouetter le reste de crème en chantilly, en ajoutant le sucre.
3. Incorporer la crème fouettée au mélange crème-cannelle. Verser l'appareil dans un moule plat.
4. Entreposer au réfrigérateur 30 mn.

Crème à la citronnelle

Ingrédients pour 4 personnes :

1 feuille de gélatine
20 cl de crème anglaise
(voir recette p. 431)
3 tiges de citronnelle

1. Ramollir la gélatine dans de l'eau froide.
2. Faire tiédir 2 cuillerées à soupe de crème anglaise. Ajouter la gélatine bien essorée. Mélanger jusqu'à sa dissolution complète.
3. Ajouter les tiges de citronnelle hachées et le reste de crème anglaise. Laisser infuser 15 mn.
4. Filtrer. Réserver au réfrigérateur.

Crème à la menthe

Ingrédients pour 4 personnes :

25 cl de crème fraîche
16 feuilles de menthe

1. Dans une casserole, faire chauffer la crème fraîche sur feu doux.
2. Hors du feu, plonger les feuilles de menthe dans la crème.
3. Laisser infuser, à couvert, 20 mn.

Crème à la noisette

Ingrédients pour 4 personnes :

2 jaunes d'œufs
30 g de sucre
18 cl de crème liquide
1 feuille de gélatine
80 g de pâte de noisettes

1. Dans une jatte, fouetter les jaunes d'œufs et le sucre jusqu'à ce que le mélange fasse le ruban.
2. Porter la crème à ébullition et l'incorporer au mélange précédent. Transvaser le mélange dans une casserole et faire cuire 3 à 4 mn, sans laisser bouillir.
3. Laisser refroidir, en fouettant de temps en temps. Incorporer la gélatine ramollie dans un peu d'eau et la pâte de noisettes.
4. Verser l'appareil dans un cercle de 20 cm de diamètre. Réserver au réfrigérateur.

Crème à la pistache

Ingrédients pour 4 personnes :

200 g de crème pâtissière (voir recette p. 435)
25 g de pâte de pistaches
1 feuille de gélatine
10 cl de crème liquide très froide

1. Mélanger la crème pâtissière et la pâte de pistaches.
2. Incorporer la gélatine ramollie dans un peu d'eau froide.
3. Fouetter la crème. L'ajouter au mélange précédent.
4. Réserver au réfrigérateur.

Crème à la pistache aux pignons

Ingrédients pour 4 personnes :

200 g de crème pâtissière (voir recette p. 435)
25 g de pâte de pistaches
1 feuille de gélatine
10 cl de crème liquide très froide
1 c. à s. de pignons de pin
1 c. à s. d'eau de fleur d'oranger ou d'eau de rose

1. Mélanger la crème pâtissière et la pâte de pistaches. Ajouter la gélatine ramollie dans de l'eau froide et essorée. Fouetter la crème, puis l'incorporer au mélange.
2. Écraser les pignons. Les ajouter au mélange précédent.
3. Aromatiser avec l'eau de fleur d'oranger ou l'eau de rose, selon le goût.
4. Réserver au réfrigérateur.

Crème à la vanille

Ingrédients pour 4 personnes :

12 cl de crème liquide
50 cl de lait
2 gousses de vanille
6 jaunes d'œufs
75 g de sucre

1. Dans une casserole, porter la crème, le lait et les gousses de vanille fendues en deux dans la longueur et grattées à ébullition.
2. Dans une jatte, fouetter les jaunes d'œufs et le sucre jusqu'à ce que le mélange blanchisse.
3. Délayer à la spatule avec un peu de lait. Transvaser le mélange dans la casserole et faire cuire sur feu doux jusqu'à ce que la crème nappe la spatule.
4. Filtrer et laisser refroidir. Réserver au réfrigérateur.

Crème à l'orange

Ingrédients pour 4 personnes :

25 cl de crème liquide très froide
3 c. à s. de sucre glace
Le zeste d'1 orange
1 c. à s. de Grand Marnier ou de Cointreau

1. Verser la crème dans une jatte très froide.
2. Fouetter la crème avec le sucre glace jusqu'à ce qu'elle soit ferme.
3. Ajouter le zeste d'orange, puis le Grand Marnier ou le Cointreau. Mélanger.
4. Réserver au réfrigérateur.

Crème anglaise

Ingrédients pour 4 personnes :

50 cl de lait
1/2 gousse de vanille
3 jaunes d'œufs
75 g de sucre

1. Porter à ébullition le lait avec la demi-gousse de vanille fendue en deux et grattée. Retirer du feu et laisser infuser, à couvert, 10 mn.
2. Dans une jatte, fouetter les jaunes d'œufs et le sucre jusqu'à blanchiment. Ajouter le lait.
3. Transvaser la préparation dans la casserole et faire cuire sur feu doux, sans cesser de mélanger, jusqu'à ce que la crème nappe la cuiller, en veillant à ne pas laisser bouillir.
4. Laisser refroidir. Réserver au réfrigérateur.

notre avis

Si la crème présente des grumeaux, versez-la dans une bouteille en plastique, fermez et agitez bien. Vous pouvez aussi la passer au chinois. La crème anglaise ne se conserve pas : préparez juste la quantité nécessaire.

Crème anglaise à la crème

Ingrédients pour 4 personnes :

25 cl de lait
25 cl de crème liquide
1/2 gousse de vanille
1 œuf + 1 jaune
3 1/2 c. à s. de sucre

1. Porter le lait à ébullition avec la crème et la gousse de vanille fendue en deux et grattée.
2. Dans une jatte, mélanger l'œuf, le jaune et le sucre. Incorporer le lait, peu à peu. Transvaser le mélange dans une casserole et laisser cuire jusqu'à frémissement, en fouettant, pour obtenir une sauce mousseuse.
3. Filtrer et laisser refroidir. Réserver au réfrigérateur.

Crème anglaise à la noix de coco

Ingrédients pour 4 personnes :

12,5 cl de lait
12,5 cl de crème fleurette
20 g de noix de coco râpée
1/2 gousse de vanille
3 jaunes d'œufs
3 c. à s. de sucre

1. Dans une casserole, porter à ébullition le lait et la crème. Ajouter la noix de coco et la demi-gousse de vanille fendue en deux et grattée. Mélanger. Retirer du feu et laisser infuser 5 mn environ.
2. Dans une jatte, battre les jaunes d'œufs et le sucre jusqu'à blanchiment. Ôter la vanille. Incorporer le mélange à la noix de coco. Placer la jatte sur un bain-marie frémissant et laisser cuire 10 à 15 mn, sans cesser de mélanger, jusqu'à ce que la crème nappe la cuiller.
3. Verser la crème dans une jatte bien froide. Laisser refroidir, en remuant de temps en temps. Réserver au réfrigérateur.

Crème anglaise à l'orange et aux épices

Ingrédients pour 4 personnes :

25 cl de jus d'orange fraîchement pressé
1 bâton de cannelle
1 étoile de badiane
3 jaunes d'œufs
2 c. à s. de sucre

1. Dans une casserole, porter à ébullition le jus d'orange.
2. Ajouter la cannelle et la badiane. Retirer du feu et laisser infuser 5 mn environ.
3. Dans une jatte, battre les jaunes d'œufs et le sucre jusqu'à blanchiment. Ôter les épices. Ajouter le jus d'orange. Placer la jatte dans un bain-marie frémissant et laisser cuire 10 à 15 mn, sans cesser de mélanger, jusqu'à ce que la crème nappe la cuiller.
4. Verser la crème dans une jatte bien froide. Laisser refroidir, en remuant de temps en temps. Réserver au réfrigérateur.

Crème anglaise au café

Ingrédients pour 6 personnes :

50 cl de lait
25 cl de crème fraîche
100 g de grains de café concassés
10 jaunes d'œufs
180 g de sucre

1. Porter à ébullition le lait et la crème.
2. Ajouter les grains de café et laisser infuser.
3. Pendant ce temps, fouetter les jaunes d'œufs et le sucre. Incorporer le mélange au café et faire cuire sur feu doux jusqu'à ce que la crème nappe la cuiller, sans cesser de mélanger et sans laisser bouillir.
4. Passer au chinois. Laisser refroidir. Réserver au réfrigérateur jusqu'à l'utilisation.

Crème anglaise au rhum

Ingrédients pour 4 personnes :

25 cl de lait
1 gousse de vanille
3 jaunes d'œufs
2 c. à s. de sucre
10 cl de rhum vieux

1. Porter le lait à ébullition avec la gousse de vanille fendue en deux.
2. Dans une jatte, fouetter les jaunes d'œufs et le sucre jusqu'à obtention d'un mélange lisse et homogène. Ajouter le lait. Bien mélanger. Transvaser la préparation dans une casserole et faire épaissir sur feu doux, sans cesser de mélanger, jusqu'à ce que la crème nappe la cuiller.
3. Verser la crème dans une jatte froide. Ôter la vanille. Ajouter le rhum. Réserver au réfrigérateur.

Crème au beurre

Ingrédients pour 4 personnes :

120 g de sucre
2 œufs
200 g de beurre

1. Dans une casserole, porter à ébullition 5 cuillerées à soupe d'eau et le sucre 4 à 5 mn, jusqu'à ce que le sirop épaississe.
2. Dans une terrine, fouetter les œufs. Incorporer le sirop, sans cesser de fouetter jusqu'à complet refroidissement.
3. Ajouter le beurre mou coupé en petits dés. Mélanger.

—— notre avis ——

Traditionnellement, la crème au beurre est utilisée pour fourrer les gâteaux. Vous pouvez l'aromatiser au chocolat ou au kirsch.

Crème au beurre au café

Ingrédients pour 4 personnes :

120 g de sucre
2 œufs
200 g de beurre
1 c. à s. d'extrait liquide de café

1. Porter à ébullition 4 cuillerées à soupe d'eau avec le sucre 4 à 5 mn, jusqu'à ce que le sirop soit épais.
2. Dans une jatte, fouetter les œufs. Verser le sirop chaud, en filet, sans cesser de fouetter jusqu'à complet refroidissement.
3. Incorporer le beurre coupé en parcelles et l'extrait de café.
4. Réserver au réfrigérateur.

Crème au chocolat

Ingrédients pour 4 personnes :

20 cl de lait
60 g de sucre
1 sachet de sucre vanillé
100 g de beurre
2 c. à s. de cacao
200 g de chocolat noir à 70 %

1. Dans une casserole, porter à ébullition, sur feu doux, le lait, le sucre, le sucre vanillé et le beurre coupé en dés, en mélangeant de temps en temps.
2. Dans une jatte, tamiser le cacao. Verser le lait, sans cesser de fouetter. Transvaser le mélange dans la casserole et faire chauffer jusqu'aux premiers frémissements, sans cesser de mélanger.
3. Incorporer le chocolat cassé en petits morceaux. Laisser reposer 5 mn, jusqu'à ce que le chocolat fonde, et battre au fouet à main. Laisser refroidir.

Crème au chocolat blanc

Ingrédients pour 4 personnes :

12 cl de lait
12 cl de crème liquide
2 jaunes d'œufs
3 c. à s. de sucre
100 g de chocolat blanc

1. Porter le lait à ébullition avec la crème.
2. Mélanger les jaunes d'œufs et le sucre. Verser un peu de lait. Mélanger. Transvaser le mélange dans le reste de lait. Cuire sur feu doux, en remuant, comme une crème anglaise.
3. Verser la moitié de la préparation sur le chocolat haché fin. Mélanger délicatement. Verser le reste en deux fois, sans cesser de mélanger. Réserver au réfrigérateur.

Crème au chocolat et au cacao

Ingrédients pour 6 personnes :

5 jaunes d'œufs
50 g de sucre
80 g de chocolat noir
12 cl de lait
40 cl de crème liquide
1 c. à s. d'extrait liquide de vanille
1 c. à s. de cacao

1. Dans une terrine, travailler les jaunes d'œufs avec le sucre jusqu'à blanchiment. Réserver.
2. Casser le chocolat en morceaux et le faire fondre au bain-marie. Réserver.
3. Incorporer le lait, la crème, la vanille, le chocolat fondu et le cacao au mélange jaunes-sucre en mélangeant bien.
4. Réfrigérer 30 mn au moins avant utilisation.

Crème au chocolat et au pralin

Ingrédients pour 4 personnes :

175 g de chocolat noir
18 cl de crème liquide
1 gousse de vanille
25 g de pralin
40 g de beurre

1. Casser le chocolat en morceaux dans une jatte. Réserver.
2. Porter à ébullition la crème avec la gousse de vanille fendue en deux et grattée.
3. Ôter la vanille et verser la crème sur le chocolat. Mélanger jusqu'à ce que l'appareil soit lisse.
4. Incorporer le pralin et le beurre coupé en dés. Réserver au réfrigérateur.

Crème au citron

Ingrédients pour 4 personnes :

2 citrons
160 g de sucre
40 g de beurre
4 jaunes d'œufs
25 cl de crème fleurette très froide

1. Presser les citrons, puis émincer leur zeste très finement.
2. Dans une jatte placée dans un bain-marie, verser le jus de citron. Ajouter le sucre, le beurre coupé en parcelles, les jaunes d'œufs, un par un, et le zeste de citron, en mélangeant bien entre chaque adjonction. Laisser cuire 5 mn environ, sans cesser de mélanger, jusqu'à ce que la crème épaississe.
3. Retirer du bain-marie et laisser refroidir.
4. Dans une jatte très froide, fouetter la crème en chantilly.
5. Incorporer délicatement la crème fouettée à la crème au citron. Réserver au réfrigérateur.

Crème au thé

Ingrédients pour 4 personnes :

25 cl de lait
1 c. à s. de thé earl grey
4 jaunes d'œufs
100 g de sucre
4 c. à s. de crème fraîche

1. Faire chauffer le lait. Ajouter le thé et laisser infuser, à couvert, 10 mn.
2. Filtrer le lait au thé. Réserver.
3. Fouetter les jaunes d'œufs avec le sucre. Incorporer un peu de lait au thé. Transvaser le mélange dans la casserole contenant le reste du lait. Faire chauffer jusqu'à ce que la préparation nappe la cuiller, sans cesser de mélanger et sans laisser bouillir.
4. Hors du feu, ajouter la crème fraîche et fouetter vivement. Laisser refroidir.

Crème au yaourt

Ingrédients pour 6 personnes :

10 cl de crème liquide
10 g de sucre
1 feuille de gélatine
2 yaourts

1. Dans une casserole, porter à ébullition la crème additionnée du sucre. Y faire fondre la gélatine ramollie dans de l'eau froide et essorée.
2. Hors du feu, mélanger le yaourt à la crème.
3. Répartir la crème au yaourt dans des coupes. Laisser refroidir, de façon que la gélatine fige.

Crème aux amandes

Ingrédients pour 4 personnes :

50 g de beurre
50 g de sucre
1 œuf
50 g de poudre d'amandes

1. Malaxer le beurre et le sucre.
2. Ajouter l'œuf. Mélanger soigneusement.
3. Incorporer la poudre d'amandes.
4. Réserver au réfrigérateur.

Crème aux amandes à la cannelle

Ingrédients pour 4 personnes :

75 g de beurre
50 g de sucre
50 g de poudre d'amandes
1/2 c. à c. de cannelle en poudre
1 œuf + 1 jaune

1. Travailler le beurre jusqu'à ce qu'il ait la consistance d'une pommade.
2. Incorporer le sucre, la poudre d'amandes, la cannelle, l'œuf, puis le jaune d'œuf.
3. Réserver au réfrigérateur.

conseil

Pour une crème plus raffinée, et plus légère, ajoutez 1 cuillerée à soupe de rhum ambré agricole, 1 cuillerée à café rase de Maïzena et 50 g de crème pâtissière (voir recette p. 435).

notre avis

Pour garnir une galette des Rois, par exemple.

Crème aux clous de girofle

Ingrédients pour 4 personnes :

25 cl de lait
10 clous de girofle
70 g de sucre
1 c. à s. de Maïzena
2 œufs
1 c. à s. de crème fraîche épaisse

1. Porter le lait à ébullition avec les clous de girofle. Éteindre le feu et laisser infuser 5 mn.
2. Dans une jatte, mélanger le sucre, la Maïzena et les œufs. Transvaser le mélange dans une casserole.
3. Filtrer le lait et l'ajouter au mélange précédent. Porter de nouveau à ébullition et laisser cuire à petit frémissement 3 à 4 mn.
4. Verser le mélange dans une jatte et laisser refroidir.
5. Incorporer la crème. Réserver au réfrigérateur.

Crème Chantilly

Ingrédients pour 4 personnes :

30 cl de crème liquide très froide
50 g de sucre glace
1 sachet de sucre vanillé
ou 1 pincée de vanille en poudre

1. Dans une jatte placée sur un bain d'eau additionnée de glaçons, mélanger la crème avec le sucre glace et le sucre vanillé ou la vanille au fouet à main, d'abord lentement, puis de plus en plus vite, jusqu'à épaississement.
2. La chantilly est prête lorsqu'elle reste sur les branches du fouet lorsqu'on le soulève.

notre avis

Vous pouvez aromatiser la chantilly avec 1/2 cuillerée à café d'extrait liquide de café ou de café lyophilisé. Pour accompagner les glaces et la tarte Tatin tiède.

Crème fouettée

Ingrédients pour 4 personnes :

40 cl de crème liquide très froide
3 c. à s. de sucre
1 sachet de sucre vanillé

1. Verser la crème dans une jatte préalablement réfrigérée.
2. Ajouter les 2 sucres.
3. Battre doucement et régulièrement, avec un fouet à main, jusqu'à ce que la crème double de volume. La crème doit avoir la consistance d'une mayonnaise légère.

notre avis

Vous pouvez aromatiser la crème fouettée selon votre goût, par exemple avec 100 g de chocolat râpé finement.

Crème frangipane

Ingrédients pour 4 personnes :

40 g de beurre
1 1/2 c. à s. de sucre
1 œuf
50 g de poudre d'amandes
1 c. à s. rase de farine
100 g de crème pâtissière
(voir recette p. 435)

1. Dans une jatte, fouetter le beurre coupé en parcelles.
2. Ajouter le sucre peu à peu, sans cesser de fouetter, l'œuf, puis la poudre d'amandes et la farine.
3. Incorporer le mélange précédent à la crème pâtissière.
4. Réserver au réfrigérateur.

Crème ganache

Ingrédients pour 6 personnes :

250 g de chocolat de couverture
20 cl de crème fraîche
50 g de beurre

1. Dans une jatte placée dans un bain-marie, casser le chocolat en morceaux.
2. Ajouter la crème. Mélanger jusqu'à ce que le chocolat soit fondu et que la préparation ait la consistance d'une pommade.
3. Verser l'appareil dans le bol du mixeur. Ajouter le beurre et mixer.

notre avis

Vous pouvez utiliser la crème ganache pour garnir les éclairs, les religieuses et les petits fours, ou pour les glacer. Elle peut également garnir, comme la crème au beurre, un gros gâteau.

Crème mousseline

Ingrédients pour 6 personnes :

100 g de raisins secs
3 c. à s. de rhum ambré
2 feuilles de gélatine
450 g de crème pâtissière
(voir recette p. 435)
150 g de crème fouettée

1. Faire macérer les raisins secs dans le rhum 1 à 2 h.
2. Faire tremper la gélatine dans un peu d'eau froide, puis la faire fondre au bain-marie.
3. Fouetter vigoureusement la crème pâtissière.
4. Incorporer les raisins secs et 1 cuillerée à soupe du rhum.
5. Ajouter la gélatine et la crème fouettée. Mélanger délicatement.
6. Réserver au réfrigérateur.

Crème mousseuse à la crème de marron

Ingrédients pour 6 personnes :

2 feuilles de gélatine
450 g de crème pâtissière
(voir recette p. 435)
120 g de crème de marron
160 g de crème fouettée

1. Faire tremper les feuilles de gélatine dans un peu d'eau froide.
2. Faire fondre la gélatine au bain-marie.
3. Fouetter vigoureusement la crème pâtissière.
4. Incorporer la crème de marron, puis la gélatine et la crème fouettée.
5. Réserver au réfrigérateur.

Crème panaccota

Ingrédients pour 6 personnes :

620 g de crème pâtissière
(voir recette p. 435)
50 g de poudre d'amandes
4 feuilles de gélatine
2 zestes de citron
2 gousses de vanille
5 c. à s. de crème fouettée

1. Fouetter la crème pâtissière.
2. Ajouter la poudre d'amandes, la gélatine ramollie dans un peu d'eau froide, les zestes de citron, les gousses de vanille fendues en deux et grattées, puis la crème fouettée.
3. Réserver au réfrigérateur.

Crème pâtissière

Ingrédients pour 6 personnes :

30 cl de lait
1/2 gousse de vanille
3 jaunes d'œufs
60 g de sucre
2 c. à s. de farine

1. Dans une casserole, porter à ébullition le lait avec la demi-gousse de vanille fendue en deux et grattée.
2. Dans une jatte, fouetter vigoureusement les jaunes d'œufs avec le sucre, jusqu'à ce que le mélange fasse le ruban.
3. Sans cesser de fouetter, incorporer la farine, puis le lait, en mince filet, après avoir ôté la gousse de vanille.
4. Transvaser la préparation dans la casserole. Poursuivre la cuisson sur feu doux, sans cesser de mélanger, jusqu'à ébullition. Retirer du feu et laisser refroidir, en fouettant de temps en temps pour empêcher la formation d'une peau.

Crème pâtissière à la crème fouettée

Ingrédients pour 4 personnes :

25 cl de lait
8 cl de crème liquide
1 gousse de vanille
2 c. à s. de Maïzena
60 g de sucre
1 œufs + 2 jaunes
3 c. à s. de crème fouettée

1. Porter à ébullition le lait et la crème avec la gousse de vanille fendue en deux et grattée.
2. Dans une jatte, mélanger la Maïzena et le sucre. Ajouter l'œuf et les jaunes. Fouetter jusqu'à ce que le mélange mousse.
3. Ajouter le mélange lait/crème, sans cesser de fouetter. Transvaser la préparation dans une casserole. Faire cuire sur feu moyen 2 mn. Ôter du feu et laisser refroidir, en fouettant de temps en temps.
4. Enlever la gousse de vanille et incorporer la crème fouettée. Mélanger délicatement. Réserver au réfrigérateur.

Crème pâtissière au citron

Ingrédients pour 4 personnes :

25 cl de jus de citron
2 œufs
50 g de sucre
2 c. à s. de farine

1. Dans une casserole, porter le jus de citron à ébullition.
2. Dans une jatte, mélanger les œufs, le sucre et la farine. Ajouter la moitié du jus de citron. Mélanger. transvaser le mélange dans la casserole.
3. Porter de nouveau à ébullition et laisser frémir 5 mn environ, sans cesser de fouetter.
4. Laisser refroidir à température ambiante.
5. Réserver au réfrigérateur.

Crème pâtissière au rhum

Ingrédients pour 6 personnes :

60 cl de lait
1 gousse de vanille
4 jaunes d'œufs
70 g de sucre
2 c. à s. de farine
2 c. à s. de rhum

1. Porter le lait à ébullition avec la gousse de vanille fendue en deux et grattée.
2. Dans une jatte, mélanger les jaunes avec le sucre jusqu'à blanchiment. Ajouter la farine, peu à peu, puis le lait. Transvaser le mélange dans une casserole et faire cuire sur feu doux 4 à 5 mn, sans cesser de fouetter, jusqu'à ce que l'appareil épaississe. Laisser tiédir.
3. Ajouter le rhum. Laisser refroidir, en mélangeant souvent pour éviter qu'une peau ne se forme.

Croustillants au citron

Ingrédients pour 4 personnes :

2 c. à s. de farine
140 g de sucre
4 c. à s. de jus de citron
80 g de beurre fondu
Le zeste de 1 citron
80 g d'amandes effilées

1. Mélanger la farine et le sucre. Ajouter le jus de citron, le beurre fondu, le zeste de citron blanchi et détaillé en julienne, puis les amandes, en veillant à ne pas les briser. Laisser reposer 3 à 4 h.
2. Préchauffer le four à 180 °C.
3. Sur une plaque antiadhésive, déposer des noix de pâte. Les aplatir du bout des doigts, en humectant ceux-ci d'eau froide, sur 2 mm d'épaisseur.
4. Enfourner et cuire jusqu'à coloration blonde. Laisser tiédir.

Ganache au chocolat blanc

Ingrédients pour 4 personnes :

250 g de chocolat blanc
15 cl de lait
3 c. à s. de crème liquide

1. Casser le chocolat en morceaux dans une jatte.
2. Porter le lait et la crème à ébullition.
3. Verser le mélange précédent sur le chocolat. Mélanger.
4. Placer au réfrigérateur jusqu'à ce que le mélange durcisse.

Ganache au chocolat et à l'eau-de-vie

Ingrédients pour 4 personnes :

40 cl de crème liquide
250 g de chocolat à 70 %
90 g de beurre
10 cl d'eau-de-vie de cerise

1. Dans une casserole, porter la crème à ébullition.
2. Hors du feu, incorporer le chocolat cassé en morceaux. Mélanger.
3. Ajouter le beurre coupé en parcelles, puis l'eau-de-vie. Laisser refroidir, en mélangeant de temps en temps, jusqu'à obtention d'une crème épaisse.
4. Réserver au réfrigérateur.

Ganache au chocolat noir

Ingrédients pour 6 personnes :

37,5 cl de crème
1 gousse de vanille
225 g de chocolat noir
3 jaunes d'œufs
50 g de sucre

1. Dans une casserole, porter à ébullition la crème avec la gousse de vanille fendue en deux et grattée.
2. Casser le chocolat en morceaux.
3. Dans une terrine, mélanger les jaunes d'œufs avec le sucre jusqu'à blanchiment. Verser la crème bouillante sur le mélange jaunes-sucre, en mince filet, sans cesser de mélanger.
4. Filtrer la préparation et la verser sur le chocolat. Mélanger jusqu'à obtention d'un appareil lisse et onctueux. Laisser refroidir. Réserver au réfrigérateur.

Gelée d'abricot

Ingrédients pour 3 pots :

1 kg d'abricots
900 g de sucre
Gélifiant
1 c. à c. de jus de citron

1. Couper les abricots en deux, les dénoyauter et les détailler en morceaux. Les mixer.
2. Verser la purée d'abricots dans une bassine à confitures. Ajouter le sucre, un peu de gélifiant et le jus de citron. Porter à ébullition, sans cesser de mélanger à la spatule. Laisser cuire 15 mn.
3. Vérifier la cuisson.
4. Mettre en pots.

Gelée de cassis et de groseilles blanches

Ingrédients pour 3 pots :

500 g de cassis
500 g de groseilles blanches
Quelques feuilles de cassissier
700 g de sucre

1. Laver les grappes de cassis et de groseilles, et les feuilles. Placer le tout dans une casserole. Faire crever les fruits à feu doux 10 mn environ, en les pressant avec une écumoire.
2. Filtrer le jus dans un tamis fin ou une mousseline. Ajouter le sucre. Mélanger et cuire sur feu vif 20 à 25 mn, en écumant régulièrement.
3. Vérifier la prise de la gelée en en versant quelques gouttes sur une assiette froide : elle doit se figer. Mettre en pots.

•——notre avis——•

Pour augmenter ou réduire la quantité de gelée, sachez que le poids de sucre doit être égal à celui du jus recueilli à l'étape **2.**

Gelée de groseilles rouges

Ingrédients pour 5 pots :

2,8 kg de groseilles rouges
1,2 kg de sucre cristallisé

1. Passer les groseilles sous l'eau. Les égoutter, les éponger et les égrener. Les placer dans une cocotte. Faire cuire sur feu doux, à couvert, 10 à 12 mn, jusqu'à ce que les grains éclatent.
2. Réduire les fruits en purée au moulin à légumes. Filtrer le jus. Le verser dans la bassine à confitures. Ajouter la moitié du sucre. Porter à ébullition. Au premier bouillon, verser le reste du sucre. Laisser cuire 5 mn, en mélangeant délicatement.
3. Retirer du feu. Mettre en pots aussitôt.

Gelée de poire

Ingrédients pour 5 pots :

2,2 à 2,5 kg de poires
1 c. à s. de jus de citron
900 g de sucre
Gélifiant
1 pincée de cannelle

1. Peler les poires, les détailler en morceaux et ôter le cœur. Les mixer, de façon à obtenir 1 l de purée.
2. Verser la purée de poires dans une bassine à confitures. Ajouter le jus de citron, le sucre, un peu de gélifiant et la cannelle. Porter à ébullition et laisser cuire 30 à 40 mn, en remuant de temps en temps.
3. Vérifier la prise de la gelée en en versant quelques gouttes sur une assiette froide : elle doit se figer. Écumer si nécessaire.
4. Mettre en pots.

Gelée de pomme à la menthe

Ingrédients pour 4 pots :

4 kg de pommes non pelées coupées en dés
Le jus de 1 citron
400 g de sucre
1 bouquet de menthe

1. Placer les dés de pomme dans une cocotte. Ajouter le jus de citron. Mouiller d'eau à hauteur et faire cuire sur feu doux 30 mn. Filtrer dans une passoire, sans presser, en recueillant le jus.
2. Faire chauffer le sucre avec 1 verre d'eau jusqu'à sa complète dissolution. Laisser cuire à petit frémissement 5 mn à partir de l'ébullition. Ajouter le jus de pomme et les feuilles de menthe nouées dans une mousseline. À la reprise de l'ébullition, laisser cuire 30 mn sur feu vif.
3. Vérifier la prise de la gelée. Retirer la menthe. Écumer. Répartir la gelée dans les pots. Laisser refroidir 12 h. Couvrir les pots.

•——notre avis——•

Avec la pulpe des pommes, vous pouvez confectionner une compote.

Gelée d'orange

Ingrédients pour 3 pots :

2 kg d'oranges
900 g de sucre
20 cl de jus de pomme

1. Presser les oranges. Verser 1 l de jus dans une bassine à confitures.
2. Ajouter le sucre et le jus de pomme. Porter à ébullition et laisser cuire sur feu vif 15 mn, en mélangeant souvent avec une écumoire.
3. Retirer du feu et écumer soigneusement. Mélanger.
4. Mettre la gelée en pots. Couvrir et stériliser.

Glaçage à l'abricot

Ingrédients pour 4 pots :

100 g de purée d'abricots
1 feuille de gélatine

1. Porter la purée d'abricots à ébullition.
2. Incorporer la gélatine ramollie dans un peu d'eau.
3. Fouetter énergiquement et laisser refroidir.

Glaçage au chocolat

Ingrédients pour 6 pots :

200 g de chocolat noir à 70 %
1 pincée de sel
1 pincée de café lyophilisé
75 g de beurre

1. Casser le chocolat en morceaux dans une jatte placée sur un bain-marie. Ajouter 1/2 verre d'eau et mélanger jusqu'à ce que le chocolat soit complètement fondu et ait une consistance lisse.
2. Ajouter le sel et le café.
3. Incorporer le beurre coupé en dés. Mélanger jusqu'à ce que l'appareil soit brillant.

notre avis

Pour glacer les gâteaux, les profiteroles au chocolat et les poires Belle-Hélène.

Glaçage au chocolat et à la crème fraîche

Ingrédients pour 6 personnes :

150 g de chocolat noir
150 g de sucre glace
1 sachet de sucre vanillé
15 cl de crème fraîche
1 jaune d'œuf

1. Dans une casserole, faire fondre le chocolat cassé en morceaux avec les 2 sucres et la crème.
2. Porter à ébullition et la maintenir 5 mn.
3. Retirer du feu. Incorporer le jaune d'œuf battu.
4. Remettre sur le feu et fouetter jusqu'à ce que le mélange épaississe. Laisser tiédir.

Glaçage au citron

Ingrédients pour 4 personnes :

100 g de sucre glace
2 c. à s. de jus de citron

1. Dans une jatte, délayer le sucre glace avec le jus de citron.
2. Verser le glaçage au centre du gâteau.
3. Étaler le glaçage avec une spatule à lame souple.

Glace à la muscade

Ingrédients pour 6 à 8 personnes :

9 jaunes d'œufs
140 g de sucre
1 l de lait
1 noix muscade
30 cl de crème fraîche épaisse
15 cl de sirop

1. Fouetter les jaunes d'œufs avec le sucre.
2. Dans une casserole, porter le lait à ébullition avec la noix muscade entière râpée.
3. Verser le lait sur le mélange œufs-sucre en fouettant. Transvaser la préparation dans la casserole. Faire cuire sur feu doux, sans cesser de remuer, jusqu'à ce que le mélange nappe la cuiller. Placer la casserole dans un bain d'eau avec des glaçons et mélanger jusqu'à refroidissement complet.
4. Ajouter la crème fraîche et le sirop. Faire prendre en sorbetière selon les instructions du fabricant.

Glace à la vanille

Ingrédients pour 4 personnes :

25 cl de lait
25 cl de crème liquide
3 gousses de vanille
5 jaunes d'œufs + 1 œuf
80 g de sucre

1. Porter le lait à ébullition avec la crème et les gousses de vanille fendues en deux et grattées. Éteindre le feu. Laisser infuser.
2. Dans une jatte, mélanger les jaunes d'œufs, l'œuf et le sucre. Fouetter jusqu'à blanchiment. Verser sur le mélange œufs-sucre, sans cesser de fouetter. Transvaser la préparation dans une casserole. Faire cuire sur feu moyen 2 à 3 mn, jusqu'à ce que la crème nappe la spatule.
3. Filtrer. Laisser refroidir, en mélangeant de temps en temps.
4. Verser la crème dans une sorbetière et faire prendre en suivant les instructions du fabricant.

Glace au miel

Ingrédients pour 6 à 8 personnes :

1 l de lait
300 g de miel très parfumé
10 jaunes d'œufs
10 cl de crème liquide très froide

1. Porter le lait à ébullition. Éteindre le feu et laisser tiédir.
2. Faire chauffer le miel jusqu'à ce qu'il frémisse.
3. Battre les jaunes d'œufs au fouet. Incorporer le miel, en filet, et fouetter 3 à 4 mn, jusqu'à blanchiment.
4. Transvaser le mélange dans une casserole. Verser le lait, sans cesser de fouetter, et faire épaissir sur feu doux jusqu'à ce que la crème nappe la spatule, sans laisser bouillir. Laisser refroidir.
5. Verser la préparation dans une sorbetière et faire prendre jusqu'à obtention d'une glace onctueuse, en incorporant la crème liquide 5 mn avant la fin. Entreposer au congélateur 3 h.

Glace piñacolada

Ingrédients pour 4 personnes :

6 jaunes d'œufs
3 c. à s. de sucre
25 cl de lait de coco
25 cl de jus d'ananas
3 c. à s. de rhum

1. Dans une terrine, fouetter les jaunes d'œufs et le sucre jusqu'à blanchiment.
2. Dans une casserole, faire chauffer le lait de coco. L'incorporer, en mince filet, au mélange précédent. Mélanger. Ajouter le jus d'ananas. Mélanger. Transvaser la préparation dans la casserole et laisser cuire, sans cesser de mélanger, jusqu'à ce que crème nappe la cuiller.
3. Verser la crème dans une terrine et laisser refroidir.
4. Aromatiser avec le rhum. Verser la crème dans une sorbetière et faire prendre selon les instructions du fabricant.

Kumquats confits

Ingrédients pour 6 personnes :

400 g de kumquats
170 g de sucre

1. Couper les kumquats en quatre, puis les épépiner.
2. Porter 60 cl d'eau à ébullition avec le sucre.
3. Plonger les quartiers de kumquat dans le sirop. Laisser confire à petit frémissement 1 h 30.
4. Ôter la casserole du feu et laisser refroidir les kumquats dans le sirop.

Lait d'amandes

Ingrédients pour 6 personnes :

50 cl de lait
75 g de poudre d'amandes
50 g de sucre
1/2 gousse de vanille

1. Dans une casserole, porter à ébullition, sur feu doux, le lait, la poudre d'amandes, le sucre et la demi-gousse de vanille fendue en deux et grattée.
2. Éteindre le feu et laisser refroidir, à couvert.
3. Filtrer. Réserver au réfrigérateur.

notre avis

Pour accompagner les bavarois, biscuits, charlottes, gâteaux et tartes au chocolat et/ou aux noix, macarons, mille-feuilles, et le riz au lait.

Lait de coco

Ingrédients pour 6 personnes :

1 belle noix de coco râpée
50 cl de lait

1. Dans une jatte, bien mélanger la pulpe de noix de coco râpée et le lait.
2. Pour obtenir le lait de coco, presser très fortement le mélange dans un linge sec.

notre avis

À défaut de lait de coco en conserve, vous pouvez le préparer vous-même très facilement. Vous l'utiliserez pour confectionner des gâteaux, blancs-mangers ou glaces et crèmes que vous servirez seules ou en accompagnement de gâteaux aux fruits exotiques.

Marmelade de coings et de mûres

Ingrédients pour 2 pots :

500 g de coings
2 c. à s. de jus de citron
500 g de sucre cristallisé
100 g de mûres

1. Essuyer les coings, les peler et les détailler en dés. Les faire cuire dans 10 cl d'eau additionnée du jus de citron, sur feu doux, 40 mn.
2. Lorsque les fruits sont tendres, les égoutter, en réservant le jus de cuisson.
3. Ajouter le sucre au jus de cuisson des coings. Porter à ébullition 5 mn.
4. Plonger les coings dans le sirop. Ajouter les mûres. Faire cuire 30 mn, en remuant de temps en temps.
5. Mettre en pots.

Marmelade de fruits aux épices

Ingrédients pour 3 pots :

250 g de coings
500 g de poires très fermes
Le jus de 1/2 citron
1 bâton de cannelle
1 étoile de badiane
1 gousse de vanille
600 g de sucre
Le zeste finement râpé de 1/2 citron

1. Peler les coings et les poires. Les épépiner et les détailler en petits dés. Les citronner. Les faire cuire dans 15 cl d'eau avec les épices et la gousse de vanille fendue en deux sur feu doux, 30 mn environ, jusqu'à ce qu'ils soient tendres.
2. Égoutter les fruits, en réservant le jus de cuisson. Verser le sucre dans celui-ci et porter à ébullition 5 mn. Plonger les dés de fruits dans le sirop. Ajouter le zeste de citron. Laisser cuire 30 mn, en mélangeant de temps en temps.
3. Ôter les épices et la gousse de vanille. Mettre en pots.

Marmelade de pamplemousses et d'oranges

Ingrédients pour 4 pots :

4 pamplemousses roses à peau pas trop épaisse
1 kg d'oranges très juteuses
1 kg de sucre en morceaux

1. Peler les pamplemousses. Les détailler en tranches, puis en morceaux. Ôter les pépins. Réserver.
2. Presser les oranges.
3. Faire fondre les morceaux de sucre dans le jus d'orange, sur feu doux, jusqu'au seuil de l'ébullition. Ajouter les morceaux de pamplemousse. Faire cuire à petit frémissement, en remuant souvent, 20 mn.
4. Mettre en pots. Laisser refroidir avant de couvrir.

Marmelade d'oranges aux pommes

Ingrédients pour 3 pots :

750 g d'oranges
500 g de pommes
1 kg de sucre
1 pincée de cannelle
1 c. à s. de jus de citron
Gélifiant

1. Laver les oranges en brossant la peau. Presser les fruits. Récupérer la pulpe et le jus. Détailler la peau de quelques oranges en fines lamelles. Réserver.
2. Peler les pommes. Les couper en quartiers, puis en lamelles. Les poêler avec un peu de sucre pour les faire caraméliser. Ajouter la cannelle.
3. Verser le jus d'orange dans une bassine à confitures. Ajouter la pulpe et le zeste d'orange, les pommes caramélisées, le jus de citron, le reste de sucre et un peu de gélifiant. Porter à ébullition et laisser cuire 30 à 40 mn, en mélangeant souvent pour éviter que la confiture ne prenne au fond de la bassine.
4. Vérifier la cuisson. Mettre en pots.

Meringue italienne

Ingrédients pour 6 à 8 personnes :

300 g de sucre
8 blancs d'œufs

1. Préchauffer le four à 90-100 °C.
2. Faire cuire le sucre avec 10 cl d'eau jusqu'au stade du petit boulé (120 °C) : 1 goutte de sirop plongée dans l'eau doit former une boule que l'on peut modeler.
3. Monter les blancs d'œufs en neige ferme. Incorporer le sirop chaud, sans cesser de fouetter, de façon à obtenir une meringue lisse et brillante.
4. Couvrir une plaque de papier sulfurisé. Y coucher de petits tas de meringue, à l'aide d'une poche à douille, en les espaçant de 4 cm. Enfourner et laisser cuire 2 h, porte du four entrouverte. Laisser refroidir. Décoller délicatement les meringues.

Meringue italienne au citron

Ingrédients pour 4 personnes :

2 blancs d'œufs
1 c. à s. de zeste de citron râpé
120 g de sucre

1. Monter les blancs en neige. Ajouter le zeste de citron.
2. Faire cuire le sucre avec 40 cl d'eau à 118 °C.
3. Verser le sirop, en filet, sur les blancs, sans cesser de fouetter au batteur.
4. Fouetter à vitesse réduite jusqu'à refroidissement.

Meringue italienne
aux noisettes

Ingrédients pour 6 personnes :

4 blancs d'œufs
200 g de sucre
80 g de sucre glace
100 g de poudre de noisettes grillées

1. Monter les blancs d'œufs en neige ferme. Réserver.
2. Dans une casserole, faire cuire le sucre avec 4 cuillerées à soupe d'eau jusqu'au petit boulé.
3. Verser le sirop, en filet, sur les blancs en neige.
4. Mélanger le sucre glace et la poudre de noisettes. Incorporer ce mélange à la meringue.

Mousse à macarons
au citron

Ingrédients pour 6 personnes :

3 œufs
100 g de sucre
Le zeste râpé de 2 citrons
8 cl de jus de citron
120 g de beurre mou

1. Dans une jatte placée sur un bain-marie, mélanger les œufs avec le sucre, le zeste et le jus de citron. Faire cuire sur feu doux, en mélangeant de temps en temps, jusqu'à épaississement.
2. Filtrer le mélange dans une passoire. Laisser tiédir.
3. Incorporer le beurre à la préparation, en fouettant. Mixer quelques minutes. Réfrigérer 12 h.

Mousse au chocolat

Ingrédients pour 4 personnes :

200 g de chocolat noir à 70 %
70 g de beurre
8 blancs d'œufs
100 g de sucre

1. Faire fondre le chocolat cassé en morceaux au bain-marie avec le beurre. Réserver.
2. Monter les blancs en neige ferme.
3. Ajouter le sucre aux blancs en neige.
4. Incorporer délicatement les blancs en neige au mélange chocolat-beurre, à l'aide d'un fouet, en soulevant la masse.
5. Réserver au réfrigération.

•——notre avis——•

Vous pouvez parfumer cette mousse en y incorporant 1 cuillerée à café de poudre de noisettes.

Mousse au chocolat
au lait

Ingrédients pour 6 personnes :

25 cl de lait
25 g de Maïzena
2 c. à s. de sucre
3 jaunes d'œufs
1 feuille de gélatine
200 g de chocolat au lait râpé
25 cl de crème liquide

1. Dans une casserole, porter le lait à ébullition.
2. Dans une jatte, mélanger la Maïzena et le sucre. Ajouter les jaunes d'œufs, en mélangeant. Verser le lait, en filet. Transvaser le mélange dans la casserole et cuire à 82 °C.
3. Ajouter la gélatine ramollie dans un peu d'eau froide, puis le chocolat. Fouetter jusqu'à ce que la température atteigne 30 °C.
4. Incorporer la crème fouettée. Réserver au réfrigérateur.

Mousse au chocolat
au lait et au thé

Ingrédients pour 4 personnes :

10 cl de crème fleurette
1 c. à c. de thé fumé
1 c. à c. de thé de Ceylan
3 jaunes d'œufs
1 c. à c. de sucre
120 g de chocolat au lait

1. Porter la crème à ébullition.
2. Ajouter les 2 thés. Laisser infuser, hors du feu, 4 mn.
3. Filtrer. Ajouter les jaunes d'œufs, le sucre et le chocolat cassé en morceaux. Faire chauffer au bain-marie 5 mn.
4. Retirer du feu et battre le mélange jusqu'à complet refroidissement.
5. Réserver au réfrigérateur.

Mousse au citron

Ingrédients pour 4 personnes :

25 cl de crème liquide très froide
15 cl de jus de citron
2 feuilles de gélatine
3 c. à s. de sucre

1. Fouetter la crème dans une terrine préalablement réfrigérée.
2. Faire tiédir le jus de citron. Ramollir les feuilles de gélatine dans de l'eau froide. Les égoutter, puis les faire dissoudre dans le jus de citron.
3. Porter 3 cuillerées à soupe d'eau à ébullition avec le sucre. Ajouter ce sirop au jus de citron. Laisser refroidir.
4. Incorporer la crème fouettée. Réserver au réfrigérateur.

Mousse au citron au beurre et à la crème

Ingrédients pour 4 personnes :

10 cl de jus de citron
Le zeste de 3 citrons
130 g de sucre
1 c. à s. de poudre à flan
3 gros œufs
130 g de beurre clarifié
50 cl de crème liquide très froide

1. Porter à ébullition le jus de citron avec le zeste de citron et 70 g de sucre.
2. Dans une jatte, mélanger la poudre à flan, le reste de sucre et les œufs. Verser le mélange précédent encore chaud et mélanger. Ajouter le beurre clarifié. Transvaser la préparation dans une casserole et faire cuire 1 à 2 mn, sans cesser de mélanger, jusqu'au point d'ébullition. Ôter du feu et laisser refroidir.
3. Fouetter la crème liquide et l'incorporer délicatement à la crème au citron froide. Réserver au réfrigérateur.

Mousse aux abricots

Ingrédients pour 4 personnes :

3 blancs d'œufs
150 g de sucre
25 cl de crème liquide
250 g d'abricots au sirop réduits en purée
3 feuilles de gélatine

1. Monter les blancs en neige ferme au batteur, en incorporant le sucre peu à peu.
2. Fouetter la crème. Réserver au réfrigérateur.
3. Faire tiédir la purée d'abricots.
4. Hors du feu, ajouter la gélatine ramollie dans de l'eau et essorée. Mélanger jusqu'à sa dissolution. Incorporer les blancs en neige, puis la crème fouettée.

Mousse aux macarons

Ingrédients pour 6 personnes :

250 g de macarons aux amandes bien secs
40 cl de crème liquide très froide
2 sachets de sucre vanillé

1. Couper les macarons en morceaux, et les réduire en poudre fine au pilon ou au mixeur.
2. Fouetter la crème en chantilly. Ajouter le sucre vanillé et la poudre de macarons. Mélanger soigneusement.
3. Réserver au réfrigérateur.

Mousse aux marrons

Ingrédients pour 6 personnes :

250 g de crème de marron
2 c. à s. de whisky
2 feuilles de gélatine
30 cl de crème liquide très froide

1. Mélanger la crème de marron avec 2 cuillerées à soupe d'eau et le whisky.
2. Faire fondre la gélatine dans un peu d'eau au bain-marie. L'ajouter au mélange précédent.
3. Fouetter la crème.
4. Mélanger la crème fouettée avec le mélange crème de marron-whisky-gélatine.
5. Réserver au réfrigérateur.

Mousseline à la pistache

Ingrédients pour 6 personnes :

50 g de beurre
20 g de pralin
30 g de pâte de pistaches
250 g de crème pâtissière **(voir recette p. 435)**
160 g de meringue italienne **(voir recette p. 440)**

1. Monter le beurre avec le pralin et la pâte de pistaches.
2. Incorporer la crème pâtissière, peu à peu.
3. Ajouter la meringue italienne au moment de l'utilisation.

Muscadine

Ingrédients pour 4 personnes :

10 cl de crème liquide
170 g de chocolat au lait
3 zestes de citron finement hachés
Le jus de 1 citron

1. Faire chauffer la crème.
2. Pendant ce temps, casser le chocolat en morceaux dans une jatte. Verser la crème. Ajouter les zestes et le jus de citron. Transvaser le mélange dans une casserole et faire épaissir sur feu doux.
3. Coucher un cylindre de la longueur du moule sur une feuille de papier sulfurisé, à l'aide d'une poche à douille.
4. Réserver au réfrigérateur.

Pain d'épice

Ingrédients pour 8 personnes :

250 g de miel de sapin
175 g de farine de blé
100 g de farine de seigle
1 c. à c. de levure
1 c. à c. d'anis vert, de gingembre, de muscade et de cannelle en poudre mélangés
150 g de cassonade
2 œufs
10 g de beurre

1. Faire chauffer le miel jusqu'à ébullition.
2. Dans une jatte, mélanger les 2 farines. Faire un puits. Verser le miel et mélanger. Ramasser la pâte en boule et laisser reposer 1 h.
3. Préchauffer le four à 190 °C.
4. Ajouter la levure à la pâte et pétrir, en incorporant les épices, la cassonade et les œufs.
5. Disposer la pâte dans un moule à cake bien beurré. Enfourner et cuire 30 mn.

Pâte à crêpes à l'orange

Ingrédients pour 6 personnes :

60 g de beurre
4 œufs
3 c. à s. de sucre
160 g de farine
Le zeste de 1/2 orange finement râpé
1 c. à c. de jus d'orange
3 c. à s. de Grand Marnier
50 cl de lait

1. Faire fondre le beurre sur feu doux jusqu'à coloration noisette.
2. Dans une grande jatte, battre les œufs. Ajouter le sucre, la farine, le zeste et le jus d'orange, le Grand Marnier, le lait, puis le beurre fondu, sans cesser de mélanger.
3. Laisser reposer au réfrigérateur 1 h.

Pommes caramélisées au miel

Ingrédients pour 6 personnes :

2 pommes red delicious
2 pommes granny-smith
2 pommes golden
5 c. à s. de miel liquide

1. Couper les pommes non pelées en quartiers, sans mélanger les variétés, puis en tranches régulières.
2. Verser le miel dans une poêle et y faire cuire les tranches de pomme jusqu'à ce que la peau soit translucide.
3. Placer un cercle de 8 cm de haut et de 5 cm de diamètre dans chaque assiette.
4. Garnir les cercles de tranches de pomme, en alternant les variétés. Tasser légèrement la dernière couche et laisser reposer 10 mn.
5. Démouler délicatement.

Rondelles d'agrumes séchées

Ingrédients pour 6 personnes :

1 orange
1 citron

1. Préchauffer le four à 60 °C.
2. Pendant ce temps, brosser soigneusement les agrumes. Les détailler en fines rondelles translucides.
3. Disposer les rondelles d'agrumes sur une plaque de four couverte de papier sulfurisé. Enfourner et laisser sécher 2 à 3 h.

Rondelles de pomme séchées

Ingrédients pour 6 personnes :

1 pomme granny-smith
20 g de sucre glace

1. Préchauffer le four à 60 °C.
2. Laver la pomme, l'essuyer et la couper en rondelles très fines.
3. Saupoudrer une feuille de papier sulfurisé de 1 cuillerée à soupe de sucre glace.
4. Disposer les rondelles de pomme sur le papier et les saupoudrer du reste de sucre glace. Enfourner et cuire 3 h.
5. Conserver les rondelles de pomme séchées dans une boîte hermétique.

variante de la recette

Rondelles de poire séchées

Procéder comme pour les Rondelles de pomme séchées.
Utiliser 1 poire conférence et la détailler en fines lamelles dans la longueur.

Sabayon

Ingrédients pour 4 personnes :

70 g de sucre
6 jaunes d'œufs

1. Porter à ébullition 5 c. à s. d'eau et le sucre.
2. Incorporer les jaunes d'œufs un par un, en fouettant entre chaque adjonction.
3. Faire cuire au bain-marie 10 mn, jusqu'à épaississement.
4. Retirer du feu et continuer à fouetter jusqu'à refroidissement complet.

Sabayon à la fleur d'oranger

Ingrédients pour 4 personnes :

4 jaunes d'œufs
60 g de sucre
1 c. à s. d'eau de fleur d'oranger
12 cl de crème fraîche

1. Dans une jatte, fouetter vigoureusement les jaunes d'œufs avec le sucre jusqu'à ce que le mélange soit bien mousseux.
2. Ajouter l'eau de fleur d'oranger et la crème très légèrement fouettée.
3. Réserver au réfrigérateur.

Sauce à la menthe

Ingrédients pour 4 personnes :

25 cl de jus d'orange
15 feuilles de menthe
3 c. à s. de sucre
1 c. à c. de fécule

1. Dans une casserole, mélanger le jus d'orange, en en réservant 1 cuillerée à soupe, les feuilles de menthe et le sucre. Porter à ébullition.
2. Délayer la fécule dans le jus d'orange réservé. L'incorporer au mélange précédent. Retirer du feu.
3. Mixer la préparation.
4. Réserver la sauce au réfrigérateur.

notre avis

Pour accompagner tous les desserts à base de café, de chocolat ou d'orange.

Sauce à la pistache

Ingrédients pour 6 personnes :

75 g de pistaches
25 cl de lait
1 c. à c. de pâte de pistaches
Le zeste de 1/2 citron
8 cl de crème fraîche
3 jaunes d'œufs
60 g de sucre

1. Faire griller légèrement les pistaches au four préchauffé à 220 °C.
2. Porter le lait à ébullition. Y faire infuser les pistaches, à couvert, 10 mn. Filtrer.
3. Incorporer au lait la pâte de pistaches, le zeste de citron et la crème. Réserver.
4. Dans une jatte, mélanger les jaunes d'œufs et le sucre jusqu'à blanchiment. Ajouter le lait filtré et les pistaches broyées. Faire cuire au bain-marie, en mélangeant régulièrement, 30 mn.
5. Faire refroidir dans un bain d'eau additionnée de glaçons. Réserver au réfrigérateur.

Sauce à l'orange

Ingrédients pour 4 personnes :

25 cl de jus d'orange
50 g de sucre
2 œufs
2 gouttes d'eau de fleur d'oranger

1. Faire chauffer le jus d'orange sur feu doux.
2. Mélanger le sucre et les œufs jusqu'à blanchiment.
3. Ajouter le jus d'orange, sans cesser de fouetter.
4. Transvaser le mélange dans la casserole Faire cuire jusqu'à ébullition.
5. Filtrer et laisser refroidir. Incorporer l'eau de fleur d'oranger. Réserver au réfrigérateur.

Sauce au cacao

Ingrédients pour 4 personnes :

100 g de sucre
50 g de cacao
10 cl de crème fraîche

1. Dans une casserole, mélanger le sucre et le cacao.
2. Incorporer la crème, peu à peu, en fouettant pour délayer le mélange sucre-cacao.
3. Faire cuire à petit frémissement 5 mn, sans cesser de mélanger, jusqu'à ce que le mélange ait réduit de moitié et que le sucre soit complètement dissous.
2. Retirer la casserole du feu. Laisser refroidir. Réserver au réfrigérateur.

Sauce au caramel

Ingrédients pour 4 à 6 personnes :

250 g de sucre
1 c. à c. de café lyophilisé

1. Dans une casserole, mélanger le sucre et 4 c. à s. d'eau. Faire cuire sur feu doux jusqu'à obtention d'un caramel roux.
2. Verser 50 cl d'eau froide d'un coup, pour stopper la cuisson. Ajouter le café. Mélanger.
3. Entreposer au réfrigérateur 3 à 4 h.

notre avis

Pour accompagner les biscuits, charlottes, entremets glacés, flans, gâteaux au chocolat, gâteaux de riz, et gâteaux et feuilletés aux poires.

Sauce au cassis

Ingrédients pour 4 personnes :

60 g de sucre
200 g de cassis
Le jus de 1 citron

1. Dans une casserole, porter à ébullition 20 cl d'eau avec le sucre.
2. Ajouter le cassis et le jus de citron. Laisser cuire 2 à 3 mn à partir de la reprise de l'ébullition.
3. Éteindre le feu. Laisser refroidir, à couvert.
4. Réserver au réfrigérateur.

•——conseil——•

Pour épaissir la sauce, vous pouvez mélanger le sucre avec 1 cuillerée de fécule.

Sauce au chocolat et au café

Ingrédients pour 6 personnes :

200 g de chocolat noir à 70 %
25 g de beurre
15 cl de crème fraîche
10 cl de café fort froid
3 c. à s. de sucre

1. Râper le chocolat dans une jatte placée dans un bain-marie.
2. Incorporer le beurre. Laisser fondre le tout.
3. Ajouter la crème, le café et le sucre. Faire chauffer le mélange sans cesser de mélanger.
4. Servir la sauce chaude dans une saucière.

•——notre avis——•

Cette sauce accompagne à merveille les glaces au chocolat ou au café.

Sauce au chocolat noir

Ingrédients pour 6 personnes :

200 g de chocolat amer
25 g de beurre
25 cl de crème fraîche
3 c. à s. de sucre

1. Râper le chocolat dans une jatte placée dans un bain-marie frémissant.
2. Ajouter le beurre. Laisser fondre le tout.
3. Ajouter la crème fraîche et le sucre. Mélanger jusqu'à consistance homogène.
4. Servir la sauce chaude dans une saucière.

•——notre avis——•

Pour napper les glaces, notamment chocolat et café liégeois, les sorbets et divers gâteaux, selon le goût.

Sauce au kirsch

Ingrédients pour 4 personnes :

20 cl de crème fraîche très froide
3 sachets de sucre vanillé
3 c. à s. de kirsch

1. Dans une jatte, fouetter la crème jusqu'à ce qu'elle soit ferme, mais pas autant que pour une crème Chantilly.
2. Ajouter le sucre et le kirsch.
3. Entreposer au réfrigérateur 1 h.

•——notre avis——•

Pour accompagner les bavarois, biscuits, brioches, clafoutis, desserts glacés et gâteaux de riz.

Sauce aux fraises et aux framboises

Ingrédients pour 6 personnes :

500 g de fraises
70 g de framboises
2 c. à s. de sucre
Le jus de 1/2 citron

1. Disposer les fruits dans une jatte, arroser du sucre et du jus de citron.
2. Couvrir la jatte de film alimentaire. Faire chauffer dans un bain-marie 30 mn à feu très doux.
3. Filtrer au chinois.
4. Laisser égoutter 3 à 4 mn, sans écraser les fruits.

Sauce caramel

Ingrédients pour 4 personnes :

75 g de sucre
125 g de crème liquide
1 gousse de vanille
1 pincée de sel

1. Faire chauffer le sucre avec 1 cuillerée à soupe d'eau jusqu'à coloration blonde.
2. Faire chauffer la crème sur feu doux avec la gousse de vanille fendue en deux et le sel.
3. Verser la crème sur le caramel. Filtrer.

Semoule à la crème

Ingrédients pour 6 personnes :

25 cl de lait
1 gousse de vanille
2 c. à s de semoule
2 c. à s. de sucre
25 cl de crème liquide très froide

1. Faire chauffer le lait avec la gousse de vanille fendue en deux et grattée. Verser la semoule en pluie et laisser cuire 3 à 4 mn.
2. Ajouter le sucre. Dès la reprise de l'ébullition, retirer du feu et laisser refroidir.
3. Fouetter la crème dans un bol jusqu'à ce qu'elle soit ferme.
4. Incorporer la crème fouettée à la semoule froide. Réserver au réfrigérateur.

Sirop au citron

Ingrédients pour 4 personnes :

120 g de sucre
Le jus de 3 gros citrons à peau fine

1. Porter à ébullition 4 cuillerées à soupe d'eau avec le sucre 5 mn, jusqu'à la dissolution complète de celui-ci.
2. Ajouter le jus de citron.
3. Réserver.

conseil

Pour imbiber un biscuit de sirop, utilisez un pinceau.

Sirop au whisky

Ingrédients pour 4 personnes :

100 g de sucre
2 c. à s. de whisky

1. Porter à ébullition 10 cl d'eau et le sucre.
2. Ajouter le whisky.
3. Laisser tiédir.

conseil

Pour imbiber un biscuit de sirop, utilisez un pinceau.

Sorbet à la framboise

Ingrédients pour 4 personnes :

25 cl de pulpe de framboises
100 g de sucre
4 c. à s. de miel d'acacia

1. Faire tiédir 1/3 de la pulpe de framboises dans une casserole sur feu doux.
2. Ajouter le sucre et le miel. Fouetter vivement, jusqu'à complète dissolution du sucre.
3. Incorporer le reste de pulpe. Verser le mélange dans la sorbetière. Faire prendre en suivant les instructions du fabricant.

Sorbet à la mûre

Ingrédients pour 6 personnes :

500 g de sucre
500 g de mûres
Le jus de 1 citron

1. Porter à ébullition 1 l d'eau avec le sucre, puis laisser frémir 2 mn. Éteindre le feu et laisser refroidir le sirop.
2. Réduire les mûres en purée.
3. Tamiser la purée de mûres pour obtenir un coulis.
4. Mélanger le coulis de mûres et le jus de citron avec le sirop.
5. Verser la préparation dans une sorbetière et faire prendre en suivant les instructions du fabricant.

Sorbet à la pomme

Ingrédients pour 6 à 8 personnes :

500 g de sucre
1 kg de pommes granny-smith
Le jus de 1 citron

1. Dans une casserole, porter 1 l d'eau à ébullition avec le sucre.
2. Laver les pommes, les peler, les détailler en quartiers et les épépiner. Les mixer avec le sirop chaud et le jus de citron.
3. Filtrer. Verser la préparation dans la sorbetière. Faire prendre en suivant les instructions du fabricant.

Sorbet à l'orange

Ingrédients pour 6 à 8 personnes :

1 kg d'oranges sanguines
600 g de sucre
3 c. à s. de sirop de grenadine

1. Blanchir la moitié des oranges, sans les peler, trois fois de suite.
2. Peler les oranges restantes. Détailler toutes les oranges en petits dés.
3. Dans une casserole, porter à ébullition 2 l d'eau avec le sucre et les dés d'orange. Laisser confire jusqu'à ce que le liquide ait réduit de moitié. Ajouter le jus de grenadine et mixer.
4. Verser la préparation dans une sorbetière. Faire prendre en suivant les instructions du fabricant.

Sorbet au champagne

Ingrédients pour 4 personnes :

200 g de sucre
37,5 cl de champagne

1. Dans une casserole, porter à ébullition 50 cl d'eau avec le sucre.
2. Laisser refroidir le sirop.
3. Incorporer le champagne au sirop. Mélanger.
4. Verser le mélange dans la sorbetière et faire prendre en suivant les instructions du fabricant.

Sorbet au citron vert

Ingrédients pour 4 à 6 personnes :

500 g de sucre
4 feuilles de citron vert
2 yaourts

1. Porter à ébullition 1 l d'eau avec le sucre.
2. Plonger les feuilles de citron vert dans le sirop. Éteindre le feu et laisser refroidir.
3. Filtrer le sirop, puis le mélanger avec les yaourts.
4. Verser la préparation dans une sorbetière. Faire prendre en suivant les instructions du fabricant.

Sorbet au pruneau

Ingrédients pour 4 personnes :

60 g de sucre
200 g de pruneaux dénoyautés
1 pincée de cannelle en poudre

1. Porter 20 cl d'eau à ébullition avec le sucre.
2. Hors du feu, y plonger les pruneaux. Mélanger et laisser macérer 30 mn.
3. Mixer. Ajouter la cannelle. Entreposer au congélateur 3 h.
4. Sortir le sorbet du congélateur 10 mn avant de servir.

Sorbet au thé au jasmin

Ingrédients pour 4 à 6 personnes :

5 c. à c. de thé au jasmin
150 g de sucre

1. Faire chauffer 50 cl d'eau à petit frémissement.
2. Retirer du feu. Ajouter le thé et laisser infuser 5 à 6 mn.
3. Incorporer le sucre. Laisser refroidir.
4. Verser la préparation dans une sorbetière. Faire prendre en suivant les instructions du fabricant.

Tuiles dentelle aux amandes et à l'orange

Ingrédients pour 6 personnes :

70 g de beurre
100 g de sucre glace
100 g d'amandes hachées
2 c. à s. de farine
Le jus et le zeste de 1 orange
Quelques zestes d'orange
1 c. à c. de Grand Marnier
1 c. à s. de farine

1. Préchauffer le four à 180 °C.
2. Faire fondre 50 g de beurre sur feu doux. Incorporer le sucre glace, les amandes, la farine, le jus et les zestes d'orange, puis le Grand Marnier. Laisser reposer au réfrigérateur 1 h.
3. Sur une plaque à pâtisserie légèrement beurrée et farinée, déposer des noix de pâte de la valeur d'une cuiller à café. Les aplatir avec une fourchette mouillée. Enfourner et cuire 5 mn.
4. Sortir les tuiles du four. Laisser reposer 2 mn.
5. Enrouler les tuiles sur un rouleau à pâtisserie ou sur une bouteille, pour leur donner leur forme. Laisser refroidir.

INDEX DES RECETTES PAR INGRÉDIENT PRINCIPAL

CIDRE

CITRON

CITRONNELLE

CLÉMENTINE

CLOU DE GIROFLE

COGNAC

COING

COROSSOL

CRÈME DE MARRON

CURCUMA

DATTE

FARINE DE CHÂTAIGNE

FENOUIL

FIGUE

FRAISE

FRAMBOISE

FROMAGE BLANC

FROMAGE DE CHÈVRE

FRUIT CONFIT

FRUIT DE LA PASSION (Maracuja)

FRUIT ROUGE

FRUIT SEC

GINGEMBRE

GOYAVE

GRAINE DE PAVOT

GRAND MARNIER

GRIOTTE

GROSEILLE

KIRSCH

KIWI

CRÉDITS PHOTOGRAPHIQUES

Toutes les photos de cet ouvrage sont de :
l'agence Côté Vues, de Barberousse et de la Photothèque Culinaire.

REMERCIEMENTS

Remerciements particuliers à : Mme Madeleine Sembeille,
Mme Nadine Vogel et M. Yves Camdeborde, du restaurant *La Régalade* à Paris,
dont l'aide et l'inspiration nous sont toujours précieuses, et sans qui ce livre n'aurait pu voir le jour.
Merci également à Isabelle Bouillonnec de la Maison de Champagne Montaudon à Reims,
pour son aide amicale.

Sélection des recettes, rédaction des commentaires et des chapitres annexes :
Sylvia Mercier-Gabet

Dédicace
À Alice, Pierre et Nicolas, et à tous les grands-parents,
pour qu'ils perpétuent l'art d'être des mamies et papys-gâteaux.
À ma grand-mère Lili, qui en était une.

ISBN : 2-263-03172-3
Code éditeur : S 03172
Dépôt légal : septembre 2001

Réalisé par Copyright pour Solar.
Conception graphique : Ute-Charlotte Hettler et Yannick Le Bourg
Maquette : Jacqueline Leymarie
Coordination éditoriale : Gwenaëlle Guichard-Solignac
Révision des textes : Laurence Giaume et Dominique Trépeau